中国法治实施报告

(2023)

总 第 十 卷

Chinese Law Enforcement Report

主编 / 江必新
副主编 / 蒋建湘　董治良　王红霞

中国行为法学会　中南大学 / 主办

人民法院出版社

图书在版编目（CIP）数据

中国法治实施报告. 2023 : 总第十卷 / 江必新主编
. -- 北京 : 人民法院出版社, 2023.6
ISBN 978-7-5109-3813-9

Ⅰ. ①中… Ⅱ. ①江… Ⅲ. ①社会主义法治－研究报告－中国－2023 Ⅳ. ①D920.0

中国国家版本馆CIP数据核字(2023)第099182号

中国法治实施报告（2023）·总第十卷
江必新　主编

策划编辑　韦钦平
责任编辑　刘晓宁　赵芳慧
封面设计　尹苗苗
出版发行　人民法院出版社
地　　址　北京市东城区东交民巷27号（100745）
电　　话　（010）67550572（责任编辑）　67550558（发行部查询）
65223677（读者服务部）
客服QQ　2092078039
网　　址　http://www.courtbook.com.cn
E-mail　courtpress@sohu.com
印　　刷　三河市国英印务有限公司
经　　销　新华书店

开　　本　787毫米×1092毫米　1/16
字　　数　780千字
印　　张　43.25
版　　次　2023年6月第1版　2023年6月第1次印刷
书　　号　ISBN 978-7-5109-3813-9
定　　价　158.00元

中国法治实施报告（2023）·总第十卷
创作团队

主　编：江必新

副主编：蒋建湘 董治良 王红霞

报告撰稿人（按写作章节顺序）

王红霞　中南大学法学院院长助理、副教授

张　翔　北京大学法学院教授

谢　勇　中华司法研究会理事

许常海　最高人民法院高级法官

顾功耘　华东政法大学经济法律研究院院长、教授

鲍彩慧　上海证券交易所博士后研究人员

胡建淼　中央党校（国家行政学院）教授

刘　威　农业农村部管理干部学院助理研究员

管　斌　华中科技大学法学院副教授

孙　晋　武汉大学法学院、教授

刘文华　湖南省人力资源和社会保障厅人事教育处处长

江　峰　湖南省人力资源和社会保障厅法规处副处长

张　宝　中南财经政法大学法学院副院长、教授

胡云腾　最高人民法院咨询委员会副主任

余秋莉　安徽师范大学法学院讲师

张　杰　最高人民检察院法律政策研究室处长

唐东楚　中南大学法学院教授

黄先雄　中南大学法学院教授

宋功德　中共中央办公厅法规局局长、机关党委书记

刘　峥　最高人民法院第一巡回法庭副庭长
邵长茂　司法工作者
邓联荣　湖南工商大学马克思主义学院院长、教授
陈云良　广东外语外贸大学法学院院长、教授
湛中乐　北京大学法学院教授
王春晖　浙江大学网络空间安全学院教授
张　建　首都经济贸易大学法学院副教授

年度事件点评名家（按写作章节顺序）

秦前红　武汉大学法学院教授，中国法学会法学期刊研究会副会长
江必新　中国法学会副会长
王晨光　清华大学万科公共卫生与健康学院特聘教授，中国卫生法学会常务副会长
姚　莉　中南财经政法大学副校长、教授，中国刑事诉讼法学研究会副会长
王晓晔　深圳大学特聘教授、中国社会科学院法学所研究员，中国法学会经济法学研究会顾问
张新宝　中国人民大学法学院教授、中国法学会网络与信息法学研究会副会长
刘俊海　中国人民大学法学院教授、中国商业法研究会副会长
徐阳光　中国人民大学法学院教授，北京市破产法学会会长
肖建国　中国人民大学法学院教授、中国法学会民事诉讼法学研究会副会长
秦天宝　武汉大学环境法研究所所长、教授，中国法学会环境资源法学研究会副会长兼秘书长

加快完善中国式现代化法治实施体系

（代序言）

中国共产党第二十次全国代表大会，是在全党全国各族人民迈上全面建设社会主义现代化国家新征程、向第二个百年奋斗目标进军的关键时刻召开的一次十分重要的大会。党的二十大报告为新时代新征程党和国家事业发展、实现第二个百年奋斗目标指明了前进方向。党的二十大报告明确了中国式现代化的中国特色、本质要求，同时强调要“在法治轨道上全面建设社会主义现代化国家”。法治实施是法治中国建设的主体内容，是中国式法治现代化的基本构成，是中国式现代化在法治领域的具体体现和重要组成部分，也是全面建设社会主义现代化国家的重要保障。

一、中国式现代化法治实施的主要特点

自 2011 年中国特色法律体系基本形成以来，法治实施就已成为中国法治建设的重心。新时代十年，法治中国建设取得了举世瞩目的伟大成就，在执法、司法、守法各领域回答中国之问、彰显中国智慧、展现中国特色，并为世界法治发展和现代化进程中面临的挑战提供了中国方案。中国式现代化法治实施体系的基本特点集中体现在三个方面。

（一）严格依法实施是中国式现代化法治实施的应有之义

法的实施的基本含义就是将法律规范贯彻到实践中，最大限度地释放制度效能。党的二十大报告中，无论是“严格规范公正文明执法”“严格公正司法”还是“全民守法”，都体现了以法的全面、准确的落实为第一要务。

（二）系统协同实施是中国式现代化法治实施的必然要求

中国式现代化法治实施是法治实施各环节、各领域、各方面、各条线的组合拳，是法治国家、法治政府、法治社会的统筹规划；是严格执法、公正司法、全民守法的整体落实；是依规治党、法治政府、法治社会的系统结合；是事前规范、事中监管、事后责效的有机衔接；是统一领导、分工负责、政社联动的同向发力。

（三）科学高效实施是中国式现代化法治实施的目标追求

中国式现代化法治实施强调尊重经济社会发展基本规律和法治运行一般规律。在法治运行资源既定的情形下，运用理论成果、实践智慧和科技手段，努力实现精准执法、智慧司法、社会智治，力求法治功能的充分释放和法治实施效益不断提升。

二、中国式现代化法治实施的问题意识

法治化是中国走向现代化的必然要求，中国现代化的过程也正是不断提升法治化水平的过程，是中国式现代化法治实施体系的建设过程。这一过程的实质亦是运用法治思维和法治方式直面国情社情、回应现实挑战、解决中国问题的过程。中国式现代化法治实施的问题意识与实践成就具有鲜明的现代性和中国式特质。

（一）在存在诸多差异性的大国统一施治何以可能

人口众多、幅员辽阔、地域发展不均衡是中国的基本国情。特别是近年来，我国社会主要矛盾已经转化为人民日益增长的美好生活需要和不平衡不充分的发展之间的矛盾。在这一基本国情社情下，中国式现代化法治实施展示了如何将统一、抽象的规则公平、全面地适用于 14 亿人口、实施于 960 万平方公里的广阔国土。

（二）在深化改革中强化法治何以可能

中国式现代化的历程亦是中国社会转型的过程，其实质是不断直面躲不开、绕不过的深层次矛盾。不断深化改革是新时代十年中国的主题。实践表明，中国创造了经济快速发展奇迹和社会长期稳定两大奇迹，有效平衡了法的稳定性与改革的动态性之间的内在张力，切实实现了发展与秩序兼顾。

（三）在危机应对中坚守法治何以可能

2014年以来，中国经济进入新常态。特别是近年来，世纪疫情叠加百年变局，国际局势错综复杂，国内矛盾不断变化。面对经济下行的严峻压力和巨大的公共卫生危机，中国的法治实施成功实现了依法应对重大挑战、抵御重大风险、克服重大阻力、解决重大矛盾，并在法治轨道上处置突发事件。

三、中国式现代化法治实施体系的基本要求

（一）中国式现代化法治实施应当彰显中国式现代化的鲜明特色

党的二十大报告指出，中国式现代化是人口规模巨大的现代化，是全体人民共同富裕的现代化，是物质文明和精神文明相协调的现代化，是人与自然和谐共生的现代化，是走和平发展道路的现代化。应对人口规模巨大的现代化，法治实施应着力于促进区域发展、规范转移支付等手段助力社会均衡发展。保障共同富裕的现代化，法治实施应着力维护公平竞争秩序、规范财税调控、促进慈善事业，在三次分配中全方位实现公平与效率动态平衡。回应物质文明和精神文明相协调的现代化，要探索并致力于将社会主义核心价值观贯穿执法、司法、守法等法治实施各环节。迈向人与自然和谐共生的现代化，要通过创新机制、科学监管、严格实施切实保护环境资源。践行和平发展的现代化，要统筹推进国内法治和域外法治实施，尽快形成涉外法治的战略布局。进一步完善反制机制，强化我国法律的域外适用。

（二）中国式现代化法治实施应当反映中国式现代化的本质要求

党的二十大报告指出，中国式现代化的本质要求是坚持中国共产党领导，坚持中国特色社会主义，实现高质量发展，发展全过程人民民主，丰富人民精神世界，实现全体人民共同富裕，促进人与自然和谐共生，推动构建人类命运共同体，创造人类文明新形态。反映中国式现代化的上述本质要求，中国式现代化法治实施应着力凸显如下三方面的本质要求。

1. 充分释放党的领导优势

经年累月的实践探索形成的党总揽全局协调各方的法治领导机制，是中国法治建设取得巨大成就的制胜法宝，也是未来成功实现中国式现代化建设目标的领导保证。无论是中国式现代化还是高质量法治实施体系，都

必须毫不动摇地坚持党的领导，在依规治党的基础上，更好在法治实施中释放党总揽全局、规划全域、协调各方的作用，以全面从严治党推动全面依法治国向更高水平迈进。

2. 丰富拓展全过程人民民主

全过程人民民主是以人民为中心的发展思想的具体体现。贯彻全过程人民民主既要在法律制定上下功夫，也要在法治实施上做文章。要推动基层立法联系点从参与立法向监督执法、促进守法和宣传普法等方面拓展，将全过程人民民主制度优势更好地转化为法治效能。

3. 保障促进高质量发展

高质量发展是中国式现代化的本质要求之一，也是解决我国社会主要矛盾的必由之路。要以高质量法治实施规范和保障新发展阶段的高质量发展，使发展成果更好惠及全体人民，不断实现人民对共同富裕和美好生活的向往。

党的二十大报告指出，“全面依法治国是国家治理的一场深刻革命，关系党执政兴国，关系人民幸福安康，关系党和国家长治久安”。没有法治实施的现代化，就没有法治现代化，就没有中国式现代化。唯有加快完善中国式现代化法治实施体系，才能更好发挥法治固根本、稳预期、利长远的保障作用，在法治轨道上全面建设社会主义现代化国家。

江必新

二〇二三年六月九日

目　录

第一编　总报告

第二编　宪法与各部门法实施报告

第三编　法治实施专题报告

第四编　2022 年度法治实施十大事件评析

附 录

第一编　总报告

■ 2022年中国法治实施总体情况回顾与展望

2022 年中国法治实施总体情况回顾与展望

王红霞

一、2022 年中国法治实施总体情况述要

2022 年是现行宪法公布施行四十周年，也是党的二十大胜利召开之年。这一年，中国法治实施各领域取得诸多新进展。[①]

(一)关于审判工作

2022 年，最高人民法院受理案件 18 547 件，审结 13 785 件；地方各级人民法院和专门人民法院受理案件 3370. 4 万件，审结、执结 3081 万件，结案标的额 9. 9 万亿元。其中，审结一审刑事案件 590. 6 万件，判处罪犯 776. 1 万人；审结一审商事案件 2472. 3 万件；审结一审民事案件 4583. 3 万件；审结一审行政案件 138. 4 万件，审查行政非诉执行案件 107. 4 万件。

(二)关于检察工作

2022 年，全国检察机关共办理各类案件 350. 6 万件。其中，办理民事案件 31. 6 万件、行政案件 7. 8 万件、公益诉讼案件 19. 5 万件，受理审查逮捕 83. 7 万人，受理审查起诉 209. 2 万人。

(三)关于司法行政

2022 年，全国各级司法行政系统共办结行政复议案件 25. 6 万件。全国人民调解组织共调解各类矛盾纠纷 892. 3 万件。全国法律援助机构共组织办理法律援助案件近 230 万件。全国司法所参与调解各类矛盾纠纷 490 余万件。

① 本报告中相关数据如无特殊说明，均来自最高人民法院官网、最高人民检察院官网、中国政府网、司法部政府网、中央纪委国家监委官网、中国人大网发布的 2022 年《最高人民法院工作报告》《最高人民检察院工作报告》《政府工作报告》《司法部 2022 年法治政府建设年度报告》《中央纪委国家监委 2022 全国纪检监察机关监督检查、审查调查情况通报》。

（四）关于纪检监察

2022年，全国纪检监察机关共接收信访举报344.4万件次，其中检举控告类信访举报104.4万件次；处置问题线索154万件，谈话函询32.5万件次，立案59.6万件，处分59.2万人（其中党纪处分48.9万人、政务处分14.9万人）；运用“四种形态”批评教育帮助和处理共183.8万人次。

（五）关于制度完善

2022年，全国人民代表大会制定法律5件，修改法律9件，通过有关法律问题和重大问题的决定4件，作出法律解释1件；决定批准或者加入条约和重要协定14项。2022年，国务院制定行政法规2件，修改行政法规16件，废止行政法规7件；最高人民法院、最高人民检察院单独或联合制定、修订司法解释22件，废止司法解释5件。

二、2022年中国法治实施的主要特点与不足

（一）2022年中国法治实施的主要特点

总体来看，2022年中国法治实施呈现出如下两个方面的突出特点。

1. 法治实施的组织性、规划性、系统性显著提升，法律实施的稳定性与有效性进一步增强

2022年，在宏观层面，一些长远性、系统性、战略性的法治建设规划进入稳步实施阶段。党中央集中统一领导的法治领导体制、系统集成和整体规划的优势释放更大效能。2022年，在中观和微观层面，各类裁判规则体系不断健全，为法治实施提供了更完善的规则基础。

2022年，一方面，法治实施从严从密，法治刚性约束不断增强；另一方面，新的法律责任追究方式不断涌现，首违不罚、酌定裁量，犯罪结构轻型化、刑罚适用轻缓化等进一步释放了法治的预防效应。

2022年，一方面，法治实施向更为复杂的领域发力，在老年人受诈骗、校园霸凌、家庭教育等方面释放惩治与预防作用；另一方面，法治实施更加重视秩序维护，在包括竞争秩序、公共卫生秩序、舆论秩序在内的各类社会秩序维系中，法治固根本、稳预期、利长远的保障功能进一步彰显。

2. 法治与德治深度融合、政府治理与社会治理深度融合、全面从严治党和全面依法治国深度融合，中国特色法治实施体系全面形成

2022年，社会主义核心价值观全方位融入法治实施各环节。个案裁判经由网络的传播，其社会治理功能得到更充分释放。司法机关更加重视依

法治理道德领域突出问题。行政机关特别是基层执法中更加注重融入正向情感治理。法治社会建设取得显著进展，全社会整体上正在从人际信任向制度信任转化，社会所共享的法治观念正在逐渐形成。

2022 年，按照依规治党和依法治国相结合原则，全面从严治党和全面依法治国贯通了执纪和执法，既切实提升党政机关的廉洁自律，也大大提升了老百姓对公权的信任和信心。

围绕法治切实落地，党政、政社、政企、政民关系的定位不断优化。党政联合、央地协同、跨区域协作、多元共治的法治实施体系轮廓渐成。具有中国特色的积极能动的法治实施图景全面展开。

(二)2022 年中国法治实施中的问题与挑战

2022 年，特殊经济、社会态势和国际局势对法治实施提出特殊需求，法律实施整体上呈现出鲜明的政策性特点。在中国法治实施普遍取得持续进展的同时，在执法司法领域，“半吊子”实施、选择性实施、避重避难的“伪实施”也有发生。在社会层面，私人实施中的道德风险有增强趋势。以消费者保护领域为例，职业打假、造假打假、恶意举报频频发生，引发社会和政府的密切关注。复杂社会问题折射出规则局限与制度短板。数智赋能的中国法治实施一方面效能显著增强，另一方面也暴露了一些形式主义、规则僵硬的负面缺失。

三、2023 年中国法治实施展望

2023 年，世界百年未有之大变局加速演进，新一轮科技革命和产业变革飞速发展，社会权力结构和权力关系深刻变化。随着制度之网越织越密，政府行权的法治风险也日益增大。基层治理重心下不去仍是堵点。网络对传统法治提出更多挑战，数字技术带来生活便利的同时也引发了诸多深层次的问题。

2023 年，亦是推进中国式现代化的开局之年。法治实施是法治现代化的核心构成，是国家安全、社会安定、人民安宁的核心保障，是高质量发展的基石。在法治现代化目标定位下，不断增强法治实施的系统性、前瞻性、有效性；充分发掘和释放制度的溢出效应，积极清理负效机制，采取更有效的措施促进好制度创新的扩散；着力平衡法律统一性和差异性、稳定性与适应性、持续性与灵活性，注重多轨实施中的交错影响，不断优化调解、信访、仲裁、行政裁决、行政复议、诉讼等多种方式有机衔接的实施体系；探索增设法律实施的“启动阀”，改善法治实施的回应性和敏锐性，提升法治运行的便利性和法治优越的能见度；利用信息技术，构筑学术界与实务界持续互动与深度协同的常态平台，促进法学研究有效对接法治建设，法治建设切实回应社会变革，努力将法治建设的成就转化为国家治理效能，为中国式现代化提供更好保障。

撰稿专家

王红霞，辽宁鞍山人，博士。现任中南大学法学院院长助理、副教授、博士生导师，主要从事转型法治、经济法、信息与网络法等方面的科研和教学；兼任《中国法治实施报告》副主编、《经济法论丛》主编，中国行为法学会、中国法学会经济法学研究会、中国法学会网络与信息法学研究会理事等职。主持国家社科基金、教育部、司法部课题多项；在《中国社会科学》《法商研究》《法学评论》《政法论坛》《法制与社会发展》等核心期刊发表学术论文数十篇，多篇次被人大复印资料、《中国社会科学文摘》等转载；独著、合著专著5部；多次在全国性学术论文竞赛、各类教学竞赛获奖。

第二编　宪法与各部门法实施报告

- 2022年宪法实施报告
- 2022年民商法实施报告
- 2022年行政法实施报告
- 2022年经济法实施报告
- 2022年社会法实施报告
- 2022年刑法实施报告
- 2022年诉讼法实施报告

第一章　2022 年宪法实施报告

张　翔

报告要旨

2022 年是我国现行宪法公布施行 40 周年，习近平总书记为此发表纪念文章，总结新时代中国宪法实践经验，对未来宪法全面实施作出具体部署。2022 年，全国人大及其常委会继续完善有关国家机构组织法与议事规则，推进国家治理体系和治理能力现代化；继续维护宪法和基本法确定的特别行政区宪制秩序，完善特别行政区同宪法和基本法实施相关的制度机制；继续进行人权保障立法，落实公民宪法权利。全国人大及其常委会积极履行监督宪法实施的职责，在立法过程中对法律和决定草案的内容进行合宪性控制。正在修改的《立法法》将事前合宪性控制规范化，明确了法律案起草和审议过程中的合宪性审查要求。在备案审查中，法工委积极处理有关规范性文件的合宪性问题，保障宪法实施。

核心建议

1. 全面贯彻党的二十大精神，落实习近平总书记在署名文章中作出的基本要求与具体部署，系统推进宪法实施、宪法解释与宪法监督，健全保证宪法全面实施的制度体系。

2. 通过《立法法》的修改，完善立法程序，提高立法的民主性与科学性。

3. 落实宪法解释程序机制。在对法律草案或规范性文件进行合宪性审查时，应对关联宪法条款予以详细解释，一则增强审查结论的说服力，二则避免其他机关在制定规范性文件时因宪法条款含义不明出现违宪问题。

2022年是我国现行宪法公布施行40周年。10月召开的党的二十大延续近年来以习近平同志为核心的党中央对宪法实施工作的高度重视，指出要“加强宪法实施和监督，健全保证宪法全面实施的制度体系，更好发挥宪法在治国理政中的重要作用，维护宪法权威”。党的二十大报告在继续强调宪法实施“全面性”的基础上，提出健全相关“制度体系”。这意味着，宪法实施是一项系统性工程，需要统筹兼顾，全方位推进。只有形成良好的制度互动，才能够获得全面坚定推进宪法贯彻实施的强大合力。

为纪念现行宪法公布施行40周年，贯彻党的二十大精神，习近平总书记于2022年12月19日发表题为《谱写新时代中国宪法实践新篇章——纪念现行宪法公布施行40周年》的署名文章。文章回顾了党的十八大以来的宪法实施工作，指出新时代十年我国宪法制度建设和宪法实施监督取得重大成效，全党全社会宪法意识明显提升，社会主义法治建设成果丰硕。

坚持依宪治国、依宪执政，是习近平法治思想的核心要义。对于党的二十大报告提出的“健全保证宪法全面实施的制度体系”，习近平总书记在署名文章中作了进一步阐释与部署，指出“健全保证宪法全面实施的制度体系，必须坚持宪法规定、宪法原则、宪法精神全面贯彻，坚持宪法实施、宪法解释、宪法监督系统推进，统筹推进法律规范体系、法治实施体系、法治监督体系、法治保障体系和党内法规体系建设，确保宪法得到完整准确全面贯彻”。

在宪法实施、宪法解释与宪法监督三者之中，宪法实施是中心任务和最终目标，实施方式主要包括宪法相关规定的直接实施与通过立法贯彻宪法规定、宪法原则与宪法精神。推进宪法实施，既要完善宪法相关规定直接实施工作机制，也要完善立法体制机制，推进科学立法、民主立法、依法立法，全面发挥宪法在立法中的核心地位功能。宪法解释是前提与基础，实施宪法必须首先明确各宪法条款的含义。对此，要落实宪法解释程序机制，积极回应社会各方面对涉宪问题的关切。宪法监督则是宪法实施的保障制度。完善宪法监督制度，要推进宪法监督的规范化、程序化，提高合宪性审查、备案审查能力和质量，推进合宪性审查工作。回顾 2022 年，全国人大及其常委会继续稳步推进宪法实施、宪法解释与宪法监督工作，取得不少新进展。

一、通过立法的宪法实施

习近平总书记指出，通过完备的法律推动宪法实施，保证宪法确立的制度和原则得到落实。① 加快形成完备的法律规范体系，是宪法实施的内在要求，也是保证宪法全面实施的基本途径。② 2022 年，全国人大及其常委会召开了 1 次大会和 6 次常委会会议，统筹推进国内法治和涉外法治建设，加强重点领域、新兴领域、涉外领域立法，制定法律 6 件，修改法律 10 件次，作出法律解释 1 件，通过有关法律问题和重大问题决定 7 件。③

（一）全国人大修改《地方各级人民代表大会和地方各级人民政府组织法》

党的十八大以来，以习近平同志为核心的党中央紧紧围绕完善和发展中国特色社会主义制度、推进国家治理体系和治理能力现代化这个总目标，高度重视国家政权建设。完善国家机构组织法是近年来全国人大立法工作的重心。地方组织法是关于地方人大、地方政府的组织和工作制度的基本法律，是宪法关于地方政权建设规定的立法实施，是地方各级国家权力机关、行政机关行使职权、履行职责的重要制度保障。2022 年 3 月 11 日，十三届全国人大五次会议通过《全国人民代表大会关于修改〈中华人民共和国地方各级人民代表大会和地方各级人民政府组织法〉的决定》，对地方组织法作出修正。

此次修改主要包括以下内容：第一，充实“总则”一章内容，明确了地方人大和地方政府行使职权，应坚持党的领导、坚持党和国家的指导思想，坚持全过程人民民主，坚持在中央的统一领导下、充分发挥地方的主动性积极性的原则，坚持民主集中制原则。第二，完善地方各级人大及其常委会的组织、职权等相关规定，适当增加了省、设区的市两级人大常委

---

① 习近平：《在首都各界纪念现行宪法公布施行三十周年大会上的讲话》（2012 年 12 月 4 日），载习近平：《论坚持全面依法治国》，中央文献出版社 2020 年版，第 13 页。

② 沈春耀：《健全保证宪法全面实施的体制机制》，载《中国人大》2019 年第 22 期。

③ 朱宁宁：《2022 年立法工作关键词：任务多 分量重 要求高 时间紧》，载《法治日报》2023 年 1 月 31 日，第 5 版。

会组成人员名额，充实、细化了常委会主任会议和专门委员会的职责，明确了地方人大会议提前或推迟召开的规定。第三，完善地方各级人民政府的组织、职权等相关规定，明确地方各级人民政府应当维护宪法和法律权威，坚持依法行政，建设职能科学、权责法定、执法严明、公开公正、智能高效、廉洁诚信、人民满意的法治政府。第四，根据修改后的《宪法》和《监察法》的有关规定，适应地方“一府一委两院”政权机关架构的需要，增加相关规定。第五，总结地方实践探索的经验做法，明确省、设区的市两级人大及其常委会根据区域协调发展的需要，可以开展协同立法；县级以上地方各级人民政府可以共同建立跨行政区划的区域协同发展工作机制，加强区域合作。

（二）全国人大常委会修改《全国人民代表大会常务委员会议事规则》

人民代表大会制度是我国的根本政治制度，全国人大常委会是全国人民代表大会的常设机关，行使宪法和法律赋予的重要职权。我国《宪法》第78条规定：“全国人民代表大会和全国人民代表大会常务委员会的组织和工作程序由法律规定。”1987年六届全国人大常委会第二十三次会议通过《全国人民代表大会常务委员会议事规则》，对全国人大常委会的工作程序作出了具体规定。为落实党的十九大和十九届四中全会关于“健全人大组织制度、工作制度和议事规则”的要求，在十三届全国人大四次会议完成《全国人民代表大会组织法》与《全国人民代表大会议事规则》的修订后，十三届全国人大常委会第三十五次会议对《全国人民代表大会常务委员会议事规则》作了修改。

此次修改主要包括以下内容：第一，充实“总则”内容。增加了全国人大常委会坚持全过程人民民主，常委会会议依照法定程序进行，常委会会议应当提高议事质量和效率等规定。第二，增加会议频次、创新会议形式。增加了加开常委会会议以及常委会组成人员可以通过网络视频方式出席会议等规定。第三，完善议案审议程序。细化了决算草案、预算调整方案的审查程序，条约、自治条例、单行条例和法规的批准程序以及特别行政区基本法附件三中的法律增减程序。第四，强化全国人大常委会的监督职能。对常委会听取的工作报告的范围和程序作了补充完善，增加规定常委会可以结合听取和审议专项工作报告和执法检查报告，围绕改革发展稳定大局和人民切身利益、社会普遍关注的重大问题，召开联组会议，进行专题询问。

全国人大常委会、地方各级人大和地方各级人民政府作为国家政权机关的重要组成部分，其组织与工作制度的完善，对于推进国家治理体系和治理能力现代化具有重要意义。修改《地方各级人民代表大会和地方各级人民政府组织法》与《全国人民代表大会常务委员会议事规则》，既总结了过去地方人大与政府工作的实践经验，把一些成熟的、行之有效的做法通过法律制度固定下来，又针对最近两年出现的一些新问题，作了相应修改与完善，为全国人大常委会、地方人大与政府依法行使职权提供了组织与程序保障。

（三）全国人大常委会修改《妇女权益保障法》

我国《宪法》第 48 条规定："中华人民共和国妇女在政治的、经济的、文化的、社会的和家庭的生活等各方面享有同男子平等的权利。国家保护妇女的权利和利益，实行男女同工同酬，培养和选拔妇女干部。"现行《妇女权益保障法》实施 30 年来，有力促进了妇女权益保障水平的提高。但与此同时，拐卖妇女、家庭暴力等侵犯妇女权益的问题还未得到根本解决。基于此，十三届全国人大第三十七次会议对《妇女权益保障法》进行了修改。

修改内容主要包括：第一，总则部分增加了"歧视妇女"的含义、维护妇女权益的工作机制、法律政策性别平等评估机制、性别统计调查和发布制度、男女平等基本国策教育等新规定，并对其他条款作了调整和补充完善。第二，进一步拓宽妇女参与国家和社会事务管理的权利。第三，细化了对妇女生命健康权的保护措施，列举了性骚扰的常见情形并规定了学校和用人单位应当采取的预防和制止措施，扩大了人身安全保护令的适用范围，增加了建立妇女健康服务体系、提供妇女特殊生理期健康服务、建设满足妇女基本需要的设施、保护被性侵妇女的权益等新内容。第四，在婚姻家庭权益保障方面，增加了鼓励婚前体检、建立婚姻家庭辅导服务制度等新规定；对民法典有关夫妻共同财产的规定进行了细化，增加了有关财产权属登记、离婚诉讼期间共同财产查询、离婚时家务劳动经济补偿等规定，加强对女方合法权益的保护。第五，进一步细化、强化了法律救济和法律责任，增强了法律的刚性。

包括特定群体权益保护在内的人权保障立法是近几年全国人大及其常委会的工作重点之一。公民的基本权利和义务是宪法的核心内容，也是宪法实施的重点。宪法是每个公民享有权利、履行义务的根本保证。只有保证公民在法律面前一律平等，尊重和保障人权，保证人民享有广泛的权利和自由，宪法才能深入人心，走入人民群众，宪法实施才能成为全体人民的自觉行动。要依法保障全体公民享有广泛的权利，保障公民的人身权、财产权、基本政治权利等各项权利不受侵犯，保证公民的经济、文化、社会等各方面权利得到落实，努力维护最广大人民根本利益，保障人民群众对美好生活的向往和追求。

(四)全国人大常委会解释《香港特别行政区维护国家安全法》第14条和第47条

2020年5月，十三届全国人大三次会议根据《宪法》和《香港特别行政区基本法》的有关规定，作出关于建立健全香港特别行政区维护国家安全的法律制度和执行机制的决定，就相关问题作出若干基本规定，同时授权全国人大常委会就建立健全香港特别行政区维护国家安全的法律制度和执行机制制定相关法律。同年6月，十三届全国人大常委会第二十次会议通过《香港特别行政区维护国家安全法》。该法的发布实施，有效维护了国家主权、安全、发展利益，维护了香港特别行政区长期繁荣稳定，保障了香港特别行政区居民合法权益。

近来对于不具有香港特别行政区全面执业资格的海外律师是否可以担任危害国家安全犯罪案件的辩护人或者诉讼代理人的问题，各界存在争议。对此，全国人大常委会根据《宪法》第67条第4项和《香港特别行政区维护国家安全法》第65条的规定，对《香港特别行政区维护国家安全法》第14条和第47条规定的含义和适用作出解释：不具有香港特别行政区全面执业资格的海外律师是否可以担任危害国家安全犯罪案件的辩护人或者诉讼代理人的问题，属于《香港特别行政区维护国家安全法》第47条所规定的需要认定的问题，应当取得行政长官发出的证明书。如香港特别行政区法院没有向行政长官提出并取得行政长官就该等问题发出的证明书，香港特别行政区维护国家安全委员会应当根据《香港特别行政区维护国家安全法》第14条的规定履行法定职责，对该等情况和问题作出相关判断和决定，相关工作信息不予公开，且决定不受司法复核，具有可执行的法律效力。

我国《宪法》第31条规定："国家在必要时得设立特别行政区。在特别行政区内实行的制度按照具体情况由全国人民代表大会以法律规定。"党的二十大报告也明确提出："坚持依法治港治澳，维护宪法和基本法确定的特别行政区宪制秩序。"在国家主权与安全利益受到挑战的现实背景下，维护宪法和基本法确定的特别行政区宪制秩序，完善特别行政区同宪法和基本法实施相关的制度机制，是全国人大及其常委会必须履行的宪法职责。

二、立法过程中的合宪性控制

在立法过程中对法律与决定草案进行合宪性控制，是我国合宪性审查制度的重要组成部分。2018年，全国人大"法律委员会"更名为"宪法和法律委员会"并被赋予推动宪法实施、开展宪法解释、推进合宪性审查、加强宪法监督、配合宪法宣传等工作职责，此后，宪法和法律委员会对法律和决定草案合宪性问题的说明逐渐增多。

梳理近几年宪法和法律委员会对法律和决定草案的审议报告，可将报告中的合宪性说明归纳为以下两种类型：第一种是一般性地指出草案内容符合宪法规定和精神。例如，2021年宪法和法律委员会在关于《全国人民代表大会组织法(修正草案)》审议结果的报告中指出，修正草案"符合宪法的规定、原则和精神，有利于保障最高国家权力机关依法行使职权，更好地保障人民行使当家作主的权力"。[①] 第二种是指出具体的合宪性问题，援引对应的宪法条款并作出说明。例如，2021年宪法和法律委员会在关于《人口与计划生育法(修正草案)》审议结果的报告中指出："还有一个问题需要专门说明。我国宪法对'计划生育'作出了相关规定。有意见提出，人口与计划生育法是根据宪法制定的，修改人口与计划生育法，涉及对宪法有关规定的理解和把握，需要研究合宪性问题，以利于顺利推进相关工作。宪法和法律委员会、法制工作委员会经研究认为，我国宪法有关计划生育的规定，特别是第二十五条关于'国家推行计划生育，使人口的增长同经济和社会发展计划相适应'的规定，体现了问题导向与目标导向相统一、指向性与方向性相统一，具有相当的包容性和适应性，可以涵盖不同时期实行的生育政策、相关工作及配套措施。修改人口与计划生育法，落实优化生育政策、促进人口长期均衡发展的决策部署，是与时俱进理解和把握宪法规定和精神的具体体现，也是与时俱进通过立法推动和保证宪法

① 《第十三届全国人民代表大会宪法和法律委员会关于〈中华人民共和国全国人民代表大会组织法(修正草案)〉审议结果的报告》，载《全国人民代表大会常务委员会公报》2021年第3号，第384页。

实施的生动实践，符合宪法规定和精神。”①

2022年，宪法和法律委员会对两件决定草案作了合宪性说明，分别对应以上两种类型。在《关于中国人民解放军现役士兵衔级制度的决定(草案)》审议结果的报告中，宪法和法律委员会指出，“决定草案关于士兵军衔性质、等级、称谓等制度的规定，以及由中央军委规定衔级年限等具体管理制度的规定，符合宪法的精神和要求，是可行的”。②

在《关于设立成渝金融法院的决定(草案)》审议结果的报告中，宪法和法律委员会指出，“还有一个问题需要汇报。在常委会审议中，一些常委会组成人员提出，宪法第一百二十九条第一款规定：‘中华人民共和国设立最高人民法院、地方各级人民法院和军事法院等专门人民法院。’人民法院组织法作出了相关规定。专门人民法院是我国法院组织体系的重要组成部分，发挥着独特的审判职能作用。今后设立专门人民法院，应当根据宪法和有关法律的规定和精神，从我国法院组织体系的整体性、结构性、合理性出发，科学论证，统筹考虑，审慎研究。宪法和法律委员会认为，上述意见应当重视，建议请最高人民法院和有关方面认真研究”。③

此外，立法过程中对草案内容的一些变动，尽管并未直接提及宪法，但仍可视为对宪法规定与精神的关照，这种情形多涉及公民基本权利。例如，在《反电信网络诈骗法(草案)》审议结果的报告中，宪法和法律委员会指出，“有的常委委员、部门和社会公众提出，对涉诈异常情形采取相应处置措施时，要进一步明确救济途径。宪法和法律委员会经研究，建议增加规定，有关部门、单位应当将处置原因、救济渠道及需要提交的资料等事项告知被处置对象，并建立完善申诉渠道”。④ 再如，在《反垄断法(修正草案)》审议结果的报告中，宪法和法律委员会指出，“现行反垄断法第五十三条第二款规定，除涉及经营者集中的相关决定外，对反垄断执法机构

---

① 《全国人民代表大会宪法和法律委员会关于〈中华人民共和国人口与计划生育法(修正草案)〉审议结果的报告》，载《全国人民代表大会常务委员会公报》2021年第6号，第1201~1202页。

② 《全国人民代表大会宪法和法律委员会对〈关于中国人民解放军现役士兵衔级制度的决定(草案)〉审议结果的报告》，载《全国人民代表大会常务委员会公报》2022年第2号，第447页。

③ 《全国人民代表大会宪法和法律委员会对〈关于设立成渝金融法院的决定(草案)〉审议结果的报告》，载《全国人民代表大会常务委员会公报》2022年第2号，第452~453页。

④ 《全国人民代表大会宪法和法律委员会关于〈中华人民共和国反电信网络诈骗法(草案)〉审议结果的报告》，载《全国人民代表大会常务委员会公报》2022年第5号，第721页。

作出的决定不服的，可以依法申请行政复议或者提起行政诉讼。修正草案删去了上述规定。有的单位建议恢复现行相关规定，以明确当事人依法申请行政复议或者提起行政诉讼的权利。宪法和法律委员会经研究，建议采纳这一意见”。①

尽管近年来宪法和法律委员会在法律和决定草案审议报告中越来越频繁地作出合宪性说明，但实际上这一形式本身一直未被规范化，结果是，立法过程中对法律和决定草案的合宪性控制仍存在不充分的问题。2022 年，全国人大及其常委会制定法律 6 件，修改法律 10 件次，作出法律解释 1 件，通过有关法律问题和重大问题决定 7 件，宪法和法律委员会在审议报告中作出合宪性说明的法律和决定草案仍属少数，且以笼统确认草案内容符合宪法规定和精神为主。

未作合宪性说明的法律草案并非丝毫不涉及宪法问题。例如，全国人大常委会以及地方人大与政府作为宪法所规定的主要国家机构，其组织、职权及工作程序的调整，必然存在与宪法所作权力配置产生冲突的风险，因此为确保草案内容的合宪性，宪法和法律委员会应当在《地方各级人民代表大会和地方各级人民政府组织法》与《全国人民代表大会常务委员会议事规则》的审议报告中对相关问题作出说明。事实上，在同样强调事前与抽象审查的法国，组织法与国会议事规则在实施之前，必须提请宪法委员会进行审查，原因便是这类法律涉及宪制机关之间的权力关系。②

不过，这种局面预计将很快得到改善。目前全国人大正在修改《立法法》，《立法法（修正草案）》（二次审议稿）明确了法律案起草和审议过程中的合宪性审查要求，增加规定：对于列入全国人大会议议程或全国人大常委会会议议程的法律案，宪法和法律委员会应当在修改情况的汇报或者审议结果报告中对法律案中涉及的合宪性问题予以说明；此外，提出法律案的主体，应在提供的法律草案文本及其说明中载明涉及合宪性问题的相关意见。

在《立法法》中写入上述规定，将既有实践制度化、规范化，有助于解决对法律草案的合宪性说明不普遍的问题。但仍需注意的是，在追求对

---

① 《全国人民代表大会宪法和法律委员会关于〈中华人民共和国反垄断法（修正草案）〉审议结果的报告》，载《全国人民代表大会常务委员会公报》2022 年第 4 号，第 630 页。

② 参见吴天昊：《法国违宪审查制度》，中国政法大学出版社 2011 年版，第 138 页、第 148 页。

法律草案的合宪性说明普遍化的同时，也应避免合宪性说明流于形式。宪法和法律委员会应当对法律草案涉及的所有合宪性争议予以详细说明，而不能仅笼统确认草案内容符合宪法规定和精神。

鉴于合宪性判断均以明确相关宪法条款的含义为前提，因此，法律草案审议报告应对关联宪法条款作出解释。根据我国《宪法》规定，全国人大常委会解释宪法。不过，由于作业平台与程序机制的长期缺失，宪法解释制度一直未被有效激活。随着近年来合宪性审查工作的稳步推进，宪法解释所赖以开展的动力与场域已经初步具备。在事前对法律草案涉及的宪法条款作出解释，既是保证草案内容合宪的前提，也有利于其他国家机关与公民发现法规等其他规范性文件中存在的违宪问题，助推事后的合宪性审查。

三、全国人大常委会备案审查工作情况

根据《宪法》《立法法》《各级人民代表大会常务委员会监督法》的规定，对行政法规、地方性法规、司法解释开展备案审查，是全国人大常委会履行宪法监督职责、保障宪法法律实施的一项重要工作。从2017年开始，全国人大常委会法制工作委员会便在每年年底向全国人大常委会报告当年的备案审查工作情况。本部分对2022年备案审查具体工作的评述，将主要依据全国人大常委会法制工作委员会主任沈春耀于2022年12月28日向全国人大常委会所作《全国人民代表大会常务委员会法制工作委员会关于十三届全国人大以来暨2022年备案审查工作情况的报告》(以下简称《2022年备案审查工作情况报告》)。

《2022年备案审查工作情况报告》首先总结了十三届全国人大常委会备案审查工作，认为经过五年的努力，已实现“有件必备”，基本实现“有备必审”“应审尽审”，并及时提出审查研究意见，按照“有错必纠”原则督促和推动有关制定机关进行修改完善或者适时废止。在备案审查工作中加强合宪性问题审查研究，切实维护国家法治统一。持续开展重点领域规范性文件集中清理和专项审查工作，推动党中央重大决策部署、国家重要法律和法治措施的贯彻落实。在备案审查工作中践行全过程人民民主重大理念，努力增强人民群众法治获得感。在制度和能力建设方面，常委会会议每年听取审议法工委关于备案审查工作情况的报告，并逐步实现常态化、制度化；委员长会议通过《法规、司法解释备案审查工作办法》，对宪法和有关法律关于备案审查的规定作出进一步细化；法工委不断总结实践经验，

制定有关备案审查工作的规范性文件，规范备案审查工作流程；初步建成国家法律法规数据库，探索建立案例指导制度，成立备案审查专家委员会，开展备案审查理论研究。

(一)2022 年备案情况

2022 年，全国人大常委会办公厅收到报送备案的法规、司法解释及特别行政区法律共 1172 件，其中行政法规 23 件，省、自治区、直辖市地方性法规 500 件，设区的市、自治州地方性法规 495 件，自治条例和单行条例 68 件，经济特区法规 40 件，司法解释 20 件，香港特别行政区法律 11 件，澳门特别行政区法律 15 件。

延续《2020 年备案审查工作情况报告》首次披露的做法，常委会办公厅将符合备案要求的法规、司法解释及时分送有关专门委员会、常委会工作机构审查之前，会首先依据《法规、司法解释形式审查工作程序》，对收到的法规、司法解释进行形式上的审查，看其是否存在施行日期不明确、缺少标准文本、公布日期早于批准日期、报送备案不及时、备案文件不齐全等问题。2022 年，全国人大常委会办公厅在备案工作中发现 56 件法规存在上述问题，对此，常委会办公厅及时发函纠正，督促报备机关规范报备行为。

(二)2022 年审查情况

全国人大常委会的审查方式可以分为四种：依申请审查、依职权审查、专项审查和移送审查。依申请审查是指依据申请对规范性文件进行的审查。根据《立法法》第 99 条前两款的规定，申请有两种类型：一种是国务院、中央军事委员会、最高人民法院、最高人民检察院和各省、自治区、直辖市的人民代表大会常务委员会提出审查要求；另一种是其他国家机关和社会团体、企业事业组织以及公民提出审查建议。依职权审查是指全国人大有关的专门委员会和常委会工作机构依据《立法法》第 99 条第 3 款的规定，对报送备案的规范性文件进行主动审查。专项审查是指为了贯彻党中央决策部署或者落实人大常委会工作安排，对事关重大改革和政策调整、上位法重要修改、事关公众切身利益极易引发社会广泛关注的某一领域的规范性文件进行的专门、集中审查。移送审查是指其他备案审查工作机构在工作中发现规范性文件可能存在违反上位法规定的问题，将其移送给有审查权的机关进行审查。[①]

依申请审查方面，2022 年法工委共收到公民、组织提出的审查建议 4829 件，其中属于全国人大常委会审查范围的 4067 件，包括针对行政法规和国务院决定提出的 108 件，针对地方性法规、自治条例和单行条例、经济特区法规提出的 3815 件，针对司法解释提出的 144 件。没有收到有关国家机关提出的审查要求。对比 2021 年的数据，在收到审查建议总数下降(从 6339 件降至 4829 件)的情况下，针对行政法规和国务院决定提出的审查建议数量由 60 件升至 108 件，针对司法解释提出的审查建议数量由 85 件升至 144 件。可见，公民、组织对中央国家机关制定的规范性文件的审查请求呈上升趋势。

移送审查方面，2022 年法工委对不属于全国人大常委会审查范围、可能存在问题的 333 件审查建议移送有关备案审查工作机构研究处理，其中移送中央办公厅 3 件、司法部 62 件、最高人民法院 6 件、最高人民检察院 3 件、省级地方人大常委会 259 件。研究处理其他备案审查工作机构移送或提出的审查建议 286 件。专项审查方面，法工委对 2021 年专项清理工作有关事项进行跟踪督促，组织开展物业管理、生育保险等领域规范性文件集中清理和专项审查工作。截至目前，共督促、推动制定机关修改、废止法规、司法解释及其他规范性文件 781 件。

(三)2022 年备案审查制度和能力建设情况

2022 年，法工委继续推动地方人大常委会备案审查制度和能力建设。第一，落实修改后的地方组织法，推动地方各级人大常委会建立健全听取和审议备案审查工作情况报告制度，力争实现县级全覆盖。第二，探索建立备案审查案例指导制度，收集整理备案审查工作案例供地方人大参考，推动地方统一审查标准和尺度。第三，在全国人大常委会初步建成国家法律法规数据库的背景下，法工委于 2022 年 9 月 21 日召开全国省级法规规章规范性文件数据库建设工作推进会，总结交流浙江、广东、重庆、宁夏四地试点经验，要求试点四地循序渐进推进数据库第二阶段工作目标，其他省区市尽早启动本省区市数据库建设工作，有条件的地方在 2023 年 10 月前，其他地方最迟在 2024 年 3 月前完成省级数据库第一阶段建设工作。第四，围绕现行宪法颁布施行 40 周年，深入推进备案审查理论研究。随着备

① 关于四种审查方式，参见全国人大常委会法制工作委员会、法规备案审查室：《规范性文件备案审查理论与实务》，中国民主法制出版社 2020 年版，第 56 页以下。

案审查工作的全面开展，备案审查理论成为学术界的研究热点。法工委于2021 年年底成立备案审查专家委员会，充分发挥专家学者作用，构建中国特色宪法实施和监督理论体系、话语体系，促进理论研究成果的转化，提高备案审查工作质量。

四、备案审查中合宪性审查工作的进展与不足

对有关规范性文件的合宪性审查是备案审查制度的重要组成部分。习近平总书记在党的十九届二中全会上的重要讲话中指出："全国人大常委会的备案审查工作，当然就包括审查有关规范性文件是否存在不符合宪法规定、不符合宪法精神的内容，要加强和改进这方面的工作。"回顾法工委近几年所作备案审查工作情况报告可以发现，法工委对处理合宪性、涉宪性问题的态度越来越积极，并主动披露相关案例。《2022 年备案审查工作情况报告》专列一节，回顾了十三届全国人大常委会在备案审查工作中加强合宪性问题审查研究，切实维护国家法治统一的情况。除往年报告已经披露过的四起案例外，2022 年的报告又介绍了两起新的合宪性审查工作案例。

第一起案例尽管并未指明所涉及的司法解释的具体名称，但根据存在争议的规定可知，该司法解释为最高人民检察院制定的《人民检察院刑事诉讼规则》。2018 年修订的《人民检察院组织法》第 24 条第 1 款款首及其第 4 项增加了"上级人民检察院对下级人民检察院行使下列职权：……（四）可以统一调用辖区的检察人员办理案件"这一新规定。2019 年 12 月30 日，最高人民检察院颁布的《人民检察院刑事诉讼规则》第 9 条第 2 款进一步规定"上级人民检察院可以依法统一调用辖区的检察人员办理案件，调用的决定应当以书面形式作出。被调用的检察官可以代表办理案件的人民检察院履行出庭支持公诉等各项检察职责"。

然而，对被调用的检察人员代表所调用的人民检察院履行出庭支持公诉等各项检察职责是否需要经本级人大常委会作出相关任职决定，存在争议。法工委经研究认为，宪法和有关组织法等法律共同构成检察权行使的法律依据，根据人民检察院组织法有关规定，上级人民检察院可以调用辖区的检察人员办理案件；被调用的检察人员代表办理案件的人民检察院履行出庭支持公诉等各项检察职责的，须经本级人大常委会作出相关任职决定。法工委向有关制定机关提出了研究意见，并建议予以考虑。

第二起案例涉及省级法院、检察院、公安厅就办理袭警罪案件的联合发文。法工委经审查研究认为，该联合发文涉及犯罪构成具体内容，扩大

了法定袭警罪、妨害公务罪的惩治范围，超出了刑法规定范围；立法法是重要宪法性法律，有关联合发文不符合立法法关于“两高”以外的审判机关、检察机关不得作出具体应用法律的解释的规定，超出了制定机关权限。法工委通过衔接联动机制与有关方面沟通，多方面协同行动、督促推动，制定机关很快发文通知停止执行有关文件。最高人民法院、最高人民检察院针对这一事例要求有关法院、检察院开展司法规范性文件自查清理，重申地方一律不得制定在本辖区普遍适用的、涉及具体应用法律问题的司法解释性质文件，制定的其他规范性文件不得在法律文书中援引。

上述两起案例所涉及规范性文件的制定主体均为司法机关。前文在介绍2022年审查工作情况时已经指出，针对司法解释提出的审查建议数量一直呈上升趋势。在最高人民法院与最高人民检察院有权作出属于审判、检察工作中具体应用法律的解释，且实践中这种解释早已出现“立法化”现象的背景下，司法解释频繁产生合宪性争议并成为重点审查对象，并不奇怪。

此外，最新披露的两起案例提醒审查机关应正确把握字面违宪与适用违宪、依申请审查与依职权审查之间的关系。第一，关于字面违宪与适用违宪。在第一起案例中，最高人民检察院作出的司法解释实质上是对《人民检察院组织法》第24条关于上级人民检察院可以统一调用辖区的检察人员办理案件这一规定的适用，法工委最终认定司法解释而非《人民检察院组织法》的相关规定存在违宪问题，这种违宪属于适用违宪。这一区分的意义在于，对于代议机关制定的法律，在可以对其进行合宪性解释的情况下，应避免作出违宪认定。第二，关于依申请审查与依职权审查。根据《立法法》《各级人民代表大会常务委员会监督法》的有关规定，司法解释应当自公布之日起30日内报送全国人大常委会备案，全国人大常委会依职权对司法解释进行主动审查。

法工委在《2022年备案审查工作情况报告》中指出，要在审查工作中准确把握和阐明与宪法规定有关的内容，加强调研论证，强化审查说法说理，增强制度刚性，坚决纠正一切违宪违法的规范性文件。

五、结论

党的二十大强调要健全保证宪法全面实施的制度体系，更好发挥宪法在治国理政中的重要作用。习近平总书记在纪念现行宪法公布施行40周年的署名文章中对“全面”与“制度体系”作了进一步阐释，指出健全保证宪法全面实施的制度体系，必须坚持宪法规定、宪法原则、宪法精神全面贯彻，坚持宪法实施、宪法解释、宪法监督系统推进，为今后推进宪法全面实施提供了具体指引。

2022 年，全国人大及其常委会积极行使宪法赋予的立法权与法律解释权，修改了《地方各级人民代表大会和地方各级人民政府组织法》《全国人民代表大会常务委员会议事规则》，为全国人大常委会、地方人大与政府依法行使职权提供了组织与程序保障；修改了《妇女权益保障法》，加强了对妇女合法权益的保护；对《香港特别行政区维护国家安全法》第 14 条和第 47 条作出解释，有效维护了国家主权与安全利益。

宪法监督方面，宪法和法律委员会继续在一些法律和决定草案的审议报告中作出合宪性说明，但由于这一形式始终未被规范化，因此一直存在不普遍、不充分的问题。正在修订的《立法法》明确要求宪法和法律委员会应当在法律草案修改情况的汇报或者审议结果报告中对涉及的合宪性问题予以说明，有助于解决合宪性说明不普遍的问题。至于合宪性说明不充分问题的解决，则有赖于宪法解释的全面开展。备案审查中，法工委积极处理有关规范性文件的合宪性问题，但仍存在论证说理与制度刚性不足的问题。

撰稿专家

张翔，1976 年出生，甘肃张掖人，法学博士。北京大学法学院教授、博士生导师。兼任中国法学会宪法学研究会秘书长，中国行为法学会软法研究会副会长，国家监察委员会第一届特约监察员、全国人大常委会法制工作委员会备案审查专家委员会委员。第八届全国十大杰出青年法学家。主要研究领域包括宪法学、法学方法论。在《中国社会科学》《法学研究》《中国法学》等刊物发表论文 50 余篇，其中多篇被人大复印报刊资料、《中国社会科学文摘》与《高等学校文科学术文摘》转载。独著《具体法治中的宪法与部门法》《基本权利的规范建构》《宪法释义学：原理 · 技术 · 实践》，主编《德国宪法案例选释》（第 1~3 辑）。

第二章　2022 年民商法实施报告

2022 年民法实施报告

谢　勇

报告要旨

党的二十大将全面依法治国提升到新境界，强调“必须更好发挥法治固根本、稳预期、利长远的保障作用，在法治轨道上全面建设社会主义现代化国家”。民法实施是法治建设的重要方面，对经济发展、保障民生具有重要作用。2022 年是《民法典》实施的第二个年头，民法体系化对民法实施的系统化产生促进作用，但仍需要做好民法内部规范协调和立法、执法和司法各环节的协作，提升民法实施质效。2022 年，疫情和外部冲击对社会经济带来较大影响，我国经济面临需求收缩、供给冲击、预期转弱三重压力，民法实施的重要任务是稳定预期、稳定就业、扩大内需。中共中央、国务院印发《扩大内需战略规划纲要(2022-2035 年)》，国务院印发《扎实稳住经济的一揽子政策措施》，最高人民法院出台了促进消费 30 条意见和稳定就业 14 条意见。民法实施对于扩内需、稳经济、稳就业发挥了重要作用。2022 年民法实施的另一个重要方面是民生保护。立法机关修改《妇女权益保障法》，防止对妇女实施性骚扰、完善生育保障、加强妇女在农村集体经济组织成员身份确认等方面权益救济；修改《农产品质量安全法》，维护人民群众“舌尖上的安全”。最高人民法院发布内地与香港特别行政区法院相互认可和执行婚姻家庭民事案件判决的安排，让绝大部分跨境婚姻家庭案件判决在两地得到相互认可和执行；制定民法典总则编司法解释，完善监护等民事制度；制定网络消费纠纷司法解释一，对网络消费、直播营销、外卖餐饮等民生问题作出规定；修改人身损害赔偿司法解释，统一残疾赔偿金、死亡赔偿金和被扶养人生活费计算标准，解决人身损害赔偿的城乡差异问题；制定人身安全保护令司法解释，防范和禁止家庭暴力，保护家暴受害人权益。2022年，民法实施中物业管理、农村集体经济组织成员资格认定、实际施工人权利保护等固有问题仍然存在，需要进一步加强研究，不断完善民事法律和民法实施规则，更好发挥民法固根本、稳预期、利长远的作用。

核心建议

1. 坚持系统思维推进民法实施，妥善处理《民法典》与其他民事规范之间的关系，依托民法规范的体系化实现民法实施的协调性、统一性。

2. 继续推动民事立法、执法、司法的协调，提高民法规范的可操作性和适应性。

3. 着力解决民法实施中物业管理、农村集体经济组织成员资格认定、实际施工人权利保护等问题，更好地发挥民法稳预期、固根本、利长远的作用。

4. 完善解决权利冲突的制度，明确不同权利的效力等级，破解权利之间的“僵局”，做好交易安全保护与实质公平维护之间的平衡。

5. 完善扩大内需的民法实施政策，通过保护产权、鼓励交易、倡导诚信稳定消费者和投资者预期，提升边际消费倾向和投资人盈利预期，增强消费对经济发展的基础性作用和投资对优化供给结构的关键作用。

一、2022 年度民法实施的总体情况

(一)2022 年度民法实施简况

1. 民事纠纷化解方式多元化

2022 年，除诉讼方式外，诉前调解等方式成为解决民事纠纷的重要方式。据最高人民法院发布数据，近年来诉至人民法院的社会矛盾纠纷以年均 10%以上增幅持续增长，体现出经济社会活动的增加和人民群众维权意识、法律意识的增强。但是，案件数量与进入人民法院的纠纷数量并未同比例增长。2020 年，人民法院收案数在出现持续增长 15 年后首次下降。2022 年这一数据再次实现同比下降。通过诉讼方式解决的民事行政纠纷占法院纠纷总量比例从 2019 年的 90%下降到 2022 年的 64%。[①] 这说明司法机关更加注重运用调解等柔性司法手段处理民事纠纷。

2. 民法典实施制度逐步完善

2020 年，为适应《民法典》的实施，最高人民法院对中华人民共和国成立以来现行有效的 591 件司法解释及相关规范性文件进行全面清理。经清理，保留司法解释 364 件，修改司法解释 111 件，废止司法解释及相关规范性文件 116 件。合同法司法解释等司法解释废除后，相应的新司法解释并未制定，导致实践中对于是否能够适用及如何适用合同法司法解释存在不同认识。其他司法解释中，涉及连带责任、优先权等民法制度的部分条文被删除，导致实践中对此类条文所确立的裁判规则是否能够延续等问题存在不同认识。此外，《民法典》施行两年来，实践中出现了新情况、发现了新问题，有待进一步统一《民法典》实施规则。为更好实施《民法典》，2022 年最高人民法院制定《关于适用〈中华人民共和国民法典〉总则编若干问题的解释》;《最高人民法院关于适用〈中华人民共和国民法典〉合同编通则部分的解释》起草工作正有序开展，该解释已向社会征求意见；《民法典》人格权编、侵权责任编、婚姻家庭编的相关司法解释研究起草工作正稳步开展，《民法典》实施制度逐步完善。

3. 民法实施继续在规则维护与个案公正之间找寻平衡

规则维护和个案公正是民法实施乃至法治建设的两个重要价值取向。

---

① 《全国法院一站式建设优秀改革创新成果发布会实录》，载中国法院网，https://www.chinacourt.org/article/detail/2023/02/id/7144831.shtml，最后访问日期：2023 年 2 月 25 日。

维护规则能够发挥民法的评价、引导功能，为社会成员提供规则指引，提高民事法律行为法律后果的可预期性和社会关系的安定性。个案公正是民法实施效果的最重要指标之一，是民法实施追求的重要目标。随着交易的扩大、权利类型增加，不同权利指向同一标的物情况越发普遍。在同一标的物只能实现其中一个权利的情况下，如何对权利效力等级进行排序，是亟待解决的问题。这一问题集中体现在执行异议之诉领域。商品房预售制度、房地产登记制度有待健全让购房人在购房过程中面临房地产开发企业较高的违约风险。房屋是人民群众最重要的资产，不仅在居民资产负债表中占据最大份额，也关乎人民群众的居住权等基本生存权。基于生存权优先于一般财产权的理念，司法实践一般给予购房消费者对所购房屋享有的债权以优先保护。这种保护在价值取向上无可指摘，但却突破了债的相对性原则，让购房消费者的债权获得比抵押权、建设工程价款优先权效力更为优先的保护，对交易规则维护和交易安全造成损害。更为重要的是，一旦让合同获得了对抗第三人的效力，极易产生道德风险。目前，人民法院对不诚信诉讼行为的最大“罚单”就是在执行异议之诉案件中开出的。执行异议之诉也是近年来虚假诉讼增长最快的领域。解决这一问题的根本之策在于完善商品房预售制度和房地产登记制度，加强对商品房预售款的监管，全面落地、不断完善房屋预告登记制度或者赋予房屋销售合同网签备案登记的对抗效力。执行异议之诉对购房消费者债权的优先保护还导致了权利“僵局”。一方面，司法实践认可购房消费者对房屋享有的债权优先于抵押权，可排斥抵押权人对抵押房屋的强制执行；另一方面，又认可抵押权人对抵押房屋仍然享有抵押权。这导致抵押权人享有的是“名实不符”的抵押权，虽有抵押权之名，但无优先受偿之实，与《民法典》设立抵押权制度的目的不符。购房消费者虽然能够排除抵押权人的强制执行，但由于房屋上设有抵押登记，无法获得产权登记，不能获得所有权，或者即使获得产权登记也会一并记载抵押权，不能获得没有权利负担的所有权。这就造成了购房消费者和抵押权人“双输”的权利“僵局”，也不利于物的流转和效用发挥。规则维护与个案公正之间的平衡在建设工程领域中实际施工人权利保护等领域，由于不同的人所持立场不同、价值取向不同、对民法规范的理解不同，导致此类纠纷的处理尺度不尽一致。进一步完善民法实施规则是当前民法实施面临的重要任务。

4. 民法实施程序制度进一步完善

2021 年 12 月 24 日，《民事诉讼法》第四次修改，完善了小额诉讼等民法实施程序制度。最高人民法院于2022年修正《关于适用〈中华人民共和国民事诉讼法〉的解释》(以下简称《民事诉讼法司法解释》),共作出16处修改,进一步完善民法实施程序制度。为提高民法实施效率,修正后的《民事诉讼法司法解释》进一步完善小额诉讼和简易程序制度:一是将简易程序案件延长审限的条件由“双方当事人同意继续适用简易程序”修改为“有特殊情况需要延长”,同时将简易程序案件的最长审限由6个月修改为4个月。二是将简易程序转换为普通程序的条件由“案情复杂”修改为“不宜适用简易程序”,为下一步细化程序转换标准预留空间。同时,明确当事人对适用简易程序、小额诉讼程序的异议不成立的,人民法院应当裁定驳回,裁定可以采取口头形式。三是明确人民法院可以依照《民事诉讼法》第90条、第162条的规定采取捎口信、电话、短信、传真、电子邮件等简便方式传唤双方当事人、通知证人和送达诉讼文书。四是删除原《民事诉讼法司法解释》第274条、第275条关于具体适用和不得适用小额诉讼程序案件类型的规定;调整海事、海商案件适用小额诉讼程序的标的额标准,并允许当事人依法合意选择适用。

2022年,《民事诉讼法》修改完善工作继续深入推进,根据立法机关公布的《民事诉讼法(修正草案)征求意见》,将进一步完善虚假诉讼认定规则、审判组织制度、上诉制度、发回重审制度、指定遗产管理人诉讼制度、涉外民事诉讼制度等。有的修改是对民法实施中遇到问题的回应,如原审严重违反法定程序的,允许再次发回重审;有的是对民法实施中司法审判经验的总结,如关于非恶意串通型虚假诉讼的认定,吸纳了《最高人民法院关于深入开展虚假诉讼整治工作的意见》第2条的规定;有的是为更好实施《民法典》的新制度,如完善指定遗产管理人诉讼制度。

(二)民事法律和民事司法解释

1. 民事法律

2022年,对民法实施具有重大影响的立法事件有:

第一,修改《妇女权益保障法》,在强调人格权保护的基础上,主要完善了以下制度:一是强调禁止进行非医学需要的胎儿性别鉴定和选择性别的人工终止妊娠,规定医疗机构施行有关医疗活动时,应当尊重妇女本人意愿。二是为防止拐卖、绑架妇女,规定政府及有关部门、村民委员会、居民委员会发现报告和解救、安置、救助、关爱被拐卖、绑架的妇女等职责。三是为防止对妇女实施性骚扰,进一步完善预防和处置性骚扰、性侵害制度机制。四是明确住宿经营者的安全保障义务和对违法行为的报告义务，以及媒体客观、适度报道涉及妇女事件的义务。五是加强婚恋交友关系中的妇女权益保障，扩大人身安全保护令的适用范围。六是消除就业性别歧视，明确就业性别歧视的具体情形，将就业性别歧视纳入劳动保障监察范围。七是规定用人单位女职工权益保障相关责任。八是完善生育保障，规定国家建立健全职工生育休假制度。九是明确妇女对夫妻共同财产享有要求记载其姓名等权利，规定离婚诉讼期间共同财产查询、离婚时家务劳动经济补偿等制度。十是确立负责妇女工作的政府机构、妇女联合会督促查处侵害妇女权益行为的权力，人力资源和社会保障部门联合工会、妇女联合会约谈用人单位的权力。十一是规定妇女在农村集体经济组织成员身份确认等方面权益受到侵害时的救济措施，明确乡镇人民政府对村民自治章程、村规民约以及涉及村民利益事项的决定进行指导监督。十二是规定妇女权益保障公益诉讼、支持起诉等制度。《妇女权益保障法》的修订，对于完善妇女权益保护制度、完善民事公益诉讼体系、完善农村集体经济制度均具有重要意义，对行政机关、司法机关、工会、妇联、企业等主体实施民法提出了新的要求，对于民法实施具有重要意义。

第二，修改《农产品质量安全法》，主要作了以下修改：一是明确农产品生产经营者应当对其生产经营的农产品质量安全负责，规定从事农产品冷链物流的生产经营者、网络平台销售农产品的生产经营者的质量安全责任。二是增加“储存、运输”农产品过程中的质量安全管理要求为农产品质量安全标准，新增关于“储存、运输农产品的容器、工具和设备应当安全、无害。禁止将农产品与有毒有害物质一同储存、运输，防止污染农产品”的规定。三是建立农产品承诺达标合格证制度，进一步完善农产品追溯制度。四是加大涉食用农产品违法行为的处罚力度，与《食品安全法》相关规定相协调。在责任主体方面，引入“农户”概念，并对农户另行规定了较轻的处罚，在维护农产品质量安全的同时，兼顾我国农业发展的现状。五是增设农产品质量安全领域的公益诉讼制度。明确规定食用农产品生产经营者违反本法规定，污染环境、侵害众多消费者合法权益，损害社会公共利益的，人民检察院可以向人民法院提起诉讼。《农产品质量安全法》的修订进一步完善了我国食品安全保护制度，对于维护人民“舌尖上的安全”具有重要意义。

2. 民事司法解释

2022 年，民事领域相关司法解释主要有：

第一，2022年2月14日，最高人民法院发布《关于内地与香港特别行政区法院相互认可和执行婚姻家庭民事案件判决的安排》(以下简称《安排》)。《安排》涵盖各类型婚姻家庭民事案件的判决，包括香港特别行政区法院作出的离婚绝对判令、婚姻无效绝对判令、赡养令、管养令等，以及内地法院作出关于离婚、婚姻无效、扶养配偶、抚养子女等的判决。随着内地与香港特别行政区跨境婚姻增多，内地与香港特别行政区法院在两地互涉婚姻家庭案件中就夫妻财产、子女抚养等问题作出的判决如何在另一地获得认可和执行问题需要合理解决。《安排》生效后，绝大部分跨境婚姻家庭案件判决将在两地得到相互认可和执行。

第二，2022年2月24日，最高人民法院发布《关于适用〈中华人民共和国民法典〉总则编若干问题的解释》。该司法解释共39条，分为一般规定、民事权利能力和民事行为能力、监护、宣告失踪和宣告死亡、民事法律行为、代理、民事责任、诉讼时效和附则9个部分。该司法解释的颁布有助于《民法典》与旧法的有序衔接，对《民法典》总则编的相关制度作了细化和完善。

第三，2022年3月1日，最高人民法院发布《关于审理网络消费纠纷案件适用法律若干问题的规定(一)》。该解释共20条，主要对网络消费合同权利义务、责任主体认定、直播营销民事责任、外卖餐饮民事责任等方面作出规定，主要包括以下内容：一是坚持合法性审查，规范网络消费格式条款。解释第1条对于“签收商品即视为认可商品质量合格”“经营者享有单方解释权或者最终解释权”等实践中常见的不公平不合理的格式条款进行了列举，并作兜底性规定，明确有上述内容的格式条款应当依法认定无效。二是完善7日无理由退货制度，加强消费者售后权益保障。该解释规定消费者因检查商品的必要对商品进行拆封查验且不影响商品完好，电子商务经营者不得以商品已拆封为由主张不适用7日无理由退货制度，同时明确，法律另有规定的除外。三是明确电商平台自营误导的法律后果，压实平台责任。该解释第4条规定，电子商务平台开展自营业务时，应当承担商品销售者或者服务提供者责任。即使电商平台不是实际开展自营业务，但其所作标识等足以误导消费者相信其系平台自营的，电商平台经营者也要承担商品销售者或者服务提供者责任。四是明确平台外支付的法律后果，压实商家责任。该解释第5条规定，平台内经营者出售商品或者提供服务过程中，其工作人员引导消费者通过交易平台提供的支付方式以外的方式进行支付，消费者主张平台内经营者承担商品销售者或者服务提供者责任，平台内经营者以未经过交易平台支付为由抗辩的，人民法院不予支持。五是明确网络店铺转让未公示责任，保护消费者合理信赖。该解释第 6 条明确，平台内经营者将网络账号及店铺转让给其他经营者，但未依法进行相关经营主体信息变更公示，实际经营者的经营活动给消费者造成损害，消费者有权主张注册经营者、实际经营者承担赔偿责任，最大限度保护消费者合法权益。六是明确虚假刷单、刷评、刷流量合同无效，斩断网络消费市场“黑灰产”链条。该解释明确电子商务经营者与他人签订的以虚构交易、虚构点击量、编造用户评价等方式进行虚假宣传的合同，人民法院应当依法认定无效，引导市场主体规范经营。七是明确奖品、赠品、换购商品等造成损害的法律后果，规范网络促销行为。该解释第 8 条规定，电子商务经营者在促销活动中提供的奖品、赠品或者消费者换购的商品给消费者造成损害，电子商务经营者应当承担赔偿责任，不得以奖品、赠品属于免费提供或者商品属于换购为由主张免责。八是明确高于法定赔偿标准的承诺应当遵守，强化经营者诚信经营意识。该解释第 10 条规定，平台内经营者销售商品或者提供服务损害消费者合法权益，其向消费者承诺的赔偿标准高于相关法定赔偿标准，消费者主张平台内经营者按照承诺赔偿的，人民法院应依法予以支持。九是明确网络直播营销民事责任，引导新业态健康发展。该解释对商业性网络直播营销作出了规定。其中，第 11 条对平台内经营者开设网络直播间销售商品的情形作出规定，明确平台内经营者的工作人员作出虚假宣传等，平台内经营者要承担赔偿责任。第 12 条对于直播间运营者责任作出规定，明确直播间运营者要能够证明已经标明了其并非销售者并标明实际销售者，并且要达到足以使消费者辨别的程度，否则，消费者有权主张直播间运营者承担商品销售者责任。直播间运营者已经尽到标明义务的，人民法院应当综合交易外观、直播间运营者与经营者的约定、与经营者的合作模式、交易过程以及消费者认知等因素予以认定，通过较为弹性的规定，为个案裁量和未来发展留出空间。十是完善外卖餐饮民事责任制度。该解释第 18 条规定，网络餐饮服务平台经营者未依法对入网餐饮服务提供者进行实名登记、审查许可证，或者未履行报告、停止提供网络交易平台服务等义务，使消费者的合法权益受到损害，消费者有权主张网络餐饮服务平台经营者与入网餐饮服务提供者承担连带责任。该解释第 19 条明确，入网餐饮服务提供者不得以订单系委托他人加工制作为由主张免责，加强食品安全司法保护力度。

第四，2022 年 4 月 24 日，最高人民法院公布《关于修改〈最高人民法院关于审理人身损害赔偿案件适用法律若干问题的解释〉的决定》。最高人民法院于2003年12月公布的《关于审理人身损害赔偿案件适用法律若干问题的解释》(以下简称《人身损害赔偿司法解释》),规定了残疾赔偿金、死亡赔偿金按照城镇居民人均可支配收入或者农村居民人均纯收入标准计算,被扶养人生活费按照城镇居民人均消费性支出和农村居民人均年生活消费支出标准计算。该规定是基于当时我国经济社会发展基本国情,在城乡户籍制度和城乡二元结构的背景下制定的,在当时的背景下具有合理性。随着社会经济发展,这一赔偿标准二分法的制度逐渐显现出不适应社会发展的一面。2019年4月15日,中共中央、国务院公布《关于建立健全城乡融合发展体制机制和政策体系的意见》,明确提出"改革人身损害赔偿制度,统一城乡居民赔偿标准"的要求。为贯彻落实党中央要求,最高人民法院于2019年9月2日印发《关于授权开展人身损害赔偿标准城乡统一试点的通知》,授权各高院在辖区内开展人身损害赔偿纠纷案件统一城乡居民赔偿标准试点工作。在总结试点工作经验的基础上,最高人民法院启动了《人身损害赔偿司法解释》修改工作。本次修改是为落实党中央关于"改革人身损害赔偿制度,统一城乡居民赔偿标准"的要求,聚焦赔偿标准城乡统一问题。修改共涉及《人身损害赔偿司法解释》第12条、第15条、第17条、第18条、第22条、第24条六个条文,主要内容是:将残疾赔偿金、死亡赔偿金由原来按照城镇居民人均可支配收入或者农村居民人均纯收入标准计算修改为按照城镇居民人均可支配收入标准计算;将被扶养人生活费由原来按照城镇居民人均消费性支出或者农村居民人均年生活消费支出标准计算修改为按照城镇居民人均消费支出标准计算。残疾赔偿金、死亡赔偿金以及被扶养人生活费不再区分城乡居民分别计算,而是统一按照政府统计部门公布的各省、自治区、直辖市以及经济特区和计划单列市的城镇居民指标计算。

第五,2022年7月14日,最高人民法院发布《关于办理人身安全保护令案件适用法律若干问题的规定》。该司法解释共13条,以发挥人身安全保护令的预防功能为出发点,进一步清除该类案件在受理和作出程序中的各种障碍,突出对家庭暴力受害人权益保护的时效性,明确规则,主要包括以下几个方面:一是明确人身安全保护令案件不依附于离婚等民事诉讼程序。这符合人身安全保护令快速、及时制止家庭暴力的基本特征和制度目的。二是进一步明确家庭暴力的形式,扩大人身安全保护令适用范围。《反家庭暴力法》第2条规定:"本法所称家庭暴力,是指家庭成员之间以殴打、捆绑、残害、限制人身自由以及经常性谩骂、恐吓等方式实施的身体、精神等侵害行为。”该条列举了家庭暴力的常见形式。该解释对家庭暴力行为种类作了列举式扩充，明确冻饿以及经常性侮辱、诽谤、威胁、跟踪、骚扰等均属于家庭暴力，进一步明晰人身安全保护令的适用范围。三是适当扩大代为申请的情形及代为申请的主体范围。《反家庭暴力法》第 23 条规定，当事人是无民事行为能力人、限制民事行为能力人，或者因受到强制、威吓等原因无法申请人身安全保护令的，其近亲属、公安机关、妇女联合会、居民委员会、村民委员会、救助管理机构可以代为申请。该解释对代为申请的情形进行了适当扩充，明确“年老、残疾、重病”等情况，可以在尊重当事人意愿的前提下，由相关部门代为申请。对于代为申请的主体，增加了民政部门、残疾人联合会、依法设立的老年人组织等，目的是充分调动全社会力量，保障人民群众尤其是弱势群体的身健康和生命安全。四是明确证据形式及证据标准。《反家庭暴力法》第 20 条规定，人民法院审理涉及家庭暴力的案件，可以根据公安机关出警记录、告诫书、伤情鉴定意见等证据，认定家庭暴力事实。该解释列举十种证据形式，为家庭暴力受害人留存、收集证据提供清晰的行为指引，着力解决实践中大多数当事人无法提供《反家庭暴力法》所列举证据，导致其申请因“证据不足”而被驳回的问题。该解释还结合人身安全保护令非诉程序特点，明确签发人身安全保护令的证明标准是“较大可能性”，而不需要达到“高度可能性”，从而减轻了当事人的举证负担，有助于充分发挥人身安全保护令的作用。五是对违反人身安全保护令的行为加大惩治力度。《反家庭暴力法》第 34 条规定，被申请人违反人身安全保护令，构成犯罪的，依法追究刑事责任；尚不构成犯罪的，人民法院应当给予训诫，可以根据情节轻重处以 1000 元以下罚款、15 日以下拘留。该解释进一步明确，被申请人违反人身安全保护令，符合《刑法》第 313 条规定的，以拒不执行判决、裁定罪定罪处罚，将违反人身安全保护令行为本身纳入拒不执行判决、裁定罪适用范围。解释还对参照反家庭暴力法适用的具体人员范围、人身安全保护令与离婚诉讼的关系等问题进行了规定。

(三)民事司法政策

2022 年，对民法实施具有重大影响的有：

1. 最高人民法院制定《关于为加快建设全国统一大市场提供司法服务和保障的意见》，依法支持保障全国统一大市场建设。该意见共 7 部分 30

条，对加强市场主体统一平等保护、助力打造统一的要素和资源市场、依法维护统一的市场交易规则、助力推进商品和服务市场高水平统一、维护统一的市场竞争秩序、系统集成推进司法体制综合配套改革各项工作举措、完善统一法律适用工作机制等问题作出规定。

2. 最高人民法院制定《关于充分发挥司法职能作用 助力中小微企业发展的指导意见》。该意见共20条，涉及积极为中小微企业发展营造公平竞争、诚信经营的市场环境、加强中小微企业产权司法保护、建立办理拖欠中小微企业账款案件“绿色通道”、依法保护有挽救价值的中小微企业、全面清查超标的查封、乱查封问题、最大限度降低执行措施对中小微企业等市场主体的不利影响等方面。

3. 最高人民法院制定《关于为促进消费提供司法服务和保障的意见》。该意见从加强消费者权益司法保护、加强生产经营者权益司法保护、维护诚信公平的市场环境等方面提出30条具体服务保障举措，要求以最严举措保护食品、药品安全，加强预付式消费中消费者权益保护，依法整治消费领域“霸王条款”，依法规制平台强制“二选一”、歧视性待遇、虚假宣传、刷单炒信、强制搭售等垄断和不正当竞争行为；积极对接消费领域失信名单制度，推动共建失信违法生产经营者信息披露平台，构建有利于增强消费信心的社会信用体系；妥善处理涉商品流通等案件，依法纠正违法设卡、阻碍物流等不当行政行为，推动跨区域物流畅通有序。同时，进一步提升司法服务水平。准确适用在线诉讼规则、在线调解规则等规定，实现提升消费纠纷在线化解质效与保障人民群众合法诉讼权益相统一；完善消费民事公益诉讼与私益诉讼衔接机制，探索建立食品安全民事公益诉讼惩罚性赔偿制度和消费者集体诉讼制度，不断增加农村消费者司法服务供给。

4. 最高人民法院制定《关于为稳定就业提供司法服务和保障的意见》。该意见从推动落实就业优先政策、依法规范新就业形态用工、妥善处理劳动争议案件、依法保障诉讼权利四大方面提出14条具体服务保障举措，要求妥善审理社会保险纠纷、房屋租赁合同纠纷、金融借款合同纠纷等案件，推动落实阶段性缓缴社会保险费、阶段性减免房产租金、金融支持等就业优先政策；依法支持脱贫人口稳岗就业，推动农村劳动力转移就业；妥善审理平等就业权纠纷案件，坚决纠正用人单位性别、地域歧视行为，支持高校毕业生多渠道灵活就业。贯彻落实国家保就业保生产、复工复产等政策，准确把握新阶段疫情防控各项措施，审慎处理涉疫情劳动争议纠纷，依法保障用人单位和劳动者权益；依法对劳动者居家办公或灵活办公工资支付问题作出规范；积极引导和支持用人单位与劳动者依法协商，采取有关措施稳定工作岗位，推动构建和谐劳动关系。此外，根据疫情形势变化以及证据情况综合考虑是否准许当事人顺延期限，符合条件的依法在线开展诉讼活动；依法高效妥善处理涉企业复工复产纠纷案件，及时作出免、减、缓交诉讼费决定，审慎采取财产保全措施，灵活采取保全措施或担保方式，助力复工复产。

5. 最高人民法院制定《关于为实施积极应对人口老龄化国家战略提供司法服务和保障的意见》，该意见共 20 条，就老年人婚姻家庭、老年人继承、老年家庭成员人身、财产安全、老年监护、养老等问题作出规定。

6. 最高人民法院制定《人民法院在线运行规则》。该规则是继《人民法院在线诉讼规则》《人民法院在线调解规则》之后，最高人民法院出台的又一份重要文件，将在世界范围内首次构建全方位、系统化的互联网司法规则体系。该规定明确了人民法院在线运行的总体要求、基本原则；明确了支撑人民法院在线运行的信息系统组成、主要功能，规定“人民法院在线服务与智慧服务系统其他平台对接，作为人民法院通过互联网向人民群众提供在线服务的统一入口”；明确了人民法院在线运行的各项活动依托的平台及其应用方式；明确了人民法院在线运行的各项活动依托的平台及其应用方式；明确了人民法院信息安全、运行维护等运行保障要求。下一步，最高人民法院将基于中国移动微法院，进一步升级形成“人民法院在线服务”，作为全国四级法院统一面向人民群众提供在线服务的统一入口。

(四)其他民事规范

2022 年，对民法实施具有较大影响的其他民事规范有：

第一，人力资源和社会保障部、中央政法委、最高人民法院、工业和信息化部、司法部、财政部、中华全国总工会、中华全国工商业联合会、中国企业联合会/中国企业家协会制定《关于进一步加强劳动人事争议协商调解工作的意见》。该意见明确提出加强源头治理、强化协商和解、做实多元调解、强化联动体系，着力在主动靠前服务、构建共治格局、创新服务机制上下功夫，更有效地发挥协商调解的前端性、基础性作用，努力实现争议办理的政治效果、法律效果与社会效果相统一。

第二，人力资源和社会保障部、最高人民法院制定《关于劳动人事争议仲裁与诉讼衔接有关问题的意见(一)》。该意见共 21 条，着力规范调解协议后续程序性保障，完善诉裁调对接机制，明确终局裁决范围，确立仲裁证据的司法审查规则，细化有关法律适用标准条件，有利于促进裁审法律适用统一和程序衔接，加强劳动者权益保护。

(五)指导性案例

2022年7月6日，最高人民法院发布第32批指导性案例：

指导案例179号“聂某兰诉北京林氏兄弟文化有限公司确认劳动关系案”，明确了用人单位与劳动者以“合作经营”为名订立协议，但从协议约定的双方权利义务内容、实际履行情况来看符合劳动关系认定标准的，人民法院应当认定用人单位与劳动者存在劳动关系。

指导案例180号“孙某锋诉淮安西区人力资源开发有限公司劳动合同纠纷案”，明确了人民法院在判断用人单位单方解除劳动合同行为的合法性时，应当以用人单位向劳动者发出的解除通知的内容为认定依据；对于用人单位超出解除劳动合同通知中载明的依据及事由，在案件审理过程中另行提出的理由，人民法院不予支持。

指导案例181号“郑某诉霍尼韦尔自动化控制(中国)有限公司劳动合同纠纷案”，明确了用人单位的管理人员对被性骚扰员工的投诉没有采取合理措施，或者存在纵容性骚扰行为、干扰对性骚扰行为调查等情形，用人单位以管理人员未尽岗位职责，严重违反规章制度为由解除劳动合同，管理人员主张解除劳动合同违法的，人民法院不予支持。该案例对于《民法典》施行后用人单位合理构建性骚扰防范处置机制，提升全员防范意识，防范职场性骚扰行为，具有示范指导意义。

指导案例182号“彭某翔诉南京市城市建设开发(集团)有限责任公司追索劳动报酬纠纷案”，明确了用人单位规定劳动者在完成一定绩效后可以获得奖金，对符合条件的劳动者申请发放奖金的，有义务进行审查。用人单位无正当理由拒绝履行审批义务，劳动者向人民法院主张获奖条件成就，用人单位应当按照规定发放奖金的，人民法院应予支持。

指导案例183号“房某诉中美联泰大都会人寿保险有限公司劳动合同纠纷案”，明确了虽然用人单位的规章制度规定年终奖发放前离职的劳动者不能享有年终奖，但是劳动合同的解除非因劳动者单方过失或主动辞职所致，且劳动者符合年终奖发放标准时，劳动者主张用人单位支付年终奖的，人民法院应当予以支持。

指导案例184号“马某楠诉北京搜狐新动力信息技术有限公司竞业限制纠纷案”，明确了用人单位与劳动者在竞业限制条款中约定，因履行竞业限制条款发生争议申请仲裁和提起诉讼的期间不计入竞业限制期限的，属于《劳动合同法》第26条第1款第2项规定的“用人单位免除自己的法定责任、排除劳动者权利”的情形，应当认定为无效。

指导案例185号“闫某琳诉浙江喜来登度假村有限公司平等就业权纠纷案”，明确了用人单位在招用人员时，基于地域、性别等与“工作内在要求”无必然联系的因素对劳动者进行无正当理由的差别对待的，构成就业歧视，应当承担相应的法律责任。

（六）典型案例

用小案例讲述大道理，是司法机关、行政执法机关近年来乐于采用的民法实施方式。2022年，最高人民法院、人社部等司法和执法部门在人民陪审员参审、未成年人权益保护、老年人权益保护、劳动者权益保护、人民法庭建设等方面发布了一系列典型案例。

1. 最高人民法院发布人民陪审员参审十大典型案例

2022年10月，最高人民法院发布人民陪审员参审十大典型案例，包括人民陪审员参加七人合议庭审理曾某侵害烈士名誉公益诉讼案、人民陪审员参加审理医疗服务合同纠纷案、人民陪审员参加审理涉农买卖合同纠纷案、人民陪审员参加审理卢某某等人校园欺凌案等，积极推进司法全过程民主，在公正司法与全民守法之间搭建桥梁，将民法实施中司法的专业判断与群众的公正观念有机结合，提升民法实施的质效。

2. 最高人民法院发布第一批人民法院贯彻实施民法典典型案例

2022年2月25日，最高人民法院发布第一批人民法院贯彻实施民法典典型案例，涉及申请变更监护人、申请撤销监护人资格、英雄烈士保护民事公益诉讼、健康权保护、居住权执行、运输合同、肖像权保护、法定继承、指定遗产管理人、身体权保护、环境污染民事公益诉讼、植物新品种权保护、高空抛物损害责任等《民法典》规定的法律制度的实施。通过案例宣传、贯彻、实施《民法典》是当下民法实施的一个重要方面，人民群众通过典型案例了解《民法典》的规则、制度，学法、守法、用法。

3. 最高人民法院发布消费者权益保护典型案例

2022年3月15日，最高人民法院发布了10个消费者权益保护典型案例，涉及医疗美容消费、大学生贷款订立摄影合同、婚礼影像资料丢失、预付费消费退款、住房消费、网络消费格式条款的提示说明和解释、网店客服行为后果、二手商品转让、经营者承诺、消费者个人信息保护等问题。

加强消费者权益保护、增加消费信心、促进消费发展，是2022年乃至今后一段时间民法实施的重要任务。

4. 最高人民法院发布涉英烈权益保护典型案例

2022年12月8日，最高人民法院发布涉英烈权益保护十大典型案例。其中，在罗某侵害英雄烈士名誉、荣誉暨附带民事公益诉讼案中，人民法院明确在网络平台上侮辱抗美援朝英雄烈士，构成侵害英雄烈士名誉、荣誉罪并应承担民事责任；在肖某侵害英雄烈士名誉、荣誉罪案中，人民法院明确在人数众多的微信群诋毁、侮辱英雄，构成侵害英雄烈士名誉、荣誉罪；在仇某侵害英雄烈士名誉、荣誉暨附带民事公益诉讼案中，人民法院明确在网络平台上采用侮辱、诽谤方式侵害卫国戍边英雄烈士名誉、荣誉构成犯罪并应承担民事责任；在王某诉杨某排除妨害纠纷案中，人民法院明确任何组织和个人不得侵占英雄烈士纪念设施保护范围内的土地和设施；在李某、吴某侵害英雄烈士荣誉民事公益诉讼案中，人民法院明确在英雄烈士纪念设施保护范围内从事有损纪念英雄烈士环境和氛围的活动应承担法律责任；在某网络科技公司侵害英雄烈士姓名民事公益诉讼案中，人民法院明确擅自将英烈姓名用于商业用途，侵害英雄烈士人格利益和社会公共利益；在叶某等诉某信息公司名誉权纠纷案中，人民法院明确烈士近亲属有权依法对侵害英烈名誉行为提起诉讼；在赵某侵害英雄烈士名誉民事公益诉讼案中，人民法院明确在网络平台上发表不当言论亵渎英烈事迹和精神应当承担法律责任；在洪某诉刘某、某报社名誉权纠纷案中，人民法院明确对侵害英雄烈士名誉、荣誉行为的合理回应和批评不构成侵权；董某诉李某、第三人卢某排除妨害案中，人民法院明确保障英雄烈士遗属居住权益。

5. 最高人民法院发布老年人权益保护第二批典型案例

2022年4月8日，最高人民法院发布老年人权益保护第二批典型案例。其中，冯某某与柳某某人身安全保护令及物权保护纠纷案中，人民法院通过签发人身安全保护令，禁止家暴，保护老年人权益；孙某乙申请变更监护人纠纷案中，人民法院通过依法变更监护人，保护老年人权益；在庞某某诉张某某等二人赡养费纠纷案中，人民法院明确子女不得以父母再婚为由，拒绝履行赡养义务；在孙某甲诉某老年公寓公司服务合同纠纷案中，人民法院依法认定养老机构的附随义务，强化养老服务行业主体责任意识；在李某某诉高某某、某保险公司机动车交通事故责任纠纷案中，对于超过法定退休年龄受害人的误工费予以支持，维护老年人合法权益。

6. 最高人民法院发布未成年人权益司法保护典型案例

2022年3月1日，最高人民法院发布未成年人权益司法保护典型案例。其中，在李某某诉某电子商务有限公司网络服务合同纠纷案中，人民法院认定，未成年人实施与其年龄、智力不相符的支付行为无效；在钱某与某美容工作室、龙某生命权、身体权、健康权纠纷案中，人民法院认定，为未成年人文身构成侵权，应当依法承担损害赔偿责任；在胡某某、王某某诉某某餐厅死亡赔偿案中，人民法院认定，向未成年人出售烟酒应依法承担相应责任；在黄某某诉某某宾馆生命权、身体权、健康权纠纷案中，人民法院认定，宾馆对未成年人未尽入住程序询问义务的应当依法承担责任。

7. 最高人民法院发布第二批人民法院大力弘扬社会主义核心价值观典型民事案例

2022年2月23日，最高人民法院发布第二批人民法院大力弘扬社会主义核心价值观典型民事案例，涉及老人赠与孙子房产后还能不能住、父母对成年子女“啃老”能否说不、垫资照顾“空巢”老人费用由谁来担、对劳动者就业实施地域歧视精神抚慰金要不要赔、老旧小区加装电梯能不能拦、享受对口支援政策入学深造后毁约违约金应不应赔、助人为乐担不担责、媒体曝光食品安全问题侵不侵权、好意同乘致人损害赔偿责任能不能减等紧系人民生活、关乎群众利益、紧扣社会主义核心价值观、紧贴民法典实施的问题。此次发布典型案例，彰显了人民法院坚持“法安天下、德润人心”大力践行和弘扬社会主义核心价值观的鲜明态度和坚定决心，为行善者撑腰，让失德者失利，积极引领社会风气向上向善。

二、2022年民法实施的主要特点

(一)服务和保障经济发展是民法实施的重要目标

2022年12月15日至16日在北京召开的中央经济工作会议指出，我国经济恢复的基础尚不牢固，需求收缩、供给冲击、预期转弱三重压力仍然较大，外部环境动荡不安，给我国经济带来的影响加深。“稳就业、稳金融、稳外贸、稳外资、稳投资、稳预期”、服务和保障经济成为2022年民法实施的重要目标。2022年民法实施注重准确适用《民法典》有关市场交易的新制度新规则，充分发挥民法维护交易安全、维护市场秩序的制度功能。最高人民法院结合工作实际，制定了《关于为加快建设全国统一大市场提供司法服务和保障的意见》，促进市场经济发展。

(二)服务和保障民营经济、小微企业发展是民法实施的重要抓手

当前，民营经济对于我国经济发展、人民富裕具有不可替代的作用，体现出“五六七八九”的特征，即贡献了50%以上的税收，60%以上的国内生产总值，70%以上的技术创新成果，80%以上的城镇劳动就业，90%以上的企业数量。2021年，民营经济税收贡献已达59.6%，民营企业占市场主体96%，比重进一步提高。[①] 党的二十大报告强调要“优化民营企业发展环境，依法保护民营企业产权和企业家权益，促进民营经济发展壮大”，2022年民法实施的一个重要方面就是保护产权、保护交易、稳定预期，保护民营企业和民营企业家的合法权益，充分激发民营企业家投资、创业热情。只有充分发挥法治固根本稳预期利长远的保障作用，才能激发投资、鼓励消费，扩大内需，促进经济恢复和发展。

2022年，各地法院为纾解中小微企业难题、助力发展采取了诸多法律保障举措。例如，江苏苏州中院出台“服务保障稳企复产的14项措施”；山东淄博中院出台“破产挽救中小微企业19条”；湖南衡阳中院出台“精准服务中小微企业24条举措”，积极开展“暖企行动”“送法进百企”等活动；北京海淀区法院成立“优化营商环境工作室”，推动“商事执行纠纷商人解”；广西南宁西乡塘区法院与有关部门联合成立中小微企业合法权益联动保障中心，千方百计为企业排忧解难；等等。

(三)加强新业态消费者和劳动者司法权益保护是民法实施的重要方面

信息网络对社会生活的影响全面而深入，新业态成为社会经济的重要组成部分。加强新业态消费者和劳动者司法权益保护成为2022年民法实施的重要方面。2022年3月1日，最高人民法院发布《关于审理网络消费纠纷案件适用法律若干问题的规定(一)》。该解释共20条，主要对网络消费合同权利义务、责任主体认定、直播营销民事责任、外卖餐饮民事责任等方面作出规定。关于新业态下劳动者权益保护的相关政策制定工作正在积极推进。

---

① 新华社：《中央财办有关负责同志就中央经济工作会议精神和当前经济热点问题作深入解读》，载中国食品报网，http://www.cnfood.cn/article?id=1604662800898166785，最后访问日期：2023年2月25日。

（四）加强老年人、妇女等弱势群体权益保护仍是民法实施的重点领域

2022 年，最高人民法院制定《关于为实施积极应对人口老龄化国家战略提供司法服务和保障的意见》，加强老年人权益保护；制定《关于办理人身安全保护令案件适用法律若干问题的规定》，加强对家庭暴力受害人权益保护。实践中，法院利用申请人身安全保护令加强对老年人、妇女等弱势群体人身权益保护；多方力量着力解决“失智”老年人监护问题；对子女干涉父母婚姻自由和父母干涉子女婚姻自由的行为均予以否定；老年人的精神赡养、情感需求等问题受到重视。

（五）司法民主取得新成就

近年来，通过发挥人民陪审制度的优势，司法民主取得新成绩。截至 2022 年 10 月，全国人民陪审员共计 33.2 万余人，其中男性占 53.9%，女性占 46.1%；企事业单位人员占 41.7%，基层干部、社区工作者占 36.4%，农民及无固定职业人员占 21.9%。[①] 在实行陪审制度过程中，法院积极探索特殊案件分类随机抽取机制，保障人民陪审员各项参审权利，实现由注重人民陪审员参审案件“数量”向重视参审“质量”转变。实践中，三人合议庭及七人合议庭两种审判组织模式同时有效运行，在七人合议庭中妥善区分“事实认定”和“法律适用”，细化七人合议庭事实问题清单制度，强化法官指引提示义务，引导人民陪审员深度参审。落实“一升一降”和“两个随机”制度。“一升一降”是将人民陪审员年龄从 23 周岁提升至 28 周岁，文化程度从大专以上降低至高中以上；“两个随机”是随机抽选人民陪审员候选人、随机抽选确定人民陪审员人选，实现人民陪审员主要通过随机抽选产生的巨大转变。据统计，《人民陪审员法》实施以来，全国人民陪审员以高度的责任感和使命感参审各类案件 1173 万余件。[②]

（六）在线法律实施机制更加完善高效

2022 年，《人民法院在线运行规则》发布。这是继《人民法院在线诉讼规则》《人民法院在线调解规则》之后，最高人民法院出台的又一份重要文

---

① 《最高法相关负责人就〈人民陪审员制度的中国实践〉与典型案例答记者问》，载最高人民法院网，https://www.court.gov.cn/zixun-xiangqing-374821.html，最后访问日期：2023 年 2 月 1 日。

② 《最高法相关负责人就〈人民陪审员制度的中国实践〉与典型案例答记者问》，载最高人民法院网，https://www.court.gov.cn/zixun-xiangqing-374821.html，最后访问日期：2023 年 2 月 1 日。

件，将在世界范围内首次构建全方位、系统化的互联网司法规则体系。最高人民法院会同12家中央行政机关、全国性行业协会建立“总对总”在线多元解纷机制。2022年，“总对总”合作单位参与调解纠纷114.35万件，同比增长422.6%；调解成功率达78.9%，比2021年高出15个百分点。[①]尤其是新冠肺炎疫情期间，在线诉讼、在线调解等在线方式实施民法，是2022年民法实施的突出特点。

三、民法典总则编实施情况

2022年，坚持在民法实施中大力弘扬社会主义核心价值观仍然是民法典总则的重要内容，弘扬法治精神、培育规则意识、拒绝“和稀泥”已成为社会共识。民事法律行为制度仍是民法实施的难点，民事法律行为效力制度、解释规则、无效的后果等问题需要进一步研究，对于民法实施中简单地作泛道德化评价的做法需要辩证看待。

（一）坚持在民法实施中大力弘扬社会主义核心价值观

执法机关、司法机关等执法主体紧扣《民法典》关于弘扬社会主义核心价值观的立法宗旨依法裁判，坚持依法治国和以德治国相结合，把社会主义核心价值观融入法治建设、融入社会治理、融入日常生活，在家庭生活中弘扬优良家风，在社会交往中鼓励见义勇为、助人为乐，在经济活动中推崇诚实信用，就坚持什么、倡导什么、反对什么、抵制什么旗帜鲜明地亮明了法律立场和态度。一方面，人民法院将社会主义核心价值观融入裁判文书释法说理已蔚然成风，据统计，2017年至2021年五年间，全国法院在法律框架内运用社会主义核心价值观释法说理的一审民事案件超过100万件，年均增长率达24.31%，广布于民间借贷纠纷、买卖合同纠纷、信用卡纠纷等132类民事案件，公正、法治、自由、平等、和谐、诚信等社会主义核心价值观得到广泛弘扬，充分发挥了司法的教育、评价、指引、示范功能，推动社会主义核心价值观转化为广大人民群众的情感认同和行为自觉。另一方面，在司法解释、政策法规中，践行和弘扬社会主义核心价值观重要的价值取向。在《民法典时间效力规定》将有利于弘扬社会主义核心价值观作为民法溯及既往的条件后，2022年《最高人民法院关于适用〈中华人民共和国民法典〉总则编若干问题的解释》通过细化习惯的适用规

---

① 《最高法院发布全国法院一站式建设优秀改革创新成果》，载最高人民法院网，https://www.chinacourt.org/article/detail/2023/02/id/7144831.shtml，最后访问日期：2023年2月25日。

则、监护制度、民事法律行为、民事责任、诉讼时效等制度规则，将社会主义核心价值观贯穿始终，彰显民法典强调公平正义、倡导诚实守信的价值导向，细化了正当防卫、紧急避险、见义勇为的制度规则。

2022 年，在民法实施中弘扬和践行社会主义核心价值观更加注重法治与德治的结合，在法律框架内运用社会主义核心价值观释法说理，避免简单用道德标准替代法律标准或者脱离民法规范对民事法律行为作泛道德化评价，人民法院进一步在“扶不扶”“劝不劝”“追不追”“救不救”“为不为”“管不管”等问题上亮明态度，弘扬法治精神，坚决防止“和稀泥”。

（二）民事法律行为效力制度是《民法典》总则实施的难点

民事法律行为效力是《民法典》总则实施中最常遇到的问题。虽然《民法典》在体系化、理论化方面取得巨大成就，但关于表示行为与效果意思不一致情况下民事法律行为的解释和效力等规定仍有待进一步完善，尤其是真意保留的情况下，认定民事法律行为效力的规则有待明确。2021 年 1 月 1 日《民法典》施行后，关于《民法典》的研究转入“下半场”，从立法论向解释论发展，解决这一问题的可行路径是作立法解释和司法解释。司法实践亟待解决这一问题，通过司法解释进一步完善民事法律行为效力制度是一个可能性更大的选择。

负担行为与处分行为的区分原则尚存在争议。关于物权变动，我国《民法典》未采法国民法的意思主义，亦未完全借鉴德国民法上的区分原则和无因性原则，学界似倾向采债权形式主义。整体上看，负担行为之效力不受处分行为影响并无争议，立法和司法解释的变化也印证了这一点。无权处分行为并不影响负担行为的效力，但会影响处分行为的效力。但处分行为的定义、性质、要件和效力等仍然存在争议，尤其是我国民法是承认物权行为制度以及在民法实施中是否有必要使用物权行为制度，虽然存在不同认识。这些争议影响合同无效后返还原物请求权是物权请求权还是债权请求权之争、不当得利返还请求权适用范围之争等问题。更进一步，是否认可区分原则还会影响到需审批法律行为或者违反法律强制性规定行为效力的解释路径问题，如果坚持区分原则，可将关于审批同意的规定理解为对处分行为的要求，而非对负担行为的要求；如果不坚持区分原则，则需要对导致民事法律行为无效的强制性规定与不导致民事法律行为无效的强制性规定作区分。

合同标的不能对合同效力的影响需要进一步研究。负担行为和处分行为的区分问题与合同效力和合同履行的关系问题具有交叉。合同履行不能或者说合同标的不能可作不同区分：有一时不能和永久不能，自始不能和嗣后不能，主观不能和客观不能，事实不能和法律不能，全部不能和部分不能。合同标的事实不能和法律不能之区分及对合同效力的影响，就涉及前面所论述的违反法律强制性规定的民事法律行为效力问题。德国民法对于合同标的法律不能对合同效力影响的态度有一个发展变化过程。我国实践中对这一问题的研究还有待加强，进一步细化民法实施规则，例如，关于违法建筑转让合同的效力问题实践中存在不同认识，需要明确裁判规则。

刑民交叉问题亟待明确民法实施规则。该问题在实践中主要有三个难点：一是在程序上表现为刑事程序与民事程序的关系问题；二是民事法律行为构成犯罪的情况下如何认定民事法律行为的效力(在实体上的问题)；三是如果刑事责任对受害人保护与民事责任对受害人保护程度不同时，应以哪个规则为准(在实体上的问题)。关于构成犯罪的民事法律行为在民法上的效力问题，不宜“一刀切”，需要具体分析。我国立法和司法实践中，对于欺诈行为的效力经历了从无效到可撤销的变化过程。欺诈人行为构成诈骗罪的，不宜仅因该行为构成犯罪而在民法上亦认定该行为无效。在学理上，刑罚的基础学说主要是报应论和预防论。依报应论，刑罚是对犯罪行为之报应。在民法上，将构成诈骗罪的欺诈行为作为可撤销行为，由受欺诈一方根据自身利益最大化作出是否撤销的决策，对于欺诈人而言是更为不利的制度，符合刑法上的“报应”理论。同理，由受欺诈一方根据自身利益最大化作出是否撤销的决策，会使欺诈人面临更重的民事责任。因为被欺诈人的权利就是欺诈人之义务。被欺诈人基于利益最大化作出的是否撤销民事法律行为的决策，对于欺诈人而言就是“利益最小化”的结果。这会增加违法犯罪成本，有利于“遏制犯罪”。因此，欺诈人行为构成诈骗罪的，将其所为民事法律行为认定为可撤销行为而非无效行为，不仅符合《民法典》的规定和精神，也符合刑罚理论，与《刑法》的价值取向一致，但这一问题在实践中尚未形成共识。

(三)民事法律行为解释制度有待完善

民法理论上，民事法律行为解释经历了从主观主义向客观主义再向折中主义发展的过程。单纯就民事法律行为理论来看，传统民事法律行为理论为民事法律行为解释提供了充足的解释工具，但民法实施面临多重价值取向平衡，对民事法律行为的解释，不仅需要考虑意思自治原则，还需要考虑强制性法律规定背后所保护的公共利益。在金融、建设工程等强监管领域，如何解释表示行为与效果意思不一致的民事法律行为，仍处于探索过程。具体问题包括，如何认定借用资质施工情况下各方当事人之间的法律关系、是否应当区分发包人的主观状态而有所区分、“穿透式”思维在多宽领域、多大程度上可予适用。对这些问题的不同回答，会直接影响民法实施的效果。

(四)保护民事法律行为与保护民事主体合法权利的关系有待厘清

民法实施过程中，对当事人权利保护存在泛道德化评价的倾向。例如，有观点认为，对于作出违法民事法律行为的当事人的权利不应保护或者应当少保护。民事审判的任务是确定当事人之间的权利义务关系，定分止争，依据的是法律事实和法律规定。《民法典》第153条规定：“违反法律、行政法规的强制性规定的民事法律行为无效。但是，该强制性规定不导致该民事法律行为无效的除外。”违法民事法律行为可能无效，也可能有效。有效的民事法律行为，依据当事人的意思表示确定其法律后果。无效的民事法律行为，依据法律规定确定其法律后果。无论是哪一种情况，都会产生相应的权利义务关系。即违法民事法律行为人也会有合法民事权利，该权利仍然应当依法保护。民法实施过程中，有的当事人所订立的合同内容违反法律强制性规定或者公序良俗，已经依据合同支付价款的当事人起诉请求返还该价款的，人民法院是否应当受理、是否应当支持等问题仍存在不同认识。例如，有的当事人委托他人办理“假结婚”，已经支付委托费用，委托人请求确认合同无效返还委托费用的，有观点认为，不应受理或者不应支持，理由是该行为违反法律规定、违反公序良俗。这一观点并不正确，民法实施需要防止以简单地用道德判断替代法律判断。

民法实施中另一常见的观点是不让不诚信的当事人在违法行为或者不诚信行为中获利。不可否认，在裁判理念上，这一论断具有积极意义，但在处理具体纠纷时，还应当实事求是地作分析认定。在民事审判中，当事人的违法行为主要表现为合同违法无效的情形。合同无效的法律后果由《民法典》等民事法律规定；合同有效的法律后果由当事人的意思表示规定。结合相关法律规定和实际情况，似无法做出以下论断：无论在何种情况下，当事人基于合同有效的利益都比基于合同无效的利益更大。司法实践中，民事法律行为效力问题通常是案件争议焦点。之所以民事法律行为效力会成为争议焦点，就是必然有一方当事人基于民事法律行为无效所获得的利益大于基于民事法律行为有效所获得的利益更大，而另一方当事人基于民事法律行为无效所获得的利益大于基于民事法律行为有效所获得的利益更小。有的合同违法，双方均有责任，履行合同过程中已经产生利益，《民法典》删除了人民法院可收缴违法所得的规定，因此，仅就司法审判而言，该部分利益仍应由不诚信或者违法的当事人享有。这种情况下，需要司法审判与行政执法的有效协作，以实现民法实施的最佳效果。

四、民法典分则编实施情况

（一）人格权编的实施

2022年，《民法典》人格权编实施的重点在英烈名誉、荣誉、姓名、肖像保护、子女姓名权保护、网络名誉权、荣誉权侵权行为规范、个人信息保护、人格权禁令等方面。拿英烈名誉开玩笑，在英烈墓碑、墓地乱踩乱踢、违法摆拍，恶意利用英烈姓名、事迹蹭流量等行为受到规范。未成年子女姓名变更，人民法院要求遵循自愿和有利成长原则。关于子女的意愿，更注重探寻未成年子女的真实意思。在微信群对他人进行侮辱、诽谤应承担侵权责任，用竞争对手名称设置搜索关键词进行商业推广侵害名称权应当承担侵权责任，人工智能软件擅自使用自然人形象创设虚拟人物、利用他人具有明显可识别性的肖像进行剪影、利用侮辱性配音损害他人荣誉权等案件的办理，为网络行为树立规则，让网络不再是“法外之地”。个人信息保护仍然是《民法典》人格权编实施的重要方面。大规模非法买卖个人信息属于侵害人格权和社会公共利益的行为。公益诉讼成为保护个人信息免受侵害的重要手段。《民法典》人格权编新增的“人格权侵害禁令”制度成为预防人格权侵害和防止损害扩大的重要保障。2022年，部分法院正积极探索适用该规定，力求给予百姓更广泛、更全面的保护。此外，个人信用信息权的保护也受到行政执法机关和司法机关的重视，但相关救济制度还有待完善。

（二）物权编的实施

2022年，产权保护是民法实施的重要课题。《民法典》物权编的实施是产权保护的重要方面，下列问题需要引起重视。

1. 预告登记制度设计与现实状况存在偏离

原《物权法》确立了不动产预告登记制度，并被《民法典》所承续。实践中，由于登记管理等原因，不动产预告登记在实践中相对较少，房屋交易合同网签备案却广泛适用。这两种登记制度的法律后果并不相同。前者使不动产协议债权人获得了受让不动产所有权之债权优先实现之保障，能够有效防止不动产出让人一物二卖或者在该不动产上设定抵押权等负担。房屋交易合同网签备案是行政主管部门办理房屋过户登记的管理手段，并不能达到预告登记的效果。由于实践中办理不动产预告登记的情况很少，相反，办理房屋交易合同网签备案往往是办理房屋过户的前提条件，因此，办理房屋交易合同网签备案的情况广泛存在。在一房二卖的情况下，未办理不动产预告登记，但办理房屋交易合同网签备案登记的购房人所享有的债权是否对既未办理不动产预告登记，亦未办理房屋交易合同网签备案登记的购房人享有的债权具有优先性的问题，实践中存在不同认识。对房屋交易合同网签备案登记是一种公示方式，能够产生一定公信力，对由此产生的公信力应当保护到何种程度的问题有待进一步研究。

2. 集体所有财产处分违反法定程序对行为效力的影响需要进一步明确规则

《民法典》第 261 条规定："农民集体所有的不动产和动产，属于本集体成员集体所有。下列事项应当依照法定程序经本集体成员决定：(一)土地承包方案以及将土地发包给本集体以外的组织或者个人承包；(二)个别土地承包经营权人之间承包地的调整；(三)土地补偿费等费用的使用、分配办法；(四)集体出资的企业的所有权变动等事项；(五)法律规定的其他事项。"农村集体经济组织成员决策权对于开展村民自治、保护农村集体经济组织成员利益具有重要意义。如果应当经本集体成员决定的事项，未依照法定程序经本集体成员决定，损害了农村集体成员利益，扰乱了村民自治秩序，一般应当认定无效。但是，城市集体所有财产处分违反法定程序是否影响行为效力，存在不同认识。在统征统转的情况下，村集体统一转变为城市集体，集体经济组织对土地等重要财产的处分是否需要经集体成员多数同意才能发生效力，存在不同认识。相关规则尚需明确。

3. 城市化使相邻关系成为民法实施中的重点问题

我国城市建设用地供给相对于人民群众的住房需求相对紧缺。建筑物区分所有成为解决人民群众住房需求的主要方式。不同住户住在同一建筑物中，导致相邻关系成为民法实施面临的重要问题。住户加装带摄像头的门锁可能侵害邻居的隐私权，将向内开的大门改为向外开可能影响邻居的通行便利，老旧小区加装电梯会影响底层住户的利益。实践中较为突出的问题是老旧小区加装电梯导致的底层住户与上层住户的利益冲突。从民法实施情况来看，在不会对底层住户通行、采光等产生明显影响的情况下，司法实践倾向于保护上层住户加装电梯的权利，维护文明、友善、宽容、互让的相邻关系处理原则。底层住户的利益受损往往不是来自采光、通行上的不便，而是加装电梯后导致底层房屋的价格降低或者相对降低。这是底层住户阻碍加装电梯的主要原因。此类“纯经济损失”尚未纳入民法的保护范围。实践中存在判决上层住户向底层住户补偿的情况，主要是对底层住户房屋通风、采光产生影响的补偿。

4. 物业管理是民法典物权编实施的难点问题

原《物权法》和《民法典》均规定采用业主自治的办法进行物业管理。随着小区规模扩大和人口流动性增加，高昂交易成本、物业管理信息不对称、“搭便车”等问题导致的物业管理企业侵害业主利益等问题更为突出。2022年，关于业主与物业管理公司斗争的新闻仍然不绝于耳。业主召开业主大会、成立业委会并不容易。成立业委会后，道德风险较高，业委会未必以全体业主利益最大化为目的。物业公司侵害业主利益、降低物业服务标准，引发业主不满，导致部分业主拒付物业管理费，进而导致物业公司进一步降低物业服务标准。业主缔约成本高和“搭便车”现象使得更换物业公司的可能性降低，甚至导致业主、业委会与物业公司之间的严重冲突。进一步构建和完善符合我国实际情况、能够解决实际问题的物业管理制度，是当前民法实施需要解决的难题。

(三)合同编的实施

2022年《民法典》合同编实施的重点仍然是合同效力、预约合同、民间借贷、建设工程、劳动合同、消费合同等领域。合同效力问题在《民法典》总则编民事法律行为效力问题部分已作论述。其他方面，需要重点关注以下七个问题。

1. 关于预约合同制度的实施

预约合同是比较特殊的一类合同。虽然买卖合同司法解释对此进行了规定，《民法典》也规定了预约合同的形式和效力，但是实践中的问题仍然较多。第一，如何区分预约合同和交易意向。当事人签订的意向书和备忘录既有可能是预约，也有可能是交易意向。第二，如何处理名不符实的问题。合同名称使用预定、订购等表述，但是合同实际上是本约。实践中倾向于根据合同内容而非合同名称对预约和本约进行区分。第三，如何认定当事人违反预约。预约是当事人约定将来订立本约的合同。本约是否能够订立，本身是当事人意思自治领域，不能仅以本约是否订立作为当事人是否违反预约的标准。第四，预约不适合于强制履行。但是对一些成熟度非常高的预约合同，即使不判决强制履行，也应当按照本约的履行利益进行判决，以维护当事人的交易安全。[①]

2. 民间借贷合同

(1)职业放贷。民间借贷纠纷案件中出借人“疑似”职业放贷人的情形很普遍，但只有极少数案件认定出借人为职业放贷人。在中国裁判文书网以“职业放贷”为关键词进行检索，筛选历年一审、二审民事案件裁判文书，检索结果为2016年22篇，2017年39篇，2018年167篇，2019年上升至2022篇，2020年3460篇，2021年2256篇，2022年1423篇。[②] 导致上述问题的主要原因是职业放贷人缺乏统一明确的认定标准，借款人证明出借人系职业放贷人较为困难，出借人与借款人之间存在严重的信息不对称，借款人难以掌握出借人的出借次数、金额、收益、是否以民间借贷收益为主要收入来源等信息。人民法院查明放贷人出借次数、收取高息、借贷资金来源等事实的手段有限。进一步完善职业放贷行为的认定标准、举证责任制度对于规范民间借贷行为、防范金融风险具有积极意义。

(2)虚假诉讼。民间借贷是虚假诉讼的高发区。关于非恶意串通的虚假诉讼行为可否认定为虚假诉讼，《民事诉讼法》修正案征求意见稿予以了明确，与《刑法》关于虚假诉讼罪的规定保持一致。加强民间借贷领域虚假诉讼的整治力度，还需要进一步畅通刑民衔接程序，建立信用惩戒制度以及损害赔偿制度，探索建立惩罚性赔偿制度等。

(3)民间借贷事实认定难问题仍然突出。民间借贷市场上资金供需不平衡导致的借贷双方缔约地位不平等，使得在民间借贷中真实意思与表示行为不一致现象较为普遍。“阴阳合同”“当头抽利”“隐性高利”“利滚利”“利息转汇他人”等违法借贷行为在不同程度上存在。借贷资金来源和用途、借贷金额、实际利率、还本付息金额、借据背后的真实法律关系等事实查明难度大。

3. 房地产合同

房地产链条长、涉及面广，是国民经济支柱产业，占GDP的比重为7%左右，加上建筑业则占到14%。土地出让金及与房地产相关的税收占地方政府综合财力约一半，在城镇居民家庭资产中占比达60%。房地产贷款及以房地产作抵押的贷款，占全部贷款余额的39%。房地产业对国民经济发展、金融稳定、居民资产负债表具有重要影响。房地产特殊的经营方式也使其面临诸多风险。

---

① 参见林文学：《民法典合同编合同通则部分司法解释有关情况介绍——中国法学会民法学研究会2022年年会会议简报(七)》。

② 检索时间为2023年2月26日。

商品房预售制度使商品房销售、房地产开发融资、住房贷款等经济活动融合在同一交易中。这一交易模式使房地产开发获得更多资金支持，有利于房地产业快速发展。在一个健全、成熟的市场中，风险与收益总是呈正相关关系。购房人通过首付款和按揭贷款的方式支付了购房款，但所购的是期房，面临房屋不能交付及不能办理产权过户手续的风险。银行以未建成的房屋为抵押发放贷款，如果房屋不能按时建成，则面临购房人和开发商违约风险。开发商在投入部分项目资金的情况下，获得银行贷款和购房款，可进行杠杆经营，利用小资金撬动大项目，是商品房预售制度的获利者，但是高杠杆经营必然面临高风险。一旦房地产业融资收紧或者进入下行周期，房地产开发商会面临较高的资金链断裂风险。开发商资金链断裂会导致房地产项目开发停滞，导致已经支付购房款的购房人不能获得房屋，建设工程施工企业产生停窝工损失，农民工工资无法按时支付，银行贷款抵押权无法实现或者断供等风险。2022 年，新冠肺炎疫情冲击等原因对房地产行业产生了较大影响，保交楼、保民生成为房地产领域民法实施的重要任务。行政执法机关、司法机关相应采取了一些特定环境下的特殊政策。民法实施更加注重处理好商品房买卖合同纠纷、房地产融资合同纠纷、国有土地使用权出让合同和转让合同纠纷、合作建房纠纷、建设工程合同纠纷，合理引导市场预期，保护房地产项目持续、稳定进行，保障购房消费者合法权益，扩大有效需求，支持刚性和改善性住房需求。《最高人民法院关于为促进消费提供司法服务和保障的意见》亦明确要求，要合理认定房屋买卖合同的效力、妥善处理好一房二卖、迟延交房、迟延办证导致的合同纠纷，维护市场秩序，助力实施房地产市场平稳健康发展长效机制，积极保护居民合理自住需求，遏制投资投机性需求，促进居住消费健康发展，推动实现稳地价、稳房价、稳预期。对当事人逾期付款、逾期交房、逾期办证等违约行为引起的商品房买卖合同纠纷，人民法院要加强调解，引导当事人协商解决纠纷。针对商品房预售制度带来的风险，部分地方积极推进商品房现房销售及商品房交房即交证等举措，保护购房消费者权益和房地产市场稳定。

4. 消费合同

2022 年，中央经济工作会议指出，当前我国经济恢复的基础尚不牢固，需求收缩、供给冲击、预期转弱三重压力仍然较大，外部环境动荡不安，给我国经济带来的影响加深。按四部门的国民均衡收入等式，需求由消费、投资、政府购买和净出口四部分构成。“外部环境动荡不安”，决定了净出口这部分需求并不稳定。政府购买所占比例很小。解决“需求收缩”问题，巩固我国经济恢复的基础，需要扩大内需，“增强消费对经济发展的基础性作用和投资对优化供给结构的关键作用”。其中，消费是最终需求，对经济发展具有基础性作用，最终消费是经济增长的持久动力。在当前经济环境下，提升消费领域民法实施质效，妥善处理消费合同纠纷，对于释放内需潜力、推动经济转型升级、保障和改善民生具有重要意义。2022 年，消费合同领域民法实施需要引起注意的问题包括以下三个：

一是如何对待职业维权。“知假打假”“知假买假”行为一直饱受争议。有观点认为，此类行为所针对的是食品药品等涉及国计民生的消费问题，普通消费者维权成本高、维权意愿低，消费公益诉讼案件少，有群众愿意自发“打假”、净化市场，对市场、群众、社会都是好事。这一问题的症结在于“制假售假”。也有观点认为，追求“打假”收益最大化决定了“打假人”只打标签、标识等“打假”成本低的领域，对于会对消费者身体健康造成实质损害的食品药品反而未成为“打假”重点，而且“打假”多打在商场、商店等经营者身上，对于“制假”的“黑作坊”等打得少。同时，实践中还出现了不诚信“打假”、违法“打假”等行为，需要规范。所持立场不同、所站角度不同、掌握信息不同，对该问题的态度往往也不相同。“知假打假”这一表述并不准确。实践中最常见的“知假打假”在食品领域。根据《食品安全法》第 148 条规定，生产经营者承担惩罚性赔偿责任的前提是生效经营的食品不符合食品安全标准。不符合食品安全标准的食品与“假”食品不画等号。所谓“知假打假”实际上是一种职业维权行为。理论和实践上常见的一种观点是，不宜一概否定职业维权行为，但对于目前职业维权行为中存在的“乱象”应当予以规范，同时应当赋予法院一定的自由裁量权，由法院根据个案情况决定惩罚性赔偿金额，让“赔当其过”。

二是如何整治消费顽疾。根据消费函数，在可支配收入既定的情况下，提升消费者的边际消费倾向，可促进消费。提升居民边际消费倾向，需要整治“霸王条款”、消费欺诈、预付式消费“套路”消费者等消费领域顽疾，提升消费信心。2022 年，《最高人民法院关于为促进消费提供司法服务和保障的意见》规定，对格式条款发生争议的，应当依法作出有利于消费者的解释；夸大或虚构治疗、保健、养生等功能，向老年消费者销售质次价高的商品或者服务构成欺诈的，应当依法承担惩罚性赔偿责任；消费者预存费用后，经营者卷款“跑路”构成欺诈的，应当依法承担惩罚性赔偿责任。对于预付式消费等领域中欺诈、“套路”消费者的行为，还需要不断完善裁判规则，细化整治措施，改善消费环境，促进良性竞争。

三是如何推进消费公益诉讼。消费公益诉讼案件数量在全部消费案件中占比低，主要集中在刑事附带民事公益诉讼。消费公益诉讼的职能定位、能否请求惩罚性赔偿，如果能，如何确定赔偿金数额、赔偿金由谁保管、如何使用、与私益诉讼如何衔接等问题需要深入研究。消费公益诉讼之外，还可通过完善消费者代表人诉讼制度来解决单个消费者维权成本高、意愿低、“搭便车”等问题。

5. 建设工程施工合同

2022年，建设工程施工合同纠纷仍是民法实施的难点。交易秩序维护与弱势群体利益保护两种价值取向如何取得平衡仍是建设工程领域的重点问题。为保护农民工的利益，国务院制定《保障农民工工资支付条例》，并突破合同相对性原则，规定发包人、总承包人负有向与其没有合同关系的农民工支付工资的义务。该条例自2020年5月1日起施行以来，对于保护农民工工资权益发挥了积极作用，但也出现了实际施工人依据该条例工资要求支付工程款、实际施工人滥开工资凭证以农民工工资名义讨债等情形。由于突破了合同相对性原则，导致此类案件查明事实的难度增加，也增加了当事人的道德风险。

实际施工人权利保护仍然是建设工程领域民法实施的难点问题。关于借用资质情况下，实际施工人是否对发包人享有建设工程价款请求权、是否享有工程款优先受偿权等问题，存在不同认识。依据《民法典》第146条、《最高人民法院关于审理建设工程施工合同纠纷案件适用法律问题的解释(一)》第43~44条规定，能够解决借用资质的实际施工人对发包人的建设工程价款请求权问题。无论发包人在签订建设工程施工合同是否知道实际施工人借用资质施工的事实，无论发包人与实际施工人之间是否存在事实上的借用资质关系，在建设工程质量合格的情况下，实际施工人有权请求发包人在欠付工程款范围内承担付款责任。实践中，导致对这一问题产生争议的原因在于对民事法律行为制度的适用和对民事法律规则体系化适用不足。关于借用资质的实际施工人是否享有建设工程价款优先受偿权问题，除涉及民法适用及民法理论运用的问题外，还涉及价值取向问题，需要在广泛调研、充分研究的基础上确定裁判规则。

建设工程价款优先受偿权制度有待进一步完善。原《最高人民法院关于建设工程价款优先受偿权问题的批复》确立了购房消费者对房屋之债权优先于建设工程价款债权、建设工程价款债权优先于抵押权、抵押权优先于普通债权的权利效力等级。该批复被废除后，建设工程价款债权优先于抵押权的规则在《最高人民法院关于审理建设工程施工合同纠纷案件适用法律问题的解释(一)》

中得到确认，但购房消费者对房屋之债权优先于建设工程价款债权和抵押权的规则并未保留，导致民法实施过程中产生不同认识。对该问题，亟待统一裁判标准。从居住权等生存权优先于普遍财产权的法治理念来看，该规则应当予以保留，但如何确定具体规则，仍有待研究。建设工程价款优先受偿权是否具有专属性、物上代位性、物上追及力等问题，还需要进一步研究，以统一法律适用标准。

6. 合作经营合同

合作建房、合作经营纠纷的处理是民法实施中的难点问题。《民法典》第972条、第973条只规定了合伙利润如何分配、合伙亏损如何分担、合伙责任如何承担，但司法实践中最棘手的是合作项目的盈亏状况。只有明确应当由谁对合伙事务进行清算、如何进行清算，才能查明合伙事务是盈利还是亏损，以及利润数额和亏损数额。由于合伙事务由合伙事务执行人负责，因此，应当由合伙事务执行人承担合伙事务的清算工作，有多名合伙事务执行人的，则由各执行人共同负责合伙事务清算。如果清算义务人未适当履行清算义务，造成其他合伙人损失的，应当承担赔偿责任。但相关规则尚不明确。合作经营类合同与建设工程施工合同、民间借贷合同一样，成为实践中最不易查清案件事实的合同纠纷类型。

7. 涉虚拟货币的合同

非对称加密技术、P2P网络、时间戳服务器、共识算法等数字技术的运用，使基于区块链的虚拟货币逐渐走入人民群众的生活。区块链去中心化、分布式记账、可追踪、不可篡改性、数据安全性等特点，解决了虚拟货币作为货币所必须具备的条件：有限供给数量和不可伪造。但虚拟货币要实现不可伪造的目标，需要营造一个区块链生态系统，不断进行计算、形成新的时间戳。"挖矿"等计算行为虽然耗费大量经济资源，但除了维持虚拟货币生态外，并不产生任何物质财富，是一种巨大的浪费行为。比特币等虚拟货币在我国不是法定货币，不具有法偿能力，不能作为流通手段。基于此，关于虚拟货币的合同的效力受到否定。一是为比特币"挖矿"而签订的合同，在实践中被认违反公序良俗，属于无效合同。"挖矿"行为在民法上得不到保护。二是利用虚拟货币所进行的债务清偿被认定为无效清偿，虚拟货币的法偿性在民法上被否定。另外，虚拟货币的网络虚拟财产属性在一定程度上得到认可。关于虚拟货币的民法实施仍在探索中，民法对虚拟货币的保护态度和程度对于这一市场的发展具有重要影响。

（四）婚姻家庭编、继承编的实施

2022年，《民法典》婚姻家庭编、继承编实施的重点是推进家事审判改革、整治虚假诉讼、保护弱势当事人权利等方面，生殖辅助技术为民法实施带来新挑战、新制度的实施机制逐步完善、婚姻家庭编与继承编、物权编规定的衔接适用等问题值得关注。

1. 推进家事审判改革

2022年，推进家事审判改革仍然是《民法典》婚姻家庭编实施的重要方面。家事审判改革已经开展多年，进一步总结经验、创新理念、完善规则、建设队伍，是当前亟待解决的问题。从家事纠纷的特点和其他国家和地区的经验来看，构建适合于家事纠纷化解、家庭成员情感和心理修复的家庭审判制度，推进家事审判程序、组织、队伍专业化，是家事审判发展方向。

2. 整治虚假诉讼

离婚纠纷以及由离婚引发的各类合同纠纷是虚假诉讼高发领域。一是夫妻通过诉讼"假离婚"以达到逃避债务、避税等非法目的。二是夫妻一方为阻碍另一方面离婚或者为侵占另一方财产，虚构借款等夫妻共同债务或者虚构买卖等合同关系转移财产。三是通过"假结婚"以达到获得购房资格、户籍、拆迁补偿等利益。2022年《民事诉讼法》修改的一个重要方面就是完善整治虚假诉讼的制度，营造诚信诉讼环境。

3. 弱势家庭成员保护

2022年，修订后的《妇女权益保障法》，扩大了人身安全保护令的适用范围。最高人民法院制定《关于办理人身安全保护令案件适用法律若干问题的规定》，进一步清除该类案件在受理和作出程序中的各种障碍，突出对家庭暴力受害人权益保护的时效性。

儿童利益最大化原则得到进一步贯彻实施。2022年，儿童利益最大化原则的实施体现在多个方面：一是夫妻为争夺抚养权，"抢夺""隐匿"未成年子女的行为通常会作为不给予抚养权的重要因素。二是夫妻离异后共同行使抚养权等抚养方式得到司法实践的更多支持，积极为未成年子女营造良好成长环境。三是未成年人在线交易中，在线服务内容是否健康、交易金额大小等因素都成为影响合同效力的因素，为未成年人营造健康、清朗、文明的网络环境成为社会的共识。四是对胎儿利益保护有扩张趋势。除《民法典》第16条在遗产继承、接受赠与方面对胎儿利益予以保护外，在父母死亡情况下对被抚养人生活费的保护也有扩展至胎儿的趋势。

4. 生殖辅助技术为民法实施带来挑战

生殖辅助技术发展使更多人获得生育子女的机会，同时也产生了诸多法律问题。冷冻胚胎归属纠纷、试管婴儿服务纠纷、代孕服务纠纷、因代孕和试管婴儿产生的亲子关系纠纷等增加。此类纠纷不仅对民法实施带来挑战，也对当代社会伦理道德带来冲击。从实践看，对于冷冻胚胎物的属性、代孕服务合同的效力等问题在实践中争议不大，但对于代孕情况下亲子关系的认定等问题仍存在较大争议，有待进一步研究。

5. 继承编新制度的实施机制逐步完善

《民法典》继承编增加了遗嘱管理人制度。2022 年，向社会征求意见的《民事诉讼法(修正草案)》在第十五章特别程序中增加一节作为第四节，专门规定指定遗产管理人案件，将此类案件的办理程序作为新的特别程序类型。这将为实施《民法典》继承编关于指定遗嘱继承人的规定奠定程序制度基础。

6. 婚姻家庭编与继承编规定的衔接适用

婚姻家庭编与继承编规定的衔接适用体现在多个方面，其中一个重要问题是关于转继承的客体的研究。该问题对《民法典》婚姻家庭编和继承编的适用均有十分重要的意义。例如，在被转继承人有配偶的情况下，是否应先分割出一半遗产给其配偶后再由转继承人继承。对此也有两种不同观点：第一种观点认为，所谓继承人应当继承的遗产，就是不管根据法定继承还是遗嘱继承，只要应由继承人继承的财产，都适用转继承。转给其继承人，就是被转继承人应得到的一切遗产都转由其继承人继承。[①] 第二种观点认为，转继承所转移的不是继承权，而是遗产所有权，根据《民法典》第 1062 条关于“夫妻在婚姻关系存续期间所得的下列财产，为夫妻的共同财产，归夫妻共同所有……(四)继承或者受赠的财产，但是本法第一千零六十三条第三项规定的除外”的规定和第 1063 条关于“下列财产为夫妻一方的个人财产……(三)遗嘱或者赠与合同中确定只归一方的财产”的规定，如果被转继承人有配偶存在，且无另外特别约定的情形下，被转继承人继承的遗产应作为夫妻共同财产。此时，如没有特别约定，应根据《民法典》第 1153 条的规定，将共同所有财产的一半分割给配偶所有，其余的作为被转继承人的遗产由转继承人继承。即转继承人继承的是被转继承人应取得

① 黄薇主编：《中华人民共和国民法典释义(下)》，法律出版社 2020 年版，第 2211 页。

的遗产，而非被转继承人继承的全部遗产。[①]《民法典》第13条规定："自然人从出生时起到死亡时止，具有民事权利能力，依法享有民事权利，承担民事义务。"在被继承人死亡的情况下，遗产的权利主体只能是继承人。但该继承人所享有的权利的属性，需要考虑《民法典》继承编和物权编的关系问题，无论该继承人对遗产的权利是作为一个整体共同共有，还是每个继承人享有所有权，都应当看到这种权利与一般的所有权是不同的，可以说继承人既享有继承权，又享有物权，是潜在的遗产份额的所有权人。从《民法典》体系解释来看，转继承的规定是在继承编第四章遗产的处理部分，说明转继承要解决的还是原被继承人的财产的再继承问题，而不是继承人遗产分割前死亡其应得份额的再继承，因此，这种情况下没有适用《民法典》第1153条规定的余地。

(五)侵权责任编的实施

2022年,《民法典》侵权责任编实施的难点仍然在于共同责任外部关系和内部关系的认定。此外，人身损害赔偿的标准和范围、精神损害赔偿的适用范围、工伤保险赔偿与侵权赔偿之间的关系、免责事由的适用等问题值得关注。

1. 共同责任制度的适用

在连带责任与按份责任场合，共同责任人对外关系与内部关系较为明确。在其他情况下，如何确定共同责任人的外部关系和内部关系，实践中争议较大。例如,《民法典》第1169条第2款规定："教唆、帮助无民事行为能力人、限制民事行为能力人实施侵权行为的，应当承担侵权责任；该无民事行为能力人、限制民事行为能力人的监护人未尽到监护职责的，应当承担相应的责任。"从文义理解，本款规定教唆人、帮助人的责任范围包括全部损失；监护人承担过错责任，其责任范围应当与其过错相适应，通常是赔偿部分损失。此类责任是否属于部分连带责任，存在不同认识。实务界和理论界对于连带责任的态度较为慎重，在没有法律明确规定或者合同明确约定的情况下，将此种责任认定为部分连带责任存在争议。另外，受害人亦不能获得超过其损失范围的受偿。如何确定此类责任的形态，是民法实施中亟待解决的问题。教唆人、帮助人或者监护人承担责任后，是

① 最高人民法院民法典贯彻实施工作领导小组主编：《中华人民共和国民法典婚姻家庭编继承编理解与适用》，人民法院出版社2020年版，第660页。

否有权向对方追偿，亦是需要解决的问题。

2. 无民事行为能力人和限制民事行为能力人财产责任的适用

在民事主体制度上，责任财产与责任主体能力一般具有对应关系。独立的财产权对应着独立的责任能力。像财团法人和信托财产这类单纯由独立财产之所以能够成为独立的民事主体，唯因其具有责任财产，能够独立承担财产责任，才具有交易资格，成为民事主体。《民法典》第 1188 条第 2 款规定："有财产的无民事行为能力人、限制民事行为能力人造成他人损害的，从本人财产中支付赔偿费用；不足部分，由监护人赔偿。"实践中争议在于，能否将无民事行为能力人、限制民事行为能力作为被告，能否判决其承担财产责任。前一问题在《民事诉讼法司法解释》中得到解决，明确了无民事行为能力人、限制民事行为能力人造成他人损害的，无民事行为能力人、限制民事行为能力人和其监护人为共同被告。后一问题仍存在争议。《民法典》第 1188 条第 2 款规定的"有财产的无民事行为能力人、限制民事行为能力人造成他人损害的，从本人财产中支付赔偿费用"显然是一种责任承担方式，只是承担责任的不是无民事行为能力人、限制民事行为能力人，而是无民事行为能力人、限制民事行为能力人的财产。二者的区别在于，前者以无民事行为能力人、限制民事行为能力人终身财产为责任财产，后者只以无民事行为能力人、限制民事行为能力人在判决或者强制执行时的财产为责任财产。这一制度的实施，还需要进一步明确相应规则。

3. 人身损害赔偿的标准和范围

2022 年，侵权责任编实施的一个重要事件是最高人民法院修改《人身损害赔偿司法解释》，残疾赔偿金、死亡赔偿金以及被扶养人生活费不再区分城乡居民分别计算，而是统一按照政府统计部门公布的各省、自治区、直辖市以及经济特区和计划单列市的城镇居民指标计算。残疾赔偿金、死亡赔偿金标准的"城乡差异"得以消除。另外，《民法典》第 1179 条第 2 款规定，侵害他人造成死亡的，还应当赔偿丧葬费和死亡赔偿金，并未规定还应当赔偿被抚养人的生活费。实践中产生了是否还应当赔偿被抚养人生活费的争议。修改后的《人身损害赔偿司法解释》规定将被扶养人生活费计入残疾赔偿金或者死亡赔偿金，明确了依然应当赔偿被抚养人的生活费。

4. 债权与侵权责任编的保护对象

原《侵权责任法》第 2 条规定："侵害民事权益，应当依照本法承担侵权责任。本法所称民事权益，包括生命权、健康权、姓名权、名誉权、荣誉权、肖像权、隐私权、婚姻自主权、监护权、所有权、用益物权、担保物权、著作权、专利权、商标专用权、发现权、股权、继承权等人身、财产权益。”在本条所列举权利中，没有债权。《民法典》第 1164 条虽未对侵权责任编所保护的权利类型进行列举，但是整个侵权责任编均没有关于侵害债权的规定。因此，原则上，债权不属于《民法典》侵权责任编保护的民事权益。但在法律有明确规定的情况下，可适用《民法典》侵权责任编的规定，保护债权人。例如，《民法典》第 154 条规定：“行为人与相对人恶意串通，损害他人合法权益的民事法律行为无效。”本条所规定的损害他人合法权益，就可以包括债权。《最高人民法院关于审理商品房买卖合同纠纷案件适用法律若干问题的解释》第 7 条规定：“买受人以出卖人与第三人恶意串通，另行订立商品房买卖合同并将房屋交付使用，导致其无法取得房屋为由，请求确认出卖人与第三人订立的商品房买卖合同无效的，应予支持。”一般情况下，“一房多卖”并不导致就同一房屋订立的多份房屋买卖合同无效，本条司法解释的法律依据应当是《民法典》第 154 条规定。而买受人以出卖人与第三人恶意串通，另行订立商品房买卖合同并将房屋交付使用，导致原买受人无法取得房屋的行为，即属于《民法典》第 154 条规定的行为人与相对人恶意串通，损害他人合法权益的民事法律行为。依该条司法解释，买受人以出卖人与第三人恶意串通所损害的权利，是前手买受人在房屋买卖合同项下的债权。因此，债权原则上不属于《民法典》侵权责任编保护的民事权益，但法律另有规定的除外。

5. 免责和减轻责任事由的适用

关于过失相抵是否适用于无过错责任的问题，《民法典》第 1173 条并未排除适用，当事人在无过错责任情形下，也可以援引本条规定，但在法律明确针对特定的无过错责任类型规定了特殊免责事由情形下，应当遵循“特别优于一般”原则，不适用本条规定。例如，依据《民法典》第 1237 条规定，民用核设施或者运入运出核设施的核材料发生核事故造成他人损害的，民用核设施的营运单位应当承担侵权责任；但是，能够证明损害是因战争、武装冲突、暴乱等情形或者受害人故意造成的，不承担责任。因此，即使损害发生时受害人存在过失，也不能减轻民用核设施经营人的责任。同样的规定还包括《民法典》第 1238 条规定的民用航空器损害责任。

五、对民法实施的建议

针对 2022 年我国民法实施情况和实践中存在的问题，对下一步民法实施提出以下五点建议。

（一）坚持系统思维推进民法实施

民法是一个体系庞大、内容丰富的规范体系，由《民法典》、民事单行法、其他单行法中的民事法律规范、行政法规中涉民事法律关系的规范、民事司法解释、民事指导性案例等构成，既是裁判规则，也是行为守则。民法实施不仅要处理好《民法典》总则编与分则各编之间及分则各编之间的关系，还要处理好《民法典》与其他民事规范之间的关系。依托民法规范的体系化促进民法实施的协调性、统一性。

（二）继续推动民事立法、执法、司法的协调

在建设工程、消费者权益保护、劳动者权益保护等方面，执法与司法在理念、尺度、范围等方面保持协调、在信息交流上保持畅通、在信用惩戒等工作机制上保持合作，才能实现最佳的民法实施效果。民事立法需要更多观照民事执法和司法，提高民法的可操作性，回应社会经济中的新问题，提高民法的适应性。

（三）着力解决民法实施中的固有问题

物业管理问题、农村集体经济组织成员资格认定问题、建设工程价款优先受偿权问题、实际施工人权利保护问题、合作经营合同清算问题、职业放贷认定问题、虚假诉讼整治问题等是长期以来民法实施中有待解决的问题。加强对具体问题的研究，明确裁判规则和行为规范，才能更好地发挥民法稳预期、固根本、利长远的作用。

（四）完善解决权利冲突的制度

执行异议之诉成为民法实施的难点和虚假诉讼增长最快的领域。突破交易规则对购房消费者予以特别保护，符合实质公平原则，但突破了债的相对性原则，增加了当事人道德风险。如何对不同权利的效力等级进行排序、如何破解不同权利之间的“僵局”，做好交易安全保护与实质公平维护之间的平衡，是当前民法实施中亟待解决的问题。

（五）完善扩大内需的民法实施政策

外部环境动荡不安和我国经济巨大的体量决定了经济发展的动力将主

要来自扩大内需。解决需求收缩问题，关键在于发挥法律稳预期、固根本、利长远的作用。民法实施要通过保护产权、鼓励交易、倡导诚信稳定消费者和投资者预期，提升边际消费倾向和投资人盈利预期，增强消费对经济发展的基础性作用和投资对优化供给结构的关键作用。

撰稿专家

谢勇，四川隆昌人，法学博士、经济学博士，中华司法研究会理事，长期从事法律实务工作，出版专著《电子交易中的合同法规则》《建设工程施工合同案件裁判规则解析》，在《法律适用》《人民司法》《中国审判》《农村金融研究》等杂志上发表法学、经济学专业论文十多篇，参与编写专业书籍十多部。

2022 年商法实施报告

顾功耘　鲍彩慧

报告要旨

2022 年，商法作为我国社会主义市场经济的基础性法律，在助力经济社会高质量发展方面持续发力。我国公司治理整体水平显著提升；《公司法》修订工作稳步推进，修订草案二审稿在股东出资责任、公司治理、董事责任等方面的完善备受关注；营商环境持续优化，为经济社会高质量发展蓄势赋能；国企改革三年行动收官取得重要突破。在新发展格局下，我国证券法律体系日趋完善，中国特色现代资本市场法治水平不断提高，资本市场服务实体经济的能力显著增强，市场违法违规成本大幅提高，退市制度建设不断完善，依法从严打击证券违法活动的体制机制加速健全，《最高人民法院关于审理证券市场虚假陈述侵权民事赔偿案件的若干规定》(以下简称《虚假陈述司法解释》)也进一步明确了资本市场“权责利”关系，切实保护投资者合法权益。2022 年，破产法在保障经济高质量发展方面的作用越发显著，《企业破产法》修订草案已正式提请审议，个人破产制度在深圳先行先试并取得良好经验，“府院联动”机制在破产案件办理中发挥了重大作用。信托行业加快转型，澳门特别行政区立法会通过《信托法》，内地也持续推动《信托法》修法工作，信托业务分类改革明确行业转型方向，新华信托公司破产清算为行业和投资者敲响警钟，家族信托快速发展，信托法实施取得明显成效。保险行业充分发挥风险管理和保障功能，提升服务实体经济质效，多措并举助力企业纾困，保险资产管理公司运作进一步规范化，人身险产品信息披露得以规范，切实保护保险消费者合法权益。

核心建议

1. 推动完善商事法律制度体系，为新时代中国特色社会主义市场经济建设营造良好法治环境。

2. 进一步完善公司法修订草案，具体制度创新应与实践情况相适配。

3. 加强资本市场法治建设，为全面实行股票注册制提供法制保障。

4. 推进《企业破产法》体系化修改，探索个人破产制度“入法”。

5. 完善信托基本法律制度，建立信托行业基础设施。

6. 为保险服务实体经济提供制度保障，促进保险行业规范发展。

一、公司法的法律实施

随着政策体系不断完善，中国上市公司治理水平持续提升，二十年来我国公司治理沿着治理结构、治理机制、治理有效性的路径不断发展，公司治理整体水平显著提升。2022 年《公司法》修订工作继续推进，二审稿正在征求意见，其中在股东出资责任、公司治理、董事责任等方面的完善备受关注。我国营商环境持续优化，加快建设高效规范、公平竞争、充分开放的全国统一大市场，降低市场主体制度性交易成本，为经济社会高质量发展蓄势赋能。同时，2022 年也是国企改革三年行动冲刺收官之年。三年来，国有企业经营效益稳步上升，产业结构进一步优化，市场化经营机制逐步健全，科技创新能力加快提升，国资国企改革迈上新台阶。

(一)上市公司治理水平持续提升

习近平总书记在党的二十大报告中提出，高质量发展是全面建设社会主义现代化国家的首要任务。中国企业的高质量发展是中国式现代化的应有之义，而企业高质量发展离不开良好的公司治理这一坚实保障。2022 年

11 月 21 日，中国证券监督管理委员会印发了《推动提高上市公司质量三年行动方案(2022-2025)》，也提出在新的发展阶段，需要“聚焦公司治理深层次问题”，发挥上市公司作为资本市场健康发展“压舱石”的作用。

提高上市公司质量是充分发挥资本市场资源配置、资产定价、风险缓释等功能的必然要求。自《国务院关于进一步提高上市公司质量的意见》印发以来，中国上市公司治理水平总体上不断提高。中国上市公司治理指数作为上市公司治理状况的“晴雨表”，已连续发布 20 年。2022 年评价结果显示，中国上市公司治理指数达到新高，为 64.40，提高幅度较上年趋缓。

分板块来看，2022 年中国上市公司治理指数评价样本量为 4679 家，较上年增加 545 家，主板上市公司 3008 家，创业板上市公司 1085 家，科创板上市公司 377 家，北交所上市公司 82 家，数量与增速都达到历史新高。其中，科创板上市公司表现亮眼，科创公司治理指数在板块中跃升至第一。

在构成中国上市公司治理指数的六大维度中，股东治理维度、董事会治理维度、经理层治理维度、信息披露维度和利益相关者治理维度均有上升，而监事会治理维度略有下降。其中，利益相关者治理维度和经理层治理维度升幅较大。分行业来看，2022 年科学研究和技术服务业的公司治理水平位居第一，金融业、制造业、交通运输业、软件和信息技术服务业公司治理指数表现也较好，教育业、农林牧渔业、房地产业、居民服务和其他服务业等治理指数均值较低。

此外，2022 年民营控股上市公司信息披露相关性、股东治理独立性等分指数改善幅度明显高于国有控股上市公司，使民营控股上市公司治理指数在整体上超过国有控股上市公司。后续，以上市公司治理指数为重要参考，深化企业尤其是国企改革，持续提升公司治理能力和水平，是经济高质量发展的重要基础。①

（二）《公司法(修订草案)》二审稿提请审议

公司法是我国社会主义市场经济的基础性法律，也是公司行为规范性和治理有效性的基本遵循。我国于 1993 年首次颁布《公司法》，迄今约 30 年，历经 1999 年、2004 年、2005 年、2013 年、2018 年五次修订，本次修法于 2019 年启动。2021 年 12 月，十三届全国人大常委会第三十二次会议

① 参见《2022 年中国上市公司治理指数发布》，载中国新闻网，https：//baijiahao.baidu.com/s?id=1751277201929380500&wfr=spider&for=pc，最后访问日期：2023 年 2 月 17 日。

对《公司法(修订草案)》(以下简称《修订草案》)进行了初次审议。2022年12月27日,《修订草案》二审稿提请审议,与一审稿相比,二审稿主要在股东出资责任、公司治理、董事责任等方面进行了完善。

1. 在股东出资责任方面,《修订草案》二审稿进一步强化了股东的出资责任。一是明确了未按期足额缴纳出资的失权股份处理,失权股份在6个月内未转让或者注销的,由公司其他股东按照其出资比例足额缴纳相应出资;股东未按期足额缴纳出资,给公司造成损失的,应当承担赔偿责任。二是明确了公司不能清偿到期债务的,公司或者已到期债权的债权人有权要求已认缴出资但未届缴资期限的股东提前缴纳出资。三是对于股东转让已认缴出资但未届缴资期限的股权的,在受让人承担缴纳出资义务的基础上,明确受让人未按期足额缴纳出资的,出让人对受让人未按期缴纳的出资承担补充责任。

2. 在公司治理方面,二审稿吸纳了前期征求意见过程中各方面建议,进一步完善公司组织机构设置,旨在提升公司治理水平。一是进一步厘清股东会和董事会的职权划分,对董事会职权以列举式规定,明确股东会可以对其职权范围内的部分事项授权董事会作出决议。二是完善关于董事会成员中职工代表的相关规定,明确职工人数300人以上的公司,其董事会成员中也应当有公司职工代表。三是在审计委员会的设置和组成方面,公司在董事会中设置审计委员会行使本法规定的监事会职权的,不设监事会或者监事;进一步明确股份有限公司审计委员会的人员组成和资格要求。四是明确规模较小的有限责任公司经全体股东一致同意,也可以不设监事,进一步提高公司治理的灵活性。

3. 在董事责任方面,本次修订稿进一步完善董事责任的相关规定。一方面,明确规定董事、高级管理人员执行职务,给他人造成损害的,公司应当承担赔偿责任;董事、高级管理人员存在故意或者重大过失的,也应当承担赔偿责任。另一方面,还增加规定了董事责任保险问题,公司可以在董事任职期间为董事因执行公司职务承担的赔偿责任投保责任保险。①

(三)营商环境优化为经济社会高质量发展赋能

《2022年度中国营商环境研究报告》显示,超九成受访企业对中国营商

① 参见《夯实法治根基 提振发展信心——公司法修订草案提请二审》,载全国人民代表大会网,http://www.npc.gov.cn/npc/kgfb/202302/c76a9d13467b4df195f68f640ecc8c9f.shtml,最后访问日期:2023年2月17日。

环境评价为“满意”及以上水平。[①] 其中社会信用(4.53 分)、财税服务(4.52 分)和社会法治(4.50 分)指标评价较高，凸显我国营商环境持续优化，为经济社会高质量发展蓄势赋能。

2022 年 2 月 4 日，世界银行对外发布《宜商环境评估体系》，并从 6 月开始启动宜商环境评估项目的试评估。自此，2021 年停止的营商环境评价，被新的“宜商环境”评价所替代。“宜商环境”评估体系设有 10 个一级指标，分别是企业准入、获得经营场所、公用服务连接、劳动力、金融服务、国际贸易、纳税、争端解决、市场竞争、办理破产，每个一级指标项下分别设监管框架、公共服务、整体效率 3 个二级指标，在此基础上，通过专家平移和企业调研的方式来评价一国或一地区的宜商环境情况。其中最重要的变化是从之前的以单个企业的评价角度转为以整个私营企业发展的角度进行评价，新的体系更加聚焦市场竞争公平。2022 年 3 月 25 日，国务院发布《关于加快建设全国统一大市场的意见》，主要目标是持续推动国内市场高效畅通和规模拓展，加快营造稳定公平透明可预期的营商环境，进一步降低市场交易成本，促进市场公平竞争，加快建设高效规范、公平竞争、充分开放的全国统一大市场。这与新的世行“宜商环境”评价的内容异曲同工。

除了市场公平竞争问题外，2022 年 9 月 7 日，国务院办公厅对外印发《关于进一步优化营商环境降低市场主体制度性交易成本的意见》，积极运用改革创新办法，加力巩固经济恢复发展基础。该意见明确，一是进一步降低市场主体准入成本，全面实施市场准入负面清单管理，切实规范政府采购和招投标，便利市场主体登记；二是进一步规范涉企收费，推动减轻市场主体经营负担；三是进一步优化涉企服务，推动降低市场主体办事成本；四是进一步加强公正监管，切实保护市场主体合法权益；五是进一步规范行政权力，切实稳定市场主体政策预期。相关规范措施的持续出台，使跨区跨部门的制度性交易成本逐渐降低，市场壁垒逐步打破。[②]

从各个省市和地区的实践情况来看，2022 年 9 月 28 日，国务院办公厅发布《关于复制推广营商环境创新试点改革举措的通知》，推广北京、上

---

① 中国贸促会自 2016 年起连续 7 年开展大规模中国营商环境调查，并发布年度报告。

② 参见《进一步优化营商环境 降低市场主体制度性交易成本》，载住房和城乡建设部网，https://www.mohurd.gov.cn/xinwen/gzdt/202209/20220919_768050.html，最后访问日期：2023 年 2 月 17 日。

海、重庆、杭州、广州、深圳6个城市的营商环境创新试点经验。这批复制推广的改革举措包括推行“一窗通办”“一照通办”，进一步扩大电子证照、电子签章等应用范围，企业年度报告“多报合一”改革，探索建立市场主体除名制度等。成都、南京、青岛、长沙、宁波等多个城市提出争创营商环境创新试点城市，湖北省、北京市、湖南省等多个省市也陆续开展营商环境评价。2022年12月13日，海南省营商环境建设厅在海口揭牌成立，这是全国首个营商环境建设厅，统筹推进营商环境、政务服务、数据共享、社会信用“一体四面”建设，强化营商环境建设的顶层设计和具体制度机制创新。

(四)国企改革三年行动收官取得重要突破

2022年是国企改革三年行动收官之年，三年来，国有企业经营效益稳步上升，产业结构进一步优化，市场化经营机制逐步健全，科技创新能力加快提升。面对各类风险因素增多的不利局面，各级国有企业克服困难，战略性重组、专业化整合深入开展，产业转型升级和科技创新加强等方面持续发力，国有资本配置整体功能显著增强，为推动地方经济社会发展发挥了重要作用。回首2022年国企改革发展脉络，有以下几个重要突破值得重视：

一是中国特色现代企业制度日趋发展完善，国有企业合规管理体系建设水平提高。在国务院国资委的大力推进下，中央企业和地方国有企业董事会建设取得了明显进展，通过落实董事会职权，打造高素质专业化外部董事队伍，加强外部董事履职支撑，推动更好发挥董事会定战略、作决策、防风险的经营决策主体作用，中国特色现代企业制度优势有效转化为治理效能。在国有企业合规管理方面，《中央企业合规管理办法》自2022年10月1日起施行，合规管理成为企业切实有效防范经营风险的关键制度性措施，通过建立违规问题整改机制，规章制度不断健全、业务流程不断优化、依法合规经营管理水平显著提升。

二是央企战略性重组和专业化整合有力有序有效推进，国有经济布局进一步优化。2022年，国务院国资委持续推动专业化整合，在重要行业关键领域、战略性新兴产业加大国有资本的布局投入，更好发挥国有企业在国家重大战略中的引领支撑作用。同时，国资委根据国家发展战略要求，新建、合并、改组组建重要的央企集团，实现资源向主业企业、优势企业、“链长”企业集中。例如，中国宝武与中钢集团实施重组，二者同处钢铁产业链上下游，战略契合、优势互补，有效保障产业链供应链安全。

三是国资监管体制进一步健全，央企的资本运作能力和整体竞争力得到持续提升。2022 年 6 月，国务院国资委印发《关于国有资本投资公司改革有关事项的通知》，对国有资本投资公司试点企业进行了调整优化，明确中国宝武钢铁集团有限公司、国家开发投资集团有限公司、招商局集团有限公司、华润(集团)有限公司和中国建材集团有限公司等五家企业正式转为国有资本投资公司。这五家企业正式转为国有资本投资公司，是国企监管方式从“管企业”到“管资本”转型的重要节点，进一步促进了国有资本合理流动及保值增值，显著提升了国有资本控制力和影响力。①

国企改革没有终点，而是下一阶段的起点。党的二十大赋予国资国企持续深化改革的新使命与新任务，下一阶段国资国企改革攻坚，还需在混合所有制改革、国资结构布局优化调整、源头创新能力建设、内外部监管机制完善、容错免责与激励约束等方面下功夫，进一步推动国有经济布局优化和结构调整。

二、证券法的法律实施

2022 年，我国证券市场在新发展格局下，多点布局、多重突破，证券法律制度的实施进程也迎来新的突破。这一年，证券市场法制建设既填补了制度的空白，也提高了制度落地的可行性；既有接轨国际化的探索，也有司法体制的创新；投资者保护力度不断加强，投资者权利救济渠道进一步畅通。只有提高中国特色现代资本市场法治水平，才能增强资本市场的韧性与活力。

(一)证券法律体系日趋完善，促进资本市场高质量发展

资本市场是规则先行的市场，法治与市场之间存在正相关的辩证关系。我国资本市场飞速发展，一大重要原因便是良法善治。体例科学、层次分明、规范合理且协调一致的资本市场法律体系是规范、透明、开放、有活力、有韧性的资本市场的基础和保障。

2022 年 4 月 20 日，全国人大常委会表决通过《期货和衍生品法》，自 2022 年 8 月 1 日起施行，开启了我国证券期货市场法制建设的新篇章。《期货和衍生品法》是期货及衍生品市场三十年来的首次立法，填补了资本市

① 参见《加快从管企业向管资本转变 国有资本投资公司改革取得新突破》，载新华网，https://baijiahao.baidu.com/s?id=1737738547698425224&wfr=spider&for=pc，最后访问日期：2023 年 2 月 17 日。

场法制建设的空白，明确了期货市场的发展方向和基本规则，对我国证券期货市场的建设具有里程碑的意义。在期货法的引导下，期货公司也开始快速摒弃过去依赖单一经纪业务的经营模式，加快向资产管理、财富管理、风险管理、境外业务等综合发展的多元化业务提供商转型。

为贯彻落实《期货和衍生品法》的内容，证监会也有针对性地对《期货公司董事、监事和高级管理人员任职管理办法》《期货公司风险监管指标管理办法》《证券期货投资者适当性管理办法》等八部规章作了配套修改，进一步完善了我国证券期货市场的基础性制度。此外，证监会会同沪深证券交易所开展了上市公司监管法规体系整合工作，是资本市场发展三十余年来的首次大整合。在数量上，将证监会部门规章以下层级的规则、沪深交易所的自律监管规则进行了归并整合，整合后规则数量压缩了60%，规则体系整体更为简明、清晰、友好。在内容上，优化了上下位规则关系，修改了过时、重复、矛盾的规则，统一了文字表述和格式体例，强化了上市公司监管法规的科学性、体系性和规范性。

这些法律规则的制定出台和修订整合，不仅完善了证券市场制度规则，健全了市场运行的体制机制，而且对于优化我国资本市场体系结构、规范市场主体行为也具有重大意义。

（二）注册制改革稳步推进，证券市场服务实体经济能力增强

2022 年伴随着注册制改革的稳步推进，资本市场服务实体经济尤其是支持创新的能力显著加强。在交易场所及相关板块的改革与设立，发行、上市、交易、信息披露、公司治理、并购重组、结算制度的改革，投融资两端改革和市场品种增设，以及监管制度改革等各个方面，法律、制度和规则先行，都为资本市场改革发展提供了依据，起到了保驾护航的作用。

在发行和上市方面，Wind 数据显示，2022 年 A 股数量突破 5000 家。截至 2023 年 1 月 31 日，A 股市场注册制下新上市企业共 1004 家，其中，科创板、创业板、北交所分别有 504 家（包括 1 家转板企业）、413 家（包括 2 家转板企业）、87 家，公司累计发行募资 1.17 万亿元，总市值达 9.48 万亿元。注册制改革推进的过程中，证券市场的直接融资通道进一步拓宽，得以将资金匹配给更需要的公司，助推了我国产业结构转型升级的大趋势。尤其在国内外多重超预期压力下，注册制所拓宽的直接融资渠道，对于新兴企业、科技创新企业的发展意义重大。

在创新制度方面，2022 年以来资本市场的制度改革也同样深入人心。

2022年10月31日，科创板引入做市商机制以提升股票流动性，整体看来，做市股票有序扩容，交投活跃度显著提升。北交所也起草了相关规则，将引入做市商实行混合交易制度。在产品层面，ETF期权大幅扩容，也吸引大量中长期资金入市。其中，2022年10月26日，人力资源和社会保障部、财政部、国家税务总局、银保监会、证监会联合发布《个人养老金实施办法》；随后，证监会发布《个人养老金投资公开募集证券投资基金业务管理暂行规定》，并发布首批个人养老金基金产品名录和基金销售机构。个人养老金"入市"将对我国资本市场转型升级发挥重要作用，同时也有助于公募基金行业的高质量发展。

此外，2022年资本市场一系列高水平制度型开放举措渐次落地。2022年6月24日，证监会发布《关于交易型开放式基金纳入互联互通相关安排的公告》，进一步深化内地与香港特别行政区股票市场交易互联互通机制；2022年2月，证监会发布《境内外证券交易所互联互通存托凭证业务监管规定》，将互联互通存托凭证业务范围拓展至瑞士、德国，不断扩宽公司境外上市融资渠道。这一系列双向开放举措不断落地并稳步推进，既体现出资本市场国际化进程步伐加快，也说明我国资本市场自身竞争力和国际吸引力正在不断提高。

（三）市场违法成本显著上升，退市约束趋紧

打击证券市场违法活动是维护资本市场秩序、有效发挥资本市场功能的重要保障。近年来，资本市场违法违规成本大幅度提高，依法从严打击证券违法活动的体制机制加速健全。同时，退市新规实施后，资本市场退市制度建设不断完善，退出渠道不断畅通，"应退尽退"成为共识，常态化退市机制加速形成。

2022年，证监会稽查部门严厉打击各类证券期货违法行为，全年办理案件603件，其中重大案件136件，向公安机关移送涉嫌犯罪案件和通报线索123件，案件查实率达90%。具体分类型来看：内幕交易案件数量同比下降15%，并购重组、实际控制人变更等重大事件仍是内幕交易高发领域；操纵市场案件总量下降30%，但上市公司内部联手操纵炒作本公司股价现象仍然存在，用股票市场和场外市场联动关系、利用与股市"黑嘴"串通等新模式或新技术，增加了操纵市场行为的隐蔽性；财务造假仍有发生，且违规手法隐蔽复杂，主板、创业板、科创板、可转债等领域均有因财务

造假导致欺诈发行的案件。[①] 总体来看，2022 年各类证券期货违法行为案发数量持续下降，办案质效明显提升，“严”的监管氛围进一步巩固，市场生态进一步净化。

退市新规落地两年多来，“僵尸”公司和“空壳”公司加速出清，继 2021 年的 17 家公司被强制退市后，2022 年 A 股市场共有 42 家公司被强制退市(沪深两市分别有 18 家、24 家)，数量创新高。[②] 坚持“应退尽退”，既实现了“退得下”，又保障了“退得稳”，加速促进市场优胜劣汰。坚持法治化、市场化、常态化将是退市制度改革不变的主线。一方面，通过清退财务指标不达标的公司，完善了优胜劣汰机制，保障了我国资本市场的整体质量，有助于提升市场活跃度和保护投资者实际利益；另一方面，也通过清退涉及重大违法的公司，为上市公司的经营管理敲响警钟，鼓励上市公司规范经营。

(四)证券虚假陈述司法解释施行，投资者保护力度不断增强

2022 年 1 月 21 日，最高人民法院发布了《虚假陈述司法解释》。该司法解释进一步细化和明确证券市场虚假陈述侵权民事赔偿责任的构成要件及追究机制等各项主要内容，平衡了市场各方合理诉求，进一步明确了“权责利”关系，强化市场各方预期，切实保护投资者的合法权益。

从《虚假陈述司法解释》的内容上看，主要有五个方面：第一，取消了原司法解释中规定的行政刑事前置程序，是此次司法解释最大的亮点。取消前置程序，是对受损投资者诉权的程序保障，也是对潜在虚假陈述违法行为的诉讼威慑。第二，明确虚假记载、误导性陈述、重大遗漏、未按规定披露等虚假陈述行为的界定，规定预测性信息安全港制度，对虚假陈述认定中实施日、揭露日、重大性和交易因果关系等关键内容进行优化完善，有利于司法实践操作。第三，细化了对董监高和其他直接责任人员、独立董事、保荐承销机构、证券服务机构等主体的过错认定标准及免责抗辩事由，回应市场关切并稳定市场预期。第四，强化控股股东、实际控制

---

① 参见《2022 年证监会办案质效明显提升 资本市场生态进一步净化》，载中国金融新闻网，https：//www. financialnews. com. cn/gc/sd/202302/t20230214_ 264555. html，最后访问日期：2023 年 2 月 17 日。

② 参见《2022 年 A 股 42 家公司被强制退市 退市新规落地逾两年“空壳”“僵尸”公司加速出清》，载新浪财经网，https：//finance. sina. com. cn/roll/2023 - 01 - 04/doc - imxyykuv5859622. shtml，最后访问日期：2023 年 2 月 20 日。

人责任，以实施精准“追首恶”，压实相关责任主体的责任。第五，优化基准日及基准价制度，在传统诱多型虚假陈述的基础上补充规定诱空型虚假陈述的损失计算方法，规定多账户交易损失计算的处理方法，明确损失因果关系认定相关内容，系统完善损失认定规则。

整体来看，本次《虚假陈述司法解释》的修订满足了我国证券市场投资者保护的需求，又直接贴近市场实践，对前置程序、虚假陈述行为界定、因果关系的判断、证券服务机构及独立董事等相关责任主体的责任边界问题进行了回应，加大了对投资者民事赔偿救济的力度。随着《虚假陈述司法解释》的颁布和实施，将会与其他制度措施一起构建对证券投资者保护的全方面保障体系。下一步，还需要继续坚持“零容忍”打击侵害投资者权益的违法违规行为，加大民事赔偿救济工作力度，建立健全证券纠纷代表人诉讼常态化机制，推动行政罚没款优先用于投资者赔偿制度落地，为资本市场的持续健康发展发挥保障支撑作用。

三、破产法的法律实施

受新冠肺炎疫情及世界经济增长乏力之影响，2022 年生产要素配置效率较低、增量经济疲软不振问题较为突出。在此背景下，“办理破产”作为盘活存量经济、促进产业结构升级、优化生产要素配置的重要手段，在推动供给侧结构性改革、保障经济高质量发展方面的作用越发显著。

（一）《企业破产法》修订草案提请审议

现行《企业破产法》自 2007 年 6 月 1 日起施行以来，对于规范企业破产行为、公正审理破产案件、全面保护各方当事人利益、维护社会主义市场经济秩序等方面发挥了重要作用，推动了破产制度发展。但随着经济社会的发展，一些规定已难以适应实践需要，在案件办理质效、重整与和解制度运用、逃废债打击、破产程序启动、管理人制度、前瞻性制度安排以及配套保障的府院协调机制等方面规定滞后，法律制度供给严重不足，难以顺应营商环境建设等深化改革开放的一系列国家战略需要。因此，《企业破产法》的修订工作自 2019 年正式成立起草组以来，多次召开起草组会议，积极推进起草工作。2022 年 12 月 27 日至 30 日，十三届全国人大常委会第三十八次会议正式审议《全国人大财经委关于提请审议企业破产法修订草案的议案》，《企业破产法》迎来了首次修改。

《企业破产法》的修改是立足新发展阶段，有效应对破产领域新情况新问题的需要。从修改内容方面来看，本次修改主要完善破产财产、债权人保护、管理人、重整及清算转重整、跨境破产、法律责任等内容；增加个人破产、府院协调、预重整、破产简易程序和金融机构破产专章等内容。从修改思路来看，《企业破产法》的修改突出市场化、法治化的方向，推动涉债权人权益保护有关条款的修订，优化重整制度，完善破产企业整体出售、困境企业及时进入破产等制度，提升企业破产的质效，这就需要在梳理总结实践经验的基础上，将行之有效的制度创新上升为更高位阶的普遍规定，并按照程序加快推进立法进程。

（二）个人破产先行先试的制度示范

2021 年 3 月 1 日，我国境内首部地方个人破产立法——《深圳经济特区个人破产条例》实施，正式开启个人破产制度改革试点的序幕。实际上，在酝酿、讨论和起草现行《企业破产法》过程中，众多学者亦建议要处理好个人破产与企业破产的关系，建立一部统一的“破产法”，企业破产法若吸纳个人破产制度，将填补现行破产法的遗憾。

个人破产制度的目的是帮助“诚实而不幸”的债务人实现经济再生。[①] 2022 年 5 月，深圳破产法庭发布了《加强个人破产申请与审查工作的实施意见》，规范个人破产申请，建立常态化受理机制。该实施意见明确提出，债务人申请个人破产清算的，应当丧失清偿债务能力且清偿能力难以恢复；债务人不符合前述情形的，人民法院可以对个人破产清算申请不予立案；申请人向人民法院提出个人破产申请时应充分、如实披露相关信息，在面谈辅导中提供虚假、变造资料，申报不实信息，作虚假陈述或者误导性陈述，导致人民法院作出裁判的，依法承担法律责任。从深圳法院的实践情况来看，目前其受理的案件主要呈现四个特点：一是申请主体多为有创业经历的青壮年；二是个人破产债务分布广泛、规模可控；三是部分债务人存在涉诉涉执情况；四是债务人财产以现金为主，偿债意愿能力较强。在所审结的个人破产案件中，已经包括了个人破产重整、和解、清算、庭外和解制度四种类型，为全国立法、司法积累了鲜活的经验。[②]

① 参见《让“诚实而不幸”的创业者涅槃重生》，载《人民法院报》2023 年 1 月 30 日，第 4 版。

② 《最高法审委会专委刘贵祥：个人破产制度全国铺开前还需“三步走”》，载《新京报》2022 年 3 月 10 日。

（三）推动“府院联动”探索破产审判新机制

《最高人民法院关于为加快建设全国统一大市场提供司法服务和保障的意见》第 6 条指出，要完善市场主体救治和退出机制，坚持破产审判市场化、法治化、专业化、信息化方向，依法稳妥审理破产案件，促进企业优胜劣汰，推进建立常态化“府院联动”协调机制。在此，“府院联动”机制再次被提及。

“府院联动”向来是国内破产办理的难点，也是《企业破产法》配套制度改革的重点之一。“府院联动”机制，其定义大致为法院在办理破产案件时与政府联合办案，协调配合，共同推进破产程序。目前“府院协调”机制通行的做法是由地方政府主要领导牵头工商、税务、财政、银监、人行、社保、国土、房管、规划、招商、公安、国资、环保、经信等相关部门负责人，组建类似于专项破产处置政府领导小组等临时机构，综合解决破产衍生至社会民生领域的一些难题。① 虽然目前“府院联动”机制尚不成熟，但是仍然在破产案件的办理中发挥了重大作用，可以有效预防维稳风险、支持破产程序推进、保护公共利益。各地方也陆续建立了破产府院联动机制，如安徽省人民政府、安徽省高级人民法院联合印发了《关于进一步完善“府院联动”工作机制的意见》，强化改革创新，推动实现府院联动工作，充分发挥破产审判职能作用，提升破产审判便利化。但是，现行《企业破产法》并未明确规定府院协调机制。破产案件涉及众多复杂的法律问题及社会问题，如职工安置、税费减免、地方维稳等问题与政府社会管理及公共服务内容相关，单纯依靠法院力量往往难以全面解决。基于现实原因，还是应当从法律层面肯定府院联动制度，明确政府角色定位，推动破产审判简易高效。

四、信托法的法律实施

信托制度作为财富管理的基础性工具，在民事和商事经济活动中发挥着独特作用。随着我国经济的快速发展，社会对于财富管理的需求不断增加，对信托法律制度的要求也与日俱增。2022 年是信托业加快转型的一年，也是信托法实施取得成效的一年。截至 2022 年三季度末，信托资产规模余额为 21.07 万亿元，同比增加 0.63 万亿元，增幅为 3.08%。同时，监管部门进一步强化对信托公司和从业人员的执法力度，继续引导信托公司加强

① 参见陆晓燕：《“府院联动”的建构与边界——围绕后疫情时代市场化破产中的政府定位展开》，载《法律适用》2020 年第 17 期。

风险管理、依法合规经营。

(一)澳门特别行政区立法会通过《信托法》，内地开展《信托法》修法调研

信托制度作为现代金融业的重要一环，对促进澳门特别行政区现代金融产业成长、经济适度多元化发挥积极的作用。但是澳门特别行政区金融市场长期以商业银行存贷业务为主，财富管理机构较为单一，欠缺信托法律制度也使投资者对信托的法律保障心存疑虑。2022 年 11 月 3 日，澳门特别行政区立法会通过了《信托法》，在信托的设立、信托财产、受托人条件及义务、受益人的保障等方面作出明确规范，填补了澳门特别行政区现行法律在信托领域的空白，为澳门特别行政区发展信托事业、促进财富管理行业成长发挥积极作用。值得注意的是，澳门特别行政区《信托法》适用于私益信托，而针对公益信托和目的信托并未作出专门规定，后续发展实践仍有待观察。

在内地，《信托法》正式实施已 21 年，为信托关系的调整、信托行为的规范以及信托当事人的权益保护提供了法律依据，对信托业健康发展起到了重要作用，但实际上已经不能满足民众和业界对民事信托、商事信托和慈善信托的多元化需求，因此修订《信托法》的呼声近年不断走高。2022 年十三届全国人大五次会议期间，有代表提出议案建议修改《信托法》，完善信托法律制度。目前中国人民银行会同中国银保监会等部门已启动信托法立法后评估工作，将开展修法调研论证工作，适时推动修法，条件成熟时推动信托法修改工作。[①]

(二)信托业务分类改革，行业转型发展迎来新契机

银保监会发布《关于规范信托公司信托业务分类有关事项的通知(征求意见稿)》，此次改革将信托业务分为资产管理信托、资产服务信托、公益/慈善信托三大类。其中，资产管理信托按资管新规细分为固定收益类资产管理信托、权益类资产管理信托、商品及金融衍生品类资产管理信托、混合类资产管理信托四类；资产服务信托分为行政管理受托服务信托、资产证券化受托服务信托、风险处置受托服务信托、财富管理受托服务信托，

---

① 参见《央行总体赞成肖钢提案 适时推动将〈信托法〉修改工作列入立法计划》，载凤凰新闻网，https：//ishare. ifeng. com/c/s/v002XXLXU1IeATVzUSo5Wh9JhXeua6A - _ 1sMQZtDPMQxLii8 _ ，最后访问日期：2023 年 2 月 17 日。

而且四类下又有细化项；公益/慈善信托项下未再细分(详见下表)。①

信托业务分类改革表

<table>
<tr><th>三大类</th><th>二级细分项</th><th>三级细分项</th></tr>
<tr><td rowspan="4">资产管理信托</td><td>固定收益类资产管理信托</td><td rowspan="4"></td></tr>
<tr><td>权益类资产管理信托</td></tr>
<tr><td>商品及金融衍生品类资产管理信托</td></tr>
<tr><td>混合类资产管理信托</td></tr>
<tr><td rowspan="18">资产服务信托</td><td rowspan="5">行政管理受托服务信托</td><td>预付类资金受托服务信托</td></tr>
<tr><td>资管产品受托服务信托</td></tr>
<tr><td>担保品受托服务信托</td></tr>
<tr><td>企业/职业年金受托服务信托</td></tr>
<tr><td>其他行政管理资产服务信托</td></tr>
<tr><td rowspan="4">资产证券化受托服务信托</td><td>信贷资产证券化受托服务信托</td></tr>
<tr><td>企业资产证券化受托服务信托</td></tr>
<tr><td>非金融企业资产支持票据受托服务信托</td></tr>
<tr><td>其他资产证券化受托服务信托</td></tr>
<tr><td rowspan="2">风险处置受托服务信托</td><td>企业市场化重组受托服务信托</td></tr>
<tr><td>企业破产受托服务信托</td></tr>
<tr><td rowspan="7">财富管理受托服务信托</td><td>家族信托</td></tr>
<tr><td>家庭服务信托</td></tr>
<tr><td>保险金信托</td></tr>
<tr><td>遗嘱信托</td></tr>
<tr><td>特殊需要信托</td></tr>
<tr><td>其他个人财富管理信托</td></tr>
<tr><td>企业及其他组织财富管理信托</td></tr>
<tr><td>公益/慈善信托</td><td></td><td></td></tr>
</table>

推行信托业务分类改革，主要目的是为引导信托公司回归受托本源，

① 参见《重磅！信托业务分类征求意见稿下发，资产管理信托分这 4 类》，载券商中国网，https：//baijiahao. baidu. com/s？ id＝1729108377728998970&wfr＝spider&for＝pc，最后访问日期：2023 年 2 月 17 日。

摆脱“通道类”“非标融资类”等路径依赖，进一步明确业务转型方向。本次业务分类改革设置了3年过渡期，推进信托公司对各项存续业务全面梳理，有序整改。在这个过程中，信托业如何顺应经济发展形势，更好厘清自身发展定位及找到服务经济社会的精准发力点至关重要。

（三）新华信托破产清算，信托行业和投资者敲响警钟

2022年，信托项目和信托公司的风险化解是信托行业健康发展的重中之重。2022年7月6日，银保监会官网发布了《中国银保监会关于新华信托股份有限公司破产的批复》，正式同意新华信托依法进入破产程序，这是我国《企业破产法》自2007年6月1日实施以来出现的首例信托公司破产。

新华信托成立于1979年，是中国最早成立的信托公司之一。2020年7月17日，银保监会宣布，新时代信托、新华信托两家信托机构存在违法违规经营行为，触发了《银行业监督管理法》第38条和《信托公司管理办法》第55条规定的接管条件。交银国际信托有限公司接管新华信托，接管期间新华信托积极推进相关工作，但是仍不能清偿到期债务。截至2021年12月31日，新华信托负债合计约为123亿元，其中账面资产为约56亿元，所有者权益合计为-67亿元，处于严重资不抵债情形，因此申请破产清算。①

新华信托的破产清算，给整个信托行业敲响了警钟，也警示投资者破除刚兑迷信，提升投资能力。对于信托公司而言，这是一个重塑行业信誉和加速优胜劣汰的警示，也敦促信托行业回归本源；对于投资者而言，投资者不能继续“迷信”具有刚兑性质的理财产品，而应当具有相匹配的识别能力、判断能力和风险承受能力，筛选识别产品及进行科学的资产配置，从而分散投资风险，这也对信托投资者本身提出了更高的要求。

（四）家族信托快速发展，新增规模屡创新高

家族信托被视为民企财富保护与传承最重要的制度安排之一。自平安信托成立国内首单家族信托至今，家族信托在国内的发展已有十年。近年来，家族信托凭借其资产隔离、配置灵活等制度优势，已成为当前家族财富传承的主要工具之一。2022年，家族信托迎来高速增长期，在近3500亿的存量规模上，2022年1月家族信托新增规模达128.99亿元，二季度新增

① 参见《银保监会批复新华信托破产清算》，载百度网，https://baijiahao.baidu.com/s?id=1737608786703653023&wfr=spider&for=pc，最后访问日期：2023年2月17日。

441 亿元，11 月新增 87.32 亿元，年底存量规模突破 4500 亿。

民营企业家通过设立家族信托，将财富特别是企业股权信托给受托人，由受托人为了受益人的利益进行持有和管理，可以有效隔离产权被动分割风险，规避家族争产及子女挥霍，促进民企平稳传承，防止传承过程中民企财富严重缩水，最大程度增进民企财富的社会效用，因而家族信托在境外被广泛采用，国内很多民营企业家也去境外设立了家族信托。

目前来看，我国家族信托潜在市场需求巨大。但是信托配套制度还不完善，目前家族信托资产主要为现金，而上市公司股票、非上市公司股权以及不动产很难成为信托财产，极大地限制了家族信托功能。因此，应建立与家族信托相配套的基础设施，通过科技赋能、精细化管理、基础设施搭建等措施，切实保障家族信托有序运行。

五、保险法的法律实施

保险行业作为社会“稳定器”和经济“助推器”，在 2022 年充分发挥风险管理和保障功能，持续深化改革创新，提升服务实体经济质效，在支持国家重大战略项目、助企纾困、服务乡村振兴、助力疫情防控、加快发展养老第三支柱、提升民众健康养老保障水平等方面也贡献了重要力量。

（一）多措并举助力纾困，保险业提升服务实体经济质效

实体经济是经济发展的重要着力点，保险业服务实体经济是保险业服务经济社会发展的重要内容。面对新冠肺炎疫情多点散发带来的挑战，针对经济运行的痛点、堵点，保险业多措并举助企纾困。2022 年 6 月，银保监会办公厅发布《关于进一步做好受疫情影响困难行业企业等金融服务的通知》，要求保险机构增加保险产品供给、提高保险覆盖面、做好外贸金融服务、鼓励延期收取保费，在政策上对小微企业、货运物流和困难行业企业发展加大支持力度。

同时，《保险公司偿付能力监管规则（Ⅱ）》正式实施，服务实体经济取得积极成效。该监管规则从偿付能力角度引导保险业服务实体经济，允许按 90%的比例计量专业科技保险公司的保险风险最低资本、专属商业养老保险产品的长寿风险最低资本等，这些政策可以让相关保险公司释放更多资本，用以支持科技保险、养老保险、农业保险、出口信用保险和海外投资保险发展，并支持保险公司投资绿色债券，由此促进保险业提升服务实体经济的能力。

（二）《保险资产管理公司管理规定》实施，引导保险资产管理规范化运作

随着经济发展及居民财富不断积累，我国资产管理市场发展迅速。2022年8月，银保监会发布《保险资产管理公司管理规定》，并于9月1日正式实施。该规定主要包括以下几个方面内容：一是新增公司治理专门章节，提升保险资管公司经营运作独立性，全面强化公司治理监管的制度约束；二是将风险管理作为专门章节，着力增强保险资产管理公司风险管理能力，切实维护保险资金等长期资金安全；三是优化股权结构设计要求，平等对待对保险资管公司的境内外保险公司股东，取消外资持股比例上限；四是优化经营原则及相关要求，增加了受托管理各类资金的基本原则，明确要求建立托管机制，完善资产独立性和禁止债务抵消表述，严禁开展通道业务；五是增补监管手段和违规约束，进一步提升机构监管质效。

《保险资产管理公司管理规定》消除了部分行业壁垒，有利于保险资管公司发挥管理长期资金优势，为保险资产管理公司市场化运作和差异化发展提供了指引，有利于引导和促进保险资产管理公司规范化运作和高质量发展，更好满足保险资金等长期资金的保值增值需求，为资本市场平稳健康运行和实体经济高质量发展培育更多稳健型的机构投资者。

（三）规范人身险产品信息披露，切实保护消费者合法权益

我国自1982年恢复人身险业务以来，人身险保费收入得到了快速发展，在此过程中，保险立法和监管规章不断规范，但也存在一些问题。2022年，银保监会在1月、11月两次通报了人身险产品典型问题。[①] 整体看来，我国人身险产品设计存在保险责任范围、现金价值计算不明晰、产品条款表述不严谨、产品费率厘定缺乏定价基础等问题。

近年来，消费者权益保护已成为保险监管部门的一个重要目标，为切实保护投保人、被保险人和受益人的合法权益，2022年2月，银保监会人身险部发布了《人身保险产品"负面清单"（2022版）》，涉及产品条款、产品责任设计、产品费率厘定及精算假设、产品报送管理四项内容。此外，2022年11月，银保监会发布《人身保险产品信息披露管理办法》，明确了保险公司为产品信息披露的主体，保险公司保险销售人员、保险中介机构

① 参见《银保监会通报近期人身险产品问题 长城人寿、华夏人寿被多次点名》，载百度网，https：//baijiahao. baidu. com/s? id=1749834361632470248&wfr=spider&for=pc，最后访问日期：2020年2月19日。

及其从业人员应当正确使用产品信息披露材料；明确了保险产品在售前、售中、售后全过程的信息披露内容。

六、完善建议

(一)进一步完善公司法修订草案，制度创新与实践情况相适配

本次公司法立法修改应当属于近几年较大规模的修改，理论界和实务界都对这部酝酿一年有余的《修订草案》存在重大期待。但是从整体结构和具体规范内容方面来看，目前《修订草案》还存在进一步的完善空间。在整体结构上，草案新增了“公司登记”和“国家出资公司的特别规定”两章，“股份有限公司的设立和组织机构”以及“股份有限公司的股份发行和转让”两章的内容凸显了股份的重要地位。但是，公司法作为组织法，其条文的章节设计应凸显组织法的内在逻辑，交易行为宜交给交易法调整，适当限缩和优化公司法的调整范围，进一步区分公司法与证券法的调整分工。在具体规范内容方面，《修订草案》目前缺乏对法院裁判实践的因应，一些在企业实践发展中长期被证明应在法律制度上予以解决的问题并未得到妥善解决。①

此外，部分规则的制度创新与实践情况的适配可能还需进一步考量，如关于审计委员会制度的修订是本次《修订草案》二审稿的一项重大变化。根据二审稿的规定，无论有限责任公司还是股份有限公司，均可以在董事会中设置审计委员会，从而不设监事会或者取代监事的职能。对股份有限公司同时要求，若设立审计委员会，必须一半以上是独立董事，且至少有一名独立董事是会计专业人士。这突出了审计委员会的专业性与独立性，强调了审计委员会的监督职能，弱化了监事会的作用。但是从中国监事会制度的发展变化来看，从《公司法》颁布到历次修改，基本趋势是在强化、提升监事及监事会的监督职能。此外，2018 年《国务院机构改革方案》将国有重点大型企业监事会的职责划入审计署，审计署逐步代替监事会行使监督职能。审计委员会起源于美国，其设立初衷是解决经营管理层的财务舞弊问题。虽然实践中许多公司的监事会确实未起到相应的监督作用，但是我国监事会制度自 1993 年起就已确立，股东会、董事会、监事会三会分离、分权制衡的治理结构是我国公司法 30 年来坚持的基础架构。从二审稿的内容来看，允许公司“不设监事会”反映了我国现代公司治理趋向于高效和务实的趋向，

① 蒋大兴：《公司法修订草案中的关键缺失》，载《中国法律评论》2022 年第 5 期。

但是监事会作为重要“一会”，立法应当从提高监事会地位、强化其监督权限及手段并保障监事任职前的独立性，而不是忽视或取消其监督制衡作用。

(二)加强资本市场法治建设，为全面实行股票注册制提供法制保障

党的二十大报告为资本市场全面深化改革指出方向，提出“健全资本市场功能，提高直接融资比重”，其中深化注册制改革则是关键之举。2023年2月17日，全面实行股票发行注册制正式实施，这不仅需要市场各方“同向而行”，还需要完善资本市场法律制度，统筹推进一揽子配套制度创新，以法治建设的完善为注册制提供基础保障。

从科创板、创业板再到北交所，增量改革与存量改革并举，为全面实行注册制积累了重要经验，注册制下证券法律实施的重点和方向主要有以下几点：一是以信息披露为核心，完善和优化IPO制度框架，把好市场入口关，提高上市公司质量，优化市场生态。二是完善监管执法手段，加大对虚假披露与欺诈发行赔偿等违法行为的打击力度，进一步明晰中介机构间的责任边界，更好发挥资本市场“看门人”作用。三是进一步强化投资者保护，树牢“大投保”理念，推动加强行政执法、民事赔偿、刑事追责的机制衔接，畅通投资者维权救济渠道。四是加快完善A股市场常态化退市机制，进一步健全优胜劣汰的市场生态；保障注册制下优胜劣汰的市场生态环境，实现上市公司质量整体提升。五是要进一步统筹推进以注册制为牵引的制度改革，继续优化发行定价机制以及再融资、并购重组等一系列配套机制，提高市场包容性和资源配置效率。

在世界百年未有之大变局下，服务实体经济高质量发展更为紧迫。在这一进程中，资本市场肩负培育创新基因、推动提升直接融资比重的重任。推开注册制大门，以多层次资本市场为纽带，依托制度创新、配套法规等保障支持，多层次资本市场将实现更高效率资源配置，助力中国经济育新机、开新局。

(三)推进《企业破产法》体系化修改，探索个人破产制度“入法”

随着清理“僵尸企业”和改善营商环境工作的不断推进，对于建立市场主体退出制度和救治制度的需求越来越迫切。破产是市场经济条件下正常的经济现象，是平衡保护债权人和债务人的制度，破产法律制度也是保护债权人债权平等受偿、保护善良守法债务人债务豁免权、保护债务人企

业员工合法权益、保护投资者特别是重整投资人合法权益的保护法，[①] 破产法修订则是一项体系化的、系统性的工程。

《企业破产法》的修改作为一个体系化的过程，既要重视民事主体退出制度的完善，更要重视民事主体救治法律制度，除了对原有立法中的各项制度进行全面修订、补充、完善之外，还需要将实践迫切需要且意义重大的个人破产制度、简易破产制度以及小微企业破产制度、预重整制度等一系列制度纳入法律中来。[②] 其中个人破产的立法问题，是当前备受关注的社会热点之一。一方面，需要加大对个人破产知识的传播，使更多的群众接受个人破产制度；另一方面，虽然目前深圳出台了个人破产条例，但只有我国立法部门关于个人破产制度的立法工作完成后，个人破产制度才能在全国范围内铺开。个人破产牵涉面广，个人破产立法要多程序、多渠道、多方式地解决个人债务问题，及时建立起全面的个人破产制度，有助于为市场经济发展提供法律制度保障。同时，还重点完善推进破产程序的府院联动机制，形成整体合力，以期能更好发挥破产法律制度的作用。

（四）完善信托基本法律制度，建立信托行业基础设施

对于信托行业而言，在持续回归本源的转型过程中，如何顺应经济发展形势，更好厘清自身发展定位至关重要，这就需要完善信托的基本法律制度，为行业健康发展保驾护航。修改和完善《信托法》，是满足人民日益增长的美好生活需要的客观诉求，是防范化解金融风险的重要手段，同时也能够为促进信托业健康发展发挥导向作用。

一方面，需要尽快修订《信托法》和配套相关司法解释，完善信托的基本法律制度，在法律层面增加对受托人义务的规范，就受托人应尽的亲自义务、忠实义务、审慎义务、有效管理义务、保密义务等作出规定，强化受托人治理。另一方面，应建立与信托行业相配套的基础设施。如建立完善的信托登记体系，包括完善信托财产登记规定，依托现有各类财产、权利的登记机构，明确将信托财产登记至信托名下；明确信托财产登记的非交易过户登记性质，合理降低设立信托的税负成本；建立具有公信力的

---

① 杜万华：《破产法修改的关键在于建立体系化的破产保护制度》，载 https：//mp. weixin. qq. com/s/xPKtX2YdoaruQGrf122ipg，最后访问日期：2023 年 2 月 17 日。

② 王欣新：《破产法修改中的新制度建设》，载《法治研究》2022 年第 4 期。

信托受益权登记与流转体系，并为发行证券化信托预留法律适用空间。①

（五）为保险服务实体经济提供制度保障，促进保险行业规范发展

近年来，保险业服务国家战略和实体经济力度不断加大，取得了显著的阶段性成效。目前保险法律制度建设尚处于不成熟阶段，理论研究和实践积累均须进一步深入，同时保险业态的创新发展，也对法律制度的改革完善提出更多挑战。加强保险业监管，推进保险业转型回归本源，是健全保险法律制度的重要任务，尤其是近年来，一系列保险市场乱象和新兴业态的出现，更增加了完善保险业监管制度的紧迫性。

在完善相关制度建设的同时，加强监管力度也是更好促进行业发展、保护保险消费者权益的重要一环。例如，保险产品信息披露问题是保险公司信息披露的一个重要方面，规范保险产品信息披露行为，不仅促进保险公司合规经营、稳定保险市场，更有利于减少销售误导和保险纠纷、提高消费透明度，切实保护消费者的合法权益，进而提升保险业的公信力，有效发挥其在社会保障体系中第三层次功能，为经济高质量发展更好服务。

撰稿专家

顾功耘，华东政法大学教授，博士生导师。主要从事经济法学、商法学教学和研究。现任华东政法大学经济法律研究院院长。兼任中国法学会经济法研究会副会长，中国法学会商法研究会副会长，上海市法学会商法研究会会长；另兼任中国国际经济贸易仲裁委员会仲裁员，上海国际经济贸易仲裁委员会仲裁员等职。主编出版《国有经济法论》《国有资产法论》《公司并购法论》等著作；发表《全面深化改革背景下的经济法治战略》《论宪法法律在治国理政中的定位反思》等学术论文；组织翻译出版《当代主要国家国有企业法》《当代主要国家公私合作法》等。曾获全国五一劳动奖章、上海市劳动模范、司法部系统全国优秀教师等荣誉称号。

鲍彩慧，上海证券交易所博士后研究人员，法学博士。

① 《修改信托法抓紧修法调研论证》，载全国人民代表大会网，http：//www. npc. gov. cn/npc/c30834/202205/2c03f83a32ab4921877acf9625c46d25. shtml，最后访问日期：2023 年 2 月 17 日。

2022年知识产权法实施报告

许常海

报告要旨

党的二十大擘画了以中国式现代化全面推进中华民族伟大复兴的宏伟蓝图，强调实现高质量发展是中国式现代化的本质要求之一，明确坚持创新在我国现代化建设全局中的核心地位，就加强知识产权法治保障作出重要部署。2022年，《民法典》以及《专利法》《著作权法》等知识产权专门法全面实施，《反垄断法》颁行14年后首次作出修订，《商标法》的修改工作积极推进，知识产权法律体系日趋完善。司法系统始终坚持以习近平新时代中国特色社会主义思想为指导，全面贯彻落实党的二十大精神，深入贯彻习近平法治思想，紧紧围绕“努力让人民群众在每一个司法案件中感受到公平正义”目标，增强做好新时代知识产权审判工作的责任感使命感，推动知识产权保护法治化水平不断提升。发布《最高人民法院关于适用〈中华人民共和国反不正当竞争法〉若干问题的解释》《最高人民法院关于第一审知识产权民事、行政案件管辖的若干规定》等司法解释及《最高人民法院关于进一步加强涉种子刑事审判工作的指导意见》《最高人民法院关于加强中医药知识产权司法保护的意见》等政策性文件，全面加强知识产权司法保护。中宣部版权管理局、国家知识产权局等知识产权行政执法部门持续加强知识产权法治保障，持续推进构建大保护的工作格局，聚焦实现快保护的工作效果，提升知识产权全链条保护水平，有效助推知识产权强国建设，推动高质量发展。

核心建议

1. 知识产权新领域新业态法律制度需要进一步完善。
2. 知识产权相关主体利益需要进一步平衡。
3. 知识产权特别程序法制定工作需要进一步推进。

一、2022 年知识产权法实施的总体状况与主要特点

(一)2022 年知识产权法实施的总体状况

1. 行政保护情况

2022 年，我国知识产权工作高质量发展态势更加显著，知识产权强国建设迈出坚实步伐。具体情况如下①：

(1)专利相关情况。全年授权发明专利 79.8 万件，实用新型专利 280.4 万件，外观设计专利 72.1 万件。受理 PCT 国际专利申请 7.4 万件。专利复审结案 6.3 万件，无效宣告结案 0.79 万件。中国申请人通过《工业品外观设计国际注册海牙协定》提交外观设计国际注册申请 1286 件。截至 2022 年年底，我国发明专利有效量为 421.2 万件。其中，国内(不含港澳台)发明专利有效量为 328.0 万件。我国每万人口高价值发明专利拥有量达到 9.4 件，较上年提高 1.9 件，较“十三五”末提高 3.1 件。

(2)商标相关情况。全年注册商标 617.7 万件。完成商标异议案件审查 16.9 万件。完成各类商标评审案件审理 41.2 万件。收到国内申请人提交的马德里商标国际注册申请 5827 件。截至 2022 年年底，我国有效商标注册量为 4267.2 万件。

(3)地理标志相关情况。全年批准地理标志产品 5 个。核准地理标志作为集体商标、证明商标注册 514 件。核准使用地理标志专用标志市场主体 6373 家。截至 2022 年年底，我国累计批准地理标志产品 2495 个，核准地理标志作为集体商标、证明商标注册 7076 件。

---

① 《国新办举行 2022 年知识产权工作新闻发布会图文实录》，载国务院新闻办公室网，http：//www.scio.gov.cn/xwfbh/xwbfbh/wqfbh/49421/49470/index.htm，最后访问日期：2023 年 2 月 24 日。

（4）集成电路布图设计相关方面。全年集成电路布图设计发证 9106 件。截至 2022 年年底，我国集成电路布图设计累计发证 6.1 万件。

（5）著作权相关情况。2022 年全国著作权登记总量达 6 353 144 件，同比增长 1.42%，其中，完成作品著作权登记 4 517 453 件，同比增长 13.39%，完成计算机软件著作权登记 1 835 341 件，同比下降 19.50%。2022 年全国共完成著作权质权登记 350 件，同比下降 5.91%，涉及主债务金额 544 687.33 万元，同比增长 20.26%，涉及担保金额 545 092.75 万元，同比增长 25.89%。其中，计算机软件著作权质权登记 282 件，同比下降 17.06%，涉及主债务金额 369 377.33 万元，同比下降 9.88%，涉及担保金额 369 113.39 万元，同比下降 5.34%。作品（除计算机软件外）著作权质权登记 68 件，同比增长 112.50%，涉及主债务金额 175 310 万元，同比增长 307.38%，涉及担保金额 175 979.36 万元，同比增长 308.94%。[①]

（6）知识产权保护和运用方面。2022 年办理专利侵权纠纷行政案件 5.8 万件，办理维权援助申请 7.1 万件，受理纠纷调解 8.8 万件。全年专利商标质押融资项目达 2.8 万个。质押融资总额达 4868.8 亿元，同比增长 57.1%，惠及企业 2.6 万家，同比增长 65.5%。沪深两地交易所累计成功发行 86 单知识产权的证券化产品，发行规模达到 216 亿元，进一步丰富了市场主体的融资渠道。2022 年国家知识产权局在全国新建了 10 家国家级知识产权保护中心和快速维权中心，国家级知识产权保护中心和快速维权中心达到了 97 家。

经统计核算，2021 年我国专利密集型产业增加值突破 14 万亿元，为 14.3 万亿元，同比增长 17.9%。产业增加值占当年 GDP 的比重两年累计提升 0.82 个百分点，达到 12.44%。就业人员占全社会就业人员的 6.5%，在前一年基础上提高 0.3 个百分点，成为稳增长、稳就业的重要产业。

（7）知识产权行政保护的特点。从相关数据看，2022 年知识产权行政保护总体呈现以下五个方面的特点[②]：

一是有效发明专利实现量质齐升。我国是世界上首个国内发明专利有效量超 300 万件的国家，其中高价值发明专利拥有量达到 132.4 万件，同比

---

① 《国家版权局关于 2022 年全国著作权登记情况的通报》，载 2023 年 4 月 13 日“国家版权公众号”。

② 《国新办举行 2022 年知识产权工作新闻发布会图文实录》，载国务院新闻办公室网，http：//www.scio.gov.cn/xwfbh/xwbfbh/wqfbh/49421/49470/index.htm，最后访问日期：2023 年 2 月 24 日。

增长 24.2%，占发明专利有效量的比重超过四成。世界知识产权组织最新发布的《世界知识产权指标》报告也显示，我国发明专利有效量已经位居世界第一。

二是国内企业创新活力不断增强。截至 2022 年年底，我国国内拥有有效发明专利的企业达 35.5 万家，较上年增加 5.7 万家，拥有有效发明专利 232.4 万件，同比增长 21.8%。其中高新技术企业、专精特新"小巨人"企业拥有有效发明专利 151.2 万件，占国内企业拥有总量的 65.1%，较上年同期提高 0.5 个百分点。

三是数字领域技术创新日益活跃。按照世界知识产权组织划分的 35 个技术领域统计，截至 2022 年年底，我国信息技术管理、计算机技术等数字技术领域有效发明专利增长最快，分别同比增长 59.6%和 28.8%。2022 年，我国数字经济核心产业发明专利授权量为 32.5 万件，同比增长 17.9%，专利储备不断增强。

四是知识产权质押融资惠及更多中小微企业。2022 年全年专利商标质押融资金额首次突破 4000 亿元，连续三年保持 40%以上的增速。惠及企业 2.6 万家，其中 70.5%为中小微企业，为其应对疫情冲击和平稳健康发展带来了"真金白银"。

五是国外在华知识产权数量稳步增长。截至 2022 年年底，国外在华发明专利有效量达 86.1 万件，同比增长 4.5%，涉及国外企业 5.8 万家，较上年增加 0.2 万家。国外在华有效注册商标 203.0 万件，同比增长 5.9%。知识产权助力高水平对外开放的作用持续显现。

2. 司法保护情况

2022 年，知识产权司法保护工作在服务党和国家工作大局中发生深刻变革、实现长足进步。专业化审判体系基本建成，专业化审判能力显著提高，智慧化审判模式广泛运用，涉外审判影响力日益增强。知识产权审判在服务创新驱动发展、推进品牌强国建设、维护良好市场环境、促进扩大对外开放等方面发挥了积极作用。①

(1)案件基础数据。2022 年，人民法院着力强化审判职能作用，依法公正高效审理各类知识产权案件，新收一审、二审、申请再审等各类知识产权案件526 165件，审结543 379件(含旧存，下同)，比 2021 年分别下降

① 本部分内容参见《中国法院知识产权司法保护状况(2022 年)》，载中国法院网，https://www.chinacourt.org/article/detail/2023/04/id/7254547.shtml，最后访问日期：2023 年 4 月 20 日。

18.17%和9.67%。

地方各级人民法院新收知识产权民事一审案件438 480件，审结457 805件，比2021年分别下降20.31%和11.25%。其中，新收专利案件38 970件，同比上升23.25%；商标案件112 474件，同比下降9.82%；著作权案件255 693件，同比下降29.07%；技术合同案件4238件，同比上升5.55%；竞争类案件9388件，同比上升11.51%；其他知识产权民事纠纷案件17 717件，同比下降15.66%。地方各级人民法院新收知识产权民事二审案件46 524件，审结46 563件，同比分别下降5.22%和上升2.41%。最高人民法院新收知识产权民事案件3786件，审结3073件，比2021年分别下降10.77%和13.61%。

地方各级人民法院新收知识产权行政一审案件20 634件，审结17 630件，比2021年分别上升0.35%和下降8.85%。其中，新收专利案件1876件，同比上升3.65%；商标案件18 738件，比2021年增加4件；著作权案件12件，比2021年减少7件。地方各级人民法院新收知识产权行政二审案件5897件，审结7285件，比2021年分别下降28.22%和1.79%。其中，维持原判5518件，改判1650件，发回重审3件，撤诉78件，驳回起诉10件，其他26件。最高人民法院新收知识产权行政案件1456件，审结1542件，比2021年分别下降48.95%和38%。

地方各级人民法院新收侵犯知识产权刑事一审案件5336件，审结5456件，比2021年分别下降14.98%和9.76%。其中，新收侵犯注册商标类刑事案件4971件，审结5099件，同比下降15.30%和9.86%；新收侵犯著作权类刑事案件304件，审结302件，同比下降8.71%和7.93%。地方各级人民法院新收涉知识产权的刑事二审案件979件，审结977件，同比分别下降6.76%和2.01%。

(2)知识产权司法保护特点。

一是技术类案件数量持续上升，中西部等地知识产权保护需求强劲，知识产权司法服务高质量发展作用进一步凸显。2022年，最高人民法院知识产权法庭新收技术类知识产权民事二审实体案件数保持较高增长。地方各级人民法院新收涉专利、技术合同一审案件数量增幅明显。江苏法院新收技术性较强的知识产权权属、侵权纠纷案件1817件，同比增长17.61%。山西、海南法院新收知识产权案件数同比增长达22.21%和72.58%。河北法院知识产权案件收结案数同比增长45.94%和106.01%。辽宁法院新收知识产权民事案件数同比增长61%。江西法院新收知识产权民事一审案件数同比增长22%。湖南、黑龙江、新疆生产建设兵团等地法院收案量也延续了稳定增长的态势。

二是知识产权案件互联网审判机制不断创新，智慧法院建设深入推进，司法便民利民机制持续健全。各地法院依托互联网审判平台，全面开展知识产权案件线上庭审、送达等工作，有效缩短诉讼周期，降低诉讼成本。上海法院全年知识产权案件线上立案38 505件，组织在线开庭、谈话等2万余场，电子送达超17万次。河南法院知识产权一审案件网上立案16 023件，网上立案率超90%。青海法院知识产权案件网上立案率达62.7%，通过送达平台电子送达898次。广西贵港中院利用数字赋能，全年网上立案量约占全部受理知识产权案件的70%。青岛知识产权法庭建设互联网异步质证系统，当事人在线上传电子化证据材料完成质证，庭前程序更加高效便捷。

三是纠纷实质性化解持续加强，权利人权益保障更加全面，人民群众知识产权司法获得感日益增强。2022年，全国法院知识产权民事一审案件调解结案44 155件，调解结案率达9.64%，比2021年增加0.78个百分点。知识产权民事二审案件解调结案2894件，调解结案率达6.22%，比2021年增加0.57个百分点。天津法院知识产权民事一审案件调撤率达75.51%。河北法院知识产权案件调撤率达73.48%。广东法院知识产权民事一审案件调撤率为52.94%。黑龙江法院全年知识产权案件总体调撤率达66.6%。当事人诉累有效减轻，社会和谐稳定得到充分维护。江苏法院审理适用惩罚性赔偿的知识产权案件97件，同比增长21.25%。上海浦东法院全年审理25起适用知识产权惩罚性赔偿案件。知识产权侵权违法成本显著提高，权利人损失得到有效弥补。

四是审判重心有序下沉，中、高级法院管辖分工更加完善，知识产权案件审判质效稳步提升。2022年，江苏基层法院知识产权案件受理数占全省知识产权案件总数的65.25%，同比上升10.52个百分点，中院和高院案件受理数占比减少至31.56%和3.19%。重庆基层法院新收知识产权案件数占全市知识产权案件总数的75.2%，同比增长28.1个百分点；中院占21.3%，同比下降29.9个百分点；高院占3.5%，同比增长1.8个百分点。知识产权案件审理“金字塔”格局逐步形成。地方各级人民法院审结的知识产权民事一审案件中，有320件结案方式为上级法院提级管辖，数量是2021年的3倍多。江西法院全年提级审理63件知识产权民事一审案件，广东法院全年提级审理15件新类型、疑难复杂或者具有法律适用指导意义的知识产权案件，有效促进裁判规则统一。

（二）知识产权法实施的主要特点

1. 知识产权政策体系更加完备

（1）党中央、国务院发文要求加强知识产权保护。党的二十大报告明确创新在我国现代化建设全局中的核心地位，就知识产权提出了具体要求，加强反垄断和反不正当竞争，破除地方保护和行政性垄断，依法规范和引导资本健康发展；加快发展数字经济，促进数字经济和实体经济深度融合，打造具有国际竞争力的数字产业集群；必须坚持科技是第一生产力、人才是第一资源、创新是第一动力，深入实施科教兴国战略、人才强国战略、创新驱动发展战略，开辟发展新领域新赛道，不断塑造发展新动能新优势；加强知识产权法治保障，形成支持全面创新的基础制度。

2022 年 1 月 4 日，2022 年中央一号文件《中共中央、国务院关于做好 2022 年全面推进乡村振兴重点工作的意见》发布，明确提出强化种业知识产权保护。2022 年 12 月 2 日，中共中央、国务院公布《关于构建数据基础制度更好发挥数据要素作用的意见》，明确提出，数据作为新型生产要素，是数字化、网络化、智能化的基础，已快速融入生产、分配、流通、消费和社会服务管理等各环节，深刻改变着生产方式、生活方式和社会治理方式。2022 年 12 月 14 日，中共中央、国务院印发《扩大内需战略规划纲要（2022-2035 年）》，提出加强产权保护和激励，完善以公平为原则的产权保护制度，完善产权执法司法保护制度，全面依法平等保护各类产权；强化知识产权全链条保护，提升知识产权审查能力，建立健全知识产权侵权快速反应、惩罚性赔偿等机制；加强数据、知识、环境等领域产权制度建设，完善自然资源资产产权制度和法律法规；培育专业化、国际化的知识产权服务品牌机构；建设国家知识产权和科技成果产权交易机构。

（2）政策性文件对知识产权保护作出具体部署。为贯彻落实《知识产权强国建设纲要（2021-2035 年）》和《“十四五”国家知识产权保护和运用规划》，明确 2021～2022 年度重点任务和工作措施，2021 年 12 月 27 日，国务院知识产权战略实施工作部际联席会议办公室发布《知识产权强国建设纲要和“十四五”规划实施年度推进计划》，从完善知识产权制度、强化知识产权保护、完善知识产权市场运行机制、提高知识产权公共服务水平、营造良好的知识产权人文社会环境、深度参与全球知识产权治理、加强组织保障七个方面（共 115 项重点任务和工作措施）推进知识产权强国建设。

2022年11月，为高标准落实《中共中央办公厅、国务院办公厅关于强化知识产权保护的意见》，坚持严格保护、统筹协调、重点突破、同等保护，促进保护能力和水平整体提升，有力支撑知识产权强国建设，中央宣传部、全国人大、全国政协、最高人民法院、最高人民检察院、外交部、国家知识产权局等30个中央和国家机关单位印发《深入实施〈关于强化知识产权保护的意见〉推进计划》，提出114条重点任务和工作措施，进一步明确分工、压实责任。[①]

2. 知识产权法律法规体系更加健全

(1)法律实施和修改情况。2022年，民法典以及专利法、著作权法等知识产权专门法全面深入实施，商标法的修改工作积极推进。2022年6月24日，第十三届全国人大常委会第三十五次会议通过了《反垄断法(修正草案)》，修订后的《反垄断法》2022年8月1日开始实施。这是《反垄断法》颁行14年后的首次修订。

(2)司法解释制定情况。2022年3月16日，最高人民法院发布《关于适用〈中华人民共和国反不正当竞争法〉若干问题的解释》，对于加强反不正当竞争司法，强化竞争政策基础地位，促进形成高效规范、公平竞争、充分开放的全国统一大市场具有重要意义。2022年4月20日，最高人民法院发布《关于第一审知识产权民事、行政案件管辖的若干规定》及《关于印发基层人民法院管辖第一审知识产权民事、行政案件标准的通知》，2022年4月27日发布《关于涉及发明专利等知识产权合同纠纷案件上诉管辖问题的通知》，健全管辖科学的司法保护体制，合理定位四级法院知识产权审判职能，进一步优化审判资源配置，破解当前第一审知识产权案件各地管辖标准不统一、管辖制度不够完善、当事人诉讼不便等问题，为深入推进知识产权民事、行政、刑事案件审判“三合一”改革奠定了基础。

(3)政策性文件发布情况。2022年3月2日，最高人民法院发布《关于进一步加强涉种子刑事审判工作的指导意见》，2022年12月21日发布《最高人民法院关于加强中医药知识产权司法保护的意见》。2022年2月28日，最高人民检察院发布《关于全面加强新时代知识产权检察工作的意见》，在建立完善知识产权检察体制机制、加强政治和组织保障、强化机构专门化建设、夯实检察基层基础等方面提出了明确的要求，强调要“四大检察”

---

① 《深入实施〈关于强化知识产权保护的意见〉推进计划》，载 https：//mp. weixin. qq. com/s/N31LQjztQAYyySAflM26SA，最后访问日期：2023年2月25日。

职能融合发展，全面推行刑事、民事、行政、公益诉讼知识产权检察职能一体化集中履行。

2022 年 6 月 20 日，国家知识产权局印发《国家知识产权保护示范区建设方案》，提出到 2025 年，在全国范围内遴选 20 个左右的城市(地区)完成建设工作，经评估认定为示范区，打造若干知识产权保护高地。最高人民法院、最高人民检察院、工业和信息化部、海关总署、市场监管总局、贸促会等部门高度重视、积极参与，与国家知识产权局一起启动了首批示范区遴选建设工作。目前已经选出 10 个城市(地区)开展首批示范区建设。

2022 年 12 月 27 日，国家知识产权局等 17 部门联合印发了《关于加快推动知识产权服务业高质量发展的意见》，提出了知识产权服务业的发展目标，到 2030 年，知识产权服务业专业化、市场化、国际化水平明显提升，基本形成业态丰富、布局合理、行为规范、服务优质、全链条贯通的知识产权服务业高质量发展格局，成为加快知识产权强国建设和经济高质量发展的重要支撑。

3. 知识产权保护整体效能显著提升

(1)司法机关与行政机关强化协同保护，构建“严保护、大保护、快保护、同保护”工作格局。2022 年 11 月 22 日，国家知识产权局、最高人民法院、最高人民检察院、公安部、国家市场监督管理总局联合印发《关于加强知识产权鉴定工作衔接的意见》，旨在建立完善知识产权鉴定工作体系，提升知识产权鉴定质量和公信力，充分发挥鉴定在执法和司法中的积极作用，深化知识产权管理执法部门与司法机关在知识产权鉴定工作中的合作，强化知识产权全链条保护。

(2)知识产权审查质量效率明显提升，知识产权维权援助工作力度持续加大。截至 2022 年年底，我国发明专利平均审查周期由 2012 年的 22.6 个月压减至 16.5 个月，高价值发明专利审查周期压减至 13 个月，商标注册平均审查周期从 10 个月压减至 4 个月，提前完成国务院确定的审查周期压减五年目标任务，为知识产权高质量创造提供了有力支撑。① 知识产权维权援助工作为创新主体和社会公众的知识产权维权需求提供公益援助，是知识产权保护“全链条”的重要环节。目前全国已设立维权援助机构 2000 余

---

① 《国家知识产权局局长申长雨在 2023 年全国知识产权局局长会议上的工作报告(摘编)》，载国家知识产权局网，https：//www.cnipa.gov.cn/art/2023/1/6/art_312_182297.html，最后访问日期：2023 年 2 月 25 日。

家，2022 年共办理知识产权维权援助申请 7.1 万件，全国知识产权维权援助工作体系加快完善、工作力度持续加大，维权援助服务的可及性、便捷性显著提高。

(3)知识产权多元纠纷化解机制进一步健全。国家知识产权局会同最高人民法院、司法部推动在全国各地建设 1200 余家知识产权纠纷调解组织，及时有效化解知识产权矛盾和纠纷，2022 年共受理知识产权纠纷调解 8.8 万件。[①] 人民法院与知识产权局系统加强“总对总”知识产权纠纷在线调解机制建设，为当事人提供在线调解、在线司法确认等“一站式”调解服务，产生了良好的经济效益和社会效益，得到了国际社会的关注与积极评价。

4. 深度参与知识产权国际合作成效显著

深度参与世界知识产权组织框架下的大数据、人工智能、基因技术、遗传资源等国际规则制定。我国加入《海牙协定》并于 2022 年 5 月 5 日生效，目前国内企业已通过海牙途径提交外观设计国际申请超千件。[②] 2022 年 8 月 18 日，根据《数字经济伙伴关系协定》(DEPA)联合委员会的决定，中国加入 DEPA 工作组正式成立，全面推进中国加入 DEPA 的谈判。《区域全面经济伙伴关系协定》(RCEP)知识产权章节涉及国家知识产权局的 85 项义务已全部履行，在顺利实现 244 个中欧地理标志产品互认互保的基础上，完成第二批 350 个产品清单公示。[③] 2022 年 12 月 28 日，福建省高级人民法院与世界知识产权组织仲裁与调解中心签署《加强知识产权领域替代性争议解决交流与合作协议》，在解决涉外知识产权纠纷领域开展合作。2022 年 9 月 20 日，上海市高级人民法院召开上海法院与世界知识产权组织仲裁与调解上海中心诉调对接工作推进会，并发布《上海市高级人民法院关于与世界知识产权组织仲裁与调解上海中心诉调对接的工作办法》，大力推进涉外知识产权案件诉调对接工作。2022 年 2 月 5 日，中国向世界知识

① 《国家知识产权局局长申长雨在 2023 年全国知识产权局局长会议上的工作报告(摘编)》，载国家知识产权局网，https://www.cnipa.gov.cn/art/2023/1/6/art_312_182297.html，最后访问日期：2023 年 2 月 25 日。

② 《国家知识产权局局长申长雨在 2023 年全国知识产权局局长会议上的工作报告(摘编)》，载国家知识产权局网，https://www.cnipa.gov.cn/art/2023/1/6/art_312_182297.html，最后访问日期：2023 年 2 月 25 日。

③ 《国家知识产权局局长申长雨在 2023 年全国知识产权局局长会议上的工作报告(摘编)》，载国家知识产权局网，https://www.cnipa.gov.cn/art/2023/1/6/art_312_182297.html，最后访问日期：2023 年 2 月 25 日。

产权组织交存了《关于为盲人、视力障碍者或其他印刷品阅读障碍者获得已出版作品提供便利的马拉喀什条约》批准书。2022年5月5日,《马拉喀什条约》对中国生效。国家版权局2022年8月1日印发了《以无障碍方式向阅读障碍者提供作品暂行规定》,推动条约有效实施。作为世界上迄今为止唯一一部版权领域的人权条约,《马拉喀什条约》在中国落地实施更好地保障了我国广大阅读障碍者的文化权益。同时,也为我国向海外阅读障碍者提供无障碍格式版创造了条件,对推动我国优秀作品海外传播具有重要意义。2022年9月,世界知识产权组织在日内瓦发布《2022年全球创新指数报告》,我国的排名上升至全球第11位。在全球排名前五位的科技集群中,我国独占2席;在上榜的100家科技集群中我国占21个。在发明专利、外观设计、商标的数量,创意产品的出口占比等9个细分指标上名列全球第一,进步巨大。①

二、《专利法》实施情况

(一)基本概况

2022年,地方各级人民法院新收专利民事一审案件38 970件,同比上升23.25%;新收专利行政一审案件1876件,同比上升3.65%。② 2022年6月,国家知识产权局发布的《2021年中国专利调查报告》显示,我国专利转移转化状况保持活跃,有效发明专利产业化率持续提升,产学研合作创新成效显著,国内知识产权保护环境稳中向好。一是专利权人遭遇专利侵权比例持续下降。2021年我国专利权人遭遇专利侵权比例为7.2%,较上年降低3.6个百分点,为2017年以来的最低值。我国专利侵权易发多发问题得到进一步改善。二是我国专利侵权案件高额判赔比例明显提升。2021年,我国专利侵权诉讼案件判定赔偿、诉讼调解或庭外和解金额在100万元以上的比例为16.3%,较上年高出9.0个百分点,表明我国知识产权侵权违法成本正不断提高。三是企业专利权人维权渠道更趋多样化。2021年,我国遭遇专利侵权的专利权人选择通过向法院提起诉讼、请求行政处理以及仲裁调解等方式维权的比例依次是30.8%、21.5%和18.6%,依次较上年提升

① 《国家知识产权局局长申长雨在2023年全国知识产权局局长会议上的工作报告(摘编)》,载国家知识产权网,https://www.cnipa.gov.cn/art/2023/1/6/art_312_182297.html,最后访问日期:2023年2月25日。

② 参见《中国法院知识产权司法保护状况(2022年)》。

4.4、2.8和2.2个百分点。其中，48.3%的专利权人选择两种以上方式维权，表明我国知识产权纠纷多元化解决机制正不断完善。四是企业专利权人应对专利侵权更加主动。2021年，我国企业遭遇专利侵权后采取维权措施的比例为76.4%，较上年提高2.5个百分点，较2017年提高11.8个百分点。从企业规模看，大、中、小企业采取维权措施的比例依次为97.7%、91.7%和81.0%，分别较上年增加0.5、5.9和7.1个百分点，中小企业维权意识明显提升。①

(二)专利司法保护情况

加快实现高水平科技自立自强，是推动高质量发展的必由之路。人民法院充分发挥知识产权审判对科技创新的激励和保障作用，通过高质量知识产权司法，支持基础研究，保障原创性引领性科技攻关，打通制约推进高质量发展的瓶颈。

1. 持续推动技术类案件裁判标准统一

人民法院以强化保护为导向，加强对专利授权确权行政行为合法性的严格审查，推动行政标准与司法标准统一，促进专利授权确权质量提升。充分发挥司法裁判在科技创新成果保护中的规则引领和价值导向功能，总结提炼司法保护新规则，促进技术和产业不断创新升级。2022年，最高人民法院合理定位四级法院审判职能，明确发明专利、实用新型专利、植物新品种、集成电路布图设计、技术秘密、计算机软件的权属、侵权纠纷案件由知识产权法院、省会城市中级人民法院和最高人民法院确定的中级人民法院集中管辖，有效促进全国技术类案件裁判标准统一，提升重大科技创新的司法保障水平。发布上一年度中国法院10大知识产权案件和50件典型知识产权案例，其中包括11件技术类案件，分别涉及侵害技术秘密、侵害植物新品种权、侵害发明专利权等，有效指导审判实践。对《最高人民法院关于审理申请注册的药品相关的专利权纠纷民事案件适用法律若干问题的规定》等司法解释的实施情况进行调研，及时总结案件审判经验。最高人民法院审理"气化炉除尘装置及系统"专利权权属案，合理界定技术来源方和技术改进方获得权利的基础。审理齐鲁制药与四环制药专利无效行政纠纷案，明确药品专利创造性和说明书充分公开的判断标准。审理

① 参见国家知识产权局战略规划司、国家知识产权局知识产权发展研究中心2022年6月发布的《2021年中国专利调查报告》。

"整体式土工格室"侵害实用新型专利权纠纷案，明确合法来源抗辩中是否尽到合理注意义务的审查思路。

2. 着力服务保障基础研究及原始创新。

人民法院立足"四个面向"，加强关键领域、核心技术、新兴产业知识产权司法保护，维护创新主体合法权益，服务保障打赢关键核心技术攻坚战。最高人民法院深入贯彻落实党中央关于种业振兴决策部署，与农业农村部等部门联合印发《关于保护种业知识产权打击假冒伪劣套牌侵权营造种业振兴良好环境的指导意见》，发布第二批人民法院种业知识产权司法保护典型案例10件，支持设立"人民法院知识产权司法保护种质资源研究(海南)基地"并首次以基地名义召开"种质资源知识产权司法保护研讨会"。审理的"金粳818"水稻品种侵权案入选"新时代推动法治进程2021年度十大案件"。审结全国首例药品专利链接诉讼案，推动药品专利链接制度落地完善，入选"新时代推动法治进程2022年度十大提名案件"。在两起"蜜胺"专利及技术秘密侵权关联案件中，判令各被告连带赔偿权利人经济损失合计2.18亿元，切实体现大力保护科技创新的司法导向。审理"油气微生物勘探"技术秘密侵权案，释放加强技术秘密保护的强烈信号。江苏高院与省有关部门围绕"知识产权助力产业强链和自主可控现代产业体系建设"签署备忘录，建立服务重点产业链发展工作机制。苏州知识产权法庭在涉美国公司侵害发明专利权纠纷案中促成当事双方达成一揽子和解，有力维护创新主体合法权益。合肥知识产权法庭与行政执法机关及省内企业座谈，听取、回应市场创新主体维权需求。

(三)专利行政执法情况

2022年，国家知识产权局会同司法部在全国23个省(区、市)开展专利侵权纠纷行政裁决规范化建设试点工作，推荐26个行政裁决建设典型经验做法，有效发挥示范引领作用；严厉打击不以保护创新为目的的非正常专利申请行为，通报非正常专利申请相关情况；加大对海外非正常专利申请的打击力度，严防非正常专利申请外溢造成的不良影响；持续推进《专利法实施细则》和《专利审查指南》配套修改；按照新修改的专利法，稳步推进相关改革，做好实用新型引入明显创造性审查的准备和我国加入《工业品外观设计国际注册海牙协定》后外观设计审查工作的衔接。2022年7月，国家知识产权局作出《关于专利侵权纠纷案件申请中止有关问题的批复》，明确被请求人提交无效宣告请求受理通知书是执法办案部门决定中止案件的必要条件，相关电子文件提交回执和缴费凭证不能证明无效宣告请求已被受理。

(四)专利法实施的重点

1. 高度重视协同保护

行政、司法机关秉持强化知识产权全链条保护的协同保护理念，积极参与知识产权保护体系工程建设，加强沟通协调，健全知识产权行政保护与司法保护协同机制，推进知识产权行政执法和司法标准统一，提升保护合力。深入推进知识产权纠纷多元化解，支持通过行政裁决和仲裁、调解等化解纠纷。最高人民法院在“缝合器与缝合针套件”专利权及专利申请权权属案中，[①] 促成双方就相关纠纷达成一揽子和解。在多起案件中将假冒专利、违反品种审定、涉垄断协议、涉嫌犯罪等线索移送行政主管机关和刑事侦查机关，实现执法与司法有机衔接。

2. 加强对重点领域、核心技术专利的保护

人民法院立足促进提升原始创新能力，重点加大对种业、医药、芯片、通信等领域关键核心技术保护力度，促进技术进步和产业升级。在最高人民法院审理的首起涉及育种材料商业秘密的“W68”玉米植物新品种亲本技术秘密侵权案中，[②] 明确玉米自交系亲本作为商业秘密的保护条件和意义，积极探索综合运用植物新品种权、商业秘密等多种知识产权保护手段保护育种成果，持续释放加大种业知识产权保护的强烈信号。

三、《商标法》实施情况

(一)基本概况

2022年，全国地方各级人民法院新收商标民事一审案件112 474件，同比下降9.82%；商标行政一审案件18 738件，比2021年增加4件；新收侵犯注册商标类刑事案件4971件，审结5099件，同比下降15.30%和9.86%。[③]

(二)商标司法保护情况和行政执法情况

人民法院持续加强商标权司法保护，不断提高商标授权确权行政案件和商标民事案件审理质量，维护商标申请注册及使用秩序，引导权利人依

① 参见(2022)最高法知民终1330号民事调解书、(2022)最高法知民终2365号民事裁定书。

② 参见(2022)最高法知民终147号民事判决书。

③ 参见《中国法院知识产权司法保护状况(2022年)》。

法申请注册并规范使用商标，坚决维护市场法治环境，助力新时代品牌强国建设。

1. 提升商标授权确权质量

提高商标授权确权行政案件审理质量，坚决打击不以使用为目的的商标恶意注册行为，科学合理界定商标权权利边界与保护范围，促进商标申请注册秩序正常化和规范化。最高人民法院与国家知识产权局开展座谈，征集全国法院意见，为商标法修改、地理标志立法等法律修改制定工作提供高质量参考建议，推动商标类法规制度不断健全，商标授权确权规则更加完善。最高人民法院审结的“陈麻花”商标无效行政案入选“新时代推动法治进程 2022 年度十大案件”，为判断其他缺乏显著特征的标志提供了有效指导。审理“BIODERMA”商标申请驳回复审案，明确英文商标显著性的判断标准。审理“友联”商标无效宣告案，阐明违反诚信原则，未合理避让他人在先商标的商标不应予以注册。北京高院组建商标驳回复审案件、普通商标行政案件审判团队，推进案件集约化办理，商标驳回复审行政案件平均审理周期缩短至 35 天，切实实现“简案快审、繁案精审”。

2. 加大商标司法保护力度

不断强化商标使用对确定商标权保护范围的作用，积极引导权利人持续实际使用商标，发挥商标的识别功能，保护消费者合法权益。加强驰名商标、传统品牌和老字号司法保护，依法支持商标品牌建设。完善地理标志司法保护规则，遏制侵犯地理标志权利行为。最高人民法院审理“南庙”豆腐商标侵权案，依法保护其他经营者对注册商标中所含地名的正当使用。审理“一品石”商标侵权案，依法制止恶意取得商标并提起侵权诉讼的权利滥用行为。北京高院和北京知识产权法院积极为北京冬奥会和冬残奥会的奥运品牌保护工作提供支持，收到组委会发来的感谢信。四川高院依法处理“青花椒”商标维权案，维护商标使用秩序，保护诚信经营。浙江高院组织开展地理标志商标司法保护重点课题调研，助力地理标志司法保护水平提升。海南自由贸易港知识产权法院调研形成地理标志司法保护指南，探索知识产权保护与乡村振兴融合发展。北京西城法院走访辖区老字号企业，建立涉老字号知识产权案件挂账审理机制，促进“老字号”焕发“新活力”。

3. 规范商标代理行为

2022 年 10 月 27 日，国家市场监督管理总局发布《商标代理监督管理规定》。该规定对商标法及其实施条例中列举的商标代理违法行为进行了细化规定，完善了商标代理违法行为的法律责任，聚焦当前商标代理行业准入门槛低、机构过多过滥、经营管理不规范、服务水平参差不齐等突出问题，进一步细化机构人员、管理制度、行为规范等方面的规定，从源头上提高行业整体服务质量和发展水平。建立健全商标代理机构备案制度，通过完善办理备案程序，对长期不开展业务、空占行业资源的代理机构予以清理，推动形成行业良性发展格局，提升商标代理服务质量，促进商标代理行业健康发展，营造规范有序、公平竞争、充满活力的商标代理市场环境。①

四、《著作权法》实施情况

(一)基本概况

2022 年，地方各级人民法院新收著作权民事一审案件 255 693 件，同比下降 29.07%，新收著作权行政一审案件 12 件，比 2021 年减少 7 件，新收侵犯著作权类刑事案件 304 件，审结 302 件，同比下降 8.71%和 7.93%。②著作权案件仍是知识产权案件中的“重头戏”，同时，网络环境下的著作权保护、传播秩序治理始终是著作权法实施的重点领域。近年来，我国版权产业规模稳步扩大，文化新业态发展韧性持续增强，对全国经济发展的支撑作用进一步增强。国家统计局公布的数据显示，2022 年，全国规模以上文化及相关产业企业实现营业收入 121 805 亿元，比上年增长 0.9%；文化新业态特征较为明显的 16 个行业小类实现营业收入 43 860 亿元，比上年增长 5.3%，快于全部规模以上文化企业 4.4 个百分点；文化新业态行业营业收入占全部规模以上文化企业营业收入的 36.0%，占比较上年提高 1.5 个百分点。③ 2023 年 2 月，中国新闻出版研究院完成“2021 年中国版权产业经济贡献”的调研报告显示，2021 年中国版权产业的行业增加值为 8.48 万亿元人民币，同比增长 12.92%，占 GDP 的比重为 7.41%，比 2020 年提高 0.02 个百分点。其中，2021 年中国核心版权产业的行业增加值突破 5 万亿

① 《重磅商标代理监管新规发布》，载 https://mp.weixin.qq.com/s/wPOcYwjAj_-_hBGsd-fuzvg，最后访问日期：2023 年 2 月 27 日。

② 参见《中国法院知识产权司法保护状况(2022 年)》。

③ 《2022 年文化企业营业收入实现平稳增长 文化新业态发展韧性持续增强》，载中央人民政府网，http://www.gov.cn/xinwen/2023-01/30/content_5739156.htm，最后访问日期：2023 年 2 月 27 日。

元，达 5.36 万亿元人民币，同比增长 12.74%，占全国 GDP 的比重为 4.68%，占全部版权产业的 63.10%，对版权产业发展的贡献最为显著。2021 年，中国版权产业努力克服新冠肺炎疫情带来的不利影响，在恢复发展平稳运行中坚持创新驱动，实现了“十四五”良好开局。①

2022 年，长短视频协同合作成业界共识。《中国互联网络发展状况统计报告》数据显示，截至 2022 年 6 月，我国短视频用户规模增至 9.62 亿，占网民整体的 91.5%。短视频行业成为数字版权领域发展最为迅猛的行业，而长短视频平台因为版权问题冲突不断。2022 年，长短视频平台通过尝试开展版权合作，积极解决版权侵权问题。3 月 17 日，抖音与搜狐视频达成合作；6 月 30 日，快手宣布与乐视视频达成合作；7 月 19 日，抖音宣布与爱奇艺达成合作。短视频平台作为数字版权领域的新兴产业，加强与长视频平台的版权合作，获得更多长视频版权授权，将成为解决短视频平台版权侵权问题的重要方式，对行业版权治理和共赢发展具有积极意义。②

2022 年是贯彻落实《知识产权强国建设纲要(2021-2035 年)》，实施《版权工作“十四五”规划》的关键之年。在完善著作权法配套法规方面，推进了《著作权法实施条例》《著作权集体管理条例》《民间文学艺术作品著作权保护条例》等配套法规的修订、制定工作；在健全版权管理制度方面，推进了《作品自愿登记试行办法》《计算机软件著作权登记办法》《著作权行政处罚实施办法》《举报、查处侵权盗版行为奖励暂行办法》等规章和规范性文件的修改完善，健全著作权登记体制和执法机制。在深入开展版权调研方面，继续开展中国版权产业经济贡献、重点领域和作品网络版权监测分析、中国网络版权产业年度发展、中国版权保护年度状况、新技术在版权领域应用、版权国际应对宏观策略及具体问题、民间文艺版权保护、阅读障碍者使用作品等调研，深入分析新形势、新任务，研究新思路、新举措，为版权工作高质量发展提供支持。

(二)著作权司法保护情况

人民法院充分发挥著作权审判对于优秀文化的引领和导向功能，加强著作权和相关权利保护，促进文化和科学事业发展与繁荣，服务社会主义

① 《2021 年中国版权产业增加值占到 GDP 的 7.41%》，载国家版权局网，https://www.ncac.gov.cn/chinacopyright/contents/12227/357267.shtml，最后访问日期：2023 年 2 月 27 日。

② 《权威发布丨 2022 年中国版权十件大事》，载 https://mp.weixin.qq.com/s/RbbC3jU5OxmBlmyRdywX0Q，最后访问日期：2023 年 3 月 3 日。

文化强国建设。

1. 大力弘扬社会主义先进文化

立足司法审判职能，以社会主义核心价值观为引领，坚持弘扬社会主义先进文化，促进中华优秀传统文化创造性转化、创新性发展，激发全民族文化创新创造活力，增强实现中华民族伟大复兴的精神力量。依法审理涉及红色经典传承和英烈合法权益保护案件，大力弘扬社会主义核心价值观。加强遗传资源、传统文化、传统知识、民间文艺等著作权保护，促进非物质文化遗产的整理和利用。高度重视网络直播、短视频、动漫游戏、文化创意等新领域著作权保护，打击盗版、抄袭行为，繁荣发展文化事业和文化产业。北京、天津、上海法院对盗播北京冬奥会、卡塔尔世界杯等行为及时作出禁令，促进优化数字文化市场环境。江苏宿迁中院分析研判当地图书盗版案件特点，向行政主管机关发送司法建议，有效遏制图书盗版等侵权行为。广西钦州中院审结跨省制售盗版教材教辅著作权犯罪案，获评2022年全国青少年版权保护十大典型案件。北京互联网法院发布“版权链——天平链协同治理平台”2.0版本，实现数字版权确权、授权、交易、维权各环节全覆盖，推动版权要素市场健康有序发展。泉州德化法院构建陶瓷知识产权“1234”保护机制，推动破解证据保全、执法监管、社会认同、纠纷化解四大难题，获世界知识产权组织高度评价。

2. 提升新时代著作权司法水平

人民法院全面贯彻实施著作权法，保护著作权以及与著作权有关的权益。最高人民法院不断总结审判经验，组织地方法院共同开展调研，起草著作权司法解释，着力解决著作权审判领域法律适用疑难问题。依法提审并改判“大头儿子”美术作品著作权侵权案，厘清著作权归属认定规则，取得良好社会效果。办理侵害作品信息网络传播权管辖请示案，明确侵害信息网络传播权民事案件管辖问题及司法解释适用标准，有效指导著作权审判实践。北京高院就图片侵权案件许可使用费标准的确定形成答复，促进辖区图片侵权案件裁判尺度统一。湖北法院在著作权类型化案件审判中积极推广表格化裁判文书，大幅缩短审理周期。四川、重庆高院联合印发会议纪要，统一两地同类侵害信息网络传播权案件裁判标准。黑龙江高院与省版权局等9家单位就打击侵犯著作权违法犯罪会签通知文件，加强衔接配合，加大著作权刑事保护力度。北京知识产权法院统筹处理中文学术文献网络数据库企业间著作权侵权互诉系列案，一揽子促成全市1000余起案件调解，妥善化解潜在纠纷。

（三）著作权行政执法情况

1. 版权专项整治行动成效显著

2022 年，全国各级版权执法部门不断加大版权执法力度，相继组织开展了冬奥版权保护集中行动、青少年版权保护季行动、打击院线电影盗录传播专项工作、“剑网 2022”专项行动，重点整治非法传播冬奥赛事节目行为、权利人和广大家长反映强烈的危害青少年权益的侵权盗版行为、电影盗录传播违法犯罪行为，以及文献数据库、短视频和网络文学、NFT 数字藏品、“剧本杀”等重点领域侵权盗版行为。全国各级版权执法部门共检查实体市场相关单位 65.35 万家次，查办侵权盗版案件 3378 件（网络案件 1180 件），删除侵权盗版链接 84.62 万条，关闭侵权盗版网站（App）1692 个，处置侵权账号 1.54 万个，版权环境进一步净化。2022 年北京冬奥会、冬残奥会期间，国家版权局会同工信部、公安部等 6 部门联合开展了冬奥版权保护集中行动，重点整治通过广播电视、网站、互联网电视等非法传播冬奥赛事节目，重点打击短视频平台未经授权提供冬奥赛事节目盗播链接。冬奥会期间，全国各级版权执法部门共出动执法人员 18.5 万人次，检查实体市场相关单位 8.9 万家次，删除涉冬奥侵权链接 11.07 万条，处置侵权账号 1.01 万个，有效维护了冬奥版权保护秩序，展现了我国政府切实履行国际承诺的良好形象。①

2. 不断创新监管机制

巩固传统领域版权监管成效，重点加强对网络视频、音乐、文学及网盘等领域主要网络服务商的监管，强化对网络直播、自媒体、知识社区问答、知识分享等新媒体业态的版权监管，推动互联网企业全面履行主体责任，不断提升版权管网治网能力。推动新技术在版权监管中的应用，提高执法有效性和精准度。加强两法衔接，形成有机衔接、优势互补的运行机制。健全跨区域、跨部门版权保护协作机制，加强跨区域信息共享及联合办案，完善部门间联合挂牌督办、督导检查、线索通报等机制。推动版权行政执法装备现代化、智能化，探索建立版权行政执法技术调查官制度。

3. 全面推动社会共治

充分调动版权保护社会力量，完善版权纠纷多元化解机制，鼓励行业

---

① 《权威发布丨 2022 年中国版权十件大事》，载 https://mp.weixin.qq.com/s/RbbC3jU5OxmBlmyRdywX0Q，最后访问日期：2023 年 3 月 3 日。

协会、版权联盟建立版权保护自律、信息沟通、快速维权等机制，推动完善行政执法与调解仲裁对接机制和版权侵权纠纷鉴定工作机制。会同相关部门研究把故意侵权行为纳入企业或个人的信用记录，推动建立著作权领域信用评价和失信惩戒机制。[①]

(四)著作权法实施的重点

1. 国家“区块链+版权”创新应用试点工作启动

2022年1月，中央网信办、中央宣传部等16部门联合公布国家区块链创新应用试点名单，12家单位入选“区块链+版权”特色领域国家区块链创新应用试点。该工作是为了落实国家关于推动产业数字化转型的重要部署，指导试点单位依托区块链技术，为版权登记、授权管理、版权交易、版权运营及版权保护等版权产业链相关业务提供解决方案。

2. 全国著作权质权登记信息实现统一查询

2022年9月，按照《国务院关于开展营商环境创新试点工作的意见》关于在北京、上海、重庆、杭州、广州、深圳等6个城市试点“便利开展机动车、船舶、知识产权等动产和权利担保融资”的要求，国家版权局联合中国人民银行，指导中国版权保护中心与中国人民银行征信中心实现全国著作权质权登记信息统一查询，有力促进版权运营和价值转化，缓解中小微企业的融资困难，进一步优化市场营商环境。

3. 中国音像著作权集体管理协会诉天合文化集团有限公司等合同纠纷案终审宣判

2022年11月20日，北京市高级人民法院就中国音像著作权集体管理协会(以下简称音集协)诉天合文化集团有限公司等(以下简称天合公司)合同纠纷案作出终审判决。法院认为，天合公司在与音集协合作期间存在截留版权使用费、延迟履行支付、私下收取现金等行为，构成根本性违约，音集协有权解除合作，判决驳回天合公司上诉，维持原判。音集协与天合公司之间历时四年的合同纠纷案以著作权集体管理组织的胜诉终结。该判决有效落实了著作权法律法规相关规定，有力支持了国家版权局关于商业机构不得介入著作权集体管理事务的监管要求，为我国著作权集体管理事业健康发展提供了坚实的司法保障。

① 《提升版权工作效能 推进版权强国建设——访中宣部版权管理局负责人》，载 https://mp.weixin.qq.com/s/XsnsFf9wNlxYJUszIp-fWA，最后访问日期：2023年3月3日。

4. 民间文艺版权保护与促进试点工作推进实施

2022 年 11 月 10 日，中央宣传部在内蒙古、江苏、四川、贵州 4 个省级试点地区的基础上，启动了山西晋城、黑龙江佳木斯、江苏扬州、安徽黄山、江西抚州、山东潍坊、广东潮州、贵州毕节等 8 个市级试点地区的民间文艺版权保护与促进试点工作，进一步发挥当地民间文艺资源的独特优势，探索创新民间文艺领域版权工作业态、模式、机制，提升全社会民间文艺版权保护意识，加强民间文艺版权创造、运用、保护、管理和服务，推动民间文艺版权资源流动，开拓版权助力中华优秀传统文化创造性转化、创新性发展的新思路、新格局。

5. 加强对知识分享平台版权监管

2022 年，针对群众反映强烈的知识分享平台侵权使用作品、强制独家授权等问题，国家版权局在联合多部门开展的“剑网行动”中对文献数据库未经授权、超授权使用传播他人作品等侵权行为开展集中整治，推进知识资源平台版权合规建设与社会共治，加强对知识服务全链条版权监管与行政执法，推进行业自律和版权信用体系建设，推动知识服务行业规范健康发展。2022 年 12 月 26 日，市场监管总局对知网垄断行为依法作出行政处罚决定，责令知网停止违法行为，并处罚款 8760 万元。

五、《反不正当竞争法》与《反垄断法》的实施

(一)法律法规修订概况

新修改的反垄断法自 2022 年 8 月 1 日起施行。此次修改主要内容如下：一是强化竞争政策基础地位。引进了公平竞争审查制度，由此公平竞争审查成为政府机关出台涉及市场主体经营活动规章制度应当进行的法律程序，从而进一步把政府行为装进制度的笼子里，有助于解决政府对市场的不合理干预和干预过多的问题。二是强化数字经济反垄断。明确经营者不得利用数据和算法、技术、资本优势以及平台规则等从事本法禁止的垄断行为，对审理互联网经济领域的垄断协议、滥用市场支配地位以及经营者集中控制均具有重要的指导意义。三是引入“安全港”规则。对于纵向垄断协议引入了安全港制度。经营者能够证明其在相关市场的市场份额低于国务院反垄断执法机构规定的标准，并符合国务院反垄断执法机构规定的其他条件的，不予禁止。四是加大违法行为处罚力度。修订后反垄断法大大加强

了对违法行为的处罚力度，引入刑事责任。[①] 伴随新反垄断法的颁布，国家市场监督管理总局公布了6部反垄断法配套法规征求意见稿及起草说明，为市场主体经营活动设置更加明确的规则。2023年3月10日，国家市场监督管理总局发布《制止滥用行政权力排除、限制竞争行为规定》等四部反垄断法配套规章，自2023年4月15日起施行。

（二）司法解释的制定情况

2022年3月16日，最高人民法院发布《关于适用〈中华人民共和国反不正当竞争法〉若干问题的解释》，重点对《反不正当竞争法》第2条、仿冒混淆、虚假宣传、网络不正当竞争行为等问题作出细化规定，及时回应新领域新业态司法需求，对于加强反不正当竞争司法，强化竞争政策基础地位，促进形成高效规范、公平竞争、充分开放的全国统一大市场具有重要意义。2022年11月17日，最高人民法院举行加强反垄断和反不正当竞争司法新闻发布会，发布人民法院反垄断和反不正当竞争典型案例各10件。2022年11月18日，最高人民法院发布了《关于审理垄断民事纠纷案件适用法律若干问题的规定(公开征求意见稿)》，征求意见稿根据修改后反垄断法的规定和数字经济等新业态发展状况，重点新增有关反垄断实体审查判断标准和互联网平台行为规制内容，对原有司法解释的体例框架进行了梳理，进一步充实了规范内容，从程序规定、相关市场界定、垄断协议、滥用市场支配地位、民事责任等方面对反垄断民事诉讼从程序到实体作了较为全面的细化规定。

2022年8月1日，最高人民检察院官网显示，最高人民检察院印发《关于贯彻执行〈中华人民共和国反垄断法〉积极稳妥开展反垄断领域公益诉讼检察工作的通知》，要求认真贯彻实施修订后的反垄断法，积极稳妥开展反垄断领域公益诉讼检察工作，重点关注互联网、公共事业、医药等民生保障领域。要求严格把握立案条件和审批程序，尊重反垄断执法机构执法规律、规则和专业意见，准确研判经营者垄断行为是否侵害社会公共利益、是否有必要提起民事公益诉讼。对于承担一定公共管理职能和重要社会责任的互联网企业，可以探索以民事公益诉讼检察建议方式督促其

① 《王晓晔：〈反垄断法〉首次修订的亮点、重点与展望》，载 https://mp.weixin.qq.com/s/CHoO1C2-pf4JrE-NWO6t0g，最后访问时间：2023年3月4日。

整改。[1]

(三)反垄断反不正当竞争司法保护情况

2022年，人民法院不断完善竞争领域法律适用规则，强化公平竞争司法审判，维护市场竞争法治秩序。最高人民法院出台《关于适用〈中华人民共和国反不正当竞争法〉若干问题的解释》，对反不正当竞争法“一般条款”、仿冒混淆、虚假宣传、商业诋毁、网络不正当竞争行为等问题作出细化规定，统一裁判标准，回应新领域新业态司法需求。研究起草新的反垄断民事诉讼司法解释，面向社会公开征求意见，推动健全完善反垄断案件裁判规则，明确垄断行为判断标准。召开人民法院加强反垄断和反不正当竞争司法新闻发布会，发布人民法院反垄断和反不正当竞争典型案例各10件，增强全社会尊重和保护公平竞争的法治意识，指导各级法院依法制裁垄断行为、维护公平竞争秩序。各级人民法院加强对平台经济、核心技术、医药、通信等重点领域和关键环节的司法审判力度，严厉打击垄断协议，制止滥用市场支配地位等排除、限制竞争行为。完善涉互联网平台垄断行为认定标准，细化流量劫持、干扰等不正当竞争行为认定，依法规范和引导资本健康发展。最高人民法院审理“张百年”商标侵权及不正当竞争纠纷案和柏瑞润兴不正当竞争纠纷案，明确反不正当竞争纠纷案件中销售者责任。审理“幼儿园”横向垄断协议案和给排水公用企业滥用市场支配地位案，积极回应社会对事关百姓民生的市场竞争行为的关切，及时制止排除、限制竞争行为，切实保障人民群众从公平竞争中获益。

六、其他知识产权法的实施

(一)加强中医药知识产权保护

为深入贯彻落实党的二十大精神，落实党中央、国务院关于中医药振兴发展的重大决策部署和《知识产权强国建设纲要(2021-2035年)》有关要求，全面加强中医药知识产权司法保护，促进中医药传承精华、守正创新，推动中医药事业和产业高质量发展，2022年12月21日，最高人民法院发布《最高人民法院关于加强中医药知识产权司法保护的意见》。该意见是关于中医药知识产权司法保护方面的专门文件，既全面覆盖中医药知识

---

[1] 《最高检印发〈通知〉：积极稳妥开展反垄断领域公益诉讼》，载 https：//mp. weixin. qq. com/s/fx7H4QlUVIoZhz4DgEyLBw，最后访问时间：2023年3月4日。

产权各领域和环节，又立足实践需要，突出重点和难点。一是注重服务中医药高质量发展。该意见深入贯彻党的二十大精神，坚决贯彻习近平总书记关于中医药工作的重要论述和重要指示精神，贯彻落实《知识产权强国建设纲要(2021-2035年)》和党中央对中医药事业发展的决策部署，立足新发展阶段，以完整、准确、全面贯彻新发展理念，推动高质量发展出发，着眼人民法院审判工作实际，坚持遵循中医药发展规律，对加强中医药知识产权司法保护作出系统规定。二是注重发挥司法职能。聚焦中医药主要领域和重点问题，有针对性地提出指导意见和具体措施，增强实践可操作性，为中医药知识产权审判工作提供明确指引，积极回应中医药知识产权司法保护需求和社会公众期待。三是注重提升司法保护水平。完善中医药知识产权司法保护的审判机制和工作协调机制，推动中医药知识产权司法保护工作实现新发展。①

(二)加强种业知识产权保护

2022年2月4日，《中共中央、国务院关于做好2022年全面推进乡村振兴重点工作的意见》(2022年中央一号文件)发布，提出大力推进种源等农业关键核心技术攻关，贯彻落实种子法，实行实质性派生品种制度，强化种业知识产权保护，依法严厉打击套牌侵权等违法犯罪行为。2022年3月1日起，新修改的《种子法》施行，在扩大植物新品种的保护范围、扩展保护环节，鼓励育种创新，加强种质资源保护，加大侵权打击力度等方面作了重要修改。

2022年1月28日，农业农村部与最高人民法院等联合印发《关于保护种业知识产权打击假冒伪劣套牌侵权营造种业振兴良好环境的指导意见》，组织发布第二批人民法院种业知识产权司法保护10件典型案例。设立“人民法院知识产权司法保护种质资源研究(海南)基地”，并首次以基地名义召开“种质资源知识产权司法保护研讨会”。2022年3月2日，最高人民法院发布《关于进一步加强涉种子刑事审判工作的指导意见》，深入贯彻落实中央关于种业振兴决策部署，依法惩治涉种子犯罪，全面净化种业市场，维护国家种源安全，加快种业振兴。

(三)加强数据知识产权保护

《知识产权强国建设纲要(2021-2035年)》中指出，要研究构建数据知

① 《最高人民法院发布关于加强中医药知识产权司法保护的意见》，载 https://mp.weixin.qq.com/s/4nr_3EhV5kHUEpsY5-7atQ，最后访问时间：2023年2月25日。

识产权保护规则。2022 年 12 月 2 日，中共中央、国务院印发《关于构建数据基础制度更好发挥数据要素作用的意见》，该意见明确提出，要坚持改革创新、系统谋划，以维护国家数据安全、保护个人信息和商业秘密为前提，以促进数据合规高效流通使用、赋能实体经济为主线，以数据产权、流通交易、收益分配、安全治理为重点，深入参与国际高标准数字规则制定，构建适应数据特征、符合数字经济发展规律、保障国家数据安全、彰显创新引领的数据基础制度，充分实现数据要素价值、促进全体人民共享数字经济发展红利，为深化创新驱动、推动高质量发展、推进国家治理体系和治理能力现代化提供有力支撑。

2022 年，人民法院积极探索加强数字经济领域知识产权司法保护，为充分发挥数据要素作用、提高数据要素治理效能提供有力司法服务和保障，促进数字经济实现高质量发展。加强数据云存储、数据开源、数据确权、数据交易、数据服务、数据市场不正当竞争等案件审理，切实维护数据安全。开展数据权益知识产权司法保护调研和数字经济时代公平竞争与知识产权司法保护调研，指导地方法院探索数字经济审判模式，促进数字经济创新成果的司法保护。最高人民法院审理“爬虫平台数据信息”技术秘密侵权案，明确平台数据信息可以作为技术秘密保护客体，强化对平台经营者通过合法经营形成的具有竞争优势和竞争价值的数据权益保护。江西高院制定知识产权审判服务保障数字经济发展的意见，提出 13 项服务与保障举措。广东深圳中院出台加强数字经济知识产权司法保护的实施意见，助力深圳数字经济高质量发展。北京知识产权法院完成“数字经济下新业态、新模式竞争行为司法规制研究”等课题，妥善审结多起数据侵权案，不断探索适用反不正当竞争法保护数据的裁判规则。

七、展望

当前，我国正在从知识产权引进大国向知识产权创造大国转变，知识产权工作正在从追求数量向提高质量转变，知识产权作为国家发展战略性资源和国际竞争力核心要素的作用更加凸显。2022 年，随着民法典的施行以及专利法、著作权法、反垄断法等领域的知识产权专门法不断修改和完善，知识产权法律体系日趋健全。同时，知识产权法律实施过程中还存在一些薄弱环节，涉及互联网核心技术、基因技术、信息通信、集成电路、人工智能及平台经济等方面新型案件日益增多，复杂技术事实认定和法律适用难度加大，新领域新业态知识产权保护的权利边界、责任认定对司法裁判提出新挑战；网络已经成为知识产权侵权违法行为的最主要发生地之一，线上侵权行为更易实施、更加隐蔽、更为复杂，影响涉及面更为广泛，收集固定证据更加困难，权利人维权难度进一步加大；利益平衡愈加复杂。知识产权涉及利益关系复杂，且与社会公共利益息息相关，平衡保护个人权利和公共利益，准确把握多层次价值取向，稳妥处理发展和安全的关系，都对知识产权法律制度的实施提出更高要求。

下一步，推动知识产权法治进程，要深刻认识党的二十大对知识产权事业发展的战略布局，找准知识产权保护工作的切入点、结合点、着力点，全面提升知识产权工作法治化水平，为推动高质量发展、提高人民生活品质提供有效服务和保障，为推进中国式现代化建设贡献力量。针对今后的知识产权法实施，建议从如下三方面着力：

其一，知识产权新领域新业态法律制度需要进一步完善。2022 年，互联网核心技术、基因技术、信息通信、集成电路、人工智能及平台经济等方面新型案件日益增多，复杂技术事实认定和法律适用难度加大，新领域新业态知识产权保护的权利边界、责任认定对司法裁判提出新挑战。

其二，知识产权相关主体利益需要进一步平衡。知识产权涉及利益关系复杂，且与社会公共利益息息相关，平衡保护个人权利和公共利益，准确把握多层次价值取向，稳妥处理发展和安全的关系，都对知识产权法律制度的实施提出更高要求。

其三，知识产权特别程序法制定工作需要进一步推进。习近平总书记在中央政治局第二十五次集体学习时的重要讲话中提出“研究制定符合知识产权案件规律的诉讼规范”，《中共中央办公厅、国务院办公厅关于加强知识产权审判领域改革创新若干问题的意见》中明确提出“研究制定符合知识产权审判规律的特别程序法”。制定知识产权诉讼特别程序法对于解决当前知识产权司法实践面临的技术事实查明、管辖、知识产权审判中的特殊程序等问题具有重要意义。

撰稿专家

许常海，1981 年出生，山东广饶人。最高人民法院民三庭三级高级法官，综合办公室主任。主要从事知识产权、刑事审判工作。执笔起草了《最高人民法院、最高人民检察院关于办理侵犯知识产权刑事案件具体应用法律若干问题的解释(三)》《最高人民法院关于第一审知识产权民事、行政案件管辖的若干规定》《关于基层人民法院管辖第一审知识产权民事、行政案件标准》《人民法院知识产权司法保护规划(2021-2025 年)》等多部司法解释及政策性文件。

第三章 2022年行政法实施报告

胡建淼 刘 威

报告要旨

2022年党的二十大胜利召开，报告强调“扎实推进依法行政”，并在转变政府职能、深化行政执法体制改革、规范行政执法行为、强化行政执法监督等方面作出了重要部署，明确了奋斗目标。总体来看，中国的法治建设在2022年继续稳步向前推进，推动依法行政的措施更加有力，法治政府建设作为全面依法治国重点任务和主体工程的地位越发明确。2022年，行政性立法从完善地方各级人民政府组织和职权规定，到聚焦黑土地、野生动物、黄河等自然资源和生态系统保护，再到推动职业教育改革，精准帮扶个体工商户健康发展，既回应国家治理现代化的宏大命题，又关注涉及国计民生的具体事项，在宏观和微观两个方面推动我国行政法制建设不断健全。2022年行政法实施的一个重点是关注市县依法行政水平的提升，通过推动市县法治政府建设，加强市县法治建设，进而夯实全面依法治国基础。此外，在这一年，国务院抓住依法行政的关键环节，为行政裁量权基准制度的制定和管理设定了统一规则，弥补行政机关行政裁量权规范不足，解决行政随意执法、滥用裁量权的突出问题，规范行政行为合法合理行使。

核心建议

1. 从治理实效性角度考虑，“小快灵”式的行政性立法模式应该在更广泛的领域内进行推广，但是也要注意立法的规范性和科学性。

2. 生态系统保护是一个复杂工程，要改变传统生态系统治理中“九龙治水”“各自为政”的局面，以系统观念统筹制度建设和实施，协调好各方关系，同时要加强“长牙齿”措施的建设，加大对相关违法行为的打击力度，还要强化行政公益诉讼制度的适用，督促政府积极履行生态保护的职责。

3. 以基层综合行政执法体制改革为抓手扎实推进依法行政，强化市县法治建设。

4. 制定更高层级的法律规范，保障行政裁量权基准制度的规范统一。

党的二十大报告提出“必须更好发挥法治固根本、稳预期、利长远的保障作用，在法治轨道上全面建设社会主义现代化国家”“扎实推进依法行政”。2022 年，行政法治实施工作稳步推进，在立法方面制修订了几部事关国计民生的重要行政法律、行政法规，市县法治建设得到进一步加强，行政裁量权基准制度完善取得了显著成效。

一、行政立法：“小快灵”立法回应社会关切问题

2022 年，全国人大及其常委会制定法律 6 部，修订法律 10 部，[1] 国务院制定行政法规 3 部，修订行政法规 16 部。[2] 2022 年，制定机关共向全国

① 参见中国人大网，http：//www. npc. gov. cn/npc/c1848/list. shtml，最后访问日期：2023 年 1 月 29 日。制定的法律分别是《黄河保护法》《黑土地保护法》《反电信网络诈骗法》《预备役人员法》《期货和衍生品法》《全国人民代表大会常务委员会关于中国人民解放军现役士兵衔级制度的决定》；修订的法律分别是《妇女权益保障法》《体育法》《职业教育法》《全国人民代表大会常务委员会议事规则》《农产品质量安全法》《畜牧法》《地方各级人民代表大会和地方各级人民政府组织法》《野生动物保护法》《对外贸易法》《反垄断法》。

② 参见中国政府法制信息网，http：//xzfg. moj. gov. cn/search2. html，最后访问日期：2023 年 1 月 28 日。制定的行政法规分别是《缔结条约管理办法》《促进个体工商户发展条例》《地名管理条例》；修订的行政法规分别是《水下文物保护管理条例》《保安服务管理条例》《放射性药品管理办法》《互联网上网服务营业场所管理条例》《旅馆业治安管理办法》《农药管理条例》《外商投资电信企业管理规定》《医疗机构管理条例》《道路运输条例》《海关稽查条例》《海关统计条例》《海关行政处罚实施条例》《计量法实施细则》《进出口商品检验法实施条例》《中国人民解放军文职人员条例》《母婴保健法实施办法》。

人大常委会报送备案的行政法规、地方性法规、自治条例和单行条例、经济特区法规、司法解释及特别行政区法律共1172件，其中行政法规23件，省、自治区、直辖市地方性法规500件，设区的市、自治州地方性法规495件，自治条例和单行条例68件，经济特区法规40件，司法解释20件，香港特别行政区法律11件，澳门特别行政区法律15件。① 截至2022年10月，地方和部门向司法部报送国务院备案的法规规章1719件。经审查，予以备案登记1688件，包括地方性法规1157件，地方政府规章403件，国务院部门规章128件，暂缓备案31件。②

习近平总书记在党的二十大报告中指出，要“推进科学立法、民主立法、依法立法，统筹立改废释纂，增强立法系统性、整体性、协同性、时效性”。2022年，为了贯彻落实中共中央、国务院制定的《法治政府建设实施纲要(2021-2025年)》，进一步满足推进国家治理体系和治理能力现代化、全面建设社会主义国家的需要，全国人大、国务院重点在地方政府组织建设、自然资源和生态系统保护、职业教育改革、促进个体工商户健康发展等方面开展了行政性立法。

（一）《地方各级人民代表大会和地方各级人民政府组织法》：完善地方各级人民政府组织和职权规定

《地方各级人民代表大会和地方各级人民政府组织法》（以下简称《地方组织法》）是关于我国地方政权制度的基本法律，是地方各级人大和地方各级政府依法行使职权的重要制度保障。③ 地方各级人民政府是地方各级人民代表大会的执行机关，也是重要的行政机关，承担着大量行政管理和服务职责。为贯彻落实党中央关于加快构建职责明确、依法行政的政府治理体系和全面建设法治政府的要求，按照中共中央、国务院印发的《法治政府建设实施纲要(2021-2025年)》的精神，总结党的十八大以来推进依法行政、建设法治政府的实践经验，本次《地方组织法》的修订明确了地方政府建设基本原则，完善了地方政府职权和工作机制，细化了地方政府制

---

① 《全国人民代表大会常务委员会法制工作委员会关于十三届全国人大以来暨2022年备案审查工作情况的报告》，载中国人大网，http：//www. npc. gov. cn/npc/c30834/202212/a9b1c0688c1e47278b163cf141c30b0a. shtml，最后访问日期：2023年2月5日。

② 《2022年1至10月备案登记审查的法规规章情况》，载中国政府法制信息网，http：//www. moj. gov. cn/sfbsearch/index. html#/search/completeSearch，最后访问日期：2023年2月15日。

③ 于浩：《地方组织法修改，制度建设再“升级”》，载《中国人大》2021年第21期。

定规范性文件的程序和要求。

（二）《黑土地保护法》：规范保护“耕地中的大熊猫”

“黑土地”在全球范围内都是非常稀缺的资源。据了解，全球仅有北美洲中南部地区、俄罗斯—乌克兰大平原区、中国东北地区及南美洲潘帕斯草原区四处黑土区，占全球陆地面积不到 7%。我国东北黑土地总面积 109 万平方公里，其中典型黑土地耕地面积 1853.33 万公顷，而形成 1 厘米黑土层需要 400 年左右。[①] 与此同时，东北黑土地是我国最重要的商品粮基地，黑土地的粮食产量占到全国的 1/4，粮食调出量占全国 1/3，是我国粮食生产的“压舱石”。[②] 习近平总书记高度重视黑土地保护，2020 年 7 月在吉林考察时指出，一定要采取有效措施，保护好黑土地这一“耕地中的大熊猫”；2020 年 12 月在中央农村工作会议上要求，把黑土地保护作为一件大事来抓，把黑土地用好、养好。为贯彻落实习近平总书记指示批示精神和党中央决策部署，全国人大常委会高度重视黑土地保护立法工作，积极推进立法进程，2022 年 6 月 24 日，全国人大常委会会议通过了《黑土地保护法》，自 2022 年 8 月 1 日起施行。这是我国首部针对黑土地保护的专门法律，也是世界上唯一一部国家层面立法保护黑土地的法律。《黑土地保护法》在立法模式上，打造了“小快灵”立法典范；在立法理念上，凸显用养结合，以养为先；在保护方式上，强化科技支撑；在保护机制上，以法治方式建立政府主导、农民为主体、多元参与的黑土地保护格局；在法律责任上，落实“长牙齿”的保护措施，加大处罚力度。

（三）《黄河保护法》：推动黄河流域生态保护和高质量发展

黄河是中华民族的母亲河，保护黄河是事关中华民族伟大复兴的千秋大计。[③] 党中央、国务院高度重视黄河立法工作，2020 年 10 月，中共中央、国务院印发《黄河流域生态保护和高质量发展规划纲要》，要求深入开展黄河立法工作。2022 年 10 月 30 日，《黄河保护法》由全国人大常委会会议通过，自 2023 年 4 月 1 日起施行。《黄河保护法》是江河流域保护的标志性立法，是继《长江保护法》之后的第二部流域法。相对于长江流域等其他主要河湖流域，黄河流域由于自身独特的区位和历史而面临的流域性问题更

---

① 刘华东：《8 月 1 日起，黑土地保护法将施行 吹响黑土地保护的法治号角》，载《光明日报》2022 年 7 月 30 日，第 11 版。

② 吴浩：《筑牢黑土地保护的法治屏障》，载《经济日报》2022 年 8 月 20 日，第 7 版。

③ 王金虎：《以法治力量护黄河安澜》，载《光明日报》2022 年 11 月 5 日，第 9 版。

加特殊、复杂和突出。[1]《黄河保护法》完善了黄河保护的管理体制机制，建构了黄河保护制度体系，强化了相关法律责任。

(四)《野生动物保护法》：进一步完善野生动物保护和管理制度

为了全面禁止和惩治非法野生动物交易行为，革除滥食野生动物的陋习，维护生物安全和生态安全，有效防范重大公共卫生风险，切实保障人民群众生命健康安全，加强生态文明建设，促进人与自然和谐共生，2020年2月24日，全国人大常委会通过《关于全面禁止非法野生动物交易、革除滥食野生动物陋习、切实保障人民群众生命健康安全的决定》。2022年12月30日，《野生动物保护法》由全国人大常委会审议通过，自2023年5月1日起施行。新修订的《野生动物保护法》进一步完善野生动物保护和管理制度，加大对违法行为的处罚力度，同时做好与《生物安全法》《动物防疫法》《畜牧法》等相关法律的衔接，秉持生态文明理念，推动绿色发展，促进人与自然和谐共生。[2] 此次修订着重加强对野生动物栖息地的保护，强化外来物种防控，细化野生动物种群调控，完善了人工繁育技术成熟稳定的国家重点保护野生动物管理制度，建构了野生动物保护行政公益诉讼制度，并进一步做好了与全国人大常委会决定的衔接。

(五)《职业教育法》：依法推动职业教育高质量发展

职业教育是国民教育体系和人力资源开发的重要组成部分，是培养多样化人才、传承技术技能、促进就业创业的重要途径。现行《职业教育法》于1996年公布并施行，对发展职业教育、提高劳动者素质、推动经济社会发展发挥了积极作用。[3] 然而在新的发展阶段，面对新的要求，我国职业教育的不足日益显现，《职业教育法》的修订正当其时。2022年4月20日，《职业教育法》由全国人大常委会审议通过，自2022年5月1日起施行。此次修订主要包括完善职业教育管理体制、完善职业教育体系、明确现代职业教育体系框架、推动多元办学、提升职业教育质量和水平，以及加强对职业教育的支持和保障等内容。

---

① 田钝夫：《黄河保护立法的历史背景与现实任务》，载《西部法学评论》2021年第5期。

② 张璁：《秉持生态文明理念 促进人与自然和谐共生》，载《人民日报》2023年1月19日，第18版。

③ 《第十三届全国人民代表大会常务委员会第二十九次会议关于〈职业教育法(修订草案)〉的说明》，载《全国人民代表大会常务委员会公报》2022年第3号。

（六）《促进个体工商户发展条例》：精准帮扶个体工商户

为了保护个体工商户的合法权益，鼓励、支持和引导个体工商户健康发展，加强对个体工商户的监督、管理，发挥其在经济社会发展和扩大就业中的重要作用，2011 年国务院制定颁布了《个体工商户条例》，期间经过了 2014 年和 2016 年两次修订。在新形势下，结合个体工商户发展的现状和现实需要，为促进其健康发展，在《个体工商户条例》的基础上，2022 年 9 月 26 日，《促进个体工商户发展条例》由国务院第 190 次常务会议通过，自 2022 年 11 月 1 日起施行。《促进个体工商户发展条例》帮扶措施精准有效，创新制度维护经营者利益，同时注重引导和支持数字化发展。

二、着力提升市县依法行政水平，加快推进市县法治政府建设

党的二十大报告强调，“全面依法治国是国家治理的一场深刻革命，关系党执政兴国，关系人民幸福安康，关系党和国家长治久安”。习近平总书记指出，“全面推进依法治国，推进国家治理体系和治理能力现代化，工作的基础在基层”，要“更加注重系统观念、法治思维、强基导向”“更加重视基层基础工作”。[①] 党的二十大报告还强调，要“坚持依法治国、依法执政、依法行政共同推进，坚持法治国家、法治政府、法治社会一体建设”，这是习近平法治思想的重要内容，同时明确“法治政府建设是全面依法治国的重点任务和主体工程”。因此，推动基层法治建设的目的在于夯实全面依法治国基础，工作重点在于提升市县政府依法行政水平，强化市县法治政府建设。2022 年 5 月 30 日，中央全面依法治国委员会发布《关于进一步加强市县法治建设的意见》，为加快推进市县法治政府建设提供了具体方案。

（一）落实“一规划两纲要”任务要求

2021 年年初，中共中央公布了《法治中国建设规划（2020－2025 年）》（以下简称《规划》），这是一部涵盖依法治国、依法执政、依法行政法治工作和法治国家、法治政府、法治社会法治目标的综合规划。同年，以《规划》为依据，中共中央、国务院印发《法治政府建设实施纲要（2021－2025 年）》、中共中央印发《法治社会建设实施纲要（2020－2025 年）》，这是

① 张维：《深入学习贯彻习近平法治思想 夯实全面依法治国基层基础——中央依法治国办有关负责同志就〈关于进一步加强市县法治建设的意见〉答记者问》，载《法治日报》2022 年 8 月 12 日，第 1 版。

《规划》在依法行政、建设法治政府、法治社会领域的具体表现形式。这三个文件相衔接，形成了“十四五”时期中国特色的社会主义法治建设“一规划两纲要”的系统架构。①“一规划两纲要”对基层法治政府建设提出了明确的任务要求。

《规划》提出，要注重发挥政府在立法工作中的重要作用，加强地方立法工作。推动执法重心向市县两级政府下移，加大执法人员、经费、资源、装备等向基层的倾斜力度。加强边疆地区、民族地区和基层法治专门队伍建设。地方各级党委法治建设议事协调机构要加强对本地区法治建设的牵头抓总、运筹谋划、督促落实等工作。《法治政府建设实施纲要(2021-2025年)》提出，要构建简约高效的基层管理体制，实行扁平化和网格化管理。推进编制资源向基层倾斜，鼓励、支持从上往下跨层级调剂使用行政和事业编制。稳步将基层管理迫切需要且能有效承接的行政执法事项下放给基层，坚持依法下放、试点先行，坚持权随事转、编随事转、钱随事转，确保放得下、接得住、管得好、有监督。引导、规范基层组织和社会力量参与突发事件应对。建立健全担当作为的激励和保护机制，切实调动各级特别是基层政府工作人员的积极性，充分支持从实际出发担当作为、干事创业。市县政府承担行政执法职能的部门负责人任期内至少接受一次法治专题脱产培训。加强各部门和市县政府法治机构建设，优化基层司法所职能定位，保障人员力量、经费等与其职责任务相适应。《法治社会建设实施纲要(2020-2025年)》提出，要推进多层次多领域依法治理，推进市域治理创新，深化城乡社区依法治理，制定和落实在社区治理方面的权责清单，加强基层群众性自治组织规范化建设。全面推进基层单位依法治理，企业、学校等基层单位普遍完善业务和管理活动各项规章制度，建立运用法治方式解决问题的平台和机制。发挥社区社会组织在创新基层社会治理中的积极作用。坚持和发展新时代“枫桥经验”，畅通和规范群众诉求表达、利益协调、权益保障通道，加强矛盾排查和风险研判，完善社会矛盾纠纷多元预防调处化解综合机制，努力将矛盾纠纷化解在基层。充分发挥基层党组织在法治社会建设中的战斗堡垒作用。利用重大纪念日、传统节日等契机开展群众性法治文化活动，组织各地青年普法志愿者、法治文艺团体开展法治文化基层行活动，推动法治文化深入人心。

---

① 胡建淼:《法治政府建设是全面依法治国的重点任务和主体工程》,载《学习时报》2021年9月1日。

（二）加强党对市县法治政府建设工作的领导

坚持党的领导是提升市县政府依法行政水平，加强市县法治政府建设的必要前提和根本保障，要做好基层法治建设工作必须完善党的领导制度和工作机制。对此，《中央全面依法治国委员会关于进一步加强市县法治建设的意见》专门进行了明确，一是强化领导干部对习近平法治思想的学习。加强理论武装，强化市县党委、各级干部对习近平法治思想的学习。市县党委要将法治建设纳入地区发展规划，作为重点工作，要将法治建设情况纳入年终述职内容，还要纳入干部考核内容。要结合实际，将全面依法治国顶层设计转化为推进市县法治建设的制度规范、政策措施和实际行动，确保党中央关于全面依法治国的决策部署落实到“最后一公里”。二是要进一步发挥依法治市、县委员会作用。委员会要在市县党委及其常委会领导下，履行对本地区法治建设牵头抓总、运筹谋划、督促落实的职能。三是规范依法治市、县委员会协调小组运行。协调小组要立足专门领域法治工作协调职责，整合优化力量和资源，推动委员会决定事项和工作部署在本领域的落实，谋划本领域法治建设工作思路和重点任务，协调解决跨部门法治工作重要问题、协调推动相关法治措施制定和实施。四是加强依法治市、县委员会办公室建设。办公室要协调法治工作部门研究本地区法治建设重大问题，研究处理有关方面向委员会提出的重要法治工作事项及相关请示，组织推动法治政府建设，开展法治督察检查，统筹、协调、督促、推动有关方面落实委员会决定事项和工作部署。统筹法治工作部门编制，充实加强办公室专门工作力量，确保有专人干事、高效规范运转，切实发挥职能作用。五是建立乡镇（街道）法治建设领导体制和工作机制。乡镇（街道）党（工）委要加强组织领导和统筹协调，将乡镇（街道）法治建设作为重点任务纳入基层治理总体格局，建立健全推进工作任务落实的制度机制。依托乡镇（街道）司法所具体负责协调推进、督促检查乡镇（街道）法治建设工作。

（三）全面深化市县法治政府建设主要任务

1. 着力服务市县经济高质量发展

《中央全国依法治国委员会关于进一步加强市县法治建设的意见》围绕优化营商环境、推动“放管服”改革落地，加强乡村振兴法律服务和法治保障提出了一系列具体措施，要求维护良好市场秩序和市场主体合法权益。一是落实“双随机、一公开”监管，加强和规范事前、事中、事后全链条监管；二是加强对中小企业创新发展的法律扶持；三是规范涉农行政执法行为，依法妥善处理“三农”领域纠纷。

2. 着力维护基层安全稳定

实现基层安全稳定的重要前提是矛盾纠纷能够得到及时化解。纠纷解决机制的成熟和完备，是国家治理体系和治理能力现代化的基本标志，在国家治理体系中居于核心地位。[①]《中央全面依法治国委员会关于进一步加强市县法治建设的意见》提出了实质化解基层矛盾纠纷的综合解决方案。一是坚持和发展新时代“枫桥经验”，在市县法治工作布局和力量调配上更多向引导和疏导端用力。二是强化诉源治理，把非诉讼纠纷解决机制挺在前面，做好和解、调解、信访、仲裁、行政裁决、行政复议、诉讼有机衔接的多元纠纷化解工作。三是依法严厉打击危及社会公共安全和扰乱市场秩序的违法犯罪行为，常态化开展扫黑除恶专项斗争。四是加强网络综合治理，网上网下一体排查调解矛盾纠纷，防范化解打击网络犯罪，营造清朗网络空间。

3. 着力服务保障和改善民生

法治必须回应当代民生诉求。[②]《中央全面依法治国委员会关于进一步加强市县法治建设的意见》要求市县执法司法部门针对群众就业、教育、医疗、社保、养老、扶幼等民生领域的法治需求要开通“绿色通道”，优先办(受)理，快速办结。同时，要推进公共法律服务网络全覆盖、公共法律服务流程全规范，加大弱势群体法律援助和法律服务力度，加强关系群众切身利益的案件办理工作，加大重点领域执法力度，让严重违法者付出应有代价。

4. 提升市县政府制度建设的科学化水平

科学的地方立法和规范性文件制定，是规范地方政府行政权力的基本条件，也是强化地方法治建设的重要内容。对于地方立法，《关于进一步加强市县法治建设的意见》提出了三点要求：一是坚持依法立法，严格遵守地方立法权限。二是依法治市(州)委员会做好对同级人大常委会立法计划、政府立法计划的审议工作。完善立法调研论证、意见征集、风险评估、立法听证等制度，发挥立法联系点作用，拓宽人大代表、政协委员、社会公众参与立法的渠道。三是立足地方特色和解决突出问题，灵活运用“小切

① 龙飞：《论国家治理视角下我国多元化纠纷解决机制建设》，载《法律适用》2015年第7期。

② 付子堂、常安：《民生法治论》，载《中国法学》2009年第6期。

口”“小快灵”式立法。对于规范性文件制定，《关于进一步加强市县法治建设的意见》要求市县政府要加强行政规范性文件制定和监督管理，加强备案审查工作，坚决杜绝乱发文、发“奇葩文件”。

5. 提高市县政府依法决策能力

决策体制是政治体制的中枢系统，也是决定一国发展的关键因素。我国决策体制改革的实践证明以决策民主化、科学化和法治化为导向的决策体制改革成功地应对了中国由经济和社会迅速变迁所带来的各种挑战。[①]《中央全面依法治国委员会关于进一步加强市县法治建设的意见》围绕提高市县政府依法决策、依法行政水平提出了一系列措施。要求市县政府制定细化法治政府建设目标任务、步骤安排和具体举措。全面落实重大行政决策程序，有效开展社会稳定风险评估，依法制定市县政府重大行政决策事项年度目录并予以公开。“十四五”时期实现市县党政机关公职律师工作全覆盖。推进乡镇(街道)决策事项合法性审查全覆盖。健全守信践诺机制。市县执法部门要制定执法细则和工作指南。加强市县政府行政复议与行政应诉工作，并将反馈与落实情况纳入法治政府建设考核范围，促进基层政府依法行政。

6. 深化执法体制机制改革

《法治政府建设实施纲要(2021-2025年)》提出要“深化行政执法体制改革”“继续深化综合行政执法体制改革，坚持省(自治区)原则上不设行政执法队伍，设区市与市辖区原则上只设一个行政执法层级，县(市、区、旗)一般实行‘局队合一’体制，乡镇(街道)逐步实现‘一支队伍管执法’的改革原则和要求”。为持续推进综合行政执法体制改革，《中央全面依法治国委员会关于进一步加强市县法治建设的意见》要求依法、科学、稳妥地将执法权下放给乡镇(街道)。进一步明确综合行政执法部门与业务主管部门职责范围，完善审批、监管、处罚等衔接机制。推动具备条件的地区探索跨部门跨领域综合执法。强化乡镇(街道)在执法中统一指挥和统筹协调职责，赋予其在工作考核、人员管理等方面更大权限。加强行政执法协调监督，整治执法不严格、不规范、不公正、不文明等突出问题。

7. 深化普法和依法治理

普法是国家有目的、有计划地使全体国民掌握法律常识的一种活动。[②]

---

① 周光辉:《当代中国决策体制的形成与变革》，载《中国社会科学》2011年第3期。

② 谢晓斌:《对普法工作的反思与重构——基于普法性质的考量》，载《人民论坛：中旬刊》2011年第12期。

《中央全面依法治国委员会关于进一步加强市县法治建设的意见》要求将学习宣传习近平法治思想作为基层普法工作首要任务，推动习近平法治思想深入人心。持续深入开展宪法宣传教育活动，深入开展民法典、乡村振兴促进法等与群众生产生活密切相关法律法规普及工作，大力弘扬社会主义法治精神。广泛开展群众性法治文化活动，创新普法形式和载体，深化法治乡村建设，深化基层依法治理。

三、完善行政裁量权基准制度，规范行政裁量权正确实施

建立健全行政裁量权基准制度，是在全面依法治国战略要求下，加强法治政府建设，推动严格规范公正文明执法，提高行政机关执法能力和水平的重要举措，也是在建设中国特色社会主义法治体系下，弥补行政机关行政裁量权规范不足，解决行政随意执法、滥用裁量权突出问题的重要制度。[①] 2022 年 7 月 29 日，国务院办公厅印发《关于进一步规范行政裁量权基准制定和管理工作的意见》（国办发〔2022〕27 号），为规范行政裁量权基准制定和管理创设了统一的具体规则，这是我国行政法上行政行为制度建设的巨大进步，也是促进政府依法行政能力水平提升，推动法治政府建设的重要制度保障。

(一)行政裁量权基准制度发展历程

行政裁量权基准制度的发展经历了从地方到中央的过程。2004 年 2 月金华市公安局正式下发《关于推行行政处罚自由裁量基准制度的意见》（金市公通字〔2004〕23 号）。自此，行政裁量权基准制度的建构日益完善。2004 年 3 月，国务院印发《全面推进依法行政实施纲要》（国发〔2004〕10 号)，该纲要规定“行使自由裁量权应当符合法律目的，排除不相关因素的干扰”“行政机关行使自由裁量权的，应当在行政决定中说明理由”。2008 年 5 月，《国务院关于加强市县政府依法行政的决定》（国发〔2008〕17 号)明确要求，“要抓紧组织行政执法机关对法律、法规、规章规定的有裁量幅度的行政处罚、行政许可条款进行梳理，根据当地经济社会发展实际，对行政裁量权予以细化，能够量化的予以量化，并将细化、量化的行政裁量标准予以公布、执行”。2010 年 10 月，《国务院关于加强法治政府建设的意见》（国发〔2010〕33 号)规定，“建立行政裁量权基准制度，科学

① 周佑勇：《健全行政裁量基准的新使命新任务》，载《行政法学研究》2023 年第 1 期。

合理细化、量化行政裁量权，完善适用规则，严格规范裁量权行使，避免执法的随意性”。2014 年 10 月，党的十八届四中全会通过的《中共中央关于全面推进依法治国若干重大问题的决定》规定，“建立健全行政裁量权基准制度，细化、量化行政裁量标准，规范裁量范围、种类、幅度”。2019 年 10 月，党的十九届四中全会通过的《中共中央关于坚持和完善中国特色社会主义制度 推进国家治理体系和治理能力现代化若干重大问题的决定》规定，“严格规范公正文明执法，规范执法自由裁量权”。2021 年 1 月，中共中央印发的《法治中国建设规划(2020-2025 年)》提出：“全面推行行政裁量权基准制度，规范执法自由裁量权。”2021 年 7 月，《行政处罚法》(2021 年修订)第 34 条规定：“行政机关可以依法制定行政处罚裁量基准，规范行使行政处罚裁量权。行政处罚裁量基准应当向社会公布。”2021 年 8 月，中共中央、国务院印发《法治政府建设实施纲要(2021-2025 年)》规定，“全面落实行政裁量权基准制度，细化量化本地区各行政执法行为的裁量范围、种类、幅度等并对外公布”。2021 年 11 月，《国务院关于进一步贯彻实施〈中华人民共和国行政处罚法〉的通知》(国发〔2021〕26 号)明确指出，“各地区、各部门要全面推行行政裁量基准制度，规范行政处罚裁量权，确保过罚相当，防止畸轻畸重”。2022 年 7 月，国务院办公厅印发《关于进一步规范行政裁量权基准制定和管理工作的意见》(国办发〔2022〕27 号)为行政裁量权基准制定和管理进行了系统规定。2022 年 10 月，党的二十大报告指出要“健全行政裁量基准”。

(二)行政裁量权基准制度建设基本现状

随着行政裁量权基准制度建设逐渐上升为一种重要的国家战略，[①] 从中央到地方，各个领域迅速建立起了一套行政裁量权基准制度。实践中，行政裁量权基准制度通常包括两个方面的内容：其一，将理论性、原则性较强部分以“适用规则”“适用规定”等名义按照立法形式进行集中规定，内容上包括立法目的、概念界定、适用范围、基本原则、裁量规则、程序要求、层级监督、责任承担等，用以指导行政机关制定裁量权基准。目前，31 个省(区、市)人民政府都有相关规定，国务院有关主管部门也作出了相关规定。其二，在“适用规则”之外，还会配套制定“裁量标准”，内容包括违法行为、法定依据、裁量阶次、适用条件和具体标准等内容，主要是省

---

① 周佑勇：《新时代推进行政裁量权基准制度建设的纲领性文件》，载《中国司法》2022 年第 8 期。

级以下政府及其部门制定，可直接适用。据初步统计，省级人民政府及其部门制定的行政裁量权基准有1000多个，设区的市人民政府及其部门制定的行政裁量权基准有1200多个，区(县)人民政府及其部门制定的行政裁量权基准近3000个。[①] 以农业农村领域为例，2019年5月，农业农村部发布《规范农业行政处罚自由裁量权办法》。2021年11月，《农业农村部、中国海警局关于印发〈海洋渔业行政处罚自由裁量基准(试行)〉的通知》。此外，截至2022年年底，涉及农业行政处罚裁量权基准的现行有效地方规范性文件73件，有效地方工作文件34件，发文主体涉及26个省、自治区、直辖市。近年来，尽管各地区各部门不断加强制度建设，细化量化行政裁量权基准，执法能力和水平有了较大提高，但仍存在行政裁量权基准制定主体不明确、制定程序不规范、裁量幅度不合理等问题，导致行政执法该严不严、该宽不宽、畸轻畸重、类案不同罚等现象时有发生。

(三)行政裁量权基准制度制定和管理的顶层设计

长期以来，行政裁量权基准制度作为一种地方性或者行业性知识，相关制度设计散见于地方规定或者行业规定。这就导致行政裁量权基准制度的制定规则和管理制度没有形成统一标准，甚至在一些具体内容上并没有明确规定。这无疑给行政裁量权的正确实施带来了制度上的阻碍。《国务院办公厅关于进一步规范行政裁量权基准制定和管理工作的意见》(国办发〔2022〕27号)(以下简称《意见》)是第一部从国家层面统一规范行政裁量权基准制定的纲领性文件，标志着我国行政裁量权基准的法治化建设进入一个新的发展阶段。[②]《意见》主要包括四项内容。

1. 明确行政裁量权基准制定职责权限

制定行政裁量权基准既是行政机关的职责，也是职权，必须明确各级行政机关的职责划分，同时要规范其制定权限。在职责划分上，《意见》规定，国务院有关部门可以依照法律、行政法规等制定本部门本系统的行政裁量权基准。省、自治区、直辖市和设区的市、自治州人民政府及其部门可以依照法律、法规、规章以及上级行政机关制定的行政裁量权基准，制定本行政区域内的行政裁量权基准。县级人民政府及其部门可以在法定范

---

① 何勇：《全面规范行政裁量权基准制定和管理工作 着力提升行政执法质量和效能》，载《中国司法》2022年第8期。

② 周佑勇：《新时代推进行政裁量权基准制度建设的纲领性文件》，载《中国司法》2022年第8期。

围内，对上级行政机关制定的行政裁量权基准适用的标准、条件、种类、幅度、方式、时限予以合理细化量化。同时，《意见》要求在制定行政裁量权基准过程中要注意与已有基准间的协调，还要和本地区经济发展水平、人口规模等相适应，并提出可以参考情况相近地方的有关规定。在制定权限上，基于依法行政的基本原则，《意见》明确无法律、法规、规章依据，行政裁量权基准不得增加行政相对人的义务或者减损行政相对人的权益。此外，在上下级行政机关权限位阶上，对同一行政执法事项，上级行政机关已经制定行政裁量权基准的，下级行政机关原则上应直接适用；如下级行政机关不能直接适用，可以结合本地区经济社会发展状况，在法律、法规、规章规定的行政裁量权范围内进行合理细化量化，但不能超出上级行政机关划定的阶次或者幅度。下级行政机关制定的行政裁量权基准与上级行政机关制定的行政裁量权基准冲突的，应适用上级行政机关制定的行政裁量权基准。

2. 准确规定行政裁量权基准的内容

行政裁量权基准不仅适用于行政处罚领域，还在行政许可、行政强制、行政确认、行政征收、行政给付等非行政处罚中广泛出现，据统计，截至 2022 年 7 月，有 20 个省（区、市）对行政处罚裁量权基准作了规范，有 11 个对行政处罚、行政许可、行政强制、行政确认、行政征收、行政给付等裁量基准作了规定。[①] 因此，《意见》对行政处罚、行政许可、行政强制、行政确认、行政征收、行政给付等领域的裁量权基准制度制定和管理都进行了规定。行政处罚裁量权基准应当包括违法行为、法定依据、裁量阶次、适用条件和具体标准等内容。要严格依照《行政处罚法》有关规定，明确不予处罚、免予处罚、从轻处罚、减轻处罚、从重处罚的裁量阶次，有处罚幅度的要明确情节轻微、情节较轻、情节较重、情节严重的具体情形。行政许可裁量权基准可以对法律、法规、规章规定的行政许可相关内容进行细化量化，但不得增加许可条件、环节，不得增加证明材料，不得设置或者变相设置歧视性、地域限制等不公平条款，防止行业垄断、地方保护、市场分割。行政征收征用裁量权基准要遵循征收征用法定、公平公开、尊重行政相对人财产权等原则，重点对行政征收征用的标准、程序和权限进行细化量化，合理确定征收征用财产和物品的范围、数量、数额、期限、

① 周佑勇：《健全行政裁量基准的新使命新任务》，载《行政法学研究》2023 年第 1 期。

补偿标准等。此外，法律、法规、规章对行政确认、行政给付、行政强制和行政检查的实体问题和程序问题只有原则性规定的，都可以通过行政裁量权基准的形式对相关内容进行细化量化。

3. 严格行政裁量权基准制定程序

一是明确制定程序。《意见》规定要加强行政裁量权基准制发程序管理，健全工作机制，根据行政裁量权的类型确定行政裁量权基准的发布形式。以规章形式制定行政裁量权基准的，要按照《规章制定程序条例》规定认真执行立项、起草、审查、决定、公布等程序。以行政规范性文件形式制定行政裁量权基准的，要按照《国务院办公厅关于加强行政规范性文件制定和监督管理工作的通知》(国办发〔2018〕37号)要求，严格执行评估论证、公开征求意见、合法性审核、集体审议决定、公开发布等程序。二是充分研究论证。《意见》规定制定行政裁量权基准，要根据管理需要，科学分析影响行政执法行为的裁量因素，充分考量行政裁量权基准的实施效果，做好裁量阶次与裁量因素的科学衔接、有效结合，实现各裁量阶次适当、均衡，确保行政执法适用的具体标准科学合理、管用好用。

4. 加强行政裁量权基准管理

一是规范适用行政裁量权基准。《意见》规定行政机关在作出行政执法决定前，有行政裁量权基准的，要在行政执法决定书中对行政裁量权基准的适用情况予以明确，适用本行政机关或者上级行政机关制定的行政裁量权基准可能出现明显不当、显失公平，或者行政裁量权基准适用的客观情况发生变化的，可以调整适用。因不规范适用行政裁量权基准造成严重后果的，要依规依纪依法严格追究有关人员责任。二是强化日常监督管理。《意见》规定各地区各部门要通过行政执法情况检查、行政执法案卷评查、依法行政考核、行政执法评议考核、行政复议附带审查、行政执法投诉举报处理、行政备案等方式，加强对行政裁量权基准制度执行情况的监督检查。要建立行政裁量权基准动态调整机制，行政裁量权基准制定后，要主动接受备案审查机关监督。三是大力推进技术应用。《意见》规定要推进行政执法裁量规范化、标准化、信息化建设，充分运用人工智能、大数据、云计算、区块链等技术手段，将行政裁量权基准内容嵌入行政执法信息系统，为行政执法人员提供精准指引，有效规范行政裁量权行使。

四、2022 年行政法实施的主要内容和特点

（一）“小快灵”行政性立法效果显著

“小快灵”是一种新型立法模式，其特点是法律规范调整的对象具体且聚焦，立法周期短，法律效果好。从广义上来说，行政法律规范包括立法机关制定的调整行政法律关系的法律、地方性法规以及行政机关制定的行政法规和规章等。由于国家行政管理事项非常具体，需要解决的问题具有紧迫性，同时又与社会大众生活息息相关，因而常规立法模式有时候无法满足行政性立法的需求。“小快灵”立法本身并不是针对行政性立法创设的独有立法模式，但是其针对性、适用性和可操作性却非常符合行政性立法的要求。2022 年，为了切实加强对“耕地中的大熊猫”——黑土地的保护，全国人大常委会迅速而又高质量的审议通过了《黑土地保护法》。该法明确了黑土地范围，确立了“用养结合，以养为先”的保护理念，通过制度保障和科技支撑，强化了对黑土地的保护。用一部仅 38 条的“小”法律撬动了自然资源保护、生态系统平衡、国家粮食安全的“大”主题。

（二）生态系统保护是行政法实施的重要内容

习近平总书记高度重视生态文明建设，创造性地提出了“绿水青山就是金山银山”的科学理念。党的二十大报告指出，“大自然是人类赖以生存发展的基本条件。尊重自然、顺应自然、保护自然，是全面建设社会主义现代化国家的内在要求。必须牢固树立和践行绿水青山就是金山银山的理念，站在人与自然和谐共生的高度谋划发展”。2022 年，全国人大常委会组织了多部生态系统保护方面的法律制修订工作，《黑土地保护法》《黄河保护法》先后制定颁布，为了适应新形势下野生动物保护和管理的需要，对《野生动物保护法》也进行了修订。综合来看，“保护法”是三部法律的“题眼”，如何更好地保护黑土地、黄河和野生动物等自然资源或生态系统成为三部法律的核心目标。仔细分析三部法律规范的内容可以发现，统筹保护、制度保护、科技保护、责任保护成为强化自然资源和生态系统保护的基本共识。通过统筹协调各方力量，完善制度建设，强化科技支撑，提升法律责任，形成一个生态保护的系统网络，进而实现提升生态系统多样性、稳定性、持续性的目标。

（三）以法治方式助力职业教育改革和发展

在传统教育体系中，职业教育的地位和作用长期没有得到正视与发挥，

其特有的人力资源和人才资源培养潜力没有被挖掘出来。在新时期，习近平总书记强调，要把职业教育摆在更加突出的位置，优化职业教育类型定位，深入推进育人方式、办学模式、管理体制、保障机制改革，增强职业教育适应性，加快构建现代职业教育体系，培养更多高素质技术技能人才、能工巧匠、大国工匠，为促进经济社会发展和提高国家竞争力提供优质人才资源支撑。[①] 此次《职业教育法》的制定是通过立法的方式将职业教育改革实践经验和国家有关政策上升为法律规范，同时以法治方式回应解决职业教育领域热点难点问题。该法就完善职业教育管理体制和体系，明确现代职业教育体系框架，推动政府、行业、企业以及社会力量协调合作，实现多元办学，提升职业教育质量和水平，加强对职业教育的支持和保障等进行了规定。

(四)多措并举促进个体工商户健康发展

个体工商户作为市场主体的一种，伴随着非公有制经济的兴盛蓬勃发展起来，截至2022年9月底，全国登记在册的个体工商户达1.1亿户，占市场主体总量的2/3，是2012年的2.75倍。从产业分布看，个体工商户在第三产业中占比近九成，集中在批发零售、住宿餐饮、居民服务等行业。[②] 个体工商户不仅在市场主体占比上体现出了绝对优势，在提升老百姓生活质量方面也起到了重要作用。因此，个体工商户的健康持续发展对于稳定实体经济，保障老百姓生活质量都具有重要意义。《促进个体工商户发展条例》针对当前个体工商户发展中遇到的具体问题，根据不同主体特点，制定相应帮扶措施，同时通过制度创新维护经营者利益，并且因势利导，引导和支持网络直播、微商电商、新媒体等新个体经济的数字化发展。

(五)以推动基层法治政府建设促进基层法治建设

俗语说“基础不牢，地动山摇”。基层是国家治理的第一线，基层法治建设水平的高低直接决定了全面依法治国战略目标能否实现。全面依法治国基础在基层，工作重点在基层，加强市县法治建设，是确保全面依法治国各项部署要求落地落实的关键，是推进基层治理体系和治理能力现代化的重要保障。基层法治政府建设是基层法治建设的重要内容。《中央全面依

① 《第十三届全国人民代表大会常务委员会第二十九次会议关于〈职业教育法(修订草案)〉的说明》，载《全国人民代表大会常务委员会公报》2022年第3号。

② 欧阳洁：《〈促进个体工商户发展条例〉十一月一日起正式施行——促进个体工商户持续健康发展》，载《人民日报》2022年11月2日，第6版。

法治国委员会关于进一步加强市县法治建设的意见》的出台是落实“一规划两纲要”任务要求的具体体现，其要求加强党对市县法治政府建设工作的领导，核心内容是提升市县政府依法行政能力水平，推动市县法治政府建设，并在此基础上实现加强市县法治建设的目标。

（六）聚焦行政行为制度顶层设计

行政裁量权基准是行政机关结合本地区本部门行政管理实际，按照裁量涉及的不同事实和情节，对法律、法规、规章中的原则性规定或者具有一定弹性的执法权限、裁量幅度等内容进行细化量化，以特定形式向社会公布并施行的具体执法尺度和标准。行政裁量权基准并非只是行政处罚的裁量权基准，它也是所有行政裁量权的实施标准。① 行政裁量权基准制度实质上是一种行政行为制度，其主要作用在于规范行政裁量权的实施，通过合理行政原则的适用实现实质法治。《意见》从裁量权基准的制定职责权限、内容、程序，以及裁量权基准的规范适用、日常监督管理、技术应用等方面，为行政裁量权基准制度的规范化设定了统一规则。

五、对行政法实施的建议

结合 2022 年行政法实施的现状，对行政法的下一步实施提出四点建议。

（一）规范推广“小快灵”立法

我国幅员辽阔，人口众多，行政管理事项纷繁复杂，“小切口”行政性立法有助于提高法律适用效率，提升政府治理能力，帮助行政机关有效应对复杂的社会关系。从治理实效性角度考虑，这种“小快灵”式的行政性立法模式可以在更广泛的领域内进行推广。但是需要注意的是，在短期内开展立法工作要特别注意立法的规范性和科学性，不能单纯为了追求立法结果而忽视立法活动的程序要求和技术要求，如果一味求“快”，往往可能就不“灵”，小、快、灵只有在合法的前提下才能成立。

（二）以系统观念统筹推动生态系统保护

党的二十大报告指出要“坚持山水林田湖草沙一体化保护和系统治理”，要“提升生态系统多样性、稳定性、持续性”。生态系统保护是一个复杂工程，涉及不同法律体系的协调、不同地域、层级政府及其部门间的分工合作以及不同生态子系统的统筹治理，要改变传统生态系统治理中

① 胡建淼：《行政裁量权基准的属性、制定和适用》，载《中国司法》2022 年第 8 期。

“九龙治水”“各自为政”的局面，以系统观念统筹制度建设和实施，协调好各个法律体系、各级各地政府及其部门以及不同生态子系统治理间的相互关系，实现生态治理体系的升级。同时要加强“长牙齿”措施的建设，加大对相关违法行为的打击力度，还要强化行政公益诉讼制度的适用，督促政府积极履行生态保护的职责。

（三）以基层综合行政执法体制改革为抓手扎实推进依法行政

推动基层法治建设的重要内容就是提升市县政府依法行政能力，强化市县法治政府建设。建设法治政府是依法行政的深化和必然结果。依法行政要求行政机关合法合理地实施行政行为。行政执法是行政行为的核心表现形式。提升基层综合执法能力对于扎实推进依法行政至关重要。党的二十大报告再次明确提出要“完善基层综合执法体制机制”。提升基层综合执法能力要切实做到整合执法队伍、持续推动执法重心下移、加大执法保障投入，同时也要注意处理好综合执法和行业管理、领域内综合和跨部门跨领域综合以及领域内综合与乡镇综合的相互关系问题。

（四）进一步提升行政裁量权基准制度的法律地位

行政裁量权基准制度的完善是扎实推进依法行政的重要环节，关系行政裁量权的正确行使，也影响着合理行政原则和公平正义理念的践行。虽然目前以国务院办公厅名义制定颁布了《意见》，细化了行政裁量权基准制度的制定和管理规范，但是从依法行政的角度来看，尚缺乏规范意义上的法律规范依据。为了更好落实党中央、国务院对于健全行政裁量权基准制度的要求，满足行政机关正确实施行政裁量权的现实需要，应当考虑制定更高层级的法律规范，以保障行政裁量权基准制度的规范统一。

撰稿专家

胡建淼，中央党校（国家行政学院）一级教授、博士生导师、专家工作室领衔专家。兼任中国法学会常务理事兼学术委员会委员，中国法学会行政法学研究会顾问，最高人民法院特邀咨询员和最高人民检察院专家咨询委员，全国政协委员，北京市法官检察官惩戒委员会主任。1957年11月生于浙江省慈溪市，1989年7月毕业于中国政法大学研究生院。曾任杭州大学副校长、浙江大学副校长、浙江工商大学校长和国家行政学院法学部主任。1993年起享受国务院“人民政府特殊津贴”，1995年被评为中国首届十大“杰出青年法学家”，1997年入选国家百千万人才，2022年成为国家社会科学一级教授。长期从事宪法与行政法研究，自1990年以来，曾到美国斯坦福大学、英国爱丁堡大学、澳大利亚西澳大学、德国基尔大学、法国马赛大学等做过访问学者或学术交流。自1987年来，共出版著作100余部(含合著)，发表论文100余篇(含合著)。2011年3月28日在中央政治局讲解《推进依法行政和弘扬社会主义法治精神》。

刘威，农业农村部管理干部学院农业农村法治研究中心助理研究员，中共中央党校(国家行政学院)政府法治管理博士。主要研究方向：行政法学、农业农村法治。代表成果：《行政机关协助司法的行为性质及其可诉性研究》，载《法学论坛》2020年第5期；《行政诉讼担当的理论建构与制度完善》，载《重庆理工大学学报(社会科学版)》2020年第8期(被《高等学校文科学术文摘》2020年第6期学术卡片栏目转载、《人大复印资料》2021年第3期全文转载)。2019年国家社科基金重大研究专项“以社会主义核心价值观为指导，推进国家治理法治化研究”(子课题负责人，已结项)。参与制修订《农业综合行政执法管理办法》《农业行政处罚程序规定》等农业农村部重要规章。

第四章　2022年经济法实施报告

2022年宏观调控法实施报告*

管　斌

报告要旨

2022年宏观调控法的实施，进一步推进了国家治理体系和治理能力现代化建设，高效统筹疫情防控和经济社会发展，保持了经济社会大局稳定。发展规划法律的实施发挥了战略引领作用，助推全年国内生产总值超121万亿元，比2021年增长3%，城镇新增就业1206万人，对于保障经济运行总体稳定、顺利渡过"十四五"规划关键之年发挥了法治约束作用。财税法的实施，通过积极的财税政策，平稳渡过疫情后期，为经济复苏提供政策支持，对标党中央重大决策部署，为高质量发展积蓄动力。金融调控法的实施，通过运用稳健的货币政策，保障金融体系正常运行，防范化解重大金融风险，进一步提升金融服务实体经济水平。从实现法治国家和治理能力现代化目标看，2022年宏观调控法的实施总体上仍存在立法质量亟须提升、执法和司法衔接实施机制不健全等问题。2023年是全面贯彻落实党的二十大精神的开局之年，也是全党全国各族人民迈上全面建设社会主义现代化国家新征程、向第二个百年奋斗目标进军的关键一年。2023年的宏观调控法实施工作意义重大，必须踔

* 本部分所涉数据来自国家统计局：《中华人民共和国2022年国民经济和社会发展统计公报》，载中央人民政府网，https：//www.gov.cn/xinwen/2023-02/28/content_5743623.htm，最后访问日期：2023年2月28日。

疾步稳、行稳致远。

核心建议

1. 尽快出台“发展规划法”，健全统一的发展规划体系，注重规划间统筹协调，形成共促高质量发展合力。制定“不动产登记法”“能源法”“原子能法”“电信法”“耕地保护法”“粮食安全保障法”等相关法律，确保国家经济安全。

2. 制定“增值税法”等税收法律，稳步推进财政收入法治建设，提升市场主体活力，防范地方债务危机。

3. 加快《中国人民银行法》、《商业银行法》、《银行业监督管理法》、《保险法》、“地方金融监督管理条例”、“金融稳定法”等金融法律、法规的修改或制定工作。

2022年是党的二十大召开之年、是实施“十四五”规划的承上启下之年。世界之变、时代之变、历史之变以前所未有的方式展开。面对风高浪急的国际环境和艰巨繁重的国内改革发展稳定任务，中国重提“以经济建设为中心”，高效统筹疫情防控和经济社会发展，保持了经济社会大局稳定，助推“中国式现代化”的实现。科学、精准、规范、有力的宏观调控是中国社会主义市场经济体制最具优势的国家治理方式。宏观调控法是把宏观调控优势转化为国家治理效能的经济法律制度。在坚持法治国家、法治政府和法治社会一体建设实践中，宏观调控法的实施，为我国经济社会保持持续平衡发展和居民生活改善发挥了独特的引领和保障作用。

本报告所称宏观调控法，是指调整在国家对宏观经济运行进行引导、调节和监控过程中发生的社会关系的法律规范系统。它是中国社会主义经济法体系中的骨干制度之一，其主要内容由发展规划法、财政税收法、金融调控法、产业政策法、政府投资法、审计监督法和对外经济贸易法等部分组成。因篇幅所限，2022年宏观调控法实施报告着重描述和分析三大部分：发展规划法、财税法和金融调控法的实施状况和主要特点，展望2023年宏观调控法实施并提出建议。

一、2022年发展规划法律的实施和对2023年的展望

发展规划法律是我国经济社会发展规划制度的核心内容。它是调整编制、审查、批准和执行监督国民经济和社会发展的年度计划和中长期规划过程中发生的社会关系的法律规范系统。目前，我国尚未制定实质意义上的"发展规划法"。发展规划法律渊源主要表现在《宪法》和《各级人民代表大会常务委员会监督法》《国务院关于加强国民经济和社会发展规划编制工作的若干意见》，《国家级专项规划管理暂行办法》以及各级人大和政府的组织法等含有发展规划法内容的法律、行政法规、部门规章和地方性法规等文本中。本实施报告从总结2022年度发展规划法律的立法状况出发，进一步分析和总结本年度发展规划法律实施状况和主要特点。[①] 在肯定2022年度发展规划法律实施成果的同时，本报告对2023年度发展规划法治实施进行了展望并提出了合理建议。

(一)发展规划法律的立法状况

科学编制并有效实施国家发展规划，阐明建设社会主义现代化强国奋斗目标在规划期内的战略部署和具体安排，引导公共资源配置方向，规范市场主体行为，有利于保持国家战略连续性稳定性，集中力量办大事，确保一张蓝图绘到底。《中共中央、国务院关于统一规划体系更好发挥国家发展规划战略导向作用的意见》指出，"以规划引领经济社会发展，是党治国理政的重要方式，是中国特色社会主义发展模式的重要体现"。

2022年度我国发展规划领域的立法成果基本体现在：(1)2022年3月13日，全国人民代表大会审议通过了《关于2021年国民经济和社会发展计划执行情况与2022年国民经济和社会发展计划草案的报告》。(2)2022年4月10日，新华社受权发布的《中共中央、国务院关于加快建设全国统一大市场的意见》，清晰勾画了推进统一大市场建设的基本路径，为建设更大范围、更深维度的全国统一市场作出了战略部署，明确提出"建设全国统一大市场是构建新发展格局的基础支撑和内在要求"。(3)2022年4月20日，全国人大常委会通过了新修订的《职业教育法》(自2022年5月1日起施行)，标志着以立法方式明确职业教育是与普通教育具有同等重要地位的教

① 因中国裁判文书网尚无2022年度涉及国家发展规划法律的可参考诉讼案件，故本报告未能对2022年度我国发展规划法律的司法状况作出报告。如何在司法层面对发展规划法律的实施予以保障仍然是发展规划法治建设中的难点和短板。

育类型，为推动职业教育从“层次”到“类型”转变提供了法律保障。(4)2022年10月30日，全国人大常委会通过了《黄河保护法》(自2023年4月1日起施行)。它是继《长江保护法》(2020年12月26日通过，自2021年3月1日起施行)之后的第二部流域专门法律，在充分把握黄河流域特点的基础上，构建科学有效的黄河流域生态保护和高质量发展制度体系。(5)2022年12月14日，中共中央、国务院印发了《扩大内需战略规划纲要(2022-2035年)》，明确了中国未来一段时期扩大内需的发展目标和重点任务，并从全面促进消费、加快消费提质升级，优化投资结构、拓展投资空间，推动城乡区域协调发展、释放内需潜能，提高供给质量、带动需求更好实现等方面实施扩大内需战略、培育完整内需体系，加快构建以国内大循环为主体、国内国际双循环相互促进的新发展格局，促进我国长远发展和长治久安。(6)2022年12月15日至16日，中央经济工作会议在北京举行，总结2022年经济工作，分析当前经济形势，部署2023年经济工作，为全面建设社会主义现代化国家开好局、起好步定向领航。

除此之外，国务院、国务院办公厅或国家发改委联合各部委制定的指导意见及发布的通知性文件，其内容主要集中在城乡发展、区域规划、经贸、教育四个方面。

1. 统筹新型城镇化和乡村振兴，推进城乡协调发展融合发展

2022年，我国政府始终坚持推动乡村振兴与新型城镇化协同发展，全方位实施以农业农村现代化为目标的乡村振兴，高质量推进以人为核心的新型城镇化，着力破解发展不充分不平衡矛盾，构建城乡融合发展新格局。

在推进乡村振兴方面，2月22日印发的《中共中央、国务院关于做好2022年全面推进乡村振兴重点工作的意见》(2022年1月4日)提出了“两条底线、三项重点、一个加强”，对2022年乡村振兴重点工作作出全面部署。3月，民政部、国家乡村振兴局下发的《关于动员引导社会组织参与乡村振兴工作的通知》要求各类社会组织应按照“产业兴旺、生态宜居、乡风文明、治理有效、生活富裕”的目标精准发力。3月25日印发的《“十四五”推进农业农村现代化规划》对“十四五”时期推进农业农村现代化的战略导向、主要目标、重点任务和政策措施等作出了全面安排。9月，中国人民银行联合银保监会、发展改革委、工业和信息化部、财政部、农业农村部、证监会和乡村振兴局向陕西省人民政府印发《陕西省铜川市普惠金融改革试验区总体方案》；联合银保监会、发展改革委、财政部、农业农村

部、证监会和乡村振兴局向浙江省人民政府印发《浙江省丽水市普惠金融服务乡村振兴改革试验区总体方案》，向四川省人民政府印发《四川省成都市普惠金融服务乡村振兴改革试验区总体方案》。12月13日，中共中央办公厅、国务院办公厅印发了《乡村振兴责任制实施办法》，就实行乡村振兴责任制提出总体要求，对落实乡村振兴部门责任、地方责任、社会动员、考核监督以及奖惩等作出了规定。在加快新型城镇化建设方面，国家发展改革委于7月28日发布《"十四五"新型城镇化实施方案》，系统安排了"十四五"时期新型城镇化建设的重点任务，提出建设宜居、韧性、创新、智慧、绿色、人文城市。该方案还就推进城乡融合发展设置专篇，强调要坚持以工补农、以城带乡，以县域为基本单元、以国家城乡融合发展试验区为突破口，逐步健全城乡融合发展体制机制和政策体系，为加快构建"十四五"时期城乡融合发展新格局指明了具体路径。主要文本如表1所示。

表1 国务院和国家发改委等制定的城乡发展方面实施方案

序号	法规名称	制定部门	颁布时间	类型
1	《乡村振兴责任制实施办法》	中共中央办公厅、国务院办公厅	2022年11月28日	办法
2	《关于印发"十四五"新型城镇化实施方案的通知》	国家发展改革委	2022年6月21日	通知
3	《乡村建设行动实施方案》	中共中央办公厅、国务院办公厅	2022年5月23日	方案
4	《关于推进以县城为重要载体的城镇化建设的意见》	中共中央办公厅、国务院办公厅	2022年5月6日	意见
5	《"十四五"推进农业农村现代化规划》	国家发展改革委	2022年3月25日	规划
6	《"十四五"城乡社区服务体系建设规划》	国家发展改革委	2022年3月25日	规划
7	《关于印发〈2022年新型城镇化和城乡融合发展重点任务〉的通知》	国家发展改革委	2022年3月10日	通知
8	《关于加快推进城镇环境基础设施建设的指导意见》	国家发展改革委、生态环境部、住房城乡建设部、国家卫生健康委	2022年1月12日	意见

续表

序号	法规名称	制定部门	颁布时间	类型
9	《中共中央 国务院关于做好 2022 年全面推进乡村振兴重点工作的意见》	中共中央、国务院	2022 年 1 月 4 日	意见

2. 深入实施区域协调发展战略，打造全国高质量发展增长点

除《黄河保护法》的通过之外，2022 年区域规划还有其他进展：结合区域重大战略、区域协调发展战略实施，鼓励京津冀、长三角、粤港澳大湾区以及成渝地区双城经济圈、长江中游城市群等区域，在维护全国统一大市场前提下，优先开展区域市场一体化建设工作，建立健全区域合作机制，积极总结并复制推广典型经验和做法。推动关中平原城市群高质量发展；强化长江中游三省协同，打造长江经济带发展和中部地区崛起的重要支撑；推动长三角三省一市公共资源交易一体化；支持赣州、闽西打造新时代革命老区振兴发展样板；加快广州南沙粤港澳重大合作平台建设，等等。

《中共中央、国务院关于加快建设全国统一大市场的意见》强调优先推进区域协作。2022 年 3 月，国家发改委印发《2022 年新型城镇化和城乡融合发展重点任务》，提出健全城市群一体化发展机制，培育发展现代化都市圈。《长株潭都市圈发展规划》（2022 年 3 月）、《西安都市圈发展规划》（2022 年 3 月）、《重庆都市圈发展规划》（2022 年 8 月）、《武汉都市圈发展规划》（2022 年 12 月）相继获得国家发展改革委的正式批复而上升为国家级规划，标志着中国的都市圈建设已经进入提速发展的新阶段。《中国（湖南）自由贸易试验区条例》（2022 年 1 月 11 日通过，自 2022 年 3 月 1 日起施行）、《中国（安徽）自由贸易试验区条例》（2022 年 3 月 25 日通过，自 2022 年 5 月 1 日起施行）相继通过和施行，中国自由贸易试验区的发展进一步提速。从协调发展的角度看，中国更加注重体现区域优势和特色，推动跨区域合作高效、有序、协调运行，进一步发挥区域合作的整体优势和协调效应，打造带动全国高质量发展的重要增长极和新的动力源。主要文件如表 2 所示。

表2　国务院和国家发改委等制定的区域规划实施方案

序号	法规名称	制定部门	颁布时间	类型
1	《“十四五”国家高新技术产业开发区发展规划》	科技部	2022年9月21日	规划
2	《关于同意鄂尔多斯市建设国家可持续发展议程创新示范区的批复》	国务院	2022年7月10日	批复
3	《关中平原城市群建设“十四五”实施方案》	国家发展改革委	2022年6月24日	方案
4	《关于印发广州南沙深化面向世界的粤港澳全面合作总体方案的通知》	国务院	2022年6月6日	通知
5	《关于同意哈尔滨、大庆、齐齐哈尔高新技术产业开发区建设国家自主创新示范区的批复》	国务院	2022年5月9日	批复
6	《关于同意建设新疆昌吉国家农业高新技术产业示范区的批复》	国务院	2022年4月19日	批复
7	《关于支持宁夏建设黄河流域生态保护和高质量发展先行区实施方案的批复》	国务院	2022年4月18日	批复
8	《关于同意将江西省九江市列为国家历史文化名城的批复》	国务院	2022年3月28日	批复
9	《北部湾城市群建设“十四五”实施方案》	国家发展改革委	2022年3月25日	方案
10	《闽西革命老区高质量发展示范区建设方案》	国家发展改革委	2022年3月17日	方案
11	《赣州革命老区高质量发展示范区建设方案》	国家发展改革委	2022年3月17日	方案
12	《长江中游城市群发展“十四五”实施方案》	国家发展改革委	2022年3月15日	方案
13	《关于推动长江三角洲区域公共资源交易一体化发展的意见》	国家发展改革委	2022年3月8日	意见
14	《关于同意将江西省抚州市列为国家历史文化名城的批复》	国务院	2022年1月11日	批复

3. 对内优化营商环境扩大国内需求，对外推动外贸保稳提质

2022年，我国对内制定并执行了推进市场监管现代化、建设全国统一大市场、构建现代流通体系等规划立法，对优化市场环境、健全统一的市场规则和制度体系起到了较强的促进作用，同时带动了制造业投资的复苏。此外坚定实施扩大内需战略、培育完整内需体系，坚持助企惠企、完善服务企业长效机制，多措并举推动促进外贸保稳提质，加快构建以国内大循

环为主体、国内国际双循环相互促进的新发展格局。如《国务院关于同意在廊坊等33个城市和地区设立跨境电子商务综合试验区的批复》同意在廊坊等33个城市和地区设立跨境电子商务综合试验区。这是我国设立的第七批跨境电子商务综合试验区。中国自2015年起设立首个跨境电商综合试验区，此次扩围之后，我国跨境电子商务综合试验区数量达到165个，覆盖31个省份。此次新推出的33个跨境电商综合试验区将复制推广前六批综合试验区成熟经验做法，发挥跨境电子商务助力传统产业转型升级、促进产业数字化发展的积极作用，推动外贸优化升级，加快建设贸易强国。内陆地区综试区结合自身产业和区位优势探索特色发展道路，东部沿海地区综试区则以探索新模式新业态为主，逐步形成“陆海内外联动、东西双向互济”的开放格局。在面临超预期冲击和困难的情况下，2022年中国的消费展现了较为强劲的韧性，实现了“V”型复苏，新消费增长点持续涌现。对外，我国外贸克服多重超预期因素冲击的挑战，为经济稳健发展作出了积极贡献，进出口规模再创历史新高，海关总署发布数据显示，2022年我国货物贸易进出口总值首次突破40万亿元关口，达42.07万亿元，比2021年增长7.7%。主要文本如表3所示。

表3　国务院和国家发改委等制定的经贸方面实施方案

序号	法规名称	制定部门	颁布时间	类型
1	《“十四五”扩大内需战略实施方案》	国家发展改革委	2022年12月15日	方案
2	《扩大内需战略规划纲要（2022－2035年）》	中共中央、国务院	2022年12月14日	规划
3	《关于同意在廊坊等33个城市和地区设立跨境电子商务综合试验区的批复》	国务院	2022年11月14日	批复
4	《关于进一步优化营商环境降低市场主体制度性交易成本的意见》	国务院办公厅	2022年9月7日	意见
5	《关于印发扎实稳住经济一揽子政策措施的通知》	国务院	2022年5月24日	通知
6	《关于推动外贸保稳提质的意见》	国务院办公厅	2022年5月17日	意见
7	《关于进一步释放消费潜力促进消费持续恢复的意见》	国务院办公厅	2022年4月20日	意见
8	《关于加快建设全国统一大市场的意见》	中共中央、国务院	2022年3月25日	意见

续表

序号	法规名称	制定部门	颁布时间	类型
9	《关于推进共建“一带一路”绿色发展的意见》	发展改革委、外交部、生态环境部、商务部	2022年3月16	意见
10	《关于印发〈市场准入负面清单(2022年版)〉的通知》	国家发展改革委、商务部	2022年3月12日	通知
11	《关于同意在鄂尔多斯等27个城市和地区设立跨境电子商务综合试验区的批复》	国务院	2022年1月22日	批复
12	《关于做好近期促进消费工作的通知》	国家发展改革委	2022年1月14日	通知
13	《关于印发要素市场化配置综合改革试点总体方案的通知》	国务院办公厅	2022年1月6日	通知

4. 加大高技能人才培养，建设国家战略人才力量

2022年是职业教育提质培优、改革攻坚的关键年，也是职业教育发展历程中具有里程碑意义的一年。党的二十大报告首次将教育、科技、人才进行“三位一体”统筹部署，涉及“科技”40次、“创新”51次、“人才”34次。5月1日，新修订的《职业教育法》正式施行，明确职业教育是与普通教育具有同等重要地位的教育类型，为推动职业教育从“层次”到“类型”转变提供了法律保障。10月7日，中共中央办公厅、国务院办公厅专门印发《关于加强新时代高技能人才队伍建设的意见》，要求从健全技能人才培养、使用、评价、激励制度等维度完善高技能人才工作体系。12月21日，中共中央办公厅、国务院办公厅印发《关于深化现代职业教育体系建设改革的意见》，提前谋划布局，加快培养适应新技术、新业态、新模式的高素质技术技能人才、能工巧匠、大国工匠，优化人才供给结构，为深入贯彻党的二十大精神、优化职业教育类型定位指明了前进方向。主要文本如表4所示。

表4　国务院和国家发改委等制定的教育方面实施方案

序号	法规名称	制定部门	颁布时间	类型
1	《关于深化现代职业教育体系建设改革的意见》	中共中央办公厅、国务院办公厅	2022年12月21日	意见

续表

序号	法规名称	制定部门	颁布时间	类型
2	《关于加强新时代高技能人才队伍建设的意见》	中共中央办公厅、国务院办公厅	2022 年 10 月 7 日	意见
3	《关于新时代进一步加强科学技术普及工作的意见》	中共中央办公厅、国务院办公厅	2022 年 9 月 4 日	意见
4	《关于加强和改进新时代全民国防教育工作的意见》	中共中央、国务院、中央军委	2022 年 9 月 1 日	意见
5	《关于建立中小学校党组织领导的校长负责制的意见(试行)》	中共中央办公厅	2022 年 1 月 26 日	意见

(二)发展规划法的实施状况和特点

1. 保障国民经济总体稳定运行，顺利度过“十四五”规划关键之年

本报告期内，国务院、国家发改委等相关部门和单位依据《宪法》和《监督法》规定的相关职权，并按照《国务院关于加强国民经济和社会发展规划编制工作的若干意见》的具体规定，积极执行《2022 年国民经济和社会发展计划》，经济社会发展主要目标任务有望基本完成。国家统计局发布的 2022 年国民经济运行数据显示：(1)2022 年全年我国国内生产总值为 1 210 207亿元，经济总量突破 120 万亿元，按不变价格计算，比上年增长 3%。(2)就业形势总体稳定，人力资源和社会保障部最新数据显示，2022 年全国城镇新增就业 1206 万人，提前超额完成 1100 万人的全年目标任务。(3)粮食产量稳中有增，2022 年全国粮食总产量 13 730. 6 亿斤，比上年增加 73. 6 亿斤，增长 0. 5%，粮食产量连续 8 年稳定在 1. 3 万亿斤以上。为加强中央储备糖管理，确保中央储备糖仓储环节数量真实、质量合格、储存安全、管理规范，国家粮食和物资储备局第 115 次局长办公会议审议通过《中央储备糖仓储管理办法》。(4)外贸进出口规模再上新台阶，2022 年我国货物贸易进出口总值 42. 07 万亿元人民币，比 2021 年增长 7. 7%。其中，出口 23. 97 万亿元，增长 10. 5%；进口 18. 1 万亿元，增长 4. 3%。(5)物价总水平持续平稳运行，根据国家统计局数据，2022 年国内居民消费价格指数(CPI)上涨 2%，低于 3%左右的年度调控目标。(6)工业经济总体回稳向好，全年全国规模以上工业增加值比上年增长 3. 6%，其中高技术制造业、装备制造业增加值分别增长 7. 4%、5. 6%，增速分别比规模以上工业快 3. 8

个、2.0个百分点。(7)居民收入增长与经济增长基本同步，全年全国居民人均可支配收入36 883元，比上年名义增长5.0%，扣除价格因素实际增长2.9%。(8)固定资产投资平稳增长，全年全国固定资产投资(不含农户)572 138亿元，比上年增长5.1%。高技术产业投资增长18.9%，快于全部投资13.8个百分点。

2. 稳字当头、稳中求进是发展规划法律年度的政策基调

2022年，我国经济恢复的基础尚不牢固，需求收缩、供给冲击、预期转弱三重压力仍然较大，外部环境动荡不安，优化疫情防控措施为经济恢复带来了显著积极影响，但统筹疫情防控和经济社会发展任务仍然艰巨。面对复杂形势，各领域不断积极推出有利于经济稳定的政策。稳经济先要稳内需。在促消费方面，国家发展改革委12月15日印发《“十四五”扩大内需战略实施方案》，具体从全面促进消费、加快消费提质升级、优化投资结构、拓展投资空间、推动城乡区域协调发展、释放内需潜能等方面，对标纲要提出更细化的相关政策举措；最高人民法院12月26日发布《关于为促进消费提供司法服务和保障的意见》，为促进消费保驾护航。在稳就业方面，强化就业优先政策，国务院先后发布《关于在重点工程项目中大力实施以工代赈促进当地群众就业增收工作方案》《关于进一步做好高校毕业生等青年就业创业工作的通知》，多渠道促进就业创业；最高人民法院12月26日发布《关于为稳定就业提供司法服务和保障的意见》，为稳定就业保驾护航。在稳投资方面，老旧小区改造、地下综合管廊建设成为2022年稳投资重点之一；随着《关于进一步盘活存量资产扩大有效投资的意见》《关于做好盘活存量资产扩大有效投资有关工作的通知》《关于进一步完善政策环境加大力度支持民间投资发展的意见》和《关于盘活行政事业单位国有资产的指导意见》等相继出台，存量资产得以盘活、民间投资进一步发展，有效投资得以积极扩大。在稳外贸方面，面对复杂外贸发展环境，在《支持外贸稳定发展若干政策措施》《关于推动外贸保稳提质的意见》等政策的加持下，2022年我国外贸规模再创历史新高，外贸形势稳中有进。

在保障经济稳定的同时，积极应对人口老龄化应注重补齐民生短板，推动老龄事业和产业协同发展，充分彰显了“以人民为中心”的发展思想。2月22日，国务院发布《“十四五”国家老龄事业发展和养老服务体系规划》，围绕推动老龄事业和产业协同发展、推动养老服务体系高质量发展，明确了“十四五”时期的总体要求、主要目标和工作任务。4月，平安中国

建设协调小组牵头 12 个部门联合开展了为期半年的全国打击整治养老诈骗专项行动。民政部门积极参与，以钉钉子精神一体推进宣传教育、依法打击、整治规范，全面清理整治养老服务涉诈乱象问题，有力地维护了老年人合法权益。为贯彻落实《"十四五"国家老龄事业发展和养老服务体系规划》和《国务院办公厅关于推动个人养老金发展的意见》，人力资源和社会保障部、财政部、国家税务总局、银保监会、证监会 11 月 4 日联合发布《个人养老金实施办法》，对个人养老金参加流程、资金账户管理、机构与产品管理、信息披露、监督管理等方面作出具体规定。11 月 7 日，民政部、公安部、市场监管总局、中国银保监会联合印发《关于加强养老机构非法集资防范化解工作的意见》，对常态化养老机构非法集资防范化解工作作出制度安排，进一步压紧压实了行业主管部门、监管部门对养老服务领域非法集资风险排查、监测预警和配合处置的职责任务，细化了工作举措，强化了监管要求，提高了防控能力。11 月 24 日，中国银保监会办公厅发布《关于开展养老保险公司商业养老金业务试点的通知》。11 月 25 日，人力资源和社会保障部宣布个人养老金制度启动实施。在北京、上海、广州、西安、成都等 36 个先行城市或地区，可通过国家社会保险公共服务平台、全国人社政务服务平台、电子社保卡，"掌上 12333" App 等全国统一线上服务入口或商业银行等渠道建立个人养老金账户，通过商业银行开立个人养老金资金账户。

3. 加快构建新发展格局，推动中国经济高质量发展

为贯彻落实《国民经济和社会发展第十四个五年规划和 2035 年远景目标纲要》和《中共中央、国务院关于构建更加完善的要素市场化配置体制机制的意见》，继 2021 年 5 月 24 日联合印发了《全国一体化大数据中心协同创新体系算力枢纽实施方案》，国家发展改革委、中央网信办、工业和信息化部、国家能源局 2022 年 2 月 7 日联合印发了《关于同意粤港澳大湾区启动建设全国一体化算力网络国家枢纽节点的复函》《关于同意成渝地区启动建设全国一体化算力网络国家枢纽节点的复函》《关于同意长三角地区启动建设全国一体化算力网络国家枢纽节点的复函》《关于同意京津冀地区启动建设全国一体化算力网络国家枢纽节点的复函》等文件，同意在京津冀、长三角、粤港澳大湾区、成渝、内蒙古、贵州、甘肃、宁夏启动建设国家算力枢纽节点，并规划了张家口集群等 10 个国家数据中心集群。至此，全国一体化大数据中心体系完成总体布局设计，在西部地区发展数据中心，

把东部地区的数据放到西部地区去计算和处理，促进东西部协同联动，“东数西算”工程正式全面启动，与“西气东输”“西电东送”“北煤南运”“南水北调”等成为等量齐观的重要区域战略。2022 年 10 月 25 日，科技部官网公布《“十四五”技术要素市场专项规划》，明确了我国建设高标准技术要素市场的发展目标：“十四五”期间，现代化技术要素市场体系和运行制度基本建立，统一开放、竞争有序、制度完备、治理完善的高标准技术要素市场基本建成。到 2025 年，我国技术要素市场制度体系基本完备，互联互通的技术要素交易网络基本建成，技术要素市场服务体系协同高效，技术要素市场化配置成效大幅提升。2022 年 10 月 28 日，工业和信息化部、教育部、文化和旅游部、国家广播电视总局、国家体育总局五部门联合印发《虚拟现实与行业应用融合发展行动计划（2022–2026 年）》，强调推进关键技术融合创新、提升全产业链条供给能力、加速多行业多场景应用落地、加强产业公共服务平台建设、构建融合应用标准体系。2022 年 12 月 2 日，中共中央、国务院发布《关于构建数据基础制度更好发挥数据要素作用的意见》，首次明确提出了数据产权、数据流通和交易、数据要素收益分配和数据要素治理四个方面的制度框架。该意见因应了《国民经济和社会发展第十四个五年规划和 2035 年远景目标纲要》和《“十四五”数字经济发展规划》的相关要求，有利于助推我国数字经济健康发展。

坚持以创新作为第一动力，培养适应新技术、新业态、新模式的高素质技术技能人才；扩大技术改造投资和高技术产业投资，以创新驱动为引领推动动能积蓄；坚持以畅通作为基础支撑，加快建设全国统一大市场，打通制约经济循环的关键堵点，促进商品要素资源在更大范围内畅通流动，同时推进现代流通体系建设，为统一大市场提供基础性物质条件。坚持推进高水平对外开放，成功举办进博会、广交会、服贸会、消博会，推动外贸保稳提质；推动内外贸一体化高质量发展，更好对接国内国际两个市场；扩容《鼓励外商投资产业目录（2022 年版）》，引导外资投向高技术产业、推动重点外资项目落地，高技术产业成为利用外资的新增长点。

（三）推进 2023 年发展规划法实施建议

1. 加快出台“发展规划法”，以立法形式保障规划实施

2022 年 7 月 5 日，在国务院办公厅发布的《国务院 2022 年度立法工作计划》中，预备提请全国人大常委会审议的法律案中国家发展规划法草案赫然在列。制定“发展规划法”应着重规范以下内容：一是明确发展规划

的基础性法律的地位，发展规划作为全面性、战略性及系统性的规划，应当从制度层面确保发展规划法律地位，使之成为描绘社会主义现代化强国的宏伟蓝图的依据。二是应当强化发展规划的法律约束力和适用性，各部门制定的发展规划目标应当与“发展规划法”精神相一致，编制主体、编制程序应当与“发展规划法”要求相一致。发展规划一经批准通过，不得随意追加和更改，以充分发挥规划在经济社会发展中的指导和约束作用。三是需要将问责条款纳入其中，以提高规划的科学性和民主性。同时进一步加强发展规划督导评估和督查执法的协作，及时发现规划实施中的问题，提出改进规划实施的举措。

2. 通过深化改革进一步稳定市场预期，确保国家经济安全

完善长效机制设计，保持发展规划制定部门与市场状况的有效沟通，以发展规划的时间一致性维护市场预期稳定性。改善营商环境、提升常态化监管水平，支持平台企业在引领发展、创造就业、国际竞争中大显身手。在投资方面，优化投资的空间布局和产业布局，在空间布局上引导投资向城市群基础设施建设与房地产投资倾斜，加强房地产市场预期引导；在产业布局上引导民间投资流向数字经济、新能源、人工智能、绿色低碳、量子计算、生物制造、粮食生产等传统产业改造升级和战略性新兴产业；在安全保障上通过制定“不动产登记法”“能源法”“原子能法”“电信法”“耕地保护法”“粮食安全保障法”等相关法律予以回应。此外，多措并举保消费主体，将政策发力点前移至个人和家庭，强化就业优先在发展规划中的地位、完善收入分配制度、改善社会保障制度，多渠道增加城乡居民收入。积极实施应对人口老龄化国家战略，构建和完善兜底性、普惠型、多样化的养老服务体系，不断满足老年人日益增长的多层次、高品质健康养老需求。

3. 注重规划间统筹协调，形成共促高质量发展合力

健全统一的发展规划体系，做到各级各类规划各居其位、相互补位、有机衔接、形成合力，最终形成高质量的统一规划体系。要以国家战略需求为引导，系统谋划宏观发展规划的顶层设计。加强前瞻性思考、全局性谋划，复杂环境，平衡“改革、发展和稳定”关系。在完善长效机制设计的同时区分正常环境、转型变革时期和危机时期，坚守不同调控理念，采用不同调控框架，在保证精准性的同时做好不同时期发展规划间的合理衔接。协调宏观规划与各领域规划间的关系，将宏观发展规划作为战略导向，

加强财政政策、货币政策、产业、环保等专项规划间统筹协调。充分考虑不同领域规划间的衔接和叠加效应，让规划的实施效果更加精准。此外，要统筹国家级规划与区域规划，建立新型举国规划顶层设计和底层实施之间的联动机制，将国家的区域战略任务一步步转化落地到具体的区域空间之中。

二、2022 年财税法的实施和对 2023 年的展望

我国目前尚未制定颁布“财政法典”。财税法法律渊源的主要表现形式为《宪法》《预算法》《企业所得税法》等单行财税法律、行政法规、部门规章、地方性法规以及含有财税法内容的其他法律规范文件等。本报告对 2022 年财税法的实施情况进行分析总结，并在此基础上对 2023 年的财税法的法治实施提出建议和展望。

(一)财税法立法情况

党的二十大报告中提出优化税制结构、加大税收调节力度、完善个人所得税制度、完善支持绿色发展的财税政策等重大决策部署。围绕这些针对财税法的重大决策部署，结合国内国际形势，2022 年财税法的实施进一步推进税收现代化。在优化税制结构方面，《印花税法》自 7 月 1 日起施行，财政部、国家税务总局陆续发布财政部税务总局公告 2022 年第 22 号、第 23 号和国家税务总局公告 2022 年第 14 号明确执行口径、有效的税收优惠及征管事项。12 月 27 日，《增值税法(草案)》提请全国人大常委会初次审议，立法总体上按照税制平移的思路，保持现行税制框架和税负水平基本不变。12 月 30 日，全国人大常委会再次对送审的《增值税法(草案)》向社会公开征求意见。在加大税收调节力度方面，从大规模增值税留抵退税等组合式税费支持政策、支持企业创新研发的加计扣除政策到落实出口退税支持外贸发展的新举措等，政策红利步步扩围、次次加力，助企纾困，推动我国经济恢复向好。在完善支持绿色发展方面，财政部于 2022 年 8 月 24 日印发《中央财政关于推动黄河流域生态保护和高质量发展的财税支持方案》，以财税法落实黄河流域生态保护和高质量发展。9 月 2 日，国务院印发《关于支持山东深化新旧动能转换推动绿色低碳高质量发展的意见》，赋予山东建设绿色低碳高质量发展先行区重大使命。10 月 27 日，财政部发布《关于贯彻落实〈国务院关于支持山东深化新旧动能转换、推动绿色低碳高质量发展的意见〉的实施意见》，鼓励山东“加强债务风险评估预警结

果应用，有效前移风险防控关口。指导山东逐步降低高风险地区债务风险水平”。

财税政策性文件对于财税法的实施有支撑作用。这些文件的发布主体包括但不限于中共中央、国务院、财政部，或者是多个机关联合发布。本报告将这些具有约束力的财税政策性文件都视为财税法的法律渊源，依照税种对 2022 年相关立法进行列举(详见表 5)。

表 5　依税种分类的财税立法及政策

序号	法律法规名称	制定部门	颁布时间	类型
增值税				
1	《关于民用飞机增值税适用政策的公告》	财政部、税务总局	2022 年 12 月 30 日	公告
2	《关于发布第三批适用增值税政策的抗癌药品和罕见病药品清单的公告》	财政部、海关总署、税务总局、药监局	2022 年 11 月 14 日	公告
3	《关于银行业金融机构、金融资产管理公司不良债权以物抵债有关税收政策的公告》	财政部、税务总局	2022 年 9 月 30 日	公告
4	《关于延长 2022 年 7 月份增值税留抵退税申请时间的公告》	税务总局	2022 年 7 月 8 日	公告
5	《关于切实落实燃煤发电企业增值税留抵退税政策、做好电力保供工作的通知》	财政部、税务总局	2022 年 6 月 24 日	通知
6	《关于扩大全额退还增值税留抵税额政策行业范围有关征管事项的公告》	税务总局	2022 年 6 月 7 日	公告
7	《关于扩大全额退还增值税留抵税额政策行业范围的公告》	财政部、税务总局	2022 年 6 月 7 日	公告
8	《关于进一步持续加快增值税期末留抵退税政策实施进度的公告》	财政部、税务总局	2022 年 5 月 17 日	公告
9	《关于快递收派服务免征增值税政策的公告》	财政部、税务总局	2022 年 4 月 29 日	公告
10	《关于进一步加快增值税期末留抵退税政策实施进度的公告》	财政部、税务总局	2022 年 4 月 17 日	公告

续表

序号	法律法规名称	制定部门	颁布时间	类型
11	《关于小规模纳税人免征增值税等征收管理事项的公告》	税务总局	2022年3月24日	公告
12	《关于对增值税小规模纳税人免征增值税的公告》	财政部、税务总局	2022年3月24日	公告
13	《关于进一步加大增值税期末留抵退税政策实施力度有关征管事项的公告》	税务总局	2022年3月22日	公告
14	《关于进一步加大增值税期末留抵退税政策实施力度的公告》	财政部、税务总局	2022年3月21日	公告
15	《关于促进服务业领域困难行业纾困发展有关增值税政策的公告》	财政部、税务总局	2022年3月3日	公告
16	《关于促进服务业领域困难行业恢复发展的若干政策的通知》	国家发改委、财政部、人力资源和社会保障部、住房城乡建设部、交通运输部、商务部、文化和旅游部、卫生健康委、人民银行、国务院国资委、税务总局、市场监管总局、银保监会、民航局	2022年2月18日	通知
17	《关于发布第三批适用北京2022年冬奥会、冬残奥会和测试赛企业赞助增值税政策的企业名单的公告》	财政部、税务总局	2022年2月18日	公告
18	《关于杭州2022年亚运会和亚残运会企业赞助有关增值税政策的公告》	财政部、税务总局	2022年1月20日	公告
		消费税		
1	《关于电子烟消费税征收管理有关事项的公告》	税务总局	2022年10月25日	公告
2	《关于对电子烟征收消费税的公告》	财政部、海关总署、税务总局	2022年10月2日	公告
		企业所得税		

续表

序号	法律法规名称	制定部门	颁布时间	类型
1	《关于企业投入基础研究税收优惠政策的公告》	财政部、税务总局	2022年9月30日	公告
2	《关于加大支持科技创新税前扣除力度的公告》	财政部、税务总局、科技部	2022年9月22日	公告
3	《关于企业预缴申报享受研发费用加计扣除优惠政策有关事项的公告》	税务总局	2022年5月20日	公告
4	《关于进一步提高科技型中小企业研发费用税前加计扣除比例的公告》	财政部、税务总局、科技部	2022年3月23日	公告
5	《关于小型微利企业所得税优惠政策征管问题的公告》	税务总局	2022年3月22日	公告
6	《关于进一步实施小微企业所得税优惠政策的公告》	财政部、税务总局	2022年3月14日	公告
7	《关于中小微企业设备器具所得税税前扣除有关政策的公告》	财政部、税务总局	2022年3月2日	公告
8	《关于延续执行创业投资企业和天使投资个人投资初创科技型企业有关政策条件的公告》	财政部、税务总局	2022年2月9日	公告
9	《关于基础设施领域不动产投资信托基金(REITs)试点税收政策的公告》	财政部、税务总局	2022年1月26日	公告
	个人所得税			
1	《关于个人养老金有关个人所得税政策的公告》	财政部、税务总局	2022年11月3日	公告
2	《关于支持居民换购住房个人所得税政策有关征管事项的公告》	税务总局	2022年9月30日	公告
3	《关于支持居民换购住房有关个人所得税政策的公告》	财政部、税务总局	2022年9月30日	公告
4	《关于法律援助补贴有关税收政策的公告》	财政部、税务总局	2022年8月5日	公告

续表

序号	法律法规名称	制定部门	颁布时间	类型
5	《关于进一步完善和落实积极生育支持措施的指导意见》	国家卫生健康委、国家发展改革委、中央宣传部、教育部、民政部、财政部、人力资源和社会保障部、住房城乡建设部、中国人民银行、国务院国资委、税务总局、国家医保局、银保监会、中华全国总工会、共青团中央、全国妇联、中央军委后勤保障部	2022年7月25日	指导意见
6	《关于交易型开放式基金纳入内地与香港股票市场交易互联互通机制后适用税收政策问题的公告》	财政部、税务总局、证监会	2022年6月30日	公告
7	《关于进一步明确商业健康保险个人所得税优惠政策适用保险产品范围的通知》	财政部、税务总局、银保监会	2022年5月31日	通知
8	《关于修订发布〈个人所得税专项附加扣除操作办法(试行)〉的公告》	税务总局	2022年3月25日	公告
9	《关于设立3岁以下婴幼儿照护个人所得税专项附加扣除的通知》	国务院	2022年3月19日	通知
10	《关于办理2021年度个人所得税综合所得汇算清缴事项的公告》	税务总局	2022年2月8日	公告
		资源税		
1	《〈养老托育服务业纾困扶持若干政策措施〉的通知》	国家发展改革委、教育部、科技部、民政部、财政部、人力资源和社会保障部、住房城乡建设部、卫生健康委、人民银行、国务院国资委、税务总局、市场监管总局、银保监会	2022年8月29日	通知

续表

序号	法律法规名称	制定部门	颁布时间	类型
2	《关于进一步实施小微企业“六税两费”减免政策有关征管问题的公告》	税务总局	2022年3月4日	公告
3	《关于进一步实施小微企业“六税两费”减免政策的公告》	财政部、税务总局	2022年3月1日	公告
城市维护建设税				
无				
房产税				
无				
印花税				
1	《关于实施〈中华人民共和国印花税法〉等有关事项的公告》	税务总局	2022年6月28日	公告
2	《关于印花税法实施后有关优惠政策衔接问题的公告》	财政部、税务总局	2022年6月27日	公告
3	《关于印花税若干事项政策执行口径的公告》	财政部、税务总局	2022年6月12日	公告
城镇土地使用税				
1	《关于延长部分税收优惠政策执行期限的公告》	财政部、税务总局	2022年1月29日	公告
土地增值税				
无				
车船税				
1	《关于印发促进工业经济平稳增长的若干政策的通知》	国家发展改革委、工业和信息化部、财政部、人力资源和社会保障部、自然资源部、生态环境部、交通运输部、商务部、人民银行、税务总局、银保监会、能源局	2022年2月18日	通知

续表

序号	法律法规名称	制定部门	颁布时间	类型
2	《关于调整享受车船税优惠的节能新能源汽车产品技术要求的公告》	工业和信息化部、财政部、税务总局	2022年1月20日	公告
车辆购置税				
1	《关于发布〈免征车辆购置税的设有固定装置的非运输专用作业车辆目录〉(第七批)的公告》	税务总局、工业和信息化部	2022年11月1日	公告
2	《关于发布〈免征车辆购置税的设有固定装置的非运输专用作业车辆目录〉(第六批)的公告》	税务总局、工业和信息化部	2022年9月23日	公告
3	《关于延续新能源汽车免征车辆购置税政策的公告》	财政部、税务总局、工业和信息化部	2022年9月18日	公告
4	《关于搞活汽车流通 扩大汽车消费若干措施的通知》	商务部、国家发展改革委、工业和信息化部、公安部、财政部、自然资源部、生态环境部、住房和城乡建设部、交通运输部、文化和旅游部、人民银行、海关总署、税务总局、市场监管总局、体育总局、银保监会、能源局	2022年7月5日	通知
5	《关于〈车辆购置税收入补助地方资金管理暂行办法〉的补充通知》	财政部、交通运输部	2022年6月17日	通知
6	《关于减征部分乘用车车辆购置税的公告》	财政部、税务总局	2022年5月31日	公告
7	《关于发布〈免征车辆购置税的设有固定装置的非运输专用作业车辆目录〉(第五批)的公告》	税务总局、工业和信息化部	2022年4月21日	公告
烟叶税				
无				
耕地占用税				

续表

序号	法律法规名称	制定部门	颁布时间	类型
无				
契税				
无				
环境保护税				
无				
进出口税收				
1	《关于2023年关税调整方案的公告》	国务院关税税则委员会	2022年12月28日	公告
2	《关于对美加征关税商品第九次排除延期清单的公告》	国务院关税税则委员会	2022年11月25日	公告
3	《关于给予阿富汗等10国98%税目产品零关税待遇的公告》	国务院关税税则委员会	2022年11月2日	公告
4	《关于给予多哥共和国等16国98%税目产品零关税待遇的公告》	国务院关税税则委员会	2022年7月22日	公告
5	《关于阶段性加快出口退税办理进度有关工作的通知》	税务总局	2022年6月14日	通知
6	《关于上海市浦东新区有关研发机构适用进口税收政策资格认定事项的通知》	财政部、科技部、民政部、商务部、海关总署、税务总局	2022年4月30日	通知
7	《关于进一步便利出口退税办理 促进外贸平稳发展有关事项的公告》	税务总局	2022年4月29日	公告
8	《关于进一步加大出口退税支持力度促进外贸平稳发展的通知》	税务总局、公安部、财政部、交通运输部、商务部、文化和旅游部、人民银行、海关总署、外汇局、银保监局	2022年4月20日	通知
9	《关于对美加征关税商品第七次排除延期清单的公告》	国务院关税税则委员会	2022年4月14日	公告
10	《关于对部分原产于新西兰的木材和纸制品实施协定税率的公告》	国务院关税税则委员会	2022年4月2日	公告

续表

序号	法律法规名称	制定部门	颁布时间	类型
11	《关于发布“十四五”期间免税进口科普用品清单(第一批)的通知》	科技部、工业和信息化部、财政部、海关总署、税务总局	2022年3月4日	通知
12	《关于陆路启运港退税试点政策的通知》	财政部、海关总署、税务总局	2022年2月28日	通知
13	《关于发布出口退税率文库2022A版的通知》	国家税务总局	2022年2月21日	通知
14	《关于对原产于马来西亚的部分进口货物实施〈区域全面经济伙伴关系协定〉(RCEP)协定税率的公告》	国务院关税税则委员会	2022年2月15日	公告
15	《关于调整海南自由贸易港自用生产设备“零关税”政策的通知》	财政部、海关总署、税务总局	2022年2月14日	通知
16	《关于对原产于韩国的部分进口货物实施〈区域全面经济伙伴关系协定〉(RCEP)协定税率的公告》	国务院关税税则委员会	2022年1月9日	公告

(二)财税法的执法状况和主要特点

财税法的执法是指由国家财政、税务机关、海关等国家机关及其公职人员和法律授权、委托的组织及其工作人员，依照法定程序贯彻实施财税法律、行政法规和其他法规以及政府部门规章等的法律活动。2022年财税法加强和完善财税执法管理和政策引导，有利于进一步提升财税法政策效能，对带动扩大有效投资、增强市场活力，妥善应对内外部冲击和经济下行压力具有重要意义。2022年财政法执法情况主要包含三个特点。

1. 财税法宏观调控作用显著，保障经济持续稳定恢复

本报告期内，全国各级财税部门面对国内外的复杂局面，为应对疫情导致的全国经济下行压力，贯彻积极财政政策，着力供给侧结构性改革，运用预算法、税法制度，发挥财税法调控功能，促进全年财政支出较快增长，确保支出重点，保障经济发展稳中有进。根据财政部国库司公布的2022年财政收支统计数据：(1)2022年，全国一般公共预算收入203 703亿元，同比增长0.6%，主要税收项目中，除城市维护建设税、车辆购置税、契税、土地增值税报告期内税收收入有所下降外，其余税收收入项目均得

到增长，地方一般公共预算本级收入108 818亿元，比2021年下降2.1%；国资央企实现营业收入39.4万亿元，同比增长8.3%；实现利润总额2.55万亿元、净利润1.9万亿元，同比分别增长5.5%和5.0%。(2)2022年，全国一般公共预算支出260 609亿元，同比增长6.1%，教育、科学技术、社会保障和就业、卫生健康、农林水、交通运输、债务付息支出较2021年有所增加，文化旅游体育与传媒、节能环保、城乡社区三项支出较2021年有所减少，地方一般公共预算支出225 039亿元，同比增长6.4%。

2022年9月28日，财政部、发改委、人民银行、审计署、银保监会五部门联合下发《关于加快部分领域设备更新改造贷款财政贴息工作的通知》，对2022年12月31日前新增的10个领域设备更新改造贷款贴息2.5个百分点，期限2年，额度2000亿元以上。2022年第四季度内更新改造设备的贷款主体实际贷款成本加上此前中央财政贴息2.5个百分点不高于0.7%。史上超低贷款利率的此项国家财政金融组合拳政策将推进经济社会发展薄弱领域进行设备更新改造，有利于扩大制造业市场需求，增强发展后劲。如前所述，财政部与税务总局还通过公告方式，明确延长部分税收优惠政策执行期限，同时明确延续执行创业投资企业和天使投资个人初创科技型企业有关政策条件相关事项等，对中小微企业设备器具税前扣除进行规定，进一步增强对小型微利企业和增值税小规模纳税人的财税优惠政策力度。

2. 进一步深入税收征管改革，税收改革取得历史成就

科学的财税体制是优化资源配置、维护市场统一、促进社会公平、实现国家长治久安的制度保障。税务机关在坚持优化便民服务、持续规范税收执法的基础上，不断推进税收现代化建设，税收征管日益智能化。一方面纳税人办税越来越便利，另一方面税务机关的管理越来越精细，精准执法、精准服务、精准监管、精诚共治的税收征管新体系日趋建成，加快构建具有高集成功能、高安全性能、高应用效能的智慧税务。

在税收政策梳理上，国家税务总局发布《2022年新的组合式税费支持政策指引》，对新出台和延续实施的有关政策进行梳理与更新，有利于纳税主体进行精准学习与了解，连续第9年开展便民办税春风行动，提高税收征管执法温度。在税收征管实践中，逐渐摸索出一条突破条块壁垒，使技术、系统、数据、业务、人才和组织架构等各方面要素“集成化融合”的税收征管之路，不断提高税收征管现代化水平。

3. 拓宽国际税收新领域，服务高水平对外开放

2022 年 9 月 30 日，第三届“一带一路”税收征管合作论坛开幕，深入推进税收征管能力建设，持续共建“一带一路”税收征管合作新格局，在合作机制中通过加入《努尔苏丹行动计划(2022-2024)》的全部四个工作组和协同共建“一带一路”税务学院中贡献中国力量；在纳税服务、国际税收合作等专题课程中提供中国支持；通过合作机制网站与期刊向 140 多个国家(地区)分享中国做法。

(三)财税法的司法状况

与 2021 年度财税司法状况相比，2022 年度财税司法状况领域涉及涉税违法案件的数量较多。通过分析国家税务总局的税案通报，笔者对 2022 年的财税法司法状况梳理如下。

1. 税收大数据精准监管，打击中介机构涉税违法案件

2022 年税务部门持续依法查处曝光中介机构的涉税违法问题。涉税中介作为税收专业服务的工作者，不得对有关企业和个人进行以偷逃税款为目的的恶意纳税筹划，不得提供有损国家税收利益和纳税人缴费人合法权益的服务，不得恶意进行政策解读，这类以“纳税筹划”为名帮助不法分子偷逃税款的行为违反了国家法律和行业法规。中介机构应当依法依规执业，帮助纳税人缴费人依法依规享受税收优惠政策，促进其增强诚信纳税意识。

税务部门充分利用税收大数据，严厉打击“假企业”“假出口”“假申报”等虚开增值税专用发票违法行为，保证各项税收政策落到实处，保障依法诚信的纳税人受到减税降费政策红利，充分保护与帮助守法纳税人，营造公平、透明税收的营商环境。税收大数据的充分应用，展现了税务机关执法与服务相结合，既严格执法，又优化执法方式，全方位地提高了税务执法与监督能力，有助于营造公平的税收环境。

2. 文娱行业税收整治持续进行，建立税收综合治理长效机制

近年来，直播带货等网红经济兴起，文娱行业享受大量新经济红利，自 2021 年以来，多起明星艺人、网络主播偷逃税案件被披露，其中不乏大量金额过亿的涉税违法案件，如 2022 年 2 月，广东省广州市税务部门通过税收大数据分析发现网络主播平某偷逃个人所得税 1926.05 万元，未依法申报其他生产经营收入少缴有关税款 1450.72 万元；3 月，上海市税务局发现演员邓某通过虚构业务转换收入性质进行虚假申报，偷逃个人所得税

4765.82 万元，其他少缴个人所得税 1399.32 万元；6 月，通报网络主播孙某、许某、范某偷逃税款；7 月，艺人袁某关联公司因偷漏税被罚 97.8 万元；11 月，北京税务局对加拿大籍艺人吴某偷逃税行为追缴税款、加收滞纳金并处罚款共计 6 亿元，这些案件造成了严重的社会不良影响。

文娱行业复杂的业务形态、盈利模式等为税务监管带来考验与难度。2022 年度，税务部门不断依托税收大数据，对高风险行业、领域和纳税人积极开展部门联合监督，加强对协助偷逃税款的相关经纪公司及经纪人、中介机构的联动检查，依法严肃查处涉税违法行为，推动文娱行业与网络直播行业的税法遵从度，为守法者营造公平的税收秩序，税收综合治理长效机制正逐步建立与完善。

3. 大规模留抵退税政策落准落稳，打击骗取留抵退税涉税违法

自 2022 年 4 月 1 日实施大规模增值税留抵退税政策以来，税务部门陆续查处骗取留抵退税案件，并选取其中典型案件予以曝光。截至 2022 年 12 月 31 日，国家税务总局共通报 705 起骗取留抵退税案件，47 起税务人员落实留抵退税失职失责、内外勾结受到处理的典型案例。这体现了税务部门全力以赴抓留抵退税政策落准落稳，既加快留抵退税进度，又打击骗取留抵退税的违法行为。与此同时，税务部门严肃查处在留抵退税工作中内外勾结骗取留抵退税等行为，加强对留抵退税工作执行的全方位监督，确保该政策平稳顺利落地执行。

(四)推进 2023 年财税法实施的建议和展望

1. 以“税收法定”助推“财政收入法定”

政府收入由税收和非税收收入组成。截至 2022 年 12 月 31 日，我国现行有效的税收法律有《个人所得税法》《企业所得税法》《烟叶税法》《车辆购置税法》《耕地占用税法》《船舶吨税法》《资源税法》《环境保护税法》《税收征收管理法》《城市维护建设税法》《契税法》《印花税法》12 部，《增值税法(草案)》已公布并提请十三届全国人大常委会第三十八次会议初次审议，后续仍关注《增值税法实施细则》等配套与过渡政策，完成营改增规定与《增值税法》的衔接。2023 年将继续完成“增值税法”的制定任务，还需制定“消费税法”“关税法”“房产税法”“城镇土地使用税法”“土地增值税法”5 部税收法律。另外，2023 年还需加快《税收征管法》的修订，实践中“金税四期”的完工与全电子发票的成功试点，表明《税收征管法》修订条件也已经完全成熟。相比于税收立法，我国非税收入

法治化建设较为滞后。在提高相关立法的科学性、规范性和可执行性的前提下，我们必须统筹推进行政事业性收费、政府性基金等非税收入法治化建设，助推财政收入法定乃至“财政法”的制定。

2. 推进省以下财政体制改革

2022年以来，财政体制深化改革议题受到了决策层的高度关注。4月19日召开的中央全面深化改革委员会第二十五次会议，审议通过了《关于进一步推进省以下财政体制改革工作的指导意见》，对进一步推进省以下财政体制改革工作进行了部署，提出省级政府对地区风险总负责，强调债务与财政收入的匹配，规范地方债务管理。10月16日，第十九届中央委员会向中国共产党第二十次全国代表大会所作的报告中提出“健全现代预算制度，优化税制结构，完善财政转移支付体系”，将进一步深化财政体制改革，作为未来十年构建新发展格局，推动高质量发展战略中的重要组成部分，大幅提升了财政体制改革的重要性和紧迫性。

10月27日，财政部发布《关于支持深圳探索创新财政政策体系与管理体制的实施意见》和《关于贯彻落实〈国务院关于支持山东深化新旧动能转换、推动绿色低碳高质量发展的意见〉的实施意见》，正式开启财政体制深化改革的地方试点。2023年要清晰界定省以下财政事权和支出责任，理顺省以下政府间收入关系，完善省以下转移支付制度。

3. 优化财政支出强度与结构

自2020年以来，党政机关带头过紧日子，从严控制一般性支出，“三公”经费预算管理进一步加强，行政运行成本得以降低。2022年11月1日，财政部网站发布《关于盘活行政事业单位国有资产的指导意见》。在新冠肺炎疫情期间，我国出台了一系列如小规模纳税人免征增值税、小微企业地方税费减免等为企业、个人纾困的税收优惠政策，随着新冠病毒感染由“乙类甲管”调整为“乙类乙管”，这些与疫情相关的税收优惠或将逐步退出历史舞台，相关优惠政策的退出机制应当进行合理设计。2022年12月6日，财政部、国务院国资委、银保监会、证监会联合发布《关于严格执行企业会计准则 切实做好企业2022年年报工作的通知》。

财政作为国家治理的重要支柱、“基础设施”和“意志变压器”。在财政法律政策制定过程中，应当秉持法治先行的理念，上述临时性税收优惠政策或将转化为常态化税收优惠政策，促进中小微企业发展，营造良好营商环境，提高市场主体活力，促进企业转型升级和提升创新能力。在2023

年将继续围绕高质量发展，统筹宏观调控需求，加大财政资金统筹力度，以财政支出积极支持科技攻关、乡村振兴、区域重大战略、教育、基本民生、绿色发展等重点领域的进一步发展，优化支出结构的权重与比例，集中财力办大事，落实国家重大战略任务财力保障，对标党中央重大决策部署，增强财政政策的针对性与有效性。

4. 以财税法防范地方债务危机

从负债率和债务率来看，政府债务持续上升，地方政府压力较大。从全国层面看，地方政府债务率仍有上行空间，但地方债务的问题在于区域性结构性压力已经较为明显。部分地区既存在经济和社会发展问题、地方财力疲弱的现象，又有债务结构不合理、隐债规模较大、债务增速过快的问题。2022 年国有土地使用权出让收入 66 854 亿元，比上年下降 23.3%；与此同时，全国国有资本经营预算收入 5689 亿元，比上年增长 10%。

2022 年 12 月 30 日，贵州遵义道桥建设(集团)(以下简称遵义道桥集团)发布公告：公司与各家银行就 155.94 亿元贷款重组达成一致，并签署相关协议。根据该协议，重组后银行贷款展期 20 年，年利率从 7.5%降到 3.5%~4.5%，前 10 年只还利息不还本金，后 10 年分期还本。遵义道桥集团债务违约是地方融资平台公司经营艰难的典型。受益于国务院 2022 年 1 月 18 日发布的《关于支持贵州在新时代西部大开发上闯新路的意见》和财政部 2022 年 8 月 25 日发布的《支持贵州加快提升财政治理能力奋力闯出高质量发展新路的实施方案》，本次银行贷款重组方案得以顺利落地。无论是遵义道桥集团在地方化债道路上迈出的实质性一步，还是银行主体在赎回选择的行为调整，市场和机构的博弈极为平和。这种“以时间换空间”的拖延策略，剔除货币增发等通胀预期，其本质是期望通过未来的经济发展去填补过去的债务窟窿，缓释隐性债务风险，守住不发生系统性风险的底线。受遵义道桥、潍坊公开信、云南昆明轨道交通等事件影响，地方隐性债务受到广泛关注。故而，2023 年应当合理安排政府专项债券规模，防范地方政府为弥补现有亏空而滥发债的问题，保持宏观杠杆率基本稳定，适当扩大专项债券资金投向领域和用作项目本金范围，通过财税法的政策指引，鼓励地方融资平台、产业引导基金等入股企业，以基金撬动资本，以资本导入产业，为地方引进一批优秀企业，对当地区域经济发展和产业发展起到带头作用，以投带引，开始由土地财政向税收财政、产业财政、企业财政的转型。

三、2022 年金融调控法实施状况和对 2023 年的展望

金融调控法是指调整金融宏观调控关系的法律规范系统，是我国金融法体系的主要组成部分，是国家运用货币政策进行宏观经济调控的主要法律手段。金融调控法形式意义上是指国家制定的调整金融宏观调控关系的法律、法规等文本的总称，主要包括：(1)金融基本法律，如《中国人民银行法》，它是为保证货币政策的实现、防范和化解系统性金融风险、维护金融稳定，而由全国人民代表大会通过的金融领域中的基本法律；(2)金融单行法律，为执行货币政策，在商业银行业、保险业和证券、外汇等某一类金融领域内由全国人大常委会制定的单行金融法律，如《银行业监督管理法》《商业银行法》《保险法》《证券法》《信托法》《证券投资基金法》等；(3)国务院制定的金融行政法规，如《外汇管理条例》《存款保险条例》等；(4)金融部门规章，由中国人民银行或中国银保监会、中国证监会单独制定或者它们之间联合以及它们和其他具有行政管理职能的中央政府部门联合制定，如《金融机构大额交易和可疑交易报告管理办法》等；(5)地方性金融法规，由各省、自治区、直辖市以及省级人民政府所在地的市和国务院批准的较大的市的人民代表大会及其常务委员会制定，如《湖南省地方金融监督管理条例》《温州市民间融资管理条例》等；(6)最高人民法院发出的金融司法解释，如《关于执行担保若干问题的规定》等。本报告主要对《期货和衍生品法》等法律、行政法规和部门规章的实施状况进行分析和总结。与此同时，本报告还对 2023 年的金融调控法实施提出建议或者展望。

(一)金融调控法立法状况

本报告期内，除中国人民银行 2022 年 4 月 6 日发布《金融稳定法(征求意见稿)》、中国银保监会 2022 年 11 月 11 日发布《银行业监督管理法(修订草案征求意见稿)》，以及国家发展改革委、中国人民银行等有关部门(单位)2022 年 11 月 14 日发布《社会信用体系建设法(向社会征求意见稿)》外，金融法律、行政法规和部门规章的制定、修改状况如下。

1. 新制定和修订的全国性金融法律、行政法规

本报告期内，颁布或修订的重要的金融法律、行政法规制度主要(详见表 6)有：

一是 2022 年 4 月 20 日全国人大常委会审议通过《期货和衍生品法》，

2022 年 8 月 1 日颁布并施行，以充分发挥期货和衍生品市场服务国民经济功能，确保期货市场服务实体经济，明确期货市场具有配置资源等具体经济功能，体现出国家对期货市场发展的支持态度。《期货和衍生品法》明确交易所和期货公司职责功能，筑牢监管制度基础，为更好服务实体经济保驾护航；确立品种上市注册制能为创新服务实体经济创造条件，为高质量服务实体经济预留充足空间；规范农产品期货市场发展，为农业生产经营稳根基、促发展；加快产品体系创新，放大期货市场经济功能；提升产品质量和服务效能，增强产业定价主导作用。《期货和衍生品法》凝结了中国期货市场三十多年探索发展的实践经验和制度精华，充分体现了中国期货市场的发展特征和规律，及时填补金融领域法律空白，制度改革实现创新突破。将场外衍生品纳入立法范围，为实体经济提供多层次、个性化的风险管理服务；加快场内外协同发展，促进高标准市场体系建设；鼓励利用期货市场管理风险，为套期保值等提供制度保障；站稳人民立场，提高风险防范能力，依法规范期货和衍生品交易行为、保障交易者合法权益、维护市场秩序。

二是 2022 年 2 月 27 日根据中央全面深化改革委员会通过的《关于设立成渝金融法院的方案》，时任最高人民法院院长周强就《关于设立成渝金融法院的决定(草案)》向全国人大常委会作说明。2022 年 2 月 28 日，全国人大常委会审议通过《全国人民代表大会常务委员会关于设立成渝金融法院的决定》。中共中央、国务院印发的《成渝地区双城经济圈建设规划纲要》，明确提出设立金融法院。设立成渝金融法院，是贯彻落实党中央决策部署的具体举措，对服务保障国家金融战略实施，防范化解金融风险，完善中国特色金融司法体系，维护金融安全，提升我国金融审判体系和审判能力现代化水平，促进成渝地区双城经济圈建设具有重要意义。

三是 2022 年 11 月 11 日，银保监会出台《人身保险产品信息披露管理办法》，对人身保险产品的信息披露主体、披露方式、内容、时间、管理机制、法律责任等进行全面规范。公开披露产品费率和产品现金价值作为产品的重要信息，有利于消费者更全面地了解保险产品信息，更好地保护自身合法权益，同时促使保险公司更好地接受社会监督。该办法在具体信息披露内容方面，规定保险公司应当根据保险产品审批或备案材料报送内容，披露保险产品信息，包括保险产品目录、保险产品条款、保险产品费率表、一年期以上的人身保险产品现金价值全表、一年期以上的人身保险产品说明书、银保监会规定的其他应当披露的产品材料信息。其中，保险产品的费率表和一年期以上的人身保险产品现金价值全表，系首次作为产品信息披露材料主动公开。该管理办法通过全面规范人身保险产品信息披露行为，切实保护投保人、被保险人和受益人的合法权益，促进行业健康可持续发展。

表6　2022年中央新制定或修改的金融法律、行政法规、部门规章

序号	法律法规名称	制定部门	颁布时间	类型
1	《期货和衍生品法》	全国人大常委会	2022年4月20日	制定
2	《上海市、南京市、杭州市、合肥市、嘉兴市建设科创金融改革试验区总体方案》	中国人民银行、发展改革委、科技部、工业和信息化部、财政部、银保监会、证监会、外汇局	2022年11月11日	制定
3	《商业汇票承兑、贴现与再贴现管理办法》	中国人民银行、银保监会	2022年11月11日	修改
4	《境外机构投资者投资中国债券市场资金管理规定》	中国人民银行、国家外汇管理局	2022年11月10日	制定
5	《重庆市建设绿色金融改革创新试验区总体方案》	中国人民银行、国家发展改革委、财政部、生态环境部、银保监会、证监会	2022年8月19日	制定
6	《中国人民银行行政处罚程序规定》	中国人民银行	2022年4月14日	制定
7	《中国人民银行执法检查程序规定》	中国人民银行	2022年4月14日	制定
8	《银行间债券市场债券借贷业务管理办法》	中国人民银行	2022年1月30日	制定
9	《黄金租借业务管理暂行办法》	中国人民银行办公厅	2022年7月3日	制定
10	《外国银行分行综合监管评级办法（试行）》	中国银保监会	2022年11月30日	制定
11	《商业银行表外业务风险管理办法》	中国银保监会	2022年11月28日	制定
12	《银行保险机构公司治理监管评估办法》	中国银保监会	2022年11月28日	修订
13	《商业汇票承兑、贴现与再贴现管理办法》	中国人民银行、中国银保监会	2022年11月11日	制定

续表

序号	法律法规名称	制定部门	颁布时间	类型
14	《人身保险产品信息披露管理办法》	中国银保监会	2022年11月11日	制定
15	《保险保障基金管理办法》	中国银保监会、财政部、中国人民银行	2022年10月26日	制定
16	《财产保险灾害事故分级处置办法》	中国银保监会	2022年10月28日	制定
17	《企业集团财务公司管理办法》	中国银保监会	2022年10月13日	制定
18	《理财公司内部控制管理办法》	中国银保监会	2022年8月22日	制定
19	《保险资产管理公司管理规定》	中国银保监会	2022年7月28日	制定
20	《金融资产投资公司资本管理办法(试行)》	中国银保监会	2022年6月17日	制定
21	《商业银行预期信用损失法实施管理办法》	中国银保监会	2022年5月13日	制定
22	《关于银行业保险业支持城市建设和治理的指导意见》	中国银保监会	2022年5月6日	制定
23	《保险资金委托投资管理办法》	中国银保监会	2022年5月9日	制定
24	《保险公司非寿险业务准备金管理办法实施细则》(1-7号)	中国银保监会	2022年3月2日	制定
25	《农业保险承保理赔管理办法》	中国银保监会	2022年2月17日	制定
26	《保险公司非现场监管暂行办法》	中国银保监会	2022年1月16日	制定
27	《银行保险机构关联交易管理办法》	中国银保监会	2022年1月10日	制定
28	《关于合格境外机构投资者和人民币合格境外机构投资者境内证券交易登记结算业务的规定》	中国证监会	2022年9月9日	修改
29	《关于证券违法行为人财产优先用于承担民事赔偿责任有关事项的规定》	中国证监会、财政部	2022年7月27日	制定
30	《内地与香港股票市场交易互联互通机制若干规定》	中国证监会	2022年6月10日	修改
31	《中国证监会派出机构监管职责规定》	中国证监会	2022年5月31日	修改
32	《公开募集证券投资基金管理人监督管理办法》	中国证监会	2022年5月20日	制定

续表

序号	法律法规名称	制定部门	颁布时间	类型
33	《证券登记结算管理办法》	中国证监会	2022年5月20日	修改
34	《证券公司科创板股票做市交易业务试点规定》	中国证监会	2022年5月12日	制定
35	《证券基金经营机构董事、监事、高级管理人员及从业人员监督管理办法》	中国证监会	2022年2月18日	制定
36	《境内外证券交易所互联互通存托凭证业务监管规定》	中国证监会	2022年2月11日	制定
37	《证券期货行政执法当事人承诺金管理办法》	中国证监会、财政部	2022年1月1日	制定
38	《证券期货行政执法当事人承诺制度实施规定》	中国证监会	2022年1月1日	制定

2. 新制定的地方金融法律法规

2022年，地方金融立法提速：(1)湖南、福建、陕西、安徽4省通过了地方“金融监管条例”。截至2022年12月30日，国内已有19个省市正式通过并实施了地方“金融监管条例”。各地地方“金融监管条例”的实施，有利于规范地方金融组织行为，加强地方金融监督管理，防范和化解金融风险，维护金融秩序和金融稳定，健全地方金融法制环境，保护金融消费者合法权益，引导金融服务实体经济，促进地方金融健康发展。(2)江苏、湖南、山西等多个省市通过或实施了“社会信用条例”。2022年3月，中共中央办公厅、国务院办公厅印发《关于推进社会信用体系建设高质量发展促进形成新发展格局的意见》，提出要加快推动出台社会信用方面的综合性、基础性法律，建立健全信用承诺、信用评价、信用分级分类监管、信用激励惩戒、信用修复等制度。该意见提出“强化制度保障。鼓励各地结合实际在立法权限内制定社会信用相关地方性法规”，为社会信用法治化水平提升进一步指明了方向。我们期待更多社会信用地方性法规出台，助力社会信用体系建设高质量发展，促进形成新发展格局(详见表7)。

表 7　2022 年地方新制定的地方金融"监督管理条例"

序号	法律法规名称	制定部门	颁布时间	类型
1	《湖南省地方金融监督管理条例》	湖南省人大常委会	2022 年 7 月 29 日	制定
2	《安徽省地方金融条例》	安徽省人大常委会	2022 年 7 月 28 日	制定
3	《福建省地方金融监督管理条例》	福建省人大常委会	2022 年 5 月 27 日	制定
4	《陕西省地方金融条例》	陕西省人大常委会	2022 年 3 月 24 日	制定

（二）金融调控法的执法状况与特点

回首 2022 年，在新冠肺炎疫情全球持续蔓延和国际政治经济形势不断变化的背景下，人民银行坚决贯彻落实党中央、国务院决策部署，完整、准确、全面贯彻新发展理念，坚持实施稳健的货币政策，全力支持助企纾困，有效防控金融风险，持续深化金融改革开放，在绿色金融、普惠金融、数字金融等多个领域走在世界金融界的前列。

1. 货币政策执行情况等接受全国人大常委会的指导和监督

2022 年 10 月 28 日，中国人民银行行长易纲首次代表国务院向全国人大常委会作整体金融工作情况的报告。这意味着，根据《中国人民银行法》第 6 条规定和自 2021 年 12 月 24 日起施行的《全国人民代表大会常务委员会关于加强经济工作监督的决定》的相关规定，中国人民银行每年 10 月应代表国务院向全国人大常委会作货币政策执行情况等专题汇报工作，以接受前者的指导和监督。全国人大及其下属的全国人大常委会、财经委对经济金融工作的监督，将成为宪法惯例。

2. 充分发挥货币政策支持宏观经济稳定运行作用

2022 年，货币政策和宏观审慎政策双支柱调控框架把保持价格稳定与维护金融稳定的两大目标有机结合，在维护宏观经济稳定和国家金融安全上发挥着重要作用。面对新冠肺炎疫情不断蔓延和国际政治经济形势不断变化，中国人民银行在《宏观审慎政策指引（试行）》的基础上不断健全货币政策和宏观审慎政策双支柱调控框架，上缴央行结存利润 1.13 万亿元，在支持国民经济运行在合理区间的同时，推动各重点领域畅通循环。

首先，降低金融机构存款准备金率。2022 年 4 月 25 日和 12 月 5 日，下调金融机构人民币存款准备金率各 0.25 个百分点，共释放资金约 1.03 万亿元。金融机构加权平均存款准备金率降至 7.8%，比 2018 年年初降低了

7.1%。其次，分层次、有梯度出台并落实好再贷款、再贴现政策。截至2022年年末，我国普惠型小微企业贷款余额超过23万亿元，普惠型小微贷款余额同比增长23.8%，比各项贷款余额增速高出12.7个百分点，贷款利率也在持续下降。普惠型小微贷款持续实现量增、面扩、价降，首贷、续贷和信用贷款推进力度持续加大。2022年第二季度，为贯彻落实国务院关于加大对市场主体特别是中小微企业纾困帮扶力度的决策部署，将普惠小微贷款支持工具提供的激励资金比例由1%提高到2%。再贴现再贷款政策进一步加大对普惠小微贷款支持力度，支持中小微企业稳定就业，促进金融资源向重点领域、薄弱环节和受疫情影响严重的行业、市场主体倾斜，培育新的经济增长点。出台科技创新、普惠养老、交通物流专项再贷款三项新的结构性货币政策工具，为科技创新提供4000亿元再贷款，为普惠养老提供400亿元专项再贷款，增加1000亿元交通物流专项再贷款和2000亿元以上设备更新改造专项再贷款。提升民航应急贷款额度，激励金融机构优化信贷结构，精准支持重点领域。创设碳减排支持工具，增加1000亿元支持煤炭清洁高效利用专项再贷款额度。

2022年1月将普惠小微企业贷款延期支持工具转换为普惠小微贷款支持工具，并从2022年起，将普惠小微企业信用贷款支持计划并入支农支小再贷款管理，以保持对小微企业的支持力度不减，更好发挥其稳就业的作用。这充分体现出货币政策直达性、精准性特点，货币政策的有效实施能持续推进并转换两项直达实体经济的货币政策工具支持中小微企业发展。健全货币政策还能持续释放贷款市场报价利率(LPR)改革红利。2022年1月20日央行公布一年期LPR降为3.7%，下调10个基点，五年期以上LPR下调5个基点至4.6%。2022年8月22日央行再次公布1年期LPR降低至3.65%，5年期以上LPR下调至4.3%，分别较上一期下调5个和15个基点，中小微企业综合融资成本稳中有降。央行宣布下调1年期支农支小再贷款利率0.25个百分点至2%，支农支小再贷款利率(降息)更加优惠，让农民从支农信贷中分享产业增值。

2022年贷款市场报价利率改革红利持续释放，货币政策传导效率增强，贷款利率明显下降。改革进一步完善市场化利率形成和传导机制，优化央行政策利率体系，发挥存款利率市场化调整机制重要作用，发挥贷款市场报价利率改革效能和指导作用，为企业融资成本持续下降打开操作空间。商业银行信贷资产质量总体稳定，商业银行在第四季度末的不良贷款率1.63%，较上季末下降0.02个百分点。商业银行正常贷款余额179.7万亿元，其中正常类贷款余额175.6万亿元，关注类贷款余额4.1万亿元。健全货币政策和宏观审慎政策双支柱调控框架能保持人民币汇率在合理均衡水平上的基本稳定。2022年4月25日下调金融机构外汇存款准备金率各1个百分点至8%。2022年9月15日再次下调2个百分点至6%，有效调节外汇流动性，加强外汇市场自律管理。人民币汇率双向浮动、弹性增强，在合理均衡水平上保持基本稳定，发挥了宏观经济稳定器功能。

3. 金融服务实体经济力度持续加大

(1)助力小微企业发展。一是两项直达工具接续转换有效缓解小微企业压力。自2022年1月1日起实施普惠小微企业贷款延期支持工具和普惠小微企业信用贷款支持计划两项直达工具接续转换。将普惠小微企业贷款延期支持工具转换为普惠小微贷款支持工具。2022年起至2023年6月底，人民银行按照地方法人银行普惠小微贷款余额增量的1%提供资金，按季操作，鼓励持续增加普惠小微贷款。2022年起，将普惠小微企业信用贷款支持计划并入支农支小再贷款管理。原来用于支持普惠小微信用贷款的4000亿元再贷款额度可以滚动使用，必要时可再进一步增加再贷款额度。符合条件的地方法人银行发放普惠小微信用贷款，可向人民银行申请支农支小再贷款优惠资金支持。持续优化信贷结构。普惠小微贷款实现“量增、面扩、价降”。二是深入开展中小微企业金融服务能力提升工程，对提升中小微企业金融服务能力提出具体要求，引导商业银行优化内部政策安排，强化科技手段运用，推广主动授信、随借随还贷款模式，加快推进“敢贷、愿贷、能贷、会贷”长效机制建设。9月20日，银保监会会同中国人民银行发布《关于推动动产和权利融资业务健康发展的指导意见》，聚焦以动产和权利为主的企业资产结构实际和以不动产为主的银行担保融资现状之间的错配矛盾，指导银行机构出台多项举措优化动产和权利融资业务，提升服务中小企业融资能力，促进企业融资增量扩面。三是银行业和保险业持续加强金融服务。2022年第四季度末，银行业金融机构用于小微企业的贷款余额59.7万亿元，其中单户授信总额1000万元及以下的普惠型小微企业贷款余额23.6万亿元，同比增速23.6%。保障性安居工程贷款余额6.3万亿元。2022年全年，保险公司原保险保费收入4.7万亿元，同比增长4.6%。赔款与给付支出1.5万亿元，同比下降0.8%。2022年全年新增保单件数554亿件，同比增长13.27%。四是持续加大对重点行业企业金融支持力度。金融对小微企业、科技创新等重点领域和薄弱环节支持力度加大，

6月末普惠小微贷款和制造业中长期贷款余额同比分别增长23.8%和29.7%。在全国范围内开展“贷动小生意，服务大民生”金融支持个体工商户发展专项活动，会同相关部门加大对文化旅游、住宿餐饮、零售、外贸等领域企业金融支持。

(2)绿色金融支持低碳减排提质增效。激励政策出台、标准更新等引导带动2022年我国绿色金融市场发展明显加快。2022年，党的二十大报告对中国未来的现代化建设与绿色转型进行了全面的系统性论述，推动经济社会发展绿色化、低碳化是中国实现高质量发展的关键环节，绿色金融将进入高质量发展新阶段。2月8日，中国人民银行、市场监管总局、银保监会、证监会四部委印发《金融标准化“十四五”发展规划》，提出要建立ESG评价标准体系。4月，中国证监会发布的《碳金融产品》(JR/T 0244—2022)金融行业标准，为碳金融产品规范有序发展提供了依据。6月，中国银保监会印发《银行业保险业绿色金融指引》，引导银行保险机构发展绿色金融，加大对绿色发展的支持力度。7月，银行间市场交易商协会牵头绿色债券标准委员会发布《中国绿色债券原则》，标志着国内与国际接轨的绿色债券标准正式建立。2022年我国绿色债券市场健康、有序发展，绿色债券余额超过1.3万亿元，同时碳减排支持工具已带动2022年碳减排超1亿吨二氧化碳当量。此外，在前期设立碳减排金融支持工具基础上，人民银行再设立1000亿元支持煤炭清洁高效利用专项再贷款，充分考虑了我国实际发展情况，即在能源低碳转型过程中，短期内煤炭仍将是我国最主要的能源。而且，全国碳市场已经正式开启，未来碳金融的空间也将随着全国碳市场的逐步发展而进一步打开。

值得一提的是，在福建省绿家园环境友好中心诉宜城市光大农牧有限公司、中国银行襄阳分行环境污染民事公益诉讼案。[①] 该案中，商业银行因发放贷款而作为共同被告属于全国首例。最终，湖北省高级人民法院于2022年3月17日公开审理，2022年10月20日作出的判决书对本案的焦点问题即银行是否承担连带赔偿责任进行了论证，划定了直接侵权(排污企业)与银行对企业发放贷款是否构成帮助侵权的标准与界限，对连带责任的构成要件作了分析：银行是否参与经营投资管理、对违法行为是否明知或存在意思联络；判决书以“本院认为”(说理部分内容)作为对银行的“司法建议”，督促其对发放贷款中的审查不严的过失进行整改。中国银行襄阳

① 湖北省高级人民法院(2022)鄂民终117号；武汉海事法院(2019)鄂72民初914号。

分行已在系统内部要求落实本判决内容，强调对可能污染环境的企业审慎发放贷款。此次环境公益诉讼案是中国商业银行第一次被要求承担环境法律责任，环境风险演化成了金融风险以及相关的声誉风险，或催化中国版“超级基金法”的诞生。鉴于环境成为一种通用的符号和切入点，其他政策借以被关注并伴之以基本规则不可避免的改变，中国人民银行 2021 年 8 月发布了首批绿色金融标准，包括《金融机构环境信息披露指南》（JR/T 0227—2021）和《环境权益融资工具》（JR/T 0228—2021）两项行业标准。我国商业银行不仅需要获得传统意义上的法律执照，更要获得企业社会责任视角下的“社会执照”，即“社会许可”，满足利益相关者的合理诉求和对投资的总体预期。此案的社会影响极大，有利于倒逼商业银行加强环境风险管理和利益相关者保护，认真对待贷款人环境法律责任，以绿色金融助力可持续发展。

（3）稳步推进注册制改革。2022 年，注册制改革全面深化，场内市场中主板、科创板、创业板和北交所已日渐形成差异化定位发展，健全多层次资本市场体系有望成为资本市场提升直接融资比重、服务实体经济高质量发展的重要举措。债券市场在 2022 年平稳运行，国债收益率涨跌互现。债券市场共发行各类债券 61.9 万亿元，同比基本持平。股票市场主要股指回落。上证指数收于 3089.3 点，较 2021 年年末下跌 550.5 点，跌幅为 15.1%。深证成指收于 11016.0 点，较 2021 年年末下跌 3841.4 点，跌幅为 25.9%。截至 2022 年年末，债券市场托管余额 144.8 万亿元，已成为全球第二大债券市场。境外机构在中国债券市场的托管余额为 3.5 万亿元，共有 1071 家境外机构主体入市，自贸区离岸债券发展步入快车道。股票市场也位居全球第二。2022 年 9 月底，外资持股市值 2.77 万亿元，占流通股市值的 4.35%，外资投资 A 股热情依然较高。2022 年 11 月，中国证监会、工信部联合印发《关于高质量建设区域性股权市场“专精特新”专板的指导意见》。2022 年我国 A 股上市企业合计 428 家，较 2021 年的 524 家同比减少 18.32%；募资规模达 5869.07 亿元，较 2021 年同比增加 8.17%。A 股上市公司数量也于 2022 年年末突破 5000 家。其中，试点注册制的科创板、创业板成为 IPO 的主力军。在 2022 年的 428 家 A 股 IPO 中，创业板 IPO 企业最多，全年 IPO 企业为 150 家；科创板在 2022 年共有 124 家企业 IPO。这反映了资本市场“放管服”改革取得显著成效。同时，各类资本市场参与主体对于注册制的制度理解与实践逐渐成熟，注册制已具备向全市场推广的条件。全年退市公司数量达 50 家，其中被强制退市的达 42 家，且多为经营恶化所致，表明两年来我国精准打击“空壳僵尸”和“害群之马”已取得阶段性成效。通过建设高质量的“专精特新”专板，我国区域性股权市场能够进入专业、规范和高效率的新发展阶段。多层次资本市场建设更加完善，市场基础制度建设不断加强，继续提升市场法治化水平，市场化改革进一步推进，“零容忍”方针深入贯彻，依法严厉打击违法违规行为成效显著，维护了市场良好运行秩序，投资者保护集体诉讼制度得以确立和实施，投资者保护有效性增强，市场运行总体平稳，投资者信心增强，市场生态逐步改善，市场总市值、成交金额、融资规模等多项指标均创历史新高。资本市场支持实体经济建设再进阶。

(4)优化房地产金融调控。2022 年，我国商品房销售面积为 13.6 亿平方米，销售额 13.3 万亿元，同比分别下降 24%、27%，新开工面积和投资也分别下降 39%和 10%。行业规模重回 2015 年。与此同时，全年土地市场成交建筑面积为 14.44 亿平方米，成交金额 4.73 万亿元，较 2021 年同期分别下降了 37%、31%。全年土地购置面积下降 53%，卖地收入下降 48%，严重威胁财政安全。前 100 强民营开发商中，超过 6 成出现各种问题。自 2022 年 11 月以来，监管部门频频出台房地产帮扶措施，在信贷、债券和股权领域“三箭齐发”。11 月 12 日，中国银保监会、住房和城乡建设部、人民银行发布《关于商业银行出具保函置换预售监管资金有关工作的通知》。11 月 11 日，中国人民银行和银保监会发布《关于做好当前金融支持房地产市场平稳健康发展工作的通知》，及时廓清市场疑虑，传达鲜明信号。具体来看，一是政策涉及的市场主体更加全面，各类重要的市场主体面临的现实问题都得到了充分重视，并给出了积极回应。在优质房地产企业发行债券融资政策的支持下，龙湖集团 200 亿元的新增债券发行计划已经得到受理，更多的房地产企业也将在未来享受到政策红利。二是政策发力模式更加协调，通过政策发力，引导商业银行协同行动，最终形成支持房地产企业的合力。政策性银行向房地产和相关主体提供专项借款体现出政策性金融机构的风险分担和增信功能。缓解市场此前对继续压降非标融资和对信托机构经营风险的担忧可稳住一部分房地产资金来源，也能稳住信托行业的资产规模和质量。三是落实差别化房地产信贷政策，配合地方政府做好房地产调控，促进各地房地产市场平稳健康发展。四是兼顾融资支持和风险处置，在全力帮助优质企业渡过难关的同时，也强调促进问题企业有序退出，让风险始终处于可控范围之内。五是着眼于化解房地产行业的短期困难和促进房地产行业的长期转型。支持金融机构优化新市民住房金融服务，合理确定符合购房条件新市民首套住房个人住房贷款的标准，多维度科学审慎评估新市民信用水平，提升借款和还款便利度。此外，壮大租赁市场是最重要的房地产供给结构调整手段，要稳妥做好对住房租赁市场的金融支持。2022年12月，中央经济工作会议强调，要扎实做好保交楼、保民生、保稳定各项工作，满足行业合理融资需求，推动行业重组并购，改善优质头部房企资产负债状况。因城施策支持刚性和改善性住房需求，做好新市民、青年人等住房金融服务，探索长租房市场建设。维护住房消费者合法权益，推动房地产业向新发展模式平稳过渡。中国人民银行就此发布《关于设立保交楼贷款支持计划有关事宜的通知》、额度为2000亿元、采取“先贷后借”的直达机制、按季度发放、支持金融机构于2022年11月1日至2023年3月31日发放的保交楼贷款以及央行按贷款本金的100%予以资金支持。一年来，房地产金融工作稳步推进，在有效防范房地产金融风险的同时，更好地满足了购房者合理住房需求，促进房地产市场健康发展和良性循环。

4. 持续提升金融对外开放水平

2022年1月1日生效的《区域全面经济伙伴关系协定》（Regional Comprehensive Economic Partnership，RCEP）的金融相关内容代表了中国金融领域在缔约实践中所做开放承诺的最高水平，首次承诺了新金融服务、金融业数据转移和处理两个条款义务。2022年5月27日，中国人民银行、中国证监会、国家外汇管理局发布《关于进一步便利境外机构投资者投资中国债券市场有关事宜》，统一我国债券市场对外开放的制度框架，有效推进中国债券市场制度型开放。中国人民银行会同国家外汇管理局发布《境外机构投资者投资中国债券市场资金管理规定》《关于境外机构境内发行债券资金管理有关事宜的通知》，统一债券市场资金管理规则，进一步便利境外机构在境内债券市场融资，推动我国债券市场稳步实现高水平双向开放。截至2022年年末，境外机构在中国债券市场的托管余额为3.5万亿元，占中国债券市场托管余额的比重为2.4%。其中，境外机构在银行间债券市场的托管余额为3.4万亿元，债券市场对外开放平稳有序。截至2022年年底中国外汇储备为31 276亿美元，外汇储备比2021年的32 502亿美元减少了726亿美元，外汇储备规模连续17年位居全球第一。外债总额为24 815亿美元，外债比2021年减少了2600亿美元。2022年年底持有美债8671亿美元，全年减持美债1732亿美元。2022年6月25日，中国人民银行与国际清算银行(BIS)签署了参加人民币流动性安排(RMBLA)的协议。2022年7月，中国人民银行、外汇局与香港特别行政区证监会、香港特别行政区金管局发布联合公告，宣布香港特别行政区与内地利率互换市场互联互通合作(互换通)启动建设，便利境外投资者参与境内人民币利率互换市场。此外，中国人民银行与香港金管局将本币互换协议升级为常备互换安排，并将互换规模扩大至8000亿元人民币/9400亿港元。经国际货币基金组织(IMF)审查，人民币权重由10.92%上调至12.28%，保持第三位。

在充分考虑国家安全等因素的前提下，新开放政策以具有可操作性的法律法规形式逐步固定下来，进一步稳定外资机构和投资者预期。货币当局和各监管机构在各自监管领域积极尝试制定和实施符合现实需要的新开放措施，监管机构之间的协调配合也更加顺畅。从开放效果来看，外资进入国内资本市场的总量快速增加，我国资本市场在国际市场的影响力明显提升；主要外资证券经营机构都已经或者正在申请设立拥有实际控制权的证券经营机构和基金管理公司，相关业务牌照的申请流程更加便捷透明，中外证券业深化合作与有序竞争同步展开。整体来看，我国金融业在对外开放中保持了良好的自主性和稳定性，人民币资产的国际吸引力不断增强，越来越多的国际投资者看好中国市场，我国金融市场也正在成为全球最具吸引力的金融市场之一。从目前外资机构在国内的布局和资产持有比例及结构来看，对外开放仍有很大空间，还需要坚持和完善对外开放战略，优化对外开放布局，拓展对外开放举措，在把握机遇中持续提高与国际市场接轨水平，在防范风险中妥善应对国际金融市场波动，在拓展双向开放中提升对外开放的层次和水平，推动我国金融业对外开放不断行稳致远。

5. 建立和健全金融业风险控制的规则体系

2022年1月，中国银保监会发布《关于银行业保险业数字化转型的指导意见》，强调加快建设与数字化转型相匹配的风险控制体系，防范模型和算法风险。2022年3月12日，国家发展改革委、商务部联合发布《市场准入负面清单(2022年版)》，强调“要强化反垄断监管，防止资本无序扩张、野蛮生长、违规炒作，冲击经济社会发展秩序”。2022年3月25日，中共中央、国务院发布《关于加快建设全国统一大市场的意见》，要求完善垄断行为认定法律规则，健全经营者集中分类分级反垄断审查制度。2022年4月，中国人民银行、银保监会发布《关于全球系统重要性银行发行总损失吸收能力非资本债券有关事项的通知》，推出TLAC非资本债券这一创新型工具，进一步拓宽了全球系统重要性银行的 TLAC 补充渠道，丰富了债券市场产品序列，对金融市场的发展具有积极意义。2022 年 6 月，中央全面深化改革委员会第二十六次会议审议通过了《强化大型支付平台企业监管促进支付和金融科技规范健康发展工作方案》，要求推动大型支付和金融科技平台企业回归本源，健全监管规则，补齐制度短板，保障支付和金融基础设施安全，防范化解系统性金融风险隐患，支持平台企业在服务实体经济和畅通国内国际双循环等方面发挥更大作用。金融基础设施是现代金融体系的关键节点，其持续安全运行是各金融市场业务正常开展的必要前提，也是关系国家金融安全的防火墙。中国人民银行不断深化金融供给侧结构性改革，加快推进金融基础设施建设，为金融市场稳健运行营造良好的网络金融生态环境。2022 年《银行业监督管理法(修订草案征求意见稿)》新增“银行业金融基础设施”的内容(第 35 条)，即国务院银行业监督管理机构负责对银行业金融基础设施进行监督管理，具体办法由国务院银行业监督管理机构制定。2022 年 12 月 14 日，中国人民银行发布《金融基础设施监督管理办法(征求意见稿)》，并向社会公开征求意见。

在秉持“遏增量、化存量”原则下，化解地方隐性债务必须防范“处置风险的风险”，避免在处置风险过程中引发次生金融风险。我们建议严堵违法违规举债融资的“后门”，防止地方国有企事业单位“平台化”，着力加强风险源头管控，硬化预算约束，管控新增项目融资的金融“闸门”。与此同时，压实省级政府防范化解隐性债务主体责任，督促金融机构以《银行保险机构进一步做好地方政府隐性债务风险防范化解工作的指导意见》为指引，增强风险管理能力，完善大型企业债务融资监测预警机制，提前制定接续融资和债务重组预案，为政府融资平台公司的授信规避低评级、低资质、低层级平台等尾部风险，并推动债务置换、优化期限结构、降低利息负担，积极配合地方推进重点企业风险化解及遗留问题解决，确保重点企业风险和担保圈风险一体化处置；逐步分离、减少地方政府的部分事权，让国有企业通过市场化方式参与更多优质项目以平稳地方政府债务规模，使准财政工具替代财政工具发力。

6. 强化和提升银行业和保险业风险抵补能力

2022 年 3 月 5 日，2022 年政府工作报告提出设立金融稳定保障基金，运用市场化、法治化方式化解风险隐患，牢牢守住不发生系统性风险的底线。2022 年 7 月 6 日，银保监会在官网发布批复公告，同意新华信托进入破产程序。自2001年以来，我国信托行业迎来首家进入破产程序的信托公司。2022年11月28日，银保监会发布的《银行保险机构公司治理监管评估办法》和《商业银行表外业务风险管理办法》，助力银行保险机构风险管理合规。针对外资银行，我国《商业银行法》和《外资银行管理条例》已授权给予差异化监管。为提高银行永续债的市场流动性，支持银行发行永续债补充资本，增强金融服务实体经济的能力，中国人民银行于2022年11月30日开展了央行票据互换(CBS)操作，操作量50亿元，期限3个月，费率0.10%。本次操作面向公开市场业务一级交易商公开招标，中标机构包括国有大型商业银行、股份制银行、城商行、农商行、证券公司等各类金融机构。换入债券既有国有大型商业银行和股份制银行发行的永续债，也有城商行发行的永续债，体现了对中小银行发行永续债补充资本的支持。2022年12月27日，中国银保监会发布了《外国银行分行综合监管评级办法(试行)》，优化外国银行分行评级体系和流程；出台的《关联交易管理办法》，豁免了外资银行与母行集团内其他银行间的关联交易比率规定。

截至2022年年底，中国银行业资产总规模位居全球第一，保险规模位居全球第二。2022年第四季度末，银行业和保险业总资产稳健增长，其中银行业金融机构的本外币资产总额为379.4万亿元，同比增长10.0%；保险公司总资产27.1万亿元，较年初增加2.3万亿元，较年初增长9.1%。2022年全年，商业银行累计实现净利润2.3万亿元，同比增长5.4%。平均资本利润率为9.33%，较上季末上升0.01个百分点。平均资产利润率为0.76%，与上季末持平。2022年第三季度末，纳入偿付能力监管委员会审议的181家保险公司在第三季度末的平均综合偿付能力充足率为212%，平均核心偿付能力充足率为139.7%。2022年第四季度末，商业银行贷款拨备覆盖率为205.85%，较上季末上升0.31个百分点。贷款拨备率为3.36%，较上季末下降0.05个百分点。商业银行资本充足率为15.17%，较上季末上升0.08个百分点。商业银行流动性覆盖率为147.41%，较上季末上升4.73个百分点。流动性比例为62.85%，较上季末上升1.19个百分点。人民币超额备付金率2.05%，较上季末上升0.49个百分点；存贷款比例为78.76%，较上季末上升0.11个百分点。商业银行利润保持增长，保险业平均综合偿付能力以及核心偿付能力充足，银行业和保险业的风险抵补能力整体充足。

(三)金融调控法的司法状况与特点

1. 健全完善金融审判体系，保障国家金融战略实施

2022年2月28日，成渝金融法院的设立，强化了金融监管力量，提升

了金融审判水平、服务保障金融改革和有效防范金融风险，是营造良好金融法治环境、促进经济健康发展的重要举措。2022年12月20日，《最高人民法院关于成渝金融法院案件管辖的规定》正式公布。该规定不仅明确了对境外衍生品交易活动损害境内投资者合法权益的案件管辖，还体现出对《期货和衍生品法》相关内容的落实，为境内投资者从事跨境衍生品交易活动提供了司法保障。2022年12月12日，重庆市人大常委会第三十八次会议任命成渝金融法院院长、副院长和首批员额法官。重庆市高级人民法院及四川省高级人民法院还联合发布《关于成渝金融法院启动收案后的案件管辖衔接指引》，对成渝金融法院启动收案后的管辖衔接问题进行规范明确。成渝金融法院是探索跨省域集中管辖金融案件而设立的全国首家专门法院，实现了金融法院在跨省域管辖上“零”的突破。成渝金融法院将结合区域功能定位和特点，对金融案件实行集中管辖，推进金融审判体制机制改革，提高金融审判专业化水平。可以肯定，设立成渝金融法院，是贯彻落实党中央重大战略部署的需要，是深化司法体制综合配套改革、完善法院组织体系的重要举措，有助于保障国家金融战略实施、维护金融安全，健全完善金融审判体系，加大金融司法保护力度，提升我国金融的国际影响力和国际话语权。

2. *提升金融审判质量，服务保障金融改革和有效防范金融风险*

2022年10月13日，最高人民法院召开新闻发布会，介绍人民法院智慧法院建设工作成效。我国目前已建成支持全国四级法院“全业务网上办理、全流程依法公开、全方位智能服务”的智慧法院信息系统，创新纠纷解决和诉讼服务模式。人民法院研发上线了覆盖四级法院的人民法院在线服务平台，提供立案、开庭、送达等在线服务，老百姓办理诉讼事务可以全流程、全天候“掌上办”。成渝金融法院采用“线下+智能+互联网”诉讼模式，实现诉讼服务24小时“不打烊”，推动金融领域纠纷及时、高效、源头化解，有效保护金融消费者合法权益，促进金融业持续健康发展，为打赢防范化解重大风险攻坚战提供有力司法保障。成渝金融法院的成功设立与顺利运转，有助于促进成渝地区双城经济圈建设，统一金融纠纷案件的裁判思维。

金融法院智能服务建设将进一步推动金融案件快立案、快审理、快判决与快执行，实现对债权人与守信者权益的平等保护、全面保护与精准保护，努力实现裁判与执行最佳的政治效果、法律效果、社会效果、市场效果与国际效果。因金融行业所具有的传导性，还要防范因强制执行可能触发的衍生风险。《最高人民法院关于人民法院强制执行证券、期货若干问题的规定(征求意见稿)》规定了适用于司法解释的“证券和期货”的金融资产产品范围，期望一体规范主流金融资产产品的司法保全和执行程序。该征求意见稿不仅首次明确强制处置前解除上市公司股票限售的机制，还在区分非限售股与限售股的基础上，设置不同的股票处置保留价确定标准。运用科技、政策等方式提升金融审判水平，能够更好地服务保障金融改革，有效防范金融风险。

2022 年 12 月 30 日，北京金融法院在其所审理的北京金融法院 1 号案件判决中明确了银行间债券市场虚假陈述适用 2019 年《证券法》及其司法解释，该案系全国首例银行间债券市场虚假陈述侵权案件。北京金融法院在本案中取消前置程序后法院独立裁量认定虚假陈述的界限，确认了交易因果关系的认定以及法院对侵权赔偿责任的自由裁量权。上海金融法院则在其首例测试案例(2022)沪 74 测试 1 号中明确强调和适用民事赔偿责任优先原则，以犯罪处罚款优先赔付投资者损失。该案件是全国首例涉主板市场多手法操纵侵权责任纠纷案暨首例适用民事赔偿责任优先原则案件。该测试案例属于聚焦期货和衍生品领域前沿性争议焦点的典型案例，对类案具有指导性意义。

上海金融法院审理的厦门华侨电子股份有限公司诉上海证券交易所行政处理案，是退市新规实施后人民法院对证券交易所作出退市决定进行审查并依法作出行政诉讼判决的第一案。该案对促进上市公司优胜劣汰、营造法治化资本市场生态有着重要意义，其审判结果有重大示范意义和借鉴作用，对于推动我国法治建设进程具有重要的示范意义。金融法院要通过个案的审理和执行工作，为金融改革发展稳定提供有力司法服务和保障。提高金融审判专业化水平能发挥司法引领和协同作用，保护金融消费者与债权人合法权益、维护金融安全、防范金融风险、助推实体经济健康发展。

3. *充分发挥金融纠纷多元化解优势，打造多元化解新格局*

2022 年，全国四级法院积极探索多元解纷机制和诉源治理长效举措，服务保障金融监管、安全和发展。截至 2022 年 9 月，全国四级法院以及 9 万多个调解组织、35 万多名调解员已经入驻人民法院调解平台，平均每个工作日就有几万件纠纷在平台进行调解。各级人民法院大力宣传诉外调解在人力、时间、经济成本上的优势，积极引导当事人优先选择非诉方式解决金融纠纷。人民法院还应探索在诉讼中认可、采纳独立专家的评估报告意见。人民法院经金融纠纷调解组织调解员主持达成的调解协议具有民事合同性质，金融纠纷调解组织应引导当事人自觉履行。各地金融管理部门也鼓励相关机构在与消费者订立合同时，约定采用调解方式解决金融纠纷。此外，还应积极探索建立独立于金融管理部门的专业性金融纠纷解决机构。各级人民法院在《最高人民法院、中国人民银行、中国银行保险监督管理委员会关于全面推进金融纠纷多元化解机制建设的意见》的指导下，不断完善“投诉+调解+裁决”一站式纠纷解决服务、打造多元化解新格局，使金融纠纷调解组织逐步承担起投诉处理、转办、调解、裁决等职能，推动纠纷高效解决。一站式纠纷解决服务还有利于保护金融消费者合法权益，防范化解金融风险，促进金融业持续健康发展。《金融稳定法(草案)》则明确金融风险处置措施与司法程序的衔接。最高人民法院还将推动出台“全国法院金融审判工作会议纪要”，以应对金融产品不断创新对传统司法思维带来的挑战。“全国法院金融审判工作会议纪要”的出台也有利于进一步统一司法、执法标准，明确金融审判与金融监管的衔接配合，推进完善金融案件多元化纠纷解决机制。

(四)推进 2023 年金融调控法实施的建议和展望

继续统筹推进金融法律法规体系建设，加快《中国人民银行法》、《商业银行法》、《银行业监督管理法》、《保险法》、《反洗钱法》、“地方金融监督管理条例”、“非银行支付机构条例”、“金融稳定法”等金融法律、法规的修改或制定工作，实现我国金融法治的现代化。

1. 全方位推动金融风险防范化解

健全中央和地方协同监管格局，要压实各有关部门监管责任，强化功能监管、穿透式监管、持续监管，加强监管协作和联合执法，保持线上、线下监管的一致性，依法坚决查处非法金融活动。继续按照稳定大局、统筹协调、分类施策、精准拆弹的方针，稳妥有序做好重点机构风险处置化解工作，发挥存款保险制度和行业保障基金在风险处置中的作用。要强化金融控股公司监管和平台企业参控股金融机构监管，强化互联网存贷款、保险、证券、基金等业务监管。2023 年内需中的投资与消费将趋于平衡，居民基础消费占比将明显下降，基建投资占比有望继续提升。中国固定资产投资可能会呈现基建投资增速小幅下降。制造业投资，受外需收缩和产能利用率下降影响，增速会前高后低，全年增速下降幅度可能会超过基建投资。房地产投资则前低后高、全年难有较大幅度增长。应稳妥实施好房地产金融审慎管理制度，更好满足购房者合理住房需求，促进房地产业良性循环和健康发展。巩固拓展防范化解重大金融风险攻坚战成果，守住不发生系统性金融风险底线。要坚持底线思维、问题导向，立足保障产业链、供应链的安全稳定，统筹金融支持科技创新和防范金融风险，压实风险防控主体责任。进一步健全宏观审慎政策框架。在外需收缩的背景下，应加强逆周期调节力度，保持必要的财政支出强度。在此情况下，可考虑适度增加赤字率，对冲外需收缩的影响，防止疫后经济内生的修复动能因外部冲击而削弱，以有效缓解国际经济周期不同步所带来的影响。支持金融科技依法规范发展，加强反垄断和反不正当竞争，以公正监管保障公平竞争，激发各类市场主体活力。

要继续强化金融支持盘活存量资产，并充分利用存量资产现金流稳定、风险相对较小等特点，鼓励和引导银行信贷、保险投资计划、债券、资产证券化等金融工具基于项目信用进行融资，减少地方政府和企业融资担保、增信，降低地方政府债务风险和企业杠杆水平。应意识到无论是债务置换还是债务重组，都只是以时间换空间。因此，除了要积极盘活存量资产，还要靠未来的收益来偿还。这就需要稳步推进城投公司市场化转型，让城投公司产生造血机制，还要推动城投公司资产重组，通过注入资产、资产重组等方式，增强城投公司信用质量，提高融资能力。而更深层的逻辑则是地方政府搞活经济，推动实体经济繁荣，因为发展才是解决一切问题的根源。此外，维护稳定的市场和经济大环境，妥善处置以往积累的债务风险是推进改革，完成新发展模式转型，顺利展开下一阶段高质量发展进程的重要保障。银保监会也因此将防控风险，化解地方债务作为金融风险监管的重要内容。

防控和化解地方债务风险需要开展中小法人银行风险资产清收处置攻坚行动。用好地方政府发行专项债补充中小银行资本政策。督促中小银行加强资产质量真实分类、加大拨备计提力度，有效处置不良资产。鼓励以改革化险一体推进的策略方法推动地方中小机构深层次治理，包括但不限于深化农村商业银行改革试点方案贯彻落实；加快推进城商行改革化险和高质量发展；稳步实施村镇银行等中小机构并购重组计划；引导信托公司、资产管理公司、财务公司等非银行机构回归本源主业。督促银行保险机构应用数据分析穿透能力建立健全风险监测预警体系，常态化排查各类金融风险隐患，密切关注大企业担保圈、产能过剩行业、企业债券违约、交叉性金融业务及非法集资等领域风险，及时防控和化解风险，防止风险交叉、蔓延。

2. 高效发挥货币政策宏观经济稳定器功能

稳健的货币政策要与积极的财政政策协调联动，实现跨周期和逆周期宏观调控政策有机结合，全力做好“六稳”“六保”工作，着力稳定宏观经济大盘，保持经济运行在合理区间。在总量上要“稳”字当头，做到灵活适度。继续实施积极的财政政策和稳健的货币政策，加大宏观政策调控力度，加强各类政策协调配合，形成共促高质量发展合力。综合运用各种货币政策工具，增强信贷总量增长的稳定性，保持社会流动性合理充裕，保持 M2 和社会融资规模增速同名义经济增速基本匹配。数量调控可采取进一步下调法定存款准备金率和加大 MLF 操作力度等措施，及时释放宽松信号。利率调控进一步落实“降成本”的要求，可择机下调 MLF 率等政策利率，进而引导 LPR 有所走低，继续释放 LPR 改革促进降低贷款利率的潜力，优化存款利率监管，稳定银行负债成本，推动实际贷款利率进一步降低。综合运用多种货币政策工具，保持流动性合理充裕，增强信贷总量增长的稳定性，加大对实体经济的支持力度，推动企业综合融资成本稳中有降、金融系统继续向实体经济让利。预计在货币和财政政策的支持下，2023 年第三产业占比将再次回升，第二产业占比将由升转降，居民就业和收入分配状况将得到改善，微观主体信心将得以增强。微观主体信心的增强不仅需要积极正面的引导，还需要坚定不移深化改革，更大激发市场活力和社会创造力，使引领未来发展方向以及与高校毕业生就业相适配的行业和产业得到健康发展。增强人民币汇率弹性，保持人民币汇率在合理均衡水平上的基本稳定。

3. 全面提升金融服务实体经济水平

应提高金融服务扩大国内需求和建设现代化产业体系的能力，支持加快构建新发展格局。保持小微企业信贷支持政策的连续性、稳定性，进一步发挥好再贷款、再贴现、碳减排支持工具等政策性开发性金融工具的牵引带动和精准滴灌作用，加大对普惠金融、绿色金融支持力度，引导金融机构加大对实体经济特别是小微企业、科技创新、绿色发展、乡村振兴等重点领域的支持。完善支持普惠小微、绿色发展、科技创新等政策工具机制，精准加强重点领域和薄弱环节金融支持。房地产仍是支柱产业，要将房地产健康发展作为阶段性中心工作。需要满足优质房地产企业的正常融资需求和居民合理住房贷款需求，扎实做好保交楼、保民生、保稳定各项工作。要在政策松绑和降息、降首付等手段的配合下，设计一套系统性、长期性解决方案以恢复市场参与各方的信心。加快推进金融支持创新体系建设，要聚焦关键核心技术攻关、科技成果转化、科技型和创新型中小企业、高新技术企业等重点领域，深化金融供给侧结构性改革，推进科技信贷服务能力建设，强化开发性、政策性金融机构在职责范围内服务科技创新作用。

切实落实“两个毫不动摇”，拓展民营企业债券融资支持工具的支持范围，推动金融机构增加民营企业信贷投放。做好政策性开发性金融工具、设备更新改造专项再贷款等稳经济大盘政策工具存续期管理，支持项目落地建成。充分用好碳减排支持工具，以稳步有序、精准直达的方式，引导金融机构支持清洁能源、节能环保、碳减排技术等重点领域的发展，并撬动更多社会资金促进碳减排。金融机构可以帮助中小微企业发行绿色债券和绿色发展基金，为其开立碳账户、完善碳核算方法、计算碳排放量以及建立农业碳减排风险共担机制，将普惠金融标准植入绿色金融发展理念，推动绿色金融和普惠金融协同发展，逐渐演化成为更高质量、更持久的绿色普惠金融。深入实施中小微企业金融服务能力提升工程，进一步健全融资配套机制，推动普惠小微贷款稳定增长。增强银行业金融机构为承担国家重大科技创新任务企业服务能力，提升多层次资本市场直接融资功能，发挥保险和融资担保机构风险分担作用，强化金融支持科技创新的外部支撑。

4. 加大推动金融科技发展和金融数字化转型力度

2022年1月4日，中国人民银行依据《国民经济和社会发展第十四个五年规划和2035年远景目标纲要》印发《金融科技发展规划(2022-2025年)》，提出新时期金融科技发展指导意见，明确金融数字化转型的总体思路、发展目标、重点任务和实施保障。2022年2月17日，由中国互联网金融协会牵头组织，神州信息主导并联合光大银行、广发银行、华夏银行、北京银行、上海银行、上海华瑞银行、武汉众邦银行、四川新网银行等单位编制的T/NIFA 11-2022《商业银行互联网开放平台架构规范》团体标准正式发布。这是业内首个基于互联网开放平台的架构标准成果，为商业银行建设互联网开放平台提供了重要参考和借鉴。2022年4月13日，中国互联网金融协会、中国银行业协会、中国证券业协会发布《关于防范NFT相关金融风险的倡议》。2022 年 10 月 9 日，中国人民银行正式发布《金融领域科技伦理指引》（JR/T 0258－2022）标准，提出要秉持“金融为本、科技为器”原则，坚持科技为金融赋能的定位，划定金融机构与科技公司的合作边界，由金融机构直接提供金融服务，由科技公司为金融机构提供技术支持，做到互促共进，有效隔离金融风险与科技风险。2022 年《银行业监督管理法（修订草案征求意见稿）》新增“信息科技服务规则”的内容（第 51 条），即银行业第三方机构为银行业金融机构提供信息科技服务的，应当符合国家及国务院银行业监督管理机构关于银行业金融机构信息科技业务的有关规定。银行业监督管理机构有权对提供信息科技服务的机构进行现场检查。与之相配套，2022 年《银行业监督管理法（修订草案征求意见稿）》新增“信息科技机构罚则”（第 85 条）。

5. 高质量推进金融改革和国际金融合作

推动出台金融基础设施监管办法。稳步推进债券市场改革开放。中国人民银行提出要不断深化金融改革，主要内容包括出台《金融基础设施监督管理办法》、推进债市改革开放、实施好存款保险制度、因地制度分类推动农信社改革以及完善货币、票据、黄金、衍生品等市场管理制度等。从 2023 年政府工作报告的表述来看，地方金融机构的改革进程预计仍将加快，通过组建省级统一法人机构化解高风险金融机构的做法会被继续效仿。陕西提出要深化地方法人金融机构改革；山西提出要推动新机构顺利挂牌；新疆提出要加快推进地方法人机构改革；贵州提出加强地方法人金融机构风险防范化解，加快省农信社改革。河南提出要加快推进农信社改革、完成河南农商联合银行组建；四川提出要深化农信系统改革，完成省级农商行组建；辽宁提出要全面实施农信系统整体改革、完成省级农商行组建；甘肃提出要稳妥推进农信社改革，组建甘肃农商联合银行；黑龙江提出要大力推动省农村信用社联合社综合改革。其中，农信社改革仍是 2023 年金融改革方面的重点。应继续深入推进农信社改革化险，健全现代金融企业制度，提升农信社服务能力。在农信社改革化险进程中，要完善穿透式监管体系，防止形成区域性、系统性金融风险。

在海外需求走弱、内需走强的背景下，新发展格局将加快构建。中国要在这种结构再平衡过程中更好统筹国内循环和国际循环，围绕构建新发展格局，增强国内大循环内生动力和可靠性，提升国际循环质量和水平。受国际需求收缩及基数抬升影响，我国出口增速将转为负增长，净出口对经济增长可能形成一定拖累。在外需走弱、内需走强的情况下，净出口对我国经济增长的拉动作用可能转负。综合投资、净出口增速变化以及疫情对消费的影响将逐步消退，预计2023年中国GDP增速可能在5.0%左右。在国际金融合作方面，应在统一我国债券市场对外开放的制度框架的基础上，高效推进中国债券市场制度型开放。加强对香港特别行政区人民币离岸中心建设的支持力度，推动人民币离岸市场发展。推进香特别行政区与内地利率互换市场互联互通合作的建设，进一步便利境外投资者参与境内人民币利率互换市场。货币当局和各监管机构应在各自监管领域积极尝试制定和实施符合现实需要的新开放措施，以保障监管机构之间的协调配合更加顺畅。在充分考虑国家安全等因素的前提下，将新开放政策以具有可操作性的法律法规形式逐步固定下来，进一步稳定外资机构和投资者的预期。

6. 持续提升金融服务与管理水平

高质量完成《金融业“十四五”发展规划》编制。中国人民银行、市场监管总局、银保监会、证监会四部门印发的《金融标准化“十四五”发展规划》提出，要在2025年基本建成与现代金融体系相适应的标准体系，使金融标准化的经济效益、社会效益、质量效益和生态效益充分显现，进一步凸显标准化支撑金融业高质量发展的地位和作用。金融标准化能辅助现代金融管理，助力健全金融市场体系，支撑金融产品和服务创新。金融标准化建设要求加快监管科技的全方位应用，强化数字化监管能力建设，对金融科技创新实施穿透式监管，筑牢金融与科技的风险防火墙。要继续强化金融科技治理，健全多方参与、协同共治的金融科技伦理规范体系，并在保障安全和隐私前提下推动数据有序共享与综合应用，充分激活数据要素潜能，有力提升金融服务质效。还应深化数字技术金融应用，健全安全与效率并重的科技成果应用体制机制，不断壮大开放创新、合作共赢的产业生态，促进科技成果高效转化。健全安全高效的金融科技创新体系，搭建业务、技术、数据融合联动的一体化运营中台，建立智能化风控机制，全面激活数字化经营新动能。继续推进金融服务智慧再造，搭建多元融通的服务渠道，着力打造无障碍服务体系，为人民群众提供更加普惠、绿色、人性化的数字金融服务。此外，还应不断健全科学适用、结构合理、开放兼容、国际接轨的金融标准体系，并力争到2035年全面形成市场驱动、政府引导、企业为主、社会参与、开放融合的金融标准化工作格局，使标准化成为支撑金融业高质量发展的重要力量。

撰稿专家

管斌，1972 年出生，湖北通山人，法学博士。华中科技大学中国金融法研究中心执行主任，经济法学硕士导师组组长，德国 Bayreuth 大学访问学者（2005 年 10 月至 2006 年 10 月）。兼任中国法学会经济法学研究会理事、中国法学会财税法学研究会理事、中国法学会证券法学研究会理事、中国法学会社会法学研究会理事、湖北省 PPP 专家库专家（法律类）、湖北省法院典型案例和优秀裁判文书评审专家、湖北省妇女儿童权益保护专家等。主要从事经济法学、社会法学和金融法学等课程的教学和研究工作。曾在《中国法学》《法商研究》等刊物发表 70 多篇论文及多篇杂谈、随笔，其中多篇论文被中国人民大学复印报刊资料和《中国经济法学精萃》等全文转载；主持教育部、中国法学会等省部级课题多项；独著《金融法的风险逻辑》（法律出版社 2015 年版）、《混沌与秩序：市场化政府经济行为的中国式构建》（北京大学出版社 2010 年版），合撰《经济法权研究》（武汉大学出版社 2012 年版）、《金融法学专论》（对外经济贸易大学出版社 2010 年版）等学术著作多部。

2022 年市场规制法实施报告*

孙 晋

报告要旨

2022 年市场规制法的实施延续了 2021 年的总基调，在大幅度健全公平竞争法律体系和政策体系前提下，持续健全和完善市场监管体制机制，不断探索新的规制工具和提升市场监管效能，在推动实现高质量发展中取得重大突破与显著进步，具有里程碑意义。《反垄断法》完成了颁布 15 年来的首次修改，公平竞争审查制度成功“入法”，6 部反垄断法配套新规公开征求意见；《反不正当竞争法》迎来第三次修订，法律修正草案首次提请全国人大常委会审议；最高人民法院发布了《关于适用〈中华人民共和国反不正当竞争法〉若干问题的解释》。市场规制法律体系的健全为市场监管体制改革和加强法律实施提供了高质量制度保障。2022 年是国家反垄断局“履新”的第一年，竞争监管力量得到加强，监管执法力度保持在高位运行，创新监管执法方式“刚柔相济”，智慧型监管手段不断涌现，以公平竞争监管执法为核心的市场规制工作高质量运转。数字平台领域垄断和资本无序扩张乱象得以有效遏制，平台反垄断监管进入常态化阶段，促进平台企业规范与发展并重成为共识。此外，质量监管、价格监管、安全监管、标准和审计监管制度逐渐完善，执法工作聚焦民生和重点领域，同步推进效果明显。在新《反

* 本报告系作者主持的国家社会科学基金重大项目“适应新时代市场监管需要的权力配置研究”（项目号 20&ZD194）的阶段性研究成果。

垄断法》增加“反垄断公益诉讼”制度助力下，反垄断司法持续升温，最高人民检察院专门发文要求认真贯彻实施新《反垄断法》，积极稳妥开展反垄断公益诉讼检察工作，重点关注互联网、公共事业、医药等民生领域。“合规管理强化年”“合规管理认证元年”成果丰硕，央企合规体系基本建成，数字平台等重点领域合规受到空前重视。竞争政策基础地位得到新《反垄断法》确证，公平竞争审查工作“入法”后渐入佳境，进入常态化深入实施阶段，公平竞争审查信息化建设、举报处理、重大政策措施会审、公平竞争指数四项试点如火如荼。消费者权益保护工作效果显著，新兴领域消费者权益损害问题进入大众视野，消费者数据隐私得到《个人信息保护法》等立法重视和加强保护。质量强国战略深入实施，全面加强质量管理和品牌建设；食品、药品、重点工业产品、特种设备安全问题得到空前重视；互联网广告治理取得新成效；数据基础制度框架基本建成，数据出境和数据安全得到强化。

2022 年市场规制法实施的特点有：一是着力破除行政性垄断和地方保护，助力全国统一大市场建设；二是不断创新市场监管方式，营造良好的营商环境；三是企业合规管理进一步发展和完善，中央企业合规管理体系建设基本完成；四是反垄断执法司法“双头并进”进入新发展阶段，进一步加强民生保障；五是竞争政策基础地位得到大力强化，深入推进公平竞争政策实施，公平竞争审查工作取得新突破；六是聚焦重点行业及领域内不正当竞争监管，专项执法行动效果显著。另外，消费者权益保护持续推进，及时回应社会关切；及时跟进数据领域监管，有效遏制数据垄断；其他市场监管法领域重拳出击，不断提升监管实效。2022 年市场规制法的实施仍存在以下问题：市场监管效能仍需进一步提升，反垄断监管体制机制尚不健全，反垄断执法与司法衔接问题悬而未决，法院的反垄断司法短板亟待补齐，企业刑事合规、行政合规与自我合规建设的衔接与协调有待加强；制定《公平竞争审查条例》确有必要，违反公平竞争审查制度的法律责任有待明确；《反不正当竞争法》的第三次修订需要加速，网络领域不正当竞争行为规制乏力；新业态下消费者权益保护任重而道远。

核心建议

1. 强化信用监管，探索智慧监管。在夯实反垄断法治根基后，应更深入推进“互联网+监管”，建立以综合监管为基础、以专业监管为支撑、以全链条监管为保障的市场监管体系。

2. 以央企合规为抓手推动企业日常型合规管理体系建设。

3. 细化反垄断规则，促进执法司法有效衔接、法院检察院良性互动，提高常态化监管水平。锚定一个市场的目标，进一步破除地方保护和行政性垄断，强化行政性垄断执法。

4. 以制定《公平竞争审查条例》为契机，提高公平竞争审查制度刚性约束力，探索公平竞争审查提质增效激励机制，推动公平竞争审查制度改革与创新。

5. 借助《反不正当竞争法》的修订，从规则到实施加强对网络不正当竞争行为的监管，完善互联网治理体系，发挥规则协同效应。

6. 以消费者权益保护为中心，加强消费品质监管与消费创新，保护消费者数据隐私，增进网络消费者权益保障。

本报告主要包含市场规制法实施总体状况、反垄断法、公平竞争审查制度、反不正当竞争法、消费者权益保护法和以产品质量法、价格法、广告法等为代表的其他市场监管法的具体实施内容，通过对有关国家机关、企事业单位以及智库、权威媒体等其他社会组织向社会公开的2022年市场规制法领域相关信息的提炼和总结，对我国市场规制法领域的实施情况进行年度盘点，发现我国市场规制法实施中尚需补足的短板，并据此对我国市场规制工作提出切实可行的完善建议。

一、2022 年市场规制法实施的整体状况

（一）市场监管工作稳中有进

2022 年是我国稳经济促发展的关键一年，亦是党的二十大的胜利召开之年和“后疫情时代经济复苏的开端之年”。中国经济在疫情的冲击下迎难而上，在经济高质量发展的征程上迈出了坚实的步伐，我国市场监管工作坚持稳中求进工作总基调，不断推进顶层设计，完善市场监管体系，着力推动全国统一大市场建设，持续深化改革，优化监管，加强高标准市场体系建设，市场监管工作取得历史性成就，发生历史性变革。

党的二十大报告强调，“完善产权保护、市场准入、公平竞争、社会信用等市场经济基础制度，优化营商环境”。2022 年 4 月，新华社全文发布了《中共中央、国务院关于加快建设全国统一大市场的意见》明确提出，建设全国统一大市场是构建新发展格局的基础支撑和内在要求。2022 年 1 月 27 日，国务院发布《“十四五”市场监管现代化规划》（以下简称《规划》）的通知，明确提出了“十四五”时期我国市场监管现代化必须实现营商环境持续优化、市场运行更加规范、市场循环充分畅通、消费安全保障有力、质量水平显著提升、监管效能全面提高六大目标，“十四五”时期更加系统深入地在创新和完善市场监管、推动市场监管现代化方面进行了顶层规划。2022 年 10 月，国家市场监管总局新增“反垄断总监”一职，由现任法规司司长兼任，这有助于在反垄断局挂牌之后进一步提升反垄断监管效能，优化反垄断政策实施，进一步深入推动市场监管体制机制改革的实践探索。2022 年 12 月，中央经济工作会议指出，要大力发展数字经济，提升常态化监管水平，支持平台企业在引领发展、创造就业、国际竞争中大显身手。对于加强和提升市场监管精准度，推动平台经济持续健康发展，具有重要意义。

2022 年我国不断提升市场监管综合能力，促进市场监管方式创新，坚持以法治为根本、以信用为基础、以智慧为支撑，系统推进法治监管、信用监管、智慧监管作为市场监管现代化建设的重要抓手，着力完善统筹活力和秩序的事中事后监管措施，开放监管效能持续提升，以信用监管为基础的新型监管机制基本形成。2022 年 3 月，中共中央办公厅、国务院办公厅印发的《关于推进社会信用体系建设高质量发展促进形成新发展格局的意见》强调，创新信用监管，加快健全以信用为基础的新型监管机制。国

务院发布的《“十四五”市场监管现代化规划》通知中明确提出，有重点、分领域加强和完善市场主体信用监管制度措施，促进信用赋能市场监管加快落地见效，要求以完善信息归集公示机制、信用约束激励机制、信用风险分类管理机制等三大机制为抓手，健全信用监管长效机制。明确企业信用风险分类标准，根据企业信用等级确定差异化的监管措施，与“双随机、一公开”监管、专业领域风险防控等有机结合，提高监管及时性、精准性、有效性，加快推动信用信息嵌入市场监管各业务领域。该规划还要求，加快推进智慧监管。充分运用互联网、云计算、大数据、人工智能等现代技术手段，加快提升市场监管效能。建立市场监管与服务信息资源目录和标准规范体系，全面整合市场监管领域信息资源和业务数据，深入推进市场监管信息资源共享开放和系统协同应用。并提出了实施智慧监管信息化专项工程。2022 年 12 月 15 日，国家市场监管总局组织召开了全国市场监管系统“双随机、一公开”监管暨企业信用风险分类管理工作推进会。要求持续提升“双随机、一公开”监管科学化水平。此外，市场监管部门充分运用大数据赋能，综合推进智慧监管，提升监管精准化、智能化水平。新疆维吾尔自治区市场监管局应用信息化方式，开展政策措施公平竞争审查监测，实现审查“全覆盖”，通过“大数据检测+人工审核”“内嵌风险词+典型案例对比”“科学计算方法进行权重分析”等方式，实现对全区政策制定机关在官网发布的政策措施实时监测、自动预警。建立统一的审查标准、统一的审查流程、统一的监测评估工作机制，确保公平竞争审查网络信息化监测工作质量。①

坚持包容审慎监管理念，营造更加宽松便利、公平竞争的营商环境。《行政处罚法》修改，新增“首违不罚”条款，即“初次违法且危害后果轻微并及时改正的，可以不予行政处罚”。2022 年 10 月 8 日，市场监管总局正式印发修订后的《关于规范市场监督管理行政处罚裁量权的指导意见》(以下简称《指导意见》)，增加了依法应当不予处罚、应当从轻或者减轻处罚、可以从轻或者减轻处罚的情形，减少了可以从重处罚的情形，体现了宽严相济的执法理念。2022 年 7 月，大连市市场监管部门全力推进包容审慎监管，联合大连市司法局通过了《大连市市场监管领域首次轻微违法行

① 《新疆启动公平竞争审查信息化监测》，载新疆维吾尔自治区市场监督管理局网，http://www.xjaic.gov.cn/xjaic/qjxx/202211/5639ec5700de49d19c441de76d0c15e9.shtml，最后访问日期：2023 年 2 月 12 日。

为告知承诺免罚清单》（2022 年版），免罚清单共涵盖市场主体登记监管、广告监管、网络交易监管、价格监管、计量监管等 13 个领域 77 项免罚行为。四川省出台《四川省市场监管领域“首违不罚”清单适用规则（试行）》，四川全省市场监管部门以推行柔性执法为抓手，积极探索包容审慎监管模式，实施“首违不罚”的案件数达 1000 余件。2022 年 9 月，山东省威海市文登区市场监管局对一起食品生产企业违法案件，认为涉案企业违法行为轻微、积极整改到位、没有造成危害后果，遂依法作出不予处罚决定。2022 年 10 月 10 日，四川市场监管领域“首违不罚”十大典型案件公布，其中包括有商家在广告中使用绝对化用语，有公司在食品经营许可证有效期届满未延续，还有商家将“驰名商标”字样用于宣传等。这些案件的当事人均系 3 年内首次违反市场监管领域法律法规，违法行为持续时间短并及时整改，未造成实质损害。以有温度的执法助企纾困，保护市场主体不因小错影响生存和发展，为市场主体营造宽松和谐的法治化营商环境。

灵活开展部际协同监管和区域协同监管制度建设，监管协同化水平进一步提高。2022 年 4 月 22 日，国家市场监管总局公布《“十四五”广告产业发展规划》（以下简称《广告产业规划》）明确提出要完善协同监管，切实发挥整治虚假违法广告部际联席会议机制作用。坚持齐抓共管、各尽其责、综合治理，形成监管工作合力。2022 年广西壮族自治区市场监督管理局根据自身发展实际，将反垄断、反不正当竞争和公平竞争审查三项工作有机融合，建立广西反垄断与公平竞争工作厅际联席会议制度，成员单位由 24 个增加到 32 个，有效解决现有制度、部门、会议交叉重叠等缺乏效率的问题，创新建立反垄断、反不正当竞争和公平竞争审查的“三合一”公平竞争政策新机制，以解决现有制度、部门、会议交叉重叠等问题。[①] 国务院发布的《“十四五”市场监管现代化规划》通知中明确提出，探索建立跨区域协同监管机制。鼓励各地区探索有效合作方式，借鉴复制推广区域市场监管一体化机制，促进不同地区实现协调统一监管。近年来，长三角三省一市（江苏省、浙江省、安徽省、上海市）市场监管部门法制机构立足长三角市场监管一体化发展大局，通过强化沟通、协调政策、制度共建、交叉监管等多种方式积极推进法制条线的工作协同，为一体化发展打好法治基础、

① 《全国首次！广西建立反垄断与公平竞争工作厅际联席会议制度》，载广西壮族自治区市场监督管理局网，http：//scjdglj. gxzf. gov. cn/xwdt/qjdt/t11321015. shtml，最后访问日期：2023 年 2 月 12 日。

提供法制保障。2022年年初，三省一市四方共同议定将制定出台《长三角地区市场监管领域轻微违法行为不予处罚和从轻减轻处罚规定》纳入《长三角市场监管一体化2022年度工作要点》，以区域轻罚免罚机制建设为切入点逐步实现行政处罚裁量领域的协同，提升区域执法办案一体化水平。①

(二)竞争合规和合规标准化建设成果显著

2022年是“国企改革三年行动收官之年”，也是“合规管理强化年”“合规管理认证元年”，国企改革三年行动成效显著。国资委启动中央企业“合规管理强化年”工作，中央企业成立主要负责同志牵头的合规委员会，将合规管理工作纳入“十四五”规划统筹推进，逐步建立业务部门、牵头部门、监督部门组成的合规管理“三道防线”，定期开展风险排查和预警，及时处置风险。国资委在总结2018年《中央企业合规管理指引(试行)》运行过程中遇到的重点难点、借鉴国内外大型企业先进合规管理经验、广泛听取国内外各行业领域专家学者意见的基础上，发布了《中央企业合规管理办法》，以部委规章的法律形式规定中央企业合规建设的基本要求、内容和路径，明确了央企合规建设的法律义务，有力提升央企合规建设的水平。这是国资委成立以来第一部专门针对合规管理出台的部门规章，也是迄今为止中央层面第一部关于企业合规的部门规章，对推动中央企业合规管理工作具有里程碑意义。

进一步加强对重点领域合规管理体系建设。2022年6月17日，内蒙古自治区市场监管局发布《内蒙古自治区公用企业反垄断合规指引》。② 该指引是我国第一个专门针对公用企业的反垄断合规指引，对推动自然垄断行业的市场化改革具有重要意义。2022年7月5日，浙江省市场监督管理局批准发布了DB33/T 2511-2022《互联网平台企业竞争合规管理规范》③ 省级地方标准。该标准以互联网平台企业“自我优待”、“大数据杀熟”、算法

---

① 《〈长三角地区市场监管领域轻微违法行为不予处罚和从轻减轻处罚规定〉政策解读》，载浙江省市场监督管理局网，http://zjamr.zj.gov.cn/art/2023/1/17/art_1229683585_2455190.html，最后访问日期：2023年2月9日。

② 《内蒙古自治区市场监督管理局关于印发〈内蒙古自治区公用企业反垄断合规指引〉的通告》，载内蒙古自治区市场监督管理局网，http://amr.nmg.gov.cn/zfxxgk/fdzdgknr/gfxwj/202206/t20220621_2074731.html，最后访问日期：2023年2月12日。

③ 《浙江省市场监督管理局批准发布〈互联网平台企业竞争合规管理规范〉省级地方标准》，载浙江省市场监督管理局网，http://zjamr.zj.gov.cn/art/2022/7/8/art_1229047334_59023165.html，最后访问日期：2023年2月12日。

滥用、强制“二选一”、资本无序扩张等破坏公平竞争的行为为研究对象，以落实互联网平台企业竞争合规主体责任为出发点，从反垄断、反不正当竞争两个角度，全面梳理互联网平台企业竞争合规相关风险，明确互联网平台企业竞争合规管理要点。2022 年 9 月 16 日，广东省发布《广州市跨境电商行业合规指引(试行)》,[①] 这是国内跨境电商综试区首个多部门联合发布的跨境电商合规指引，全面涵盖跨境电商行业主体，分别为跨境电商平台、跨境电商企业、物流企业、支付企业和其他跨境电商业务经营者从正面引导和反面禁止两个角度提出针对性指引。2022 年 11 月 17 日，为建立健全数字经济公平竞争监管制度，引导数字经济领域的经营者增强反垄断合规意识，建立反垄断合规管理制度，提升反垄断合规管理水平，江西省市场监督管理局制定了《江西省数字经济领域反垄断合规指引》，通过分层次、场景化、前瞻性的合规事项和风险等清单化的列举和描述，将有助于数字经济领域的经营者更加直观地理解国内外相关反垄断法律规定，更加便利地加强反垄断合规管理，更加积极地参与国际竞争和合作。上海市市场监管局制定发布了省级层面首个关于网络直播营销的指引——《上海市网络直播营销活动合规指引》,[②] 范围涵盖了产品质量、广告宣传、不正当竞争、消费维权、价格规范、合同履行、食品安全、知识产权保护等市场监管的主要职责职能。引导企业落实主体责任，保障网络直播营销活动健康发展，维护消费者合法权益，进一步促进市场繁荣和规范发展，填补了相应的机制空白，有利于网络空间的法治迈向新阶段。

继续深化涉案企业合规改革路径。企业合规改革试点工作是检察机关充分发挥检察职能作用，服务保障经济社会高质量发展，助力推进国家治理体系和治理能力现代化的改革创新举措。2022 年 4 月 2 日上午，最高人民检察院会同全国工商联专门召开会议，涉案企业合规改革试点在全国检察机关全面推开。伴随涉案企业合规改革试点的全国推开，第三方机制也将在全国范围展开。开展涉案企业合规改革试点，是检察机关全面贯彻习近平法治思想，充分发挥检察职能优势、更好推动企业依法合规经营、服务经济社会高质量发展的一项重要制度创新。经过两年试点，该项制度

---

① 《广州市跨境电商行业合规指引(试行)》，载广州市人民检察院网上检察院网，https：//www. jcy. gz. gov. cn/tzgg/23605. jhtml，最后访问日期：2023 年 2 月 12 日。

② 《上海市市场监督管理局关于印发〈上海市网络直播营销活动合规指引〉的通知》，载上海市人民政府网，https：//www. shanghai. gov. cn/gwk/search/content/2c984ad681dd57200181f6cbca8010ef，最后访问日期：2023 年 2 月 12 日。

不断释放司法红利。2022 年 4 月 19 日，为推动各地同步建起用好第三方机制，顺应检察机关对第三方监管质效的新要求，全国工商联牵头会同多部门制定《涉案企业合规建设、评估和审查办法(试行)》。截至目前，最高人民检察院共发布 3 批 15 例企业合规典型案例，对于推动企业合规改革试点深入开展具有示范指导意义。在合规执法层面，2022 年 7 月 21 日，国家互联网信息办公室依据《网络安全法》《数据安全法》《个人信息保护法》等法律规定对滴滴全球股份有限公司开出 80.26 亿元的“天价罚单”，是现行数据安全法律框架内的顶格处罚。

2022 年 10 月 12 日，GB/T 35770-2022《合规管理体系　要求及使用指南》正式发布。这是企业申请合规管理体系认证的国家标准，标志着“合规管理认证元年”的开始。该标准等同于国际标准 ISO 37301：2021，为各类组织建立合规管理体系提供了标准和依据，同时各类组织可依据该标准申请合规管理体系认证。2022 年 12 月 27 日，中国标准化协会正式发布《经营者公平竞争合规管理体系建设》团体标准。该标准的发布有利于解决目前亟须解决的公平竞争合规管理制度、责任、能力与运行问题，促进公平竞争合规管理最佳实践的不断涌现，提升经营者的治理能力和品牌形象，引导业界共同培育和倡导公平竞争文化，维护消费者利益和社会公共利益，促进社会主义市场经济健康发展。

(三)反垄断监管提质增效，迈入常态化阶段

《反垄断法》首次修改，配套新规征求意见，反垄断法律制度体系更加完善。2022 年 6 月 24 日，全国人大常委会审议通过《关于修改〈中华人民共和国反垄断法〉的决定》，完成了《反垄断法》颁布 15 年来的首修，新修改的《反垄断法》强调党的领导，强化竞争政策的基础地位，丰富和细化了对垄断协议的规制，较大幅度调整了经营者集中审查制度，同时从法律层面强调对平台经济的监管，在行为主体、违法行为范围、罚款金额、责任类型等多个方面提高了《反垄断法》的威慑力和执行力。为配合《反垄断法》的修订，国家市场监督管理总局对外发布与《反垄断法》配套的 6 部征求意见稿并公开征求意见，细化了《反垄断法》的法律规则框架。为加强反垄断司法，依法公正高效审理垄断民事纠纷案件，最高人民法院起草了《关于审理垄断民事纠纷案件适用法律若干问题的规定(征求意见稿)》，向社会公开征求意见，其进一步明晰了反垄断司法审理规则，提高了司法裁判的可预期性。同时，为引导企业更好地开展反垄断合规工作，

中央和地方也在年内分别发布了多个反垄断合规指引，反垄断合规的重要性进一步凸显。

反垄断执法成果丰硕，重点领域反垄断监管持续加强。2022 年，全国依法办结各类垄断案件 187 起，罚没金额 7.84 亿元。从市场监管总局公布的案件来看，垄断协议案件数量较多且大部分为横向垄断协议案，处罚力度均不大，医疗、汽车及建材行业为案件高发行业。横向垄断协议中，行业协会组织垄断案件频发。纵向垄断协议中，全部 4 起纵向垄断案件中 3 起涉及医疗行业。民生领域市场垄断行为得到大力整治，2022 年 6 月，浙江市场监管局一连公布了两起涉及公用事业领域的千万级反垄断罚单。绍兴市上虞区和柯桥区的两家供水公司因滥用市场支配地位，实施限定交易、附加不合理交易条件行为，各被罚没 1095.69 万元和 2246.49 万元。在陕西省市场监管局查处的一起垄断协议案中，陕西省水泥协会组织 13 家企业在两年时间内至少 4 次商议上调水泥产品的销售价格，最终共被处以约 4.51 亿元的罚款。在原料药领域，2022 年 12 月 13 日，东北制药因涉嫌滥用在中国左卡尼汀原料药市场的支配地位实施不公平高价行为，辽宁省市场监管局拟对其处以 1.33 亿元罚款。可见，关系民生的建材、医药、公用事业，仍是反垄断执法的重点领域。同时，平台领域的反垄断监管仍是重头戏，2022 年市场监管总局公布了 32 起未依法申报违法实施集中案件的行政处罚决定，其中涉互联网企业的案件有 27 起，占比 84.4%。2022 年 5 月，市场监管总局依据《反垄断法》对涉嫌实施垄断行为的“知网”立案调查，后依法查处“知网”垄断案，罚款 8760 万元。

分类分级委托试点，经营者集中审查提质增效。《中共中央、国务院关于加快建设全国统一大市场的意见》明确提出“健全经营者集中分类分级反垄断审查制度”，并要求“加强对金融、传媒、科技、民生等领域和涉及初创企业、新业态、劳动密集型行业的经营者集中审查”。新修订的《反垄断法》对此作出回应，新增第 37 条，即“国务院反垄断执法机构应当健全经营者集中分类分级审查制度，依法加强对涉及国计民生等重要领域的经营者集中的审查，提高审查质量和效率”。经营者集中分类分级，有效提高了经营者集中审查效率，2022 年，市场监管总局共审结经营者集中案件 794 起，与 2021 年相比增长约 9%，附加限制性条件批准半导体、交通运输领域 5 起经营者集中案件，没有禁止经营者集中案件。2022 年 7 月 15 日，国家市场监督管理总局官网发布了《关于试点开展委托实施部分经营者集中案件反垄断审查的公告》，授予部分省级反垄断执法机关被委托开展经营者集中审查的权力，委托北京、上海、广东、重庆、陕西等5省(市)市场监管部门开展经营者集中审查工作，推动构建央地两级分类分级审查机制。5个月来市场监管总局共委托试点省市局审查经营者集中案件135起，占同期申报量的32.7%。受委托审查的5个地方市场监管局共审结94宗无条件批准经营者集中申报案件：其中，北京市市场监督管理局审结20宗，上海市市场监督管理局审结43宗，广东省市场监督管理局审结10宗，重庆市市场监督管理局审结19宗，陕西省市场监督管理局审结2宗，经营者集中试点委托效果显著。

遏制行政性垄断效果显著。2022年共查办滥用行政权力排除、限制竞争案件73起，较上年增长59%，国家市场监督管理总局官方网站共公布55起反行政垄断行政执法案件，医药、住建、保险、交通运输等行业是行政性垄断高发行业，行政机关滥用行政权力过度干预市场经济的行为仍是痼疾。

公益诉讼聚焦民生热点，反垄断司法升温。2022年，全国法院系统共公布了27件反垄断民事诉讼裁判文书，分别涉及滥用市场支配地位行为和垄断协议行为，公布了2件反垄断行政诉讼裁判文书，均为不服地方反垄断执法机构行政处罚决定而提起的行政诉讼，[①] 关于垄断协议的纠纷及拒绝交易等滥用市场支配地位纠纷是诉讼热点。修订后的《反垄断法》确立了反垄断公益诉讼制度，7月，最高人民检察院印发《关于贯彻执行〈中华人民共和国反垄断法〉积极稳妥开展反垄断领域公益诉讼检察工作的通知》，要求"认真贯彻落实修订后的反垄断法，积极稳妥开展反垄断领域公益诉讼检察工作"，强调要针对法律明令禁止的垄断行为、涉及国计民生的重要领域等精准开展反垄断公益诉讼检察工作，平台经济领域等公益损害突出领域的反垄断公益诉讼也将提上日程。11月17日，最高人民法院还公布了10个反垄断诉讼典型案例。同时，修订后的《最高人民法院关于审理因垄断行为引发的民事纠纷案件应用法律若干问题的规定》也为法院审理垄断民事纠纷提供更清晰的指导，反垄断诉讼以保障人民群众利益为主要出发点，会逐渐成为企业和个人维护自身权益的有效工具，不断促进行政执法标准与司法标准的协调统一。

① 参见《汉坤·观点｜反垄断领域2022年度盘点》(下)，载2022年12月31日"汉坤律师事务所"微信公众号。

（四）公平竞争审查制度持续深化，制度权威进一步加强

强化竞争政策实施，落实公平竞争审查制度是党中央、国务院深化经济体制改革的重要战略决策，加快推动了市场监管领域法律法规制度完善和统一，打破地方保护和市场分割，赋能全国统一大市场建设的关键性制度。我国新修《反垄断法》第 5 条明确规定国家建立健全公平竞争审查制度，要求行政机关和法律、法规授权的具有管理公共事务职能的组织，在制定涉及市场主体经济活动的规定时，应当进行公平竞争审查，从法律上明确了竞争政策的基础性地位，公平竞争审查制度从过往的政策性条款正式上升为一项法律制度。党的二十大报告明确提出要"构建高水平社会主义市场经济体制""完善产权保护、市场准入、公平竞争、社会信用等市场经济基础制度"。2022 年 1 月，国务院办公厅在其印发的《关于促进内外贸一体化发展的意见》中强调了强化公平竞争审查，清理纠正地方保护、行业垄断、市场分割等不公平做法和隐性壁垒在促进内外贸易一体化发展中的重要性。2022 年 12 月，中共中央、国务院印发的《扩大内需战略规划纲要（2022-2035 年）》中指出，要完善公平竞争的市场秩序，健全公平竞争审查机制，强化公平竞争审查刚性约束。

在组织领导方面，公平竞争审查联席会议制度贯彻落实，同反垄断、反不正当竞争执法的融合机制探索建立。2022 年，陕西、吉林、河南、湖北、广东、北京、江西、青海、浙江、山东[①]等地召开省级公平竞争联席会议，传达学习国家文件精神，总结工作情况，研究部署未来工作重点。同时，各地方对于公平竞争审查同反垄断、反不正当竞争的"三合一"行政统筹组织新机制也进行了积极的探索。北京市修订了《北京市公平竞争审查工作联席会议制度》，完成了联席会议的"提格扩员"工作，增强了联席会议的统筹协调和监督指导力度。浙江省组建了公平竞争审查与反垄断委员会，全面实施产业政策公平竞争审查。

在审查机制建设上，公平竞争审查规则体系得到完善和创新。2022 年 5 月，国家市场监督管理总局组织在天津、吉林、上海等 9 省（市）开展公平竞争审查信息化建设、举报处理、重大政策措施会审、公平竞争指数四项试点。试点涵盖公平竞争审查实施的全链条环节，一是以提升审查效能为重点，在江苏省、重庆市开展公平竞争审查信息化建设试点；二是以增强

① 以上地区统计数据来自国家市场监管总局官网及各省市场监督管理总局官网。

制度刚性约束为重点，在天津市、吉林省、上海市、浙江省、山东省开展公平竞争审查会审试点，健全公平竞争政策与产业政策协调保障机制；三是以及时回应市场主体关切为重点，在安徽省、广东省开展公平竞争审查举报处理试点，完善公平竞争审查举报处理机制；四是以强化公平竞争政策实施的针对性和科学性为重点，在浙江省、广东省试点编制公平竞争指数，探索完善公平竞争政策宏观评估和实施方式。除此之外，各地方也结合实际情况，深入落实公平竞争审查制度，并探索制度创新。黑龙江省全面推行“内部特定机构统一审查”模式，在政策措施(草拟稿)经过起草机关的初审之后，将其提交到政策制定机关的特定机构进行统一复审，以增强公平竞争审查制度刚性约束。海南省出台《海南自由贸易港公平竞争委员会公平竞争审查信息公开办法(试行)》《海南自由贸易港公平竞争委员会公平竞争审查工作约谈办法(试行)》《海南自由贸易港公平竞争委员会办公室公平竞争政策与产业政策协同工作指引(试行)》，完善创新公平竞争审查制度体系建设，推进产业政策向普惠化、功能性转变。[①]

公平竞争审查第三方评估工作扎实推进，评估机制进一步细化。宁夏、新疆、云南、江西、天津、湖南、四川等地开展第三方评估工作；山东、安徽、浙江、广西、湖南、贵州、西藏等地建立公平竞争审查专家库。山东省组织专家修订《山东省公平竞争审查第三方评估综合指标》，通过购买服务，委托高校评估各市实施公平竞争审查工作情况，并召开公平竞争审查第三方评估成果运用研讨会，加强对评估成果的运用。安徽省组织开展公平竞争审查第三方现场评估(线上)工作，采取视频会议的模式，通过召开重点部门座谈会、企业界座谈会、个别访谈和社会调查等方式，对全省公平竞争政策实施情况进行全面评估。[②] 同时，存量清理与增量审查有序实施，国家、省、市、县四级政府公平竞争审查实现全覆盖，全年各地区、各部门审查增量政策措施16.37万件，清理存量政策措施45.2万件，废止修订2.04万件，6省(区、市)首次开展国家层面公平竞争审查第三方评估。各地方也专项开展公平竞争审查政策措施存量清理工作，例如，湖北省组织开展妨碍统一市场和公平竞争政策措施清理“回头看”工作，对涉及市

① 《海南创新完善公平竞争审查制度体系建设》，载海南省市场监督管理局网，https：//amr.hainan.gov.cn/ztzl/yhyshj/zxdt/202211/t20221130_3319911.html，最后访问日期：2023年2月12日。

② 《安徽省组织开展公平竞争审查第三方评估现场评估(线上)工作》，载安徽省市场监督管理局网，https：//amr.ah.gov.cn/xwdt/sjyw/146561821.html，最后访问日期：2023年2月12日。

场主体经济活动、现行有效的规章、规范性文件、其他政策性文件以及“一事一议”形式的具体政策措施等进行全面清理。①

在监督考核方面，公平竞争审查工作考核评价体系逐渐完善，监督公示力度得到强化。新疆、安徽、黑龙江、重庆、广东、四川等地将公平竞争审查工作纳入政府绩效考核，完善考评指标体系；山东、福建、湖北、天津等地建立健全公平竞争审查投诉举报机制，加强社会监督。江苏省发布《江苏省公平竞争审查抽查工作办法》《江苏省公平竞争审查举报处理办法》，加强规范公平竞争抽查工作，提高公平竞争审查质量。②

在宣传培训方面，公平竞争政策宣传卓有成效；业务培训与技能竞赛积极开展。2022年11月14日至18日，市场监管总局(国家反垄断局)、国务院反垄断委员会办公室会同中央有关部门和各地市场监管部门，组织开展了主题为“统一大市场 公平竞未来”的首届中国公平竞争政策宣传周活动，各地方积极响应，以宣传周为契机，推送公平竞争审查制度解读，引导社会互动。同时，公平竞争审查业务培训和技能竞赛积极开展，促进公平竞争审查制度的落实。黑龙江、江苏、辽宁等地将公平竞争审查课程纳入党校；河南、福建、广西、新疆等地举办了公平竞争审查业务培训班。安徽、海南等地通过举行公平竞争审查技能竞赛，提升公平竞争治理能力。江苏省举办“省公平竞争审查业务技能竞赛暨长三角地区优化营商环境立功竞赛”，以扩大公平竞争政策宣传周的影响力。③

(五)逐步完善反不正当竞争法律规则体系，深入推进竞争执法司法工作

反不正当竞争法立法工作进一步完善。2022年3月20日，最高人民法院施行了《关于适用〈中华人民共和国反不正当竞争法〉若干问题的解释》。该解释以激发市场创新活力、规范市场竞争行为、回应社会关切为着

① 《湖北省组织开展妨碍统一市场和公平竞争政策措施清理“回头看”工作》，载湖北省市场监督管理局网，http://scjg.hubei.gov.cn/bmdt/dtyw/202205/t20220506_4112982.shtml，最后访问日期：2023年2月12日。

② 《关于印发〈江苏省公平竞争审查抽查工作办法〉〈江苏省公平竞争审查举报处理办法〉的通知》，载江苏省市场监督管理局网，https://scjgj.jiangsu.gov.cn/art/2022/2/10/art_87938_10707843.html，最后访问日期：2023年2月12日。

③ 《第二届长三角地区“公平竞争审查业务能力提升行动”技能竞赛正式开赛》，载江苏省市场监督管理局网，http://scjgj.jiangsu.gov.cn/art/2022/11/16/art_70154_10667230.html，最后访问日期：2023年2月12日。

力点，重点对《反不正当竞争法》第2条、仿冒混淆、虚假宣传、网络不正当竞争行为等问题作出了细化规定，为执法、司法工作提供指导。2022年11月22日，国家市场监督管理总局公布了《反不正当竞争法(修订草案征求意见稿)》(以下简称《征求意见稿》)，并向社会公开征求意见。作为自1993年《反不正当竞争法》正式实施后开展的第三次修订，此次修订突出对新经济、新业态、新模式下扰乱市场公平竞争秩序的不正当竞争行为规范治理，进而营造公平竞争的市场环境、有力保护经营者和消费者的合法权益。《征求意见稿》中主要结合数字经济领域竞争行为的特点，针对利用数据、算法、平台规则等实施的新型不正当竞争行为作出详细规定，同时细化、丰富了传统不正当竞争行为的表现形式。《征求意见稿》还加大了对各类不正当竞争行为的惩处力度，法律责任的加强有助于有效震慑市场主体，旨在全面提升对市场公平竞争行为的保护力度，促进营造公平竞争的市场营商环境。同时，江西省、浙江省等多地颁布或修订地方性法规，健全反不正当竞争立法规则体系，通过规范与指引市场主体开展合规经营为经济高质量发展赋能增力。为强化商业秘密保护工作，国家市场监督管理总局2022年3月印发《全国商业秘密保护创新试点工作方案》，积极推动全国商业秘密保护创新试点，并于浙江省杭州市举行的全国商业秘密保护创新试点启动会上公布了作为第一批创新试点的20个地区，试点周期为3年，以此充分发挥先行地区的示范引领作用，助力推进全国商业秘密保护工作改革创新。2022年11月15日，第九届中国公平竞争政策国际论坛反不正当竞争专题论坛在京举行。论坛围绕反不正当竞争与繁荣发展、商业秘密保护创新等议题展开研讨，并发布了《中国反不正当竞争执法年度报告(2021)》，进一步强调了反不正当竞争法将在构建高水平社会主义市场经济体制进程中担负更重要的职责使命。

反不正当竞争执法工作进一步深化。近年来全国市场监督管理部门依法加强行政监管的执法力度，狠抓案件查处，通过执法行动提升对反不正当竞争法的实践运用。2022年4月，国家市场监督管理总局部署开展2022年反不正当竞争专项执法行动，聚焦重点领域、重点行业、重点人群、重点地区、重点商品，规范竞争，进而推进建设全国统一大市场。通过连续部署开展反不正当竞争专项执法行动，对医美等重点领域不正当竞争行为持续保持高压态势。为充分发挥典型案例警示教育作用，引导经营者自觉守法参与市场公平竞争，国家市场监督管理总局公布了一批商业贿赂和医美行业不正当竞争典型案例以及2022年民生领域案件查办“铁拳”行动第七批典型案例，以此形成强监管的社会震慑力，这对推动经营者增强守法经营意识，维护正常的市场竞争秩序，保护其他经营者和消费者的合法权益具有重要意义。

各地着力开展各类行政执法工作，持续加大监管执法力度。2022年江西省市场监管系统在医药卫生、教育培训、网络营销、养老诈骗等重点领域组织开展了反不正当竞争专项执法行动，严厉打击商业贿赂、虚假宣传、商业诋毁、仿冒混淆、不正当有奖销售等各类不正当竞争违法行为，全年反不正当竞争执法专项行动立案239件，罚没金额1462.65万元。2022年广东省市场监管部门立案查处不正当竞争案件607宗(比2021年增长30%)，结案474宗(比2021年增长27%)，罚没4308.72万元(比2021年减少19%)，重点围绕4大领域和13个重点行业开展反不正当竞争专项执法行动，同时建立不正当竞争行为网络监测机制，线上线下同步打击网络不正当竞争行为。湖南省市场监管局则聚焦群众高度关注的医药购销、网络培训等重点领域，紧盯群众反映强烈、社会舆论关注的突出问题，持续加大监管执法力度，严厉打击虚假宣传、商业贿赂等不正当竞争行为，并选取2022年以来查办的部分典型案例予以公布。

反不正当竞争司法工作稳步推进。2022年11月，最高人民法院发布了10件反不正当竞争典型案例，涉及线上线下各领域，涵盖市场混淆、商业诋毁、互联网不正当竞争等多种案件类型，典型案例积极回应社会关切，并统一法律适用标准，充分体现了人民法院积极服务经济社会高质量发展、助推法治化营商环境建设的坚定决心。而杭州互联网法院在成立5周年之际特别发布“网络不正当竞争”十大典型案例。典型案例中既涉及流量劫持、流量造假、刷机、恶意通知、妨害平台生态系统、屏蔽广告等与数字经济息息相关的内容，也涵盖了商业诋毁、拒绝交易等典型不正当竞争行为在网络领域的新呈现。此类新类型法律纠纷大量涌现对司法提出了新的要求，典型案例的公布既能为新技术和新模式的发展与成长提供必要空间，也能为相关市场主体行为的合法性判断提供有益思路。

(六)消费者权益保护成效明显，维权效能不断提升

随着市场在资源配置中决定性作用的充分发挥和供给侧结构性改革的深入发展，消费对经济发展的贡献因子逐渐凸显，中国正从“生产型社会”转变到“消费型社会”，保护消费者利益促进经济发展成为应有之义。在刚刚过去的2022年，党中央、国务院高度重视消费的发展和消费者权益保护，

促进消费提质升级的政策法规不断出台，消费者权益保护相关法律法规进一步完善，消费者权益得到进一步完善。《中共中央、国务院关于加快建设全国统一大市场的意见》、《国务院办公厅关于进一步释放消费潜力促进消费持续恢复的意见》、《扩大内需战略规划纲要(2022-2035年)》、2022年政府工作报告等文献文件提出一系列加强消费者权益保护，营造良好消费的部署和要求。

数字平台通过大数据、人工智能等手段为消费者提供了更为丰富的产品和服务，为社会创造了巨大的经济价值，但是数字经济的虚拟性、隐蔽性和非实质接触性给消费者权益带来诸多挑战，侵害消费者的自主选择权、公平交易权和隐私权益，个人信息保护成为消费者权益保护新的议题，数字经济给消费者权益保护带来的热点问题包括直播带货、会员经济、跨境网购、盲盒消费、虚拟网游交易等新商业模式带来的维权新问题；新能源汽车、智能客服等智能消费领域给维权带来的新难点。针对网络直播等新兴领域加大监管力度，严厉打击直播带货中“知假卖假”“傍大牌”等市场乱象，促进网络直播行业规范健康发展。2022年3月25日，市场监管总局等三部门发布了《〈关于进一步规范网络直播营利行为促进行业健康发展的意见〉的通知》，要求落实网络直播平台主体责任，规范网络直播营销行为。上海、辽宁、陕西等地方市场监管部门也发布了《上海市网络直播营销活动合规指引》《网络直播营销活动规范经营指引清单》《网络直播营销活动常见违法行为查处工作指引清单》等具体指南，青海省市场监管局还开展了青海网红直播带货调查活动，旨在掌握直播带货领域存在的问题，并约束网络直播营销活动相关各方规范经营，提升市场监管执法人员案件查办的能力和质量。上海市人大常委会公布并施行了《上海市消费者权益保护条例》，其中对社会普遍关注的热点、难点进行了回应。在盲盒销售领域，要求经营者公示抽取规则，违者最高罚款10万元；在网络直播带货领域，平台经营者不提供必要数据，最高罚款50万元；竞价排名须依法显著标明“广告”；弹窗广告要确保能够一键关闭；规定了网络游戏经营者对参与网络游戏消费的未成年人履行特别保护义务。

在金融消费领域，2022年1月10日，银保监会办公厅公布了《关于银行业保险业数字化转型的指导意见》，强调银行保险机构要防范模型和算法风险，强化网络安全防护，加强数据安全和隐私保护。2022年11月11日，银保监会发布《人身保险产品信息披露管理办法》，指出保险公司作为产品信息披露的主体，应当将产品的条款、费率、现金价值全表等与消费者权益密切相关的信息进行全面披露。明确了保险产品在售前、售中、售后全过程的信息披露内容，以及服务特殊人群的信息披露要求，以切实保护投保人、被保险人和受益人的合法权益，促进行业健康可持续发展。2022 年 12 月 26 日，银保监会发布《银行保险机构消费者权益保护管理办法》，该管理办法全面覆盖消费者的知情权、自主选择权、公平交易权、财产安全权、依法求偿权、受教育权、受尊重权、信息安全权。明确银行保险机构承担保护消费者合法权益的主体责任，要求董事会承担消费者权益保护工作的最终责任；要求银行保险机构建立健全消费者权益保护工作机制，督促银行保险机构筑牢自身消费者权益保护体系的“四梁八柱”。

预制菜品、智能家电、学术数据库、医美整容等以前未得到普遍关注的消费者权益保护问题逐渐进入消费者视野。艾媒咨询数据显示，2022 年中国预制菜市场规模达 4196 亿元，同比增长 21.3%，预计到 2026 年预制菜市场规模将达 10 720 亿元。2022 年以来，我国多地出台预制菜行业相关标准，助力预制菜市场规范化发展。2022 年 12 月 8 日，市场监管总局曝光了一批医疗美容行业乱象典型案例，涉及未取得相应医师行医资质擅自开展医美服务等诊疗活动，医美企业发布虚假违法广告，医美诊所违法违规购买、储存、使用毒性药品 A 型肉毒素等。

全国消费者权益保护工作得到进一步加强，整合优化 12315 投诉举报平台，构建监管部门与消费者权益保护组织、人民调解组织、仲裁机构、人民法院等衔接协作的消费争议多元化解机制，有效提升维权服务水平，消费纠纷解决效率大幅提高。根据全国消协组织受理投诉情况统计，2022 年上半年，全国消协组织共受理消费者投诉 551 780 件，同比增长 5.71%，解决 449 786 件，投诉解决率 81.52%，为消费者挽回经济损失 73 863 万元。其中，因经营者有欺诈行为得到加倍赔偿的投诉 8456 件，加倍赔偿金额 215 万元。接待消费者来访和咨询 76.6 万人次。[①] 2022 年第三季度全国消协组织共受理消费者投诉 284 099 件，同比增长 10.02%，解决 237 612 件，投诉解决率 83.64%，为消费者挽回经济损失 33 947 万元。其中，因经营者有欺诈行为得到加倍赔偿的投诉 5199 件，加倍赔偿金额 105 万元。接待消

① 《2022 年上半年全国消协组织受理投诉情况分析》，载中国消费者协会网，https://www.cca.org.cn/tsdh/detail/30469.html，最后访问日期，2023 年 2 月 11 日。

费者来访和咨询35万人次。① 另外，针对消费者权益保护领域过度维权问题，湖南省消费者权益保护工作联席会议办公室组织召开“职业打假人”投诉举报乱象整治工作研讨会。会议审议了《关于加强投诉举报分类处理维护消费环境的指导意见(讨论稿)》，该指导意见指出，要发挥“职业打假人”的积极作用，鼓励消费者依法运用好惩罚性赔偿机制打假，打击经营者违法侵权行为的同时，维护好广大经营者、消费者的合法权益，同时也要积极应对“职业打假”非法牟利乱象，逐步遏制职业打假人恶意索赔行为。

司法对消费者权益保护不断加强。2022年3月15日，最高人民法院发布10起消费者权益保护典型案例，涉及医疗美容消费、大学生贷款订立摄影合同、婚礼影像资料丢失、预付费消费退款、住房消费、网络消费格式条款的提示说明和解释、网店客服行为后果、二手商品转让、经营者承诺、消费者个人信息保护等问题。2022年10月18日，全国首例跨省域消费民事公益诉讼案在重庆市经第二中级人民法院公开开庭审理。本案对于完善消费维权合作机制，打击严重损害众多不特定消费者权益的行为，探索多维度、跨区域消费民事公益诉讼制度具有重要推动作用。

(七)其他行业监管

在价格监管领域，强化市场价格监管，规范价格和收费行为，稳定宏观经济大局，全力保障生活必需品、涉疫药品以及煤炭等重点民生领域的价格稳定与供应充足。市场监管总局发布《关于涉疫物资价格和竞争秩序提醒告诫书》对涉疫物资生产经营者划出“九不得”红线；上海市市场监管局制定发布了《关于规范疫情防控期间“社区团购”价格行为的提示函》，提示经营者为消费者提供价格合理的商品，不得扰乱市场价格秩序，并针对网络舆情快查快办一批价格违法案件；广东市场监管部门依法从严打击价格违法行为，坚持把疫情防控、重要民生商品保供稳价工作摆在重中之重的位置；吉林省疫情期间公布了第十一批价格违法典型案例，对价格违法行为重拳出击；北京、湖北等市场监管部门加强防疫相关药械物资质量和价格行为监管，切实维护防疫大局和消费者合法权益。在煤炭电力使用高峰期，市场监管总局持续加强煤炭价格监管，集中曝光典型案例，

① 《2022年第三季度全国消协组织受理投诉情况分析——“一老一小”消费领域投诉情况专题报告》，载中国消费者协会网，https://www.cca.org.cn/tsdh/detail/30526.html，最后访问日期：2023年2月11日。

形成有力震慑，引导煤炭价格在合理区间运行。

在质量监管领域，不断深入实施质量强国战略，健全质量政策，加强全面质量管理，为全面建设社会主义现代化国家、实现中华民族伟大复兴的中国梦提供质量支撑。质量基础设施建设扎实推进。现代先进测量体系建设取得新进展，2022年发布185项国家计量基准和6.3万余项社会公用计量标准，量值传递溯源体系进一步完善，获得国际承认的校准和测量能力达到1859项，国际排名升至第二位。建立政府主导制定与市场自主制定相协同的新型标准体系，发布国家标准4万多项、行业标准7.8万多项、地方标准6万多项，团体标准4.3万项。质量竞争力水平明显提高。深入开展质量提升行动，推动企业练好内功、加强全面质量管理和品牌建设，一些地方以技术、标准、品牌、质量、服务为核心的竞争新优势加快形成，涌现出一大批享有国际声誉的优质知名品牌，质量竞争型产业规模不断扩大，产业质量竞争水平持续提升，形成一批先导性、支柱性产业集群。2022年11月1日，市场监管总局等18个部门联合印发《进一步提高产品、工程和服务质量行动方案(2022—2025年)》，从民生消费、产业基础、新技术新产品新业态、服务品质等四个方面部署了质量提升的重点任务，牢固树立质量第一的强烈意识。在地方层面，广西壮族自治区出台了《2022年全区实施质量强桂战略工作要点》，采取七大举措持续提升产品、服务、工程、人居质量。青海省研究并出台《青海省公共服务质量提升专项行动方案》，全力发挥好公共服务兜底和赋能的双作用。

在安全监管领域，食品安全关系人民身体健康和生命安全，必须坚持最严谨的标准、最严格的监管、最严厉的处罚、最严肃的问责，确保药品安全是各级党委和政府义不容辞之责，要始终把人民群众的身体健康放在首位，促进形成公平竞争的市场环境，为各类市场主体特别是中小企业创造广阔的发展空间，更好保护消费者权益。

在食品安全风险治理领域，食品安全水平稳步提升。以新的《食品安全法》的颁布实施为契机，国家和地方相继出台了一系列的配套规章和规范性文件以及地方性法规，逐步构建起以《食品安全法》《农产品质量安全法》为核心的较为完整的食品安全风险治理法律体系。2022年第一、第二、第三产业质量安全稳步提高，农业标准化生产普及率稳步提升。2022年9月2日，《农产品质量安全法》修订通过，本次修订进一步完善了农产品质量安全监管制度，强化了法律责任和处罚力度，与《食品安全法》有机衔接，实现“从田头到餐桌”的全过程监管，对提升农产品质量安全治理水平，保障“舌尖上的安全”，满足人民对美好生活的需要，助推农业农村高质量发展具有重大而深远的意义。针对新型的食品安全问题，部分地方也进行了探索。如2022年3月24日，广东省发布《加快推进广东预制菜产业高质量发展十条措施》，明确要求构建预制菜质量安全监管规范体系，加强市场监管，保护消费者权益。

在药品安全领域，国家药品监督管理局各项工作都取得了新成绩，药品安全性、有效性、可及性显著增强。持续强化药品研发、生产、流通全链条监管，深化药品审评审批制度改革，一批新药好药加快上市。积极推动新冠病毒疫苗、治疗药物、防控所需医疗器械研发上市，有力服务保障疫情防控大局。药品安全监管部门坚持人民至上、生命至上，服务保障疫情防控工作大局，牢牢守住药品安全底线，审评审批制度改革持续深化，质量安全监管扎实有力，为医药行业高质量发展做出积极贡献。2022年度，最高人民法院发布了药品安全典型案例，最高人民检察院发布了药品安全诉讼典型案例，最高人民法院和最高人民检察院联合发布了《关于办理危害药品安全刑事案件适用法律若干问题的解释》。

在工业产品和特种设备安全监管领域，工业产品质量安全监管不断强化。建立健全工业产品生产许可目录制度、重点工业品监管目录制度、充分发挥了工业产品和特种设备对促进高质量发展的作用。2022年11月17日，市场监管总局发布《特种设备安全与节能事业发展“十四五”规划》，在分析现有形势的基础上提出了坚持人民至上、坚持科学监管、坚持改革创新、坚持多元共治的基本原则，并提出到2025年万台特种设备死亡率控制在0.06以下、特种设备数量年均增长8%以上等主要目标。在规章制度方面，发布了《特种设备事故报告和调查处理规定》《特种设备安全监督检查办法》等文件，规范落实特种设备安全处理工作。在重点领域的安全方面，市场监管总局加快推进燃气压力管道安全排查整治工作，于2022年4月2日印发《关于加快推进燃气压力管道安全排查整治的通知》，切实履行市场监管部门燃气压力管道相关安全监管职责，有效防范化解重大安全风险，提升压力管道安全质量。四川省市场监管局赶赴“9·5”甘孜泸定6.8级地震震区，排查特种设备安全隐患，促进灾区恢复正常生产生活秩序。北京市市场监管局负责客运索道、压力容器、压力管道、电梯等特种设备安全保障，助力冬奥会、冬残奥会圆满举办。浙江、江西、重庆等地方市场监管局按照国务院安委会“安全生产十五条”硬措施要求，结合当地省安委会安排，对安全生产工作展开密集部署，坚决遏制重特大事故发生，以高水平安全保障高质量发展。特种设备安全形势持续向好。强化特种设备安全风险双重预防机制，持续推进特种设备安全专项整治行动，近五年来万台特种设备死亡率下降 73%，万台特种设备死亡率从 0.30 下降到 0.08，特种设备安全状况总体达到中等发达国家水平。

在计量与标准领域，充分发挥引领科技进步、促进经济社会高质量发展、提升国家治理能力现代化水平的基础保障工作，助力高技术创新，促进高水平开放，引领高质量发展。在计量领域，此前国务院发布了《计量发展规划(2021—2035 年)》，用 7 大部分 38 条重点内容全面阐述了面向 2035 年的计量事业发展主要任务和推进措施。2022 年 3 月 29 日，国务院批准通过了《计量法实施细则》，为《计量法》的实施提供了有力的保障。为落实《计量发展规划(2021—2035 年)》，更好服务数字时代人民群众生产生活，市场监管总局开展了 2022 年“世界计量日”活动暨“推进计量数字化转型服务数字中国建设”专项行动。2022 年 11 月 2 日，市场监管总局印发了《关于推进诚信计量体系建设的指导意见》，以推动高质量发展为主题，以系统推进法治监管、信用监管、智慧监管为抓手，全面推进诚信计量体系建设。在标准领域，继《国家标准化发展纲要》出台之后，市场监管总局等 16 部门于 2022 年 7 月 6 日印发《贯彻实施〈国家标准化发展纲要〉行动计划》，就贯彻实施《国家标准化发展纲要》对有关部门和各地方人民政府提出具体要求。2022 年 9 月 9 日，国家市场监管总局颁布了修订后的《国家标准管理办法》，该办法将在国家标准管理、实施推广等方面形成更加有效的工作机制和做法，更好地支撑和保障国家标准工作的开展。

在广告领域，持续推进广告产业高质量发展，同时针对此前出现的“明星代言翻车”“医美广告虚假宣传”等突出问题进行重点解决，并公布典型执法案例，取得卓越成效。2022 年 4 月 22 日，市场监管总局发布了《广告产业规划》，提出了广告产业向专业化和价值链高端延伸、产业发展环境进一步优化等一系列发展目标，并部署了把牢政治方向维护正确导向、优化政策供给激发产业活力等 10 大重点任务与公益广告振兴行动、广告领域“放管服”改革等 7 个专项行动；2022 年 10 月 31 日，市场监管总局等七部门联合印发《关于进一步规范明星广告代言活动的指导意见》，整治明星广告代言“翻车”事件，规范明星广告代言活动，为维护好明星代言领域清朗空间提供新的制度支撑。对于网络集中促销、医美、教育培训等重点领域，北京、上海、广东等地市场监管部门发布了《关于印发网络大型集中促销活动合规指引的通知》《医疗美容广告活动提醒告诫书》等一系列文件，并开展规范网络平台校外培训广告专项整治工作。在2022年民生领域案件查办“铁拳”行动中，公布了多起“神医”“神药”等虚假违法广告、医疗美容领域虚假宣传等典型案例，严厉打击了广告领域相关违法行为，保障了人民群众的合法权益。

数据作为新型生产要素，具有无形性、非消耗性等特点，可以接近零成本无限复制，对传统产权、流通、分配、治理等制度提出新挑战，亟须构建与数字生产力发展相适应的生产关系，不断解放和发展数字生产力。2022年12月2日，《中共中央、国务院关于构建数据基础制度更好发挥数据要素作用的意见》(以下简称“数据二十条”)对外发布，“数据二十条”建立保障权益、合规使用的数据产权制度，合规高效、场内外结合的数据要素流通和交易制度，体现效率、促进公平的数据要素收益分配制度和安全可控、弹性包容的数据要素治理制度，“数据二十条”明确建立公共数据、企业数据、个人数据的分类分级确权授权制度和数据资源持有权、数据加工使用权、数据产品经营权“三权分置”的数据产权制度框架，构建中国特色数据产权制度体系。在《贯彻实施〈国家标准化发展纲要〉行动计划》中提出，加强数字技术标准制定，推进数字产业化和产业数字化。研制一批数据安全、数据交易标准，促进数据要素市场培育发展。数据作为一种新的生产要素发挥着巨大的市场价值，也同样面临新时代下的新问题。针对这一新形势，市场监管也采取了一系列新举措，以回应现实需求。2022年3月1日实施的《互联网信息服务算法推荐管理规定》明确对生成合成类、个性化推送类、排序精选类、检索过滤类、调度决策类这五类算法推荐技术进行规制，强化算法推荐服务提供者的六大合规义务，规范了互联网信息服务算法推荐活动，促进了互联网信息服务健康有序发展。2022年9月30日，市场监管总局等三部门发布的《互联网弹窗信息推送服务管理规定》正式施行，有助于进一步加强对弹窗信息推送服务的规范管理，其中要求推送服务提供者应当落实信息内容管理主体责任、健全信息内容审核、生态治理、数据安全和个人信息保护等管理制度。2022年8月，网络市场监管部际联席会议联合印发《2022网络市场监管专项行动方案》，集中整治网络市场突出问题，防范化解重大风险隐患，促进网络市场规范健康持续发展。

数据在经济社会发展中越来越重要，由于数据流动性和易篡改性的特点，其一旦遭到篡改、破坏、泄露或者非法获取、非法利用，将会对用户安全甚至国家安全都将造成巨大的危害。2022年7月7日，网信办正式发布《数据出境安全评估办法》，该办法重点对数据评估适用情形、评估事项、评估程序、数据出境合同内容、安全评估制度过渡期等作出规定，对数据出境予以严格的安全评估。2022 年 8 月 30 日，国家网信办发布了更具实践指导意义的《安全评估申报指南》。2022 年 6 月 30 日，国家网信办发布了《关于〈个人信息出境标准合同规定(征求意见稿)〉公开征求意见的通知》，对个人信息出境标准合同的适用范围、适用条件、主要内容等进行了明确。2022 年 11 月 4 日，国家市场监督管理总局、国家网信办联合出台《个人信息保护认证实施规则》，通过实施个人信息保护认证，鼓励个人信息处理者提升个人信息保护能力。至此，《个人信息保护法》第 38 条有关个人信息出境机制的"标准合同+安全评估+认证"三条路径基本建成。① 在网络安全执法上，国家网信办对滴滴全球股份有限公司进行了调查询问、技术取证，责令滴滴公司提交了相关证据材料，经查实，滴滴全球股份有限公司违反《网络安全法》《数据安全法》《个人信息保护法》的违法违规行为事实清楚、证据确凿、情节严重、性质恶劣，应当从严从重予以处罚。2022 年 7 月 21 日，国家网信办依据《网络安全法》《数据安全法》《个人信息保护法》《行政处罚法》等法律法规，对滴滴全球股份有限公司处人民币 80.26 亿元罚款，对滴滴全球股份有限公司董事长兼 CEO 程某、总裁柳某各处人民币 100 万元罚款。

二、2022 年市场规制法实施的特点及存在的问题

(一)2022 年市场规制法实施的特点

1. 着力破除行政性垄断和地方保护，助力全国统一大市场建设

建设全国统一大市场，是畅通国内大循环的重要任务，破除行政垄断，既是市场经济的本质要求，也是建设高效规范、公平竞争、充分开放的全国统一大市场的必然选择。2022 年市场监管部门围绕"激发市场主体活力、畅通国内大循环"，聚焦教育、医疗卫生、工程建筑、公用事业、交通运输、保险、政府采购、招投标等八大行业和领域深入开展制止滥用行政权力排除、限制竞争执法专项行动，严格查处限定交易、妨碍商品自由流通、

① 《个人信息保护法》第 38 条第 1 款规定了个人信息出境的三种典型合规路径，个人信息处理者可择一适用，分别是：(1)通过国家网信部门组织的安全评估；(2)按照国家网信部门的规定经专业机构进行个人信息保护认证；(3)按照国家网信部门制定的标准合同与境外接收方订立合同，约定双方的权利和义务。

限制外地经营者参加本地招标投标活动等滥用行政权力排除、限制竞争行为，从源头上清理妨碍统一市场和公平竞争的政策及措施，为实现全链条监管、优化公平竞争的制度环境，促进高质量发展作出积极贡献。2022年3月发布的《中共中央、国务院关于加快建设全国统一大市场的意见》明确提出，要加快建立全国统一的市场制度规则，打破地方保护和市场分割，打通制约经济循环的关键堵点，促进商品要素资源在更大范围内畅通流动，加快建设高效规范、公平竞争、充分开放的全国统一大市场。

2022年市场监督管理局共公布了五批制止滥用行政权力排除、限制竞争执法专项行动案件，共查办滥用行政权力排除、限制竞争案件73起，相比2021年的46起，增长59%，反行政垄断案件量明显提升。强化行政垄断案件查处，更大力度破除地方保护、市场分割，切实维护公平竞争市场秩序，以全链条、全周期形成竞争合力共同维护全国统一大市场建设。2022年以来开展的制止滥用行政权力排除、限制竞争执法专项行动，充分体现各地市场监督管理局落实《反垄断法》有关规定，为市场经营参与者对行政部门滥用行政权力的行为提供了有效的认知边界，有助于激发市场活力，优化公平竞争市场环境。

2. 不断创新市场监管方式，营造良好的营商环境

2022年以来，市场监管部门不断转变监管理念，着力推进包容审慎监管，积极探索柔性监管方式，综合运用提醒告诫、行政约谈、行政指导、行政建议等方式，实现了市场监管执法法律效果和社会效果的统一。新修订的《反垄断法》第55条规定了行政约谈制度：经营者、行政机关和法律、法规授权的具有管理公共事务职能的组织，涉嫌违反本法规定的，反垄断执法机构可以对其法定代表人或者负责人进行约谈，要求其提出改进措施。通过行政约谈，既让当事人了解反垄断法律和政策规定、减少抵触情绪，又指导督促当事人自查自纠、主动整改。对不予整改或整改不到位的，向当事人的上级机关制发行政建议书，保证履职到位推动形成良好执法效果。

市场监管部门推动监管链条由事后向事中事前延伸，进一步贯彻宽严相济的原则，持续打造市场化、法治化、国际化营商环境。《国家市场监管总局关于规范市场监督管理行政处罚裁量权的指导意见》新增了“首违不罚”条款，初次违法且危害后果轻微并及时改正的，可以不予行政处罚。在市场监管行政执法中，对情节轻微、没有造成危害后果或者危害后果轻

微的，采取行政指导方式，指导有关行政机关主动查明问题并采取有效措施予以纠正；对市场主体反映强烈、严重影响营商环境的问题，及时转化为行政性垄断案件线索并依法办理，进一步培育和激发市场主体活力，为优化营商环境作出一系列努力和探索。

市场监管部门统筹运用不断创新监管手段，增强了对涉嫌行政性垄断行为调查程序的权威性和约束力。不断重视对信用监管手段的运用，加强对信用监管机制建设。特别是对信息归集公示机制、信用约束激励机制、信用风险分类管理机制等三大机制的重视，从而注重健全信用监管长效机制。注重运用互联网、人工智能、区块链、大数据、云计算等新技术，开展智慧监管。建立以“双随机、一公开”监管为基本方式、以重点监管为补充、以信用监管为基础、以智慧监管为支撑的事前事中事后全链条公平竞争监管体制和实施机制，监管法治化、专业化、智慧化、社会化、常态化水平显著提升。

3. 企业合规管理进一步发展和完善，中央企业合规管理体系建设基本完成

2022年是我国企业合规管理进一步发展和强化的一年。2021年10月，国务院国资委发布《关于进一步深化法治央企建设的意见》，将健全和强化合规管理体系作为进一步深化、健全法治工作体系的重点内容，严控法律合规风险成为全面提升依法治企能力的关键要素。2021年12月，国务院国资委召开中央企业“合规管理强化年”工作部署会，强调中央企业必须把强化合规放到贯彻习近平法治思想的高度来认识，放到落实全面依法治国战略的全局来部署，放到保障企业高质量发展的层面来推动，力争通过一年时间推动企业合规管理工作再上新台阶。从2018年企业合规元年开始，至2022年，我国中央企业、地方国有企业依据《中央企业合规管理指引（试行）》及各省、自治区、直辖市国资委的合规管理指引，经过三年多的努力，基本完成了合规管理体系建设。2022年，“合规管理强化年”作为中央企业及地方国有企业进一步强化、完善合规管理工作的首要任务拉开了序幕。

4. 反垄断监管进入常态化阶段，保障民生进一步加强

2022年是国家反垄断局履新的第一年，同时也是修正后的《反垄断法》实施元年，进入2022年，反垄断监管逐渐向常态化监管转变。“常态化监管”是指新时代反垄断工作将成为一种趋于稳定与经常性的态势。伴随着2022年《反垄断法》完成修正，我国关于公平竞争等市场经济基础法律制

度及相关政策不断完善与细化。形成了系统完备的反垄断法律规则体系，为市场主体公平竞争提供了清晰指引，为执法机关有效监管提供了制度保障。反垄断诉讼逐渐成为企业和个人维护自身权益的有效工具，《最高人民法院关于审理因垄断行为引发的民事纠纷案件应用法律若干问题的规定》等细致规定的公布实施，不仅为法院审理垄断民事纠纷案件提供清晰指引，也促使企业更加重视反垄断风险防控和竞争合规经营。随着一系列政策措施落实落地和竞争监管执法日益强化，我国公平、透明、可预期的竞争环境不断优化。公平竞争法律制度和政策体系日趋完善，法律规则的针对性、透明性和可预期性进一步增强。

近两年来“强化反垄断和防止资本无序扩张”工作已取得良好成果，在2021年的互联网行业反垄断大清理之下，整体垄断行为存量减少、潜在垄断者在强大威慑力和系列配套指南下积极整改、主动合规，各领域的非法垄断行为与资本无序乱象已经得到妥善处理，相关企业合规建设得到加强。2022年互联网相关行业的垄断案件有26起，占比20%，与2021年占案件总数54%的84起互联网反垄断案件数量相比，2022年的互联网相关案件数量大幅降低。除1起为滥用市场支配地位案件外，其他全部为经营者集中案件。在经营者集中方面，2022年共查办市场垄断案149件，审结集中申报案件794件，公开处罚32起未依法申报案件。而2021年的数据显示，违法实施经营者集中案107件，合计罚款7235万元。对比这两年的数据，未依法申报案大幅下降，这说明在2021年集中清理数批并购“抢跑”案后，企业依法申报经营者集中的自觉性有所增强。随着竞争文化的普及，常态化监管的深入推进，企业反垄断合规意识也在不断增强。

相关政策也在向市场释放积极信号，2022年中央经济工作会议指出，要大力发展数字经济，提升常态化监管水平。支持平台企业在引领发展、创造就业、国际竞争中大显身手，为平台经济规范健康持续发展指明了方向，划出了重点，坚定了信心。目前监管层面已经从专项整治走向常态化监管，通过实施公平竞争监管，提升常态化监管水平，促进敏捷监管、精准监管、公正监管的系统整合，创造良好市场环境，实现对不同行业、不同领域、不同规模的市场主体实施精细化服务保障，同时规范政府行为，提振市场主体信心，加快建设全国统一大市场。

5. 深入推进公平竞争政策实施，公平竞争审查工作取得新突破

新修正的《反垄断法》将公平竞争审查制度写入法律，把公平竞争审

查的重要性上升到新的高度，强化了公平竞争政策的基础地位，增强了公平竞争审查制度的权威。确保了公平竞争审查制度的建立健全和有效实施。《反垄断法》《反不正当竞争法》及时修订，7部配套规章和8部平台经济、经营者合规等重点行业和领域指南发布实施，构建起由多部法律、法规、规章和指南构成，覆盖线上线下、日趋系统完备的市场公平竞争制度规则体系，基本形成我国公平竞争顶层设计政策框架。在公平竞争审查制度工作推进上，充分发挥了公平竞争审查联席会议的领导协调作用，在强化统筹组织、细化审查规则、加强宣传培训等方面多措并举，公平竞争审查制度深入落实。推动在全国范围内建立公平竞争审查制度，大力清理和废除妨碍全国统一市场和公平竞争的各种规定和做法，国家、省、市、县四级政府公平竞争审查实现全覆盖，公平竞争创新试点工作取得成效，审查能力和水平得到提高，制度刚性约束不断增强。在此基础上，国家市场监督管理总局推行信息化建设、举报处理、重大政策措施会审、公平竞争指数四项试点工作，各地结合实际情况，创新工作机制，提升审查成效。同时，第三方评估工作稳步推行，部分省市建立公平竞争审查专家库，健全评估机制，为公平竞争审查实践提供支持。综合运用监督、考核等方式落实工作责任，多途径宣传以营造浓厚的公平竞争社会氛围。加强宣传培训和竞争倡导，开展新反垄断法和公平竞争审查培训，培育和弘扬公平竞争文化，着力营造公平竞争的良好氛围。

6. 聚焦重点行业及领域内不正当竞争监管，专项执法行动效果显著

2022年国家市场监督管理总局连续部署开展多次反不正当竞争专项执法行动，针对严重影响市场经济正常交易秩序的医疗卫生领域商业贿赂等问题加大执法力度，以强化市场监管效能。1月至10月，全国各级市场监管部门共查办各类不正当竞争案件7027件，罚没金额4.2亿元，进而形成强监管的社会震慑力，推动经营者增强守法经营意识，维护风清气正的市场营商环境。强化商业秘密保护工作，着力优化市场营商环境。加强商业秘密保护，是强化反不正当竞争的重要任务，也是强化知识产权保护的重要内容，对激发市场主体活力和创造力，推动我国经济创新发展、高质量发展，提升国家整体竞争力具有重要意义。面对商业秘密保护中长期存在的薄弱环节和制度短板，国家市场监督管理总局决定创新监管理念、完善保护思路，通过开展全国商业秘密保护创新试点工作，着力激发基层首创精神，进而探索更多更有效的保护模式和实践经验。通过强化商业秘密保

护工作，在全社会形成重视商业秘密、尊重商业秘密、保护商业秘密的整体环境，着力优化市场营商环境。

7. 消费者权益保护持续推进，及时回应社会关切

2022年，在前一年的基础上，消费者权益保护工作取得了显著成效。消费是经济发展的最终目的和重要动力，服务消费者、满足消费者需求是互联网企业发展的落脚点，也是企业社会责任感的体现。本年度，对于网络消费和数字经济领域的治理和监管持续加强。2022年10月16日，习近平总书记在中国共产党第二十次全国代表大会上指出，要“增强消费对经济发展的基础性作用”。2022年中央经济工作会议中指出，要“提升常态化监管水平，支持平台企业在引领发展、创造就业、国际竞争中大显身手”。针对网络消费新业态，进一步明确了直播、社交、跨境电商等平台的义务和责任，加强消费者权益保护；针对智能产品、智能网联汽车、算法应用等新领域，明确经营者主体责任，明确伦理要求和行为规范，强化保护消费者权益措施。切实回应人民群众需求，聚焦民生领域群众反映强烈、社会舆论关注的突出问题，进一步加大打击力度，严厉打击哄抬价格、串通涨价、价格欺诈等违法违规行为，坚决打击医疗、药品、保健食品、医美、教培、金融等重点领域虚假违法广告行为，规范行业竞争秩序，维护人民群众的生命健康与财产安全。对于“网红经济”“直播经济”等新模式需要重点关注，落实网络直播平台管理主体责任，规范网络直播营销行为，加强信息共享及联合奖惩，对于新兴领域要深化协同共治，避免“一刀切”式的扼杀，推动提升监管合力。多地公布法规，加强对于舆论热点消费者权益问题的回应。消费者权益司法保护加强。司法、消费者权益保护组织、行业、群团、行政、专业等各方力量参与的多元纠纷解决机制不断完善，为保护消费者权益营造更加法治化的消费环境。

8. 及时跟进数据领域监管

数字经济作为继农业经济、工业经济后的新经济形态，具有创新能力强、发展速度快的特点，对数据领域的监管必须遵循数字经济发展规律，及时更新制度法规，灵活采取措施对数据领域进行市场监管。2022年，《网络安全法》面临首次修改，《反电信网络诈骗法》表决通过，《数据出境安全评估办法》正式稿公布，以及《中共中央、国务院关于构建数据基础制度更好发挥数据要素作用的意见》的实施，数据领域市场监管的法律进一步完善，数据合规的具体依据得到细化。

随着数据成为新的生产要素，数据经济体现出高虚拟性、高技术性、非实体性等区别于传统经济的特点，垄断行为更具隐蔽性，经营者利用数据产生“自我优待”“算法歧视”“扼杀式收购”等新问题，因此法律与监管方式也需要不断进行数字化、智能化升级，才能回应数字时代的监管需求，如新修正的《反垄断法》第9条明确规定：“经营者不得利用数据和算法、技术、资本优势以及平台规则等从事本法禁止的垄断行为。”第22条第2款规定：“具有市场支配地位的经营者不得利用数据和算法、技术以及平台规则等从事前款规定的滥用市场支配地位的行为。”国家市场监督管理总局发布的《反不正当竞争法(修订草案征求意见稿)》与现行法律相比，有关数字经济和平台规制的条文总则新增第4条，第二章不正当竞争行为中新增第13~22条，内容上增强和细化数据相关的不正当竞争行为，顺应了数字经济产业发展的需求，有效对数据滥用行为进行了规制。

(二)2022年市场规制法实施存在的问题

1. 监管效能仍需进一步提升

一是竞争规制与行业规制之间的协调性还不是很强，还需要在适应我国产业政策发展需要的基础上，继续改革创新公平竞争审查制度，从而推动我国产业更好发展，不断加强竞争政策与产业政策的协调度。二是建立跨区域协同监管机制还处于探索阶段，需要继续在推动建设全国统一大市场的前提下，深入探索建立健全跨区域协同监管机制。三是在健全信用监管长效机制中，存在数据不同步、措施不统一、标准规则模糊的问题。四是在智慧监管方面，监管部门的监管能力不足。同时在实施智慧监管的过程中，过于注重监管方的使用体验。智慧监管的用户体验感不足。

2. 各领域合规管理协调性有待加强

我国目前大致在以三条线推进企业的合规管理工作：一是由最高人民检察院牵头的“事后监管型”企业合规管理工作；二是以国务院国有资产监督管理委员会为代表推动的“企业日常型”合规管理工作；三是以国家标准化委员会为代表推动的企业合规管理体系认定标准。这三者之间本应相互协同，共同构建我国科学的合规机制，但目前来看缺乏统一的协调联动机制。例如，ISO已于2021年推出新的国际标准ISO 37301：2021，但国家标准目前尚未据此转化制定，中小企业协会发布的《中小企业合规管理体系有效性评价》团体标准中已经预留新的国家标准GB/T 35770-202X《合规管理体系要求及使用指南》，但浙江省《互联网平台企业竞争合规管理规范(征求意见稿)》依据的仍然是 GB/T 35770-2017《合规管理体系指南》。

3. 反垄断监管体制机制尚不健全

2022 年我国竞争政策和反垄断取得了顶层设计、制度建设、体制机制等多方面的成效，市场竞争状况评估机制还不够健全。目前还未完全建立起针对垄断行为的综合不同行业、地区竞争状况的评估体系，竞争状况评估的框架和规则尚不明晰，对于评估结果和必要的评估流程公开度不够，需要完善以竞争状况评估为基础的反垄断执法重点引导机制，加强对数字平台等重点领域的市场竞争状况评估，以跟进分析不同领域的竞争状况，实现分级分类监管，提高垄断风险监测的预警能力。整体层次性监管效能有待提高。当下反垄断法律制度仍不够细化，执法的实际规则需要进一步明确，统一执法程序、标准和尺度的制度保障还有待补充。同时，实现高效监管离不开监管执法人员，而当下监管激励性措施缺失，无法充分调动各层级监管执法机关及其工作人员的积极性；对于监管责任的承担也不够明确，需要构建起权责清晰、充满活力的监管体系，不断提高监管人员的专业素养和执法能力。

4. 公平竞争审查工作推进不平衡，审查自觉性和专业性有待提升

目前，公平竞争审查工作深入实施，取得了积极成效，但仍然属于制度的发展初期，存在一些比较突出的问题。第一，各地方公平竞争审查制度工作推进不平衡，公平竞争审查资源在全国范围内的配置、区域间专业性不均。第二，审查程序不规范，审查质量有待提高。部分地区存在对于审查范围不准确而导致不审、漏审政策措施的情况；或存在关键程序环节缺失，审查浮于表面，实质性审查不到位的问题。第三，审查能力存在短板，专业人员力量配备不足。公平竞争审查人员工作精力有限，且其对于业务的熟悉程度、对于政策的理解能力亟待提升。

5. 网络领域不正当竞争行为规制乏力

随着新经济、新业态、新模式层出不穷，利用数据、算法、平台规则等实施的新型不正当竞争行为严重冲击了现有不正当竞争行为的规制体系。现行《反不正当竞争法》中采用了类型化的举措对于网络领域内的不正当竞争行为进行具体规定，但是这一过程中类型化不周延、不完备的缺陷尤为突出。“互联网专条”的设置指向性过于明确，直接导致实践中存在大量网络领域的不正当竞争纠纷难以直接援引法条规制，只能下沉到一般条款

中处理。然而目前网络领域不正当竞争行为一般条款的保护目的、构成要件、体系定位等均较为模糊，亟须进一步明确法律适用、指明价值取向。

6. 新兴领域消费者权益保护仍任重道远

在过去的几年里，我国消费者权益保护工作取得了很大的进展，但是也应该认识到，在平台经济、数字经济不断发展的背景下，不断有新的问题和挑战仍待解决。从中国消费者协会公布的舆情热点来看，法律法规还存在一定空白，此外，由于数字经济消费多存在跨地域性，如电商平台、快递服务，而消费者权益保护工作存在地域性，因此，消费者在维权时存在执法者推诿责任、法规适用冲突、维权成本高等问题。新兴领域市场监管的问题主要包括以下三个方面：一是虽然已经进行监管数字化转型，但监管能力与技术仍然较为匮乏，不能完全满足数字时代下的监管需求，部分执法人员尚未完全树立数字化的概念，不具有软件或平台的实操技能，数字化监管平台仍然需要整合简化，监管数据的分析手段有限，监管信息的互联互通程度不够，监管技术需要进一步更新。二是由于市场形势的快速变化，存在很多新型的市场乱象，在进行监管时一方面为了提高执法效率而不注重执法程序，会产生“一刀切”的问题；另一方面则是有可能在执法时没有明确的法律依据，特别是在互联网领域的疑难案件难以处理，需要不断完善相关法律制度供给，为市场监管赋能。三是监管手段还是以传统的“惩戒性监管”为主，强调事后严厉的惩戒作用，强调监管机构单一主体作用和手段强制性而忽略被监管企业的积极性与主动性将会导致相对方自主决定能力降低，导致监管成本上升，因此需要引入激励性监管，鼓励企业主动合法合规经营，并给予一定奖励。

三、2023 年市场规制法实施的展望与建议

（一）2023 年市场规制法实施的展望

1. 公平竞争监管持续强化，综合监管效能进一步提升

2023 年，随着公平竞争法律体系日趋完善，公平竞争监管执法能力将稳步提升，在建设全国统一大市场的前提下，2023 年将采取更强有力的手段坚决破除地方保护和区域壁垒等行政性垄断问题，维护全国统一大市场、畅通国民经济大循环。针对平台经济等重点领域，以监管执法为重点维护良好市场秩序，以公平竞争审查为突破助推统一市场建设，以提升效能为导向优化监管手段，有效遏制滥用行政权力排除、限制竞争问题，深入推

进公平竞争政策实施，促进行业监管和竞争监管的紧密衔接，逐步构建全方位、多层次、立体化的监管体系。推动有为政府和有效市场的更好结合，真正激发市场主体创新活力。

深入推进跨部门综合监管，加快转变政府职能，提高政府监管效能。通过健全跨部门综合监管体制机制，完善跨部门综合监管协同方式，提升跨部门综合监管联动效能和加强跨部门综合监管支撑能力，建设维护公平有序的市场环境，切实降低市场主体制度性交易成本，推动高质量发展。系统推进法治监管、信用监管、智慧监管，完善法治监管基础制度；完善信用监管常态化机制，探索制定市场主体信用合规建设指南；在实践中，不断完善智慧监管应用平台和提升技术支撑能力，加快健全智慧应用一体化平台，推动实现“智慧监管”从无到有、从有到优的提升。在加强部门统筹，协调同向发力的基础上，能够进一步形成协同监管的规制合力，以构建竞争执法的多元共治格局。

2. 合规管理体系基本建成，竞争合规有望进一步推动实施

2023年对于合规领域而言重点将会进入系统和制度的落实和验证上，经历了2022年高强度的“立”的过程，在体系和制度的规范要求上已经基本饱和，对于企业特别是中央企业而言相应的体系和制度已经基本搭建完成。进入新的一年合规领域的重点将进入专项领域的合规实操上，即系统和制度已经搭建，如何验证整套体系和制度的成熟、合理性。按照ISO 37301标准中关于合规管理流程所适用的PDCA循环(戴明环循环)，接下来的工作将进入到“D”即执行、“C”即检查、“A”即改进的环节。涉及的重点领域可以参考央企合规管理办法、企业境外合规管理办法当中关于重点领域的列举，也应当参考企业自身实际情况。最后回到实践中合规管理还应当以企业实际的业务为主，通过每一个业务归口和实际负责人员对于整个合规系统和制度的适用及反馈来实现制度的改进和提升。2023年，《中央企业合规管理办法》将进一步得到贯彻执行，包括推动首席合规官管理职责到位，强化合规风险管理与问题整改，推动合规管理落实到岗，推动各级子公司建立健全合规管理体系并加强对子公司的合规管理评价等。按照最高人民检察院的统一部署，2023年，全国各地检察机关将继续深入推进涉案企业合规改革，持续扩大办案规模，逐步拓展案件范围，注重加强行刑衔接，积极推动涉案企业合规改革立法，落实对各类所有制企业依法平等保护，助力经济高质量发展。随着竞争文化的持续弘扬，准确全面贯

彻了新发展理念的同时，会不断引导各类企业强化主体责任，树立合规经营和对竞争风险的防范意识，真正打造公平竞争、诚信经营的企业文化，优化营商环境的目标会稳步实现。

3. 公平竞争审查制度将进一步完善，为构建高水平社会主义市场经济体制保驾护航

目前，我国已经基本建成全面覆盖、规则完备、权责明确、运行高效、监督有力的公平竞争审查制度体系，制度权威和效能显著提升，政策措施排除、限制竞争问题得到有效防范和制止，公平竞争审查制度也得到了有力的法律保障。在此基础上，应当根据党的二十大报告中“构建高水平社会主义市场经济体制”“完善产权保护、市场准入、公平竞争、社会信用等市场经济基础制度”的要求，围绕优化营商环境、促进内外贸易一体化、扩大内需等重要目标，进一步发展和完善公平竞争审查制度。通过制度创新试点、健全第三方评估机制、存量清理与增量审查并行、健全考核监督机制、强化宣传力度等措施，提高公平竞争审查的效能与质量，从源头上打破行政性垄断，建设统一开放、竞争有序的市场体系，为构建高水平社会主义市场经济体制保驾护航。

4. 《反不正当竞争法》第三次修订有望完成，我国竞争法律规则体系进一步完善

目前公布的征求意见稿共48条，对我国现行《反不正当竞争法》中的25个条款进行了修订，并新增了15个条款，涉及范围广泛、内容丰富。意见稿中针对现行法律实施过程中存在的诸多法律问题予以积极回应，在坚持既有类型化规制思路的基础之上，新增多项互联网领域的新型不正当竞争行为并细化传统不正当竞争行为类型以尝试构建更为周延和成熟的理论体系。同时严格法律责任，科学调整违法行为的处罚额，以此增强法律的实际震慑力。此次《反不正当竞争法》的修订对于优化我国市场营商环境、维护市场公平竞争意义重大，肩负了重要的时代使命。目前征求意见稿中虽然具有诸多亮点与创新之处，但部分条款依然存在争议，相关问题尚处于理论探索阶段，具有较大优化的空间。无论最终结果如何，本次修订都将积极引导相关问题的理论思辨与实务争鸣，共同加深对《反不正当竞争法》的理解与适用。

5. 传统与新兴领域消费者权益保护并重，各方合力促进消费增长

随着疫情防控政策的调整，社会消费的逐渐复苏，一些以往典型的侵

犯消费者权益行为也会重新出现。如随着旅游业的复苏，酒店违约、景区宰客、旅行团强制购物等问题极有可能会大量增加，需要有关部门采取措施加强监管和引导，保障消费者的消费信心，让消费者享有安全放心便利的消费环境。除了传统领域，新兴领域的出现和发展要求有关部门继续推进和完善食品药品、直播带货、预付式消费、涉疫情消费等重点领域和特殊消费群体的消费者权益保护，更大范围地促进消费实质公平。除了执法机关，立法机关也应当从立法方面着手，推动《消费者权益保护法实施条例》《产品质量法》等法律制度制定与修改，加紧完善网络消费环境下的相关配套措施。在社会层面，应当加大宣传力度，营造商业诚信文化氛围，构建和谐消费关系。同时，还应当积极引导行业自律组织，充分发挥行业组织的桥梁纽带作用和监督自律作用，通过行业规则、公约以及市场自治规则，规定事前、事中和事后的自律措施。通过“3·15晚会”，平台官方账号宣传等措施，加大违法行为曝光力度，充分发挥消费者和舆论对企业经营行为的监督作用，引导消费者理性消费，让失信主体在市场选择中逐步淘汰，促进市场环境的自我净化。针对各领域消费特点，积极开展有针对性的消费教育引导和宣传活动，进一步增强消费者事先防范意识和维权能力。

6. 质量强国战略将得到充分落实

2023年全国将大力贯彻落实《质量强国建设纲要》，着力提升市场竞争活力和质量。在质量、标准等市场领域继续协同推进，细化工作要求，建立健全工作协调推进领导机制，特别是根据《“十四五”市场监管理代化规划》相关要求创新和完善市场监管，推进市场监管现代化，加强质量工作顶层设计、提升标准化服务能力，推动高新技术结合与发展，增强市场主体创新动能。深入实施质量提升行动，全方位推动质量升级，就产品、工程和服务质量提升具体部署，加快产品质量提档升级、提升建设工程品质、增加优质服务供给。推动民生消费质量升级，增强产业基础质量竞争力，引导新技术新产品新业态优质发展，促进服务品质大幅提升。

(二)2023年市场规制法实施的建议

1. 综合运用多种监管手段，持续提升市场竞争监管效能

强化信用监管保障，探索智慧监管。在夯实反垄断法治根基后，应更深入推进“互联网+监管”，建立以综合监管为基础、以专业监管为支撑、以信息化平台为保障的市场监管体系。

持续深化信用监管制度改革，保证信用信息在归集、处理、交换、公开、反馈等多个环节的畅通有序。不仅要保证反垄断和反不正当竞争执法企业信用风险信息的及时归集，而且应当推进行业主管部门与征信机构、金融机构、行业协会商会等组织的信息共享机制，促进各类信用信息的互动融合。加强信用风险分类管理，根据信用风险状况不同将企业划分为不同的类别，并对不同信用风险类别的企业采取差异化监管措施，实现监管资源合理配置和高效利用，提升监管效能。应当大力推行信用承诺制度，将经营者承诺停止涉嫌垄断行为的执行情况纳入信用记录。建立健全信用修复、异议申诉制度，完善信用激励与约束机制。

探索智慧监管新模式。充分运用互联网、云计算、大数据、人工智能等现代技术手段，全面提升市场监管科技支撑能力，加强对风险的跟踪预警，提升竞争监管效能。建立竞争监管与服务信息资源目录和标准规范体系，全面整合竞争监管领域信息资源和业务数据，深入推进竞争监管信息资源共享开放和系统协同应用。将政府履职过程中形成的行政检查、行政处罚、行政强制以及司法判决、违法失信、抽查抽检等信息进行关联整合，并归集到相关市场主体名下。深入推进公平竞争审查信息化建设，建立公平竞争审查智慧化监测评估平台。探索推行以远程监管、移动监管、预警防控为特征的非现场监管，提升监管精准化、智能化水平。

柔性执法推进公平竞争监管，采取行政指导、行政建议、约谈警示等具有非强制性、非处分性的柔性执法方式预防或纠正市场违法行为。加强政府和企业间的双向沟通，对于行政约谈制度应进一步细化，对于行政指导、行政建议应加强理解与适用，充分发挥柔性执法优势，以提升反垄断执法的效率，增强反垄断执法的能力。

2. *以央企合规为抓手，推动企业常态化合规管理体系建设*

合规管理作为一个体系，需要大量的人力、物力、财力作为前提和保障，会增加企业的管理成本，降低企业利润，中小微企业本身对合规管理工作没有天然的积极性。从另一个角度来讲，中小微企业绝大多数为私营企业，合规管理本质上属于企业内部管理范畴，政府不便强制企业开展某一管理行为，这样做有干涉企业自主经营权的嫌疑。但中央企业不一样，央企最大的隐患便是国有资产的安全性问题，合规管理不仅有利于规避企业的合规风险，更可以在很大程度上解决国有资产监管的难题。因此，从央企开始强制推行日常型企业合规管理工作是适当的，可以达到“一石二鸟”之效。

3. 细化反垄断规则，促进执法司法衔接，坚持发展与规范并重，提高常态化监管水平

《反垄断法》修正后，配套法规的完善尚未结束，法规、规章和司法解释的细化和统一是必要工作，针对重点领域和新问题，提供具体全面的规则指引，才能够使《反垄断法》真正落地。而各程序机制间的相互衔接，尤其是反垄断执法和司法的衔接则是规则构建的重难点。执法和司法是市场监管工作的一体两面，司法具有稳定性和权威性的特点，执法具有专业性和高效性的优势，公平竞争监管必须坚持系统观念，强化统筹协调，在证据收集和固定上加强衔接，在证明标准和证明责任上加强协调，执法行政部门应当加强与司法部门在信息交换等方面的交流协作，共同推动形成对垄断行为的高效监管机制，推动反垄断行为的一体解决。

要继续提高平台的常态化监管水平，严格依法查处平台经济领域垄断协议、滥用市场支配地位和违法实施经营者集中行为。在加强平台经济反垄断常态化监管的同时，营造竞争有序开放包容的发展环境，引导和激励平台经营者将更多资源用于技术革新、质量改进、服务提升和模式创新。适应平台经济发展规律，坚持发展与规范并重，支持平台经济健康规范发展，发挥平台企业在技术创新、创造就业、引领发展和国际竞争中的关键作用。

行政性垄断仍然是营造公平竞争市场环境，提振市场主体信心的最大短板。深入推进公平竞争政策实施需要锚定一个市场的目标，进一步破除地方保护和行政性垄断，强化行政性垄断执法，推动加强公平竞争审查制度改革与创新。注重公平竞争审查与产业政策的协调性，在提升公平竞争审查能力建设的过程中，有效推动本地产业发展，优化产业政策，真正促进营商环境优化。

强化民生领域反垄断监管执法事关市场主体发展环境和人民群众切身利益，具有重要的宏观效应和社会影响。牢固树立“监管为民”核心理念，准确把握民生领域反垄断执法专项行动重点任务，更准聚焦增进民生福祉，切实加大工作力度强化民生领域反垄断执法，大力整治重大民生领域的市场垄断行为，增强人民群众的幸福感和获得感。

4. 大力提高公平竞争审查制度刚性约束力，积极探索公平竞争审查提质增效工作机制

目前，公平竞争审查制度在国家、省、市、县四级政府层面均已基本

实现全覆盖，提升公平竞争审查制度的刚性约束和公平竞争审查的效能质量成为未来工作重点。同时通过加强统筹协调、强化监督公示力度、利用信息化技术、推进制度创新试点等手段，为公平竞争审查制度建设提速加力。具体而言，一是要强化统筹指引，促进各地公平竞争审查平衡发展。推动提升公平竞争审查工作联席会议规格，进一步发挥联席会议协调、议事及推动工作作用，加强重大政策会商和监管执法统筹。加强中央对公平竞争审查制度建设的统筹领导作用，同时各地方也要因地制宜开展工作，对不同地区改革措施做具体梳理与针对性调整。二是要推动公平审查制度协调发展，建立社会共治机制。要完善公平竞争联席会议组织构架，充分发挥联席会议统筹协调、牵头抓总和上通下达作用，加强各成员单位之间的沟通联络，形成部门合力。同时，要构建渠道畅通、规则完备、运行高效、监督有力的公平竞争审查举报处理机制，加强社会监督。三是要创新工作机制，细化体系规则。充分运用大数据、人工智能等技术，提高公平竞争审查的质效，健全完善公平竞争审查第三方评估体系和监督考评体系，提升公平竞争审查的专业化程度和制度的刚性约束力。四是要推进审查队伍专业化能力建设，完善人员配备。通过配齐审查人才队伍，邀请省内外专家授课等方式，提升审查能力。

5. 强化网络领域和数字市场非法竞争行为监管，完善互联网治理体系以形成协同合力

当前我国市场规制法治持续发展，竞争政策基础地位得以确立并不断强化，反不正当竞争法作为市场规制法的重要组成部分，在保障市场公平竞争、强化市场监管过程中具有突出作用。进一步强化网络领域不正当竞争行为监管成为未来一段时间内执法监管的重中之重，然而也需要意识到网络领域出现的诸多新兴问题具有复杂性和隐蔽性，反不正当竞争监管本身具有一定的边界和局限，单纯依靠反不正当竞争法本身难以有效实现全面规制。因此，需要反不正当竞争法与反垄断法、消费者权益保护法、电子商务法等诸多法律之间协调配合，进而实现规则间的协同合力，形成网络空间领域市场规制法间相互支撑、互为补充的综合治理新格局。

6. 落实常态化消费者保护机制，增进网络消费者权益保障

消费者保护协会及有关政府部门，应该开展常态化消费者权益保护工作。一是定期召开工作会议，制定消费者权益保护工作计划、评估消费者权益保护工作效果。二是建立产品服务全流程管控机制，强化产品服务的事前审查、事中管控、事后评估考核，要求各项产品服务必须通过法律、合规、消保等多项专业审核后才能进入市场，全面提升消费者对产品及服务的满意度，保证消费者的合法权益。三是畅通消费者反馈渠道，广泛听取消费者建议，切实解决消费者困境。四是探索多元纠纷解决机制，保障消费者依法求偿权利。与此同时，网络消费者权益保护工作也要继续重视。可以从几个方面进行保障：一是强化对网络消费者权益保障。我国现行法律法规对于网络消费者权益保障依然不完备，难以在实践中得到有效的操作及应用。应该完善相关立法，适当提高网络交易平台的管理义务和商家的告知义务，加强对消费者知情权、公平交易权等权利的保护。二是加强网络交易监管。其一，加强行业的自律监管制度。构建网络零售行业相关信息共享、传播交流的平台，将商家损害消费者权利的事件面向社会公告，并且在平台中公开发布惩罚措施，这样可以有效地开启网络零售行业的内部定期自检功能。其二，应当加强各监管主体之间的配合。因为网络交易平台的整个流程包含电子合同、线上支付、个人信息安全、物流运输，存在多个监管主体，因此各监管主体之间应当具备统一处理问题的标准，加大配合管理的力度，细化职责，转变各监管主体之间相互推诿、相互矛盾的现状，突出监督治理专业化、细致化的优势。

7. 完善其他市场规制法领域监管执法

完善细化相关市场监管规则，加强对广告产业规范发展问题的研究，修订完善《广告法》《互联网广告管理暂行办法》《公益广告促进和管理暂行办法》；推动计量法和配套法规规章的制定、修订，构建适应时代发展的法律法规体系；健全产品质量安全监管制度，要求加快推进产品质量法等工业产品质量安全监管法律法规制定、修订；加强国家标准的管理，同步推进推荐性国家标准、行业标准和地方标准改革，完善《国家标准管理办法》及相关标准化法规制度，运用法治化手段统一和完善国家标准中存在的一般性、原则性问题。

8. 守好食品、药品、重点工业产品和特种设备安全底线

食品、药品、重点工业产品、特种设备直接关系人民群众生命财产安全和公共安全，市场监管执法的重点是：在食品安全监管方面，明确食品生产经营企业建立健全食品安全管理制度，落实食品安全责任制，食品监管部门要加强重点领域食品安全监管，全面排查隐患，及时研判处置，深化专项整治，加强督促调度，确保责任落实到位。在药品监管领域，要切

实维护药品安全形势稳定，深入开展药品安全专项整治行动，毫不松懈加强疫苗全程监管，持续加强对国家集采中选产品、高风险产品等重点产品和企业的监管。在重点工业产品质量安全监管领域，要求工业产品生产、经营单位建立健全产品质量管理制度，落实产品质量安全责任制，依法配备质量安全总监和质量安全员，并对其主要负责人、质量安全总监和质量安全员的岗位职责进行明确。在特种设备安全监管方面，构建双重预防机制。推动特种设备使用单位开展风险分级管控，实施企业、行业和各级监管层面的安全状况分析研判，探索建立基于故障率的隐患预防机制。开展隐患排查整治。开展高风险特种设备安全筑底行动，持续开展危化品相关特种设备、压力管道、起重机械、电梯等安全隐患专项治理和“回头看”。保障重大活动安全。健全重大活动和重要时段特种设备服务保障工作机制，认真监督检查，及时处置突发情况。

撰稿专家

孙晋，1971 年出生，安徽金寨人，武汉大学法学院教授、博士生导师，武汉大学与国家发改委原价监反垄断局共建基地——武汉大学竞争法与竞争政策研究中心主任、国家社科基金重大项目首席专家，美国加州大学伯克利分校法学院访问学者。兼任中国商业法研究会副会长、中国法学会经济法研究会常务理事、亚洲竞争法协会（ACA）常务理事，国家社科基金项目评审鉴定专家、教育部学位与研究生教育评估专家，国家市场监督管理总局反垄断专家，上海、湖北、海南、浙江、四川、甘肃等多省市反垄断/公平竞争审查专家库专家，湖北省人民政府法律顾问、湖北省高级人民法院咨询委员会专家、新疆维吾尔自治区检察院咨询委员会专家，湖北省第四届十大杰出法学家。2007~2008 年被中组部教育部选拔援疆任新疆大学法学院副院长；2014~2015 年入选国家“双千计划”任江苏省镇江市中级人民法院副院长；2019 年 2~3 月在中共中央党校全国人文社科科研骨干培训班进修学习。曾应邀在美国斯坦福大学、加州大学伯克利分校、日本国士馆大学、澳门大学、澳门科技大学讲学。主持国家社科基金重大项目、国家社科基金重点项目、国家社科基金一般项目、最高人民法院司法调研重大课题、教育部规划基金一般项目、中国法学会部级课题等 60 项；在《中国社会科学》、《中国法学》、《新华文摘》、《中国社会科学文摘》、《高等学校文科学术文摘》、《中国社会科学》(英文版)、《中国法学》(英文版)、《人民日报》、《光明日报》、《中国社会科学报》、《人民论坛》等权威和核心报刊发表或转载论文200余篇;出版专著10部、主编教材7本。多项成果获得中国法学会优秀成果奖、湖北省社科优秀成果奖、湖北省高校优秀成果奖、武汉市社科优秀成果奖等奖项。

第五章　2022 年社会法实施报告

2022 年劳动法和社会保障法实施报告

刘文华　江　峰

报告要旨

党的二十大报告为劳动关系调整和完善社会保障事业提供了根本遵循和明确思路。2022 年，《工会法》修订，重点关注维护新就业形态劳动者权利；《职业教育法》修订，促进发展中国特色现代职业教育；新版《职业分类大典》发布；着力促进和保障重点人群就业创业，加强企业招聘用工服务，健全职业技能等级制度体系，加快培养制造业技能人才，加强零工市场建设、完善求职招聘服务。2022 年，《妇女权益保障法》修订，《"十四五"国家老龄事业发展和养老服务体系规划》印发，《社会保险基金行政监督办法》出台，《个人养老金实施办法》施行，部署失业保险稳岗位提技能防失业工作，阶段性实施缓缴企业社会保险费。2022 年，劳动人事争议"总对总"在线诉调对接机制建立；裁审程序衔接进一步规范，裁审法律适用标准统一；劳动人事争议协商调解工作进一步加强。

核心建议

1. 推动构建劳动关系基层治理体系；
2. 推动实现高质量就业；
3. 推动劳动法典编纂；
4. 推动新就业形态劳动者权益保障；

5. 推动健全社会保障体系；
6. 推动社会保险基金监管立法。

2022年，劳动法和社会保障法实施，紧紧围绕迎接党的二十大和学习宣传贯彻党的二十大精神这一主线，坚决贯彻党中央、国务院决策部署，认真落实疫情要防住、经济要稳住、发展要安全的要求，坚持稳字当头、稳中求进，担当作为、真抓实干，在实施“十四五”规划的关键之年，交出了一份满意的答卷，就业形势保持总体稳定，社会保障体系建设取得新突破，劳动关系保持总体和谐稳定。

一、劳动立法及政策制定实施情况

(一)党的二十大报告为劳动关系调整提供根本遵循

党的二十大报告对全面建设社会主义现代化国家、全面推进中华民族伟大复兴进行了战略谋划，从顶层设计的高度为劳动法治及理论发展指明了正确方向，确立了行动目标，激发了前进动力。在党的二十大精神指引下，劳动法治迎来新的发展机遇期。

党的二十大报告指出，“在发展中保障和改善民生”，深入贯彻以人民为中心的发展思想，在幼有所育、学有所教、劳有所得、病有所医、老有所养、住有所居、弱有所扶上持续用力，人民生活全方位改善。人均预期寿命增长到78.2岁。居民人均可支配收入从16 500元增加到35 100元。城镇新增就业年均1300万人以上。建成世界上规模最大的教育体系、社会保障体系、医疗卫生体系，教育普及水平实现历史性跨越，基本养老保险覆盖10.4亿人，基本医疗保险参保率稳定在95%。及时调整生育政策。改造棚户区住房4200多万套，改造农村危房2400多万户，城乡居民住房条件明显改善。互联网上网人数达10.3亿人。人民群众获得感、幸福感、安全感更加充实、更有保障、更可持续，共同富裕取得新成效。

党的二十大报告明确提出“构建初次分配、再分配、第三次分配协调配套的制度体系”的目标任务，这在我们党的历次代表大会报告中属首次提出。初次分配是国民收入在生产要素之间的分配，搞好初次分配有利于调动各类生产要素的积极性，激发各类生产要素充分“涌流”，进一步做大“蛋糕”。再分配是国家对初次分配结果的调节，第三次分配是社会对初次分配和再分配结果的再调节，搞好再分配和第三次分配有利于促进公平正义，维护社会和谐稳定。三次分配相互协调、相互配套，有利于构建有效市场、有为政府、有爱社会三位一体的分配体系，扎实推进共同富裕。

党的二十大报告将就业定位为“最基本的民生”，将就业优先提升到战略层面，从“破”与“立”两个维度来阐释就业在劳动法治中的核心地位。“破”是应予以破解的问题，包括破除妨碍劳动力、人才流动的体制和政策弊端、消除影响平等就业的不合理限制和就业歧视、解决结构性失业；“立”是应予以落实的对策，包括健全就业公共服务体系、完善重点群体就业支持体系、加强困难群体就业兜底帮扶、健全终身职业技能培训制度。就业政策组合的目标是为劳动者“授之以渔”，在就业服务和职业培训的赋能下参与劳动力市场竞争，“使人人都有通过勤奋劳动实现自身发展的机会”。

党的二十大报告提出：“健全劳动法律法规，完善劳动关系协商协调机制，完善劳动者权益保障制度，加强灵活就业和新就业形态劳动者权益保障。”报告回应了劳动关系领域的现实发展需求，为未来五年的劳动关系调整指明了前进方向，提出了工作要求。“健全劳动法律法规，完善劳动关系协商协调机制”，要求我国的劳动法律制度在中国式现代化发展中不断丰富和完善。要积极回应经济社会发展带来的劳动关系新问题，及时完善法律制度，发挥劳动法律制度在构建和谐劳动关系、保障劳动者合法权益等方面的重要作用。

（二）《工会法》修订重点关注维护新就业形态劳动者权利

现行《工会法》于 1992 年公布实施，2001 年、2009 年进行了两次修正。本次系根据 2021 年 12 月 24 日全国人大常委会审议《关于修改〈中华人民共和国工会法〉的决定》第三次修正，于 2022 年 1 月 1 日起实施。本次《工会法》的修正，重点关注了货车司机、网约车司机、快递员、外卖配送员等新就业形态劳动者，明确了新就业形态劳动者参加和组织工会的权利。增加规定：工会适应企业组织形式、职工队伍结构、劳动关系等方面的发展变化，依法维护劳动者参加和组织工会的权利。本次修正重点关注三个方面的内容：

1. 广泛吸纳新就业形态劳动者加入工会。根据《工会法》的规定，以工资收入为主要生活来源的劳动者，都有依法参加和组织工会的权利。对于新就业形态劳动者如外卖骑手、网约车司机等，当其与平台存在经济依赖性，从平台获取收入作为主要生活来源时，无论其与平台是否存在劳动关系，都有依法组织和参加工会，即作为劳动者参加工会的权利。

2. 采取灵活多样的方式保障劳动者参加工会。由于平台用工具的多样性，有的是平台直接招聘，有的采取众包模式或加盟商、合作商模式，导致用工模式和用工主体具有复杂性和多样性。因此，在组建工会的方式上也应当适应这种灵活多样性，如平台直接招聘的可以采取单独建会方式；众包模式的，可以采取行业建会或区域建会；加盟商、合作商模式的，可以采取联合建会等。在组建工会过程中，上级工会要给予充分的指导和帮助，相关平台和企业也要给予足够的重视和支持。

3. 充分发挥工会的职能作用，维护劳动者的合法权益。一是工会有权代表劳动者参与平台企业劳动规章制度和算法管理规则的制定；二是就奖惩规定、劳动定额、抽成分配、支付办法、工作时间、休息休假等与企业进行集体协商，充分表达意见建议，使规章制度更加公开、透明、合理，或者通过签订集体合同的方式把集体劳动条件予以明确；三是通过职工大会、职工代表大会、劳资恳谈会等形式定期与企业建立沟通机制，表达劳动者的诉求，保障劳动者的知情权、参与权、表达权、监督权等民主权利；四是代表劳动者维权，提供相应的法律支持和帮助；五是通过职工之家建设，为劳动者提供帮扶，解决劳动者的困难，并通过组织各类文体活动，丰富劳动者的精神文化生活。

（三）《职业教育法》修订，发展中国特色现代职业教育

2022 年 4 月 20 日，全国人大常委会审议通过《职业教育法》修订。《职业教育法》于 1996 年公布实施，在过去的 26 年中，伴随着中国经济社会的发展，我国建成了世界上规模最大的职业教育体系，职业教育在支持国家经济社会发展中发挥了重要作用。

其一，新《职业教育法》明确了职业教育的目的定位。新《职业教育法》强调职业教育是为了培养具有素质和技术技能水平的劳动者，以便为我国建设教育强国、人力资源强国和技能型社会，推进我国的现代化建设提供合格的人才。

其二，新《职业教育法》明晰了职业教育定义范畴。新《职业教育法》强调职业教育是培养“高素质的技术技能人才”，高素质的技术技能人才包括由职业道德、科学与文化知识和技术技能构成的综合素养和行动能力两大部分，以便使受教育者能够胜任某种职业以及职业生涯发展的需要。新

《职业教育法》提升了职业教育的管理层次。新《职业教育法》理顺了中央政府和地方政府之间、政府行政管理部门之间和政府与行业企业之间在职业教育体系中的职责。

其三，新《职业教育法》优化了职业教育的构成体系。新《职业教育法》确立现代职业教育体系，这一体系的建立将有助于解决职业教育内部职业学校教育、技工教育和职业培训缺乏融通的问题，职业教育与普通教育不能互通的问题，以及不同层次职业教育不能贯通的问题。

其四，新《职业教育法》融通了职业教育的成果证书。为配合具有贯通和融通特点以及立体交叉的现代职业教育体系的实施，新《职业教育法》具体规定了不同种类的职业教育证书以及这些证书之间的融通互认，职业教育与普通教育证书的融通互认。

其五，新《职业教育法》强化了职业教育办学主体。新《职业教育法》强调鼓励和支持社会力量平等参与职业教育，通过多种层次、多种形式，多元化推进职业教育。

(四)新版《职业分类大典》发布

人社部 2022 年 9 月 28 日正式发布《职业分类大典(2022 年版)》(以下简称新版大典)。新版大典适应当前职业领域的新变化，能够更好满足优化人力资源开发管理、促进就业创业、推动国民经济结构调整和产业转型升级等需要，对于经济社会各领域都具有重要价值。

近几年来，我国陆续颁布 74 个新职业，均被纳入新版大典。同时，围绕制造强国、数字中国、绿色经济、依法治国、乡村振兴等国家重点战略，将工业机器人操作员和运维人员、农业数字化技术员和农业经理人等也纳入新版大典。经调整，与 2015 年版大典相比，在保持八大类不变的情况下，新版大典净增 158 个新职业，职业数达 1639 个。

新版大典首次标识了 97 个数字职业，占职业总数的 6%。同时，延续 2015 年版大典对绿色职业标注的做法，标注 134 个绿色职业，占职业总数的 8%。其中既是数字职业也是绿色职业的，共有 23 个。

人社部表示，将进一步研究优化新职业的申报、论证流程，持续发布新职业信息，动态调整大典中职业的相关信息。同时，积极探索建立我国职业信息系统，逐步扩大完善与职业相关的岗位供求、薪资待遇等信息，为广大劳动者提供及时、全面、便捷的查询服务。

（五）关注重点人群就业创业

1. 促进残疾人就业

为贯彻落实习近平总书记关于残疾人事业的重要指示批示精神和党中央、国务院决策部署，进一步巩固拓展残疾人脱贫攻坚成果，促进残疾人实现较为充分较高质量的就业，共建共享经济社会发展成果，逐步实现共同富裕，2022年4月8日，国务院办公厅发布了《促进残疾人就业三年行动方案（2022—2024年）》。

一是实施“四方”力量安排或助残就业行动。实施机关、事业单位带头安排残疾人就业行动。首次明确要求建立统计和公示制度，切实增加机关和事业单位安排残疾人就业的透明度。同时对省、市、县、乡4级都提出了安排残疾人就业的具体要求；国有企业、民营企业安排残疾人就业行动通过组织符合条件的国有企业、民营企业拿出一批岗位定向招录残疾人就业，3年内争取集中帮助较大规模的残疾人就业，对未按比例安排残疾人就业的，则通过及时足额缴纳残保金、纳入企业社会责任报告予以规范；残疾人组织助残就业行动要求对近年来不同类别残疾人就业典型案例和成功经验进行整理推广，打造残疾妇女“美丽工坊”等品牌，帮助各地各类残疾人组织或助残就业组织找到工作方向。

二是实施“四类”重点群体就业帮扶行动。就业困难残疾人就业帮扶行动要求地市级普遍开展辅助性就业项目劳动调配工作，以解决辅助性就业劳动项目不足的短板；农村残疾人就业帮扶行动着重延续残疾人脱贫攻坚政策措施和帮扶机制，以防止已经脱贫残疾人的再度返贫；残疾人大学生就业帮扶行动提出对残疾人大学生提前开展就业服务和纳入公共就业服务的要求，以提高对残疾人大学生的就业服务质量和覆盖面；盲人按摩就业促进行动着重提出加强盲人按摩机构建设和完善盲人医疗按摩制度，以补足盲人按摩基础能力建设的薄弱环节。以上规定主要是针对残疾人就业重点群体现实中的特殊需求提出了个性化的扶持措施。

三是实施“两项”残疾人就业提升行动。残疾人就业服务提升行动通过开展“四个一”活动，对就业年龄段未就业残疾人进行准确摸底，同时要求加大就业服务的规范化、社会化水平；残疾人职业技能提升行动提出根据职业能力评估结果开展精准化培训，同时大力提倡残疾人接受中高等职业教育，切实提升残疾人群体的就业能力。

2. 力促高校毕业生创业就业

2022 年 2 月 8 日，国家发改委、教育部、人社部等八部门联合印发《关于深入实施创业带动就业示范行动 力促高校毕业生创业就业的通知》。该通知指出，力争 2022 年为高校毕业生提供 200 万个高质量就业机会。该通知还提出，聚焦高校毕业生群体。2022 年组织实施示范行动，要紧紧围绕促进高校毕业生创业就业展开，坚持问题导向，帮助高校毕业生解决创业面临的突出问题，降低创新创业门槛；供给优质创新创业教育、培训、实习等资源，帮助高校毕业生提升创业就业能力，创造更多高质量就业机会，缓解结构性就业矛盾。

2022 年 3 月 8 日，人社部、教育部、科技部、工业和信息化部等十部门印发《关于实施百万就业见习岗位募集计划的通知》，决定 2022 年启动实施百万就业见习岗位募集计划，进一步推进就业见习工作，帮助高校毕业生等青年提升就业能力。该通知提出，充分发挥政府有关部门、社会各方面力量，全年募集不少于 100 万个就业见习岗位，为青年提供充足见习机会。多渠道搭建见习供需对接平台，畅通岗位募集渠道，力争把有意愿的用人单位、高校毕业生和失业青年都组织到见习活动中。完善落实就业见习政策，强化跟踪服务，提高就业见习的规范性、知晓度和吸引力，帮助更多青年通过见习积累经验、及早就业。

2022 年 6 月 12 日，人社部办公厅、教育部办公厅、民政部办公厅联合印发《关于做好高校毕业生城乡基层就业岗位发布工作的通知》，要求多渠道、多形式、多领域归集发布一批适合高校毕业生就业的基层岗位。

3. 支持农民工就业创业

2022 年 11 月 9 日，人社部、国家发改委、财政部、农业农村部、国家乡村振兴局联合印发《关于进一步支持农民工就业创业的实施意见》。

一是支持稳定农民工就业岗位。全面落实社保费缓缴、稳岗返还、留工培训补助、社会保险补贴等政策，重点支持农民工就业集中的建筑业、制造业、服务业企业渡过难关；组织暂时停工企业与用工短缺企业开展用工余缺调剂，保障好共享用工中劳动者权益。

二是引导农民工有序外出务工。探索组建区域劳务协作联盟，健全跨区域就业服务机制；在农民工及脱贫人口输出较多的市县、乡村和就业集中的地区合理设置就业服务点，对组织农民工外出务工数量较多、成效较好的人力资源服务机构，按规定给予就业创业服务补贴。

三是促进农民工就近就业创业。加快发展县域特色产业，提升县域就业承载力；大力实施以工代赈，尽可能增加劳务报酬发放规模；组建一批创业服务专家队伍，为返乡创业农民工提供专业化服务。

四是强化农民工就业服务保障。允许失业农民工在常住地、就业地、参保地进行失业登记，同等提供基本公共就业服务；支持有条件地区在农民工就业集中地区建立劳动维权咨询服务点；指导企业不得以年龄为由“一刀切”清退大龄农民工，为有就业需求的大龄农民工免费提供公共就业服务。

五是实施防止返贫就业攻坚行动。做好脱贫人口就业失业监测；实施优先就业帮扶；强化国家乡村振兴重点帮扶县、易地搬迁大型安置区倾斜支持；统筹用好现有各类乡村公益性岗位，不得在现有规定外另行设置年龄、残疾等不必要的限制条件，允许从事非全日制岗位人员同时从事其他灵活就业。

4. 助推脱贫人口稳岗就业

2022 年 3 月 15 日，人社部、国家发改委、财政部、农业农村部、国家乡村振兴局联合印发了《关于做好 2022 年脱贫人口稳岗就业工作的通知》，进一步部署做好脱贫人口稳岗就业工作。该通知提出，要按照稳存量、扩增量、提质量的要求，推动全国脱贫人口(含防止返贫监测对象)务工规模不低于 3000 万人，将 160 个国家乡村振兴重点帮扶县和易地搬迁集中安置区作为重点地区，牢牢守住不发生规模性失业返贫的底线。该通知明确三项重点工作：

一是深化东西部劳务协作。健全东西部劳务协作和省内劳务协作机制，丰富拓展东西部人员输出、技能培训、权益保障、产业援建等协作内容，促进脱贫人口外出务工，努力将脱贫人口稳在企业、稳在岗位。

二是促进就地就近就业。衔接推进乡村振兴补助资金支持的优势特色产业项目，优先吸纳脱贫人口就业；加大以工代赈实施力度，提高以工代赈项目劳务报酬占比，动员脱贫人口参与项目建设；推动就业帮扶车间健康发展、壮大升级，对就业帮扶车间吸纳脱贫人口给予奖补；依托乡村建设行动和农村人居环境整治提升等，统筹用好各类乡村公益性岗位，托底安置其中符合就业困难人员条件的弱劳力、半劳力和无法外出、无业可就的脱贫人口。

三是组织开展“雨露计划+”就业促进专项行动。引导脱贫家庭(含防止返贫监测对象家庭）新成长劳动力接受中、高等职业院校和技术院校教育，发挥建筑、物流、电力等劳动密集型行业的作用，促进雨露计划毕业生实现就业。

5. 实施重点群体创业推进行动

2022 年 11 月 9 日，人社部国家发改委等八部门联合印发了《关于实施重点群体创业推进行动的通知》。该通知计划，力争实现每年创业培训规模不少于 200 万人次、离校 5 年内高校毕业生新创业不少于 30 万人，返乡入乡创业人数累计超过 1400 万人，就业困难人员能够以更加灵活的方式实现就业增收。该通知同时提出八项主要举措，明确实施“创业环境优化”“创业主体培育”“创业服务护航”“创业培训赋能”“创业政策扶持”“金融产品助力”“创业载体筑巢”“灵活就业支持”八项计划，并明确允许个人经营、非全日制、新就业形态等灵活方式就业的劳动者在常住地公共就业服务机构办理就业登记。

（六）加强企业招聘用工服务

2022 年 3 月 28 日，人社部发布了《关于加强企业招聘用工服务的通知》，部署做好企业招聘用工服务，支持做好“六稳”工作、落实“六保”任务。该通知提出，探索开展“即时快招”招聘方式，提供即时发布信息、组织对接、面试洽谈等“一站式”快办服务，满足企业和劳动者即时对接需求。常态化举办线上招聘活动，开设大型专项招聘活动线上专场专区，推广运用直播带岗、远程面试等新型招聘对接模式，实现线上招聘活动不停歇。

（七）健全职业技能等级制度体系

2022 年 3 月 18 日，人社部出台了《关于健全完善新时代技能人才职业技能等级制度的意见（试行）》，重构“八级”制度，主要包括以下内容：

一是健全技能岗位等级设置，畅通技能人才职业发展通道。该意见提出，企业根据技术技能发展水平等情况，结合实际，在现有职业技能等级设置的基础上适当增加或调整技能等级。对设有高级技师的职业（工种），可在其上增设特级技师和首席技师技术职务（岗位），在初级工之下补设学徒工，形成由学徒工、初级工、中级工、高级工、技师、高级技师、特级技师、首席技师构成的职业技能等级（岗位）序列。行业企业根据自身特点，考虑历史沿用、约定俗成等因素，对上述技能等级名称可使用不同称谓，并明确其与相应技能等级的对应关系。

二是完善职业技能等级制度内涵。该意见强调，建立与国家职业资格制度相衔接、与终身职业技能培训制度相适应，并与使用相结合、与待遇相匹配的新时代技能人才职业技能等级制度。这表明职业技能等级制度不仅是技能人才评价制度，更是兼顾培训、使用、待遇等在内的技能人才制度。

三是建立与职业技能等级(岗位)序列相匹配的岗位绩效工资制。目前实施的由初级工、中级工、高级工、技师和高级技师五个等级构成的技能评价，其评价结果与工资薪酬联系不够紧密，也就是说，技能水平在工资薪酬中未能得到很好的体现和反映。而此次出台的意见要求，建立与职业技能等级(岗位)序列相匹配的岗位绩效工资制，强化工资收入分配的技能价值激励导向。引导用人单位建立基于岗位价值、能力素质、业绩贡献的工资分配制度，将职业技能等级作为技能人才工资分配的重要参考，突出技能人才实际贡献，通过在工资结构中设置体现技术技能价值的工资单元，或根据职业技能等级设置单独的技能津贴等方式，合理确定技能人才工资水平，实现多劳者多得、技高者多得。

(八)加快培养制造业技能人才

2022年6月2日，人社部、工信部、国资委联合发布了《制造业技能根基工程实施方案》，指导各地加快培养制造业高质量发展急需的高素质技能人才。体现了党和国家对制造业高技能人才的关心爱护，对巩固工人阶级的领导阶级地位，增强制造业高技能人才的获得感、成就感和幸福感，树立劳动光荣的社会风尚和精益求精的敬业风气，培育和践行社会主义核心价值观，具有重大的实践价值、示范功能和导向意义。

该方案提出，在制造业企业全面推行中国特色企业新型学徒制。引导制造业企业按照岗位总量的一定比例设立学徒岗位，通过企校双师带徒、工学结合模式对新招用职工、在岗职工和转岗职工进行学徒培训。支持企业建立学徒奖学金、师带徒津贴等，激发师徒积极性和主动性。加强制造业高技能领军人才选拔评聘。选拔一批技能高超、业绩突出的高技能领军人才聘任首席技师、特级技师等高级技术职务(岗位)，优先推荐入选制造业人才支持计划、享受政府特殊津贴，优先参评中华技能大奖、全国技术能手等评选表彰项目，优先申报国家级技能大师工作室。

(九)加强零工市场建设、完善求职招聘服务

2022年6月22日，人社部、民政部、财政部、住房和城乡建设部、国

家市场监管总局联合印发了《关于加强零工市场 建设完善求职招聘服务的意见》。该意见提出，“打零工”对促进大龄和困难人员就业增收具有重要作用。各地大力探索推进零工市场建设，强化零工人员就业服务，取得了积极进展。为更好地促进零工人员实现就业，该意见明确了加强零工市场建设、完善求职招聘服务系列重点工作。

该意见主要内容包括：一是强化零工市场信息服务。建立零工求职招聘信息服务制度，将零工信息纳入公共就业信息服务范围，广泛收集零工需求信息，多渠道、多形式发布。二是强化零工快速对接服务。建立零工“即时快招”服务模式，优化零工快速对接流程手续，设立零工信息快速发布通道，组织流动招工大篷车、定向招聘等活动，促进供需匹配对接。三是强化就业创业培训服务。健全培训项目和培训政策推介服务，提供符合市场需求、易学易用的培训信息，引导零工人员参加急需紧缺职业技能培训和新职业技能培训，组织有创业意愿的人参加创业培训。四是强化困难零工帮扶服务。建立零工人员分级服务机制，对待工时间长、低收入家庭、残疾等大龄和困难零工人员加强就业帮扶，对符合就业困难人员条件的，按规定开展个性化就业援助。五是完善零工市场秩序维护。公开零工市场服务制度、服务热线和投诉举报方式，依法监管职业中介机构，严厉打击黑中介、发布虚假招聘信息等违法违规行为。六是完善服务场地设施支撑。合理利用公共就业服务机构场地资源，设立零工对接服务专区，有条件的地方可就近设立零工服务场所，引导求职招聘双方有序开展对接洽谈。七是完善信息化应用支撑。加强“互联网+”、大数据、云服务、人工智能等技术手段运用，动态收集更新零工人员和用工主体信息，提供在线匹配对接、应聘报名、结果确认等“一网通办”服务。八是扩大零工服务多元化供给。充分发挥公共就业服务机构提供兜底服务的公益属性，完善覆盖城乡的服务网络，鼓励人力资源服务机构、社会资本和优质服务资源参与零工市场建设和运营管理。九是开展零工市场动态监测。建立零工市场动态管理名录，向社会广泛公布地址、运行时间、职业(工种、岗位)、联系方式等信息，为供求双方对接提供指引。

二、社会保障立法及政策制定实施情况

(一)党的二十大报告对进一步完善我国社会保障事业明确了思路

党的二十大报告指出，十年来，我们建成了世界上规模最大的教育体

系、社会保障体系、医疗卫生体系，人民群众获得感、幸福感、安全感更加充实、更有保障、更可持续，共同富裕取得新成效。这是对我国社保事业发展取得重大历史成就的高度肯定。报告同时提出，健全覆盖全民、统筹城乡、公平统一、安全规范、可持续的多层次社会保障体系。

一是完善多层次、多支柱养老保险体系，促进多层次医疗保障有序衔接，建立长期护理保险制度，积极发展商业医疗保险。这是社会保障体系自身发展完善的必然要求，更好体现了社会公平正义，满足人民群众多样化多层次的差异化需求。

二是提高养老、医疗、失业、工伤保险的统筹层次。即完善基本养老保险全国统筹制度，推动基本医疗保险、失业保险、工伤保险省级统筹。这结合了当前我国发展的阶段性特征和要求，有利于均衡地区间养老保险基金、医保基金的失衡状况，合理缩小社会保障领域的城乡差异，同时为异地结算带来便利。

三是实施渐进式延迟法定退休年龄。这有利于应对人口老龄化趋势、匹配人均预期寿命增长、适应劳动力结构变化等问题，对我国经济的长期均衡发展具有重大意义。

四是完善公共服务平台建设，健全监管体系，加快完善全国统一的社会保险公共服务平台，全国一体的经办服务体系和信息系统有助于实现社会保险基本公共服务标准化。健全社保基金保值增值和安全监管体系，确保了各项社会保险基金收支平衡，保障制度的长期稳定运行。

五是健全分层、分类社会救助体系，坚持男女平等、保障妇女儿童、残疾人的合法权益。这体现了社会保障制度是保障基本民生，促进社会公平，维护社会稳定的兜底性、基础性制度安排。

（二）《妇女权益保障法》修订，强化人身与劳保等权益救济保护

全国人大常委会于2022年10月30日修订通过新的《妇女权益保障法》，于2023年1月1日起施行。这是继2005年、2018年后，《妇女权益保障法》的第三次修订，也是该法实施30年后的一次全面修订，对于进一步维护妇女合法权益、改善妇女发展环境具有重大而深远的意义。

新修订的《妇女权益保障法》由原来的9章61条增加到10章86条。在结构上将第六章“人身权利”前移作为第三章，将章名修改为“人身和人格权益”；增加一章关于“救济措施”的规定。此次修订立足国情，有力回应了社会关心和关切。修订草案曾两次在网上公开征求意见，分别收到

40 余万条、30 余万条意见，是近年来收到意见数最多的法律草案之一。

比如，针对就业领域存在的性别歧视现象，明确列举招录招聘环节的禁止行为，规定政府及用人单位的女职工权益保障责任；将歧视行为纳入劳动保障监察范围，规定联合约谈制度，引入公益诉讼制度。再如，针对性骚扰频发的问题，具体规定了学校、用人单位等责任主体的预防和制止措施；将未采取合理措施导致公共利益受损的情况，也纳入公益诉讼范围。又如，针对妇女容易遭受暴力侵害，在反家庭暴力法的基础上，扩大“人身安全保护令”的适用范围，加强婚恋交友关系中的妇女权益保障。通过权利确认、预防性保障、侵害处置、救济措施、责任追究等一系列规定，为消除现实中存在的突出问题和不良现象奠定了有力的法律基础。

妇女权益保障法的贯彻实施，是回应社会关切，解决该领域突出问题的有力支撑。落实好这部法律，能够更好地激发广大妇女推进实现中国式现代化的主人翁精神，促进妇女事业和经济社会同步发展，确保广大妇女共享新时代改革发展成果。

人社部副部长俞家栋表示，将采取更加有力有效的措施切实保障妇女劳动和社会保障权益，包括完善妇女平等参与市场竞争的就业机制，搭建女性就业创业服务平台，探索更多适合女性的弹性工作模式，指导督促用人单位落实女职工特殊劳动保护、平等享受福利待遇、晋职晋级、职称评聘等制度。同时，将适时修订人社领域随机抽查事项清单，增加妇女权益保障法明确的执法事项，加大重点领域执法力度。完善配套措施，密切跟踪新情况新问题，及时研究完善相关政策举措，研究促进平等就业法规政策，配合有关部门继续完善生育休假相关政策，夯实妇女劳动权益制度保障。①

（三）国务院印发《“十四五”国家老龄事业发展和养老服务体系规划》

2021 年 12 月 30 日，为实施积极应对人口老龄化国家战略，推动老龄事业和产业协同发展，构建和完善兜底性、普惠型、多样化的养老服务体系，不断满足老年人日益增长的多层次、高品质健康养老需求，国务院印发《“十四五”国家老龄事业发展和养老服务体系规划》，该规划主要包括以下内容：

---

① 《新修订的妇女权益保障法 1 月 1 日起施行》，载青海省人民代表大会常务委员会网，https://www.qhrd.gov.cn/qhsrd/gzdt/xxjj/202302/t20230202_208886.html，最后访问日期：2023 年 5 月 24 日。

在织牢兜底性养老服务网方面：一是健全基本养老服务政策体系。建立基本养老服务清单制度，明确服务标准。二是发挥公办养老机构兜底保障作用。在满足特困老年人集中供养需求的前提下，重点为经济困难的空巢(独居)、留守、失能、残疾、高龄老年人，以及计划生育特殊家庭老年人提供服务。到2025年，县级特困人员供养服务设施建有率达100%。三是加快发展农村养老服务。以农村幸福院等为依托，构建互助养老服务网络。建立特殊困难老年人定期巡访制度。到2025年，特殊困难老年人月探访率达100%。

在普惠型养老服务供给方面：明确将扩大普惠型养老服务覆盖面。继续培育发展社区养老服务机构，通过运营家庭养老床位，将服务延伸至家庭。推动乡镇、街道层面的区域养老服务中心与社区机构功能互补，共同构建“一刻钟”居家养老服务圈。同时重点支持护理型养老服务设施机构建设。在普惠服务能力建设方面，重点强调社区服务设施配套达标、顺利运营，同时调动地方政府和企业尤其是国有企业发挥作用，切实为群众提供服务优质、价格合理的养老服务。

在老年人健康支撑体系方面：明确完善老年健康支撑体系：加强老年健康教育和预防保健，完善健康教育和健康管理；发展老年医疗、康复护理和安宁疗护服务，增强医疗卫生机构为老年人服务的能力；深入推进医养结合，鼓励大型或主要接收失能老年人的养老机构内部设置医疗卫生机构，将养老机构内设医疗卫生机构纳入医联体管理，到2025年，养老机构普遍具备医养结合能力；强化老年人疫情防控。

(四)出台《社会保险基金行政监督办法》

2022年2月9日，人社部公布《社会保险基金行政监督办法》，自2022年3月18日起施行。该办法以问题为导向，紧扣地方社会保险基金行政监督工作实际，落实社会保险法相关规定，为健全人力资源和社会保障行政部门社会保险基金行政监督制度体系奠定了基础。

1. 有利于理顺社会保险基金行政监督工作体制。该办法明确了基金监督主体、内外部协同机制、监督职责和范围等内容，为基金监督工作遵循“法定职责必须为”提供更清晰的尺度。

2. 有利于推动社会保险基金行政监督规范化。该办法落实社会保险法赋予基金监督的相应监督权限，明确基金监督实施的基本要求，现场检查与非现场检查并重，强调对基金违法违规问题的处理，推动社会保险基金监督工作进一步科学化、法治化、规范化。

3. 有利于打击侵害社会保险基金违法违规行为。该办法对侵害社会保险基金相关法律责任进行了整合，对社会保险法相关法律责任进行了细化，明确了基金监督主体相关法律责任，有利于推动严厉打击侵害基金违法行为，维护社会保险基金安全。

(五)推动个人养老金发展

2022 年 4 月 8 日，国务院办公厅印发《关于推动个人养老金发展的意见》。这是贯彻落实党中央、国务院构建多层次、多支柱养老保险体系和规范发展第三支柱养老保险要求的具体举措，个人养老金制度的出台，对于满足人民群众多样化养老保险需要具有重要意义，对我国多层次、多支柱养老保险体系建设具有标志性意义。我国多层次养老保险体系主要包括三个方面，也就是通常所说的“三支柱”。第一支柱是基本养老保险，是主体部分；第二支柱也就是企业年金和职业年金；第三支柱是个人养老金和其他个人商业养老金融业务，是对第一支柱的有效补充。个人养老金制度的推进实施，是满足人民群众多层次多样化养老保险需求的必然要求，也是促进社会保障事业高质量发展、可持续发展的重要举措。

该意见指出，以习近平新时代中国特色社会主义思想为指导，全面贯彻党的十九大和十九届历次全会精神，推动发展适合中国国情、政府政策支持、个人自愿参加、市场化运营的个人养老金，实现养老保险补充功能。参加城镇职工基本养老保险或者城乡居民基本养老保险的劳动者，可以参加个人养老金制度。

该意见规定，个人养老金实行个人账户制度，缴费由参加人个人承担，实行完全积累。参加人通过个人养老金信息管理服务平台，建立个人养老金账户。参加人应当指定或者开立一个本人唯一的个人养老金资金账户，用于个人养老金缴费、归集收益、支付和缴纳个人所得税。

该意见明确，参加人每年缴纳个人养老金的上限为 12 000 元。人社部、财政部根据经济社会发展水平和多层次、多支柱养老保险体系发展情况等因素适时调整缴费上限。国家制定税收优惠政策，鼓励符合条件的人员参加个人养老金制度并依规领取个人养老金。

该意见规定，个人养老金资金账户资金用于购买符合规定的银行理财、储蓄存款、商业养老保险、公募基金等金融产品，参加人可自主选择。参加人达到领取基本养老金年龄、完全丧失劳动能力、出国(境)定居，或者具有其他符合国家规定的情形，可以按月、分次或者一次性领取个人养老金。

(六)印发《个人养老金实施办法》

2022年10月26日，人社部、财政部、国家税务总局、银保监会、证监会联合印发《个人养老金实施办法》，其该办法明确，个人养老金实行个人账户制，缴费完全由参加人个人承担，每年缴纳额度上限为12 000元。该办法适用于个人养老金的参加人、人社部组织建设的个人养老金信息管理服务平台(信息平台)、金融行业平台、参与金融机构等。参加人参加个人养老金，应在信息平台开立个人养老金账户。该账户用于登记和管理个人身份信息，记录个人养老金缴费、领取、抵扣和缴纳个人所得税等信息，是参加人参加个人养老金、享受税收优惠政策的基础。人社部、财政部对个人养老金的账户设置、缴费额度、领取条件、税收优惠等制定具体政策并进行运行监管。税务部门依法对个人养老金实施税收征管。

(七)部署失业保险稳岗位提技能防失业工作

2022年4月25日，人社部、财政部、国家税务总局联合印发了《关于做好失业保险稳岗位提技能防失业工作的通知》。该通知提出，一要继续实施失业保险稳岗返还政策。参保企业上年度未裁员或裁员率不高于上年度全国城镇调查失业率控制目标，30人(含)以下的参保企业裁员率不高于参保职工总数20%的，可以申请失业保险稳岗返还。大型企业仍按不超过企业及其职工上年度实际缴纳失业保险费的30%返还，中小微企业返还比例从60%最高提至90%。二要拓宽技能提升补贴受益范围。领取失业保险金人员取得职业资格证书或职业技能等级证书的，可按照初级(五级)不超过1000元、中级(四级)不超过1500元、高级(三级)不超过2000元的标准申请技能提升补贴。参保职工取得职业资格证书或职业技能等级证书的，可按规定申请技能提升补贴；技能提升补贴申领条件，继续放宽至企业在职职工参加失业保险1年以上。

(八)阶段性实施缓缴企业社会保险费

2022年4月25日，人力资源和社会保障部办公厅、国家税务总局办公厅联合印发《关于特困行业阶段性实施缓缴企业社会保险费政策的通知》。该通知提出，缓缴适用于餐饮、零售、旅游、民航、公路水路铁路运输企业三项社保费的单位应缴纳部分。上述行业中以单位方式参加社会保险的有雇工的个体工商户以及其他单位，参照企业办法缓缴。

2022年9月22日，人力资源和社会保障部办公厅、国家发展改革委办公厅、财政部办公厅、国家税务总局办公厅联合印发《关于进一步做好阶段性缓缴社会保险费政策实施工作有关问题的通知》。该通知明确，自2022年9月起，各省、自治区、直辖市及新疆生产建设兵团可根据本地区受疫情影响情况和社会保险基金状况，进一步扩大缓缴政策实施范围，覆盖本地区所有受疫情影响较大、生产经营困难的中小微企业、以单位方式参保的个体工商户、参加企业职工基本养老保险的事业单位及各类社会组织。阶段性缓缴社会保险费政策到期后，可允许企业在2023年年底前采取分期或逐月等方式补缴缓缴社会保险费。补缴期间免收滞纳金。

三、劳动保障执法、劳动争议仲裁和诉讼情况

（一）劳动保障执法情况

2022年，根治欠薪持续深化，贯彻落实保障农民工工资支付条例，推动农民工工资专用账户、实名制管理、总包代发、工资保证金、失信惩戒等制度落地见效。在全国范围开展集中整治拖欠农民工工资问题专项行动。组织开展清理整顿人力资源市场秩序专项行动，依法履行监察执法职责。印发《人力资源和社会保障领域随机抽查事项清单（第三版）》，推进监察大数据平台、智慧监察系统开发。《拖欠农民工工资失信联合惩戒对象名单管理暂行办法》于2022年1月1日起施行，四批重大劳动保障违法典型案件和拖欠农民工工资失信联合惩戒对象名单发布，切实维护农民工权益。

（二）建立劳动人事争议“总对总”在线诉调对接机制

2022年1月19日，最高人民法院官网显示，最高人民法院联合人社部发布了《关于建立劳动人事争议“总对总”在线诉调对接机制的通知》。

该通知贯彻党中央关于“坚持把非诉讼纠纷解决机制挺在前面”“健全社会矛盾纠纷多元预防调处化解综合机制”等重要部署要求，落实最高人民法院与人力资源和社会保障部等部门联合印发的《关于进一步加强劳动人事争议调解仲裁完善多元处理机制的意见》等文件要求，将进一步推动构建互联网时代劳动人事争议在线多元解纷新格局，降低劳动者维权成本，全面提升劳动人事争议多元化解质效。

该通知提出，最高人民法院依托人民法院调解平台、人力资源和社会保障部依托全国劳动人事争议在线调解服务平台，通过系统对接与机构、人员入驻相结合的方式，逐步畅通线上线下调解与诉讼对接渠道，共同为

当事人提供委派委托调解、音视频调解、调解协议制作、诉调对接等全流程在线解纷服务。

该通知规定，劳动人事争议在线诉调对接工作具体业务流程，要求加强音视频调解工作，并对人民法院、人力资源和社会保障部门组建省级调解专家资源库、做好调解员培训和业务指导等工作提出要求。

该通知明确，最高人民法院和人社部要加强沟通会商，推动各地建立工作协调和信息共享机制，组建特邀调解员队伍，积极推进系统开发和对接，从具体工作层面落实相关建设应用要求。

(三)规范裁审程序衔接、统一裁审法律适用标准

2022年2月21日，人社部和最高人民法院联合印发了《关于劳动人事争议仲裁与诉讼衔接有关问题的意见(一)》，并于发布当日实施。对于完善劳动人事争议多元处理机制、畅通劳动者维权渠道、维护劳动人事关系和谐与社会稳定具有重要意义。

1. 规范调解协议后续程序性保障。该意见明确调解组织主持下达成的调解协议，当事人既可以申请仲裁审查，也可以申请司法确认；仲裁对调解协议审查申请不予受理或不予确认的，部分情形下当事人可以直接提起诉讼。

2. 明确终局裁决范围。该意见进一步规范了终局裁决范围，明确了“劳动报酬”包括法定标准工作时间内提供正常劳动的工资和加班费等，统一了“经济补偿”“赔偿金”等裁审口径，加强了终局裁决与诉讼的程序衔接。此外，明确了涉及确认劳动关系的案件不适用终局裁决，主要考虑到劳动关系是当事人诸多权利义务的前提和基础，此类案件案情相对复杂，权利义务关系并不明确，因此不适用终局裁决。

3. 完善证据、裁决事项等方面的裁审衔接规则。该意见确立了仲裁证据的司法审查规则，规范了当事人提交证据等行为，规定当事人在仲裁程序中认可的证据，经审判人员在庭审中说明后，视为质证过的证据；依法负有举证责任的当事人，在诉讼期间提交仲裁中未提交的证据的，人民法院应当要求其说明理由。同时规定，当事人就部分裁决事项向人民法院提起诉讼的，人民法院对当事人无异议且属于受案范围的裁决事项应当在判决主文中予以确认；对仲裁委员会依法适用简易程序作出终局裁决的案件，人民法院不应以违反法定程序为由予以撤销；对仲裁委员会依照仲裁监督程序重新作出处理结果的案件，人民法院应当依法受理。

4. 统一部分法律适用标准。该意见明确了用人单位因劳动者违反诚信原则、提供与订立劳动合同相关的虚假个人情况构成欺诈解除劳动合同的，仲裁委员会、人民法院对劳动者提出的经济补偿或赔偿金请求不予支持；劳动者主张用人单位支付“视为订立劳动合同”期间的第二倍工资的，仲裁委员会、人民法院不予支持；当事人双方约定了竞业限制和经济补偿，劳动合同解除或者终止后因用人单位原因 3 个月未支付经济补偿，劳动者请求解除竞业限制约定的，仲裁委员会、人民法院应予以支持。

（四）加强劳动人事争议协商调解工作

为深入贯彻党的二十大精神，落实党中央、国务院关于“坚持把非诉讼纠纷解决机制挺在前面”的重要决策部署，2022 年 10 月 13 日，人社部、中央政法委、最高人民法院、工业和信息化部、司法部、财政部、中华全国总工会、中华全国工商业联合会、中国企业联合会/中国企业家协会联合印发了《关于进一步加强劳动人事争议协商调解工作的意见》。

在加强劳动人事争议源头治理方面，该意见提出了三方面政策措施：一是充分发挥用人单位基层党组织在劳动关系治理、协商调解工作中的重要作用，完善民主管理制度，推行典型案例发布、工会劳动法律监督提示函和意见书、调解建议书、信用承诺书等制度，发挥中小企业服务机构和律师、法律顾问作用，开展和谐劳动关系创建活动。二是健全劳动人事争议风险监测预警机制。建立健全风险监测机制，完善重大争议风险预警机制，聚焦重要节点、重点群体，强化监测预警，建立完善防范化解重大争议风险台账，制定应对预案。三是加强劳动人事争议隐患排查化解工作。建立重点区域、重点行业、重点企业联系点制度，及时发现和解决苗头性、倾向性问题，完善部门之间信息共享、协调联动，共同加强风险隐患协同治理。

在强化劳动人事争议协商和解方面，该意见强化了三项工作：一是指导用人单位建立内部协商机制，健全沟通对话机制，完善内部申诉和协商回应制度。二是协助开展劳动人事争议协商。要求工会、企业代表组织推动、指导用人单位搭建争议协商平台，帮助劳动者与用人单位开展争议协商。三是强化和解协议履行和效力。要求工会组织主动引导劳动者与用人单位签订和解协议，推动和解协议履行、主动做好引导申请调解等工作；明确了和解协议在仲裁、诉讼活动中的效力。

在加强劳动人事争议调解工作方面，该意见提出了四条要求：一是推进基层劳动人事争议调解组织建设。要求大中型企业普遍建立劳动争议调解委员会，建立健全以乡镇(街道)、工会、行业商(协)会、区域性等调解组织为支撑、调解员(信息员)为落点的小微型企业劳动争议协商调解机制。二是建设市、县级劳动人事争议仲裁院调解中心和工会法律服务工作站。要求推动在有条件的市、县级劳动人事争议仲裁院内设调解中心和工会法律服务工作站，开展协商、调解和法律服务工作，建立常态化调裁、调诉对接机制。三是加强调解工作规范化建设。要求基层调解组织进一步落实调解组织和调解员名册制度，建立健全内部管理制度。四是加大调解服务供给。要求乡镇(街道)等调解组织发挥自身优势积极化解劳动人事争议，引导和规范社会力量积极有序参与调解。

在健全劳动人事争议办理联动工作体系方面，该意见主要从三个方面作出规定：一是健全劳动人事争议调解与人民调解、行政调解、司法调解联动工作体系，主要是在党委政法委统筹协调下，加强人社部门与法院、司法行政等部门的工作沟通，强化各类调解资源整合，形成矛盾联调、力量联动、信息联通的工作格局。二是参与社会矛盾纠纷调处中心建设。要求相关部门主动融入地方党委、政府主导的社会矛盾纠纷多元预防调处化解综合机制，发挥职能优势。三是强化调解与仲裁、诉讼衔接。建立健全仲裁员分片联系调解组织、调解协议申请仲裁审查或者司法确认等制度。推进劳动人事争议“总对总”在线诉调对接，依法落实支付令制度。

在强调提升劳动人事争议办理工作服务能力方面，该意见特别规定：一是加强调解员队伍建设。通过政府购买服务等方式提升协商调解能力，扩大兼职调解员来源渠道，开发调解员国家职业技能标准。二是加强智慧协商调解建设。推动信息化技术与协商调解深度融合，建立数据信息互通共享机制，推进“网上办”“掌上办”。三是保障工作经费。要求人社部门将协商调解纳入政府购买服务指导性目录，地方财政部门结合当地实际和财力可能，对协商调解工作经费给予必要的支持和保障。

(五)最高人民法院发布《关于为稳定就业提供司法服务和保障的意见》

2022 年 12 月 26 日，最高人民法院发布《关于为稳定就业提供司法服务和保障的意见》，助推扎实稳住经济一揽子政策措施在司法领域落实落地。

在推动落实就业优先政策，支持稳市场主体保就业方面：一是推动落实阶段性缓缴社会保险费政策，减轻用人单位用工负担。二是推动落实阶段性减免房产租金等助企纾困政策，支持中小微企业稳就业规模。三是推动落实金融支持政策，增强服务行业就业吸纳能力。四是依法支持脱贫人口稳岗就业，推动农村劳动力转移就业。五是依法支持高校毕业生就业，促进多渠道灵活就业。

在依法规范新就业形态用工，推动平台经济可持续发展方面：该意见推进落实 2021 年人社部、最高人民法院等八部门印发的《关于维护新就业形态劳动者劳动保障权益的指导意见》，坚持保护新就业形态劳动者合法权益与促进平台经济有序健康发展相结合，就如何认定新就业形态劳动关系作出了规定：一是明确根据用工事实认定劳动关系的考量因素；二是明确据实认定用工法律关系原则；三是不完全符合确立劳动关系情形的参照保障；四是对用工管理算法作出规范。

四、2022 年劳动法和社会保障法实施的主要特点

(一) 稳就业保民生成为总基调

2022 年，劳动法和社会保障法实施始终树立以人民为中心的发展思想，维护人民根本利益，增进民生福祉，解决“急难愁盼”问题，逐步完善劳动者权益保障制度，加强灵活就业和新就业形态劳动者权益保障，推动实现不同群体劳动者基本权益应保尽保。一年来，相关行政部门全力以赴稳岗拓岗，千方百计促进各类群体就业。进一步优化新就业形态就业环境，为平台就业的劳动者“保驾护航”。针对不同群体的就业诉求，相关部门在总结多年经验的基础上，形成了“10+N”就业专项系列服务。春风行动温暖农民工，就业援助月助力残疾人就业……以直播带岗、网络招聘为代表的创新服务方式，将岗位送上门、送到手，为求职者送上“定心丸”。一年来，250 多万名未就业毕业生实现就业，脱贫人口务工超过 3000 万人。

(二) 养老保险“三支柱”体系逐步完善

2022 年，企业职工基本养老保险全国统筹启动，养老保险制度实现“全国一盘棋”，有力支持了基金困难省份养老金发放。个人养老金实施办法、税收等配套政策出台，个人养老金制度进入实质运行时代。1 月以来，人社部稳步推进各项改革，建成了与基本养老保险全国统筹相适应的信息系统，实现了数据集中管理、部省经办联动，更好做到“记录一生、保障一生、服务一生”。不断完善全国统一的社会保险公共服务平台功能。实现基本养老保险在全国范围内基本实现政策统一，劳动者与退休人员的养老

保险权益得到更好保障。2022年，国家层面先后制定出台了个人养老金实施办法、税收政策，初步形成了个人养老金制度体系和管理体系，个人养老金制度在36个先行城市(地区)启动实施，总体运行平稳有序。截至2022年年底，个人养老金参加人数1954万人，缴费人数613万人，总缴费金额142亿元。

(三)劳动关系多方治理机制持续强化

2022年，国家层面加强劳动关系治理，健全三方协商协调机制，加强劳动人事争议协商调解，推进基层调解组织建设。持续推动调解组织和调解员入驻人民法院调解平台，在线调解争议。推进青年仲裁员联系企业常态化长效化。加大“互联网+调解”服务平台推广使用力度，完善灵活就业和新就业形态劳动者权益保障制度，进一步消除不合理的就业歧视，切实提高灵活就业和新就业形态劳动者的收入，使人人都有机会通过勤奋劳动实现自身的全面发展。引导企业厚植和合文化，畅通和规范劳动者诉求表达、权益保障通道，把握好劳动关系双方的平衡，推动双方合作共赢。

(四)防范化解重大风险能力稳步提升

在守好看牢人民群众的“养老钱”“看病钱”“救命钱”方面，人社部出台《社会保险基金行政监督办法》，进一步健全社会保险基金监督体系、以零容忍态度严厉打击欺诈骗保、套保或挪用贪占各类社会保险基金违法行为，让社保基金安全加挂“保险杠”，社会保险基金监管力度空前。社会保险基金管理提升年行动顺利开展，进一步完善社保政策、经办、信息、监督“四位一体”风险防控体系，强化人防、制防、技防、群防“四防”协同，切实维护基金安全，基金风险防控和保值增值能力进一步增强，公众对社保制度信心更强。

五、做好2023年劳动法和社会保障法实施工作的几点建议

(一)推动构建劳动关系基层治理体系

党的二十大报告提出，要健全劳动法律法规，这将劳动法律制度的完善提到了一个新高度，也必将带来劳动法律制度建设新的契机。劳动关系领域的法治建设已取得长足进步，新的劳动关系治理体制普遍建立。在完善党委领导、政府负责、民主协商、社会协同、公众参与、法治保障、科技支撑的社会治理体系的大背景下，劳动关系治理作为社会治理中既重要又特殊的一个领域和子系统，目标就是建立党委领导、政府负责、社会协

同、企业和职工参与、法治保障、科技支撑的劳动关系基层治理体制。在此背景下，建立健全劳动关系基层治理体系有三个基本指向：一是守住劳动者权益的底线，主要是劳动报酬、工作时间和劳动安全卫生。我国已制定安全生产法，但工资和工时立法简略且滞后，存在制度短板。应适时启动劳动基准立法工作，夯实劳动治理体系的法律基础。二是稳定劳动者和用人单位的预期，完善常规就业领域的劳动关系协商协调机制，及时总结制度实践，结合已有的政策文件，形成全国范围内明确、统一、权威的劳动保障规范，塑造劳动关系双方当事人的稳定预期。对于新就业形态等仍在地方治理探索阶段的新事物，应优先出台省级政策文件，明确本区域内就业形态创新探索的尺度和边界，为全国性的劳动立法积累经验。三是强化劳动保障规范的执行机制，坚持以问题为导向，以深入推进劳动就业领域国家治理体系和治理能力现代化为目标，加强劳动关系、劳动监察、劳动争议调解仲裁等多部门联动，开展与法院、工会、妇联、工商联等相关机构和团体的协同治理，在法治轨道上持续推动劳动关系治理的制度化、规范化，总结提炼具有中国特色的劳动关系治理体系，为世界贡献中国智慧，提供中国方案。

（二）推动实现高质量就业

党的二十大报告指出，就业是最基本的民生。劳动法和社会保障法实施，应当坚持以就业优先，推动高质量就业为基本方向。一是强化就业优先政策，健全就业促进机制，促进高质量充分就业。就业事关经济发展和民生改善大局。要深入贯彻落实习近平总书记关于就业工作的重要指示精神，践行以人民为中心的发展思想，继续做好“六稳”“六保”工作，特别是保就业保民生保市场主体，着力扩大容量、保障重点、强化培训、提升服务、守住底线，确保就业目标任务完成，确保就业局势总体稳定。二是健全就业公共服务体系，完善重点群体就业支持体系，加强困难群体就业兜底帮扶。增强风险意识、强化底线思维，确保不发生规模性失业风险。密切关注经济和就业形势变化，持续抓好各项就业常规统计，加强大数据比对分析，健全多方会商研判机制。密切跟踪重点行业、群体、区域就业变化，加强重大政策就业影响分析，动态捕捉风险苗头，提早预判风险走势，加强政策储备。持续开展清理整顿人力资源市场秩序专项行动，依法查处招聘中的虚假欺诈现象，严厉打击就业歧视、非法中介等行为，切实维护劳动者合法权益。三是统筹城乡就业政策体系，破除妨碍劳动力、人才流动的体制和政策弊端，消除影响平等就业的不合理限制和就业歧视，使人人都有通过勤奋劳动实现自身发展的机会。健全终身职业技能培训制度，推动解决结构性就业矛盾。完善促进创业带动就业的保障制度，支持和规范发展新就业形态。

（三）推动劳动法典编纂

民法典的颁布标志着我国法典化时代的到来。劳动法领域的立法应积极吸收《民法典》制定的经验，要做好长远规划，着眼于未来劳动法典的制定，按照劳动法律的内部逻辑，设计劳动法的规范体系。劳动关系是最基本、最重要的社会关系之一，我国已建立起基本劳动法律制度体系，编纂一部适应中国式现代化发展、具有中国特色的劳动法典具有必要性和可行性，有利于促进劳动法律体系化、规范化、科学化发展，更好发挥劳动法律在构建和谐劳动关系、保护劳动者合法权益方面的功能和作用。编纂劳动法典，需要全面总结我国劳动关系领域立法、司法和执法各方面的成熟经验，对现行法律进行系统编订纂修，将相关劳动法律规范编纂成一部综合性法典。

（四）推动新就业形态劳动者权益保障

从三个方面持续发力：一是保障基本劳动权益，特别是劳动者的社会保障和休息休假权利。目前平台用工中劳动者与平台的法律关系多样，劳动法和劳动合同法无法规范平台非劳动关系的用工行为，新就业形态劳动者基本权益保障不足。需要将平台用工完整纳入劳动法律体系中进行规范，以更好保护劳动者的基本权益。二是保障劳动者参与集体协商。针对新就业形态劳动者工作地点分散、线下组织性弱、协商能力不强等短板，需要加大“八大行业”新业态劳动者参加工会组织的工作力度。同时，完善集体协商制度，及时对协商代表的选举、协商议程以及协商内容等进行调整，确保协商取得实效。三是保障劳动者参与民主管理。推动平台企业落实好最高人民法院等八部门联合印发的《关于维护新就业形态劳动者劳动保障权益的指导意见》，督促企业制定修订平台计件单价、抽成比例、报酬构成及支付、工作时间等直接涉及劳动者权益的制度规则和平台算法，充分听取工会或劳动者代表的意见建议，让劳动者有效参与平台企业算法管理，协商事关其切身利益相关事项。当然，受疫情和经济大环境影响，近年来平台用工的劳动者数量出现了下降的趋势。这就需要我们在保障新就业形态劳动者权益的同时，统筹考虑保持总体就业局势的稳定，在稳住就业岗位与保障劳动者权益之间找到平衡点，统筹处理好灵活性与稳定性的关系。

（五）推动健全社会保障体系

社会保障体系是人民生活的安全网和社会运行的稳定器。要推动健全覆盖全民、统筹城乡、公平统一、安全规范、可持续的多层次社会保障体系。完善基本养老保险全国统筹制度，发展多层次、多支柱养老保险体系。推动实施渐进式延迟法定退休年龄。扩大社会保险覆盖面，健全基本养老、基本医疗保险筹资和待遇调整机制，推动基本医疗保险、失业保险、工伤保险省级统筹。促进多层次医疗保障有序衔接，完善大病保险和医疗救助制度，落实异地就医结算，建立长期护理保险制度，积极发展商业医疗保险。加快完善全国统一的社会保险公共服务平台。健全社保基金保值增值和安全监管体系。健全分层分类的社会救助体系。坚持男女平等基本国策，保障妇女儿童合法权益。完善残疾人社会保障制度和关爱服务体系，促进残疾人事业全面发展。

（六）推动社会保险基金监管立法

社会保险基金是人民群众的“养老钱”“看病钱”“救命钱”，基金的使用安全涉及广大群众的切身利益，关系社会保障制度的健康持续发展。社会保障基金使用主体多、链条长、风险点多、监管难度大，欺诈骗保问题持续高发频发，监管形势一直比较严峻。现阶段，骗取社会保险案件的多发频发、社会保险基金积累的持续增长、社会保险自身发展所面临的内部环境及外部环境的变化等原因，需要我们建立完善的社会保险基金监管法律体系，坚决打击欺诈骗保行为，切实保障基金安全。具体来说，需要在建立与基本养老保险全国统筹以及失业、工伤、医疗保险省级统筹相适应的基金监督体制方面深入研究。健全政策、经办、系统、监督“四位一体”的基金管理风险防控体系，探索开展智慧监督，提升风险识别、监测、防控能力。完善欺诈骗保行为惩戒机制，严厉打击欺诈骗保行为，切实保障基金安全。

撰稿专家

刘文华，湖南省人力资源和社会保障厅人事处处长。

江　峰，湖南省人力资源和社会保障厅法规处副处长。

2022 年环境法实施报告

张　宝

报告要旨

2022 年，我国致力于推动减污降碳协同增效、促进经济社会发展全面绿色转型，实现生态环境质量改善由量变到质变，主要表现在：一是减缓与适应气候变化工作稳步向前，生态环境保护部门职责进一步理顺，环评“放管服”改革持续推进，生态环境损害赔偿制度体系基本形成；二是环境资源法律体系不断完善，制定《黑土地保护法》《黄河保护法》，修订《野生动物保护法》，审议《青藏高原生态保护法(草案)》和《海洋环境保护法(修订草案)》，环境资源行政法规、部门规章和地方性法规、规章齐头并进；三是环境监管执法不断深化，第二轮中央生态环境保护督察全面收官，督察整改“后半篇文章”不断深化，生态环境保护执法方式持续深化，排污口管理和排污许可管理体系日益完善，数据造假专项执法取得良好成效；四是持续建设和完善环境司法专门化，“两高”出台司法解释和司法政策文件 8 件，最高人民法院发布了 10 起指导案例和 4 批 45 起典型案例，最高人民检察院发布了 5 起指导案例和 8 批 70 起典型案例；五是环境信息公开力度进一步加大，公众参与渠道更加顺畅，企业环境信息责任披露整体水平稳步提升。总体来看，本年度环境法治实施呈现立法重心转向特殊区域和流域保护以及环境资源指导案例和典型案例数量持续上升的趋势，但也存在环境立法系统性思维不足、环境资源司法解释、指导案例和典型案例待梳理与整合的问题，需进一步加快制度创新，加强制度协同，推动环境法典编纂、整合司法解释和典型案例，为环境法实施提供更加有力的保障。

核心建议

1. 加快推进气候变化减缓和适应的法治化，积极参与构建全球气候治理新格局。

2. 全面梳理和整合环境资源司法解释、指导案例和典型案例，引导环境司法有序发展。

3. 系统总结和提炼四十年来环境法治实施的有益经验，加快推进环境法典编纂。

2022 年是党和国家历史上极为重要的一年。党的二十大胜利召开，擘画了以中国式现代化全面推进中华民族伟大复兴的宏伟蓝图，深刻阐述了人与自然和谐共生是中国式现代化的重要特征，对推动绿色发展、促进人与自然和谐共生、建设美丽中国作出了重大战略部署。① 这一年，在习近平生态文明思想和习近平法治思想的指引下，我国大力推动减污降碳协同增效、促进经济社会发展全面绿色转型、实现生态环境质量改善由量变到质变，全国环境质量状况呈现“三个向好”的特点，② 环境治理工作有效应对疫情冲击、经济下行等带来的困难挑战，积极推进美丽中国建设，各项工作取得新的重要进展。

一、生态文明体制改革进展情况

(一)减缓与适应气候变化工作稳步向前

减缓和适应气候变化是实现碳达峰碳中和的基本途径。在减缓方面，生态环境部等七部门于 2022 年 6 月联合印发《减污降碳协同增效实施方

① 《生态环境部召开 1 月例行新闻发布会》，载生态环境部网，https：//www. mee. gov. cn/ywdt/zbft/202301/t20230117_ 1013623. shtml，最后访问日期：2023 年 2 月 26 日。

② “三个向好”是指空气质量稳中向好、地表水质量持续向好、近海海域海水水质总体向好。参见《2022 年全国环境质量状况呈现“三个向好”》，载中国政府网，http：//www. gov. cn/xinwen/2023-01/18/content_ 5737707. htm，最后访问日期：2023 年 2 月 26 日。

案》，创造性地融合了“双碳”目标与建设美丽中国的多要素目标，从战略制定、制度建设、考核评价、监督执法等多方面建立起协同增效的内在联系及政策体系，强化了碳达峰碳中和工作与生态环境保护相关工作的目标协同、区域协同、领域协同、任务协同、政策协同、监管协同。同时，该方案强调减污降碳公共服务基础能力和基础设施的重要性，并提出持续完善法律、法规、标准、政策体系以及提升统计、监测、监管能力等具体要求。

在适应方面，为实现 2030 年可持续发展议程及其可持续发展目标，体现“主动适应，预防为主”的指导思想，生态环境部等 17 个部门于 2022 年 5 月联合印发《国家适应气候变化战略 2035》。该战略在 2013 年《国家适应气候变化战略》中提出的五大原则基础上，设定了各部门、地区到 2035 年应实现的宏伟目标，新提出了科学、预防、系统、联动的关键词，用科学、系统的方法串联起气候风险与适应、气候监测和风险治理、重点领域和区域格局、自然生态和经济社会等不同的维度。同时，为保障实施能够应对各种不同情况，该战略还将地理区域特征和国土空间规划考虑在内，重点谋划中国各经济区和生态区的落实工作，为提升气候韧性、有效防范气候变化不利影响和风险提供重要指导。①

（二）生态环境保护部门职责进一步理顺

《环境保护法》确立了统一监管与分部门监管相结合的生态环境管理体制，但长期以来，部门职责不清一直是推进生态环境治理能力现代化的重要掣肘因素，因而也是生态文明体制改革的重要目标。党的十八大以来，通过组建生态环境部、整合组建生态环境保护综合执法队伍、实行省以下生态环境机构监测监察执法垂直管理制度、按流域海域设立生态环境监管机构等改革，我国生态环境管理体制已经得到很大优化，但生态环境主管部门与其他相关部门的职责划分还有待进一步理顺。为此，2022 年 10 月 28 日，经中央全面深化改革委员会审议通过，生态环境部、国家发展和改革委员会、工业和信息化部等 18 家单位联合印发了《关于推动职能部门做好生态环境保护工作的意见》，从 7 个方面对职能部门做好生态环境保护工作提出了明确要求，并配套了相应保障措施，目的是健全生态环境保护中党

① 《专家解读丨坚定不移实施积极应对气候变化国家战略 主动做好适应气候变化工作》，载自然资源部网，https：//www. mee. gov. cn/zcwj/zcjd/202206/t20220613_ 985406. shtml，最后访问日期：2023 年 2 月 26 日。

委与政府同责、建立生态环境部门会同有关职能部门行政执法联动机制与刑事司法联动机制，在明晰各方职责的基础上形成管理与监督合力，打破以往生态环境保护单打独斗局面，在中国式现代化进程中推进生态环境治理体系和治理能力的现代化。

(三)环评“放管服”改革持续推进

环评是约束项目和园区准入的法制保障，是在发展中守住绿水青山的第一道防线。近年来，国家不断推进环评“放管服”改革，取消了竣工环保验收和环评机构资质审批等多项行政许可，登记表由审批改为在线备案。在此基础上，生态环境部于2022年4月2日印发《“十四五”环境影响评价与排污许可工作实施方案》，就确立实施生态环境分区管控制度、全面实行排污许可制、协同推进“放管服”改革等提出了5方面18项工作任务。该方案是“十四五”期间环境影响评价与排污许可管理领域的专项规划方案，为未来几年的工作指明了目标、思路、举措和重点任务。

与此同时，为落实中央会议精神，生态环境部于2022年5月印发了《关于做好重大投资项目环评工作的通知》，从总体要求、做好环评服务、提高环评审批质量和效率、加强环评事中事后监管等4方面提出了14项具体举措。该通知对近年来环评领域服务重大投资项目的有效举措进行系统集成，提出了一批创新举措，形成一套政策工具包，指导地方生态环境部门在优化流程、提高效率上下功夫，在规范服务、便民惠企上出实招，为重大投资项目提供从环评文件编制到审批的全过程保障。从实施情况看，全年审批重大基础设施和资源开发、煤炭保供、重大产业项目、海洋工程、核与辐射等项目环评共180个，如南水北调引江补汉工程、环北部湾广东供水工程、淮河入海水道二期工程、上海小洋山北作业区集装箱码头工程等，涉及总投资超过1.9万亿元；全国共审批12.3万个项目环评文件，涉及总投资23.3万亿元。①

(四)生态环境损害赔偿制度体系基本形成

建立健全生态环境损害赔偿制度是生态文明体制改革的重要组成部分，是党中央、国务院作出的重大决策。2015年开始试点、2017年全方位试行至今，生态环境损害赔偿工作已开展多年。虽然生态环境损害赔偿制度已

① 《生态环境部将强化环评服务保障助力重大项目落地》，载中国政府网，http://www.gov.cn/xinwen/2023-01/18/content_5737674.htm，最后访问日期：2023年2月26日。

初步建立，但在法律供给相对不足的条件下，为使制度实施由试行更好转变为常态，仍需一部承上启下、弥补不足的高位阶的规范性文件继续对生态环境损害赔偿工作加以指导。

在此背景下，2022 年 4 月，经中央全面深化改革委员会审议通过，生态环境部联合最高人民法院、最高人民检察院以及科技部、公安部等 11 个部门印发《生态环境损害赔偿管理规定》，对当前生态环境损害赔偿工作实践中涉及的党政领导责任、赔偿范围、牵头指导实施部门、索赔程序启动、磋商机制以及法律适用协调与衔接等具体内容作出了明确安排，并将在实践中进一步明确赔偿权利人责任，压实地方党委与政府责任，明确生态环境损害赔偿相关部门的任务分工。该规定的站位高、协调性强，起到了延续《生态环境损害赔偿制度改革方案》和衔接法律规则的作用，将进一步巩固改革成果、优化制度建设，是推动改革向纵深发展的重要举措。

二、环境资源法律、法规、规章制定情况

2022 年，环境资源领域法律体系建设维持稳定的步伐持续推进：《野生动物保护法》修订通过，《黑土地保护法》《黄河保护法》制定通过，《〈关于持久性有机污染物的斯德哥尔摩公约〉列入多氯萘等三种类持久性有机污染物修正案》和《〈关于持久性有机污染物的斯德哥尔摩公约〉列入短链氯化石蜡等三种类持久性有机污染物修正案》批准通过。此外中央和地方还制定或修改了多部有关环境保护的法规及规章。

(一)环境资源法律制定和修改情况

2022 年 6 月 24 日，全国人大常委会通过《黑土地保护法》，自 2022 年 8 月 1 日起施行。作为专门保护黑土地的重要法律，《黑土地保护法》以国家法律的形式对特定区域进行立法，增强立法针对性、适用性与可操作性，是“小快灵”立法的生动实践。该法共设 38 条，不分章节，从适用范围、资金保障、奖补措施、法律责任等方面作出保护黑土地的规定，对于保障国家生态安全和粮食安全，促进资源可持续利用，维护生态平衡将产生积极的影响。

2022 年 10 月 30 日，全国人大常委会通过《黄河保护法》，自 2023 年 4 月 1 日起施行。该法是继《长江保护法》之后又一部流域专门法律，为推动黄河流域生态保护和高质量发展提供了有力法制保障。相较于《长江保护法》，《黄河保护法》回应黄河流域特色，将水资源集约节约利用、水沙

关系调整以及文化传承与保护作为法律调整重心，是我国流域生态文明建设的又一标志性立法成果。

2022 年 12 月 30 日，全国人大常委会修订通过了《野生动物保护法》，自 2023 年 5 月 1 日起施行。此次修订强化了公共卫生安全与生态安全并重的理念，从加强对野生动物栖息地的保护、细化野生动物种群调控措施、加强外来物种防控、革除滥食野生动物的陋习、坚决取缔和严厉打击非法野生动物市场和贸易、加大对违法行为的处罚力度、完善人工繁育技术成熟稳定的野生动物管理制度等方面入手，健全了管理体制，完善了管理制度，强化了公共卫生法治保障的要求。

2022 年 12 月 30 日，全国人大常委会批准分别于 2015 年 5 月 15 日和 2017 年 5 月 5 日经《关于持久性有机污染物的斯德哥尔摩公约》缔约方大会第七次会议和第八次会议通过了《〈关于持久性有机污染物的斯德哥尔摩公约〉列入多氯萘等三种类持久性有机污染物修正案》和《〈关于持久性有机污染物的斯德哥尔摩公约〉列入短链氯化石蜡等三种类持久性有机污染物修正案》。

此外，《青藏高原生态保护法(草案二次审议稿)》和《海洋环境保护法(修订草案)》于 2022 年 12 月提请全国人大常委会审议。

(二)环境资源行政法规、部门规章立改废情况

环境资源行政法规、规章、标准的立改废稳步推进。2022 年度共制定部门规章 6 件，修改 1 件(详见表 1)。

表 1　2022 年度环境资源领域行政法规和部门规章制定和修改情况

序号	名称	颁布日期	制定部门	立改情况
1	《尾矿污染环境防治管理办法》	2022 年 4 月 6 日	生态环境部	制定
2	《环境监管重点单位名录管理办法》	2022 年 11 月 28 日	生态环境部	制定
3	《生态保护红线生态环境监督办法(试行)》	2022 年 12 月 27 日	生态环境部	制定
4	《重点管控新污染物清单(2023 年版)》	2022 年 12 月 29 日	生态环境部等	制定
5	《中国清洁发展机制基金管理办法》	2022 年 6 月 28 日	财政部等七部门	制定
6	《城镇污水排入排水管网许可管理办法》	2022 年 12 月 1 日	住房和城乡建设部	修改
7	《光伏电站开发建设管理办法》	2022 年 11 月 30 日	国家能源局	制定

同时，主管部门积极推动规章的立改废工作。2022 年 6 月 15 日，国家核安全局发布了《关于废止核安全导则〈城市放射性废物库安全防范系统要求〉的通知》；2022 年 10 月 27 日，自然资源部通过《自然资源部关于第四批废止的部门规章的决定》，共废止《沿海国家特殊保护林带管理规定》《林业行政执法证件管理办法》《林木和林地权属登记管理办法》等 8 项部门规章。

（三）环境资源地方性法规、规章立改废情况

2022 年，全国共制定或修改涉环境资源地方性法规 211 件，其中省级地方性法规 58 件，设区的市地方性法规 128 件，经济特区法规 1 件，自治条例和单行条例 22 件，主要集中在大气污染防治、流域水生态环境协同保护等领域；制定或修改涉环境资源地方政府规章 59 件，其中省级政府规章 9 件，地市级政府规章 50 件，主要集中在垃圾分类、水资源管理等领域。

三、环境资源监管执法进展状况

习近平总书记强调："贯彻执行法规制度没有绝招，关键在真抓，靠的是严管。"[①] 2022 年，生态环境监管执法力度持续强化，生态环境保护督察工作稳步推进，生态环境保护督察整改机制不断完善，生态环境执法方式显著优化，环境行政执法队伍规范化建设逐步提升。

（一）第二轮中央生态环境保护督察全面收官

开展中央生态环境保护督察，是党和国家推行的重大制度创新和重大改革举措。2019 年，第二轮中央生态环境保护督察全面启动。2022 年 3 月 22 日，第二轮第六批中央生态环境保护督察启动，2022 年 4 月 25 日全面完成。[②]至此，中央历时三年分六批对 31 个省（区、市）和新疆生产建设兵团、2 个部门、6 家中央企业完成了生态环保督察（详见表 2）。

---

① 习近平：《论坚持全面依法治国》，中央文献出版社 2020 年版，第 154 页。

② 《第二轮第六批中央生态环境保护督察全面完成督察进驻工作》，载生态环境部网，https：//www.mee.gov.cn/ywgz/zysthjbhdc/dcjz/202204/t20220426_976182.shtml，最后访问日期：2023 年 2 月 26 日。

表2　第二轮中央生态环境保护督察开展情况

批次	时间	督察对象	督察结果
1	2019年7月10日至2019年8月15日	上海、福建、海南、重庆、甘肃、青海等6个省(市)和中国五矿集团有限公司、中国化工集团有限公司	责令整改5809家，立案查处1901家，处罚金额11 308.7万元，立案侦查60件，行政拘留27人，刑事拘留29人，约谈1365人，问责234人
2	2021年8月30日至2021年10月1日	北京、天津、浙江3省(市)以及中国铝业集团有限公司、中国建材集团有限公司	责令整改5442家，立案查处2204家，处罚金额18 213.33万元，立案侦查131件，行政拘留130人，刑事拘留113人，约谈872人，问责283人
3	2021年4月6日至2021年5月9日	山西、辽宁、安徽、江西、河南、湖南、广西、云南	责令整改13 109家，立案查处2575家，处罚金额19 128.21万元，立案侦查160件，行政拘留32人，刑事拘留63人，约谈1708人，问责844人
4	2021年8月25日至2021年9月30日	吉林、山东、湖北、广东、四川5个省份以及中国有色矿业集团有限公司、中国黄金集团有限公司	立案处罚2862家，处罚金额10 877万元，立案侦查95件，拘留87人，约谈765人，问责540人
5	2021年12月1日至2022年1月5日	黑龙江、贵州、陕西、宁夏	责令整改2089家，立案处罚683家，立案侦查61件，行政拘留28人，刑事拘留26人，约谈546人，问责478人
6	2022年3月22日至2022年4月25日	河北、江苏、内蒙古、西藏、新疆5个省(自治区)和新疆生产建设兵团	责令整改2740家，立案处罚1299家，立案侦查62件，约谈257人，问责200人

督察整改是生态环境保护督察的重要环节，是检验督察工作成效的重要标志。为持续推动做好督察整改“后半篇文章”，在《中央生态环境保护督察工作规定》的基础上，中共中央办公厅、国务院办公厅于2022年1月印发了《中央生态环境保护督察整改工作办法》。该办法共6章26条，对督察整改工作程序进行了具体规定，构建了整改方案编制报批、整改实施、验收销号、定期报告和对外公开等整改流程，从而形成了发现问题、解决问题的督察整改管理闭环。以此为指导，第一轮督察和“回头看”整改方案中明确的3294项整改任务，总体完成率超过97%；第二轮督察整改方案

明确的 2164 项整改任务，已完成近 60%。①

（二）生态环境保护执法方式持续优化

2022 年以来，各级生态环境部门深入贯彻党中央关于“疫情要防住、经济要稳住、发展要安全”的决策部署，一方面持续加大环境行政处罚力度，另一方面不断优化环境执法方式。

在加大环境行政处罚方面，各级生态环境保护部门全年共下达行政处罚决定 9.10 万个，累计罚款 76.72 亿元（详见图 1）；配套实施五类案件 9850 件，其中按日连续处罚案件数量为 143 件，罚款金额为 1.55 亿元，查封、扣押案件 4836 件，限产、停产案件 629 件，移送拘留案件 2815 件，移送涉嫌环境污染犯罪案件 1427 件。尽管行政处罚案件数量相较于往年有所下降，但总体而言仍是持续保持严的主基调，坚决维护生态环境执法严肃性。②

图 1　全国环境行政处罚案件查处情况

在优化环境执法方式方面，各级生态环境保护部门以“放管服”改革为指导，深化省以下生态环境机构监测监察执法垂直管理制度改革和生态环境保护综合行政执法改革，不断提高生态环境执法效能。一是有效实施

① 《生态环境部部长黄润秋在 2023 年全国生态环境保护工作会议上的工作报告》，载生态环境部网，https://www.mee.gov.cn/xxgk/hjyw/202302/t20230223_1017248.shtml，最后访问日期：2023 年 2 月 26 日。

② 《生态环境部召开 2 月例行新闻发布会》，载生态环境部网，https://www.mee.gov.cn/ywdt/zbft/202302/t20230223_1017158.shtml，最后访问日期：2023 年 2 月 26 日。

监督执法正面清单制度，推行非现场监管，突出精准治污。各地将 4.49 万家企业纳入正面清单，对守法企业“无事不扰”，发挥正面激励作用。江苏省印发《关于加快推进生态环境非现场监管的意见》，构建“1+5+N”的非现场监管工作体系，创新非现场检查、非现场执法、非现场管理等工作举措。重庆市逐步扩大正面清单企业纳入范围，融合多种手段加强非现场监管，减少不必要的现场检查。① 二是强化“双随机、一公开”监管，随机抽查企业 50.99 万家次，较 2021 年减少 16.1%，有效降低监管频次。三是持续推动包容审慎执法监管，各地通过批评教育、签订承诺书、帮扶指导等措施，帮助企业找到解决问题的办法和途径，促进企业依法合规开展生产经营活动。四是持续开展 2022 年全国生态环境保护执法大练兵活动，并发布《全国生态环境保护综合行政执法人员岗位培训大纲(试行)》，明确建立环境执法岗位培训和资金保障的长效工作机制，推动执法人员能力不断提升。

(三)排污口管理和排污许可管理体系日益完善

在排污口管理方面，为加强和规范排污口监督管理，建立健全排污口长效监管机制，2022 年 1 月 29 日，国务院办公厅印发了《关于加强入河入海排污口监督管理工作的实施意见》，明确提出强化陆域海域污染协同治理，持续开展排污口“查、测、溯、治”，要求“有口皆查、应查尽查”。2022 年 12 月 16 日，生态环境部办公厅、水利部办公厅印发了《关于贯彻落实〈国务院办公厅关于加强入河入海排污口监督管理工作的实施意见〉的通知》，提出将入河排污口设置审批纳入行政许可事项清单，依法依规实施行政许可，推行告知承诺、集成服务、一网通办等改革措施，实现政务服务标准化、规范化、便利化，更好满足行政许可申请人办事需求。

在排污许可方面，生态环境部于 2022 年 3 月 29 日印发了《关于加强排污许可执法监管的指导意见》，提出了加强排污许可执法监管，加快构建以排污许可制为核心的固定污染源执法监管体系的具体措施，推动形成企业持证排污、政府依法监管、社会共同监督的生态环境执法监管新格局，明确了到 2023 年、2025 年构建以排污许可制为核心的固定污染源监管制度体系目标。目前已累计将 344 余万个固定污染源纳入排污许可管理范围，为深

① 《关于深入优化生态环境保护执法方式助力稳住经济大盘有关情况的通报》，载生态环境部网，https：//www.mee.gov.cn/xxgk2018/xxgk/xxgk06/202207/t20220722_ 989466.html，最后访问日期：2023 年 2 月 26 日。

入打好碧水保卫战提供助力。[①]

(四)数据造假专项执法力度不断强化

有效的生态环境监管执法建立有赖于真实充分的信息。为打击控排企业和第三方环保服务机构弄虚作假的违法行为，行政机关和司法机关采取了多项举措。

在行政执法方面，生态环境部于2022年7月发布了《污染物排放自动监测设备标记规则》，目的是确保监测数据真实、准确、完整、有效，建立并规范排污单位报告数据异常、自证守法的途径，建立健全以污染源自动监控为主的非现场监管执法体系。同时，生态环境部连续3年开展打击危险废物环境违法犯罪和重点排污单位自动监测数据弄虚作假违法犯罪专项行动，严肃查处一批涉嫌环评造假案件。在加强环评文件质量常态化监管方面，完成全国环评单位和环评工程师诚信档案专项整治，共清理“空壳”单位1851家、“挂靠”工程师1003名，推进刑事司法衔接，对违法违规行为形成有力震慑。[②] 2022年8月26日，生态环境部公布第六批生态环境执法典型案例(环境影响评价管理领域)，对环评文件编制中不负责任、粗制滥造和弄虚作假等行为进行公开警示，以发挥震慑作用。

在行政执法与刑事司法“两法衔接”方面，最高人民检察院、公安部于2022年4月29日联合发布修订后的《关于公安机关管辖的刑事案件立案追诉标准的规定(二)》，其中第73条、第74条明确规定了环境影响评价、环境监测机构造假立案追诉的标准，进一步明确法律红线。2022年5月6日，最高人民检察院又联合公安部、生态环境部印发《关于深入打击危险废物环境违法犯罪和重点排污单位自动监测数据弄虚作假违法犯罪的通知》，在全国开展深入打击危险废物环境违法犯罪和重点排污单位自动监测数据弄虚作假违法犯罪专项行动，2022年各地向公安机关移送涉嫌自动监测数据弄虚作假环境违法犯罪案件232起。

四、环境资源司法保护进展情况

2022年，“两高”发布司法解释和司法政策文件共8件，最高人民法院

---

① 《全国生态环境保护工作会议在京召开》，载生态环境部网，https://www.mee.gov.cn/ywdt/hjywnews/202302/t20230217_1016682.shtml，最后访问日期：2023年2月26日。

② 《清理“空壳”环评单位1851家、“挂靠”环评工程师1003名》，载中国环境网，http://res.cenews.com.cn/hjw/news.html?aid=1029624，最后访问日期：2023年2月26日。

发布10起指导案例和4批45起典型案例，最高人民检察院发布5起指导案例和8批70起典型案例，专门环境资源审判机构增至2426家，专门化审判组织基本建成，为推进生态文明建设提供了有力保障。

(一)环境资源司法规范性文件制定情况

2022年，最高人民法院单独或者联合最高人民检察院等部门出台有关环境司法解释4部(详见表3)、规范性文件2件，最高人民检察院联合相关部门出台环境资源规范性文件2件。

表3　2022年“两高”发布的环境资源司法解释

序号	名称	公布日期	文号	文件类型
1	《关于审理生态环境侵权纠纷案件适用惩罚性赔偿的解释》	2022年1月12日	法释〔2022〕1号	司法解释
2	《关于办理破坏野生动物资源刑事案件适用法律若干问题的解释》	2022年4月6日	法释〔2022〕12号	司法解释
3	《关于办理海洋自然资源与生态环境公益诉讼案件若干问题的规定》	2022年5月10日	法释〔2022〕15号	司法解释
4	《关于审理森林资源民事纠纷案件适用法律若干问题的解释》	2022年6月13日	法释〔2022〕16号	司法解释

1. 司法解释

2022年1月12日，最高人民法院发布《关于审理生态环境侵权纠纷案件适用惩罚性赔偿的解释》，共14条。该解释就生态环境侵权纠纷案件适用惩罚性赔偿的范围、认定要件、计算基数和倍数等具体问题予以规范，尤其明确了国家规定的机关和法律规定的组织作为被侵权人代表请求惩罚性赔偿的参照适用和但书规定。

2022年4月6日，“两高”联合发布《关于办理破坏野生动物资源刑事案件适用法律若干问题的解释》，共20条。该解释主要内容为调整破坏野生动物资源犯罪的定罪量刑标准，对破坏野生动物犯罪不再唯数量论，改以价值作为基本量刑标准；明确买卖人工繁育技术成熟已成规模的野生动物一般不作为犯罪处理；对“捕捞/猎捕—收购—贩卖”野生动物犯罪实行全链条惩治，明确收购、贩卖非法捕捞的水产品或者非法狩猎的野生动物的，以掩饰、隐瞒犯罪所得罪定罪处罚。

2022年5月10日，“两高”联合发布《关于办理海洋自然资源与生态环境公益诉讼案件若干问题的规定》，共6条。该解释明确规定人民检察院依法可以提起民事公益诉讼、行政公益诉讼和刑事附带民事公益诉讼。

2022年6月13日，最高人民法院发布《关于审理森林资源民事纠纷案件适用法律若干问题的解释》，共23条。该解释明确了补植复绿生态环境修复方式，允许侵权人通过劳务代偿的方式改过自新，鼓励侵权人自愿缴纳修复保证金。

2. 规范性文件

2022年4月26日，最高人民法院和生态环境部、最高人民检察院、科技部、公安部、司法部、财政部、自然资源部、住房和城乡建设部、水利部、农业农村部、卫生健康委、市场监管总局以及林草局联合发布《生态环境损害赔偿管理规定》，共5章38条。该规定强化了地方党政责任的落实，明确牵头部门和工作联动，统一规范赔偿工作程序。

2022年5月6日，最高人民检察院联合公安部、生态环境部印发《关于深入打击危险废物环境违法犯罪和重点排污单位自动监测数据弄虚作假违法犯罪的通知》，在全国开展深入打击危险废物环境违法犯罪和重点排污单位自动监测数据弄虚作假违法犯罪专项行动，要求各地检察机关要结合本地产业结构、常见违法问题等实际情况，制定并细化工作方案。

2022年5月17日，最高人民检察院与水利部联合印发《关于建立健全水行政执法与检察公益诉讼协作机制的意见》。该意见聚焦水旱灾害防御、水资源管理、河湖管理等领域侵害国家利益或者社会公共利益，建立健全会商研判、专项行动等协作机制。

2022年7月1日，最高人民法院发布《关于充分发挥环境资源审判职能作用 依法惩处盗采矿产资源犯罪的意见》，共3个部分18条。该意见强调，准确把握依法惩处盗采矿产资源犯罪的根本要求；正确适用法律，充分发挥依法惩处盗采矿产资源犯罪的职能作用；坚持多措并举，健全完善有效惩治盗采矿产资源犯罪的制度机制。

（二）环境资源审判机构建设和案件审理情况

2007年贵州省清镇环保法庭的设立拉开了我国环境司法专门化的帷幕，但环境司法进入快车道还是以2014年最高人民法院设立环境资源审判庭为标志。2022年，专门环境资源审判机构已经从2013年的不到300家增加至2022年年底的2426家（详见图2），涵盖四级法院的专门化审判组织架构基本建成，并积极探索跨区域管辖和归口审理，最高人民法院及28家高级法院实行环境资源审判职能“三合一”归口，云南、江西、浙江、四川等地探索涵盖执行的“四合一”归口机制，江苏、贵州等地建立基于生态规律的跨区域管辖制度，走出了一条从下到上、从点到面的环境司法专门化路径。

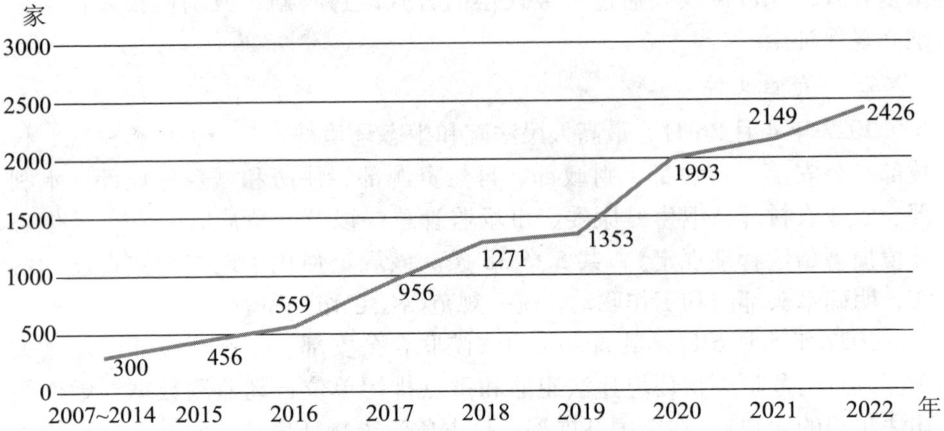

图2 环境资源审判机构变化情况

从2012年至2021年十年间，各级人民法院已审结各类环境资源案件196.5万件，其中，环境资源刑事案件24.4万件，民事案件137.8万件，行政案件34.3万件，环境公益诉讼案件1.58万件，生态环境损害赔偿案件335件，一系列标志性案件载入史册，有力推动了生态环境法治进程。① 2021年，全国法院共受理环境资源一审案件297 492件，审结265 341件，同比分别上升8.99%、4.76%。其中受理环境资源刑事一审案件39 023件，审结35 460件；受理环境资源民事一审案件185 468件，审结167 055件；受理环境资源行政一审案件73 001件，审结62 826件；受理环境公益诉讼案件5917件，审结4943件；受理生态环境损害赔偿案件169件，审结137件(详见图3)。②这些数据，与2019年和2020年基本持平，而2019年至2021年三年审结的环境资源案件数量，已超过过去10年总量的四成，表明

① 《环境资源审判护航美丽中国建设新闻发布会》，载最高人民法院网，https://www.court.gov.cn/zixun-xiangqing-372361.html，最后访问日期：2023年2月26日。

② 《最高法发布〈中国环境资源审判（2021）〉》，载最高人民法院网，https://www.court.gov.cn/zixun-xiangqing-361291.html，最后访问日期：2023年2月26日。

环境司法的广度和深度都在不断提升。

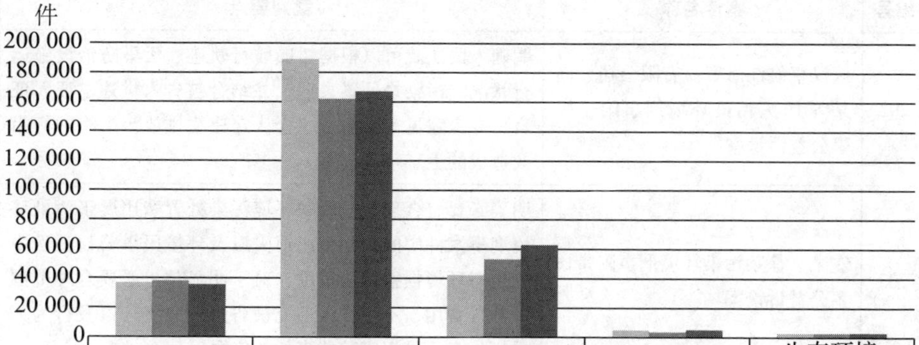

	刑事	民事	行政	公益诉讼	生态环境损害赔偿
2019	36 733	189 120	42 078	1953	36
2020	38 000	162 000	53 000	3557	62
2021	35 460	167 055	62 826	4943	137

■2019 ■2020 ■2021

图 3　全国法院一审环境资源案件审结情况

（三）环境资源指导案例和典型案例发布情况

2022 年，最高人民法院共公布环境资源指导案例 10 件，典型案例 4 批 45 件；最高人民检察院共发布环境资源指导案例 5 件，典型案例 8 批 70 件。

1. 最高人民法院指导案例和典型案例发布情况

2022 年 12 月 30 日，最高人民法院发布第 37 批指导案例（详见表 4），包括刑事附带民事公益诉讼案件 2 起、民事公益诉讼案件 4 起、行政公益诉讼案件 1 起、生态损害赔偿案件 1 起，涉及走私“洋垃圾”、毁损自然遗迹、偷排船舶污水、非法采矿、破坏公益林地等不同环境污染、生态破坏行为类型，涵盖数人侵权、生态环境损害后果认定、修复责任承担和验收标准、技改抵扣、应急处置措施和费用承担等实体规则，以及诉前磋商、司法确认、先予执行等程序规则。

表4　最高人民法院第37批指导案例概览

编号	案件名称	裁判要点
202	武汉卓航江海贸易有限公司、向某等12人污染环境刑事附带民事公益诉讼案	明确人民法院可以根据船舶航行轨迹、污染防治设施运行状况、污染物处置去向，并结合被告人供述、证人证言、专家意见等证据，综合认定违法排放污染物的行为及造成的生态环境损害
203	左某、徐某污染环境刑事附带民事公益诉讼案	明确必要、合理、适度的环境污染处置费用属于污染环境刑事案件中的公私财产损失以及环境民事公益诉讼中的生态环境损害赔偿范围，对于明显超出必要合理范围的处置费用，不应作为追究被告人刑事责任以及行为人承担生态环境损害赔偿责任的依据
204	重庆市人民检察院第五分院诉重庆瑜煌电力设备制造有限公司等环境污染民事公益诉讼案	鼓励生产经营者通过资源节约集约循环利用等方式实施环保技术改造，明确技改抵扣的适用以产生法定强制性义务之外的环境效益增量为前提，经评估能够实现节能减排、减污降碳、降低风险效果的，侵权人可以申请以相关技改费用适当抵扣生态环境损害赔偿金
205	上海市人民检察院第三分院诉郎溪华远固体废物处置有限公司等民事公益诉讼案	明确侵权人走私固体废物，造成生态环境损害或者具有污染环境、破坏生态重大风险的，应当依法承担生态环境侵权责任以及行政执法机关实施无害化处置支出的合理费用
206	北京市人民检察院第四分院诉朱某良、朱某涛环境污染民事公益诉讼案	人民法院与检察机关、行政机关协同配合，督促侵权人根据修复方案确定的整体修复要求积极进行生态修复，在依法认定无意思联络侵权人各自责任基础上，准许被告以代其他侵权人支出的修复费用折抵生态环境损害赔偿金
207	江苏省南京市人民检察院诉王某林生态破坏民事公益诉讼案	明确对非法采矿造成的生态环境损害，不仅要对造成山体(矿产资源)的损失进行认定，还需对开采区域的林草、水土、生物资源及其栖息地等生态环境要素的受损情况进行整体认定
208	江西省上饶市人民检察院诉张某明、张某、毛某明生态破坏民事公益诉讼案	该案系全国首例自然遗迹保护公益诉讼，明确对于破坏自然遗迹和风景名胜造成的损失，在没有法定鉴定机构鉴定的情况下，可以参考专家采用条件价值法作出的评估意见，综合考虑评估方法的科学性及评估结果的不确定性以及自然遗迹的珍稀性、损害的严重性等因素，合理确定生态环境损害赔偿金额

续表

编号	案件名称	裁判要点
209	浙江省遂昌县人民检察院诉叶某成生态破坏民事公益诉讼案	明确生态环境修复具有时效性、季节性、紧迫性的，不立即修复将导致生态环境损害扩大的，属于“因情况紧急需要先予执行的”情形，人民法院可以依法裁定先予执行
210	九江市人民政府诉江西正鹏环保科技有限公司等生态环境损害赔偿诉讼案	明确国家规定的机关通过诉前磋商，与部分赔偿义务人达成生态环境损害赔偿协议的，可以依法向人民法院申请司法确认；对于磋商不成的其他赔偿义务人，可以依法提起生态环境损害赔偿诉讼
211	铜仁市万山区人民检察院诉铜仁市万山区林业局不履行林业行政管理职责行政公益诉讼案	明确对于刑事判决未涉及的行政处罚事项，行政机关在刑事判决生效后作出行政处罚决定有效；特殊功能区生态环境被破坏，原则上应当原地修复，除不能证明原地修复已不可能或者没有必要外，修复义务人或者代履行人不能主张异地修复

2022 年 3 月 1 日，最高人民法院发布 10 件固体废物污染环境典型案例，包括刑事案件 7 起、民事公益诉讼案件 2 起、行政公益诉讼 1 起，涉及医疗废物、过期药品、工业固体废物、电子垃圾、生活垃圾、危险废物、“洋垃圾”等各类固体废物污染问题。

2022 年 6 月 14 日，最高人民法院发布 10 件森林资源民事纠纷典型案例，该批案例体现了人民法院发挥环境资源审判职能作用，涉及长江防护林保护、黑土区周边荒山治理、森林火灾防治、绿色金融等多方面内容。

2022 年 7 月 8 日，最高人民法院发布 10 件人民法院依法惩处盗采矿产资源犯罪典型案例，案例覆盖了我国东部、中部、西部、东北等各经济区域，涉及多种类型矿产资源保护，探索运用预防性恢复性司法规则，激励盗采行为人积极修复生态环境、赔偿损失。

2022 年 12 月 5 日，最高人民法院发布 15 件生物多样性司法保护典型案例，包括刑事案件 8 起、民事案件 1 起、民事公益诉讼案件 4 起、行政诉讼案件 1 起、行政公益诉讼案件 1 起。案例涵盖物种多样性、遗传多样性和生态系统多样性保护等生物多样性保护核心领域，保护对象包括斑海豹、藏羚羊等珍稀、濒危野生动植物物种，以及森林、草原等多种自然生态系统，与最高人民法院 2021 年发布的生物多样性保护专题指导案例相互呼应、相互补充。

2. 最高人民检察院指导案例和典型案例发布情况

2022 年 8 月 19 日，最高人民检察院发布第四十批、第四十一批指导案例，包括 2 起行政公益诉讼与 3 起民事公益诉讼，涉及矿产资源保护、流域生态环境治理、跨区划公益损害、惩罚性赔偿等内容(详见表 5)。

表 5　2022 年最高人民检察院发布的有关环境资源保护的指导案例

编号	案件名称	要旨
162	吉林省检察机关督促履行环境保护监管职责行政公益诉讼案	“监督管理职责”不仅包括行政机关对违法行为的行政处罚职责，也包括行政机关为避免公益损害持续或扩大，依据法律、法规、规章等规定，运用公共权力、使用公共资金等对受损公益进行恢复等综合性治理职责
163	山西省检察机关督促整治浑源矿企非法开采行政公益诉讼案	明确在多层级多个行政机关都负有监管职责的情况下，要统筹发挥一体化办案机制作用，由不同层级检察机关督促相应行政机关依法履行职责，综合运用诉前检察建议和社会治理检察建议等相应监督办案方式
164	江西省浮梁县人民检察院诉 A 化工集团有限公司污染环境民事公益诉讼案	环境民事公益诉讼中，对于侵权人违反法律规定故意污染环境、破坏生态致社会公共利益受到严重损害后果的，检察机关有权要求侵权人依法承担相应的惩罚性赔偿责任
165	山东省淄博市人民检察院对 A 发展基金会诉 B 石油化工有限公司等民事公益诉讼检察监督案	对于检察机关依法立案的民事公益诉讼案件，社会组织在公告期间提起民事公益诉讼，检察机关应当继续履行法律监督机关和公共利益代表职责
166	该案最高人民检察院督促整治万峰湖流域生态环境受损公益诉讼案	该案系最高人民检察院直接办理的第一起公益诉讼案件，明确对于案情复杂、一时难以确定监督对象的公益损害线索，可以基于公益损害事实立案；对于江河湖泊流域性生态环境治理或者跨行政区划重大公益损害案件线索，上级人民检察院可以依法直接立案

2022 年 1 月 25 日，最高人民检察院发布 12 件检察机关服务保障黄河流域生态保护和高质量发展典型案例，其中刑事检察案件 3 件、民事检察监督案件 1 件、行政检察监督案件 1 件、公益诉讼检察案件 7 件。该批典型案例以生态环境保护为重点，助力整治黄河流域存在的工业废水偷排、违规采水用水、违规私搭乱建、非法占用农用地等问题，加强诉源治理，推动行政争议实质性化解，注重抓前端，以民事检察监督助力黄河流域生态环境保护，注重标本兼治，将公益诉讼办案工作与源头治理有机结合。

2022 年 3 月 3 日，最高人民检察院发布 8 件检察公益诉讼“回头看”跟进监督典型案例，其中涉及生态环境和资源保护案件 6 件，含环境行政公益诉讼 5 件，刑事附带民事公益诉讼 1 件，主要涵盖水资源、土地资源、矿资源受损等案件类型。

2022 年 5 月 20 日，最高人民检察院发布 4 件检察机关依法保护黑土地典型案例，含刑事诉讼 1 件、行政诉讼 3 件，主要涉及依法打击非法采挖、贩卖泥炭土犯罪行为，督促行政机关履行休耕补贴资金监管职责，防治外来入侵物种，强化湿地水土资源保护等。

2022 年 6 月 9 日，最高人民检察院、水利部联合发布 10 件涉水领域检察公益诉讼典型案例，其中环境资源类案件 4 起，主要涉及水资源保护、矿产资源保护等内容，目的是以服务保障长江经济带发展战略、黄河流域生态保护和高质量发展战略为抓手，协力提升水安全保障能力，推进水利高质量发展大局。

2022 年 7 月 19 日，最高人民检察院发布 12 件检察机关服务保障长江经济带发展典型案例（第四批），涉及危险废物污染治理、非法采矿治理、跨区划污染治理等问题。其中刑事案件 4 件、行政公益诉讼案件 8 件。

2022 年 9 月 14 日，最高人民检察院发布 8 件检察机关督促整治非法采矿公益诉讼典型案例，包括重庆市大足区检察院督促整治非法采矿行政公益诉讼案、山西省右玉县检察院督促整治非法采砂行政公益诉讼案等 8 件，涉及煤炭、石灰岩、砂石、地热等多种矿产和资源种类。

2022 年 10 月 31 日，最高人民检察院发布 4 件依法惩治盗采矿产资源犯罪典型案例，包括 3 件严重破坏矿产资源从严惩处的案例、1 件经核实系工程附随采挖的行政违法行为不构成犯罪作不起诉的案例，明确了检察机关如何准确鉴别采矿行为的罪与非罪，体现了宽严相济、不枉不纵的办案精神。

2022 年 11 月 5 日，最高人民检察院发布 12 件湿地保护公益诉讼典型案例，违法类型包含违法侵占、围湖填湖、非法狩猎、违法养殖、固体废物污染等不同类型。入选案例在程序和案由上类型丰富，既包括诉前程序，也包括诉讼程序；既包括行政公益诉讼案件，也包括民事公益诉讼案件。

五、环境信息公开和公众参与进展状况

2022 年，环境信息公开工作有序进行，以信息公开助力“双碳”目标实现。公众环保意识持续高涨，通过多种手段参与环境保护工作。

(一)政府信息公开水平进一步加大

2022年6月13日，生态环境部办公厅组织制定了《生态环境部2022年政务公开工作安排》，围绕政府信息公开条例实施强化政务公开。同时，办公厅将按照责任主体和公开时限要求，并将本工作安排落实情况纳入生态环境部2022年政府信息公开工作年度报告，向社会公开发布，接受社会监督。

在主动公开方面，生态环境部致力于以信息公开助力减污降碳协同增效，公开打好污染防治攻坚战信息、应对气候变化信息、生态环境监督管理信息，扩大疫情防控相关信息。在依申请公开方面，2022年度政府信息公开申请586件，办结571件，转结下年度继续办理15件。从申请途径看，主要通过生态环境部网站在线申请；从申请内容看，主要是申请公开环境影响评价报告、生态环境监测数据以及固体废物环境管理信息等；从受理主体看，自然人提出申请532件、商业企业提出申请40件、社会公益组织提出申请14件；从办理结果看，予以公开的397件，部分公开的39件，不予公开的15件，无法提供的76件，因重复申请而不予处理的1件，其他处理的43件。在不予公开的情形中，因国家秘密不予公开的2件，因危及“三安全一稳定”不予公开的2件，因属于三类内部事务信息不予公开的2件，因四类过程性不予公开的9件。在无法提供的情形中，不属于本机关掌握信息的70件、没有现成信息需要另行制作的6件。生态环境部全年因政府信息公开被提起行政复议的18件，其中结果维持的3件、其他结果的5件、尚未审结的10件。全年因政府信息公开被提起行政诉讼的4件，未经复议直接起诉的2件，结果维持的2件；复议后起诉的2件，结果维持的2件。①

(二)企业环境信息披露水平仍待提升

2021年12月31日，生态环境部印发《企业环境信息依法披露格式准则》，并于2022年2月8日实施。该规范性文件细化企业环境信息依法披露内容，规范环境信息依法披露格式。2022年12月30日，生态环境部修订《生态环境统计管理办法》，着力深化环境信息依法披露制度改革，第一批

---

①《生态环境部2022年政府信息公开工作年度报告》，载生态环境部网，https://www.mee.gov.cn/xxgk/xxgknb/202301/P020230130670687280699.pdf，最后访问日期：2023年2月26日。

露周期将有 8.5 万余家企事业单位依法披露环境信息。

2022 年 12 月 27 日，中国环境记协与北京化工大学连续第十年发布《中国上市公司环境责任信息披露评价报告(2021 年度)》。报告指出，上市公司环境责任信息披露水平稳步提升，2021 年披露指数相比 2020 年提升 6.97%，为十年来最高。虽然披露整体水平稳步提升，但仍有部分企业披露意识不足。结合生态环境部 2021 年对外通报的信息来看，一些上市公司因环保问题被通报或处罚后，未在其企业官网、社会责任报告或其他环境报告中有所披露。报告显示，长三角地区环境责任信息披露指数平均分为三地区最高，其中长三角地区企业环境管理、环境绩效两个一级指标得分率最高，京津冀地区企业的环境信息沟通指标得分率最高(详见图 4)。

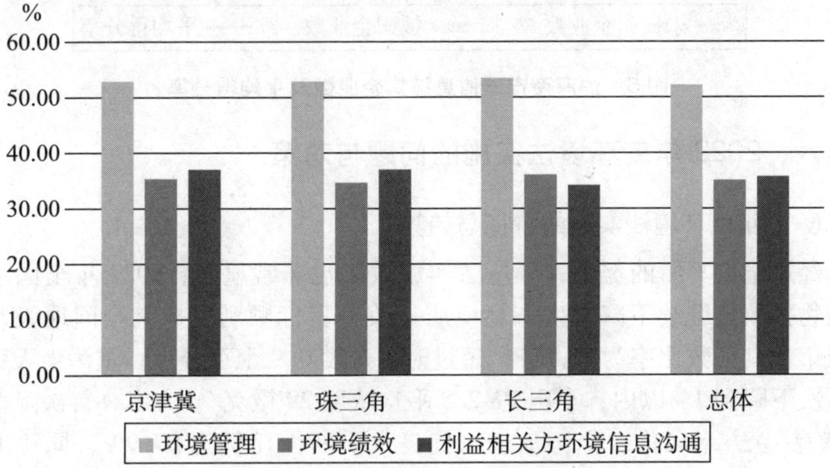

图 4　京津冀、长三角、珠三角一级指标得分率对比

该报告延续了碳信息披露评价报告模块。2021 年，在发布有效样本的 1415 家企业中，相较 2020 年度披露占比提升 17.67%，其中 1178 家上市公司不同程度披露了碳信息。虽然碳信息披露得分率有所提升，但还有很大上升空间(详见图 5)。通过沪深两市对比可知，沪深两市大部分企业具有较强碳信息披露意识，并且注重低碳成果信息的发布。①

① 《中国上市公司环境责任信息披露评价报告(2021 年度)》，载中国环境新闻网，http://www.cfej.net/bwzl/jxdt/202212/t20221228_1008892.shtml，最后访问日期：2023 年 2 月 26 日。

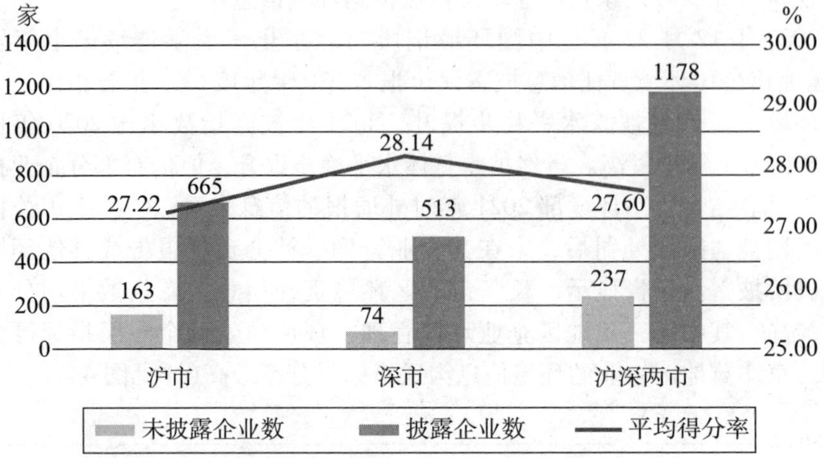

图5　沪深两市碳信息披露企业数及平均得分率

六、2022年度环境法实施的问题与对策

(一)年度环境法实施的特征与趋势

经过坚持不懈的努力，环境法实施效果也非常显著：2022年全国主要污染物排放量继续下降，生态环境质量改善目标顺利完成。全国地级及以上城市优良天数比率为86.5%，超过时序进度0.9个百分点；重污染天数比率首次下降到1%以内；全国PM2.5平均浓度29微克/立方米，首次降低到30微克/立方米以内。全国地表水优良水质断面比例为87.9%，同比上升3.0个百分点；劣Ⅴ类水质断面比例为0.7%，同比下降0.5个百分点；氮氧化物(NOx)、VOCs、化学需氧量(COD)、氨氮等4项主要污染物排放总量同比分别降低5.5%、3.7%、2.1%、6.8%，圆满完成年度目标。① 与往年相比，本年度环境法治实施呈现如下特征和趋势：

一是环境立法重心转向关注特殊区域保护。自《长江保护法》颁布以来，生态环境领域的立法开始聚焦于专项领域，注重“小切口”，关注特定区域、流域、要素的生态环境治理，对具体问题提供精准化制度方案，促使立法走向更为细分、专业的维度。目前，全国“1+N+4”的生态环保法

① 《生态环境部部长黄润秋在2023年全国生态环境保护工作会议上的工作报告》，载生态环境部网，https://www.mee.gov.cn/xxgk/hjyw/202302/t20230223_1017248.shtml，最后访问日期：2023年2月26日。

律体系已基本形成，其中“1”是发挥基础性、综合性作用的《环境保护法》；“N”是环境保护领域专门法律，主要包括传统的污染防治以及资源利用与保护类法律；“4”是针对特殊地理、特定区域或流域的生态环境保护进行的立法，包括2021年已经出台的《长江保护法》、2022年出台的《黄河保护法》与《黑土地保护法》以及正在进行审议的《青藏高原生态保护法(草案)》。① 这4项特定区域、流域的生态环境保护立法，彰显了在推进生态文明建设上我国对特殊区域保护类立法的关注，是我国生态环保领域法律体系重要的完善和发展。

二是环境资源指导案例和典型案例数量持续上升。自党的十八大以来，最高人民法院先后发布环境民事公益诉讼、生态环境损害赔偿、生态环境侵权禁止令等司法解释21部，出台依法惩处盗采矿产资源犯罪意见等司法政策文件15部，与有关部门联合出台检察公益诉讼司法解释、生态环境损害赔偿管理规定，细化审判规程，统一裁判标准。围绕服务保障新时代生态文明建设、长江经济带及黄河流域高质量发展、生态环境损害赔偿制度改革等党和国家工作大局，先后发布环境资源指导案例35件，典型案例281件；最高人民检察院共发布环境资源指导案例20件，典型案例201件。不难看出，近三年环境资源指导案例和典型案例的数量呈现持续上升的趋势，最高人民检察院近三年发布的典型案例更是占到其历年发布总数的75%(详见图6、图7)。国家注重发挥指导案例和典型案例的不同功能作用，形成指导案例与典型案例“一体两翼、并行发展”的案例工作格局，对于统一裁判尺度具有重要意义。

① 《我国生态环保法律体系已经基本形成》，载中国人大网，http://www.npc.gov.cn/npc/kgfb/202210/7fb2fcd66b084be2aa48176ce8d0fe07.shtml，最后访问日期：2023年2月26日。《青藏高原生态保护法》已于2023年4月26日公布，将于2023年9月1日施行。

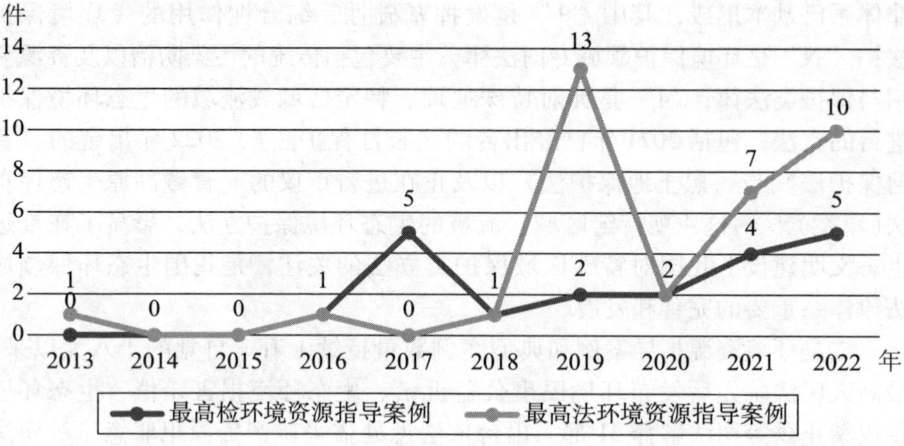

图 6　2013~2022 年“两高”环境资源指导案例发布情况

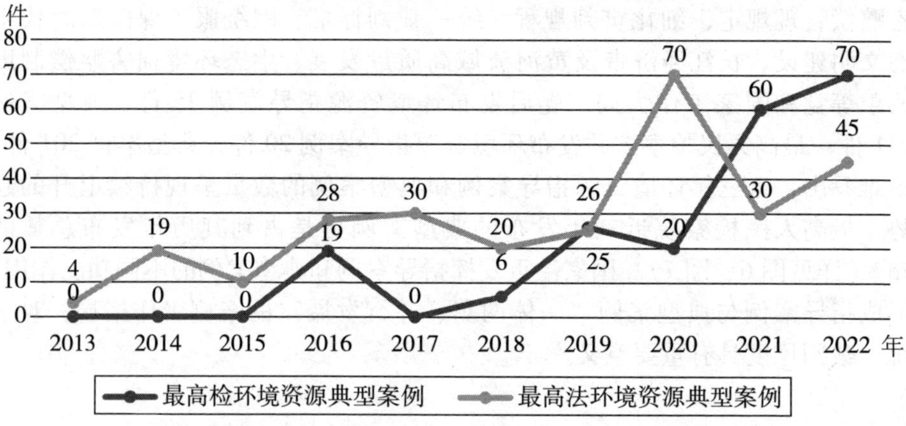

图 7　2013~2022 年“两高”环境资源典型案例发布情况

(二)年度环境法实施存在的主要问题与对策

相较于以往年份，2022 年环境法实施中存在的问题有其共通之处，但也存在一些问题需要关注。具体表现为：

一是现行环境资源立法缺乏系统思维。改革开放四十多年来，虽然环境资源立法一直走在“快车道”上，但由于立法数量不断增多，出现了立法条文重复、规则相互冲突等问题，并导致法律适用的困难。在我国现行法律体系中，环境资源立法分属行政法、经济法两大部门，且多以环境要素为基础分别立法。其中，污染防治类规范多在行政法中，资源利用和生态保护类规范则多在经济法中，综合性立法两个部门中都存在。[①]“十四五”时期，我国生态文明建设进入减污降碳协同增效、促进经济社会发展全面绿色转型、实现生态环境质量改善由量变到质变的关键时期，更加迫切地需要建立统筹污染治理、生态保护、应对气候变化、促进生态环境质量持续改善的生态环境保护法律体系。因此亟须以务实性、适应性和灵活性相结合的态度进行环境法典编纂，一方面，将生态文明建设的国家战略具体化，推动形成节约资源和保护环境的空间格局、产业结构、生产方式、生活方式；另一方面，克服现行立法存在的分要素立法、分部门立法、整体性不足、法律实施困难等弊端，为实现人与自然和谐共生的中国式现代化国家提供体系化高、协调性强、便于实施的制度保障。

二是环境资源司法解释、指导案例与典型解释亟待梳理与整合。随着“两高”发布的环境资源司法解释、指导案例和典型案例不断增加，不同司法解释和案例确立的裁判规则也开始存在一些冲突。如果这种状况日益严重，环境资源司法解释、指导案例与典型案例不仅不能发挥其统一裁判尺度的功能，反而可能使各级法院在审理案件时无所适从。由此，对已经颁布的司法解释、指导案例和典型案例进行全面梳理和整合就尤为必要，使之能够更好地满足指导司法实践的需求，真正发挥提升司法服务和保障生态文明建设的功能。

撰稿专家

张宝，1983 年出生，安徽阜阳人，法学博士（中美联合培养）、博士后，现为中南财经政法大学法学院副院长、教授、博士生导师，双碳法治与经济研究院（湖北省高级人民法院、中国碳排放权登记结算有限公司双碳法治研究基地）副院长。兼任中国法学会环境资源法学研究会理事、中国行为法学会理事、湖北法院环境资源与公益诉讼审判咨询专家等。主持国家社科基金等各类项目近 30 项。独著《环境侵权的解释论》（2015）、《环境规制的法律构造》（2018），合著 10 余部，在《现代法学》《环球法律评论》《中国人口·资源与环境》《税务研究》等发表论文 40 余篇，多篇文章被《新华文摘》《中国社会科学文摘》等转载。

① 参见吕忠梅：《中国环境法典的编纂条件及基本定位》，载《当代法学》2021 年第 6 期。

第六章　2022年刑法实施报告

胡云腾　余秋莉

报告要旨

总体来看，2022年全国各地由于实行疫情管控措施，人员流动受到限制，犯罪活跃程度自然也受到影响，故刑事案件数和犯罪总人数均出现了明显下降，且重罪案件持续呈减少的趋势。我国继续保持着世界上犯罪率最低的国家之一、命案发案率最低的国家之一、社会治安最好的国家之一以及社会生活最安全的国家之一等诸多良好数据。相应地，刑法实施的总体情况平稳有序，非刑法方法和非监禁刑得到广泛适用，刑罚适用继续趋向轻缓。具体来看，《反有组织犯罪法》和《反电信网络诈骗法》等单行刑法的相继实施，为开展常态化的扫黑除恶斗争和打击电诈专项治理提供了法治保障。2022年增设或者修改的附属刑法规范集中在“预备役人员”“野生动物保护”“对外贸易”“畜牲”“黄河保护”“妇女权益保障”“农产品质量安全”“反电信诈骗”“反垄断”“黑土地保护”“职业教育”“期货和衍生品”等方面，附属刑法规范继续了以往所采取的“不规定具体的犯罪构成只是宣示性表明入罪可能性”的规定方式，同时呈现“附属刑法规范的指引性正在变弱，宣示性正在变强”的发展趋势，与我国刑法所采取的集中立法模式相适应。2022年出台的刑事司法解释、指导意见以及其他司法文件涉及金融安全、医药品安全，生态资源安全、人身财产安全、生产作业安全、国(边)境安全、信息网络安全等领域，进一步在刑事司法层面贯彻总体国家安全观。2022年的犯罪治理重点集中在电信犯罪，黑恶势力犯罪，侵犯公民个人信息犯罪，侵犯妇女、儿童犯罪，毒品犯罪，侵犯知识产权犯罪等方面，国家主要通过出台法律法规、司法解释、部门规章等规范性文件，发布指导性案例、典型案例等方式，促进犯罪治理方式进一步细化优化，推动我国刑事法治建设迈上新的台阶。

核心建议

1. 刑事政策方面，深入贯彻“三个强化”的理念：一是强化多元治理，不断深化“协同共治”；二是强化自我治理，积极推进“自我治理”；三是强化基层治理，努力夯实“基础之治”。

2. 刑事立法方面，牢牢把握“三个结合”的理念：一是“法法结合”，综合运用刑法、民法、行政法等治理违法犯罪行为，摒弃重用刑法的思维；二是坚持“轻重结合”，注意减缩罪名中过重的法定刑设置，适时调整刑罚结构及其实施方式；三是“细粗结合”，尽可能精细描述分则犯罪的罪状，尽可能精准配置分则罪名的法定刑，尽可能减少刑法中的模糊规定和“口袋罪”，探索信息时代贯彻罪刑法定原则的方法和思路。

3. 刑事司法方面，努力践行“三个促进”的理念：一是注重提升司法人员的办案素养，促进司法人性化；二是重视实现个案的公平正义，促进司法个别化；三是充分发挥司法的能动性，促进司法功能多元化。

2022年是党的二十大召开之年，党中央明确提出了建设中国式现代化的重大命题，发生的很多大事好事都意味着2022年是极不平凡的一年，我国刑法实施也出现了刑事案件数和犯罪总人数双下降的良好现象。本文将通过分析评判2022年刑事立法、司法方面的数据和相关材料，回顾2022年的刑法实施情况，提出完善刑法实施的意见建议。

一、2022年刑法实施的总体情况

(一)刑事立法活动

《反有组织犯罪法》和《反电信网络诈骗法》等单行刑法的相继实施，为开展常态化的扫黑除恶斗争和反电诈犯罪的专项治理，推动对涉黑涉恶犯罪及电诈犯罪的“常效常治”提供了法治保障。在刑事立法方面，2022年我国在12部法律中增设或者修改了具有宣示性作用的附属刑法规范。① 尽管我国的附属刑法规范并没有规定独立的犯罪构成与刑事责任，但是该规范的修改制定还是能够在一定程度上反映我国刑法活动和社会治理的发展动向。2022年我国所增设或者修改的附属刑法规范集中在“预备役人员”“野生动物保护”“对外贸易”“畜牲”“黄河保护”“妇女权益保障”“农产品质量安全”“反电信诈骗”“反垄断”“黑土地保护”“职业教育”“期货和衍生品”等方面。具体如表1所示：

表1　2022年增设或者修改附属刑法规范的法律

法律名称	发布、施行时间	主要涉及的犯罪类型
《职业教育法》(2022年修订)	2022年4月20日发布、2022年5月1日施行	滥用职权罪、玩忽职守罪、受贿罪等
《期货和衍生品法》(2022年)	2022年4月20日发布、2022年8月1日施行	操纵证券、期货市场罪；编造并传播证券、期货交易虚假信息罪；职务侵占罪等破坏金融管理秩序类犯罪
《反垄断法》(2022年修正)	2022年6月24日公布、2022年8月1日实施	强迫交易罪、侵犯商业秘密罪、侵犯公民个人信息罪等；滥用职权罪、玩忽职守罪、受贿罪等
《黑土地保护法》(2022年)	2022年6月24日公布、2022年8月1日实施	污染环境罪、非法占用农用地罪、破坏自然保护地罪等
《体育法》(2022年修订)	2022年6月24日公布、2023年1月1日施行	行贿罪、诈骗罪、赌博罪、寻衅滋事罪等

① 统计说明：本数据仅统计2022年涉及附属刑法规范发生修改变动的法律文件，对于虽然在2022年进行了修改但是有关附属刑法规范部分未作修改变动的法律文件，不在本次统计范围之内。

续表

法律名称	发布、施行时间	主要涉及的犯罪类型
《农产品质量安全法》（2022 年修订）	2022 年 9 月 2 日公布、2023 年 1 月 1 日施行	生产、销售伪劣产品罪；生产、销售不符合安全标准的食品罪；生产、销售有毒、有害食品罪等
《反电信网络诈骗法》（2022 年）	2022 年 9 月 2 日公布、2022 年 12 月 1 日施行	诈骗罪、帮助信息网络犯罪活动罪、拒不履行信息网络安全管理义务罪、滥用职权罪、玩忽职守罪、受贿罪等
《黄河保护法》（2022 年）	2022 年 10 月 30 日公布、2023 年 4 月 1 日 施行	污染环境罪；非法捕捞水产品罪；危害珍贵、濒危野生动物罪等
《妇女权益保障法》（2022 年修订）	2022 年 10 月 30 日公布、2023 年 1 月 1 日施行	故意伤害罪；虐待罪；遗弃罪；强奸罪；强制猥亵罪；非法拘禁罪；组织卖淫罪；拐卖妇女、儿童罪；收买被拐卖的妇女、儿童罪
《预备役人员法》（2022 年）	2022 年 12 月 30 日公布、2023 年 3 月 1 日施行	战时拒绝、逃避征召、军事训练罪；擅离、战时拒绝、逃避服役罪；玩忽军事职守罪等
《野生动物保护法》（2022 年修订）	2022 年 12 月 30 日公布、2023 年 5 月 1 日施行	危害珍贵、濒危野生动物罪；非法狩猎罪；非法猎捕、收购、运输、出售陆生野生动物罪；走私珍贵动物、珍贵动物制品罪；非法捕捞水产品罪；非法引进、释放、丢弃外来入侵物种罪等

上述法律中的附属刑法规范，毫无例外都表述为“构成犯罪的，依法追究刑事责任”的形式，这种不规定具体罪状只是宣示性地表明入罪可能性的立法方式成为近年来的惯常做法。如果把新修订的附属刑法规范与之前的相关规定作比较，则可发现当下的附属刑法规范，其指引性功能正在变弱，而宣示性意义正在变强。以《体育法》为例，2016 年以前的《体育法》，在规定附属刑法规范内容时都会明确构成犯罪的具体违法行为类型，如“在竞技体育活动中，有贿赂、诈骗、组织赌博行为，构成犯罪的，依法追究刑事责任”“在体育活动中，寻衅滋事、扰乱公共秩序……构成犯罪的，依法追究刑事责任”“违反国家财政制度、财务制度，挪用、克扣体育资金……构成犯罪的，依法追究刑事责任”等。此种规定方式使附属刑法规范具有较强的指引性，执法办案人员可以根据该附属刑法规范迅速找到对应的刑法条文。但是，2022 年修订的《体育法》将之前具有明确指引性的附属刑法规范全部删除，以“违反本法规定，造成财产损失或者其他损

害的，依法承担民事责任；构成违反治安管理行为的，由公安机关依法给予治安管理处罚；构成犯罪的，依法追究刑事责任”取而代之。这明显削弱了附属刑法规范的指引性功能。相应地，2022年颁布的《期货和衍生品法》《黑土地保护法》《黄河保护法》《预备役人员法》等法律，其附属刑法规范均采用宣示入罪的方式，如何正确理解与实施这些规定，需要高度关注。

从比较视角看，宣示性的附属刑法立法模式与指引性的附属刑法立法模式优劣互见。一方面，宣示性的附属刑法规定对于查找具体罪名没有指引性作用，这既可能增加执法办案人员的找法难度，也会增加相关法律与刑法之间的衔接适用难度，且不利于及时发现刑法规定的缺漏之处。另一方面，宣示性的附属刑法规范可以给刑法未来的修正预留足够的空间，相关法律也可以在刑法修正之后依然保持“岿然不动”，从而增加附属刑法规范的稳定性。所以在刑法经常修正的背景下，宣示性的附属刑法立法方式就成了立法者的“倾心之选”，或许会成为未来附属刑法立法的主流模式。

需要强调的是，2022年12月30日，十三届全国人大常委会第三十八次会议通过了《全国人民代表大会常务委员会关于〈中华人民共和国香港特别行政区维护国家安全法〉第十四条和第四十七条的解释》并予以公告。根据我国《宪法》第67条第4项的规定，全国人大常委会有权解释法律；《香港特别行政区维护国家安全法》第65条明确规定，本法的解释权属于全国人大常委会。《立法法》第48条对全国人大常委会解释法律规定了两种情形：一是法律的规定需要进一步明确具体含义的；二是法律制定后出现新的情况，需要明确适用法律依据的。本次全国人大常委会对《香港特别行政区维护国家安全法》第14条和第47条作出的解释，共有一个导语段、三个条文，包括了《立法法》规定的上述两种情形：该解释第1条进一步明确了《香港特别行政区维护国家安全法》第14条规定的含义；该解释第2条进一步明确了《香港特别行政区维护国家安全法》第47条规定的含义；该解释第3条明确了《香港特别行政区维护国家安全法》实施中遇到新情况新问题时应当适用的法律依据，该解释对于维护国家安全和香港特区的繁荣稳定，具有十分重要的意义。

(二)刑事司法解释

2022年我国出台的刑事司法解释、指导意见以及其他司法性质文件共计16部，其中刑法司法解释有7部，指导意见有5部，其他司法性质文件有4部，具体情况如表2、表3所示：

表2 2022年发布的刑事司法解释

发布时间	出台部门	文件名称	涉及罪名（适用类型）
2022年2月23日	最高人民法院	《关于审理非法集资刑事案件具体应用法律若干问题的解释》（2022年修正）	非法吸收公众存款罪；集资诈骗罪；擅自发行股票、公司、企业债券罪；虚假广告罪等
2022年3月3日	最高人民法院、最高人民检察院	《关于办理危害药品安全刑事案件适用法律若干问题的解释》	生产、销售、提供假药罪；生产、销售、提供劣药罪；妨害药品管理罪；虚假广告罪；掩饰、隐瞒犯罪所得罪；诈骗罪；药品监管渎职罪；商检徇私舞弊罪；商检失职罪；滥用职权罪；玩忽职守罪
2022年4月6日	最高人民法院、最高人民检察院	《关于办理破坏野生动物资源刑事案件适用法律若干问题的解释》	走私珍贵动物、珍贵动物制品罪；非法捕捞水产品罪；危害珍贵、濒危野生动物罪；非法猎捕、收购、运输、出售陆生野生动物罪；掩饰、隐瞒犯罪所得罪；滥用职权罪；玩忽职守罪
2022年5月10日	最高人民法院、最高人民检察院	《关于办理海洋自然资源与生态环境公益诉讼案件若干问题的规定》	污染环境罪、非法处置进口的固体废物罪、擅自进口固体废物罪、非法捕捞水产品罪等破坏环境资源保护的犯罪
2022年7月14日	最高人民法院	《关于办理人身安全保护令案件适用法律若干问题的规定》	拒不执行判决、裁定罪
2022年11月15日	最高人民检察院	《关于先后受理同一犯罪嫌疑人涉嫌职务犯罪和其他犯罪的案件审查起诉期限如何起算问题的批复》	先后受理同一犯罪嫌疑人涉嫌职务犯罪和其他犯罪的案件审查起诉期限起算日期
2022年12月15日	最高人民法院、最高人民检察院	《关于办理危害生产安全刑事案件适用法律若干问题的解释（二）》	强令他人违章冒险作业罪、危险作业罪、行贿罪、单位行贿罪、重大责任事故罪、重大劳动安全事故罪、危险物品肇事罪、工程重大安全事故罪、提供虚假证明文件罪

表3　2022年发布的指导意见及其他司法性质文件

文件类别	公布、施行时间	出台部门	文件名称	适用类型(涉及罪名)
指导意见	2022年3月2日公布、2022年3月2日施行	最高人民法院	《关于进一步加强涉种子刑事审判工作的指导意见》	种子制假售假和套牌侵权等违法犯罪的认定问题
	2022年6月29日公布、2022年6月29日施行	最高人民法院、最高人民检察院、公安部、国家移民管理局	《关于依法惩治妨害国(边)境管理违法犯罪的意见》	妨害国(边)境管理犯罪的认定问题、刑事案件的管辖问题、证据的收集与审查问题
	2022年7月1日公布、2022年7月1日施行	最高人民法院	《关于充分发挥环境资源审判职能作用 依法惩处盗采矿产资源犯罪的意见》	盗采矿产资源行为的定罪量刑问题
	2022年8月26日公布、2022年9月1日施行	最高人民法院、最高人民检察院、公安部	《关于办理信息网络犯罪案件适用刑事诉讼程序若干问题的意见》	危害计算机信息系统安全犯罪;拒不履行信息网络安全管理义务、非法利用信息网络、帮助信息网络犯罪活动的犯罪;主要行为通过信息网络实施的诈骗、赌博、侵犯公民个人信息等其他犯罪
	2022年11月10日公布、2022年11月15日施行	最高人民法院、最高人民检察院、教育部	《关于落实从业禁止制度的意见》	从业禁止制度的适用问题
其他司法文件	2022年3月22日公布、2022年3月22日施行	最高人民法院、最高人民检察院、公安部	《关于"断卡"行动中有关法律适用问题的会议纪要》	涉"两卡"(手机卡、信用卡)犯罪的认定问题
	2022年4月24日公布、2022年4月24日施行	最高人民法院、最高人民检察院、公安部	《关于敦促拐卖妇女儿童相关犯罪嫌疑人投案自首的通告》	拐卖妇女儿童相关犯罪嫌疑人投案自首问题
	2022年5月24日公布、2022年5月30日施行	最高人民法院、最高人民检察院、公安部、司法部	《关于未成年人犯罪记录封存的实施办法》	未成年人犯罪记录封存工作规范
	2022年8月1日公布、2022年8月1日施行	最高人民法院、最高人民检察院、公安部	《关于敦促电信网络诈骗犯罪集团头目和骨干自首的通告》	电信网络诈骗犯罪集团头目和骨干自首问题

从以上表格中可以看出，2022 年我国出台的刑事司法解释、指导意见以及其他司法文件遍及金融安全、医药品安全、生态资源安全、人身财产安全、生产作业安全、国(边)境安全、信息网络安全等领域，是在刑事司法方面贯彻总体国家安全观的具体表现。这些司法文件，有的及时回应了《刑法修正案(十一)》对《刑法》相关条文的修改变动，如《关于办理危害药品安全刑事案件适用法律若干问题的解释》《关于办理危害生产安全刑事案件适用法律若干问题的解释(二)》《关于办理破坏野生动物资源刑事案件适用法律若干问题的解释》等文件，有的配套衔接新近出台的法律法规，如《关于落实从业禁止制度的意见》《关于未成年人犯罪记录封存的实施办法》，有的是及时总结当前执法办案过程中的司法工作经验，如《关于办理信息网络犯罪案件适用刑事诉讼程序若干问题的意见》《关于"断卡"行动中有关法律适用问题的会议纪要》《关于办理信息网络犯罪案件适用刑事诉讼程序若干问题的意见》《关于依法惩治妨害国(边)境管理违法犯罪的意见》《关于审理非法集资刑事案件具体应用法律若干问题的解释》等文件，对于依法惩治各类犯罪，推动我国刑法实施发挥了重要作用。

(三)刑事审判工作

2022 年，人民法院的刑事审判工作始终围绕贯彻总体国家安全观、依法惩治各类犯罪、保障群众安全感来进行。将常态化开展扫黑除恶斗争、维护疫情防控秩序、维护公民个人信息安全、维护知识产权法益、守好民生安全底线、保持对毒品犯罪的高压态势等作为审判工作的重要内容。经过长期的刑事治理，我国暴力犯罪案件持续处于低位，占全部刑事案件比重稳步下降，其中杀人、抢劫、绑架等暴力犯罪人数为近 20 年来最低，我国是名副其实的世界上最安全的国家之一。同时，轻刑化特征明显，2022 年判处有期徒刑三年以下的轻罪案件占 85.5%，危险驾驶罪案件成为司法办案的第一大罪名，① 不过，大量轻罪案件也会引发一些副作用，对此应加以重视。

1. 刑事案件审理情况

刑事犯罪是社会运行系统中的负能量，故刑事犯罪应当越少越好；犯

① 《最高检举行"做优新时代刑事检察"新闻发布会》，载国务院新闻办公室网，http：//www.scio.gov.cn/xwfbh/gfgjxwfbh/xwfbh/44194/Document/1736539/1736539.htm，最后访问日期：2023 年 2 月 15 日。

罪数据是数字社会中的负面信息，故犯罪数据应当越小越好。在传统社会中，低犯罪率通常在政治清明的太平盛世出现；而在现代社会中，低犯罪率通常与民主法治有效实施联系密切。故刑事犯罪数据应当成为推进国家治理体系和治理能力现代化重点考量的客观依据。2022 年，全国人民法院的主要刑事犯罪数据如表 4 所示：

表 4　2022 年全国法院一审审结刑事案件/人数量及其增减情况

审结情况	案件数量	案件量占比	案件量同比	被告人数	被告人同比
全国法院审结刑事案件/人数量及其增减情况	1 038 523	—	-17.29%	1 431 585	-16.57%
全国法院审结涉危害公共安全罪案件/人数量及其增减情况	350 290	33.73%	-19.15%	367 302	-16.00%
全国法院审结涉破坏社会主义市场经济秩序罪案件/人数量及其增减情况	53 902	5.19%	-26.89%	101 504	-29.09%
全国法院审结涉侵犯公民人身权利、民主权利罪案件/人数量及其增减情况	115 982	11.17%	-20.16%	134 872	-20.74%
全国法院审结涉侵犯财产罪案件/人数量及其增减情况	205 573	19.79%	-23.62%	277 212	-25.18%
全国法院审结涉贪污贿赂罪案件/人数量及其增减情况	11 858	1.14%	-2.15%	12 511	-7.90%
全国法院审结涉妨害社会管理秩序罪案件/人数量及其增减情况	298 803	28.77%	-6.51%	535 273	-7.31%
全国法院审结涉渎职罪案件/人数量及其增减情况	1607	0.15%	-12.95%	1939	-18.43%

从表 4 中可以看出，2022 年全国法院一审审结刑事案件总数、各类刑事案件数量均呈下降趋势，其中，全国法院一审审结的涉破坏社会主义市场经济秩序罪案件数量，涉侵犯公民人身权利、民主权利罪案件数量以及涉侵犯财产罪案件数量的下降幅度较为明显，降幅均达到了 20%以上。除此之外，我国治安管理水平的提升也发挥了积极作用，人民群众安全感显

著增强。从 2022 年全国法院一审审结的刑事案件数据来看，涉危害公共安全罪案件数量与涉妨害社会管理秩序罪案件数量占据了整个刑事案件的大部分，占比均为 30%左右，合起来超过了案件总数的 60%，这意味着今后涉危害公共安全犯罪与涉妨害社会管理秩序犯罪仍然是我国犯罪治理的重点领域。

表 5　2022 年全国法院一审案件数量前 20 位的罪名

序号	罪名	案件量	案件量占比	年平均增长率
1	危险驾驶罪	288 773	27.13%	0.00%
2	盗窃罪	129 682	13.66%	-12.28%
3	帮助信息网络犯罪活动罪	81 701	4.36%	396.75%
4	诈骗罪	52 450	5.71%	-14.82%
5	故意伤害罪	48 990	5.70%	-17.57%
6	交通肇事罪	43 847	4.83%	-12.48%
7	掩饰、隐瞒犯罪所得、犯罪所得收益罪	37 123	1.71%	143.21%
8	强奸罪	29 471	2.47%	6.85%
9	走私、贩卖、运输、制造毒品罪	28 843	3.45%	-21.97%
10	开设赌场罪	26 221	2.46%	2.59%
11	寻衅滋事罪	20 787	2.72%	-27.01%
12	引诱、容留、介绍卖淫罪	11 522	1.02%	4.11%
13	非法吸收公众存款罪	9542	0.91%	-6.13%
14	猥亵儿童罪	9174	0.67%	24.81%
15	非法经营罪	7481	0.80%	-12.90%
16	故意杀人罪	6729	0.74%	-13.59%
17	抢劫罪	6472	0.73%	-19.37%
18	容留他人吸毒罪	6301	0.94%	-33.84%
19	聚众斗殴罪	4876	0.60%	-24.17%
20	妨害公务罪	3730	0.81%	-47.95%

从表 5 中可以看出，2022 年全国法院一审审结的危险驾驶罪的案件数量稳居第一名，不过近年来的增长趋势逐步放缓，目前的年增长率已为 0，

而且与2019年31.9万件的数据相比已有大幅下降，这说明在少捕慎诉慎押、轻罪控制等刑事政策的指引下，对以危险驾驶罪为代表的轻罪治理已经初见成效。表中比较醒目的数据是帮助信息网络犯罪活动罪的案件数与掩饰、隐瞒犯罪所得、犯罪所得收益罪的案件数，虽然两者的案件数量占比均不大，但是其增长幅度却十分显著，帮助信息网络犯罪活动罪的增幅达到了396.75%，掩饰、隐瞒犯罪所得、犯罪所得收益罪的增幅也达到了143.21%，远高于其他犯罪类型。而无论是帮助信息网络犯罪活动罪还是掩饰、隐瞒犯罪所得、犯罪所得收益犯罪都与网络犯罪密切相关，随着电信网络技术的发展，网络犯罪问题日益突出，亟待国家大力整治。

表6　2022年全国法院刑事案件生效判决刑罚适用情况

刑罚适用情况	被告人数	被告人同比	被告人占比
全国法院给予刑事处罚的被告人数量、占比及其增减情况	1 426 769	-16.43%	99.66%
全国法院免予刑事处罚的被告人数量、占比及其增减情况	4096	-46.79%	0.29%
全国法院宣告不负刑事责任的被告人数量、占比及其增减情况	89	3.49%	0.01%
全国法院宣告无罪的被告人数量、占比及其增减情况	631	-29.42%	0.04%
全国法院判处拘役的被告人数量、占比及其增减情况	229 301	-16.75%	16.02%
全国法院判处管制的被告人数量、占比及其增减情况	2441	-22.24%	0.17%
全国法院判处缓刑的被告人数量、占比及其增减情况	399 042	-10.19%	27.87%
全国法院判处五年以下有期徒刑的被告人数量、占比及其增减情况	826 039	0.00%	57.70%
全国法院判处五年以上十五年以下有期徒刑的被告人数量、占比及其增减情况	97 657	-22.59%	6.82%
全国法院判处十五年以上有期徒刑、无期徒刑及死刑的被告人数量、占比及其增减情况	20 379	-18.72%	1.42%

表6中的数据表明，当前我国的刑事犯罪结构以轻罪为主，其中，被判

处管制、拘役和缓刑的被告人数已占比 44.06%，被判处五年以上有期徒刑至死刑的被告人数占比仅为 8.24%，随着我国犯罪结构的变化，如何有效应对轻罪将成为今后我国刑事犯罪治理的重要内容。此外，与以往一脉相承的是，被判处免予刑事处罚、不负刑事责任以及被宣告无罪的被告人数占比较小，合起来也不过仅有 0.34%，在整年刑事案件数中显得微乎其微。不过，这并不意味着我国的刑事出罪率或者出刑率低下，因为还有大部分轻罪案件已被诸如酌定不起诉、合规不起诉、附条件不起诉等分流机制提前排除出了刑事诉讼程序，尤其是在当前大力提倡少捕慎诉慎押政策的背景下，不少轻罪都得到了非诉处理的宽缓结局。未来随着轻罪治理政策的不断完善，最终通过法院刑事审理出罪、出刑的被告人比例很有可能还会进一步降低。

2. 重要刑事司法案例

2022 年度发布的重要刑事司法案例，包括“两高”发布的指导性案例、最高人民法院与中央广播电视总台评选出的 2022 年度推动法治中国进程十大案件中的刑事案件以及其他典型案件。具体如表 7、表 8、表 9 所示：

表 7　2022 年发布的刑事指导性案例

文件名称	案件名称	涉及罪名	指导意义
最高人民检察院关于印发最高人民检察院第三十四批指导性案例的通知(2022 年 1 月 26 日发布)	仇某侵害英雄烈士名誉、荣誉案	侵害英雄烈士名誉、荣誉罪	明确侵害英雄烈士名誉、荣誉罪的法律适用；刑事检察和公益诉讼检察依法协同履职，维护社会公共利益
	郎某、何某诽谤案	诽谤罪	明确网络诽谤犯罪“严重危害社会秩序”的认定条件；明确自诉转公诉的程序转换
	岳某侮辱案	侮辱罪	明确侮辱罪的法律适用；准确认定利用网络散布他人裸照、视频等隐私的行为性质
	钱某制作、贩卖、传播淫秽物品牟利案	制作、贩卖、传播淫秽物品牟利罪	准确界定“淫秽物品”“贩卖、传播行为”，依法严惩网络背景下传播淫秽物品犯罪；区分不同情节处理行为人偷拍他人隐私行为
	柯某侵犯公民个人信息案	侵犯公民个人信息罪	明确包含房产信息和身份识别信息的业主房源信息属于公民个人信息；获取限定使用范围的信息需信息主体同意、授权；认定公民个人信息数量，应当在全面固定数据基础上有效甄别

续表

文件名称	案件名称	涉及罪名	指导意义
最高人民检察院关于印发最高人民检察院第三十七批指导性案例的通知(2022年6月21日发布)	王某贩卖、制造毒品案	贩卖、制造毒品罪	区分不同情形惩处生产、销售含有国家管制的麻醉药品、精神药品成分的食品的行为；办理新型毒品犯罪案件，应当审查涉案毒品含量；认真审查涉案财物性质及流转情况，依法追缴涉毒资产
	马某某走私、贩卖毒品案	走私、贩卖毒品罪	准确认定走私、贩卖麻醉药品、精神药品行为的性质；准确认定非法贩卖国家管制的麻醉药品、精神药品行为的犯罪既遂
	郭某某欺骗他人吸毒案	欺骗他人吸毒罪	准确认定欺骗他人吸食国家管制的麻醉药品、精神药品行为的性质；针对不同情形，依法认定涉案麻醉药品、精神药品为毒品
	何某贩卖、制造毒品案	贩卖、制造毒品罪	准确区分利用原生植物制成的毒品和未管制原生植物；依法认定从未管制原生植物中提炼麻醉药品、精神药品成分行为的性质
最高人民法院关于发布第33批指导性案例的通知(2022年11月29日发布)	龚某文等组织、领导、参加黑社会性质组织案	组织、领导黑社会性质组织罪；开设赌场罪；寻衅滋事罪；非法拘禁罪等	明确对有组织长期实施“软暴力”行为的黑社会性质组织的认定标准
	吴某等敲诈勒索、抢劫、故意伤害案	抢劫罪、敲诈勒索罪、故意伤害罪	明确“恶势力犯罪集团”的认定标准
	史某振等组织、领导、参加黑社会性质组织案	组织、领导黑社会性质组织罪；聚众斗殴罪；寻衅滋事罪；开设赌场罪；非法拘禁罪；妨害公务罪	明确涉黑社会性质组织犯罪案件中相关财物权属的确定方式

续表

文件名称	案件名称	涉及罪名	指导意义
最高人民法院关于发布第 35 批指导性案例的通知（2022 年 12 月 26 日）	李某祥侵犯公民个人信息刑事附带民事公益诉讼案	侵犯公民个人信息罪	明确使用人脸识别技术处理的人脸信息以及基于人脸识别技术生成的人脸信息均属于刑法规定的公民个人信息
	闻某等侵犯公民个人信息案	侵犯公民个人信息罪	明确居民身份证信息属于《关于办理侵犯公民个人信息刑事案件适用法律若干问题的解释》第 5 条第 1 款第 4 项规定的“其他可能影响人身、财产安全的公民个人信息”
	熊某恒等侵犯公民个人信息案	侵犯公民个人信息罪	明确非法购买微信等社交账号侵犯公民个人信息行为的犯罪认定标准；明确非法利用已公开的个人信息行为构成犯罪的认定标准

表 8　2022 年度人民法院十大案件中的刑事案件

案件名称	基本案情	社会影响
程某昌贪污案	2000 年 12 月 7 日至 2000 年 12 月 15 日，被告人程某昌利用担任豫港（集团）有限公司董事长的职务便利，以在新西兰设立分公司为由，先后三次指使财务人员将公款转入其名下支票账户及其在新西兰开设的个人账户，非法占有公款港元、新西兰元、美元折合人民币共计 308.88 万余元。程某昌于 2001 年 2 月 7 日逃往境外。2021 年 12 月 9 日，郑州市中级人民法院依法对程某昌贪污案公开进行了缺席审判。2022 年 1 月 17 日，郑州市中级人民法院，以贪污罪从重判处程某昌有期徒刑十二年，并处罚金 50 万元，追缴程某昌贪污犯罪所得 308 万余元	被誉为“刑事缺席审判第一案”的程某昌贪污案，是新时代反腐工作取得的最新成果。该案的成功实践，标志着我国司法机关在该领域适用刑事缺席审判程序零的突破，彰显了我国以零容忍态度惩治腐败的鲜明立场。同时，该案也是在被告人缺席的情况下，依法保障被告人实体权利和程序权利的典范，为今后类似案件的审理提供了重要的实践样本，也对下一步出台相关司法解释提供了实践经验

续表

案件名称	基本案情	社会影响
孙某军受贿、操纵证券市场、非法持有枪支案	孙某军利用职务上的便利，为有关单位或个人在企业经营、职务调整、案件办理等事项上提供帮助，直接或通过他人非法收受财物，共计折合人民币6.46亿余元。此外，应他人请托，指使有关人员通过集中资金优势连续买卖等方式，影响股票交易价格和交易量，帮助他人避免损失1.45亿余元。孙某军还违反枪支管理规定，非法持有枪支2支。2022年9月23日，吉林省长春市中级人民法院宣判，被告人孙某军的行为构成受贿罪、操纵证券市场罪、非法持有枪支罪，判处死缓，剥夺政治权利终身，并处没收个人全部财产，在其死刑缓期执行二年期满依法减为无期徒刑后，终身监禁，不得减刑、假释	孙某军案是监察法施行后查办的一起典型的职务犯罪案件，既涉及监察法与刑事诉讼法的衔接适用问题，也涉及国家工作人员职务犯罪与非职务犯罪交互融合情形下的处理问题。对此，纪检监察机关依法立案调查，检察机关依法审查起诉，法院依法作出判决，三机关密切配合、互相制约，在充分保障被告人各项诉讼权利的前提下依法处理，充分表明“法法衔接”具有高度的契合性与可操作性，同时也彰显了党中央坚持依法反腐的决心和信心
劳某枝故意杀人、抢劫、绑架案	劳某枝与法某英(已执行死刑)共谋，由劳某枝在娱乐场所从事陪侍服务，物色作案对象，由法某英实施暴力。二人于1996年至1999年间，共同实施抢劫、绑架、故意杀人犯罪4起，共致7名被害人死亡。案发后，劳某枝长期潜逃，于2019年11月28日被抓获归案。南昌市中级人民法院认定被告人劳某枝犯故意杀人罪、抢劫罪、绑架罪，数罪并罚，决定执行死刑，剥夺政治权利终身，并处没收个人全部财产。宣判后，劳某枝提出上诉。江西高院二审后于2022年11月30日裁定维持一审判决，对劳某枝的死刑裁定依法报请最高人民法院核准	劳某枝与法某英在共同实施骗财过程中残忍杀害7条人命，其积极实施物色、诱骗、捆绑、看管、威胁被害人，踩点、取款、购买作案工具等行为，对犯罪的发生起到了主要作用，且具有较强的独立性；在案发后通过改名换姓、整容，潜逃长达20年时间，说明主观恶性极其严重。这些主客观表现说明劳某枝“罪行极其严重”且不属于“不是必须立即执行的情形”。江西高院对劳某枝作出的死刑宣判，是对我国死刑制度的正确适用，符合人民群众的朴素正义观

续表

案件名称	基本案情	社会影响
罗某平侵害英雄烈士名誉、荣誉公益诉讼案	2021 年 10 月 6 日 9 时 38 分，罗某平为博取关注，使用粉丝 220 万的微博账号发帖，侮辱在抗美援朝长津湖战役中牺牲的中国人民志愿军“冰雕连”英烈，引发公众愤慨。三亚市城郊法院判决，罗某平犯侵害英雄烈士名誉、荣誉罪，判处有期徒刑七个月；附带民事公益诉讼被告罗某平在媒体公开赔礼道歉	罗某平侵害英雄烈士名誉、荣誉公益诉讼案，是 2021 年 3 月 1 日生效的刑法修正案(十一)增设的侵害英雄烈士名誉、荣誉罪所适用的典型案例。对于罗某平“恶搞”、嘲弄、戏谑英雄烈士的行为，严重侵害了民族情感和民族精神，必须予以从严打击，以遏制侵犯英雄烈士名誉、荣誉的不良风气
唐山烧烤店打人案	2022 年 6 月 10 日 2 时 40 分许，陈某志在河北唐山某烧烤店骚扰被拒后殴打被害人王某某遭到反抗。陈某志等 5 人对王某某、李某、远某、刘某某持椅子、酒瓶击打或拳打脚踢。另查明，陈某志等人还长期纠集在一起，在唐山市等地以暴力、威胁等手段，实施非法拘禁，聚众斗殴，故意伤害，开设赌场，抢劫，掩饰、隐瞒犯罪所得，帮助信息网络犯罪活动等违法犯罪活动，逐渐形成了以陈某志为纠集者，王某磊等 7 名被告人为成员的恶势力组织。廊坊市广阳区法院以寻衅滋事罪等 8 项罪名，数罪并罚，对陈某志决定执行有期徒刑二十四年，并处罚金 32 万元。其余 27 名被告人分获刑罚	唐山烧烤店打人案是一起严重的黑恶势力组织犯罪案件，考虑到该案巨大的社会影响力以及黑恶势力在当地盘根错节的关系，该案依法适用异地管辖处理。人民法院依法公正审判，通过客观认定现场打人罪行与深入挖掘犯罪线索、彻查过往罪行相结合的方式，在法律框架下实现了对犯罪的“最大化”惩罚，既坚守住了罪刑法定原则，也回应了人民群众重罚的呼声
教师猥亵儿童被宣告终身禁业案	王某某在担任某学校外聘指导教师期间，利用“一对一”单独授课的机会，多次触摸该校一名 10 岁女童的隐私部位。2022 年 11 月 15 日，北京市海淀区法院少年法庭依法开庭并当庭宣判，以被告人王某某犯猥亵儿童罪，判处有期徒刑；同时，禁止被告人王某某从事密切接触未成年人的工作	该案系《关于落实从业禁止制度的意见》出台后，全国首例对性侵害未成年人的教职人员依法宣告终身禁止从事密切接触未成年人工作的刑事案件。该案判决既有助于明确从业禁止制度的适用标准，指导司法工作人员正确适用该制度，亦能在社会层面起到监督和警示作用，搭建未成年人保护的“隔离带”和“防火墙”，保障未成年人的健康成长

表9 2022年“两高”发布的典型案件

案例主题	文件名称(发布时间)	社会意义
惩治拒不支付劳动报酬犯罪	最高人民检察院发布5起检察机关依法惩治拒不支付劳动报酬犯罪典型案例(2022年1月6日)	保障劳动者及时拿到足额工资，是关系基本民生的大事。坚持依法惩治“恶意欠薪”违法犯罪行为，保障民生民利
保护生态环境及动植物、矿产资源	(1)最高人民检察院发布12起检察机关服务保障黄河流域生态保护和高质量发展典型案例(2022年1月25日); (2)最高人民法院发布10起人民法院依法审理固体废物污染环境典型案例(2022年3月1日); (3)最高人民检察院关于印发“检察机关依法保护黑土地”典型案例的通知(2022年5月20日); (4)最高人民法院发布2021年度人民法院环境资源审判典型案例(2022年6月5日); (5)最高人民法院发布2021年全国海事审判典型案例(2022年6月7日); (6)最高人民检察院、水利部联合发布10起涉水领域检察公益诉讼典型案例(2022年6月9日); (7)最高人民法院发布10件人民法院依法惩处盗采矿产资源犯罪典型案例(2022年7月8日); (8)最高人民检察院发布8件检察机关督促整治非法采矿公益诉讼典型案例(2022年9月14日); (9)最高人民检察院关于印发检察机关依法惩治盗采矿产资源犯罪典型案例的通知(2022年10月31日); (10)最高人民法院发布15个生物多样性司法保护专题典型案例(2022年12月5日)	依法惩治破坏生态环境、动植物资源、矿产资源的行为，督促义务主体积极恢复生态环境，维护生态环境安全和动植物、矿产资源安全，促进生态文明建设

续表

案例主题	文件名称(发布时间)	社会意义
惩治制售假冒伪劣医药品、食品及其他商品的犯罪行为	(1)最高人民检察院发布 5 件检察机关依法惩治危害药品安全犯罪典型案例(2022 年 3 月 4 日); (2)最高人民检察院发布 9 件检察机关依法惩治制售假冒伪劣商品犯罪典型案例(2022 年 3 月 14 日); (3)最高人民检察院发布 12 件“3·15”检察机关食品药品安全公益诉讼典型案例(2022 年 3 月 15 日); (4)最高人民检察院发布 4 件检察机关依法惩治危害农资安全犯罪典型案例(2022 年 3 月 21 日); (5)最高人民法院发布 3 件“农资打假”典型案例(2022 年 3 月 18 日); (6)最高人民法院发布 10 个药品安全典型案例(2022 年 4 月 28 日); (7)最高人民检察院关于印发《药品安全公益诉讼典型案例》的通知(2022 年 11 月 28 日)	保持对制售假冒伪劣商品犯罪的高压态势，依法维护医药品、食品安全和粮食安全，重拳惩治危害药品安全犯罪，完善惩治假冒伪劣犯罪办案机制
未成年人权益司法保护	(1)最高人民法院发布 9 起未成年人权益司法保护典型案例(2022 年 3 月 1 日); (2)最高人民检察院发布 8 起“检爱同行 共护未来”未成年人保护法律监督专项行动典型案例(2022 年 5 月 25 日); (3)最高人民检察院发布 6 起侵害未成年人案件强制报告追责典型案例(2022 年 5 月 27 日)	严惩各类侵害未成年人的违法犯罪不手软，依法维护未成年人合法权益，为未成年人安全、健康成长营造良好的法治和社会环境
妇女权益司法保护	最高人民检察院、中华全国妇女联合会关于印发《妇女权益保障检察公益诉讼典型案例》的通知(2022 年 11 月 23 日)	落实保障妇女的劳动权益、生育权益、隐私权益以及涉家庭暴力妇女的生命健康权益等工作，为促进妇女全面发展提供有力法治保障，切实增强广大妇女的幸福感、安全感

续表

案例主题	文件名称(发布时间)	社会意义
惩治贪污贿赂犯罪	国家监察委员会、最高人民检察院关于印发行贿犯罪典型案例的通知(2022 年 3 月 31 日)	保持惩治受贿高压态势的同时，严肃查处行贿，多措并举提高打击行贿的精准性、有效性，推动实现对腐败问题的标本兼治
打击涉新冠疫情犯罪	(1)最高人民检察院发布第 16 批全国检察机关依法办理涉新冠肺炎疫情典型案例(2022 年 3 月 31 日)； (2)最高人民检察院、公安部发布 6 起依法惩治妨害疫情防控秩序违法犯罪典型案例(2022 年 4 月 29 日)； (3)最高人民法院发布 5 个依法惩处妨害疫情防控犯罪典型案例(2022 年 4 月 29 日)； (4)最高人民检察院、公安部发布 4 起依法惩治妨害疫情防控保障犯罪典型案例(2022 年 6 月 5 日)	依法惩处妨害疫情防控的各类违法犯罪，引导人民群众自觉遵守疫情防控有关法律法规，遏制疫情扩散蔓延势头
惩治危害国家安全犯罪	最高人民检察院发布 4 起检察机关依法惩治危害国家安全犯罪典型案例(2022 年 4 月 16 日)	严厉惩治危害国家安全犯罪，防止境外敌对势力渗透，同时促进国家安全知识的宣传，全面维护国家安全
知识产权司法保护	(1)最高人民检察院发布 4 起检察机关知识产权综合性司法保护典型案例(2022 年 3 月 1 日)； (2)最高人民法院发布第二批人民法院种业知识产权司法保护典型案例(2022 年 3 月 31 日)； (3)最高人民检察院关于印发检察机关保护知识产权服务保障创新驱动发展典型案例的通知(2022 年 4 月 20 日)； (4)最高人民法院发布 2021 年中国法院十大知识产权案件(2022 年 4 月 21 日)	厘清知识产权法律适用难题，全链条打击和源头治理。加强知识产权司法保护，优化营商环境

续表

案例主题	文件名称(发布时间)	社会意义
打击治理电信网络诈骗及关联犯罪	(1)最高人民检察院发布 10 件检察机关打击治理电信网络诈骗及关联犯罪典型案例(2022 年 4 月 21 日); (2)最高人民检察院关于印发检察机关打击整治养老诈骗犯罪典型案例的通知(2022 年 6 月 8 日); (3)最高人民法院发布 6 件养老诈骗犯罪典型案例(2022 年 8 月 24 日); (4)最高人民法院发布 10 起依法惩治电信网络诈骗犯罪及其关联犯罪典型案例(2022 年 9 月 6 日); (5)最高人民检察院发布检察机关惩治养老诈骗违法犯罪典型案例(第二批)(2022 年 11 月 9 日)	依法从严全链条惩治电信诈骗犯罪，筑起防范诈骗的“防火墙”。强化追赃挽损，维护人民群众合法权益。以案释法，帮助提升电信诈骗防范意识和能力
安全生产司法保障	(1)最高人民检察院关于印发落实最高人民检察院“八号检察建议”典型案例的通知(2022 年 6 月 21 日); (2)最高人民法院、最高人民检察院发布 6 件人民法院、检察机关依法惩治危害生产安全犯罪典型案例(2022 年 12 月 15 日); (3)最高人民检察院发布 11 件安全生产领域检察公益诉讼典型案例(2022 年 12 月 16 日)	以案促治、以案促改。通过明确危险作业罪、重大责任事故罪等安全生产犯罪的法律适用，积极推进安全生产综合治理整治，切实履行安全生产主体责任，落实党中央关于安全生产工作的决策部署，助力提升安全生产综合治理水平
惩治黑恶势力犯罪	最高人民检察院发布 4 件依法惩治涉网络黑恶犯罪典型案例(2022 年 12 月 30 日)	严厉打击在网上有组织实施的严重破坏经济社会生活秩序符合黑恶势力特征的涉黑涉恶犯罪行为，维护清朗网络空间环境
惩治毒品犯罪	(1)最高人民法院发布 2022 年十大毒品(涉毒)犯罪典型案例(2022 年 6 月 25 日); (2)最高人民检察院发布 5 件检察机关落实“七号检察建议”典型案例(2022 年 11 月 23 日)	毒品犯罪典型案例的颁布，彰显了我国对毒品犯罪严惩不贷的态度和决心，同时也可以提醒广大人民群众自觉防范、抵制毒品

续表

案例主题	文件名称(发布时间)	社会意义
惩治妨害国(边)境管理犯罪	最高人民检察院发布6起依法惩治妨害国(边)境管理犯罪典型案例(2022年7月7日)	针对妨害国(边)境管理犯罪的新情况新问题，进一步明确妨害国(边)境管理犯罪的法律适用
惩治侵犯军人军属合法权益犯罪	最高人民检察院发布6起全国检察机关依法惩治侵犯军人军属合法权益犯罪典型案例(2022年7月29日)	全面把握侵犯军人军属合法权益犯罪行为的危害性，精准惩治涉军犯罪，维护军人合法权益
惩治破坏社会主义市场经济秩序犯罪	(1)最高人民检察院发布6件检察机关依法惩治破坏市场竞争秩序犯罪典型案例(2022年8月4日); (2)最高人民法院、最高人民检察院、公安部、中国证券监督管理委员会关于印发依法从严打击证券犯罪典型案例的通知(2022年9月8日); (3)最高人民法院发布10起人民法院依法惩治金融犯罪典型案例(2022年9月22日); (4)最高人民检察院发布5件检察机关惩治洗钱犯罪典型案例(2022年11月3日)	依法严惩各类破坏市场经济秩序犯罪，引导市场参与主体遵守法律和商业道德，公平参与市场竞争，营造良好的营销环境
惩治侵犯公民个人信息犯罪	最高人民检察院关于印发检察机关依法惩治侵犯公民个人信息犯罪典型案例的通知(2022年12月2日)	依法从严惩治侵犯公民个人信息犯罪，注重全面打击上下游犯罪，全面保护公民个人信息
涉英烈权益保护	最高人民法院发布涉英烈权益保护十大典型案例(2022年12月8日)	从维护英烈人格利益、烈属合法权益、烈士纪念设施等各个方面，捍卫英雄烈士、烈属合法权益，维护社会公共利益

由以上表格可以看出，2022年我国发布的指导性案件集中在侵犯公民个人信息犯罪、网络犯罪、涉毒品犯罪、涉黑恶势力犯罪等几大板块，表明了该年度我国刑事司法工作的重心所在。而人民法院发布的2022年度十大案件中的刑事案件，则主要集中在以下三方面：一是社会各界广泛关注的案例。如劳某枝故意杀人、抢劫、绑架案，唐山烧烤店打人案，罗某平

侵害英雄烈士名誉、荣誉公益诉讼案。二是对新出台的法律法规的理解适用具有重要指导意义的案例。如教师猥亵儿童被宣告终身禁业案之于《未成年人保护法》(2020 年修订)的适用，如孙某军受贿、操纵证券市场、非法持有枪支案之于《监察法》(2018 年)的适用。三是对制度适用具有首创意义的案例。如程某昌贪污案创新性地适用了“刑事缺席审判”制度。“两高”发布的其他典型案例分别反映了当前司法机关在惩治毒品犯罪及黑恶势力犯罪、网络犯罪、电信诈骗犯罪、涉新冠疫情犯罪、公职人员贪污贿赂犯罪，在保护生态文明建设及动植物资源、矿产资源、公民个人信息、未成年人权益及妇女权益，以及在维护和保障社会主义市场经济秩序、生产作业安全等方面的工作成效。

二、2022 年刑法实施的重点对象和重点领域

2022 年，司法机关办理的刑事犯罪案件，主要集中在电信网络犯罪；黑恶势力犯罪；侵犯公民个人信息犯罪；侵犯妇女、儿童犯罪；毒品犯罪；侵犯知识产权犯罪等领域，具体如下。

(一) 电信网络诈骗犯罪案件

近些年，随着电子信息技术的发展以及人们支付方式的转变，电信网络诈骗犯罪呈现日益猖獗的趋势，其中境外电信网络诈骗犯罪案件占比已高达 80%，受害者人群遍及全国各地，而且电信网络诈骗犯罪具有匿名性、隐蔽性、广泛性、手段多样性等特征，存在侦查难、取证难、认定难、追赃难等问题，采用传统的犯罪侦查手段和犯罪治理对策收效甚微。因此，如何防范和治理电信网络诈骗行为，保护人民的财产安全成为一项亟须解决的社会治理难题。2022 年，国家一如既往地对电信网络犯罪采取高压态势，严厉打击和防范各类电信网络诈骗犯罪行为，并且在以往治理的基础上又取得了新的成果，颁布了一系列的法律法规、司法解释等规范性文件。

1. 电信网络诈骗犯罪及其治理情况

电信网络诈骗犯罪是近年来打击的重点。根据 2023 年最高人民法院工作报告，近五年来全国法院审结电信网络诈骗及关联犯罪案件 22.6 万件，一批特大跨境电信网络诈骗犯罪分子被绳之以法。2022 年，最高人民法院和最高人民检察院分别发布了以电信网络诈骗犯罪为专题的典型案例。从这些发布的典型案例来看，人民法院对电信网络诈骗犯罪的审理有以下亮点：

一是严厉打击以犯罪团伙形式实施的电信网络诈骗犯罪并对团伙成员区别对待。2022 年发布的电信网络诈骗犯罪典型案件中有多起为犯罪团伙作案，典型的有“易某锋、连某仁等 38 人诈骗、组织他人偷越国境、偷越国境、帮助信息网络犯罪活动、掩饰、隐瞒犯罪所得案”“罗某、郑某星等 21 人诈骗案”“邱某儒等 31 人诈骗案”等，人民法院在审判时，对犯罪集团的首要分子和骨干成员依法严惩：对于诈骗集团首要分子，按照集团所犯的全部罪行处罚；对于诈骗集团的骨干分子，认定为主犯，按照其所参与的或组织指挥的全部犯罪处罚。在一般的共同犯罪中区分主犯和从犯，对主犯从严打击，而对从犯，则综合判断其是初犯还是累犯，参与作案时间长短、所起作用大小、是否有悔过之心等，应当从宽处理则从宽处理，例如，在赵某云等 9 人诈骗案中，人民法院在综合考虑被告人丁某某实施预警行为避免了被害人损失扩大，大学刚毕业，加入诈骗团伙时间较短，自愿认罪并取得被害人谅解等情节，对丁某某依法予以减轻处罚并适用缓刑。

二是灵活运用多种手段促进退赔退赃，最大限度挽回被害群众的经济损失。电信网络诈骗案件往往涉案金额巨大，例如，“施某善等 12 人诈骗案”“黄某等 3 人诈骗案”等涉案金额均超过百万元，人民法院在准确认定案件事实的同时，彻查涉案赃款流向，与公安、检察机关协调配合，及时查扣、冻结涉案赃款，并灵活运用刑罚调整功能，鼓励被告人退赃退赔，允许被告人亲属代为退赔，对于不足部分责令案件主犯继续退赔，从犯则在各自分得赃款范围内承担连带退赔责任。

三是严惩行业“内鬼”与关联犯罪，阻断通过侵犯公民个人信息实施电信网络诈骗犯罪的通路。侵犯公民个人信息系电信网络诈骗的上游关联犯罪，二者合流后，使电信网络诈骗犯罪更易得逞，社会危害性更重。司法实践严惩诸如“陈某等 5 人侵犯公民个人信息案”“周某平、施某青帮助信息网络犯罪活动案”等案中的行业“内鬼”行为，将在履行职责或者提供服务过程中获得的公民个人信息出售或者提供给他人的，入罪的数量、数额标准减半计算。并且对于使用非法获取的公民个人信息，实施电信网络诈骗犯罪，构成数罪的，依法数罪并罚，严惩电信诈骗犯罪及关联犯罪，例如，在“张某等 3 人诈骗案，戴某等 3 人掩饰、隐瞒犯罪所得案”中，对于利用个人银行卡和收款码，帮助电信网络诈骗犯罪分子转移赃款的行为，以掩饰、隐瞒犯罪所得罪论处。

2. 治理电信网络诈骗犯罪的最新举措

(1)法律方面。2022 年，我国在打击电信诈骗犯罪道路上的一项重要成果便是颁布了《反电信网络诈骗法》，该法是我国长期与电信网络诈骗作斗争过程中的经验总结，吸收了相关司法解释的规制要义以及典型司法案件的办案精神，为今后预防和打击电信网络诈骗犯罪的重要法律依据。《反电信网络诈骗法》共设七章，分别为“总则”“电信治理”“金融治理”“互联网治理”“综合措施”“法律责任”“附则”，根据全国人大常委会法工委刑法室主任王爱立的解读，《反电信网络诈骗法》具有以下突出特点：[①] 一是侧重前端防范，源头治理、综合治理。《反电信网络诈骗法》强化系统观念，立足源头治理、综合治理，侧重前端防范，主要是按照完善预防性法律制度的要求，针对电信网络诈骗发生的信息链、资金链、技术链、人员链等各环节，加强防范性制度措施建设，深入推进行业治理，强化部门监管责任和企业社会责任。二是强化行业治理，压实企业社会责任。《反电信网络诈骗法》针对电信网络诈骗的各环节进行针对性制度设计，加强行业治理，压实企业社会责任。三是增强宣传教育效果，明晰监管职责。加强有针对性的宣传教育和防范预警是反电信网络诈骗工作的重要实践经验。《反电信网络诈骗法》为各个方面的主体规定了宣传防范责任，包括各级政府和部门，有关基层组织、企业，新闻信息服务单位等，还规定了社会面上的单位、个人也要加强内部防范和提升防范意识。四是严厉惩处电诈分子及其关联人员。《反电信网络诈骗法》在刑法规定刑事责任的基础上，对尚不构成犯罪的，规定了专门的行政处罚，没收违法所得、罚款和拘留等。

(2)司法解释方面。对电信网络诈骗犯罪，司法机关曾经出台多部司法解释和司法解释性文件进行规制，2022年，我国继续出台了有关电信网络诈骗犯罪的司法解释性质文件，进一步完善电信网络诈骗犯罪的治理工作：一是执法司法机关联合发布了《关于敦促电信网络诈骗犯罪集团头目和骨干自首的通告》，敦促实施电信网络诈骗犯罪活动的组织者、策划者、指挥者、骨干分子投案自首。二是出台《关于依法惩治妨害国(边)境管理违法犯罪的意见》，从加强国(边)境管理方面阻断境外电信网络诈骗的犯罪通路。该意见第10条将“以实施电信网络诈骗、开设赌场等犯罪为目的，偷越国(边)境的”行为，解释为“情节严重”的偷越国(边)境行为，即按照《刑法》第322条规定的“偷越国(边)境罪”处理，体现了国家对电信网络诈骗犯罪从严打击的方针政策。

---

① 蒲晓磊：《打击遏制电诈 变“亡羊补牢”为“未雨绸缪”》，载《法治日报》2022年9月19日。

(3)部门规章方面。2022年虽没有出台专门针对电信网络诈骗犯罪治理的部门规章，但是也有部分规章提及了电信网络诈骗犯罪，分别是《互联网信息服务深度合成管理规定》与《中国人民银行关于支持外贸新业态跨境人民币结算的通知》。其中，《互联网信息服务深度合成管理规定》第7条规定："深度合成服务提供者应当落实信息安全主体责任，建立健全用户注册、算法机制机理审核、科技伦理审查、信息发布审核、数据安全、个人信息保护、反电信网络诈骗、应急处置等管理制度，具有安全可控的技术保障措施。"该规定强调了深度合成服务提供者的信息安全主体责任，包括建立健全反电信网络诈骗的管理制度的责任。《中国人民银行关于支持外贸新业态跨境人民币结算的通知》则是强化了境内银行和支付机构在遵守有关打击电信网络诈骗规定方面的义务。此两部部门规章可谓都是"强化行业治理，压实企业社会责任"的具体体现。

(4)党内法规方面。2022年，党内法规也对电信网络诈骗犯罪作出了重要规定，具有代表性的便是中共中央办公厅、国务院办公厅印发的《关于加强打击治理电信网络诈骗违法犯罪工作的意见》。该意见分别从"依法严厉打击电信网络诈骗违法犯罪""加强行业监管源头治理""构建严密防范体系""加强对打击治理电信网络诈骗违法犯罪工作的组织领导"等方面，对打击治理电信网络诈骗违法犯罪工作作出了安排部署。从总体上强调，反电信网络诈骗工作，"要坚持以习近平新时代中国特色社会主义思想为指导，深入贯彻党的十九大和十九届历次全会精神，坚持以人民为中心，统筹发展和安全，强化系统观念、法治思维，坚持严厉打击、依法办案，实现法律效果与社会效果有机统一，坚持打防结合、防范为先，强化预警劝阻，加强宣传教育，坚持科技支撑、强化反制，运用科技信息化手段提升技术反制能力，坚持源头治理、综合治理，加强行业监管，强化属地管控，坚持广泛动员、群防群治，发动群众力量，汇聚群众智慧，坚决遏制电信网络诈骗违法犯罪多发高发态势，提升社会治理水平，使人民获得感、幸福感、安全感更加充实、更有保障、更可持续，为建设更高水平的平安中国、法治中国作出贡献"。

(二)黑恶势力犯罪案件

根据2023年最高人民法院的工作报告，近5年来，全国法院依法审结涉黑涉恶案件3.9万件26.1万人。为加大对黑恶势力犯罪的打击力度，党中央、国务院从2018年开始部署了为期三年的扫黑除恶专项斗争，自2021

年开始，扫黑除恶工作进入常态化阶段，该年共打掉涉黑组织195个、恶势力犯罪集团1086个，① 同时又制定了《反有组织犯罪法》，于2022年5月1日施行，不断巩固专项斗争成效。2022年吸收以往专项斗争经验以及常态化工作经验，严厉打击各类黑恶势力犯罪，同时又通过颁布指导性案例、典型案例以及部门规章等形式，进一步细化指导扫黑除恶常态化工作，持续推动常态化扫黑除恶斗争行稳致远，建设更高水平的平安中国、法治中国。

1. 黑恶势力犯罪及其治理情况

2022年司法机关继续常态化开展扫黑除恶斗争，健全常态化扫黑除恶机制，防止黑恶势力"死灰复燃"，加快案件清结，推进黑财清底，执行到位财产刑及追缴、没收违法所得，坚决摧毁黑恶势力经济基础。推进专项整治，巩固整治"村霸""沙霸""菜霸""路霸"等成果，促进基层社会治理。2022年最高人民法院发布3起有关涉黑涉恶犯罪的指导性案例，分别是"龚某文等组织、领导、参加黑社会性质组织案""吴某等敲诈勒索、抢劫、故意伤害案""史某振等组织、领导、参加黑社会性质组织案"，此外，最高人民检察院发布了4件依法惩治涉网络黑恶犯罪典型案例，这些指导性案例、典型案例所呈现的审判动向可归结为以下四方面：

一是不仅打击传统暴力型黑恶势力犯罪，而且也打击"软暴力"型黑恶势力犯罪。在"龚某文等组织、领导、参加黑社会性质组织案"中，人民法院总结了黑社会性质组织实施"软暴力"的主要行为特征，在此基础上明确了"软暴力"涉黑的认定标准，即犯罪组织以其势力、影响和暴力手段的现实可能性为依托，有组织地长期采用多种"软暴力"手段实施大量违法犯罪行为，同时辅之以"硬暴力"，"软暴力"有向"硬暴力"转化的现实可能性，足以使群众产生恐惧、恐慌进而形成心理强制，并已造成严重危害后果，严重破坏经济、社会生活秩序的，应认定该犯罪组织具有黑社会性质组织的行为特征。

二是注意区分恶势力犯罪集团与普通犯罪集团。"吴某等敲诈勒索、抢劫、故意伤害案"准确分析了恶势力犯罪集团"形成非法影响、谋求强势地位"的意图和"为非作恶、欺压百姓"的特征，明确了恶势力犯罪集团

① 《公安部：2021年常态化扫黑除恶 打掉恶势力犯罪集团1086个》，载央广网，https：//baijiahao. baidu. com/s？id＝1721565390575798534&wfr＝spider&for＝pc，最后访问日期：2023年2月20日。

与普通犯罪集团的区分标准，即恶势力犯罪集团是符合犯罪集团法定条件的恶势力犯罪组织。恶势力犯罪集团应当具备“为非作恶、欺压百姓”特征，其行为“造成较为恶劣的社会影响”，因而实施违法犯罪活动必然具有一定的公然性，且手段应具有较严重的强迫性、压制性。普通犯罪集团实施犯罪活动如仅为牟取不法经济利益，缺乏造成较为恶劣社会影响的意图，在行为方式的公然性、犯罪手段的强迫压制程度等方面与恶势力犯罪集团存在区别，可按犯罪集团处理，但不应认定为恶势力犯罪集团。

三是不仅重视对涉黑社会性质组织犯罪案件的定罪量刑问题，而且关注查封、扣押、冻结财物及其孳息的权属问题。在“史某振等组织、领导、参加黑社会性质组织案”中，明确了在涉黑社会性质组织犯罪案件审理中，人民法院应当对查封、扣押、冻结财物及其孳息的权属进行调查，案外人对查封、扣押、冻结财物及其孳息提出权属异议的，人民法院应当听取其意见，确有必要的，人民法院可以通知其出庭，以查明相关财物权属。

四是不仅严厉打击线下进行的黑恶势力犯罪，而且也严厉惩治涉网络黑恶犯罪。最高人民检察院于2022年12月30日发布的4件典型案件，即“汤某甲等人组织、领导、参加黑社会性质组织案”“洪某都等人敲诈勒索案”“袁某厚等人敲诈勒索、强迫交易、寻衅滋事案”“赵某等人寻衅滋事案”，均属于涉网络黑恶犯罪，其主要表现形式有：利用信息网络实施的“套路贷”，利用信息网络实施“裸聊”敲诈，网贷“软暴力”催收，以有偿新闻、有偿删帖、以曝光负面信息相威胁索要财物等方式实施的敲诈勒索、强迫交易等犯罪行为。无论是线上还是线下，只要符合黑恶犯罪构成要件的，就应当依法认定为涉黑涉恶组织犯罪。

2. 黑恶势力犯罪的规制动向

（1）法律方面。2021年12月24日，十三届全国人大常委会第三十二次会议通过《反有组织犯罪法》，已于2022年5月1日正式施行。该法共设九章，分别为“总则”“预防和治理”“案件办理”“涉案财产认定和处置”“国家工作人员涉有组织犯罪的处理”“国际合作”“保障措施”“法律责任”“附则”。作为一部总结扫黑除恶专项斗争的实践经验，贯彻落实党中央常态化开展“扫黑除恶”斗争的重大决策部署的重要成果，《反有组织犯罪法》具有以下突出特点：一是以条文形式明确犯罪概念。《反有组织犯罪法》第2条明确了何谓“有组织犯罪”，何谓“黑恶势力”，第23条第1款明确了“网络有组织犯罪”的概念，该条第2款明确了“软暴力”行为构成有组织犯罪的具体条件，为司法机关准确认定有组织犯罪提供了明确的依据和指导。二是贯彻“打早打小”理念，注重预防治理。《反有组织犯罪法》从校园防治(第 11 条)，基层组织候选人的资格筛查(第 12 条)，制发“三书一函”（第 14 条)，确定预防治理的“三个重点”（第 15 条)，个人财产及日常活动报告制度(第 19 条、第 70 条)等方面加强对有组织犯罪的预防力度，将黑恶势力消灭在萌芽状态。三是加强线索核查措施，及时发现黑恶势力犯罪。如《反有组织犯罪法》第 26 条明确，公安机关核查有组织犯罪线索，可以按照国家有关规定采取调查措施，有关单位和个人应当积极配合，如实提供。四是规定特殊的案件办理制度，提高办案质效。《反有组织犯罪法》规定了一系列的特殊办案措施，主要体现为第 30 条规定的特殊羁押制度，第 31 条的特殊侦查手段，第 35 条的特殊服刑制度，第 36 条的特殊减刑、假释程序，等等。这些针对有组织犯罪的特点而量身定制的特殊案件办理制度，有利于进一步提升对有组织犯罪的打击效率与打击效果。五是“打财断血”，阻断有组织犯罪的营养供给。《反有组织犯罪法》第 40 条规定的全面调查财产措施，第 42 条规定的反洗钱调查措施，第 45 条规定的追缴没收等值财产措施与有关财产来源的特殊证明标准等措施，既有利于铲除黑恶势力犯罪的经验基础，又有利于维护社会主义经济秩序。六是秉持“打伞破网”的理念，严惩国家工作人员涉有组织犯罪。《反有组织犯罪法》第五章对国家工作人员涉有组织犯罪的处理作了规定，明确国家工作人员涉有组织犯罪的违法犯罪行为类型、负责查办及协助查办有组织犯罪的国家工作人员的禁止性行为、涉有组织犯罪的线索办理沟通机制等。七是制定证人保护措施，消除证人作证的后顾之忧。为防止黑恶势力对证人进行人身报复，《反有组织犯罪法》第 61 条规定了“不公开真实姓名、住址和工作单位等个人信息”“采取不暴露外貌、真实声音等出庭作证措施”“对人身和住宅采取专门性保护措施”“变更被保护人员的身份，重新安排住所和工作单位”等保护措施来保障证人的安全，有效解决了以往打击黑恶势力犯罪中遇到的证人保护难的问题。

(2)司法解释方面。在“扫黑除恶”工作已进入常态化阶段的背景下，2022 年“两高”尽管没有针对黑恶势力犯罪颁布专门性的司法文件，但是也颁布了不少含有打击黑恶势力犯罪内容的文件，这些文件包括《关于充分发挥环境资源审判职能作用 依法惩处盗采矿产资源犯罪的意见》《关于为新时代推进西部大开发形成新格局提供司法服务和保障的意见》《2022 年人民法院工作要点》《关于支持和服务保障贵州在新时代西部大开发上闯新路的意见》《关于支持和服务保障浙江高质量发展建设共同富裕示范区的意见》《关于加强新时代国家检察官学院检察教育培训工作的意见》《关于人民检察院开展未成年人检察工作情况的报告》等。其主要特点有：一是加强基层组织建设，铲除黑恶势力滋生土壤。例如，最高人民法院颁布《关于充分发挥环境资源审判职能作用 依法惩处盗采矿产资源犯罪的意见》，要求落实常态化开展扫黑除恶斗争部署要求，持续依法严惩“沙霸”“矿霸”及其“保护伞”。二是聚焦“打伞破网”，敢于“刀刃向内”。最高人民法院发布《关于为新时代推进西部大开发形成新格局提供司法服务和保障的意见》，要求“扎实推进扫黑除恶斗争常态化”，保持对黑恶势力犯罪及其“保护伞”的高压态势。三是精准打击黑恶势力犯罪，坚决做到不冤枉也不放纵。最高人民检察院发布《关于加强新时代国家检察官学院检察教育培训工作的意见》，要求围绕检察履职推动更高水平的平安中国建设，针对影响国家安全、社会安定、人民安宁的突出问题，常态化加强总体国家安全观教育和意识形态安全、网络安全、金融安全、社会秩序稳定等方面检察业务培训。

(3)部门规章。为深入贯彻落实《反有组织犯罪法》，2022 年出台了一部重要的指导扫黑除恶工作的部门规章，即《公安机关反有组织犯罪工作规定》，自 2022 年 10 月 1 日起施行。该规定在《反有组织犯罪法》搭建的法律框架基础上，作了承接细化和充实巩固，系统归纳了公安机关反有组织犯罪工作职责和基本原则；对公安机关预防和治理职责及相关程序作了细化；强化了公安机关反有组织犯罪“打财断血”“打伞破网”工作机制；明确了反有组织犯罪法新设定行政处罚的实施办法。此外，其他部门规章如《证券基金经营机构董事、监事、高级管理人员及从业人员监督管理办法》，以及部门规范性文件，如《关于公安机关管辖的刑事案件立案追诉标准的规定(二)》《关于加强河湖安全保护工作的意见》《民政部关于深入学习贯彻习近平总书记重要讲话精神 进一步做好困难群众兜底保障等工作的意见》，还有部门工作文件，如《农业农村部办公厅关于开展 2022 年海洋伏季休渔联合交叉执法行动的通知》《水利部关于印发水行政执法效能提升行动方案(2022—2025 年)的通知》《自然资源部办公厅关于切实加强监管执法 打非治违有效防范消除安全风险隐患的通知》《国家邮政局关于深入推进邮政管理部门法治政府建设的实施意见》等，均有涉及打击黑恶势力内容的规定。可见，当前我国已将打击黑恶势力工作融进了社会治理的各个方面。

(4)党内法规方面。打击黑恶势力犯罪，也是党内法规建设的重要内容。2022年我国共颁布了5部指导打击黑恶势力工作的党内法规，分别是：①《运用党的百年奋斗历史经验 推动纪检监察工作高质量发展 迎接党的二十大胜利召开——在中国共产党第十九届中央纪律检查委员会第六次全体会议上的工作报告》，提出“把‘打伞破网’和政法队伍教育整顿结合起来，严肃查处充当黑社会性质组织‘保护伞’问题，同步跟进督办全国扫黑办、公安部新挂牌39起黑恶案件，严惩‘沙霸’、‘矿霸’背后的腐败和‘保护伞’，通报曝光典型案例”。②《中央纪委办公厅印发意见 坚持以严的基调强化正风肃纪 锲而不舍落实中央八项规定精神》，规定“着力整治群众身边的不正之风和腐败问题，推动解决群众的急难愁盼问题，严肃查处贪占挪用、吃拿卡要以及‘三资’管理、产业项目等方面的腐败问题，常态化惩治涉黑涉恶腐败和‘保护伞’”。③《高举中国特色社会主义伟大旗帜 为全面建设社会主义现代化国家而团结奋斗——在中国共产党第二十次全国代表大会上的报告》。④《纪检监察机关派驻机构工作规则》，要求“各级纪委监委要推动派驻机构聚焦主责主业，更好发挥政治监督作用，加强对派驻机构及其干部的管理约束，坚决防治‘灯下黑’”。⑤《新时代政法干警“十个严禁”》，提出“严禁搞两面派、做两面人；严禁有令不行、有禁不止；严禁放任错误思潮侵蚀影响；严禁不当交往、干预执法司法；严禁玩忽职守、徇私枉法；严禁违规参与营利活动；严禁包庇纵容黑恶势力；严禁滥用执法司法权；严禁不作为乱作为、要特权抖威风；严禁跑风漏气、失密泄密”。

(三)侵犯公民个人信息犯罪的治理

公民个人信息事关公民的隐私安全、人身安全、财产安全，在公民权益体系中占据着重要地位。2009年，我国通过《刑法修正案(七)》，首次将侵犯公民个人信息情节严重的行为归为犯罪行为。2013年又出台《关于依法惩处侵害公民个人信息犯罪活动的通知》，将“狭义的可识别性+个人隐私”作为界定公民个人信息的核心要素。2015年的《刑法修正案(九)》将原来的两罪合并为“侵犯公民个人信息罪”一罪，并取消原有特殊主体限制，将法定最高刑升至七年等。2017年发布的《关于办理侵犯公民个人信息刑事案件适用法律若干问题的解释》，进一步扩展个人信息概念边界，将行踪轨迹、账号密码等不具有严格的广义识别可能性的个人信息亦囊括在内。2021年又出台《个人信息保护法》，对个人信息保护工作进行系统性、专门性的规定，促进建立有关个人信息保护的独立的部门法体系。从这些已出台的刑法修正案内容、司法解释条文及法律规定来看，我国正在不断加大对侵犯公民个人信息犯罪的惩治力度。2022 年继续推进公民个人信息保护工作，严厉打击各类侵犯公民个人信息的犯罪行为。

1. 侵犯公民个人信息犯罪及其治理情况

信息时代，个人信息安全保护变得突出和紧迫。人民法院以《刑法》及《个人信息保护法》为根据，严惩各类侵犯公民个人信息犯罪行为，包括窃取倒卖身份证、通讯录、快递单、微信账号、患者信息等各类侵犯公民个人信息犯罪；行业“内鬼”泄露个人信息的犯罪行为；严惩利用恶意程序、“钓鱼”欺诈等形式非法获取个人信息的犯罪，以及相关网络黑灰产业链犯罪；等等。2022 年，全国法院一审审结涉侵犯公民个人信息犯罪的刑事案件数为 5167 件，案件量同比增长 26.77%，审结的相关被告人数为 10 196 人，被告人数同比增长 26.14%。从中可以看出，侵犯公民个人信息犯罪数量呈明显的上升趋势。从 2022 年发布的有关公民个人信息保护的统计数据、指导性案例、典型案例来看，打击此类犯罪呈现以下特点：

一是从严惩治侵犯公民个人信息犯罪，注重打击上下游犯罪。侵犯公民个人信息犯罪往往呈现链条化、产业化特征，严重影响人民群众安全感，对“上游窃取信息—中间购买加工—下游运营获利”的链条式犯罪，通过加强检警协作，深挖上下游犯罪，从窃取源头到出售末端，全面排查、精准打击，彻底斩断犯罪链条。

二是对公民个人信息类型进行全方位保护，不给违法犯罪分子可乘之机。在现代信息社会，公民个人信息的内涵日渐丰富，《民法典》和《个人信息保护法》对此专门进行了界定。2022 年发布的有关公民信息保护的司法文件、指导性案例、典型案例，涵盖了对公民征信信息、生物识别信息、行踪轨迹信息、健康生理信息等不同类型信息的全面保护。

三是依法打击行业“内鬼”内外勾连出售公民个人信息犯罪活动。除行政机关、金融、电信、交通等单位能接触到大量的公民个人信息外，宾馆、快递、手机维修等提供个人消费与服务的单位在提供服务过程中，也会获取大量的公民个人信息。个别人员为了获取非法利益，违反职业道德和保密义务，将在工作中获得的公民个人信息资料出售或提供给他人，对公民的人身、财产安全及正常工作生活造成严重威胁，人民法院对其依法予以惩处。

2. 侵犯公民个人信息犯罪的规制动向

(1)司法解释方面。在 2022 年出台的司法解释或者司法解释性文件中，最高人民法院、最高人民检察院、公安部于 2022 年 8 月 26 日联合发布的《关于办理信息网络犯罪案件适用刑事诉讼程序若干问题的意见》与个人信息保护的关系最为密切。该意见将通过信息网络实施的侵犯公民个人信息犯罪纳入网络犯罪案件的范畴，从管辖、取证、证据审查、涉案财物处理等方面，进一步规范对信息网络犯罪案件的刑事诉讼程序，为推进网络强国建设提供有力司法保障。除此之外，发布的其他含有保护公民个人信息工作内容的司法性质文件主要有：①《最高人民检察院关于支持和服务保障贵州在新时代西部大开发上闯新路的意见》提出，“依法严惩破坏计算机信息系统、非法侵入计算机信息系统、侵犯公民个人信息、侵犯商业秘密等犯罪行为，强化大数据汇聚的安全保障”。②《最高人民检察院关于支持和服务保障浙江高质量发展建设共同富裕示范区的意见》要求，“从严追诉利用数字科技和信息网络侵犯公民个人信息犯罪，加强刑事检察与公益诉讼检察协同发力”，等等。

(2)部门规章。2022 年颁布的部门规章中体现对公民个人信息保护的有：①《互联网信息服务深度合成管理规定》，该规定明确了深度合成服务提供者和技术支持者在保护公民个人信息方面的信息安全主体责任，要求深度合成服务提供者应当建立有关个人信息保护的管理措施。同时强调，“深度合成服务提供者和技术支持者应当加强训练数据管理，采取必要措施保障训练数据安全；训练数据包含个人信息的，应当遵守个人信息保护的有关规定”“深度合成服务提供者和技术支持者提供人脸、人声等生物识别信息编辑功能的，应当提示深度合成服务使用者依法告知被编辑的个人，并取得其单独同意”。②《互联网用户账号信息管理规定》，要求“互联网信息服务提供者应当履行互联网用户账号信息管理主体责任，配备与服务规模相适应的专业人员和技术能力，建立健全并严格落实真实身份信息认证、账号信息核验、信息内容安全、生态治理、应急处置、个人信息保护等管理制度”，还要求“互联网信息服务提供者应当依法保护和处理互联网用户账号信息中的个人信息，并采取措施防止未经授权的访问以及个人信息泄露、篡改、丢失”。③《移动互联网应用程序信息服务管理规定》(2022 年修订)，明确了应用程序提供者和应用程序分发平台在个人信息保护方面的管理主体责任。

(3)党内法规方面。2022年由中央政法委等6部委联合印发的《新时代政法干警“十个严禁”》，明确规定“决不允许以任何形式泄露党和国家秘密、政法工作秘密、商业秘密和公民个人信息”，此外还规定“严禁跑风漏气、失密泄密。决不允许以任何形式泄露党和国家秘密、政法工作秘密、商业秘密和公民个人信息。凡违反‘十个严禁’的，依规依纪依法严肃处理”。

(四)侵犯妇女、儿童犯罪的治理

“妇女是人类文明的开创者、社会进步的推动者，是全面建设社会主义现代化国家的重要力量。”党的十八大以来，以习近平同志为核心的党中央将“坚持男女平等基本国策，保障妇女儿童合法权益”写入党的施政纲领，相继出台了《反家庭暴力法》(2015年)、《国务院关于印发〈中国妇女发展纲要〉和〈中国儿童发展纲要〉的通知》(2021年)、《妇女权益保障法》(2022年修订)等文件，加大对妇女的政治权利、人身和人格权益、文化教育权益、劳动和社会保障权益、财产权益、婚姻家庭权益的保障力度，健全预防和打击拐卖妇女、性骚扰、家庭暴力等违法犯罪行为。2022年进一步加大对妇女、儿童权益的保障力度，对侵犯妇女、儿童犯罪的治理集中在“家庭暴力型犯罪”“拐卖、收买妇女、儿童犯罪”“组织、强迫、引诱、容留、介绍卖淫犯罪”“强奸、猥亵、侮辱妇女犯罪”“利用网络实施的违法犯罪”等各个方面。

1. 侵犯妇女、儿童犯罪及其治理情况

2022年，司法机关将保护妇女、儿童合法权益，严厉打击侵犯妇女、儿童犯罪作为工作重点，全国法院一审审结的涉侵害妇女、儿童犯罪的刑事案件数为39 348件，同比增长4.84%，审结的相关被告人数为42 451人，同比增长4.71%。[①] 最高人民法院于2022年3月1日发布了9起未成年人权益司法保护典型案例，最高人民检察院则相继发布三批以保护妇女、儿童权益为专题的典型案例。此外，2022年人民法院发布的十大案件中，有两起就是针对妇女、儿童权益保护的案件，分别是“唐山烧烤店打人案”“教师猥亵儿童被宣告终身禁业案”。这些案件集中于买卖妇女、儿童犯罪，性侵妇女、儿童犯罪，暴力伤害妇女、儿童犯罪等方面，其审理特点主要表

① 此处统计的涉侵害妇女儿童犯罪包括“拐卖妇女、儿童罪”“收买被拐卖的妇女、儿童罪”“聚众阻碍解救被收买的妇女、儿童罪”“不解救被拐卖、绑架妇女、儿童罪”“阻碍解救被拐卖、绑架妇女、儿童罪”“拐骗儿童罪”“猥亵儿童罪”“雇用童工从事危重劳动罪”“强奸罪”等案件。

现为：

一是严厉惩处性侵、买卖妇女、儿童犯罪，该判处死刑的坚决判处死刑。人民法院历来严惩性侵、拐卖妇女、儿童和收买被拐卖的妇女、儿童等犯罪，强化对被拐卖妇女、儿童的司法保障。例如，在“张某某强奸案”中，张某某在担任某省某小学教师期间，利用教师身份，先后将多名女学生(均系幼女)带至宿舍内实施奸淫。法院判决认为，张某某利用教师身份奸淫未成年女学生，奸淫人数多，时间跨度长，罪行极其严重，情节特别恶劣，社会危害性极大，应依法严惩。依法以强奸罪判处蒋某某死刑。

二是灵活适用从业禁止令，构筑保护妇女、儿童权益的“防护墙”。例如，在“教师猥亵儿童被宣告终身禁业案”中，王某某在担任某学校外聘指导教师期间，利用“一对一”单独授课的机会，多次触摸该校一名10岁女童的隐私部位。对此，法院以猥亵儿童罪判处王某某有期徒刑的同时，禁止被告人王某某从事密切接触未成年人的工作。

三是严格落实强制报告义务，从源头上遏制侵害未成年人犯罪案件的发生。《未成年人保护法》第11条规定，“……密切接触未成年人的单位及其工作人员，在工作中发现未成年人身心健康受到侵害、疑似受到侵害或者面临其他危险情形的，应当立即向公安、民政、教育等有关部门报告”。强制报告是法定责任，任何单位和人员均应严格遵守。最高人民检察院发布的6起侵害未成年人案件强制报告追责典型案例，责任主体范围涵盖旅馆、宾馆、酒店等住宿经营人员，学校负责人员、医院负责人员、居民委员会成员等，这些责任主体违反强制报告义务的，责令限期改正，给予警告；拒不改正或者造成严重后果的，责令停业整顿或者吊销营业执照、相关许可证，并处1万元以上10万元以下罚款。

2. *侵犯妇女、儿童犯罪的规制动向*

(1)法律方面。为加大对妇女、儿童权益的保护，全国人大常委会于2022年10月30日修订通过了《妇女权益保障法》，该法自2023年1月1日起施行。其对妇女、儿童犯罪行为治理的特点集中在以下方面：一是完善犯罪案件的发现报告机制，及早预防和治理犯罪。《妇女权益保障法》第24条第2款明确规定了学校对于侵犯女学生犯罪行为的通知、报告义务。该法第26条明确规定了住宿经营者对于侵害妇女权益的违法犯罪行为报告义务。通过这种通知、报告义务的履行，侵犯妇女、儿童的罪行得以被尽早发现，学生家长及司法机关也能够尽早介入到保护中来。二是注重保护受害妇女、儿童的隐私和个人信息，避免其遭受第二次伤害。如《妇女权益保障法》第24条第3款规定，“对遭受性侵害、性骚扰的女学生，学校、公安机关、教育行政部门等相关单位和人员应当保护其隐私和个人信息，并提供必要的保护措施”。

(2)司法解释方面。2022年，我国出台了3部与打击侵犯妇女、儿童权益犯罪密切相关的司法解释或者司法性质文件，分别是《关于办理人身安全保护令案件适用法律若干问题的规定》《关于敦促拐卖妇女儿童相关犯罪嫌疑人投案自首的通告》《关于加强人身安全保护令制度贯彻实施的意见》，这些司法文件在打击侵犯妇女儿童犯罪方面具有以下突出特点：一是加强对妇女儿童人身安全的保护。如《最高人民法院关于办理人身安全保护令案件适用法律若干问题的规定》第1条明确规定，遭受家庭暴力或者面临家庭暴力危险的当事人可以依法向人民法院申请人身安全保护令，而且这种申请不以提起离婚等民事诉讼为条件。二是有效治理拐卖妇女儿童相关犯罪。2022年最高人民法院、最高人民检察院和公安部联合发布《关于敦促拐卖妇女儿童相关犯罪嫌疑人投案自首的通告》，一方面以从宽处理的优待政策鼓励拐卖妇女儿童相关犯罪嫌疑人在规定期限内投案自首；另一方面又规定在规定期限内拒不投案自首，继续实施拐卖妇女、儿童相关犯罪活动的，将依法从严惩处。三是鼓励个人和有关组织积极举报、控告拐卖妇女儿童犯罪。为尽早发现拐卖妇女儿童犯罪，《关于敦促拐卖妇女儿童相关犯罪嫌疑人投案自首的通告》鼓励个人和有关组织积极举报、控告，并要求司法机关对举报人、控告人及其他有关证人依法予以保护。对威胁、报复举报人、控告人，构成犯罪的，依法追究刑事责任。

(五)毒品犯罪的治理

毒品犯罪，历来是我国刑法打击的重点。近年来，在持续严厉打击和有效治理之下，在毒品犯罪的治理上取得了一定成效。但毒品犯罪仍然屡禁不绝，处于多发高发态势，且犯罪手段呈现分段式、隐秘化等特点，甚至有部分毒品犯罪分子为逃避法律制裁，不惜铤而走险，采用暴力手段抗拒检查、抓捕，增加了执法人员查缉毒品犯罪的风险，也对社会治安和人民群众的生命财产安全构成了严重威胁。2022年，我国对毒品犯罪依然坚持严打方针，以绝不姑息任何类型、任何形式的毒品犯罪活动的态度和决心，严厉惩治各类毒品犯罪活动。

1. 毒品犯罪的审判动向

在持续的严厉打击下，近年来我国毒品犯罪已呈下降趋势。据统计，

2022 年全国法院一审审结走私、贩卖、运输、制造毒品罪的刑事案件数为 37 282 件，同比下降 33.72%，审结的相关被告人数为 56 179 人，同比下降 31.18%。尽管数量有所下降，2022 年司法机关仍然对毒品犯罪实行严肃惩治的高压态势，最高人民检察院于 2022 年 6 月 21 日发布了以新型毒品犯罪为主题的第三十七批指导性案例，后又于 2022 年 11 月 23 日，发布了 5 件检察机关落实“七号检察建议”典型案例。最高人民法院于 2022 年 6 月 25 日发布了 2022 年十大毒品(涉毒)犯罪典型案例。这些指导性案例、典型案例所呈现出来的审判动向可简要归结为：

一是准确界定涉新型毒品犯罪。新型毒品是相对于传统毒品的概念，司法实践一般认为，除鸦片、海洛因、甲基苯丙胺、吗啡、大麻、可卡因等常见毒品以外的其他麻醉药品和精神药品均属于新型毒品。其中，近年来出现的未被 1961 年《麻醉品单一公约》和 1971 年《精神药物公约》列管的麻醉药品和精神药品，均被作为新型毒品对待。此次，最高人民检察院发布的第三十七批指导性案例所涉及的 γ-羟丁酸、三唑仑、咪达唑仑、阿普唑仑和二甲基色胺均是国家管制的麻醉药品、精神药品，属于新型毒品范畴。由于麻醉药品和精神药品具有药品和毒品双重属性，行为人对于麻醉药品、精神药品的非法用途以及对相关物质毒品属性的认知，是认定行为人构成毒品犯罪的关键。

二是准确区分利用原生植物制成的毒品和利用未管制原生植物制成的毒品。根据《禁毒法》第 19 条及《最高人民检察院、公安部关于公安机关管辖的刑事案件立案追诉标准的规定(三)》的规定，制造毒品是指非法利用毒品原植物直接提炼或者用化学方法加工、配制毒品，或者以改变毒品成分和效用为目的，用混合等物理方法加工、配制毒品的行为。行为人明知某类植物系未被国家管制的原生植物，但含有国家管制的麻醉药品、精神药品成分，采取特定方法提炼出植物中国家管制的麻醉药品、精神药品成分，改变了原生植物的物理形态，使其具备毒品效用，应当认定为制造毒品行为。行为人从未管制原生植物中提炼出毒品并予以贩卖的，应当认定为贩卖、制造毒品罪。

三是强化对利用互联网联络毒品交易并收取毒资、通过快递物流渠道交付毒品犯罪的打击力度。随着互联网技术、物流业的快速发展，依托互联网进行毒品交易的犯罪现象日益突出，司法机关严厉打击对利用信息网络实施非法贩卖麻精药品的犯罪行为。例如，在最高人民检察院发布的 5 件检察机关落实“七号检察建议”典型案例中，检察机关通过深入宣传落实

“七号检察建议”，提升快递从业人员发现寄递违禁品犯罪线索的意识和能力，使快递从业人员迅速成为防范违禁品寄递的有生力量，进而形成快递从业人员和社会公众积极参与预防寄递违禁品犯罪，融入社会治理的新局面。

2. *毒品犯罪的规制动向*

2022年没有发布针对毒品犯罪的专门性规范文件，但部分文件中涉及有打击毒品犯罪的内容，分别是：(1)由最高人民法院、最高人民检察院、公安部、国家移民管理局印发的《关于依法惩治妨害国(边)境管理违法犯罪的意见》；(2)由最高人民检察院、公安部印发的《关于公安机关管辖的刑事案件立案追诉标准的规定(二)》(2022年修订)；(3)由海关总署制定的《关于依法惩治妨害国(边)境管理违法犯罪的意见》。这些文件呈现以下规制特点：

一是通过加强国(边)境管理打击毒品犯罪。当前，边境地区毒品犯罪活动与妨害国(边)境犯罪活动交织增长，境内境外贩毒分子勾连和绕关避卡的现象频发，国(边)境成为打击、堵截境外毒品渗透内流和制毒物品走私出境的重要防护栏。因此，国家颁布《关于依法惩治妨害国(边)境管理违法犯罪的意见》《海关过境货物监管办法》，通过加强对国(边)境管理秩序的维护，严厉打击各类边境毒品违法犯罪活动。

二是通过从严惩处涉毒洗钱犯罪打击毒品犯罪。攫取经济利益是毒品犯罪的重要行为动机，打击毒品犯罪需要对毒品上下游犯罪进行同步惩治。《最高人民检察院、公安部关于公安机关管辖的刑事案件立案追诉标准的规定(二)》(2022年修订)第43条进一步明确了洗钱罪的立案追诉标准，当犯罪嫌疑人为掩饰、隐瞒毒品犯罪、黑社会性质的组织犯罪、恐怖活动犯罪、走私犯罪、贪污贿赂犯罪、破坏金融管理秩序犯罪、金融诈骗犯罪的所得及其产生的收益的来源和性质，存在以下行为之一的，即可以洗钱罪立案追诉，即“提供资金账户的”“将财产转换为现金、金融票据、有价证券的”“通过转账或者其他支付结算方式转移资金的”“跨境转移资产的”“以其他方法掩饰、隐瞒犯罪所得及其收益的来源和性质的”。通过严惩涉毒洗钱犯罪斩断毒品犯罪恶性循环的资金链条，对毒品违法犯罪活动形成强大的震慑。

(六)侵犯知识产权犯罪的治理

加强知识产权保护，是完善产权保护制度最重要的内容，也是提高我国经济竞争力的最大激励。党的十八大以来，全国人大及其常委会按照党中央决策部署，编纂《民法典》，多次修改《专利法》《著作权法》《商标法》等知识产权相关法律，显著提高恶意侵犯商标专用权的侵权赔偿数额，在专利领域新增侵权惩罚性赔偿制度，加大知识产权侵权违法行为惩戒力度。配合立法机关出台《刑法修正案(十一)》，加重假冒注册商标罪等犯罪刑罚，增加侵犯服务商标犯罪规定，进一步加强知识产权刑事保护。作出有关设立知识产权法院、优化知识产权案件诉讼程序等授权决定，不断加大知识产权的保护力度。

1. 侵犯知识产权犯罪及其治理情况

在持续的治理下，2022年侵犯知识产权犯罪数已有所下降，2022年全国法院一审审结的涉侵犯知识产权罪的刑事案件数为5456件，同比下降9.76%，审结的相关被告人数为11 104人，同比下降9.53%。此外，由最高人民法院发布的第二批人民法院种业知识产权司法保护典型案例，2021年中国法院10大知识产权案件之“‘人人影视字幕组’侵犯著作权罪案”，以及由最高人民检察院发布的4起检察机关知识产权综合性司法保护典型案例、检察机关保护知识产权服务保障创新驱动发展典型案例，彰显了司法机关严惩侵犯知识产权犯罪的力度和决心，其所呈现出来的审判动向可简要归结为：

一是加强企业商业秘密综合司法保护，护航企业创新发展。商业秘密事关公司企业的生存与发展。例如，对于像“鹰某公司、游某、游某棋侵犯商业秘密案”这类案件，司法机关加大企业商业秘密的保护，严厉打击对涉新业态新领域、关键核心技术侵犯知识产权的犯罪行为，深挖上下游犯罪，积极适用认罪认罚从宽制度，促使被告人进行赔偿，尽量挽回权利人损失。

二是深挖上游犯罪，实现全链条打击和源头治理。司法机关落实对侵犯知识产权犯罪全链条打击的工作要求，深挖上下游犯罪线索，提高办案质效。例如，在“韦某升等3人销售假冒注册商标的商品案”中，该案侦查初期到案的韦某升等3人均系侵权商品的销售者，处于侵权链条的末端，而司法机关追根溯源，成功将生产环节的两名上游人员追诉到案，实现了对生产、销售环节上下游犯罪的全链条打击。

三是依法适用禁止令，防止企业合法权益再次受损。根据《刑法》第72条之规定，宣告缓刑，可以根据犯罪情况，同时禁止犯罪分子在缓刑考验期限内从事特定活动。对于涉知识产权犯罪，通过依法有效运用从业禁止令，防止企业合法权益再次受损，修复受损的社会秩序，营造法治化营商环境。例如，“鹰某公司、游某、游某棋侵犯商业秘密案”的被告人游某棋系投案自首，年龄较大，且自愿认罪认罚，在判处刑罚的同时，一并对其宣告适用禁止令，防止企业合法权益再次受损。

四是加强种业知识产权司法保护，筑牢国家粮食安全基石。种子质量和安全关乎农民收入、农业效益和农村稳定。司法机关聚焦国家种业安全和粮食安全大局，对种业领域套牌侵权突出问题重拳出击，充分发挥刑事追诉的有力震慑作用。例如，在最高人民法院发布第二批人民法院种业知识产权司法保护典型案例中，人民法院通过依法处理“农资打假”案件，保持对农资制假、售假犯罪的高压态势和打击力度，最大限度保护农民利益，充分发挥司法保障农民权益、服务经济发展的职能作用。

2. 侵犯知识产权犯罪的规制动向

2022年出台了不少保护知识产权权益、打击知识产权犯罪内容的司法解释、行政法规及部门规章等规范性文件，具有代表性的有：《最高人民检察院、国家知识产权局关于强化知识产权协同保护的意见》、《最高人民法院关于加强中医药知识产权司法保护的意见》、《最高人民检察院关于全面加强新时代知识产权检察工作的意见》、国家七部委印发的《关于保护种业知识产权打击假冒伪劣套牌侵权营造种业振兴良好环境的指导意见》等。其规制特点主要为：

一是建立线索双向移送机制，加大检察机关的监督力度。《最高人民检察院、国家知识产权局关于强化知识产权协同保护的意见》明确规定，“建立线索双向移送机制。各级知识产权管理部门在工作中发现涉嫌犯罪的案件线索，在向公安机关移送案件线索的同时抄送同级检察机关”，“对于公安机关应当立案侦查而不立案侦查的，可建议检察机关依法进行刑事立案监督”，“各级知识产权管理部门对人民法院生效的行政判决、裁定、调解书不服的，可依据行政诉讼法等有关法律规定向检察机关申请监督或提供线索，检察机关应依法审查并及时反馈。对于确有错误的，应当依法进行监督”。此外，《最高人民检察院关于全面加强新时代知识产权检察工作的意见》也提出，“落实《行政执法机关移送涉嫌犯罪案件的规定》，完善案件移送标准和程序，实现行政处罚和刑事处罚无缝对接、双向衔接”。

二是严格区分经济纠纷与刑事犯罪，探索建立保护创新创业容错机制。

最高人民法院印发的《关于充分发挥司法职能作用 助力中小微企业发展的指导意见》明确提出，“坚决防止利用刑事手段干预中小微企业经济纠纷。严格落实罪刑法定、疑罪从无等法律原则，严格区分中小微企业正当融资与非法集资、合同纠纷与合同诈骗、参与兼并重组与恶意侵占国有资产等的界限，坚决防止把经济纠纷认定为刑事犯罪、把民事责任认定为刑事责任”。此外，《最高人民检察院关于支持和服务保障浙江高质量发展建设共同富裕示范区的意见》《最高人民检察院关于全面加强新时代知识产权检察工作的意见》等文件也强调坚决防止和纠正以刑事手段插手民事纠纷、经济纠纷，探索建立对科技创新活动的容错机制。

三是加大对侵犯中医药知识产权行为惩治力度，依法严惩侵犯中医药知识产权犯罪行为。《最高人民法院关于加强中医药知识产权司法保护的意见》强调，“有效提高侵权赔偿数额。加大刑事打击力度，依法惩治侵犯中医药知识产权犯罪行为，充分发挥刑罚威慑、预防和矫正功能”。

四是强化对数据产权的司法保护，服务建设数字经济发展创新区。《最高人民检察院关于支持和服务保障贵州在新时代西部大开发上闯新路的意见》提出，“围绕服务人工智能、大数据、区块链、云计算等新兴数字产业发展，强化对数据产权、数据安全、关键核心技术知识产权的司法保护，助力实施数字产业强链行动，服务构建以数字经济为引领的现代产权体系。加强数字产业领域反垄断和反不正当竞争司法，维护社会公共利益，保护消费者和平台从业人员权益”。

五是强调通过检察建议健全商业秘密保护制度，提高侵犯商业秘密案件的办案质效。《最高人民检察院关于全面加强新时代知识产权检察工作的意见》提出，“着力加强对侵犯商业秘密行为的研究，把握侵犯商业秘密案件特点和规律，聚焦取证、举证、认证难点健全工作机制，提高办案质效。针对商业秘密案件办理中发现的企业、科研机构等在商业秘密保护中存在的问题，及时提出检察建议，督促其健全制度、加强管理”。

六是深入推进知识产权国际合作，加强防范打击侵犯知识产权犯罪国际合作。《最高人民检察院关于全面加强新时代知识产权检察工作的意见》提出，“积极完善跨境司法协作安排，加强防范打击侵犯知识产权犯罪国际合作。严格依法办理涉外知识产权案件，平等保护外国权利人合法权益”。

七是严厉打击假冒伪劣、套牌侵权等违法犯罪行为，加快营造种业振兴良好环境。《关于保护种业知识产权打击假冒伪劣套牌侵权营造种业振兴良好环境的指导意见》强调，“以假冒伪劣、套牌侵权、非法生产经营转基因种子等为重点，加大案件查办力度，对涉嫌构成犯罪的案件，及时移送公安机关处理。对于跨区域、重大复杂案件由部级挂牌督办、省级组织查处，做到一处发现、全国通报、各地联查。加大对电商网络销售种子监管力度，加快建立分工明确、处置及时、协同联动的工作机制。对群众反映集中、社会关注度高、套牌侵权多发的重点区域和环节，要重拳出击、整治到底、震慑到位”。

三、刑法实施过程中的完善建议

2022年我国刑法实施取得了显著成就，尤其是在打击电信诈骗犯罪、黑恶势力犯罪、毒品犯罪等严重犯罪方面成绩亮眼，有力维护了人民群众的生命财产安全以及社会生产生活的安定秩序。但同时，我国刑法实践仍然有不少亟待完善之处，以下就从刑事政策的“三个强化”、刑事立法的“三个结合”与刑事司法的“三个促进”等方面，简要谈谈如何推动刑法实践的不断发展完善。

(一)刑事政策方面：深入贯彻“三个强化”的理念

刑事犯罪是社会矛盾激化不可调和的结果，也是社会行为失范的一种状态。故处理犯罪问题就是处理社会矛盾，一切能够缓解和减少刑事犯罪的社会政策都是刑事政策，最好的社会政策就是最好的刑事政策。刑事犯罪原因的复杂性和社会性，决定了治理刑事犯罪手段的多元性和社会化，源头治理、风险防范、多措并举、宽严相济、综合施治等，通常是治理刑事犯罪的根本之道。基于此，本文拟在此提出三个应当引起关注的刑事治理理念，分别是“多元治理”“合作治理”与“基层治理”。

1. 强化多元治理，不断深化“协同共治”

犯罪治理，不同于犯罪惩罚，从根本上讲是着眼于预防犯罪和消除犯罪，而预防和消除犯罪不仅是国家专门机关的事务，也是全社会成员的共同事务，所以应当打破单纯依赖国家专门机关治理犯罪的一元治理模式，而积极走向吸纳各方力量治理犯罪的多元治理模式，充分发挥国家力量、社会力量与个人力量，重视国家机关、社会组织与公民等主体在犯罪治理过程中的主体性作用，通过各方力量的优势互补、良性互动实现对犯罪的有效治理。纵观我国对犯罪的治理，不乏多元共治机制的身影，例如，企业合规不起诉中的第三方监督评估机制，未成年人刑事诉讼中的社会观护机制，环境犯罪案件中的行政参与型生态修复机制、醉驾案件中的公益服务机制等，均是借助其他政府机关、社会组织、志愿者等非司法机关主体参与到犯罪治理中来。这些力量的介入对于犯罪源头治理、社会矛盾化解、规范意识重塑、再犯罪预防等均发挥着极为重要的作用。党的二十大报告就明确指出，“健全共建共治共享的社会治理制度，提升社会治理效能”，其中的“共治”便是指“共同参与社会治理”。可见，强化多元治理，动员多方“协同共治”乃是今后犯罪治理的发展趋势。

当前，我国有不少的犯罪治理都亟须强化多元共治的理念。例如，对于引起全社会强烈愤慨的买卖妇女儿童犯罪的治理，有不少学者提出应提高收买妇女儿童罪的法定刑，实现收买被拐卖妇女儿童罪与拐卖妇女儿童在刑罚上的同等处罚，以从源头上打击买方行为。但是，暂且不论收买妇女儿童罪的罪行严重程度是否与拐卖妇女儿童行为相当，假使如提倡者所主张的，将收买被拐卖妇女儿童的法定刑提升至与拐卖妇女儿童罪同样的高度，那么收买者在此种重罚的压力之下必然会想方设法地避免自己的罪行暴露，在极端的情况下甚至可能会采取杀人灭口的方式隐藏自己的恶行，很显然，提高收买被拐卖妇女儿童罪的做法很可能将被拐卖妇女儿童推向极为危险的境地。因此，对于买卖妇女儿童犯罪的治理，应当更注重强调社会多方力量的参与，促使那些与被拐卖妇女儿童密切接触者能对陷入孤立无援的被害人伸出援助之手，尤其是要动员村委会、居委会以及其他社会组织、行政机关的力量，因为这些主体负有基层治理职能，其本身就负有对犯罪的报告、揭露、制止职责。通过这种解救义务的强化以加强对买卖妇女儿童犯罪的发现、揭露与惩治，从而对买卖妇女儿童犯罪形成强有力的威慑，从根本上斩断买卖妇女儿童犯罪的念想。又如，对于当前猖獗的电信网络诈骗犯罪，也应当强化多元共治的理念，借助多方力量参与治理，尤其是要强调电信企业、银行、支付机构、互联网企业等在反诈工作中的风险防控责任，通过建立反洗钱、反诈职责，尽职调查制度、电话卡、银行卡、互联网账号管理制度等，从源头上防范电信网络诈骗。此外，诸如侵犯公民个人信息犯罪、养老诈骗犯罪、家庭暴力犯罪、黑恶势力犯罪、公职人员的职务犯罪等，无不需要强化多元犯罪治理观，只有动员多方主体共同参与到犯罪治理中来，才能达到良好的犯罪治理效果。

2. 强化合作治理，积极推进“自我治理”

一般意义上的刑事合作，是指通过立法强制性地要求公民参与或者配合某些犯罪的查处活动的合作。[①] 这其实是强调公民在犯罪查处方面的配合义务，而本文主张的强化犯罪的合作治理，是指组织、公民对自身行为的合法管理与犯罪预防，避免卷入刑事犯罪活动而成为承担刑事责任的犯罪主体。在传统刑法治理模式下，承担犯罪预防或者犯罪治理功能的主体是国家，社会民众、企业组织则是被监督管理的对象。但是随着社会矛盾的愈发多元化与社会关系的日益复杂化，单纯由国家去发现、治理犯罪的方式难以达到有效的犯罪治理效果。于是，我国在刑事立法和司法实践上均积极探索犯罪治理的合作模式，鼓励犯罪人与司法机关之间积极合作以预防和减少犯罪的发生。这种合作性的犯罪治理模式，在刑事立法上的典型例子为《刑事诉讼法》所正式确立的认罪认罚从宽制度。认罪认罚从宽制度，本质上是一种典型的合作性司法制度，其以被追诉人自主决定认罪认罚为前提，力图通过合作达成合意进而解决“纠纷”，强调被追诉人的自我治理，促动刑事司法治理向着合作型治理方向发生转型。

3. 强化基层治理，努力夯实“基础之治”

习近平总书记强调：“要加强和创新基层社会治理，使每个社会细胞都健康活跃。”[②] 党的二十大报告也提出，要推进以党建引领基层治理，把基层党组织建设成为有效实现党的领导的坚强战斗堡垒。基层，作为构成中国社会的最大基底，其和谐稳定程度直接关系着中国的发展大局，因此，务必重视基层治理在犯罪预防和犯罪消除方面的积极作用，将基层治理作为整个犯罪治理过程中极为重要的一环，通过健全的基层治理措施，极力消除隐藏在人民群众身边的犯罪隐患，为人民的安居乐业营造和谐稳定的政治社会环境。

就当前阶段而言，尤其要注重完善以下方面的基层犯罪治理：一是加强基层治安建设，切实保障人民的安全感。对于基层治安的维护，国家的基层公安机关、人民检察院、人民法院当然发挥着至关重要的作用，但同时也需要包括基层党组织、基层政府、市场主体、社会组织和市民群众等在内的多元主体参与，依靠群众、发动群众，构筑基层治安最基础的防线。二是强化困难帮扶措施，帮助重点人群纾困解难。基层组织采取帮扶措施帮助易走向犯罪的困难人员摆脱困境，是消除犯罪诱发因素、促进社会稳

---

① 张永强：《预防性犯罪化及其限度研究》，中国社会科学出版社2020年版，第80页。

② 《下好先手棋打好主动仗——习近平总书记关于防范化解重大风险重要论述综述》，载《人民日报》2021年4月15日。

定的重要举措。一般而言，闲散人员、吸毒人员、受过刑事处罚的人员等，更容易走向犯罪的泥潭，在基层治理完善中尤其要注意对这几类人员提供具体有效的帮扶措施，政府机关、司法部门、学校、社区、企业、社区矫正中心等组织，建立健全结对帮扶以及建档立卡帮扶等帮扶机制。三是丰富纠纷解决机制，及时化解民间矛盾纠纷。从司法实践来看，我国基层地区的民间纠纷频繁且数量众多，由民间纠纷引发的犯罪数量占比较高。对此，应充分调动各方社会力量，探求多元的纠纷解决机制，积极回应纠纷双方的诉求，切实帮助解决争议事项，及时化解民间矛盾纠纷，努力将各种犯罪隐患消弭在无形之中。

（二）刑事立法方面：牢牢把握“三个结合”的理念

刑事立法方面，要牢牢把握“三个结合”的理念：一是坚持“法法结合”，综合运用刑法、民法、行政法和党法治理违法犯罪行为，摒弃重用刑法的思维；二是坚持“轻重结合”，注意减缩罪名中过重的法定刑设置，适时调整刑罚结构及其实施方式；三是“细粗结合”，尽可能精细描述分则犯罪的罪状，尽可能精准配置分则罪名的法定刑，尽可能减少刑法中的模糊规定和“口袋罪”，探索信息时代贯彻罪刑法定原则的方法和思路。

1. 树立“法法结合”的理念，综合运用刑法、民法、行政法等治理违法犯罪行为，摒弃重用刑法的思维

在快速发展、日新月异的信息社会，新生事物层出不穷，新的危害社会的行为不断出现。故刑事立法应当保持一定的开放性和必要的犯罪化态势，始终秉持当改则改、当增则增、当废则废、适时调整、与时俱进的总体思路。同时尊重刑法的谦抑品格，遵循非必要不入罪入刑的理念，注意刑法规范与其他法律规范的配合与衔接，力戒刑法独尊、刑法万能和处理任何社会矛盾皆可用刑的简单化思维。在刑事立法过程中，应当坚定地贯彻刑法谦抑的理念，该立的犯罪才立，不该立的犯罪一个都不能立。同时要注意运用民事手段、行政手段等非刑罚手段铲除犯罪滋生土壤、消灭犯罪诱因。严格控制以下违法行为的入刑：一是通过民法、行政法、经济法等前置法就能解决的轻微违法行为类型。李斯特曾言，“最好的社会政策就是最好的刑事政策”，[①] 对于轻微违法行为，切勿简单地进行犯罪化处理，

① ［德］冯·李斯特：《论犯罪、刑罚与刑事政策》，徐久生译，北京大学出版社2016年版，第1页。

更重要的是从民事、行政侧面去消除产生原因，避免向更高层次的严重危害行为转化，毕竟利用刑法威慑只是治标之术，有效的社会治理才是治本之道。二是无被害人的违法行为类型。刑法所保护的是国家、集体和个人的合法权益，当行为人的行为不会对他人的权益产生危害时，就不应当被作为犯罪行为对待。由于无被害人的违法行为属于个人私事范畴，受害者除行为人本人外并无其他人，此种行为的危害性远小于权益侵害行为，如果国家动用刑罚干涉就是滥用国家权力，既侵害了个人的自由权利，也是刑法适用不公正的体现。因此，对于当前已然存在的无被害人犯罪行为，诸如单纯参与赌博的行为，在私密地方进行的聚众淫乱行为，以及特定成年人之间进行的淫秽物品传阅行为，应予非犯罪化处理。在将来进行刑事立法时，要避免将仅违背道德伦理秩序而无法益侵害的行为进行犯罪化。三是基于临时政策调整而产生的违法行为类型。法定犯罪是基于一国政策调控的需要而被法律规定应当予以禁止的犯罪行为，是各国根据自身需要而进行选择性规定的非典型犯罪行为。基于对国家刑罚权的限制以及对公民权利保障的考虑，刑法学者大都呼吁严格限制法定犯罪的扩张限度。对于那些因国家政策的临时调整而构成违法的行为，在进行犯罪化立法时应慎之又慎。因为政策的变动不居会引发刑法的频繁修改，这不仅破坏了刑法稳定性，而且也侵犯了国民预测的可能性，进而对公民的行动自由造成严重妨害。此外，待政策一调整就会产生严重的案件遗留问题，给公、检、法等司法机关造成不必要的负担。因此，国家可以基于调控的需要不变换政策，但刑法作为保障法、最后法，则绝不能轻易将由临时政策变动而产生的违法行为进行犯罪化处理。

2. 坚持“轻重结合”，注意减缩罪名中过重的法定刑设置，适时调整刑罚结构及其实施方式

近年来，基于贯彻总体国家安全观的要求和社会风险规制的需求以及保障人民安全感的需求，我国的刑事法网还在进一步严密空间，未来的刑事立法还会不断扩张犯罪圈，罪刑结构总体上仍在趋重，这是一个方面。但也要看到，犯罪圈不断扩张和重刑结构所带来的诸如案多人少的矛盾、社会对立面的增加、刑罚溢出效应的加剧等显而易见的负面效应等，应当引起高度关注。因此，在完善刑事立法时，不仅要进行犯罪化的立法，强调“严”的一面，还要同时增加出罪或者出刑的规定，强调“宽”的一面。配置刑罚不仅要注意做加法，而且要注意做减法，特别是随着死刑适用的

进一步限缩，重刑率的不断下降，应当从立法、司法解释和指导性案例等多方面着手，进一步减少死刑和重刑。

3. 坚持“细粗结合”，尽可能精细描述分则犯罪的罪状，尽可能精准配置分则罪名的法定刑，尽可能减少刑法中的模糊规定和“口袋罪”，探索信息时代贯彻罪刑法定原则的方法和思路

由于时代、理念等方面的原因，我国刑事立法长期采取宜粗不宜细原则，40多年后，这种现象已经得到改变。目前，我国刑法条文已从192条增至452条，所规定的罪名已从130个增至483个，并废除了不少兜底性罪名与类推制度，逐步向着精细化方向发展。但“精细化”并非衡量刑事立法科学性的唯一标准。不可否认，精细化立法确实有利于刑法的精准适用，在限制国家刑罚权、指导司法适用等方面具有突出优势，但同时如果一味强调精细立法则可能会加剧刑法滞后性问题，难以适应变动不居的社会情势。因此，如要兼顾刑法的明确性与稳定性，就应当“粗细结合”“粗细相宜”，对于诸如国家安全犯罪、恐怖主义犯罪、毒品犯罪等严重犯罪以及信息网络犯罪、滥用科技引发的犯罪等处于变化中的犯罪行为，应当允许刑事立法具有一定限度的粗放性与抽象性，避免规定过于详尽的同时形成因“法无明文规定不为罪”而造成的法律漏洞。而对于其他一般的常见的违法犯罪行为，则应当尽可能规定得精细、具体，以规范、指引公民的行为选择。

（三）刑事司法方面：充分践行“三个促进”的司法理念

“法治的理想是良法善治，制定良法固然不是易事，但把良法变成善治更难。因为良法并不当然产生善治，甚至越是良法实施的难度越大。良法只有通过正确实施，才能产生善治，否则良法也会出现‘劣治’甚至‘恶治’。执法司法人员只有善于实施法律，善意地适用法律，善于把良法办成良案，善治才能成为现实。”① 可见，良法与善治缺一不可，立法与司法相辅相成。作为保障刑法贯彻实施的刑事司法，担负着除暴安良、惩恶扬善、匡扶正义、扶危济困的崇高使命，其对于实现良法善治的重要意义不言而喻。当前，刑事司法正向着标准化、规范化、精细化等方向稳步推进，在提升中国刑事法治建设水平上取得显著成就。将来，刑事司法建设还应当重视在保障人权方面加力，努力促进刑事司法的人性化、个别化与多功

① 胡云腾：《处理刑民交叉案件需要五个共识》，载《中国法律评论》2022年7月18日。

能化。

1. 注重提升司法人员的职业素养，促进司法人性化

司法不是冷冰冰的法律文书，而是活生生的社会现实。其与人民群众打交道，归根结底是为人民群众服务。所以司法活动应有人性的温度，并让人民群众感受到司法的温度。刑事司法涉及生杀予夺，与被追诉人及其家人的权益关系重大，人权司法保障的责任更加重大。近年来，随着我国人权保障理念的不断深入，司法机关着手推进了一系列促进司法人性化的刑事改革措施，包括但不限于对未成年犯罪人设立前科封存制度、社会观护制度，对社区矫正对象设立审前调查评估制度，对被监视居住人由指定居所监视居住替代羁押措施，对认罪认罚、刑事和解的被追诉人给予从宽处理的优待，设立值班律师制度，推进以审判为中心的诉讼制度改革，积极贯彻少捕慎诉慎押政策，全面开展涉案企业刑事合规改革，等等，不胜枚举。这些改革措施使我国刑事司法的人性化程度有了较大提升，但真正要实现司法的人权保障离不开每一位司法人员发自内心地去推动。“善良的心是最好的法律”，在刑事司法活动中，除了要继续构建和完善能对司法人性化提供外在保障的各种制度措施之外，还要进一步加强司法办案人员的职业素养和自身修为，提升其人性化办案的水平。“刑事执法办案是惩恶扬善的事业，刑事执法、司法人员是维护社会公平正义的‘秦叔宝’和‘尉迟恭’，必须自己秉持善良之心，对于恶行决不放过，对于善行决不无视，嫉恶如仇但不失怜悯之心。”①

2. 重视实现个案的公平正义，促进司法个别化

所谓司法个别化，简单地讲就是追求个案的公平正义。习近平总书记强调指出，“努力让人民群众在每一个司法案件中感受到公平正义”，就蕴含着追求个案裁判的公平正义即司法个别化的理念。正如医生治病不是根据所谓“一般的疾病”开具药方，而是在仔细观察每个人病症的基础上对症下药。同样的道理，司法人员办理案件也不能照搬法条，而是要结合个案特点作出个案处理。正所谓公平正义不是停留在纸面上的具文，而是与具体的人、具体的事结合的一种公平对待。② 德国学者拉伦茨曾指出：“法官在适用法律时，仅仅将法律视为一个固定不变的数据是不够的；法律不像一根折尺，法官只需用它来测定给定的事实。相反，法官在适用法律时，

① 胡云腾：《关于办好刑事案件的几点思考》，载《法律适用》2022年第8期。

② 胡玉鸿：《论司法审判中法律适用的个别化》，载《法制与社会发展》2012年第6期。

必须从需要裁判的具体案情以及该案情所提出的特殊问题出发，不断地对法律中包含的判断标准进行明确化、精确化和‘具体化’。”因此，拉伦茨所强调的乃是法官在裁判案件的过程中要重视案件的具体性与特殊性。现在经常强调的办案要追求“天理、国法、人情”相统一，其中“天理”其实就是“事理”，也就是争讼案件的来龙去脉、事实真相和是非曲直，所以讲天理就是讲事理，也就是具体案件中的正义。① 之所以要强调追求司法的个别化，乃是因为法律的抽象性、普遍性特点决定了其无法涵盖所有具体案件之间的细微差别，而具体案件之间存在的细微差别决定了司法机关不能“一刀切”地简单对待。法律制定是针对抽象的一般人的行为规范，而司法办案是面对具体人的法律适用，因此，司法机关在处理案件尤其是刑事案件过程中，不能仅关注行为还要关注到行为人，不能只看法律规则还要结合具体案情，不能仅片断的截取案件事实还要全过程地考察案件的来龙去脉。进入新时代，在习近平总书记反复强调实现个案公平正义的情况下，司法机关愈发重视推进刑事司法的个别化工作，将实现公平正义落实到执法办案的全过程和各方面。

3. *充分发挥司法的能动性，促进司法功能多元化*

在现代国家治理体系中，刑事司法并非只有惩罚和预防犯罪的一元功能，而是能够发挥改造罪犯、化解矛盾、树立规则、保护人民、保障人权、平衡利益、促进发展、服务大局和构建和谐等多元功能。司法多元功能的有效实现，需要充分发挥司法的能动性。也可以说，司法机关行使权力、履行义务时越是能动、主动，就越能发挥司法的多元功能，越是能够把刑法的正价值实施到最大，把刑法的负价值缩减到最小。故司法人员办理刑事案件，不能照搬法条规定，也不是仅根据简单的三段论进行判断，而必须要能动性地解释法律、能动性地认定事实、能动性地处理打击犯罪、保护被害方利益、保障被告人权利等多方面关系，尽力实现案件办理的政治效果、法律效果与社会效果的统一。

刑法实施的底线要求是不冤枉一个好人，刑法实施的理想境界是不放过一个坏人。当底线和理想发生冲突不能兼顾时，必须坚定不移地守住底线，把理想留给未来和时间。真正做到不冤枉一个好人，坚持以审判为中心，切实发挥审判程序的决定、把关和纠错作用，健全完善冤错案件的及

---

① 胡云腾：《执法办案如何做到法理情兼顾》，载《法律适用》2020年第17期。

时发现和及时纠正机制。真正实现不放过一个坏人，充分发挥审前程序的追诉能力和能动作用，让有罪必罚成为现实。刑法实施的最高水平是不偏离公正，每一起案件的处理都能够做到定罪准确、量刑适当、化解矛盾、案结事了。刑法实施的最好状态就是秉持科学理念，守住公正底线，怀着法治理想，努力奋斗在奔向办案最高水平的路上。

撰稿专家

胡云腾，法学博士、教授、博士生导师、最高人民法院二级大法官。现任最高人民法院咨询委员会副主任，中国法学会案例法学研究会会长。研究领域为刑事法律和司法制度，有学术论文、法学专著、高校教材、外文译作和案例作品发表和出版。曾作为首席专家主持修订马工程教材《思想道德修养与法律基础》和《宪法学》，曾任安徽大学法学院教师，中国社会科学院法学研究所研究员、副所长，中国青年政治学院法学院院长，最高人民法院研究室主任、审判委员会委员、第二巡回法庭庭长等。

余秋莉，安徽师范大学法学院讲师，中国人民大学法学博士，2018 年 11 月至 2020 年 11 月，曾在日本早稻田大学学习。

第七章 2022 年诉讼法实施报告

2022 年刑事诉讼法实施报告*

胡云腾 张 杰

报告要旨

2022 年，司法机关坚持以习近平法治思想为指导，深入贯彻总体国家安全观，切实担起维护国家安全、社会安定、人民安宁的重大责任，深入推进刑事诉讼法贯彻实施，统筹发挥刑事司法对经济社会高质量发展的服务保障作用，为党的二十大胜利召开营造安全稳定的社会环境。突出表现在：精准把握逮捕必要性条件，提升审查逮捕案件质量；准确把握起诉标准，保证审查起诉办案质效；落实宽严相济刑事政策，依法惩处各类违法犯罪；坚持罪刑法定原则，加强人权司法保障；贯彻繁简分流改革举措，积极提高审判质效；2022 年，党中央部署常态化开展扫黑除恶专项斗争，有效治理电信网络诈骗，打击整治养老诈骗等重大专项行动。在这些重大活动中，司法机关严格依据法律规定，公正文明司法，推动刑事诉讼法更好贯彻实施，保障专项行动取得显著成效。2022 年颁布的刑事规范性文件涉及生态安全、网络安全、生产作业安全、人身安全、财产安全等领域的犯罪治理，以及刑事审判工作、检察工作、律师辩护工作、区块链司法应用、人民法院在线运行规则、未成年人犯罪记录封存等工作内容。2022年发布的刑事指导性案例，

* 安徽师范大学法学院余秋莉博士亦对本报告写作与修改作出了很大贡献，特此说明。

不仅有力指导了执法办案，而且对于社区矫正监督工作、刑事申诉公开听证工作、刑事附带民事公益诉讼等亦具有重要的指导意义。2022年，司法机关在落实少捕慎诉慎押刑事司法政策，深入推进以审判为中心的刑事诉讼制度改革，细化完善认罪认罚从宽制度改革落地落实，深化改革涉案企业合规所涉刑事诉讼制度等方面，都做了大量工作，取得重大成就。

核心建议

1. 随着新时代我国社会主要矛盾发生变化，刑事犯罪结构也发生了重大变化，轻罪大幅上升，重罪大幅下降，面对犯罪结构的这种变化，刑事诉讼法实施亦应作出相应调整和应对：一是逐步完善犯罪分层治理机制，贯彻“轻其所轻，重其所重”的犯罪治理理念；二是持续推进涉案企业合规改革，优化企业犯罪的治理模式。

2. 我国人权司法保障工作还可以从以下三个方面加以强化：一是细化完善认罪认罚从宽制度中的人权司法保障问题；二是推动建设刑事辩护全覆盖制度，充分保障被追诉人的刑事辩护权；三是从制度上建立谨慎适用逮捕、起诉措施，减少非必要、不适当的未决羁押。

3. 为实现高质量办好每一起案件的严格要求，需要进一步做好的工作有：一是推动建设智慧型司法信息系统，建立健全以科技为支撑的智能化、数字化的线上管理平台；二是持续优化繁简分流措施，进一步细化完善多层次诉讼程序以及多元纠纷解决机制；三是不断完善刑事司法制约监督体系，努力构建系统严密、运行高效的公安执法全流程、全要素监督管理体系。

一、2022年刑事诉讼法实施的基本概况

2022年，司法机关坚持以习近平新时代中国特色社会主义思想为指导，忠实履行宪法法律赋予的职责，紧紧围绕“努力让人民群众在每一个司法案件中感受到公平正义”目标，始终坚持以事实为根据、以法律为准绳，

坚持严格公正司法，保障和促进社会公平正义，推动建设更高水平的平安中国、法治中国，为全面建成小康社会、全面建设社会主义现代化国家提供有力司法服务和保障。

（一）刑事诉讼法在审前阶段的实施

相关办案机关坚定不移贯彻总体国家安全观，深入贯彻习近平法治思想，积极投入更高水平的平安中国建设。2022 年，公安、检察机关着眼于预防和打击犯罪，贯彻少捕慎诉慎押政策，落实认罪认罚从宽制度，发布典型案例推动法治进步，提出司法建议推动诉源治理等方式，积极发挥公安机关、检察机关在刑事治理中的法定职能，助推社会和谐稳定发展。

1. 精准把握逮捕必要性，提升审查逮捕案件质量

有关统计数据显示，2022 年，全国检察机关受理审查逮捕人数大幅下降。全年全国检察机关共受理审查逮捕各类犯罪 83.7 万人，比 2018 年下降 38.6%。总体上看，人民检察院审查逮捕案件质量持续向好，受理审查逮捕人数下降趋势明显，2022 年受理审查逮捕人数较 2018 年下降 38.6%。从地区看，各地审查逮捕案件受理人数均同比下降，其中降幅较大的地区有上海 67.6%、天津 63.1%、浙江 54.6%、西藏 44.4%、青海 43.9%。此外，受理提请批捕率也呈下降趋势，2022 年受理提请批捕率在 41%左右，同比减少 15.2 个百分点，表明一些侦查机关过去存在的“关起来”才能“管得住”的执法思维逐步转变，少捕慎诉慎押理念向执法办案前端不断延伸，侦检共识不断扩大。

2022 年，全国检察机关批准和决定逮捕人数总体下降。全年全国检察机关共批准和决定逮捕各类犯罪嫌疑人 49.4 万人，同比下降 43.1%。2018 年至 2022 年逮捕人数总体呈显著下降趋势。逮捕人数的下降，与受理提请批捕率下降、不捕率上升很有关系。其中，重大犯罪 6.8 万人，同比下降 35%左右。2022 年全国检察机关逮捕人数排名前五位的罪名分别为盗窃罪，诈骗罪，帮助信息网络犯罪活动罪，强奸罪，走私、贩卖、运输、制造毒品罪，5 种罪名共占逮捕人数的 40%以上。具体占比情况如图 1 所示。

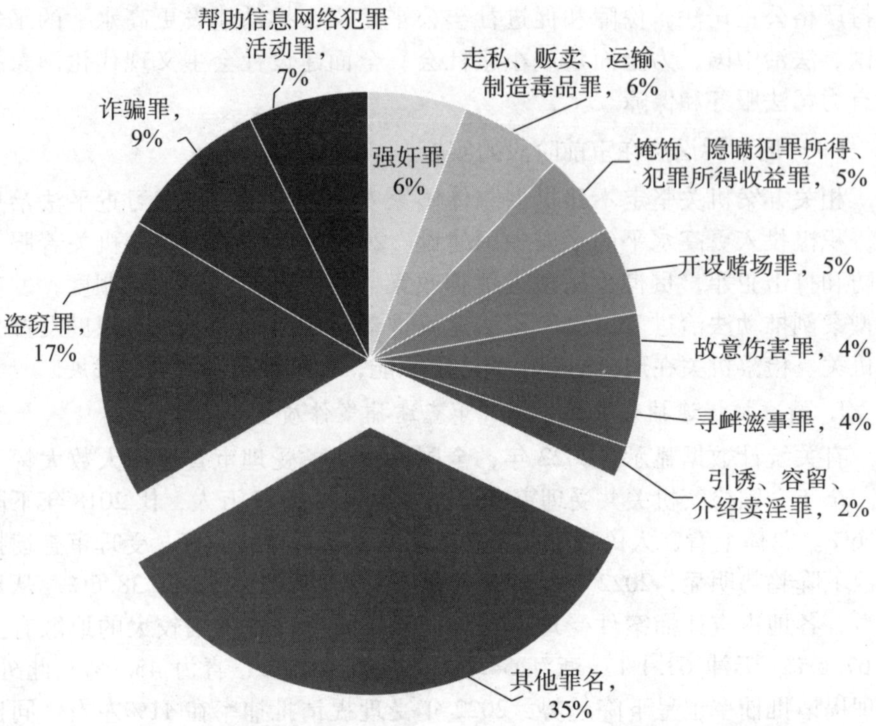

图1　2022年逮捕人数排名前十位的罪名

捕后不诉、判轻缓刑均呈下降趋势。2022年，全国检察机关捕后不诉0.5万人，同比下降56%，其中，捕后相对不起诉0.3万人，占捕后不诉人数的66.6%，同比减少2.7个百分点。2018年至2022年，捕后相对不起诉占比大致保持在60%以上，总体平稳，部分案件因捕后达成刑事和解、赔偿谅解等情况而作出相对不起诉处理。法院对捕后案件作出生效裁判57.5万人，判处轻刑0.5万人，缓刑2.9万人，捕后判轻缓刑、免予刑事处罚率接近6%，同比减少4.5个百分点，2018年至2022年该比例逐年下降，2022年下降幅度较大且达到近年来最低点。检察机关的审查逮捕案件质量持续提升，对逮捕必要性的把握更加精准。

不捕率大幅度上升。2022年全国检察机关不批准逮捕36.6万人，同比下降近5%，不捕率达43.4%，同比增加12.2个百分点。近年来不捕率逐年上升，2022年达到历史最高点，表明全国检察机关将少捕慎诉慎押刑事司法政策落实到每一个案件，严格把握逮捕标准。其中，重大犯罪不捕率占比近1/4，经济犯罪不捕率超过了50%，增加了16.8个百分点，经济犯罪不捕率最高且呈持续快速上升态势。

不捕复议复核率及改变率同比下降。对于检察机关的不批捕决定，2022年公安机关提出复议复核0.2万人，同比下降46.7%，占不捕人数的0.6%，同比减少0.5个百分点，2022年的不捕复议复核率达近年来最低，审查逮捕案件质量不断提升，释法说理更加到位。从罪名看，2018年至2022年提出复议复核较多的罪名有诈骗罪、寻衅滋事罪、盗窃罪、故意伤害罪、敲诈勒索罪、强奸罪，合占复议复核案件的47.7%。6个罪名复议复核数量始终处于高位，需要持续加强上述案件的办理和释法说理工作。

2. 准确把握起诉标准，提升审查起诉办案质量

一是起诉人数明显下降。2022年，全国检察机关共决定起诉143.9万人，同比下降17.7%。其中，重大犯罪同比下降率已达22%。起诉人数较多的罪名有危险驾驶罪，盗窃罪，帮助信息网络犯罪活动罪，诈骗罪，掩饰、隐瞒犯罪所得、犯罪所得收益罪。其中危险驾驶罪值得重点关注。自2011年“醉驾”入刑以来，共起诉危险驾驶罪2 350 132人，不起诉484 605人。自2019年以来危险驾驶罪的起诉人数始终居于首位。2022年危险驾驶罪不诉率36.6%，同比增加10.6个百分点，较整体刑事犯罪高10.3个百分点。需要进一步研究危险驾驶罪不起诉标准，体现罪责刑相适应原则，最大限度减少社会对立面。

二是诉前羁押率下降。2022年，在提起公诉前采取刑事拘留强制措施1.4万人，同比下降75%左右；逮捕50.6万人，同比下降近40%；诉前羁押率为26%左右，同比减少16个百分点，2018年至2022年该比率逐年下降，2022年达历年来最低。

三是不诉率明显上升。2022年，全国检察机关共决定不起诉(含附条件不起诉)51.3万人，同比上升约47%，不诉率26.3%，同比增加9.7个百分点，呈逐年上升趋势，2022年达到历史最高值。近年来，相对不起诉占比持续升高，2022年，相对不起诉人数占决定不起诉人数的90.1%，较2018年增加了15.2个百分点。这表明检察机关适应犯罪结构变化趋势，持续深化慎诉司法理念，依法充分适用不起诉制度，有效修复受损社会关系。

3. 能动履行检察监督职能，提升刑事案件监督成效

法律监督职责是宪法赋予人民检察院的神圣职责。根据2023年最高人民检察院的工作报告，人民检察院主要从以下三个方面能动履行刑事检察监督职能：

一是深化刑事立案、侦查、审判监督。2021年起，人民检察院会同公安部在所有市、县设立侦查监督与协作配合办公室，通过信息共享，把制约监督做实、协作配合做好。2022年监督立案3.7万件、督促撤案4.6万件、纠正侦查活动违法20.1万件，比2018年分别上升66.3%、1.5倍和2.3倍；介入重大疑难案件侦查21.3万件，对证据收集和法律适用等提出意见，上升6.8倍。会同公安部持续清理既未撤案又未移送起诉、长期搁置的涉企“挂案”，督促办结1.2万件。在近5年间，对认为确有错误的刑事裁判提出抗诉4.1万件，比前5年上升18.9%；法院已审结3.2万件，其中改判、发回重审2.2万件，改变率69.6%。

二是坚决纠正和防止冤错案件。我国检察官不仅承担控诉职能，同时也负有保护被告人合法权益不受侵犯、发现实质真实的客观义务。[①] 检察机关能动履行法律监督职责，坚决防止错捕错诉，对不构成犯罪或证据不足的依法不批捕。2022年，检察机关坚决防止错捕错诉，对不构成犯罪或证据不足的依法不批捕81.8万人、不起诉21.1万人，比前五年分别上升30%和69.4%。2022年，经过最高人民检察院抗诉，最高人民法院指定再审，河南省高级人民法院最终改判被告人谭某义无罪。近年来，从“张某环案”到“谭某义案”，这些冤错案件申诉与纠错过程均体现了检察机关在法律监督工作中的积极作为。

三是强化刑事执行监督。2022年检察机关的刑事执行监督亮点集中在以下方面：跨省监狱交叉巡回检察“全覆盖”，看守所巡回检察“全推开”，派驻检察人员“大轮岗”，司法工作人员职务犯罪侦查工作“稳提升”，检察侦查与民事检察相配合着力打击“虚假诉讼”，财产刑执行监督专项活动“追赃挽损”，大数据信息技术助推执行监督“显身手”，刑事执行领域同堂培训“促共识”等。其中，最高人民检察院继续直接组织6个巡回检察组对新疆、浙江等6个省份的6所监狱和2个未成年犯管教所开展跨省交叉巡回检察；最高人民检察院首次直接组织对云南、广东、湖南、河北等4个省份的4个看守所进行跨省交叉巡回检察，各地检察机关积极开展看守所巡回检察2100余次。2022年6月至9月，最高人民检察院联合最高人民法院开展职务犯罪案件刑事裁判涉财产部分执行和执行检察专项活动，对2018年1月至2022年6月判决生效的职务犯罪案件刑事裁判涉财产部分执行工作

① 施鹏鹏：《坚持疑罪从无是我国刑事司法改革的巨大进步》，载《检察日报》2023年2月25日，第3版。

进行全面核查。针对发现的违法情形提出书面纠正意见 2092 件，提出检察建议 501 件。经检察监督推动执行案件 1171 件，标的额 5.61 亿元。①

(二)刑事诉讼法在审判阶段的实施

审判阶段是刑事诉讼活动的中心环节，对正确定罪、公正量刑具有决定性作用。司法机关在审前程序所办的案件，需要进入审判环节定谳的，都必须经得起法庭审判的检验，只有经过审判检验的案件，才能入罪或者出罪。

1. 落实宽严相济刑事政策，依法惩处各类违法犯罪

全面贯彻总体国家安全观，坚持宽严相济刑事政策。2022 年，人民法院依法惩治各类犯罪，审结一审刑事案件 1 038 523 件，同比下降 17.29%，涉及被告人 1 431 585 人，被告人数同比下降 16.57%。2022 年全国法院一审审结的各主要类罪占比情况，如图 2 所示。

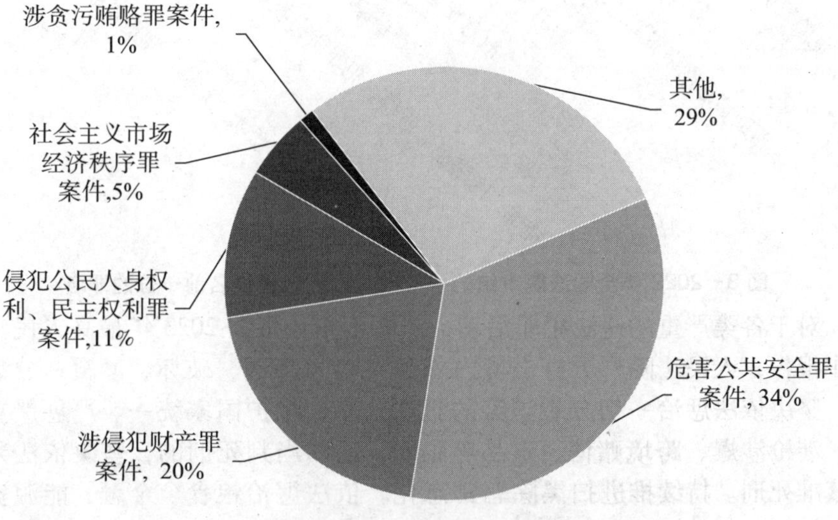

图 2　2022 年全国法院一审审结的类罪案件占比情况

2022 年，人民法院审结的一审刑事案件数量排名前十位的罪名分别为危险驾驶罪，盗窃罪，帮助信息网络犯罪活动罪，诈骗罪，故意伤害罪，交通肇事罪，掩饰、隐瞒犯罪所得、犯罪所得收益罪，强奸罪，走私、贩

① 参见《八大亮点！速读 2022 年刑事执行检察工作》，载最高人民检察院网，https：//www.spp.gov.cn/spp/zdgz/202302/t20230217_602252.shtml，最后访问日期：2023 年 3 月 31 日。

卖、运输、制造毒品罪，开设赌场罪，其案件数量如图3所示。

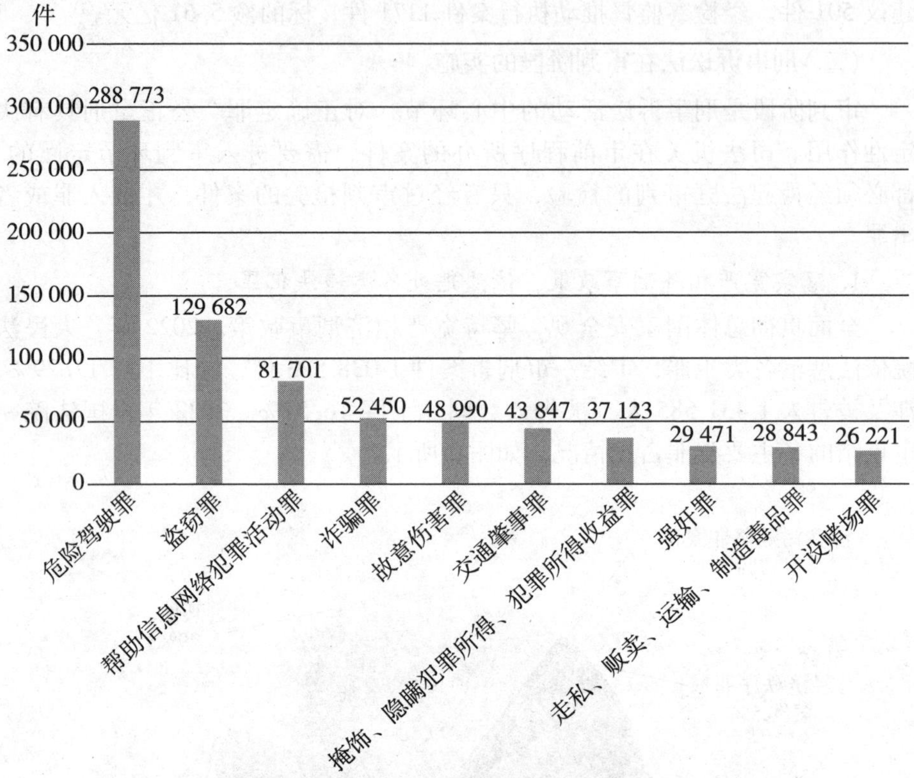

图3　2022年全国法院审结的一审刑事案件数量排名前十位的罪名

对于各类严重的违法犯罪活动，严惩不贷。根据2023年最高人民法院工作报告，人民法院严厉打击境内外敌对势力渗透、破坏、颠覆、分裂活动。坚决依法惩治一切分裂国家的犯罪分子，维护国家统一。严惩严重暴力、涉枪涉爆、跨境赌博、毒品等犯罪，论罪当判死刑的，坚决依法判处并核准死刑。持续推进扫黑除恶常态化。依法惩治粮食、金融、能源资源等领域犯罪，服务防范化解重大风险。依法惩治腐败犯罪，加大行贿犯罪惩处力度。加强个人信息保护，严惩信息网络犯罪。严惩侵害妇女、儿童、老年人权益的犯罪，切实保障妇女、儿童、老年人、残疾人合法权益，对侵害未成年人犯罪零容忍，该判处重刑的坚决依法判处。会同教育部等出台意见，依法严格执行侵害未成年人犯罪人员从业禁止制度，判处202名被告人终身禁止从事密切接触未成年人的工作。做到重罪重罚、轻罪轻罚、无罪不受刑事追究，使司法裁判真正符合人民群众心中朴素的公平正义观。

坚决纠正机械司法、就案办案等不当做法，努力实现案件办理政治效果、法律效果、社会效果有机统一。经过长期治理，目前被判处五年以上有期徒刑至死刑的被告人数占比为 8.24%，严重暴力犯罪案件持续处于低位。我国刑事犯罪案件、严重暴力犯罪案件总体呈持续下降态势，人民群众安全感显著增强。

对于各类轻微的违法犯罪活动，注重宽处。当前我国已经进入了“轻罪时代”，大量轻罪都得到轻刑或者出罪的宽缓处理。从具体数据看，判处不满三年有期徒刑及以下刑罚案件，从 2000 年占比总数的 53.9%上升至 2020 年的 77.4%。2021 年，人民法院判处的刑事案件中，84.6%的案件都是三年有期徒刑以下的轻刑案件，2022 年这一比例上升至 85.5%，其中，被判处管制、拘役和缓刑的被告人数就已占比 44.06%，被判处五年以上有期徒刑至死刑的被告人数占比仅为 8.24%。目前，危险驾驶罪案件成为司法办案的第一大罪名，轻刑化特征明显。此外，大量轻罪案件通过诸如酌定不起诉、合规不起诉、附条件不起诉等分流机制提前排除出了刑事诉讼程序，不少轻罪都以非诉处理结案。

2. 坚持罪刑法定原则，加强人权司法保障

人民法院贯彻罪刑法定原则，在落实公开审判、保障法庭辩论权利、严格依据证据裁判、依法启动再审程序等各方面加强人权司法保障。对于犯罪存疑的被告人，根据疑罪从无、证据裁判等原则依法宣告无罪、不负刑事责任。2022 年，全国法院依法宣告无罪的被告人为 631 人，依法宣告不负刑事责任的被告人数为 89 人。坚持实事求是、有错必纠，对发现的冤错案件坚决纠正，2022 年依法纠正“谭某义案”“谢某海案”等重大刑事冤错案件，不断健全冤错案件有效防范和及时纠正机制，坚决守住防止冤错案件底线。人民法院加强被告人辩护权和律师执业权利保障，推进律师辩护全覆盖。全面落实死刑复核案件法律援助制度，严把死刑案件质量关，防范重大冤错案件发生。不断完善国家赔偿和司法救助制度，加强冤错案件国家赔偿工作，“依法纠正冤错案件”写入党的第三个历史决议。此外，人民法院严格区分民事纠纷与刑事犯罪，坚决防止以刑事手段干预经济纠纷，坚决制止侵害企业家人身财产权利的违法犯罪行为，坚决保护民营企业和民营企业家的合法财产权益。

3. 贯彻繁简分流的改革举措，积极提高审判质效

“党的十八大以来，人民法院瞄准制约司法公正、诉讼效率的深层次问

题，推动立体化、多元化、精细化的诉讼制度体系不断完善，实现案件繁简分流、轻重分离、快慢分道。”[①] 人民法院贯彻繁简分流改革举措，根据案件的难易程度选择开启不同的审判程序：对于事实清楚、犯罪情节轻微的案件，或选择适用简易程序或选择适用速裁程序简化案件办理流程，在确保公正的基础上提升诉讼效率。对于案情复杂或者犯罪情节严重的案件，依法规范适用普通程序，通过完整的刑事诉讼过程保障当事人的合法权益。繁简分流举措的有效实施，优化了司法资源配置，缓解了“案多人少”的矛盾。2022 年，人民法院继续秉持繁案精审、简案快办的办案理念，根据不同案件情况选择适用不同的审判程序，不断提升审判质效。人民法院选择适用刑事审判程序的具体情况，如表 1 所示。

表 1　2022 年全国人民法院选择适用刑事审判程序的具体情况

审判程序		审结的刑事案件数/件	案件数去年同比/%
一审程序	简易程序	466 110	-42
	速裁程序	197 203	—
	普通程序	375 169	-18
	认罪认罚程序	353 260	-13
二审程序(开庭审理或听证情形)		26 459	-13
再审程序	依申诉再审	27 288	-3
	其他再审	3583	-9

因应 2022 年刑事案件数总量下降，各类审判程序所审结的刑事案件数整体上也呈下降趋势。其中简易程序的降幅达到了 42%，这既与刑事案件总数下降相关，也与当前轻罪犯罪数量占比升高相关，还与当前积极推进包括认罪认罚从宽程序在内的繁简分流改革措施相关。适用简易程序与速裁程序所审结的刑事案件数占比较高，与当前我国以轻罪为主的犯罪结构相适应。随着轻罪案件数占比的加重，对轻罪案件处理的科学性程度将在整体上决定我国对刑事案件处理的科学性程度。显然，轻罪的治理、追诉、审判等问题将继续是我国刑事司法制度所关注的重点，继续优化、细化轻

① 人民法院司法改革研究基地(中国政法大学)：《人民法院司法体制改革十年成就述评》，载《人民司法·应用》2022 年第 34 期。

罪案件快捷、高效、简易的处理方式，仍是刑事司法改革的方向。

(三)刑事治理专项活动开展概况

2022年，根据党中央的部署，司法机关开展了扫黑除恶常态化、有效治理电信网络诈骗、打击整治养老诈骗等重大专项行动。在这些专项行动中，司法机关严格依据法律规定，公正文明司法，保障了专项行动取得重要成效，同时在专项行动中推动刑事诉讼法更好贯彻实施。

1. 常态化开展扫黑除恶专项斗争

习近平总书记指出："要推动扫黑除恶常态化，坚决打击黑恶势力及其'保护伞'，让城乡更安宁、群众更安乐。"为加大对黑恶势力犯罪的打击力度，党中央、国务院从2018年开始部署了为期三年的扫黑除恶专项斗争，自2021年开始扫黑除恶工作进入常态化阶段，该年共打掉涉黑组织195个、恶势力犯罪集团1086个。[①] 2022年是常态化开展扫黑除恶活动的重要之年，全国各级检察机关共起诉涉黑恶犯罪14 163人，《反有组织犯罪法》于2022年5月1日正式施行，为常态化打击黑恶势力犯罪提供了法治保障。围绕严惩涉黑恶犯罪目标，各级司法机关主要开展了以下工作。

一是强化案件办理。将案件办理作为扫黑除恶斗争最有效的手段，通过案件办理保持扫黑除恶高压态势。各级司法机关挂牌督办一批重点案件，加强教育、医疗、金融放贷、市场流通新四大行业领域整治，结合追捕"漏网之鱼"、深化整治"沙霸""矿霸"等自然资源领域黑恶犯罪、打击涉网络黑恶犯罪等专项行动，起诉审理一批相关领域有较大影响的黑恶犯罪案件。

二是强化重点行业领域治理。持续深化信息网络、自然资源、交通运输、工程建设四大行业领域专项整治；积极参与教育、医疗、金融放贷、市场流通新四大行业领域整治，结合案件办理推动源头治理；持续打击"村霸"，防范黑恶势力、家族宗族势力等侵蚀、控制农村基层政权，切实维护农村社会平安稳定，助力乡村振兴。

三是依法加强涉黑恶犯罪案件财产认定和处置。检察机关严格遵循《刑事诉讼法》和《反有组织犯罪法》相关规定，依照法定条件和程序，对于公安机关查封、扣押、冻结、处置涉案财物等活动，加强逮捕和起诉环

---

① 参见《公安部：2021年常态化扫黑除恶　打掉恶势力犯罪集团1086个》，载央广网，https://baijiahao.baidu.com/s?id=1721565390575798534&wfr=spider&for=pc，最后访问日期：2023年2月20日。

节的审查制约，严格区分违法所得与合法财产、本人财产与其家属的财产，维护公民和组织的合法财产权益，减少对企业正常经营活动的不利影响。公安司法机关进一步加强涉黑涉恶财产线索核查、涉案财产查扣冻、涉案资产划拨、拍卖信息化水平，以技术方式实现在不侵犯合法财产权益的基础上，迅速、全面查清涉黑恶案件财产，彻底扫除黑恶势力的经济基础。各级司法机关合力严惩涉黑洗钱违法犯罪行为，推动构建完善的洗钱风险防控体系。

四是进一步明确法律政策界限。最高司法机关不断完善现有法律、司法解释、规范性文件的相关规定，全面梳理和提炼3年专项斗争期间行之有效的经验成果，及时促进相关经验从政策化向法律化转变。以《反有组织犯罪法》贯彻实施为契机，在黑恶势力犯罪核心概念的界定、治理主体和责任、参与机制等方面进一步完善法律体系，并对涉黑涉恶人员危险性评估，举报人、证人等人员保护，涉黑涉恶财产处置等配套规范制度上作出系统、科学的顶层设计。

五是加强多部门协调联动。健全人民法院与公安、检察机关的线索排查、发现、移送、办理协同联动机制，实时发现掌握“乱生恶”的动向、“恶变黑”的信号。司法机关加强与纪检监察机关在严惩涉黑恶腐败和“保护伞”违法犯罪中的协作配合，深挖彻查“案中案”“案外案”，提升“打伞破网”力度和效果。积极协调协同组织、民政等部门，做好农村换届选举资格审查等工作，优化基层社会治理体系。构建与学者、律师等群体的良性交流渠道，整合各方意见建议，转化为完善法律政策标准、推进常态化治理的有效举措。

六是结合案件查办工作，实现以案促治、以法促治。司法机关持续运用好检察建议、司法建议，提升建议质量，不断健全黑恶势力源头防范治理机制。同时，积极探索应用新时代信息技术成果实现黑恶势力犯罪的常态化治理。充分利用大数据、人工智能技术，推动法律治理和技术治理的有机结合。

2. 电信网络诈骗专项行动的开展概况

2022年9月2日，第十三届全国人民代表大会常务委员会第三十六次会议通过《反电信网络诈骗法》，围绕法律贯彻实施，中央部署开展有效打击治理电信网络诈骗专项行动，加大对电信网络诈骗、网络贩枪、网络黄赌毒、网络传销、网络套路贷等打击力度，有力遏制了网络违法犯罪多发势头。

公安机关始终保持严打高压。坚持出重拳、下狠手，持续组织开展大案攻坚、黑灰产犯罪等专项打击。深入推进“云剑”“长城”“断卡”行动，打团伙、摧网络、断通道，坚决斩断电信网络诈骗犯罪关键链条。同时不断深化重点整治。对诈骗窝点集中、作案群体众多、黑灰产泛滥等重点地区进行集中约谈、挂牌整治。督促涉诈问题突出的重点地区落实综合治理责任，全力清除本地犯罪窝点、清理本地黑灰产，坚决铲除犯罪滋生土壤。

人民法院和人民检察院对电信网络诈骗犯罪始终坚持依法从严追诉惩处。最高人民法院会同最高人民检察院、公安部出台指导意见，规定电信网络诈骗公私财物价值 3000 元以上即入罪的数额标准，实行最低入罪门槛；规定对诈骗致人自杀、死亡，冒充司法机关等国家机关工作人员诈骗，在境外实施诈骗，诈骗残疾人、老年人、未成年人、在校学生财物，以及组织、指挥电信网络诈骗犯罪团伙的，依法从重处罚。最高人民法院会同最高人民检察院、公安部等相关部门先后制定出台了 9 部司法解释、指导意见等规范性文件，进一步明确法律标准，统一执法尺度。

2022 年 9 月 6 日，最高人民法院发布 10 件电信网络诈骗犯罪及其关联犯罪典型案例。2022 年 4 月 21 日，最高人民检察院发布 10 件打击治理电信网络诈骗及关联犯罪典型案例，宣传加强司法办案、依法打击犯罪，开展能动履职、协同推进网络治理的相关成效，实现了警示犯罪分子、引导社会公众、推动行业治理的积极作用。

3. 整治养老诈骗专项行动的开展概况

党的二十大报告提出，实施积极应对人口老龄化国家战略。依法维护老年人合法权益，是这一重大国家战略顺利实施的基石和保障。2022 年 4 月，在党中央坚强领导下，中央政法委、最高人民检察院等 12 家单位组成全国打击整治养老诈骗专项行动办公室，开展打击整治养老诈骗专项行动，守护好老年人的“钱袋子”。

公安机关紧盯涉及群众众多、反映问题严重的举报线索集中破案攻坚，以更强打击声威回应群众期待、震慑违法犯罪；加快办案进度，严守定罪量刑标准，提高办案质效；加强追赃挽损，最大限度减少受害群众经济损失。重点针对以提供“养老服务”、投资“养老项目”、销售“养老产品”、宣称“以房养老”、代办“养老保险”、开展“养老帮扶”等为名，实施诈骗、集资诈骗、非法吸收公众存款、组织领导传销活动、合同诈骗、制售伪劣商品和生产、销售、提供假药、劣药等侵害老年人财产权益的各类违法犯罪活动，深入开展破案攻坚，全力快破现案、攻坚积案、追捕在逃犯罪嫌疑人。

检察机关发挥批准逮捕和提起公诉职能，积极打击各类养老诈骗犯罪，同时把公益诉讼、检察建议作为协同整治规范的重要抓手。2022 年，检察机关共起诉涉养老诈骗犯罪 0.9 万人，起诉率为 89.6%，较整体刑事犯罪高 15.9%。从案件类型看，起诉较多的罪名有诈骗罪，非法吸收公众存款罪，集资诈骗罪，帮助信息网络犯罪活动罪，生产、销售、提供假药罪，组织、领导传销活动罪，共占 92.8%。人民法院依法审判养老诈骗犯罪，重点惩处以养老为名侵害老年人合法权益的各类诈骗犯罪。对于造成严重经济损失以及其他严重后果或者恶劣社会影响的案件，坚决依法从严惩处，同时加大对罚金、没收财产的处罚力度，从经济上严厉制裁犯罪分子。同时结合案件审理，全力追赃挽损，最大限度地减少受害群众的经济损失，最大限度地维护老年人合法权益。

二、2022 年刑事诉讼法实施重点

2022 年各司法机关积极履行职责，贯彻宽严相济刑事政策，加强人权司法保障，扎实推进《刑事诉讼法》的实施。以下从 2022 年颁布的重要规范性文件、发布的权威司法案例以及重点推进的刑事司法制度改革工作等方面，介绍 2022 年《刑事诉讼法》实施。

(一)重要规范性文件的修订颁布

为进一步明确有关法律的适用问题，应对伴随社会发展出现的新问题、新情况，细化和完善刑事诉讼的实施工作，2022 年修订、颁布了包括法律、司法解释、部门规章、党内法规在内的一系列规范性文件，不断推进刑事诉讼制度的发展完善。

1. 法律规范文件

2022 年颁布、实施的重要法律规范文件分别有《反电信网络诈骗法》、《反有组织犯罪法》与《全国人民代表大会常务委员会关于〈中华人民共和国香港特别行政区维护国家安全法〉第十四条和第四十七条的解释》（以下简称《国安法立法解释》）。这三部法律均是实体法与程序法相结合的规范性文件。以下从程序法侧面对上述文件作简要介绍。

(1)关于《反电信网络诈骗法》。首先，该法是互联网“拼盘式立法”的典范，不仅将公法性质与私法性质的规范合为一法，而且也将实体法规范与程序法规范相互结合。例如，《反电信网络诈骗法》在“法律责任”一章中不仅规定了刑事责任、行政责任和民事责任条款，甚至还规定了公益诉讼和行政诉讼等程序法条款，如此一来，将原本分属不同法域的法律规范切割改造成拼盘式的混合法。其次，该法体现了“多元共治”的犯罪治理理念，将国家、行业、民众等多元力量整合到电信网络诈骗犯罪的治理中来，形成“国家统筹，政府主管，公安牵头，法检把关，行业治理，全民参与”的法治化格局。最后，该法从立法上明确了公安机关在打击电信网络诈骗犯罪中所享有的紧急止付、快速冻结和资金返还权限。《反电信网络诈骗法》第20条第1款规定：“国务院公安部门会同有关部门建立完善电信网络诈骗涉案资金即时查询、紧急止付、快速冻结、及时解冻和资金返还制度，明确有关条件、程序和救济措施。”

(2)关于《反有组织犯罪法》。从程序法视角看，该法对于有组织犯罪的治理确立了立案前核查财产和采取紧急措施的规则。该法第27条第1款规定：公安机关核查有组织犯罪线索，经县级以上公安机关负责人批准，可以查询嫌疑人员的存款、汇款、债券、股票、基金份额等财产信息。第2款进一步规定：公安机关核查黑社会性质组织犯罪线索，发现涉案财产有灭失、转移的紧急风险的，经设区的市级以上公安机关负责人批准，可以对有关涉案财产采取紧急止付或者临时冻结、临时扣押的紧急措施，期限不得超过48小时。期限届满或者适用紧急措施的情形消失的，应当立即解除紧急措施。对此：一是一种立案前调查核实阶段的特殊的强制手段。二是对于黑社会性质组织犯罪的财产没收中的财产识别问题，确立了高度可能性的证明标准。《反有组织犯罪法》第45条第3款规定：被告人实施黑社会性质组织犯罪的定罪量刑事实已经查清，有证据证明其在犯罪期间获得的财产高度可能属于黑社会性质组织犯罪的违法所得及其孳息、收益，被告人不能说明财产合法来源的，应当依法予以追缴、没收。三是对利害关系人在刑事涉案财产处置中的财产权利给予保障。在涉案财产处置过程中，为保证被害人的经济损失获得实际赔偿，《反有组织犯罪法》明确赋予利害关系人在财产处置中提出异议的权利。其第49条规定：“利害关系人对查封、扣押、冻结、处置涉案财物提出异议的，公安机关、人民检察院、人民法院应当及时予以核实，听取其意见，依法作出处理……利害关系人对处理不服的，可以提出申诉或者控告。”①

(3)关于《国安法立法解释》。为进一步明确国安法相关条文的具体含义，以及明确法律制定后新出现的情况所适用的法律依据，本次发布的《国安法立法解释》共有一个导语段、三个条文，对《香港特别行政区维护国家安全法》(以下简称香港国安法)第14条和第47条进行了详细解释。首先，该解释第1条明确了香港国安法第14条规定的含义，即香港特别行政区维护国家安全委员会承担香港特别行政区维护国家安全的法定职责，有权对是否涉及国家安全问题作出判断和决定，工作信息不予公开。其次，该解释第2条进一步明确了香港国安法第47条规定的含义。根据香港国安法第47条的规定，香港特别行政区法院在审理危害国家安全犯罪案件中遇有涉及有关行为是否涉及国家安全或者有关证据材料是否涉及国家秘密的认定问题，应当向行政长官提出并取得行政长官就该等问题发出的证明书，上述证明书对法院有约束力。最后，该解释第3条明确了香港国安法实施中遇到的新情况新问题应当适用的法律依据，明确不具有香港特别行政区全面执业资格的海外律师是否可以担任危害国家安全犯罪案件的辩护人或者诉讼代理人的问题，属于香港国安法第47条所规定的需要认定的问题，应当取得行政长官发出的证明书。

2. 司法解释文件

这里所讨论的司法解释文件主要包括司法解释、指导意见与其他司法文件三大类。2022年发布的司法解释文件涉及生态安全、网络安全、生产作业安全、人身安全、财产安全等领域的犯罪治理，以及刑事审判工作、检察工作、律师辩护工作、区块链司法应用、人民法院在线运行规则、未成年人犯罪记录封存等工作机制。以下将简要介绍这些司法解释文件中所包含的程序法方面的内容。

(1)司法解释。2022年发布的涉及刑事诉讼法实施的司法解释主要有四部，分别为：一是《最高人民法院关于审理非法集资刑事案件具体应用法律若干问题的解释》。该解释对审理非法集资刑事案件所涉及的诸如“非法吸收公众存款或者变相吸收公众存款”的认定问题、“数额或者情节”的认定问题以及“以非法占有为目的”的认定问题等作出了明确规定。二是《最高人民法院、最高人民检察院关于办理危害药品安全刑事案件适用法律

---

① 胡云腾、翟辉：《〈反有组织犯罪法〉的立法特色与理解适用》，载《法治现代化研究》2023年第1期。

若干问题的解释》。该解释对办理危害药品安全刑事案件所涉及的诸如行为人“主观故意”“主观明知”“犯罪情节”“犯罪金额”“共同犯罪”“民间传统配方”“假药、劣药”等事项的认定问题作出了明确规定。三是《最高人民法院、最高人民检察院关于办理海洋自然资源与生态环境公益诉讼案件若干问题的规定》。该解释对提起海洋环境公益诉讼的主体和管辖法院、提起公益诉讼的衔接制度、人民检察院以及海洋环境监督管理部门在海洋环境公益诉讼中的不同职能作用等事项作出了明确规定。四是《最高人民法院、最高人民检察院关于办理危害生产安全刑事案件适用法律若干问题的解释(二)》。该解释对办理危害生产安全刑事案件所涉及的诸如“强令他人违章冒险作业”“ 犯罪主体”“拒不执行”“重大事故隐患”“危险物品”“虚假证明文件”“犯罪情节”等事项的认定问题作出了明确规定。

(2)指导意见。2022 年发布的指导意见主要涉及以下刑事诉讼工作类型：一是有关知识产权的司法保护工作，主要文件有《最高人民检察院关于全面加强新时代知识产权检察工作的意见》《最高人民法院关于加强中医药知识产权司法保护的意见》《最高人民检察院、国家知识产权局关于强化知识产权协同保护的意见》。二是有关网络犯罪案件的办理工作，主要文件有《最高人民法院、最高人民检察院、公安部关于办理信息网络犯罪案件适用刑事诉讼程序若干问题的意见》与《最高人民法院关于加强区块链司法应用的意见》。三是有关资源的保护工作，主要文件有《最高人民法院关于充分发挥环境资源审判职能作用 依法惩处盗采矿产资源犯罪的意见》与《关于进一步加强涉种子刑事审判工作的指导意见》。四是有关侵犯人身安全犯罪案件的办理工作，主要文件有《关于依法妥善办理轻伤害案件的指导意见》。五是有关妨害国(边)境犯罪案件的办理工作，主要文件有《关于依法惩治妨害国(边)境管理违法犯罪的意见》。

(3)其他司法文件。2022 年发布的涉及刑事诉讼工作的其他司法文件主要有以下几个：一是《人民法院在线运行规则》，该文件主要规定了各级人民法院用以支持在线司法活动的信息系统的建设、应用、运行和管理等内容。二是《最高人民法院、最高人民检察院、公安部关于敦促拐卖妇女儿童相关犯罪嫌疑人投案自首的通告》，以恩威并施的方式治理拐卖妇女儿童相关犯罪。三是《关于未成年人犯罪记录封存的实施办法》，对未成年人犯罪记录封存工作的具体标准和操作程序等进行了全面细化。四是《最高人民法院、最高人民检察院、公安部关于敦促电信网络诈骗犯罪集团头目和骨干自首的通告》，以恩威并施的方式敦促实施电信网络诈骗犯罪活动的组织者、策划者、指挥者、骨干分子投案自首。

3. 部门规章文件

2022年颁布的有关刑事诉讼法实施的主要部门规章为《公安机关反有组织犯罪工作规定》，此外还颁布了一系列的部门规范性文件，涉及特定犯罪案件的办理、刑事案件的立案追诉标准、律师的辩护工作、取保候审工作等内容。其主要内容为：

(1)有关《公安机关反有组织犯罪工作规定》。该规定共10章76条，在反有组织犯罪法搭建的法律框架基础上，作了承接细化和充实巩固，系统归纳了公安机关反有组织犯罪工作职责和基本原则；对公安机关预防和治理职责及相关程序作了细化；强化了公安机关反有组织犯罪“打财断血”“打伞破网”工作机制；明确了反有组织犯罪法新设定行政处罚的实施办法，并对国际合作、专业队伍建设、物质保障、证人保护等有关内容作了细化规定。[①]

(2)有关部门规范性文件。2022年颁布的有关刑事诉讼法实施的部门规范性文件主要涉及两方面内容：一是侧重于对违法犯罪行为的打击，典型代表有《最高人民法院、最高人民检察院、公安部关于依法惩治侵害英雄烈士名誉、荣誉违法犯罪的意见》《最高人民检察院、公安部关于公安机关管辖的刑事案件立案追诉标准的规定(二)》《最高人民法院、最高人民检察院、公安部、国家文物局关于办理妨害文物管理等刑事案件若干问题的意见》等；二是侧重于对人权的司法保障，典型代表有《关于取保候审若干问题的规定》(2022年修订)、《最高人民法院、最高人民检察院、公安部、司法部关于进一步深化刑事案件律师辩护全覆盖试点工作的意见》。

4. 党内法规文件

2022年颁布的涉及刑事诉讼法实施的党内法规文件主要有以下两部：

(1)《中国共产党处分违纪党员批准权限和程序规定》。该文件是中国共产党第一部系统规范和明确规定党的各级各类组织处分违纪党员批准权限和程序的基础性、主干性党内法规，对党的各级各类组织处分违纪党员批准权限和程序，以及违纪党员的违纪处分与犯罪处理的衔接、协调都作出了系统规范和明确细致的规定。

(2)《纪检监察机关派驻机构工作规则》。该文件对各级纪检监察机关

① 参见《公安机关反有组织犯罪工作规定》，载《人民法院报》2022年9月7日，第5版。

派驻机构的组织设置、领导体制、工作职责、履职程序、管理监督作出全面规范，旨在健全系统集成、协同高效的派驻监督体制机制。其中，文件第五章“履职程序”的第 37 条至第 43 条对派驻机构线索处置、立案审批、措施使用、审理、党纪政务处分、问责、移送起诉等执纪执法流程作出具体规定，明确了 7 个报派出机关审批或备案、3 个报派驻机构主要负责人审批的事项，确保权力在法治轨道上运行。

（二）重要司法案例的权威发布

2022 年发布的刑事方面的指导性案例有：一是 2022 年 1 月 26 日，最高人民检察院发布的以“网络时代人格权刑事保护”为主题的第 34 批指导性案例；二是 2022 年 1 月 30 日，最高人民检察院发布的以“社区矫正监督”为主题的第 33 批指导性案例；三是 2022 年 6 月 21 日，最高人民检察院发布的以“新型毒品犯罪”为主题的第 37 批指导性案例；四是 2022 年 7 月 21 日，最高人民检察院发布的以“刑事申诉公开听证”为主题的第 39 批指导性案例；五是 2022 年 11 月 29 日，最高人民法院发布的以“组织、领导、参加黑社会性质组织犯罪”为主题的指导性案例；六是 2022 年 12 月 26 日，最高人民法院发布的以“侵犯公民个人信息刑事附带民事公益诉讼”为主题的第 35 批指导性案例；七是 2022 年 12 月 30 日，最高人民法院发布的以“污染环境刑事附带民事公益诉讼”为主题的指导性案例。以下，简要介绍对刑事诉讼法的实施具有重要指导意义的几组指导性案例。

1. 社区矫正监督系列指导性案例的指导意义①

2022 年 1 月 30 日，最高人民检察院发布的以“社区矫正监督”为主题的第 33 批指导性案例共有五件，分别为“社区矫正对象孙某某撤销缓刑监督案”（检例第 131 号），“社区矫正对象崔某某暂予监外执行收监执行监督案”（检例第 132 号），“社区矫正对象王某减刑监督案”（检例第 133 号），“社区矫正对象管某某申请外出监督案”（检例第 134 号），“社区矫正对象贾某某申请经常性跨市县活动监督案”（检例第 135 号）。其指导意义主要为：

（1）对于人民检察院办理撤销缓刑监督案件工作的指导意义：对宣告缓刑的社区矫正对象违反法律、行政法规和监督管理规定的，应当结合违法

① 此部分内容参见 2022 年 1 月 30 日发布的《最高人民检察院关于印发最高人民检察院第三十三批指导性案例的通知》。

违规的客观事实和主观情节，准确认定是否属于“情节严重”应予撤销缓刑情形。对符合撤销缓刑情形但社区矫正机构未依法向人民法院提出撤销缓刑建议的，人民检察院应当向社区矫正机构提出纠正意见；对社区矫正工作中存在普遍性、倾向性违法问题或者有重大隐患的，人民检察院应当提出检察建议。

(2)对于社区矫正对象暂予监外执行收监执行监督工作的指导意义：人民检察院开展社区矫正法律监督工作，应当加强对因患严重疾病被暂予监外执行以及变更执行地等社区矫正对象的监督管理活动的监督。人民检察院在监督工作中应当准确把握暂予监外执行适用条件，必要时聘请有专门知识的人辅助审查。发现社区矫正对象暂予监外执行情形消失且刑期未满的，应当依法提出收监执行的检察建议，维护刑罚执行公平公正。

(3)对于社区矫正对象减刑监督工作的指导意义：人民检察院发现宣告缓刑的社区矫正对象有见义勇为、抢险救灾等突出表现的，应当监督相关部门审查确定是否属于重大立功情形，是否符合减刑条件。对有重大社会影响的减刑监督案件，人民检察院可以召开听证会，围绕社区矫正对象是否符合重大立功等重点内容进行听证，结合原判罪名情节、社区矫正期间表现等依法提出检察建议。

(4)对于社区矫正对象申请外出监督工作的指导意义：人民检察院开展社区矫正法律监督工作，应当监督社区矫正机构依法履行社区矫正对象申请外出的审批职责。社区矫正对象因生产经营需要等正当理由申请外出，社区矫正机构未予批准，申请人民检察院监督的，人民检察院应当在调查核实后依法监督社区矫正机构批准。社区矫正机构批准外出的，人民检察院应当监督社区矫正机构加强对社区矫正对象外出期间的动态监督管理，确保社区矫正对象“放得出”“管得住”。

(5)对于社区矫正对象申请经常性跨市县活动监督的指导意义：人民检察院开展社区矫正法律监督工作，应当切实加强社区矫正对象合法权益保障，着力解决人民群众“急难愁盼”问题。对于社区矫正对象因正常工作、生活需要申请经常性跨市、县(包含跨不同省份之间的市、县)活动的，人民检察院应当监督社区矫正机构依法予以批准，并简化批准程序和方式。

2. 刑事申诉公开听证系列指导性案例的指导意义①

2022 年 7 月 21 日，最高人民检察院发布的以“刑事申诉公开听证”为主题的第 39 批指导性案例共有四件，分别为“陈某某刑事申诉公开听证案”“吴某某、杨某某刑事申诉公开听证案”等。其指导意义主要为：

(1)对于重大疑难复杂案件刑事申诉公开听证工作的指导意义：检察机关办理重大疑难复杂的刑事案件应坚持“应听证尽听证”，做到厘清案情、释明法理、化解矛盾、案结事了。刑事申诉案件公开听证，重在释法说理，解开“心结”，引导当事人理解、认同人民检察院依法作出的处理决定。主办检察官主持听证，能当场作出决定的，可当场宣布处理决定并阐明理由。在听证员评议时，主办检察官可结合听证情况分别与双方当事人进一步沟通交流，做针对性更强、更为具体的矛盾化解和释法说理工作。听证员评议意见是人民检察院作出决定的重要参考，检察机关要保障听证员独立和充分发表意见。

(2)对于向因案致困的刑事申诉人提供司法救助工作的指导意义：在办理刑事申诉案件过程中，发现申诉人因案导致生活困难，经调查核实其经济收入、生活状况后，认为其符合司法救助条件的，应当主动告知其申请救助的方式，及时按程序提供救助。要联合社会各方力量，多渠道、更大力度解决申诉人的实际困难。对于反向审视发现的原案办理中履职不到位或者不规范司法等问题，应当促使相关检察机关提出切实可行的整改措施，进一步规范司法行为，提升案件办理质效。

(3)对于因民间纠纷引发的复杂、疑难刑事申诉工作的指导意义：检察机关办理因民间矛盾、邻里纠纷等引发的复杂、疑难刑事申诉案件，应当举行检察听证，消除双方当事人之间的误会和积怨，引导双方当事人和解。对于刑事申诉案件反映出的社会治理不完善的问题，检察机关应当依法能动履职，推动主管部门予以完善。必要时可以邀请相关主管部门负责人参加检察听证，就有效化解矛盾、妥善处理案件等提出意见建议，促进综合治理。

(4)对于检察机关办理申诉人走访申诉工作的指导意义：对于申诉人走访申诉案件，检察机关可以在 12309 检察服务中心等申诉案件办理场所举行简易公开听证，由检察官和听证员现场解答申诉人关于案件事实认定、证

① 此部分内容参见 2022 年 7 月 21 日发布的《最高人民检察院关于印发最高人民检察院第三十九批指导性案例的通知》。

据采信和法律适用等方面的疑问。心理咨询师可以作为听证员或者辅助人员，参与检察听证，有针对性地给予申诉人专业化的心理疏导，纾解其心结，增强释法说理效果，促进矛盾化解、案结事了。

3. 刑事附带民事公益诉讼系列指导性案例的指导意义

2022年，最高人民法院发布了两批刑事附带民事公益诉讼方面的指导性案例，分别涉及侵犯公民个人信息刑事附带民事公益诉讼工作(2022年12月26日发布的第35批指导性案例)与污染环境的刑事附带民事公益诉讼工作(2022年12月30日发布的第37批指导性案例)。其指导意义主要为：

(1)对于办理侵犯公民个人信息刑事附带民事公益诉讼工作的指导意义：最高人民法院发布的第35批指导性案例共4件，均为公民个人信息保护刑事案例。该批案例分别涉及人脸识别信息、居民身份证信息、微信等社交媒体账号、手机验证码等刑法保护的公民个人信息范围、性质，明确了办理侵犯公民个人信息类犯罪案件的裁判规则。

(2)对于办理侵犯污染环境的刑事附带民事公益诉讼工作的指导意义：最高人民法院发布的第37批指导性案例共10件，涉及走私洋垃圾、毁损自然遗迹、偷排船舶污水、非法采矿、破坏公益林地等不同环境污染、生态破坏行为类型，涵盖数人侵权、生态环境损害后果认定、修复责任承担和验收标准、技改抵扣、应急处置措施和费用承担等实体规则，以及诉前磋商、司法确认、先予执行等程序规则，丰富完善了环境公益诉讼的法律适用规则。

(三)重要司法制度的改革推进

习近平总书记强调："司法体制改革在全面深化改革、全面依法治国中居于重要地位，对推进国家治理体系和治理能力现代化意义重大。"2022年，司法体制改革继续推进，在提高司法能力和公信力、确保司法公正高效权威方面取得新成效。

1. 关于少捕慎诉慎押刑事司法改革

改革开放40多年来，我国社会治理形势、刑事犯罪结构发生了重大变化。判处三年有期徒刑及以下刑罚的案件占比从1999年的54.6%上升至2022年的85.5%。同时，认罪认罚从宽制度适用率已达90%以上，其中绝大部分为轻罪案件，因犯罪嫌疑人、被告人认罪认罚，其主观恶性和社会危险性大大降低，羁押必要性也随之降低。与之同时，社会治理快速更新，基层治理水平不断提升，为"少捕慎押"提供了基础保障；公安机关侦查技术水平显著提升，带来了侦查方式的变革，查处犯罪效果明显，为“少捕慎押”提供了技术和法治保障。①

2021 年 4 月，中央全面依法治国委员会明确提出适应我国刑事犯罪结构性变化，坚持少捕慎诉慎押刑事司法政策。就其具体含义而言，“广义上讲，少捕慎诉慎押是一种思想观念、司法理念和价值取向。狭义上看，少捕慎诉慎押刑事司法政策，是新形势下对宽严相济刑事政策的继承、发展和创新，是宽严相济刑事政策在逮捕、起诉、羁押等方面的具体化”。②“少捕”“慎押”都以降低羁押率为目标，这就要求减少逮捕，并且在逮捕后通过羁押必要性审查，对于没有必要继续羁押的及时解除羁押。“慎诉”是指应诉则诉，应不诉则不诉，能不诉就不诉。

各级检察机关采取有力措施积极推动少捕慎诉慎押刑事司法政策贯彻实施。一是诉前羁押率降幅较大，逮捕案件办理质量明显提升。2020 年至 2022 年，逮捕率从 77%下降至 60.8%，诉前羁押率从 59.3%下降至 32.7%，构罪即捕、羁押办案的常态正在逐步扭转。二是不起诉裁量权的行使更加充分。2022 年，检察机关共决定不起诉（含附条件不起诉）51.3 万人，同比上升 47.5%，不诉率 26.3%，同比增加 9.7%。与此同时，完善不起诉后非刑罚处罚机制，对于情节轻微的法定犯依法决定不起诉后，需要给予行政处罚、处分的，依法及时向有关主管机关发出检察建议，督促不起诉后非刑罚处罚措施的落实，推动执法司法机关形成刑事追诉宽严相济、行政处罚从严从重的共识。三是羁押必要性审查数量成倍上升。最高人民检察院自 2021 年 7 月起部署开展羁押必要性审查专项活动，截至 2022 年，开展羁押必要性审查同比上升 1.9 倍；经审查提出变更强制措施或释放建议 2.4 万人（次），同比上升 8.5%。四是加大对特定案件适用少捕慎诉慎押，例如，对于轻微犯罪案件，罪行较轻的案件，犯罪嫌疑人、被告人认罪认罚的案件，未成年人、老年人、在校学生等犯罪嫌疑人，不予羁押不致产生社会危险且更符合社会公共利益的案件等，能不捕的尽量不捕。五是全面准确实施少捕慎诉慎押刑事司法政策。少捕慎诉慎押绝不等同于只讲从宽而不讲从严，更不是放纵犯罪，而是坚持区分情形、区别对待，充分考虑具体

---

① 苗生明：《以深化刑事检察工作助推中国式刑事司法现代化》，载《人民检察》2022 年第 21 期。

② 张宝才、常会玲：《检察机关落实少捕慎诉慎押刑事司法政策的具体把握》，载《人民检察》2022 年第 20 期。

案件的危害程度、犯罪情节和社会公众的心理感受，依法当宽则宽、该严则严。

随着少捕慎诉慎押刑事司法政策获得社会各界广泛认可，为加强对下指导，确保这项政策行稳致远，2022年年初，最高人民检察院发布首批5起检察机关贯彻少捕慎诉慎押刑事司法政策典型案例。在检察机关的引领下，公安机关的提请逮捕率近年来亦呈逐年下降趋势。①

2. 关于深入推进以审判为中心的刑事诉讼制度改革

推进以审判为中心的诉讼制度改革，是党的十八届四中全会作出的重大改革部署，也是各级司法机关全面深化司法改革工作的重要举措。近年来，公安机关、人民检察院、人民法院围绕以审判为中心的刑事诉讼制度改革目标，共同推进侦查、起诉、审判、辩护等各个环节、各项职能改革，刑事司法理念更加科学，司法制度更加完善，审判机制不断健全，人权保障水平不断提高。

一是深入推进庭审实质化，确保司法公开公正。2017年12月，最高人民法院制定了庭前会议规程、非法证据排除规程和法庭调查规程（“三项规程”）。“三项规程”的核心是以提高证人出庭作证率、律师辩护率和当庭宣判率为重点，着力推进庭审制度改革，充分发挥庭审在查明事实、认定证据、保护诉权、公正裁判中的决定性作用。2022年，各级法院进一步落实“三项规程”要求，坚持人民法院审理刑事案件，将证据调查作为庭审的核心环节，证明被告人有罪或者无罪、罪轻或者罪重的证据，一律在法庭上出示质认。依法保障控辩双方的质证权利，确保诉讼证据出示在法庭、案件事实查明在法庭、控辩意见发表在法庭、裁判结果形成在法庭。同时，充分保障被告人及其辩护人依法行使诉讼权利。尊重和保障律师依法履职，推进律师辩护全覆盖试点，加强法律援助工作，实现控辩平等对抗。积极创新审判方式改革，试行远程视频作证、遮蔽容貌等作证方式，探索建立“人身保护令”、“出庭强制令”、证人宣誓等制度，推动建立关键证人询问过程录音录像制度，健全证人保护工作机制和作证补助专项经费划拨机制，不断提高证人出庭作证率，确保准确认定案件事实。

二是加强证据审查。证据是认定犯罪的依据，是实现司法公正的基石，证据的质量决定司法公正的成色。2022年，各级司法机关坚决落实中央提

① 参见苗生明：《以宽严相济为指导，依法充分准确适用少捕慎诉慎押刑事司法政策》，载《中国日报》2021年12月3日。

出的“健全事实认定符合客观真相，办案结果符合实体公正，办案过程符合程序公正的法律制度”的要求，将其作为新时期司法公正的标准，在做实证据裁判原则上狠下功夫，落实证据裁判、非法证据排除、疑罪从无等法律原则，公安、检察、法院三机关坚持“分工负责、互相配合、互相制约”，严格执行庭前会议、法庭调查、非法证据排除规则，以提高证人、鉴定人、侦查人员出庭作证率、律师辩护率和当庭宣判率为重点，着力推进庭审程序制度机制改革，做到用于定罪量刑的诉讼证据一律出示在法庭，证据质证认证展开在法庭，对证据的采信决定在法庭。

三是强化非法证据排除。非法证据排除规则的严格实施，有利于从根本上提高执法办案法治化、文明化、规范化水平，促进司法公正。2017 年 4 月，最高人民法院会同最高人民检察院、公安部、国家安全部、司法部制定发布《关于办理刑事案件严格排除非法证据若干问题的规定》，明确要求对采取刑讯逼供、暴力、威胁、非法限制人身自由等非法方法收集的言词证据，以及采取非法搜查、扣押等违反法定程序收集的实物证据，严格予以排除。2022 年 10 月 26 日，最高人民法院发布《关于规范合议庭运行机制的意见》，该意见明确要求，合议庭审理案件时，承办法官应就当事人提出的管辖权异议及保全、司法鉴定、证人出庭、非法证据排除申请等提请合议庭评议。

3. 关于细化完善认罪认罚从宽制度

完善认罪认罚从宽制度，是党的十八届四中全会作出的一项重大改革部署。2018 年 10 月，刑事诉讼法修改正式确立认罪认罚从宽制度。认罪认罚从宽制度是中国特色社会主义刑事司法制度的重大创新，是我国刑事诉讼领域的一项重大改革，给我国刑事诉讼理念、诉讼机制、诉讼结构、诉讼模式都带来了重大变革。

认罪认罚从宽制度建立以来，得到平稳适用。2019 年以来各级人民法院共适用认罪认罚从宽制度审结案件 6 091 500 人，2020 年后基本平稳；2022 年各地适用率均在 80%以上。适用认罪认罚后不捕率、不诉率均明显增加。就审判程序的适用而言，2022 年在法院适用认罪认罚从宽制度审理的案件中，普通程序 228 413 件，占 26.5%，同比减少 0.3 个百分点；简易程序 327 694 件，占 38%，减少 2.4 个百分点；速裁程序 306 354 件，占 35.5%，增加 2.7 个百分点，速裁程序适用比例有所上升。

当前，认罪认罚从宽制度的适用已经成为刑事诉讼的新常态，推动我国刑事诉讼模式发生重大转型。一是侦查模式上，犯罪嫌疑人认罪认罚对及时有效侦破案件具有重要意义，促进侦查效率大大提升。二是检察履职模式向积极主动转变，能动司法已然成为检察办案新常态。在新的刑事诉讼模式下，检察机关指控证明犯罪的主导责任得到强化，更加积极主动地推进刑事诉讼程序，与律师开展充分的量刑协商并提出确定刑量刑建议，不断提高量刑建议的能力和水平，确定刑量刑建议提出率从 2019 年的 36.8%上升至 2022 年的 90%以上，量刑建议采纳率从 2019 年的 84.9%提高到 2022 年的 90%以上。三是审判模式发生变化。大量认罪认罚案件在检察机关提出确定刑量刑建议基础上速审速判，特别是通过适用速裁程序或者简易程序，实现诉讼分流、程序简化，使法院能够将更多的精力聚焦在重大疑难复杂案件的审理中，更加契合以审判为中心的刑事诉讼制度改革要求。四是辩护模式发生转变。辩护理念逐渐从“对抗”的单一思维转变为“对抗或者合作”的双重思维，辩护重心也从庭审阶段前移至审前阶段，审查起诉阶段成为律师履职的重心。

从实施效果来看，认罪认罚从宽制度取得重要成效：一是全面稳定适用，促进社会治理成效明显。制度适用率稳定，被告人认罪服法成为常态。二是制度规范体系初步形成，综合带动效应明显，刑事诉讼理念、诉讼结构、诉讼模式发生重大变革。经过 4 年的努力，制度规范配套体系基本形成，顶层设计层面，最高人民法院、最高人民检察院、公安部、国家安全部、司法部分别或联合出台《关于适用认罪认罚从宽制度的指导意见》等 10 个规范性文件。三是检察机关主导责任得到落实，社会各界逐步认同。

4. 关于深化涉案企业合规制度改革

为加强对各类市场主体依法平等保护，促进各类市场主体合法合规经营，最高人民检察院牵头部署开展涉案企业合规改革和试点工作。除特定案件外，只要涉案企业认罪并承诺进行合规整改，原则上都可以适用合规从宽，依法可不捕、不诉的，检察机关作出不捕不诉决定。

2020 年 3 月，最高人民检察院部署 4 个省份 6 个基层人民检察院开展初步试点。2021 年 3 月，部署在 10 个省份开展第二期改革试点，试点范围扩展到 62 个市级院、387 个基层人民检察院。2022 年，进一步部署在全国检察机关全面推开改革试点工作。截至 2022 年 12 月，检察机关在全国范围内共办理合规案件 5150 件，对于整改合规的 1498 家企业、3051 人依法作出不起诉决定。让一批涉案企业“脱胎换骨”，走上依法合规经营之路。第三方监督评估机制规范化制度化迈出新步伐。截至 2022 年 12 月，全国共建立 32 个省级管委会、319 个地市级管委会、1457 个县区级管委会，共有成员单位 18 000 余家，具有鲜明中国特色的第三方监督评估机制已初步建立并实质化专业化运行，得到各方面广泛认可。

各级司法机关准确把握改革内涵，将涉案企业合规改革与贯彻少捕慎诉慎押刑事司法政策、落实认罪认罚从宽制度改革有机结合，同步衔接推进涉企“挂案”清理，加强检察听证，推动行政执法与刑事司法双向衔接，确保办案效果。理论界深化涉案企业合规所涉刑事诉讼制度改革相关理论研究，积极推进刑事诉讼法的修改。

三、关于加强刑事诉讼法实施的若干思考

刑事法治，集中体现国家治理的现代化程度和法治发展文明水平。刑事法治现代化，是国家现代化的重要组成部分。我国的刑事法治建设始终坚持以悠久的历史传承、全球化的国际视野，伟大的司法实践为根基，大胆借鉴当今世界刑事法治最新文明成果，充分吸收中华文明慎刑、恤刑等优秀传统思想，融古今中外，铸中华特色，促进刑事法治与国家治理体系和治理能力现代化同频共振，以刑事法治现代化服务保障国家治理体系和治理能力现代化。

(一)关于进一步完善犯罪治理机制

随着新时代我国社会主要矛盾发生变化，刑事犯罪结构也发生了重大变化，轻罪大幅上升，重罪大幅下降，轻罪治理成为关乎国家长治久安、关乎法治建设和国家治理大局的时代命题。面对犯罪结构的这种变化，刑事程序法应当作出调整和应对。

1. 逐步完善犯罪分层治理机制

当前我国刑事司法实践中，从犯罪结构看，重罪占比持续下降，轻罪案件不断增多。判处不满三年有期徒刑及以下刑罚案件，从 2000 年占总数的 50%以上升至 2020 年的 75%以上。2021 年，人民法院判处的刑事案件中，接近 85%的案件都是三年有期徒刑以下的轻刑案件。由此可见，当前我国已经进入“轻罪时代”。在此背景下，应当以宽严相济刑事政策为指导，大力推行犯罪治理的法治化、科学化，贯彻重罪轻罪分层治理理念，不断完善犯罪治理体系。

对于轻罪，应突出轻、快、宽的理念。轻，不仅指刑罚整体趋轻，也

即在违法犯罪总量走低的背景下，调低刑罚投入的总量，降低社会成本，而且要在案件平均犯罪危害性(借鉴统计学上的“平均人”概念)下降的背景下，调低案件的平均刑罚量。此处的轻，不仅指立足现有立法的司法从轻，也包括立法的轻刑化，包括死刑制度改革、重刑长刑或曰生刑的改革，也即改变我国刑法以治重罪为主的“重刑结构”。快，即在轻重分离的前提下，对于轻微犯罪适用简易、快捷、方便的程序实现快慢分道，加速案件办理的周期，提高司法效率。宽，主要指司法宽宥、社会宽容。面对犯罪数量上升，轻微犯罪为主的犯罪结构，司法办案周期缩短，犯罪人的刑期或矫正期也相应缩短，其在司法程序中的时间缩短，周转速度加快，加之刑罚附随后果所产生的刑罚溢出效应，犯罪人越来越多，犯罪化效应凸显。如何借助分流、转处等多元纠纷解决机制，借助销案、不诉、定罪免刑等出罪出刑机制，借助前科消灭或犯罪记录报告制度、封存制度，借助社区矫正、公益服务等矫正社会化制度，以有效控制日益放大的犯罪化效应，提高司法宽宥和社会宽容的程度，成为新时代犯罪治理的新课题。

就轻罪治理而言，现行制度设计在两方面有待改进：一是忽视了刑事审判前程序的分流作用，致使审判程序背负“案多人少”的办案压力，难以确保重罪案件的公正审判；二是多层次化刑事审判体系与轻重罪之间没有形成较为确定的对应关系，致使轻罪案件的审判活动难以自成体系。为此，从程序上完善轻罪治理，需要从以下几个方面着力：

一是根据《刑事诉讼法》第177条规定的酌定不起诉制度，强化检察机关的不起诉裁量权，增强刑事审前程序的分流功能。具体而言，检察机关应当充分利用前承侦查、后启审判的“程序中枢”地位，通过差异化的刑事司法政策，积极推动轻罪治理现代化，逐步建立“重罪惩治与轻罪治理并重”“轻重有别、区别对待”的程序治理体系。就轻罪案件，尤其是立法上的轻罪案件，在审查起诉中，应当增加起诉必要性审查，将那些没有起诉必要的轻罪案件分流出去，以更少的司法投入实现更好的刑事司法效果。

二是将轻罪案件与相应的刑事诉讼程序、审判程序联系起来，积极探索适应轻罪案件自身特点的刑事诉讼规则和审判规则。司法实践中，针对醉驾型危险驾驶罪案件，已经初步形成了“刑拘直诉”的快速处理程序。以“刑拘直诉”为基础，针对以醉驾型危险驾驶罪为代表的轻微犯罪，设置专门的快速处置程序，尽可能降低刑事诉讼活动对行为人正常生活的消极影响。对于其他轻罪案件，也可以借鉴域外经验，设立专门的轻罪法院，以更具人文主义关怀的方式处理原本就不严重的轻罪案件。

三是应当积极减轻轻罪案件刑罚附随后果。根据刑罚附随后果指向的主体，可以将刑罚附随后果区分为指向犯罪人的附随后果以及指向犯罪人近亲属的附随后果。前者如从业禁止、累犯等；后者则主要表现为一种社会歧视性待遇，如在升学、参军、就业时，对犯罪人子女等人群的限制性规定。就指向犯罪人的刑罚附随后果而言，根据其性质，又可以进一步区分为因刑法规定而产生的附随后果以及因其他法律规定而产生的附随后果。就此类附随后果而言，应当遵循“罪责刑相适应原则”“比例原则”的要求，公正、合理地设置因实施特定犯罪而产生的刑罚附随后果。

而对于危害国家安全、严重暴力、涉黑涉恶等重罪特别是严重影响人民群众安全感的犯罪，就当严则严，该捕即捕，依法追诉，从重打击。对于虽然性质不属重罪，但主观恶性大、情节恶劣的，残害妇女、儿童、老年人、残疾人等特殊群体的，特别是严重影响人民群众安全感的犯罪，也要依法从严予以追诉。此外，对于重罪还要贯彻“打早打小”理念，注重预防治理。准确把握严重犯罪的新规律、新特点、新动向，坚持做到打早打小，防止坐大成势，努力将严重犯罪消灭在萌芽状态。

2. 关于持续推进涉案企业合规改革

涉案企业合规制度是做实平等保护的重要举措。未来刑事程序创新，建议应当继续探索建立中国特色现代企业合规司法制度，积极稳慎探索在重大复杂案件和涉各类企业案件中的适用，推进刑事诉讼全流程适用。但当前司法实践广泛采用的企业合规不起诉的做法存在于法无据的问题。此外，还有学者指出，检察机关在适用附条件不起诉的过程中，其所设置的考察期往往较短，难以收到特殊预防的效果。[①] 所以无论是学界还是司法实务界，均在积极探索附条件不起诉制度的完善，意图通过修改法律条文的方式，扩大适用附条件不起诉的适用范围。因此，有必要在不断积累和总结实践经验基础上，推动涉案企业合规立法。

推进企业合规的扩大适用和立法确认是企业合规制度推进的重点。未来，随着涉案企业合规改革的深入推进，刑事诉讼法修改时应当将附条件不起诉的适用范围扩大，合规考察期限的设置要考虑企业的规模和合规考察的方式，明确合规附条件不起诉的适用范围、条件以及合规考察评估主

---

① 史立梅：《醉驾案件的出罪路径》，载《中国法学》2022 年第 4 期。

体等。对于立法模式，理论界提出，未来立法应选择特别程序的专章模式，正确处理合规诉讼程序与认罪认罚从宽制度的关系，设置适用合规诉讼程序的消极条件，将涉案企业合规诉讼程序延伸至侦查、审判阶段，注重程序启动与整改考察中的权利保障。

可以研究在《刑事诉讼法》第五编特别程序中增设一章“单位合规特别诉讼程序”，具体规定企业合规特别诉讼程序适用的对象、原则、条件以及附条件不起诉的决定、监督考察、法律后果等问题。同时明确该程序的适用范围，具体可限定为企业涉嫌犯罪的案件，或者企业的实际控制人、经营管理人员、关键技术人员等涉嫌实施的与企业生产经营活动密切相关的犯罪案件。同时明确检察机关办理企业合规附条件不起诉制度。具体可限定为检察机关在办理企业犯罪时，对可能判处七年有期徒刑以下刑罚的案件，可以根据涉案企业或者相关人员认罪认罚、自愿开展合规整改等情况，决定附条件不起诉，要求涉案企业提供合规计划并承诺合规计划的完成时限。在附条件不起诉考验期内，检察机关可委托第三方监督评估组织进行监督考察，根据考察评估合规整改结果，依法作出起诉或者不起诉处理。同时，通过立法明确合规告知程序以及侦查机关、人民法院适用企业合规特别诉讼程序的具体程序。

3. 关于修改完善酌定不起诉制度

作为起诉便宜主义体现的酌定不起诉制度，赋予检察机关在刑事起诉上的自由裁量权，发挥着限缩国家刑罚的重要作用。有观点认为，我国相对不起诉存在适用率低、适用范围窄等问题。有观点认为，“情节轻微”这一限制性条件决定了相对不起诉的扩张适用范围有限，而且相对不起诉制度乃是一次定终身的制度，缺乏事后的考察监督等制约措施，既难以发挥对行为人的教育改造作用，也难以制约检察机关的权力滥用行为。因此，有观点认为有必要作出修改和调整。如何调整，学界主要存在“交叉式”“阶梯式”“重整式”等多种立法思路。所谓“交叉式”，是指在不改变现有酌定不起诉规定的情形下，适度扩张附条件不起诉的适用范围，但仍将附条件不起诉制度的适用限定于老年人、聋哑人、在校学生等特殊群体，以及其他社会危害性不大的初犯、偶犯、从犯、胁从犯等轻微刑事案件。[1]“阶梯式”则是指保留现有的酌定不起诉的适用范围，而将附条件不起诉的

① 蒋安杰：《“我们不是在越俎代庖”——对蓬莱市检察院“附条件不起诉制度”的调查》，载《法制日报》2007年12月5日。

适用范围扩张至成年人、企业组织，并且要求附条件不起诉案件的情节应重于酌定不起诉，从而构建起严厉程度呈阶梯样的起诉裁量机制。[①]“重整式”是指扩大现有酌定不起诉的适用范围，然后在新范围的基础上再行划分附条件的酌定不起诉与无条件的酌定不起诉，再为附条件的酌定不起诉设定一定的条件，作为检察官裁量作出何种不起诉决定的参考标准。[②] 笔者认为，这些学理观点都值得重视和研究，究竟如何完善酌定不起诉制度，一要符合法治精神；二要符合程序正义；三要有利于贯彻宽严相济刑事政策；四要落实制约监督；五要有利于轻罪的治理和人权司法保障。

(二)关于强化人权司法保障

加强人权司法保障始终是刑事司法改革的重要内容。2022 年，我国从重视辩护权的行使、加强认罪认罚从宽制度中的值班律师配备和保障、扩大法律援助范围、健全刑事冤错案件防范发现机制等方面发力。未来，我国人权司法保障工作还需从以下方面不断强化。

1. 关于细化完善认罪认罚从宽制度[③]

认罪认罚从宽制度已经成为我国刑事诉讼中的一项重要原则和制度。这项制度在实践中快速推进，也引发了与刑事诉讼法其他原则和制度的不够协同或者不够协调问题，以及办案机关之间相互配合、相互制约不够的程序问题，需要进一步解决。

首先，关于认罪认罚从宽制度的程序完善问题。有观点主张，认罪认罚从宽制度有点像把定罪量刑前置到审前阶段让检察官开展，那么，法官就应当调整思维，提前介入到审前程序中发挥把关、制约作用，不要再等到案件上门后才行动，以便在审前程序为检察官提出罪名和精准量刑建议提供咨询、当好参谋。同时为被告人及其辩护律师充分行使辩护权提供司法保障，从源头上防止办案机关利用认罪认罚从宽制度强迫被告人违心认罪认罚或者违法搞不正当辩诉交易等情形发生。也就是说，司法机关在办理被追诉人不认罪认罚的刑事案件时，公检法三机关还是按照原来的模式和程序操作，三个阶段泾渭分明，公检法三机关各管一段。而在办理被追

---

① 陈光中：《中华人民共和国刑事诉讼法再修改专家建议稿与论证》，中国法制出版社 2006 年版，第 509 页。

② 陈卫东：《模范刑事诉讼法典》，中国人民大学出版社 2005 年版，第 439 页。

③ 参见胡云腾：《完善认罪认罚从宽制度改革的几个问题》，载《中国法律评论》2020 年第 3 期。

诉人认罪认罚案件时，就要打破既有的刑事诉讼程序和阶段壁垒，畅通侦控辩审一条龙办案流程，让审判人员介入审前程序之中，从而同时将以审判为中心的诉讼制度改革推进到审前阶段。这样操作，既符合刑事诉讼法和“两高三部”《关于适用认罪认罚从宽制度的指导意见》的有关规定，又有利于解决当前一些学者所说的所谓法官与检察官定罪量刑权之争，还有利于保障被告人及其辩护人充分行使诉讼权利，有利于实现侦查人员、检察人员、辩护人员和审判人员分工负责、相互配合，更重要的是有利于实现司法公正。具体做法可用“两个提前介入”来表述：

一是检察人员提前介入侦查程序。就此问题，可以规定：在公安机关办理刑事案件的过程中，犯罪嫌疑人认罪认罚的，检察人员就可以提前介入，履行为侦查人员提供法律咨询、了解犯罪嫌疑人认罪认罚的自愿性真实性、维护犯罪嫌疑人的诉讼权利、在犯罪嫌疑人及其辩护人需要帮助的情况下为其提供帮助等职责。比如在侦查阶段，当犯罪嫌疑人或其辩护人反映“如果不认罪侦查机关就要拘留，认罪认罚就不拘留，所以不得不认罪”时，检察人员就要介入并了解犯罪嫌疑人反映情况的真实性。如果属实，及时依法提请侦查机关纠正，并可记录在案，待案件到了审查起诉阶段以后对此情况着重进行审查。这个提前介入，既可以帮助侦查人员解决办案中可能遇到的疑难问题，还可以帮助侦查人员做犯罪嫌疑人的工作，并可避免认罪认罚案件在侦查阶段出现偏差，从而保障犯罪嫌疑人认罪认罚的自愿性、真实性和准确性。目前，检察机关对一些案件的办理，已经有提前介入的先例，故操作起来并不难。

二是审判人员提前介入审查起诉程序。实施认罪认罚从宽制度改革以后，移送到法院的案件，检察官已经做了大量工作并已把事实搞清、案情吃透，且经过与被告人及其辩护人协商形成了量刑建议，被告人和被害人也已经达成了认罪、赔偿协议，被害人已出具了谅解书，等等。对这样的案件，让审判人员提前介入审查起诉程序，为检察官确定罪名和提出量刑建议提供咨询，为被告人及其辩护人参与量刑协商提供法律保障，从而确保被告人认罪认罚的自愿性和真实性，促进检察机关提高罪名建议和量刑建议的精准性。这样，既保证了审查起诉阶段被告人认罪认罚的自愿性、真实性和合法性以及量刑建议的精准性，又可以使案件到了审判阶段以后，法官只要进行形式审查即可，不需要推倒重来、重复劳动，因为法官对具体案情和被告人认罪认罚的情况已经了解，对检察机关的量刑建议能够做到放心和信任，从而可以使检察机关、当事人和辩护人在认罪认罚从宽案件中所做的工作实现最大的效益，得到最大限度地采纳，受到最大限度地尊重，可谓“多方共赢”和“多全齐美”之举。

但也有观点认为，提前介入是对刑事诉讼公检法分工原则的破坏，会导致审判程序虚化，严重背离现代刑事诉讼规律，因而必须坚决反对。学界和实务界众多人都持这种看法。故究竟如何完善认罪认罚从宽制度，还需要观察和研究。

其次，关于完善精准量刑建议问题。目前，就认罪认罚从宽制度改革的总体情况而言，已经取得了较为可喜的制度和机制成果，一些争议问题已经解决或者正在解决。如果说还有比较突出的问题，精准量刑过多及检察文书说理不足可能是其中的焦点。对此，可从以下两个方面进行完善：

一是对于检察官提出精准量刑建议问题，要因案而异、量力而行，不要为了追求高指标而违背刑事诉讼规律提出精准量刑建议。因为量刑是解决案件的定量问题，一般需要到审判过程结束、各种量刑情节及被告人在审判阶段的认罪悔罪表现都充分考虑之后方能正确得出。至于共同犯罪案件，数罪并罚案件，多行为、多情节案件，数量加情节的案件、罪行极其严重的案件和被告人不认罪的案件等，审前即提出精准量刑建议，既难以做到，又吃相难看。本报告第一作者多次讲过，上述案件，法院判刑都得审判结束之后，经过充分合议才能做到，有的还需经过专业法官会议乃至审委会讨论之后才能作出。法官不是神，检察官也不是神，认罪认罚从宽制度不是灵丹妙药，不是一旦实行该制度以后，检察官就成了无所不能的大神。要尊重刑事诉讼法的规定，遵循司法规律，要坚持检察官负责定性问题，法官负责定量问题的职责分工。因此，下一步，最高司法机关有必要深入研究，对什么案件提精准量刑建议、什么案件不能提精准量刑建议进行科学区分，以确保认罪认罚从宽制度改革不走偏锋，行稳致远。

二是量刑建议的说理问题。检察官提出量刑建议特别是提出精准量刑建议时，要附上“精细说理”一并送法官审查。当前检察官提出的量刑建议说理欠缺精细或者精准，以至于常常可以看到，虽然检察机关提出的是精准量刑建议，但检察官却没有用精细的说理予以支撑论证，而是寥寥数语，所以常常让法官难以搞清楚检察官的精准量刑建议是怎么来的，有什么理由或依据。2019年，本报告第一作者就在《正确把握认罪认罚从宽 保证严格公正高效司法》一文中，[①] 建议检察机关在认罪认罚从宽处罚的案件中要加强说理，认为这个问题既关乎量刑建议的采纳，也关乎这项改革的顺利实施。虽然现在检察机关的量刑建议说理进步巨大，但就总体而言还需要进一步重视和加强。

三是量刑建议也要说清楚“五理”。一般来讲，检察文书的说理，要坚持区别对待、因案而异。如果检察官不提量刑建议或者提出的是有幅度的量刑建议，文书说理可以简略；如果检察官提出的是精准量刑建议，除非是常见的或者简单的案件，否则就须进行精细说理。如何做到精细说理，是个新课题，需要研究、值得研究。本报告参照当年给法官建议“裁判五理”的经验，也给检察官提五点建议，权且称为“精准量刑建议五理”，但愿能对加强检察文书说理有所启发：(1)检察官对于被告人适用的基准刑是多少，理由和依据有哪些，要进行必要的说理。量刑建议是否适当，选择正确的基准刑是基础，基准刑确定的适当，量刑公正就有了一多半保障。所以，检察官如果提出精准量刑建议，首先要告诉法官，你选择的基准刑是什么，为什么这样选择。(2)被告人具有哪些从重处罚的量刑情节，量刑建议要说清楚。一个刑事案件的量刑情节，是由罪前情节、罪中情节和罪后情节构成的。这些量刑情节对量刑的影响，又可以分为从重方向的影响和从轻方向的影响。所以量刑建议说理的第二步，就是要把影响从重的情节考虑全面列举清楚，把它们对刑罚的影响评估准确，并说明理由。(3)被告人具有哪些从轻处罚的量刑情节，要在提出量刑建议时加以说明。从轻量刑情节是减量情节，当事人会高度关注、斤斤计较，故对其数量和影响量刑的刑罚量，都要列举清楚，具体的理由和根据是什么，都要说明白，以便法官了解和采纳。(4)关于量刑建议的形成情况。检察机关提出量刑建议，也同样要有个正当程序问题，比如一个复杂案件的量刑建议是如何出来的，经过了什么程序，被告人及其辩护人对量刑建议的看法和态度，被害人对于量刑建议的意见，等等，都应该加以说明。这有助于法官采信量刑建议。(5)对检察机关综合考虑《刑法》第61条及分则规定、相关刑事政策、案件可能涉及的社情民意及舆情风险等情况，也要有所说明。我们知道，认定犯罪是不需要考虑天理、国法、人情的，但量刑就必须考虑；同样，定罪是不需要考虑社会舆论的，但量刑就必须考虑；此外，定罪是

---

① 胡云腾：《正确把握认罪认罚从宽　保证严格公正高效司法》，载《人民法院报》2019年10月24日，第5版。

不需要考虑大局的，但量刑就必须考虑；等等，都说明量刑要比定罪复杂，比定罪更需要政治、法治智慧。所以，一个高质量的量刑建议，必须对各种因素都要考虑到，也只有考虑到并说出道理，且能以理服人，精准量刑建议才能立于不改之地。

2. 关于推动建设刑事辩护全覆盖制度

刑事案件律师辩护全覆盖试点工作，是依法保障犯罪嫌疑人、被告人权利，让每一名犯罪嫌疑人、被告人都能在刑事诉讼中感受到公平正义的重要举措，也是全面贯彻宽严相济刑事政策，精准适用认罪认罚从宽制度的重要举措。2022年10月27日，最高人民法院、最高人民检察院、公安部、司法部联合下发《关于进一步深化刑事案件律师辩护全覆盖试点工作的意见》（以下简称《意见》），对刑事案件律师辩护全覆盖工作作出部署。当前，要落实《意见》的要求，尊重和保障律师依法履职，强化律师刑事辩护全覆盖，加强法律援助工作，实现控辩平等对抗，进一步保障诉讼当事人权利。

一是要进一步巩固审判阶段刑事案件律师辩护全覆盖试点工作成效，开展审查起诉阶段律师辩护全覆盖试点工作。对于没有委托辩护人的犯罪嫌疑人，属于《法律援助法》第25条第1款，或者具有可能判处三年以上有期徒刑、本人或其共同犯罪嫌疑人拒不认罪、案情重大复杂、可能造成重大社会影响情形之一的，人民检察院应当通知法律援助机构指派律师为其提供辩护。犯罪嫌疑人没有委托辩护人的，也不属于通知辩护范围的，人民检察院应当及时通知法律援助机构安排值班律师提供法律帮助。对于律师辩护经费，各级人民检察机关、司法部门要加强与财政部门沟通协调，共同推动落实法律援助法有关法律援助业务经费保障相关规定。要健全完善衔接配合机制，加强协同配合，定期会商通报工作进展情况，协调解决工作中的困难问题。

二是要进一步切实保障律师辩护权。司法机关应当依法保障辩护律师会见、阅卷等诉讼权利，为辩护律师履行职责提供便利。人民检察院作出退回补充侦查、延长审查起诉期限、提起公诉、不起诉等重大程序性决定的，应当依法及时告知辩护律师，及时向辩护律师公开案件的流程信息。

三是要在认罪认罚从宽案件中，更好实质发挥值班律师法律帮助作用。刑事诉讼法确立认罪认罚从宽制度以来，律师在该制度适用中发挥着不可替代的关键作用。而在认罪认罚从宽制度适用成为刑事诉讼新常态的背景下，值班律师资源缺乏、法律帮助实质化程度不高已成为制约制度深化适用的重要因素。为提高辩护律师参与率，充分发挥辩护律师、值班律师在保障认罪认罚自愿性、提升量刑沟通协商质量等方面的作用。2022 年，司法机关进一步推进适用认罪认罚从宽制度审结的案件中，有辩护人及值班律师参与的为 1 724 963 人，占审结案件的 99.8%。未来，继续提升值班律师在认罪认罚从宽制度中的参与率，进一步健全刑事诉讼结构。

3. 关于更加科学有效地贯彻落实少捕慎诉慎押司法政策

面对复杂的社会形势，回应犯罪发生特点，司法机关应当进一步发挥刑事政策及时灵活的特点，通过贯彻落实少捕慎诉慎押司法政策，最大限度发挥刑事程序服务保障刑法实施，有力有效治理犯罪的功效。

(1)全面准确把握宽严相济刑事政策内涵，更好贯彻实施少捕慎诉慎押刑事司法政策。少捕慎诉慎押绝不等于只讲从宽不讲从严，更不是放纵犯罪。应当以宽严相济刑事政策为指导，全面准确把握宽与严的辩证关系，更好贯彻实施少捕慎诉慎押刑事司法政策。坚持区分情形、区别对待，充分考虑具体案件的危害程度、犯罪情节和社会公众的心理感受，依法该严则严、当宽则宽。该严则严，是指对危害国家安全、严重暴力、涉黑涉恶等少数严重犯罪，应当坚持从严从重政策取向，当捕则捕、当诉则诉，从严惩治、严厉打击。当宽则宽，则是指对轻罪案件以及其他具有法定从轻、减轻处罚情节的犯罪，特别是对社会危害性不大的初犯、偶犯、过失犯、未成年犯，一般应当体现轻缓的政策取向，坚持可捕可不捕的不捕，可诉可不诉的不诉。

更为重要的是，实践中应当坚持辩证法、两面论，做到宽与严的有机统一、灵活运用，切不可“一刀切”、简单化机械司法。对于重罪案件中的从犯、胁从犯、罪责较轻的人员，主动认罪认罚、有重大立功表现的，依法可以从宽；对于虽然性质不属重罪，但主观恶性大、情节恶劣的，残害妇女、儿童、老年人、残疾人等弱势群体的，特别是严重影响人民群众安全感的犯罪，即使是轻伤害等犯罪，也要依法从严追诉。

(2)准确把握逮捕、羁押条件。逮捕和羁押涉及公安机关、检察机关、审判机关，贯穿刑事诉讼全过程。因此，落实少捕慎诉慎押刑事司法政策，既需要公安机关、检察机关、审判机关坚持系统观念，一体统筹、共同推进，又需要检察机关发挥刑事诉讼的审查把关作用。检察机关应当对审查逮捕的案件进行分流。依托侦查监督与协作配合办公室，引导公安机关提高提请逮捕案件质量，对不符合逮捕条件的，建议采用取保候审等强制措施，减少不必要的审查逮捕。检察机关应当注重引导公安机关重视收集犯罪嫌疑人是否具有社会危险性的证据，提请逮捕时应当将犯罪嫌疑人是否具有社会危险性的证据随案移送。检察机关应全面审查公安机关提请批准逮捕案件是否同时满足《刑事诉讼法》第81条规定的证据条件、刑罚条件、社会危险性条件，尤其要从严把握社会危险性条件，对不能同时具备三个条件的，不批准逮捕。

(3)依法充分运用酌定不起诉制度。依法充分运用酌定不起诉制度是检察机关落实少捕慎诉慎押刑事司法政策，避免机械司法的关键之举。在审查起诉中，检察机关应坚持法定起诉标准，对犯罪事实清楚，证据确实、充分的予以起诉，对综合在案证据不能证明犯罪嫌疑人有罪的依法不起诉。酌定不起诉与附条件不起诉、特殊情形不起诉相比，具有法定限制条件少、适用范围广泛的特点，应将其作为充分运用不起诉制度的重点。

(4)加强政策落实配套体系建设。少捕慎诉慎押刑事司法政策实施过程中，存在一些需要立法予以支持的环节和问题，应当加强这方面的总结调研，积极提出立法建议，但首要的是做好政策落实的配套体系建设。一是需要做好司法解释和相关规范的支持。全面准确规范落实少捕慎诉慎押刑事司法政策，需构建配套的规范体系，比如，检察机关应当加快推进不起诉指导意见，不捕不诉复议复核规定，不起诉检察听证办法，不起诉后行刑衔接办法，等等，以确保少捕慎诉慎押刑事司法政策规范有序推进落实。在规范化建设过程中，需要根据轻重缓急，作出近期、中期和远期安排。比如，随着少捕慎诉慎押刑事司法政策的落实，不起诉裁量权运用更加充分，既要用足、用好不起诉裁量权，又要防止滥用、错误适用；要落实好相对不起诉后非刑罚处罚措施，做好不起诉“后半篇文章”。检察机关作不起诉处理，符合法律规定，符合刑事政策要求，意味着不再追究刑事责任，但犯罪嫌疑人的行为毕竟已经触犯了刑法，依法需要承担相应的民事、经济、行政法律责任，如此才能建立起违法犯罪与法律责任的对应关系，才能对犯罪人给予具有相当性的惩戒与必要的警示教育，绝不能“不诉了之”。二是积极推动大数据监管，寻求科技支持。近年来，山东、浙江等地通过“电子手环”“非羁码”等大数据和人工智能手段，对非羁押犯罪嫌疑人实施监控，实践效果良好，需进一步探索完善，并适时上升为法律制度，为减少羁押措施的适用提供立法支持。

(5)审判阶段也应当开展羁押必要性审查。有些羁押被告人的案件，到了审判阶段以后，如果法官发现不该羁押或者失去羁押的必要，应当变更强制措施，解除羁押，这个应当形成一项制度，从而更好地实现人权司法保障。

(三)关于进一步提高刑事办案质效

习近平总书记在党的二十大报告中再次强调，“努力让人民群众在每一个司法案件中感受到公平正义”。要坚持以习近平法治思想为指引，坚持“高质效办好每一个案件”，努力实现办案质量、效率与公平正义的有机统一，既要通过履职办案实现公平正义，也要让公平正义更好更快实现，还要让人民群众真正、切实“感受到”公平正义。刑事办案工作必须以“高质效办好每一个案件”为最高标准，更新司法理念，优化制度机制，抓好改革创新，提高诉讼案件质量标准，更好满足人民群众司法获得感、幸福感，进一步提高司法公信力。

1. 关于推动建设智慧型司法信息系统

科技力量应在社会治理现代化进程中起到“排头兵”的作用。早在2020年12月由中共中央印发的《法治社会建设实施纲要(2020—2025年)》文件中就指出，“完善社会治理体制机制。完善党委领导、政府负责、民主协商、社会协同、公众参与、法治保障、科技支撑的社会治理体系，打造共建共治共享的社会治理格局”，首次提出了“科技支撑的社会治理体系”概念。2021年3月，全国人民代表大会又发布了《国民经济和社会发展第十四个五年规划和2035年远景目标纲要》，该目标纲要指出，“坚持党建引领、重心下移、科技赋能，不断提升城市治理科学化精细化智能化水平，推进市域社会治理现代化”，进一步强调了科技力量在提升城市治理科学化精细化智能化中的作用。2022年1月26日，由最高人民法院印发的《人民法院在线运行规则》第1条规定：“人民法院运用互联网、大数据、云计算、移动互联、人工智能和区块链等信息技术，完善智慧法院信息系统，规范应用方式，强化运行管理，以在线方式满足人民群众多元化司法需求，高效支持审判执行活动。”

在中共中央大力倡导各方构建“科技支撑”型社会治理体系的现实背景下，近年来，以最高人民法院为代表的司法机关，不断深化司法科技创新，深入推进以“智慧审判、智慧执行、智慧服务、智慧管理”为重点的法院信息化建设，为司法为民、公正司法提供了有力科技支撑。[1] 在当下的法院系统建设下，无论是在民事案件、刑事案件、行政案件等案件类型方面，还是在立案、证据审查、开庭审理等诉讼阶段方面，无不贯穿着互联网、云计算、人工智能、大数据、区块链、5G 技术等科技力量。

例如，当前人民法院借助线上智能化审理系统已可从以下三个方面提升审判质效：一是类案要素的提取。人民法院利用人工智能、专业算法技术破除数据传输壁垒，根据类案特点，自动提取当事人信息、诉讼请求、关键事实等各环节的诉讼要素，系统自动根据审判各环节的要素提取所需要素信息，进行自动化处理。并且制定《诉讼要素表》，明确各环节标准化工作模板，为解决“同案不同判”问题提供了标准支撑。二是案件的线上化审理。人民法院运用线上智审系统实现全流程线上化，系统根据要素信息自动化处理，按照审判流程图推进，以实现对类案的集约化、专业化、信息化、标准化、流程化的审理。在具体案件的审理过程中，法院的庭审以视频连接的方式进行，原告方与被告方均通过视频连接的方式参加庭审。三是全程的无纸化办公。庭审笔录以及调解书全部通过网络生成电子版，由司法辅助后台人员另行打印制作。推进办案全程无纸化，各节点信息实时生成、不可逆，打通法院内网和邮政系统通道，同步对接中国邮政法院专递平台，文书材料和当事人邮寄信息通过数据直接传输至邮政系统，打印、封装、投递一气呵成，物流信息智能反馈，法官能够同步跟踪案件送达情况，解决审判过程中遇到的送达难题。

未来，司法办案要更加重视科学技术的力量，进一步推动建立以科技为支撑的智能化、数字化的线上管理平台，从立案、审判、执行、管理、监督等全领域各环节发挥科技的辅助作用，运用新兴信息科学技术尤其是区块链技术建设智慧型法院。更进一步而言，除人民法院的司法审判外，其他司法部门都应当紧紧依靠我们的制度优势，充分发挥科技力量在参与国家相关科学决策、服务经济社会持续健康发展等方面的重要作用。

2. 关于持续优化繁简分流措施

在不断推进国家治理体系和治理能力现代化的时代要求之下，持续优化刑事案件办理的繁简分流措施将成为司法改革的一项长期工作。2023 年最高人民法院在工作报告中指出，各级法院坚持和发展新时代“枫桥经

---

① 参见 2020 年 9 月 7 日《最高人民法院对十三届全国人大三次会议第 2898 号建议的答复》。

验”，贯彻“推进案件繁简分流、轻重分离、快慢分道”要求，建成中国特色一站式多元纠纷解决和诉讼服务体系……及时把矛盾纠纷化解在基层、化解在萌芽状态，努力实现案结事了人和。当前，我国已通过认罪认罚从宽制度、少捕慎诉慎押司法政策、刑事和解制度、司法救助制度、刑事速裁程序、刑事简易程序等措施推动轻重犯罪的繁简分流工作，未来要进一步细化完善繁简分流、快慢分道，构建普通、简易、速裁和认罪认罚从宽等多层次诉讼程序，诉讼、调解、仲裁、线上线下等多元纠纷解决机制，多元多层，灵活快速，以有效治理轻微犯罪。一站式多元纠纷解决和诉讼服务体系真正实现为群众解忧、帮法官减负、让正义提速。

3. 关于不断完善刑事司法制约监督体系

2021年10月，最高人民检察院、公安部联合印发《关于健全完善侦查监督与协作配合机制的意见》，明确要求检察机关与公安机关通过共同设立侦查监督与协作配合办公室，加强侦检工作的配合，强化立案、侦查监督，协同构建以证据为核心的刑事指控体系。党的二十大报告提出，强化对司法活动的制约监督，促进司法公正。习近平总书记对“加强司法制约监督”提出明确要求。① 2022年，最高司法机关主导，推进完善刑事司法制约监督体系，深化刑事司法改革。

未来，应进一步加强监督管理，规范执法权力运行。努力构建系统严密、运行高效的公安执法全流程、全要素监督管理体系，推动执法权力在法治轨道上规范运行。公安机关深化受立案制度改革。全面规范受立案工作流程，加强执法源头监督管理。通过警情回访、受立案巡查、刑事复议复核等方式，着力解决报案不接、接案不立、违法受立案等突出问题，健全完善法制审核制度。积极推进“两统一”改革，应由公安法制部门统一审核刑事案件重点环节、统一对接检察机关，促进办案质量稳步提升。检察机关加强对刑事立案、侦查、审判、执行活动的监督。在刑事诉讼中，检察机关协同构建以证据为核心的刑事指控体系，直接参与刑事案件办理，“在办案中监督、在监督中办案”。同时，加强对刑事立案、侦查活动的监督，进一步推动侦查监督与协作配合机制实质化、规范化、体系化运行，切实监督纠正人民群众反映强烈的有案不立、有罪不究和不当立案、越权管辖、以刑事手段插手民事经济纠纷等突出问题。加大刑事案件自行补充

① 习近平：《以科学理论指导全面依法治国各项工作》，载《论坚持全面依法治国》，中央文献出版社2020年版，第5页。

侦查力度，切实提高办案能力和效率。加强刑事审判监督，发挥抗诉的刚性监督作用，综合运用检察建议等手段，坚决监督纠正定罪不当、量刑失衡、审判程序违法等突出问题。深化落实“派驻+巡回”检察，统筹开展对监狱、看守所、社区矫正机构的巡回检察，加强和规范派驻检察室建设，切实监督纠正违法“减假暂”和该减不减、该放不放问题，切实维护好人民权益。①

撰稿专家

胡云腾，法学博士、教授、博士生导师、最高人民法院二级大法官。现任最高人民法院咨询委员会副主任，中国法学会案例法学研究会会长。研究领域为刑事法律和司法制度，有学术论文、法学专著、高校教材、外文译作和案例作品发表和出版。曾作为首席专家主持修订马工程教材《思想道德修养与法律基础》和《宪法学》，曾任安徽大学法学院教师，中国社会科学院法学研究所研究员、副所长，中国青年政治学院法学院院长，最高人民法院研究室主任、审判委员会委员、第二巡回法庭庭长等。

张杰，男，汉族，1980年6月生，湖南浏阳人。现任最高人民检察院法律政策研究室检察委员会办公室主任，兼任中国法学会案例法学研究会、中国法学会犯罪学会理事等。出版《检察指导案例理论与实践》（检察出版社2021年版）、《刑事归责论》（中国人民公安大学出版社2009年版）、《萨瑟兰与犯罪学》（法律出版社2010年版）、《科学治理腐败论》（检察出版社2012年版）等学术专著。在《法学评论》《政治与法律》《中国刑事法杂志》《国家检察官学院学报》等刊物上发表学术论文90余篇。获中国人民大学优秀博士学位论文奖、最高人民检察院检察理论研究成果奖、中国法学会案例法学研究会优秀论文奖等多项学术研究奖项。

① 本文系个人学术研究观点，不代表任何单位和个人，请读者阅读时注意。

2022年民事诉讼法实施报告*

唐东楚

报告要旨

2022年度中国民事诉讼法的实施，在过去五年和“新时代这十年”的大盘点大总结中，继续在形式和内容上都有新突破，比如管辖、立案、审判程序、民事禁令、司法协助等。开年第一天《民事诉讼法》的第四次修正案即开始施行，中间相应地修改了《民诉法解释》，年底又提交了《民事诉讼法》的第五次修正案草案。2022年度在两个“一站式”多元解纷和诉讼服务体系全面建成的同时，通过了四级法院审级职能定位立法试点改革的期中检查，诉源治理取得巨大成功，民事诉讼在国内法治与涉外法治中日益成为多元化纠纷解决(ADR)与化解中的“核心一元”。2022年度民事诉讼法实施的总体情况是总体上全国民商事一审案件的受理数同比增幅渐趋降低，多地法院收案数“不升反降”；重点是《民事诉讼法》和《民诉法解释》及时修改；亮点是大总结中的大提升。2022年《民事诉讼法》实施的主要特征是诉源治理成果斐然，多元化纠纷解决与化解擦亮和成就了“中国特色”“中国创举”；《民事诉讼法》第四次修正案施行与四级法院审级职能定位试点改革对审判质效提高的系统集成效应明显；在秉承“服务”“保障”“便民”“绿色”的同时，金融、商事、家事等专业审判和专门领域继续精彩纷

* 中南大学法学院硕士研究生王佳燕、汤毅婷、万刚、肖世瑾、陆梦晴、孙鑫、刘宇昊、颜国英、谭正午等同学参与了资料的收集与讨论分析工作。特此致谢!

呈；民事检察监督和公益诉讼成就非凡；线上线下日益成为民事诉讼的常态。2022 年《民事诉讼法》实施仍需在“程序分流”与“程序转换”之间下功夫；线上线下诉讼相结合的“便民理念”和“适老改造”等仍需加强；民事诉讼法的社会治理效能需要程序理念、制度的全面集成与创新。

核心建议

1. 尽快通过施行《民事诉讼法》第五次修正案，统筹推进涉外民事诉讼。

2. 民事诉讼法的社会治理效能还需程序理念、程序制度的全面集成和创新。

一、2022 年度民事诉讼法实施的基本情况

2022 年是中国共产党第二十次代表大会胜利召开之年，是近五年以及“新时代这十年”的总结盘点提升之年。本年度民事诉讼法实施的基本情况是：首先，从实施时间先后来看。《民事诉讼法》第四次修正案在开年首日即开始施行，中间根据新的《民事诉讼法》实施情况修改施行了新的《最高人民法院关于适用〈中华人民共和国民事诉讼法〉的解释》（以下简称《民诉法解释》）、对四级法院审级职能定位专项立法试点改革进行了期中检查，年底又提交了《民事诉讼法》第五次修正案的草案。其次，从法条内容体系来看。涉及了地域管辖、级别管辖、集中管辖，一审、二审和再审的法院审级职能定位，证券案件的立案受理条件，跨域立案，指定遗产管理人案件的特别程序，人身保护令、家庭教育令等民事裁定，小额诉讼的程序，独任制的扩大适用与合议庭运行机制，电子送达，在线诉讼和司法协助，等等。再次，从专门诉讼领域来看。我国知识产权的专业化审判格局基本建成，全国首个跨省域管辖法院成渝金融法院揭牌，环境民事公益诉讼尤其是环境民事检察公益诉讼成就显著。最后，从综治总体效果来看。诉源治理取得了巨大成功，线上线下日益成为民事诉讼的常态，民事检察监督和公益诉讼成就非凡，多地法院出现了民商事一审收案数的“不升反

降”。这些都得力于全国司法机关深入学习习近平法治思想，努力让人民群众“在每一个司法案件中感受到公平正义”，并且感受到“公平正义就在身边”的不懈追求与坚守。

(一)全国各地法院的民商事一审案件受理数总体上年度同比增幅渐趋减低，多地法院的新收案数“不升反降”

得力于这几年诉源治理、多元化解纷和诉讼服务两个“一站式”的建设成效，还有前两年民事诉讼程序繁简分流试点改革的成果被固化于2022年1月1日起开始施行的《民事诉讼法》第四次修正案，以及四级法院审级职能定位专项立法试点改革期中的集成效应等，2022年度多省的民事案件收案数，出现了历史性下降，而且有不少省份的结案数超过了收案数：[①] 例如，广东省高级人民法院2022年新收各类案件3.7万件，同比下降6.4%，全省法院新收各类案件275.9万件，审结277.2万件，生效裁判服判息诉率97.9%，民事新收案件出现历史性首降，而且审结案件数超过了新收案件数，近70%的案件实现了简案快办；[②] 贵州省全省法院“万人起诉率”降幅全国第一，新收案件总数同比下降16.06%；[③] 云南省2022年全省法院民商事一审收案首次出现下降，近五年来以调解、撤诉方式结案的案件数占到民商事案件结案总数的55.18%，基层法院以20%的诉讼服务法官办结了65%以上的民商事案件；[④] 重庆市2022年全市法院受理各类案件117.5万件，较过去5年同比下降11.1%，审结各类案件108.2万件，较过去5年同比降低6.7%，其中大约半数以上的案件属于一审民商事案件。

可见，在诉源治理带来新收案件数增幅放缓的同时，人民法院的审判质效得到了明显提高，这主要得力于《民事诉讼法》第四次修正案的全面实施，以及在线诉讼、在线调解等的建设成果。

---

① 以下的收案数与结案数并非仅为民商事案件，亦并非一审收案数，而是包括刑事案件、行政案件、执行案件以及二审、再审案件在内的“各类案件”，因为统计口径的不同只得如此。但是，从民商事一审案件占到各类案件收案数的一半左右，这种趋势还是可以大致把握的。

② 参见董柳、何宁：《一图读懂广东省高级人民法院工作报告》，载《羊城派》(广东羊城晚报数字媒体有限公司官方账号)，https://view.inews.qq.com/k/20230114A02HF000，最后访问日期：2023年2月15日。

③ 参见《一图读懂，带你看贵州高院工作报告》，载《贵州综合广播》(贵州综合广播官方账号)，https://baijiahao.baidu.com/s?id=1755061377677537015&wfr=spider&for=pc，最后访问日期：2023年2月15日。

④ 参见最高人民法院：《地方两会丨五年成绩单查收！一图“数读”云南高院工作报告》，载https://mp.weixin.qq.com/s/jQVGlNtD1GR36wTvc0uG2A，最后访问日期：2023年2月15日。

(二)重点是《民事诉讼法》和《民诉法解释》及时修改

第一,《民事诉讼法》第四次修正案的首日施行。2022 年 1 月 1 日 8 时 38 分,法官通过长沙中院“闪信+”送达平台、湖南省高级人民法院收转发一体化平台,分别向原、被告手机号码发送标准版电子判决书。时隔一两分钟,双方当事人均收到判决书,当日 8 时 48 分系统显示短信发送成功。此案成为《民事诉讼法》第四次修正案实施后,湖南全省法院首例电子送达判决书的案件。[①] 凝聚民事诉讼程序繁简分流改革试点成果的《民事诉讼法》第四次修正案,于 2022 年度的第一天开始施行,其涉及调解协议司法确认、小额诉讼的程序、简易程序的完善、独任制的扩大适用、电子送达和在线诉讼的完善等。2022 年 9 月 21 日,最高人民法院司法改革领导小组印发了《人民法院司法改革案例选编(十二)》,汇集了司法改革案例第 180 号至第 190 号中的 11 家法院,贯彻落实 2021 年《民事诉讼法》第四次修正案的务实举措和特色做法,为全国法院深化民事诉讼程序繁简分流制度改革提供了示范参照样本。其中包括北京市朝阳区人民法院的“大体量”办案模式、天津市河北区人民法院的优化司法确认制度、深圳市盐田区人民法院的跑出小额诉讼“加速度”、江苏省无锡市中级人民法院的二审独任制适用、四川省成都市武侯区人民法院的科学适用独任制普通程序等成功经验和做法。

第二,《民诉法解释》的第二次修正和施行。为切实做好新民事诉讼法的贯彻实施,最高人民法院在 2022 年 1 月就启动了《民诉法解释》第二次修正的工作,在全国人大常委会法工委的指导下,经过上海、南通两地法院调研,征求专家学者和院内相关部门意见,最终形成了第二次修正《民诉法解释》的决定,并于 2022 年 3 月 22 日由最高人民法院审判委员会审议通过,自 2022 年 4 月 10 日起施行。新修正后的《民诉法解释》严格对照新《民事诉讼法》有关规定对原有的条文序号和条文表述进行了适应性的修改,内容涉及 16 项,除了“三费案件”(赡养费、扶养费、抚养费)管辖和新案受理、审判人员的界定及其回避等之外,涉及新《民事诉讼法》关于民事诉讼程序繁简分流的内容主要有五个方面:一是将简易程序案件延长审限的条件,由“双方当事人同意继续适用简易程序”修改为“有特殊情

① 参见《新民诉法施行,湖南法院首例电子送达裁判文书 1 月 1 日已抵达!》,载搜狐网,https://www.sohu.com/a/514307294_121117446,最后访问日期:2023 年 2 月 23 日。

况需要延长”，同时将简易程序案件的最长审限由6个月修改为4个月；二是将简易程序转换为普通程序的条件，由“案情复杂”修改为“不宜适用简易程序”，同时明确了当事人对适用简易程序、小额诉讼的程序的异议不成立的，人民法院应当裁定驳回，裁定可以采取口头形式；三是明确人民法院可以依照《民事诉讼法》的规定，采取捎口信、电话、短信、传真、电子邮件等简便方式，传唤双方当事人、通知证人和送达诉讼文书；四是删除了关于具体适用和不得适用小额诉讼的程序的案件类型的两个条文，调整了海事、海商案件适用小额诉讼的程序的标的额标准，并允许当事人依法合意选择海事、海商案件适用小额诉讼的程序；五是对调解组织自行开展调解的司法确认案件管辖问题，进行了适应性修改。此外，新《民诉法解释》还对个别文字表述进行了修改，如将“抚育费”改为“抚养费”等，确保新的《民诉法解释》与新的《民事诉讼法》等法律保持一致，同时一并公布了条文重新调整排序后的新《民诉法解释》文本，以便各级人民法院准确引用相应条款。

第三，《民事诉讼法》第五次修正案草案的年底提交。党的十八大以来，以习近平同志为核心的党中央，明确提出统筹推进国内法治和涉外法治，对加强涉外法治工作提出了新的更高要求。进入新时代以来，人民法院审理的涉外民商事案件快速攀升，已覆盖全球100多个国家和地区，境外当事人主动选择中国法院管辖的案件日益增多。同时，司法实践面临的涉外民事诉讼程序问题愈加复杂，现有涉外民事诉讼程序的功能定位、制度设计已难以满足解决涉外民商事纠纷和维护国家主权、安全、发展利益的需要，有必要进行相应的完善。所以在2022年年底，最高人民法院本着“较为成熟、争议不大、确有必要”的原则，在充分调研的基础上，对相关条款一并提出了修改建议。修正草案共对《民事诉讼法》作出28处调整(草案内容共有28项)，涉及《民事诉讼法》的29个条文，其中新增条文16条，修改条文13条，主要包括《民事诉讼法》涉外编与其他内容的修正：(1)涉外编的修正，主要包括进一步完善人民法院对涉外民商事案件的管辖规则、妥善协调国际民商事诉讼管辖权冲突、丰富涉外送达手段、增设域外调查取证条款、完善承认与执行外国法院判决的制度规则等；(2)其他内容的修正，主要包括扩大回避适用范围、明确司法技术人员参与诉讼的规则、完善虚假诉讼认定规则、调整上诉状提出的方式、增加指定遗产管理人案件、完善再审申请程序和标准等。

(三)亮点是大总结中的大提升

2022 年，中国共产党的第二十次代表大会召开，又是新时代十年的总结之年。在党的二十大胜利召开前后，全国法院、检察院甚至学界，围绕新时代十年、立案登记制实施以来的七年，以及近五年以来的《民事诉讼法》实施成就，进行了总结和梳理。

首先，党的十八大以来的新时代这十年，人民法院通过健全诉讼制度，科学优化司法资源配置，推动完善立体化、多元化、精细化的诉讼制度体系，实现案件繁简分流、轻重分离、快慢分道，不断提升审判质效。自 2013 年 1 月 1 日至 2022 年 11 月 30 日，最高人民法院受理各类案件 22.7 万件，审结 22 万件，同比分别上升 2.31 倍和 2.27 倍；地方各级人民法院和专门人民法院受理各类案件 2.31 亿件，审结、执结 2.26 亿件，同比分别上升 1.34 倍和 1.31 倍，审结一审民商事案件 1.17 亿件。[①] 2022 年 11 月 6 日至 7 日，中国行为法学会、中南大学举办了《中国法治实施报告(2022)》发布会暨“新时代十年中国法治实施的成就、经验与展望”的专题论坛，就新时代十年民事诉讼法实施的成就、经验与展望，进行了总结，笔者将其概括为“六大成就”“三条经验”“两点展望”。[②]

其次，自 2015 年 5 月 1 日实施立案登记制以来的这七年间，全国法院实行了对于要素齐备的案件当场立案，不合要求的案件限期补正，不能判定的案件则先行立案，同时拓展了自助立案、网上立案、巡回立案、邮寄立案、“12368”热线立案和跨域立案等立体化、多元化的登记立案新模式。2022 年 7 月 29 日，最高人民法院在全媒体新闻发布厅，举行人民法院立案登记制改革成效新闻发布会并答记者问，介绍党的十八大以来人民法院立案登记制改革成效。数据显示，截至 2022 年 6 月 30 日，七年多来全国法院累计民事一审登记立案 9306.25 万件，平均当场立案率高达 95.7%；网上立案申请总量累计 1960.15 万件，年均增幅 63.31%；跨域立案服务共计 15.4 万件，真正做到了“有案必立、有诉必理”，人民群众求助“有门”、救济

① 参见张晨：《全国法院结案量年均增长 11%的背后　数读新时代 10 年人民法院工作新变革新发展》，载 https://new.qq.com/rain/a/20230112A01UZ100.html，最后访问日期：2023 年 2 月 20 日。

② 参见唐东楚：《新时代十年民事诉讼法实施的成就、经验与展望》，载《人民法治》2022 年总第 144 期。

"便宜"。①

最后，2022年各地法院"两会"期间的工作报告，主要围绕近五年的工作而展开。以高级人民法院为例，2018~2022年这五年间，全国各省(市)法院各类案件的案件受理数及审执结案件数，同比增幅大，不同省份间增幅区间差别大。各省(市)高级人民法院"两会"期间发布的五年工作报告显示，受理和审执结各类案件的增幅区间，大致可以分为以下三个层次：

第一个层次是增幅区间为30%~50%的省(市)法院，有吉林省、江苏省、上海市等。其中吉林全省法院共受理2 437 963件，同比增长42.4%，审执结2 421 017件，同比增幅44.8%；江苏全省法院共受理案件1021.8万件，同比上升44.3%，审执结案件998.1万件，同比上升47.9%；上海全市法院共受理419.4万件，同比上升32%，审结417.3万件，同比上升32.6%。

第二个层次是增幅区间为60%~80%的省(市)法院，有重庆市、四川省等。其中，重庆全市法院共受理503.2万件，审执结493.9万件，分别同比上升80.3%和81.5%；四川全省法院共受理692.04万件，审执结案件683.72万件，分别同比上升61.11%、61.92%。

第三个层次是增幅区间为90%~120%的省(市)法院，有湖南省、陕西省、广东省等。其中，湖南全省法院共受理538.6万件，结案545万件，分别同比增长95%、107.4%；陕西全省法院共受理案件416.07万件，审执结407.43万件，分别同比上升114.78%和114.41%；广东全省法院共受理1305.6万件，同比上升92.9%，审结1294万件，同比上升96%。

二、2022年《民事诉讼法》实施的主要特点

(一)诉源治理成果斐然，多元化纠纷解决与化解擦亮和成就了"中国特色""中国创举"

2022年，诉源治理做到了"化干戈于诉外，止纷争于庭内"，取得了很好的政治效果、法律效果和社会效果。

首先，中国特色的在线多元解纷"总对总"诉调对接机制，进入劳动

① 参见《最高法发布人民法院立案登记制改革成效》，载最高人民法院网，https://www.court.gov.cn/zixun-xiangqing-367861.html，最后访问日期：2023年2月23日。

人事争议领域。2022 年 1 月 19 日，最高人民法院办公厅与人力资源和社会保障部办公厅联合印发《关于建立劳动人事争议“总对总”在线诉调对接机制的通知》，将人民法院调解平台和全国劳动人事争议在线调解服务平台进行系统对接和机构、人员入驻，并且明确了三大流程和要求：(1)当事人向人民法院提交纠纷调解申请，人民法院在征得当事人同意后，向调解组织委派委托案件；(2)调解组织及其调解员，应当积极使用法院调解平台的音视频调解功能，开展人民法院委派委托案件在线调解工作；(3)调解组织调解成功后，双方当事人可以依据法律和司法解释规定，就达成的调解协议共同向人民法院申请在线司法确认或者出具法院调解书。2022 年 2 月 28 日，最高人民法院、人力资源和社会保障部联合印发《关于劳动人事争议仲裁与诉讼衔接有关问题的意见(一)》，规范了调解协议后续的程序性保障、完善了诉裁调对接机制、确立了仲裁证据司法审查规则等。2022 年 11 月 16 日，最高人民法院、人力资源和社会保障部、中央政法委等 9 部门联合印发《关于进一步加强劳动人事争议协商调解工作的意见》，提出要加强源头治理、强化协商和解、做实多元调解，鼓励先行通过非诉方式解决劳动争议。

其次，“两个一站式”的建设总结和宣告全面建成。2022 年 2 月 24 日，最高人民法院发布《人民法院一站式多元纠纷解决和诉讼服务体系建设(2019—2021)》，全面总结了党的十八大以来多元化纠纷解决机制改革与诉讼服务中心建设的实践经验，发现在线调解、在线诉讼服务平台应用率极高，多元解纷朋友圈不断扩展。截至 2022 年度 2 月 24 日，全国 3500 多家人民法院全部开通“一站式”在线诉讼服务功能。[①] 经过近三年的一站式诉讼改革实践，2022 年 2 月先后发布了《人民法院“总对总”在线多元调解案例》《人民法院一站式建设十大典型经验》，通过十大典型案例总结出一站式建设十大典型经验，主要为诉源治理、诉前解纷、多元解纷等新模式的探索等。2022 年 3 月 8 日，时任最高人民法院院长周强宣布，已全面建成集约集成、在线融合、普惠均等的中国特色一站式多元纠纷解决和诉讼服务体系。它是世界上联动资源最多、在线调解最全、服务对象最广的一站式多元纠纷解决和诉讼服务体系，是新时代“枫桥经验”的创新实践，

① 参见罗沙：《最高法：全国 3500 多家法院全部开通“一站式”在线诉讼服务功能》，载新华网，http：//news. jcrb. com/jszx/202202/t20220224_ 2370565. html，最后访问日期：2023 年 2 月 20 日。

是中华优秀传统法律文化的传承发展，是法治史上的一大创举。尤其是人民法院深化“互联网+枫桥经验”的实践，推动了人民法院调解平台进乡村、进社区、进网格，方便城乡群众“家门口”解决纠纷。

（二）《民事诉讼法》第四次修正案施行与四级法院审级职能定位试点改革对审判质效提高的系统集成效应明显

第一，民事诉讼程序繁简分流立法改革的落地实施。自2022年度第一天凝聚了民事诉讼程序繁简分流专项立法改革成果的《民事诉讼法》第四次修正案实施以来，全国各地法院全面落实落地“繁简分流、简案快审”的民事诉讼法新规，并且探索出层出不穷的具体举措：湖南省组建了速裁团队283个，一审简易程序适用率83%，平均审理周期缩短38天；山西省2022年度一审案件简易程序适用率达85.01%，案件平均审理时间40.8天，较2017年缩短53.8天；重庆市高级人民法院制定了《关于加强小额诉讼程序适用的意见》，[①] 提出21条实施意见，进一步明确小额诉讼的程序的适用条件、适用程序、审判组织和程序转换机制，并且将事实清楚、权利义务关系明确、争议不大、标的额较小的知识产权案件，纳入小额诉讼的程序适用范围，明确规定了其他不适用的情形。截至2022年上半年，重庆全市法院适用小额诉讼的程序审理案件9.4万件，适用率达92.9%；全市基层法院受理知识产权案件4121件，适用小额诉讼的程序审理案件3351件，适用率达81.3%。此外，重庆市高级人民法院还将相关制度、经验、案例、文书予以选编成册，形成《重庆法院小额诉讼工作指引》，方便全市基层法院法官援引、参照，鼓励各基层法院积极创新，努力形成具有重庆法院特色的小额诉讼工作经验；北京市朝阳区人民法院，立足案件“大体量”实际，聚焦人民群众的司法需求，坚持集成式解纷、专业化布局、智慧型运转，形成了具有“朝阳特色”的繁简分流“1+8”规范体系。2022年1月至8月，审结一审民商事案件51 013件。其中，适用小额诉讼和一般简易程序结案27 252件，占一审民商事案件的53.42%；小额诉讼的程序平均审理用时较法定审限缩短1/3；广东省深圳市盐田区人民法院，加大贯彻落实力度，准确界定小额诉讼案件的标准和范围，系统优化审理方式，立足全流程无纸化办案优势，从庭前、庭审、宣判三个环节发力提速，小额诉讼案

① 《民事诉讼法》条文的表述是“小额诉讼的程序”，而不宜用“小额诉讼程序”的表述，否则容易将其与普通程序、简易程序并列为“第三种程序”；小额诉讼的程序仅为简易程序中一种不能上诉的特殊类型，以区别于一般的简易程序。

件平均审理周期缩短 72%，审判效率显著提升，截至 2022 年 8 月，小额诉讼案件近七成实现当庭宣判，78%的案件开庭后 10 日内即可审结，无一再审，小额诉讼案件审理步入“简、快、准”的良性轨道；四川省成都市武侯区人民法院完善了独任制普通程序的适用范围、立审衔接、审理方式、程序转换、审判监督等实施细则，同步完善了《独任制案件立审衔接表》等 6 种文书，向当事人发放《独任制审理告知书》，实现了办案质量与效率的“双提升”。另外，与民事诉讼独任制扩大适用相应的是，2022 年 11 月 10 日，最高人民法院发布了《关于规范合议庭运行机制的意见》，根据《民事诉讼法》等“三大诉讼法”以及《人民法院组织法》《法官法》等，细化了合议庭的组成与产生、成员职责、评议规则、文书制作、监督管理等规定。

第二，四级法院审级职能定位专项立法试点改革的中期检查。本次试点工作是党的十八届四中全会所要求的“完善审级制度”的贯彻落实，其中有关民事诉讼的部分包括：(1)调整级别管辖标准，推动审判重心下移；(2)改革民事再审申请程序，由高级人民法院主要承担再审纠错职能；(3)完善提级管辖制度，将涉及重大国家利益或社会公共利益、具有普遍法律适用指导意义、疑难复杂新类型的一审案件，提至较高层级的法院审理。至 2022 年 8 月，试点时间过半，这一年的探索工作成效显著：一是审判重心合理“下沉”。试点基层人民法院受理“下沉”民事案件增幅有限，仅为 9570 件，占同期新收一审民事案件的 0. 15%，一审民事案件上诉率、二审改发率分别为 8. 73%、1. 25%，较试点前同比分别下降 0. 2、0. 04 个百分点，审判质量稳步提升。二是提级管辖充分运用。高、中级人民法院提级管辖案件共 435 件，同比增长 19. 5%，其中 23. 70%的案件涉及重大国家利益、社会公共利益，33. 96%的案件属于在辖区内类型较新、疑难复杂的案件，34. 91%的案件具有普遍法律适用指导意义，提级管辖的案件涉及数据权利确权、网络不正当竞争、新业态用工主体资格、“双减”政策下教育培训合同效力等法律问题。三是再审程序稳妥运行。最高人民法院新收民事、行政再审审查案件较试点前下降 85. 33%，高级人民法院对不服本院终审民事、行政案件的再审申请裁定再审率为 9. 08%、改判率为 28. 18%，比同期不服下级法院裁判的分别高出 3. 37、6. 55 个百分点，既优化案件分布结构，又发挥再审纠错功能。四是充分保障了当事人的诉讼权利，细化了管辖清单，强化了告知和释明义务，建立了当事人申请提级管辖机制。①

以湖南为例，湖南全省法院自启动审级职能定位改革以来，通过级别管辖标准调整，部分案件“下沉”到了中基层法院。全省1亿元以上标的额的一审民事案件315件，314件在中基层法院，其中超过5亿元标的额的一审民事案件29件，全部在中级法院。同时，通过改革使全省基层法院查明事实、化解争议的能力不断加强。截至2022年12月20日，全省基层法院新收民商事案件58.65万件，结案54.98万件，法定审限内结案率达99.89%；诉讼案件调撤25.6万件，占一审结案量的44.04%；一审案件服判息诉率达89.74%，同比提高0.05个百分点。② 同样作为十二个试点之一的辽宁省，2022年1月至9月，辽宁法院结案率、法定审限内结案率分别同比提高7.74%和0.11%，发改率、申请再审率同比下降0.11%和1.1%，基本实现了案件自下而上有效过滤、梯次分流，改革成效正逐步显现。③ “天津市基层法院共受理‘下沉’民事一审案件908件，上诉率为9.56%，二审改发率为1.63%，‘放下去’不但没有加剧基层法院的‘人案矛盾’，审判质量也稳步提升。”④

(三)在秉承“服务”“保障”“便民”“绿色”的同时，金融、知产、家事和弱势群体保护、涉外民事诉讼等专业审判和专门领域继续精彩纷呈

民事案件同人民群众权益联系最直接最密切。各级司法机关要秉持公正司法，提高民事案件审判水平和效率。2022年度的民事诉讼法实施，在秉承“服务”“保障”“便民”“绿色”的同时，金融、知产、家事和弱势群体保护、涉外民事诉讼等方面继续精彩纷呈。

第一，优化升级营商环境的民事诉讼“服务”和“保障”。2022年1月14日，最高人民法院发布《关于充分发挥司法职能作用 助力中小微企业

---

① 参见周强：《最高人民法院关于四级法院审级职能定位改革试点情况的中期报告——2022年8月30日在第十三届全国人民代表大会常务委员会第三十六次会议上》，载中国人大网，http://www.npc.gov.cn/npc/c30834/202208/792c7527ca1b4f0dac343fc219cb1c66.shtml，最后访问日期：2023年2月20日。

② 参见李果：《湖南法院推进审级职能定位改革取得实效》，载《人民法院报》2022年12月24日，第1版。

③ 参见黄艳辉、严怡娜、武泓岑：《辽宁：扎实推进审级职能定位改革试点》，载《人民法院报》2022年12月26日，第7版。

④ 参见李放：《让合适层级的法院审理合适的案件——数看四级法院审级职能定位改革一周年》，载最高人民法院网，https://www.court.gov.cn/zixun-xiangqing-370871.html，最后访问日期：2023年2月23日。

发展的指导意见》，就中小微企业账款案件开通“绿色通道”，加强对中小微企业的诉讼程序保障，如诉讼指导和释明、依职权调查取证等，防止其在市场中的弱势地位转化为诉讼中的不利地位。2022年6月24日，最高人民法院发布《关于为深化新三板改革、设立北京证券交易所提供司法保障的若干意见》，要求优化审判执行程序以降低创新型中小企业的诉讼成本，健全证券集体诉讼和多元纠纷化解机制以提高涉证券矛盾纠纷的解决质效。2022年7月25日，最高人民法院发布《关于为加快建设全国统一大市场提供司法服务和保障的意见》，强调深入推进诉讼制度改革、深化“一站式”多元解纷和诉讼服务体系建设等，服务保障全国统一大市场建设。2022年12月27日，最高人民法院发布《关于为促进消费提供司法服务和保障的意见》和《关于为稳定就业提供司法服务和保障的意见》。与此同时，各省高、中级人民法院相继设立了清算与破产审判法庭，并发布了《企业破产重整案件办案指引》等，深圳法院更是率先探索了个人破产诉讼和跨境破产司法协助。广州市中级人民法院于2022年7月19日发布《关于发挥破产审判职能作用，助力中小微企业救治和退出，优化营商环境的实施意见》，通过完善破产审判程序，实现中小微企业的救治再生或有序退出。截至该意见发布时，广州破产法庭审结破产简易案件911件、破产前调解案件420件、破产和解案件23件；① 浙江法院近五年来审结涉企纠纷172.5万件，采用信用修复、“活扣”、“活封”、调解、和解、司法重整等法律调节手段，帮助2.8万家企业恢复正常生产经营；上海法院连续五年制定实施推进法治化营商环境建设专项行动计划。

第二，保护生态环境的“绿色”民事诉讼。2022年1月1日，《最高人民法院关于生态环境侵权案件适用禁止令保全措施的若干规定》正式实施，通过行为保全制度及时制止破坏生态环境的行为。同年5月11日，最高人民法院、最高人民检察院发布《关于办理海洋自然资源与生态环境公益诉讼案件若干问题的规定》，规定了海洋环境民事公益诉讼、刑事附带民事公益诉讼、海洋自然资源与生态环境损害赔偿诉讼的地域管辖、提起主体等，以及检察机关的支持起诉、对刑事附带民事公益诉讼与单独的民事公益诉讼的选择权等，该规定自2022年5月15日起施行。新时代十年来，全国法院共审结环境资源民事案件137.8万件，环境公益诉讼案件1.58万件，设

---

① 参见魏丽娜、郑育婷、张静怡：《市法院发挥破产审判职能 助力中小微企业救治和退出》，载《广州日报》2022年7月20日，第A8版。

立环境资源审判专门机构或组织 2426 个，探索了多元化跨行政区划集中管辖模式，充分满足人民群众的环境司法需求。①

第三，金融审判工作随着成渝金融法院的设立迈入了新征程。2022 年 2 月 28 日，全国人民代表大会常务委员会作出了设立成渝金融法院的决定。同年 7 月 20 日，首届长三角金融司法论坛在上海金融法院举行。同年 8 月 1 日，最高人民法院民事审判第二庭破产审判研究中心(南京)研究基地，在江苏省南京市中级人民法院揭牌成立。8 月 25 日，最高人民法院民事审判第二庭破产审判研究中心(深圳)调研基地，在广东省深圳市中级人民法院揭牌成立。9 月 28 日，全国首个跨省域管辖的法院——成渝金融法院正式揭牌，成为继北京金融法院和上海金融法院之后的第三家金融法院。12 月 20 日，最高人民法院出台《关于成渝金融法院案件管辖的规定》，共 11 条，自 2023 年 1 月 1 日起施行，规定了成渝金融法院对所属区域内的相应金融民商事一审、二审、再审、执行异议之诉案件的管辖权和审理权，做到"应管尽管"。与此同时，各地法院相继成立了金融法庭。以湖南长沙为例，2022 年 5 月，长沙市芙蓉区人民法院定王台人民法庭(金融法庭)组建并运行；12 月 26 日，长沙市岳麓区人民法院观沙岭人民法庭(金融法庭)在湖南金融中心基金小镇正式落成。此外，上海金融法院还创新了金融市场案例测试机制，就金融业务中具有前沿性的、亟待法律明确规定的、对市场具有重要影响的典型事实与法律问题所可能引发的纠纷，由金融机构、交易相对方等主体向法院申请案例测试，参考民事诉讼原理进行测试审理，形成具有参考意义的裁判逻辑和理由，向之后的类似纠纷提供指引和预期，有利于降低金融市场的法律风险。② 上海金融法院还于 2022 年 1 月 11 日，发布了《关于证券纠纷示范判决机制的规定》2.0 版，是在 2019 年 1 月出台的中国首个关于证券纠纷示范判决机制的规定"1.0 版"的基础上迎来的"升级版"，③ 进一步强化调解优先、简化平行案件的审理程序、深化在线诉

---

① 参见《最高法举行环境资源审判护航美丽中国建设新闻发布会》，载最高人民法院网，https://www.court.gov.cn/zixun-xiangqing-372381.html，最后访问日期：2023 年 2 月 23 日。

② 参见《上海金融法院首发〈关于金融市场案例测试机制的规定〉》，载上海市高级人民法院网，http://www1.hshfy.sh.cn/shfy/web/xxnr.jsp?pa=aaWQ9MjAyNzk2NzQmeGg9MSZsbWRtPWxtMTcxz&zd=xwxx，最后访问日期：2023 年 2 月 23 日。

③ 参见李姝徵：《中国首个证券纠示范判决机制迎来"升级版"》，载北青网，https://www.360kuai.com/pc/91845c7ee73cc1bc0?cota=3&kuai_so=1&sign=360_57c3bbd1&refer_scene=so_1，最后访问日期：2023 年 2 月 23 日。

讼改革、增设诉讼保全的特殊规则等，补充规定了公益诉讼作为示范案件优先选定的情形，规定人民法院对“当事人故意拖延诉讼”的行为，将释明法律后果并予以合理限制，规定法院依职权保全不以个案标的额为限，借鉴代表人诉讼的规定引入赔偿款通过证券登记结算系统发放的规则，等等。

第四，知识产权诉讼的新发展。2022 年，为实施《全国人民代表大会常务委员会关于专利等知识产权案件诉讼程序若干问题的决定》，设立最高人民法院知识产权法庭，建立国家层面知识产权案件上诉审理机制的收官之年。2022 年 2 月 27 日，时任最高人民法院院长周强就该决定三年来的实施情况，向全国人大常委会作报告。据报告，目前我国已形成以最高人民法院知识产权审判部门为牵引、4 个知识产权法院为示范、26 个知识产权专门审判机构为重点、地方各级法院知识产权审判庭为支撑的专业化审判格局。[①] 2022 年 4 月 20 日，最高人民法院发布《关于第一审知识产权民事、行政案件管辖的若干规定》，并于同年 5 月 1 日起开始施行，该规定共 6 条，明晰了知识产权民事案件的第一审管辖，包括基层人民法院、中级人民法院的级别管辖和管辖权转移等。

第五，人身保护令等全方位保障弱势群体的民事权益。继续保障妇女、儿童、老年人、残疾人、退役军人等弱势群体的合法权益，以程序正义推进实质正义。针对家事审判的人身性，2022 年 3 月 5 日，最高人民法院会同全国妇联、公安部、民政部等 7 个部门共同出台了《关于加强人身安全保护令制度贯彻实施的意见》，共 20 条，对家庭暴力发现机制、证据收集机制、执行联动机制等方面作出进一步细化完善；2022 年 7 月 15 日，最高人民法院发布了《关于办理人身安全保护令案件适用法律若干问题的规定》，自 2022 年 8 月 1 日起施行，明确了人身安全保护令案件的证据形式和证明标准，加大了对违反人身安全保护令行为的惩罚力度。截至 2022 年 8 月，全国法院共作出人身安全保护令 13 498 份，呈逐年增长态势，有力地维护了家庭暴力受害人的人身安全。在保障老年人的诉讼权益方面，为了积极应对人口老龄化趋势，2022 年 4 月 8 日，最高人民法院发布了《关于

---

① 参见周强：《最高人民法院关于〈全国人民代表大会常务委员会关于专利等知识产权案件诉讼程序若干问题的决定〉实施情况的报告——2022 年 2 月 27 日在第十三届全国人民代表大会常务委员会第三十三次会议上》，载最高人民法院网，https：//www. court. gov. cn/zixun－xiangqing－347911. html，最后访问日期：2023 年 2 月 23 日。

为实施积极应对人口老龄化国家战略提供司法服务和保障的意见》，共3部分20项内容，指出要加强老年人赡养类案件的调解力度、注重法院职权调查、强化依法裁量；落实民法典的遗产管理人制度、依法确定遗产管理人、保障遗产妥善管理和顺利分割；建立人身安全保护令受理、作出和送达的"绿色通道"，拓展反家暴延伸服务范围；依法认定老年人的意定监护人，依法撤销侵犯无民事行为能力、限制民事行为能力老年人合法权益的监护人的监护资格并按照最有利于被监护人的原则依法指定监护人；通过依法妥善的审理，促进"五个老有"，即"老有所养、老有所医、老有所为、老有所学、老有所乐"；要健全便老、惠老司法服务机制，深化涉老"一站式"多元纠纷解决机制，完善涉老纠纷的预警、排查、调解机制，建立适老型诉讼服务机制，保障老年人平等、便捷参与诉讼；等等。在保障残疾人无障碍参加诉讼方面，2022年2月11日，最高人民法院、最高人民检察院、公安部、司法部、中国残疾人联合会联合发布了《关于深入学习贯彻习近平法治思想、切实加强残疾人司法保护的意见》，要求无障碍服务必须覆盖立案、审理等诉讼全流程，如设立"助残绿色通道"、加强诉讼程序的引导和释明、推广巡回审判等。据报道，广东全省人民法院已经基本实现集残疾人专用通道、司法救济、线上服务、聋哑人翻译等为一体的无障碍参与诉讼服务体系的全覆盖；[①] 为了切实保障退役军人的合法权益，2022年3月，最高人民法院与退役军人事务部联合印发工作意见，鼓励在基层退役军人服务中心(站)设立巡回办案点，在人民法院诉讼服务中心设置老兵调解室、退役军人绿色通道或专门服务窗口等，为退役军人提供更加方便、快捷、暖心的多元解纷和诉讼服务。

第六，涉外民事诉讼的蓬勃发展。近年来的涉外审判工作，呈现了案件数量大幅攀升、新类型案件不断涌现、案件审理难度加大、案件影响力日益提升等特点。我国涉外案件数量从2013年的1.48万件，攀升至2021年的2.73万件，跨境电商、破产、并购等新类型案件不断涌现，涉外司法管辖权等程序问题愈加复杂。[②] 2013年至2022年6月，各级法院审结各类

---

① 参见林晔晗、陈康秀、孙欣：《广东实现残疾人无障碍参与诉讼全覆盖》，载《人民法院报》2022年5月16日，第1版。

② 参见周强：《最高人民法院关于人民法院涉外审判工作情况的报告——2022年10月28日在第十三届全国人民代表大会常务委员会第三十七次会议上》，载中国人大网，http://www.npc.gov.cn/npc/c30834/202210/a3adfb94fc8b4070bb50e4a5a9d25e7b.shtml，最后访问日期：2023年2月23日。

涉外、涉港澳台案件 38.4 万件。2022 年 9 月 18 日，南宁铁路运输中级人民法院在内部设立中国—东盟自由贸易区南宁国际商事法庭，跨区域管辖广西范围内涉东盟成员国、RCEP 成员国和其他国家的民商事案件；2022 年 9 月 19 日，厦门国际商事法庭挂牌成立，努力打造国际商事纠纷解决新高地。另外，判决的跨境承认和执行以及法律查明，也在 2022 年度取得了进展：7 月 20 日，第二届中国—东盟大法官论坛通过《南宁声明》，就中方倡导的“推定互惠”达成共识，实质推动区域内各国民商事判决相互承认和执行；4 月 3 日，最高人民法院与新加坡最高法院，达成了《关于法律查明问题的合作谅解备忘录》。当然，最重要的还是涉外民事诉讼的管辖问题，《民事诉讼法》第五次修正案几乎大半篇幅是关于《民事诉讼法》“涉外编”的，1/3 的内容是关于涉外民事诉讼管辖的规定。11 月 15 日，最高人民法院发布了《关于涉外民商事案件管辖若干问题的规定》，规定以管辖权“下沉”为原则、集中管辖为例外，第一审涉外民商事案件原则上由基层人民法院管辖，重大涉外案件或其他法定情形案件由中级人民法院管辖，确有必要时才能由高级人民法院报请最高人民法院批准、指定基层或中级人民法院实行跨区域集中管辖。这一管辖机制的调整，契合了我国涉外民商事案件数量、类型、分布区域的变化，发挥了涉外民商事审判“调结构”“定职能”的作用。12 月 27 日，时任最高人民法院院长周强在十三届全国人大常委会第三十八次会议上，就《民事诉讼法》第五次修正案的草案作说明，并向社会公开征求意见。12 月 28 日，福建省高级人民法院与世界知识产权组织仲裁与调解中心，共同签署了《加强知识产权领域替代性争议解决交流与合作协议》。

第七，内地与港澳地区司法协助加强。2022 年 2 月 15 日，最高人民法院与香港特别行政区签署了《关于内地与香港特别行政区法院相互认可和执行婚姻家庭民事案件判决的安排》，被誉为两地司法协助领域的“三最创举”，即“最聚焦民意、最贴近民生、最合乎民心的创举”；2022 年 2 月 24 日，最高人民法院与澳门特别行政区签署了《关于内地与澳门特别行政区就仲裁程序相互协助保全的安排》，使内地与澳门特别行政区的仲裁领域协助机制得到完善，具有中国特色的区际民商事司法协助体系建设进入“快车道”。2022 年 1 月 22 日，最高人民法院先后发布了《关于支持和保障横琴粤澳深度合作区建设的意见》《关于支持和保障全面深化前海深港现代服务业合作区改革开放的意见》，强化拓展法院职能作用，服务合作区粤澳共商共建共管共享新机制。2022 年 6 月 23 日，最高人民法院发布了《人民法院服务和保障粤港澳大湾区建设情况报告（2019—2022）》，打造了新时代大湾区“一国两制三法域”司法服务和保障实践的新示范，[①] 显示其中最高人民法院与香港特别行政区签署的相互认可和执行民商事判决安排，已经覆盖内地与香港特别行政区两地民商事领域90%以上的生效判决。[②] 2022年11月18日，香港特别行政区立法会通过《内地民商事判决（相互强制执行）条例草案》，进一步落实之前的《关于内地与香港特别行政区法院相互认可和执行民商事案件判决的安排》。

（四）民事检察监督和公益诉讼成就非凡

人民检察院在民事诉讼法实施中的工作，在“四大检察”“十大业务”中，主要包括民事检察监督（包括对生效裁判、审判活动、虚假诉讼的监督和支持起诉等）、民事检察公益诉讼和未成年人民事检察等。党的二十大报告中，唯一提及的一项具体司法制度，即“完善公益诉讼制度”。2022年民事检察监督和民事检察公益诉讼的质效不断提高，主要表现在以下四个方面：

一是坚持精准监督理念，民事生效裁判监督案件办案效率提升。2022年7月15日最高人民检察院发布的第三十八批指导性案例的4个案例，涉及民间借贷纠纷、房屋买卖合同纠纷、租赁合同纠纷等，这些案件中体现了民事检察“如我在诉”的为民情怀。[③] 2022年1月至9月全国检察机关主要办案数据显示：1月至9月，全国检察机关共受理民事生效裁判、调解书监督案件5.6万件，审结率接近100%，同比增加8.2个百分点，共受理民事审判活动监督案件4.9万件，审结率为94.7%，同比增加2个百分点。

二是坚持“敢抗”和“抗准”相统一，监督精准性不断提升。对于办理的民事生效裁判监督案件，1月至9月共提出抗诉3288件，提出再审检察建议7162件，再审检察建议采纳率72.7%，民事抗诉改变率为90.3%，[④]

---

① 参见姜佩彬：《最高法发布〈人民法院服务和保障粤港澳大湾区建设情况报告（二〇一九~二〇二二）〉高扬司法风帆 助力“一国两制”新实践行稳致远》，载《人民法院报》2022年6月24日，第1版、第4版。

② 参见最高人民法院发布的《人民法院服务和保障大湾区建设情况报告（2019—2022）》，载《人民法院报》2022年6月24日，第3版。

③ 参见《最高检发布第三十八批指导性案例并通报民事生效裁判监督工作2020年以来办结民事生效裁判监督案件约19.1万件》，载最高人民检察院网，https：//www. spp. gov. cn/spp/xwfbh/wsfbt/202207/t20220715_ 563816. shtml#1，最后访问日期：2023年2月23日。

④ 参见《最高检发布前三季度全国检察机关主要办案数据依法能动履职，法律监督质效持续向好》，载最高人民检察院网，https：//www. spp. gov. cn/xwfbh/wsfbt/202210/t20221015 _589129. shtml#1，最后访问日期：2023年2月23日。

同比增加 4.7 个百分点。对于办理的民事审判活动监督案件，1 月至 9 月共提出检察建议 4.1 万件，检察建议采纳率同比增加 5.9 个百分点。

三是坚持能动履职，依职权监督案件数量明显增加。民事审判监督案件中，1 月至 9 月依职权共受理 4.6 万件，同比上升 28.9%，占 94.5%，同比增加 2.6 个百分点。针对农民工、残疾人、家庭暴力受害人等弱势民事主体维权困难的情况，加大支持起诉力度，1 月至 9 月共受理支持起诉案件 6.9 万件，同比上升 63.1%，依法保障弱势群体合法权益。相应地，民事检察监督由简单的“结案事了”变为“案结事了人和”。近年来在民事检察实践中探索已久的民事检察和解，也在为新时代“枫桥经验”注入新的活力，日益成为民事检察实现能动履职、精准监督和社会治理同频共振的有效路径。①

四是积极稳妥推进公益诉讼检察，办案质效稳步上升。2022 年 1 月至 9 月，全国检察机关共立案办理公益诉讼案件 15.3 万件，其中民事公益诉讼案件 2.1 万件，提出诉前检察建议 10.4 万件，提起诉讼 8218 件，同比分别上升 21%、12.4%、21%，诉前整改率、法院裁判支持率均接近 100%。②

2022 年全国检察机关继续开展了“公益诉讼守护美好生活”专项监督活动。2022 年民事检察公益诉讼的实施，主要有以下四个方面的特点：(1)新的领域有所拓展。6 月 24 日，十三届全国人大常委会第三十五次会议审议通过了《关于修改〈中华人民共和国反垄断法〉的决定》，其中专门增设检察公益诉讼相关条款。8 月 1 日，最高人民检察院印发《关于贯彻执行〈中华人民共和国反垄断法〉积极稳妥开展反垄断领域公益诉讼检察工作的通知》，明确了办理反垄断公益诉讼案件的相关规则，重点关注互联网、公共事业、医药等民生保障领域的反垄断公益诉讼。2022 年相关法律修改、制定时，除了增加了反垄断以外，还增加了反电信网络诈骗、农产品质量安全、妇女权益保障等检察公益诉讼的新领域。2022 年 1 月至 11 月，全国检察机关公益诉讼立案为 18.2 万余件，同比上升 16.45%；全年全国检察机

① 参见杨波、滕艳军：《民事检察和解：实现“案结事了人和”的有效路径》，载腾讯网，https://new.qq.com/rain/a/20220729A02P3800，最后访问日期：2023 年 2 月 25 日。

② 参见《最高检案管办负责人就 2022 年 1 至 9 月全国检察机关主要办案数据答记者问》，载最高人民检察院网，https://www.spp.gov.cn/xwfbh/wsfbt/202210/t20221015_589129.shtml#3，最后访问日期：2023 年 2 月 23 日。

关共立案办理公益诉讼案件19.5万件，同比上升15%，[①] 增长比例基本稳定。但案件领域结构有较大变化，新领域(包括新增法定领域和非法定领域)立案数量大幅增长，占比已接近1/3，特别是安全生产和个人信息保护领域数量增长较快。(2)传统领域的规则不断完善。2022年3月16日，最高人民法院、最高人民检察院出台《关于办理海洋自然资源与生态环境公益诉讼案件若干问题的规定》，自2022年5月15日起施行，明确了有权提起海洋自然资源与生态环境民事公益诉讼的主体和管辖法院。(3)案件数量较大且稳步提升。据最高人民检察院2022年6月30日发布的《检察机关全面开展公益诉讼五周年工作情况》，2019年11月至2022年6月，全国检察机关共办理新领域案件10万余件。其中，民事公益诉讼约4000件。2017年7月至2022年6月，全国共制发公益诉讼诉前检察建议52万余件。(4)办案理念和方法追求创新。2022年2月28日，第二批“益心为公检察云平台”试点工作部署会召开，第二批试点开始。2022年7月19日，最高人民检察院在江西九江召开第四届服务保障长江经济带发展检察论坛，并正式启动“益心为公检察云平台”，通过该公益诉讼志愿者的在线平台，志愿者对发生在身边的环境污染、生态破坏、食品安全等各个领域的公益损害问题，可以通过其直接反映到检察院，成为检察机关的办案线索；还可以通过该平台参与检察机关专业咨询、公开听证，支持和监督检察工作。该平台的创新，不仅是在检察工作中不断贯彻全过程民主，也是在不断提升检察公益诉讼案件质效。2022年，最高人民检察院单独或联合其他部门，共发布涵盖生态环境和资源保护、食品药品安全、国土国财、安全生产、妇女权益保护等领域多个主题典型案例12批共110件，其中关于生态环境公益诉讼的主题有2批共5个指导性案例，其中第41批首次采用“一批次一案例”的形式，发布万峰湖流域生态环境受损公益诉讼案。

同时，党的十八大以来，检察机关积极探索、推进未成年人保护检察公益诉讼工作。[②] 2022年3月7日，最高人民检察院以“积极履行公益诉讼检察职责、依法保护未成年人合法权益”为主题举行新闻发布会，发布第

① 参见戴佳：《2022年检察机关立案办理公益诉讼案件19.5万件》，载最高人民检察院网，https：//www.spp.gov.cn/spp/zdgz/202301/t20230109_598006.shtml，最后访问日期：2023年2月23日。

② 参见史兆琨、郭荣荣：《最高检首次发布未成年人保护检察公益诉讼指导性案例》，载最高人民检察院网，https：//www.spp.gov.cn/spp/zdgz/202203/t20220308_548137.shtml，最后访问日期：2023年2月25日。

三十五批指导性案例，这是最高人民检察院首次发布以“未成年人保护检察公益诉讼”为主题的指导性案例；2021 年 5 月至 2022 年 12 月，全国检察机关开展“检爱同行 共护未来”未成年人保护法律监督专项行动，2022 年 5 月 25 日在活动开展一年之际，最高人民检察院发布了 8 件专项行动典型案例，包括抚养纠纷支持起诉案、涉电竞酒店民事公益诉讼案等。2022 年 5 月 26 日，全国检察机关未成年人检察业务集中统一办理工作推进会以电视电话会议形式召开，为全方位保障未成年人合法权益进行谋篇布局；2022 年 5 月 27 日，最高人民检察院发布侵害未成年人案件强制报告追责典型案例。

（五）线上线下日益成为民事诉讼的常态

首先，线上线下同等效力的民事诉讼法基本原则生效实施。2022 年 1 月 1 日起开始施行的新《民事诉讼法》第 16 条规定，经当事人同意后通过信息网络平台在线进行的民事诉讼活动，与线下的诉讼活动具有同等法律效力。同时，新《民事诉讼法》还在第 90 条完善了电子送达制度，取消了以前对判决书、裁定书、调解书电子送达的“除外”规定，补充规定在这三种法律文书适用电子送达时，受送达人提出需要纸质文书的，人民法院应当提供。

其次，发布《人民法院在线运行规则》。2022 年 2 月 22 日，最高人民法院发布了《人民法院在线运行规则》，自 2022 年 3 月 1 日起施行。该规则与 2021 年出台的《人民法院在线诉讼规则》以及 2022 年 1 月 1 日起施行的《人民法院在线调解规则》一起，共同构建全方位、系统化的互联网司法规则体系，为在线审理机制提供有力的制度支撑，推动构建中国特色、世界领先的互联网司法模式。以北京市为例，2022 年北京全市法院在线庭审应用的成效继续提升，1 月至 5 月在线庭审达 17.8 万次，同比增长 28%，涉及案件 20.5 万件，在线庭审率达 75.8%，超过 3/4 的庭审以在线方式进行。[①] 1 月至 8 月，北京市在线庭审达 30.6 万次，同比增长 29.9%。[②]“北京云法庭”联通庭前庭后，可支撑诉前调解、诉中调解、庭前谈话、串案合并审理、远程调查、正式庭审等诉讼环节在线进行，可随时随地为诉讼

---

① 参见《北京法院着力打造在线庭审新模式》，载北京法院网，https：//bjgy.bjcourt.gov.cn/article/detail/2022/06/id/6769844.shtml，最后访问日期：2023 年 2 月 25 日。

② 参见李天佳、熊跃宇：《融科技之力 应时代之需 北京法院智慧法院建设工作纪事》，载北京法院网，https：//bjgy.bjcourt.gov.cn/article/detail/2022/10/id/6950952.shtml，最后访问日期：2023 年 2 月 25 日。

群众、律师、法官搭建“克服疫情阻碍，打破空间限制”的“云端法庭”。

再次，将“中国移动微法院”转型升级为“人民法院在线服务”。2022年3月1日，为深入贯彻落实习近平总书记指示精神，更好地贯彻落实《人民法院在线运行规则》要求，向人民群众提供更加优质、便捷的在线服务能力，最高人民法院将“中国移动微法院”转型升级为“人民法院在线服务”。该在线服务平台，集成了整合调解、立案、阅卷、送达、保全、鉴定等全国通用诉讼服务功能和地方法院特色服务功能，支持人民群众集中查询、办理全国法院的诉讼与调解等事项，实现人民法院在线服务的“一网通办，一站全办”。2022年全国各级人民法院依托人民法院调解平台，大力发展在线调解，上半年全国在线调解量超过572.25万件，平均每个工作日有4.68万件纠纷在人民法院调解平台进行调解，每分钟就有57件成功化解在诉前，平均调解时长12日，不到一审民事案件平均审理周期的1/3。①

最后，跨域立案诉讼服务亮点频现。比如，重庆市高级人民法院与四川省高级人民法院，在线签署了《成渝地区双城经济圈跨域诉讼服务合作协议》，完善了跨域涉诉信访、立案管辖等方面的协调配合；长三角沪苏两地法院，强强联手，实现“一网通办”和移动微法院双通道跨域立案，为沪苏两地当事人建起一条跨域立案的“高速路”；陕西省高级人民法院制定了跨域立案工作规则，建立起跨域立案全自助网上立案和窗口服务两种模式，并在全省推广。截至2022年上半年，全国法院提供跨域立案服务15.4万件，92%的案件管辖法院在30分钟内及时响应。②

总之，经过近年来的持续建设，线上线下相结合的民事诉讼模式已经日益成为常态。以湖南省长沙法院为例，截至2022年12月中旬，长沙全市两级法院网上立案8.41万件、视频开庭1.25万次、在线收取诉讼费13.25万笔、电子送达诉讼文书及活动通知214.38万次，通过人民法院在线服务平台跨境、跨域立案共1005件。③

---

① 参见倪弋：《有案必立，更好保障群众诉权》，载《人民日报》2022年8月4日，第7版。

② 参见张赛、李明：《最高法：我国法院率先在全世界实现跨域立案服务全覆盖》，载新浪财经网，https://finance.sina.com.cn/jjxw/2022-07-29/doc-imizmscv3988444.shtml?cref=cj，最后访问日期：2023年2月25日。

③ 参见陈丽琛、孙霜：《奏响多元解纷“协奏曲”激活“一站式”建设新动能》，载2022年12月27日“长沙中院”微信公众号，https://mp.weixin.qq.com/s?__biz=MzIwMTE5MTc2Mg==&mid=2653898049&idx=1&sn=06ac5df3696e676086b702b322c951c2&chksm=8d2a5d7cba5dd46aa250f606be4647162ee5a5a83862cf2f710f77d3e1d9c66f7820c5f28935&scene=27，最后访问日期：2023年2月25日。

三、2022 年民事诉讼法实施存在的问题与建议

2022 年民事诉讼法实施存在的主要问题，一方面是如何方便人民群众进行诉讼的问题，包括线上诉讼与线下诉讼的程序转换，以及如何提升特殊人群，尤其是中老年人对于线上诉讼的适应性等；另一方面是如何持续提高审判质效，让人民群众能够真切、实在地“感受到公平正义”的问题。

（一）仍需在“程序分流”与“程序转换”之间下功夫

民事诉讼程序繁简分流的改革成果在 2022 年得以全面实施，在取得很大成绩的同时，也发现了一些问题。比如小额诉讼的程序，与其他一般的简易程序，或者与普通程序的转换衔接渠道尚不通畅，老百姓适用小额诉讼的程序的积极性有待提高，繁案精审的规则构建尚显不足，等等。要想避免和解决这些问题，仍然需要民事诉讼法在“程序分流”和“程序转换”之间下功夫。

第一，是作为《民事诉讼法》外部与内部的“程序分流”。作为外部的“程序分流”，《民事诉讼法》的边界是不断调整和变化的，不管是以前从《民事诉讼法》整体移除的“（非全民所有制）企业法人破产还债程序”，还是日后将单独出台并替代《民事诉讼法》“执行程序编”的强制执行法，都是如此。这是狭义上的民事诉讼法与破产法、执行法的“程序分流”。作为内部的“程序分流”：一是案件“繁简分流”带来的“简案快审”与“繁案精审”的程序分流，同时也带来速裁团队与专业审判团队的“人的分流”，还有四级法院之间对于不同审级案件的程序分流，可能还有繁案审理中的“二次繁简分流”等；二是特别程序与诉讼审判程序（一审、二审、再审程序）的分流；三是法院审判与法院调解的程序分流。今后在立审分立、审执分立的基础上，如何做到“调审分立”又“调判结合”，仍然是一个长期的重要课题。

第二，是作为《民事诉讼法》内部的“程序转换”。尤其是审理过程中发现并不适用简易程序或者小额诉讼的程序，需要转为普通程序或者一般的简易程序审理的时候，如何做到方便、通畅，就需要通盘考虑程序转换的条件或者法定情形，同时还要充分尊重当事人的程序选择权和程序异议权，而且要以有利于当事人为原则。

（二）线上线下诉讼相结合的“便民理念”和“适老改造”等仍需加强

一是网上立案。我国各地法院缺乏统一的民事诉讼网上立案适用规则

与标准，老百姓主动使用网上立案的热情仍不够高。所以，有必要摒弃“在线审理”就是“简化审理”的错误认识，确保在线诉讼“降成本不降质量、提效率不减权利”；有必要统一民事诉讼网上立案制度的法律依据，规范受案范围与适用主体，明确网上立案模式，强化网上立案律师服务平台，制定网上立案监督模式。

二是电子送达。各级法院在探索适用电子送达的过程中，也存在电子送达排除适用缺乏相关规定、电子送达适用方式未统一、适用顺位未明确等问题。① 未来的实践中，可以在条件允许时，进一步扩大在线民事送达适用的范围，同时进一步探索在法院和当事人之间分担送达实施职能的模式，如可以借鉴《最高人民法院国际商事法庭程序规则(试行)》第 14 条的规定，经当事人同意，他方当事人可以通过在线的方式向其送达诉讼材料，实现在线民事送达实施职能在法院与当事人之间的适当分担，构建更加高效、合理的送达模式，② 从而打破传统上仅仅只有人民法院一个送达主体的“一元送达模式”。

三是针对特定人群，如老年人、残疾人在线设施的适应性改造。比如《关于为实施积极应对人口老龄化国家战略提供司法服务和保障的意见》中规定的，依法准许书写起诉状确有困难的老年人口头起诉，为行动不方便的老年人开通上门立案、电话立案等绿色通道，在开展网上立案、电子诉讼的同时，保留老年人易于接受的传统司法服务方式，完善无障碍诉讼设施及服务，视案件情况允许相关辅助、陪护人员陪同老年当事人出庭，等等。

(三)民事诉讼法的社会治理效能还需程序理念、制度的全面集成和创新

民事诉讼法的实施日益融入社会治理的大系统中，它与《人民调解法》《公证法》《仲裁法》《劳动争议调解仲裁法》《海事诉讼特别程序法》等，构成了一个多元化解决与化解纠纷的程序法集群；它与《环境保护法》《公司法》《反不正当竞争法》《证券法》《妇女权益保障法》《未成年人保护法》《家庭教育促进法》等，构成了一般民事诉讼与专门领域民事诉讼的分工。民事诉讼法的社会治理效能，需要民事程序理念和程序制度的全面集

---

① 参见周鸿飞：《电子送达的实践检视与制度完善》，载《河北科技大学学报(社会科学版)》2022 年第 4 期。

② 参见王庆宇：《论在线民事送达的实施》，载《西部法学评论》2022 年第 5 期。

成和创新。

作为社会治理的核心一元，民事诉讼并非只有通过审判、调解解决纠纷的功能，还有预防与化解纠纷的任务和功能。事实上，民事诉讼法的内容并不局限于纠纷解决和诉讼案件的审判，还包括特别程序、督促程序、公示催告等预防纠纷；即便是一些临时禁令、强制措施、保全程序等，也都有情绪冷静和及时止损的功能。近年来诉源治理的成功，得益于这种系统思维和理念的变革：民事诉讼案件数量并非越多越好，也不是解决纠纷的数量越多越好，而是可以通过审判质效的提高和配套程序制度的集成，做到诉讼案件增量的放缓，或者总量的减少；作为社会治理的手段之一，民事诉讼的目的是尽可能地实现“少讼”甚至“无讼”。

未来的民事诉讼法实施，需要更多的“内部挖潜”，充分发挥民事诉讼程序制度的系统集成效应，如通过特别程序适用范围的适度扩张，以应对社会转型与时代发展的需要；① 通过区块链技术对证据的保全固化、送达诉讼文书的在线核验、诉讼费用的杠杆激励或者惩戒、胜诉退费机制的完善等，② 来不断推动和完善民事诉讼法的实施。

撰稿专家

唐东楚，中南大学法学院教授、诉讼法研究所所长、诉讼法和刑法学科党支部书记（“双带头”）、法学博士、伦理学博士后，曾为美国东北大学法学院访问学者、国家法律“双千计划”挂职湖南省人民检察院民事行政处副处长（协管公益诉讼），主要研究民事诉讼法与司法制度。兼湖南省真勍律师事务所律师、长沙市“八五”普法讲师团成员等，任中国民事诉讼法学研究会理事、中国法律伦理专业委员会常务理事兼学术

① 2022年年底提交的《民事诉讼法》第五次修正案的草案，就根据《民法典》专门新增了“指定遗产管理人案件”的特别程序一节，共3个条文。

② 2022年度在上海高院“胜诉退费”工作入选人民群众最期待的法治为民办实事项目后，上海法院将其作为2022年上海法治为民办实事活动十大市级项目之一，予以持续推进。参见《上海法院“胜诉退费”工作入选“人民群众最期待的法治为民办实事”项目》，载上海市高级人民法院网，http：// www1. hshfy. sh. cn/shfy/web/xxnr. jsp？ pa＝aaWQ9MjAyNjUxMzcmeGg9MSZsbWRtPWxtMTcxz&zd＝xwxx，最后访问日期：2023年2月25日。

委员会委员、湖南省诉讼法学研究会常务理事兼学术委员会委员等。曾获中南大学讲课“十佳”、中南大学(西南铝奖励金)优秀教师、优秀党员和湖南省教学成果二等奖等。主讲的中国大学慕课《生活中的民诉法》为湖南省省级网络精品课程。主持国家社科基金一般课题、中国法学会重点课题、湖南省社科基金及教育教改课题等多项，代表性教材、专著有《民事诉讼法》《模拟审判》《诉讼主体诚信论》《诉讼诚实义务论》《游学波士顿》等多部，发表法学论文60余篇。

2022 年行政诉讼法实施报告*

黄先雄

报告要旨

2022 年是党的二十大召开之年。这一年，行政案件收案、审结案数呈下降趋势；行政案件协调撤诉占比仍然较高，行政机关败诉率有所下降；检察行政公益诉讼受案范围不断扩展，诉前程序立案处理案件数量持续增长；行政机关负责人出庭应诉制度得到进一步落实；府院互动继续常态化发展；行政诉讼检察监督持续发力。这一年，行政诉讼法的实施中有不少亮点。实质性化解行政争议的理念与做法在法院与检察院系统得到普遍推行；更有利于保障行政赔偿请求人权益的司法解释得以出台；行政案件管辖级别部分“下沉”，最高人民法院的职能定位更加明晰；第一审知识产权行政案件分散与“下沉”管辖改革得以推行；“两高”继续发布指导性案例和典型案例；个别省域法院全面推进行政诉讼法律援助改革试点工作，初见成效。这一年，行政诉讼法的实施中也有一些方面亟待改善。行政审判机关以人民为中心的理念和监督行政的理念有待进一步加强；保

* 本报告中出现的资料和数据基本源于四级法院与检察院的官方网站、中国裁判文书网、《人民法院报》、《法治日报》等以及相关机关公众号刊载的工作报告、办案数据、新闻报道等。囿于篇幅以及资料、数据的可获取性，本报告所总结提炼的内容无法面面俱到地展现 2022 年行政诉讼法实施的所有成就与问题，但从资料、数据的来源以及涵盖的法院、检察院层级上看，仍具有一定的典型性和代表性，能够描述出 2022 年行政诉讼法实施的基本样态。不过，报告难免有遗漏或以偏概全之处，祈盼各位专家学者赐正。本报告写作过程中，中南大学法学院博士研究生谭丁就报告资料的整理做了大量工作，中南大学法学院硕士研究生陈雅菁、杨婉恬、欧美佳参与了资料收集工作。特此致谢！

障法院依法独立公正行使行政审判权的司法体制改革需要继续发力。

核心建议

1. 贯彻以人民为中心的理念，在行政诉讼中切实保障公民、法人和其他组织的合法权益。为此，要改变目前实践中一些地方司法工具论的观念与做法；同时，要进一步强化司法监督行政的理念与功能。

2. 坚定不移地推进司法体制改革，现阶段继续以管辖体制改革为突破口，未来以建立行政法院为长远目标，努力去除司法地方化和行政化的痼疾，确保法院和法官能够依法独立公正地行使行政审判权。

2022 年是党的二十大召开之年，也是中国踏上全面建设社会主义现代化国家新征程、向第二个百年奋斗目标进军，以中国式现代化全面推进中华民族伟大复兴的开局之年。在这一新的历史节点，年度行政诉讼法的实施以习近平法治思想为指引，以全面依法治国精神为遵循，走中国特色社会主义法治道路，推动行政法治迈向新阶段。本报告着重回顾了 2022 年行政诉讼法实施的基本情况，总结了实施中的主要亮点，同时结合实施中存在的问题与不足，对 2023 年行政诉讼法实施提出了建议与展望。

一、2022 年行政诉讼法实施概况

(一)行政案件收案、审结案数呈下降趋势

目前无法获取官方关于 2022 年全国法院受理行政案件的统计数据。鉴于 2023 年年初各高级人民法院公开的是有关过去五年的工作报告，大多没有单独表述 2022 年的相关数据，因此，笔者除了少部分省域法院公布的 2022 年数据外，只能结合各高级人民法院过去四年发布的年度工作报告，进行相关的数据检索和统计，然后计算得出这些地域 2022 年度的数据，以求窥一斑而知全貌。

从统计数据来看，2022 年全国行政案件总量似呈下降趋势，且下降趋

势明显。例如，浙江省2022年全省一审行政案件收案数相比2021年继续下降，系全国唯一连续3年收案量下降的省份。[①] 贵州全省新收一审行政案件数量降幅全国第一，新收案件总数同比下降16.06%，受理案件总量五年来首次下降。[②] 2022年，河南全省法院新收一审行政案件16 264件，较上年减少25%，[③] 自2015年以来首次出现大幅下降，[④] 其中焦作市各级法院受理一审行政案件676件，同比大幅下降22.3%。[⑤] 广西壮族自治区2022年一审行政案件同比下降4.66%。[⑥] 吉林省2022年全省一审行政案件比2019年下降23.4%。[⑦] 江苏省盐城法院一审行政案件收案数同比下降21.9%。[⑧] 不过，也有一些地区行政案件收案数同比有所上升，如山东省2022年新收一审行政案件26 397件，同比上升8.7%。[⑨]

从统计数据来看，2022年全国各级法院一审行政案件审结数为283 670

① 参见《一图读懂！浙江高院五年工作报告(2018—2022)》，载“最高人民法院”微信公众号，http://mp.weixin.qq.com/s/QRt_PddfEBUOChIBreAYMw，最后访问日期：2023年2月25日；参见《一图读懂丨浙江高院2021年工作报告速览》，载“最高人民法院”微信公众号，http://mp.weixin.qq.com/s/frVP0Q30hvakSZAOqHfF0g，最后访问日期：2023年2月25日；参见《一图读懂丨浙江高院工作报告》，载“最高人民法院”微信公众号，http://mp.weixin.qq.com/s/3032YFtBSmcOBKQzE1tXrw，最后访问日期：2023年2月25日。

② 参见《地方两会丨一图读懂，带您看贵州高院工作报告》，载“最高人民法院”微信公众号，https://mp.weixin.qq.com/s/otK5jpuabfVpKQ2pxsap8g，最后访问日期：2023年2月25日。

③ 参见河南省高级人民法院：《深化府院联动 推动行政审判高质量发展》，载《人民法院报》2023年2月17日，第3版。

④ 参见《“双向奔赴”描绘法治河南“同心圆”——河南建立常态化府院联动工作机制综述》，载河南省人民政府网，https://www.henan.gov.cn/2023/02-01/2681898.html，最后访问日期：2023年2月25日。

⑤ 参见《全市法院2022年成绩单出炉》，载网易网，https://www.163.com/dy/article/HSTJQ6TD0552OEKC.html，最后访问日期：2023年2月25日。

⑥ 参见《奋进五年！一图看懂广西高院五年工作报告》，载“最高人民法院”微信公众号，https://mp.weixin.qq.com/s/wZM5z0_FcJ8btoEXWa1GYQ，最后访问日期：2023年2月25日。

⑦ 参见徐家新：《省高级人民法院工作报告(摘要)——2023年1月16日在吉林省第十四届人民代表大会第一次会议上》，载《吉林日报》2023年2月5日，第2版。

⑧ 参见《〈江苏法治报〉头版报道市中院制度化推动行政争议实质化》，载澎湃网，https://www.thepaper.cn/newsDetail_forward_21732732，最后访问日期：2023年2月25日。

⑨ 参见《2022年1—12月全省法院各类案件情况统计表》，载山东省高级人民法院网，http://www.sdcourt.gov.cn/nwglpt/resource/cms/article/3963572/9149818/2023011608482086044.pdf，最后访问日期：2023年2月25日。

件，相比2021年的298 301件有所下降。① 许多地区行政案件的审结数也呈下降趋势，例如，上海市各级法院审结一审行政案件3906件，同比下降37.68%。② 重庆市审结一审行政案件8152件，③ 比2021年下降12.48%。④ 福建省各级法院审结一审行政诉讼案件约2970件，⑤ 同比下降61.50%。⑥ 陕西省各级法院审结一审行政案件8030件，下降22.79%。⑦ 西藏自治区

① 2022年全国各级法院审结一审行政案件的数据是根据2023年最高人民法院工作报告中的五年数据减去以往四年的相关数据后得出的。参见2023年《最高人民法院工作报告(摘要)》，载中国新闻网，https：//www.chinanews.com/gn/2023/03-08/9967454.shtml，最后访问日期：2023年3月8日；2018~2021年的数据参见《最高人民法院公报》，载最高人民法院网，http：//gongbao.court.gov.cn/ArticleList.html？serial_ no=sftj，最后访问日期：2023年3月8日。

② 通过分析上海市高级人民法院过去四年发布的工作报告可知，2018年工作报告未发布2018年度的一审行政案件数量；2019年工作报告指出，“上海市各级人民法院审结一审行政案件5273件，同比下降12%”，可得2018年上海市各级人民法院审结一审行政案件约5909件；2020年和2021年工作报告分别指出2020年、2021年上海市各级法院审结一审行政案件分别为5129件和5786件；2023年《24组关键词速览上海市高院五年工作报告》指出，过去五年来上海市审结一审行政案件2.6万件，因此，经过计算可得2022年上海市各级法院审结一审行政案件3906件。如未特别说明，2022年度审结(一审)行政案件数都是依据各地法院发布的官方数据直接得出或依照类似上述计算方法得出，将不再说明计算过程，也不再注明2018年、2019年、2020年、2021年四年的数据来源。参见《24组关键词速览上海市高院五年工作报告》，载“最高人民法院”微信公众号，https：//mp.weixin.qq.com/s/k6_ GQY6jbHAwkYoN5gxsuA，最后访问日期：2023年2月25日；参见《一图读懂丨回眸上海法院这一年》，载“最高人民法院”微信公众号，https：//mp.weixin.qq.com/s/B6SaqBWh3iKC_ gJCqDyEVg，最后访问日期：2023年2月25日；参见上海市高级人民法院院长刘晓云2020年1月18日在上海市第十五届人民代表大会第三次会议上所作的《上海市高级人民法院工作报告》，载澎湃新闻上海高级人民法院政务号，https：//www.thepaper.cn/newsDetail_ forward_ 5558976，最后访问日期：2023年2月25日；参见《一图读懂丨2020年上海法院工作报告》，载“最高人民法院”微信公众号，https：//mp.weixin.qq.com/s/hNOKjdDtrt5MWPW0Zgjrmg，最后访问日期：2023年2月25日。

③ 参见《地方两会丨一图读懂重庆市高级人民法院工作报告》，载“最高人民法院”微信公众号，https：//mp.weixin.qq.com/s/yXJCW40moGXvzePFMOXFdw，最后访问日期：2023年2月25日。

④ 参见《一图读懂丨数说公平正义，2021重庆高院成绩单来了》，载“最高人民法院”微信公众号，https：//mp.weixin.qq.com/s/sZJyjrxIeiATAYJztQZsyw，最后访问日期：2022年2月25日。

⑤ 参见《一图读懂丨福建高院工作报告》，载“最高人民法院”微信公众号，https：//mp.weixin.qq.com/s/jtEuJIBwq6c37QzU6pKlFQ，最后访问日期：2023年2月25日。

⑥ 参见《图解2021丨一图读懂福建高院工作报告》，载福建省高级人民法院网，http：//www.fjcourt.gov.cn/page/court/news/ArticleTradition/ef5f93bb-d1b9-48d6-92f5-e849fa27e58a.html，最后访问日期：2023年2月25日。

⑦ 该数据根据陕西省高院2018~2022年历年工作报告计算得出。参见《一图读懂丨陕西高院五年工作报告(2018—2022)》，载“最高人民法院”微信公众号，https：//mp.weixin.qq.com/s/yctWbY3SgVHXRxXip9pikg，最后访问日期：2023年2月25日。

2022 年审结行政案件 204 件，比 2021 年少 45 件。[①] 不过，也有一些地区法院行政案件审结数较往年有所增长。例如，安徽省各级法院审结行政案件 16 673 件，较上年增长 105 件。[②] 广东省各级法院审结行政案件 2.8 万件，[③] 比 2021 年增长约 16.6%。[④] 甘肃省审结行政案件 5753 件，[⑤] 同比上升 22.05%。[⑥] 湖北省审结行政案件 23 456 件，[⑦] 比 2021 年多审结 273 件。[⑧] 山东省 2022 年行政案件结案 37 784 件，同比上升 9.5%。[⑨]

（二）行政案件协调撤诉占比仍然较高，行政机关败诉率有所下降

新《行政诉讼法》实施后，一审行政案件撤诉比例一直维持在 20%左右。[⑩] 有的地方协调撤诉比例更高，2023 年年初各高级人民法院工作报告中的五年数据说明了这一点，如北京市进入诉讼的行政纠纷 30%以上通过调解和解方式解决。[⑪] 浙江省协调化解近 40%的行政案件。[⑫] 2022 年，河南省

---

① 参见《聚焦两会丨西藏自治区高级人民法院工作报告图文解读速览》，载西藏法院网，http：//xzgy. xzcourt. gov. cn/article/detail/2023/01/id/7103460. shtml，最后访问日期：2023 年 2 月 25 日。

② 参见《安徽省高级人民法院工作报告》，载“最高人民法院”微信公众号，https：//mp. weixin. qq. com/s/LRCZGHZ9cdtMATLE1Kv5_ Q，最后访问日期：2023 年 2 月 25 日。

③ 该数据根据广东省高院 2018~2022 年历年工作报告计算得出。五年的总数据参见《一图读懂丨广东省高级人民法院工作报告》，载广东政法网，https：//www. gdzf. org. cn/index/gzdt/content/post_ 127485. html，最后访问日期：2023 年 2 月 25 日。

④ 参见《一图读懂丨广东省高级人民法院工作报告》，载“最高人民法院”微信公众号，https：//mp. weixin. qq. com/s/3QzoWVjpCUCrjPbmdu972g，最后访问日期：2023 年 2 月 26 日。

⑤ 参见《一图读懂丨甘肃省高级人民法院工作报告》，载“最高人民法院”微信公众号，https：//mp. weixin. qq. com/s/PGXByKD5y4YZkImlvSSzqw，最后访问日期：2023 年 2 月 25 日。

⑥ 参见《一图读懂丨甘肃省高级人民法院工作报告》，载“最高人民法院”微信公众号，https：//mp. weixin. qq. com/s/tngxoNRf5sfjCdCkVwdS_ g，最后访问日期：2023 年 2 月 25 日。

⑦ 《地方两会丨这些数字，见证湖北法院五年发展》，载“最高人民法院”微信公众号，https：//mp. weixin. qq. com/s/5glg4S_ 3f-4kiWAyYD6qNw，最后访问日期：2023 年 2 月 25 日。

⑧ 参见《一图读懂丨2021 年湖北高院工作报告来了》，载“最高人民法院”微信公众号，https：//mp. weixin. qq. com/s/lXe_ 4SBam8e0Pfj3LIbDAQ，最后访问日期：2022 年 2 月 25 日。

⑨ 参见《2022 年 1~12 月全省法院各类案件情况统计表》，载山东省高级人民法院网，http：//www. sdcourt. gov. cn/nwglpt/resource/cms/article/3963572/9149818/2023011608482086044. pdf，最后访问日期：2023 年 2 月 25 日。

⑩ 参见最高人民法院行政审判庭：《行政审判平衡“权利”与“权力”的实践》，载《中国审判》2022 年第 11 期。

⑪ 参见《北京市高级人民法院工作报告》，载北京法院网，https：//bjgy. bjcourt. gov. cn/article/detail/2023/02/id/7128465. shtml，最后访问日期：2023 年 2 月 25 日。

⑫ 参见《一图读懂丨浙江高院五年工作报告（2018—2022）》，载“最高人民法院”微信公众号，https：//mp. weixin. qq. com/s/QRt_ PddfEBUOChIBreAYMw，最后访问日期：2023 年 2 月 25 日。

各级法院促进行政案件和解、撤诉 21 298 件，[①] 调撤案件占全省审结的一审行政案件总数的 21.21%，同比提高 3 个百分点。[②] 吉林省法院全年一审行政案件调撤率为 21%；[③] 而该省的诉前争议化解率远高于这一比例，据报道，自 2020 年以来，该省共受理诉前争议 5979 件，化解 3794 件，2022 年化解率达到 79%，有 33%的行政争议未进入司法程序即得到化解。[④] 重庆市各级法院把非诉讼纠纷解决机制挺在前面，2022 年以来诉前化解 452 件；分类调裁，协调促和，裁判维权，一审撤诉率达 26.55%；以判促调，2022 年以来判后协同行政机关、检察院分别化解 517 件、115 件。[⑤]

至于行政机关败诉率，根据最高人民法院行政审判庭公布的数据，自 2018 年以来，一审案件行政机关败诉率持续上升，2021 年一审共判决行政机关败诉 7.8 万件，败诉率达 26.22%，同比上升 7.69%，创历史新高。[⑥] 2022 年的情况如何？根据笔者目前搜集的一些省份数据来看，似呈下降趋势。如 2022 年，安徽省各行政机关败诉率 17%，同比 2021 年下降 1.79 个百分点，[⑦] 其中滁州市全市行政机关败诉率较 2021 年下降了 6.92%。[⑧] 贵州省各行政机关一审败诉率继 2021 年下降之后，2022 年进一步下降至

---

① 参见《地方两会丨一图速览河南高院工作报告》，载“最高人民法院”微信公众号，https：//mp. weixin. qq. com/s/7JfYHWyF-lsX8S08jSwrvQ，最后访问日期：2023 年 2 月 25 日。

② 参见《“双向奔赴”描绘法治河南“同心圆”——河南建立常态化府院联动工作机制综述》，载河南省人民政府网，https：//www. henan. gov. cn/2023/02-01/2681898. html，最后访问日期：2023 年 2 月 25 日。

③ 参见《实质化解行政争议 持续推进府院联动 吉林法院行政审判工作再上新台阶》，载吉林省长安网，http：//jlpeace. gov. cn/jlscaw/qwfb/202302/4ce4c8bf01a54179a3189b6402c95bdb. shtml，最后访问日期：2023 年 2 月 25 日。

④ 参见吉林省高级人民法院：《以构建府院联动机制为平台 提升行政审判效能 助力法治政府建设》，载《人民法院报》2023 年 2 月 17 日，第 2 版。

⑤ 参见重庆市高级人民法院：《践行新时代“枫桥经验”创新“四抓四推”机制 不断提升行政争议实质性化解水平》，载《人民法院报》2023 年 2 月 17 日，第 3 版。

⑥ 参见最高人民法院行政审判庭：《行政审判 平衡“权利”与“权力”的实践》，载《中国审判》2022 年第 11 期。

⑦ 参见《安徽省高级人民法院工作报告》，载“最高人民法院”微信公众号，https：//mp. weixin. qq. com/s/LRCZGHZ9cdtMATLE1Kv5_ Q，最后访问日期：2023 年 2 月 25 日。

⑧ 参见《我市行政机关主要负责人出庭应诉率居全省前列》，载滁州市人民政府网，https：//www. chuzhou. gov. cn/ztzl/stszt/ywzh/1110489367. htm，最后访问日期：2023 年 2 月 25 日。

18.6%。[①] 宁夏回族自治区全区行政机关败诉率降至 29%。[②] 吉林省行政机关败诉率从 2019 年的 24.8%下降至 2022 年的 19.9%。[③]

（三）检察行政公益诉讼受案范围不断扩展，诉前程序立案处理案件数量持续增长

2022 年，检察行政公益诉讼的受案范围进一步扩大。一是《反电信网络诈骗法》《农产品质量安全法》《妇女权益保障法》3 部单行法将反电信网络诈骗、农产品质量安全、妇女权益保障纳入检察行政公益诉讼的法定范围。[④] 二是 2022 年 5 月 10 日，最高人民法院、最高人民检察院联合发布了《关于办理海洋自然资源与生态环境公益诉讼案件若干问题的规定》，为检察机关办理海洋自然资源与生态环境行政公益诉讼案件提供了规范指引。

随着受案范围不断扩大，检察机关立案处理的行政公益诉讼案件数量也不断增长。根据最高人民检察院公布的数据，2022 年，全国检察机关共立案办理公益诉讼案件 19.5 万件，保持适度增长，[⑤] 相较 2021 年上升

---

① 参见《地方两会丨一图读懂，带您看贵州高院工作报告》，载“最高人民法院”微信公众号，https：//mp.weixin.qq.com/s/otK5jpuabfVpKQ2pxsap8g，最后访问日期：2023 年 2 月 25 日。

② 原话表述为：“行政机关胜诉率上升至 71%。”参见《“两会”看法院 丨一图速览宁夏高级人民法院工作报告》，载“最高人民法院”微信公众号，https：//mp.weixin.qq.com/s/uC0nUn9Reqba66U5vP4Xeg，最后访问日期：2023 年 2 月 25 日。

③ 参见徐家新：《省高级人民法院工作报告（摘要）——2023 年 1 月 16 日在吉林省第十四届人民代表大会第一次会议上》，载《吉林日报》2023 年 2 月 5 日，第 2 版。

④ 2022 年，《反电信网络诈骗法》第 47 条规定：“人民检察院在履行反电信网络诈骗职责中，对于侵害国家利益和社会公共利益的行为，可以依法向人民法院提起公益诉讼。”本条规定授权检察机关可以提起行政公益诉讼，拓展了针对电信网络诈骗上下游关联违法犯罪全链条打击的个人信息保护行政公益诉讼，特别是监督落实“履行个人信息保护职责的部门、单位对可能被电信网络诈骗利用的物流信息、交易信息、贷款信息、医疗信息、婚介信息等实施重点保护”，提供了依据和空间。参见《反电信网络诈骗，检察公益诉讼大有可为》，载最高人民检察院网，https：//www.spp.gov.cn/zdgz/202209/t20220915_577348.shtml，最后访问日期：2023 年 2 月 25 日。《农产品质量安全法》第 79 条第 2 款规定：“食用农产品生产经营者违反本法规定，污染环境、侵害众多消费者合法权益，损害社会公共利益的，人民检察院可以依照民事诉讼法、行政诉讼法等法律的规定向人民法院提起诉讼。”《妇女权益保障法》第 65 条规定：“侵害妇女合法权益，导致社会公共利益受损的，检察机关可以发出检察建议；有下列情形之一的，检察机关可以依法提起公益诉讼……”

⑤ 参见《最高检：2022 年检察机关共立案办理公益诉讼案件 19.5 万件》，载新浪科技网，https：//finance.sina.com.cn/tech/roll/2023-02-20/doc-imyhiqcv5243186.shtml，最后访问日期：2023 年 2 月 25 日。

15.38%;[①] 其中 1~9 月，行政公益诉讼类立案 13.2 万件，同比上升 19.8%。[②]

除前述统计数据外，全国检察机关公布的信息显示，近年来，公益诉讼案件包括行政公益诉讼案件通过诉前程序结案的比例较高，“诉前实现保护公益目的是最佳司法状态”的理念得到普遍遵循。如广东省各级检察机关五年来提起公益诉讼 1997 件，行政公益诉讼案件占比 88.9%，99.8%的案件在诉前实现维护公益目的。[③] 内蒙古自治区各级检察院五年来立案公益诉讼 29 936 件，通过诉前程序结案的行政公益诉讼案件比例达到 96.7%。[④] 湖南省各级检察机关 2022 年公益诉讼立案 12 662 件，其中行政类立案 9755 件；公益诉讼（含民事公益诉讼）诉前程序结案 9866 件，同比上升 10.36%。[⑤] 另以 2022 年全国检察机关立案办理的公益诉讼案件为例，共办理 19.5 万件，99.8%的案件在诉前解决了公益损害问题。[⑥]

（四）行政机关负责人出庭应诉制度得到进一步落实

2022 年，行政机关负责人出庭应诉制度得到进一步落实，出庭应诉率持续增长。大多数地区出庭应诉率达到较高水准，部分地区接近或达到 100%。以各地高级人民法院公布的近五年数据予以说明：天津市行政机关负责人出庭应诉率达 99.66%；[⑦] 安徽省推动全省行政机关负责人出庭应诉

① 参见《2021 年全国检察机关主要办案数据》，载最高人民检察院网，https://www.spp.gov.cn/spp/xwfbh/wsfbt/202203/t20220308_547904.shtml#1，最后访问日期：2023 年 2 月 25 日。

② 参见《2022 年 1 至 9 月全国检察机关主要办案数据》，载最高人民检察院网，https://www.spp.gov.cn/xwfbh/wsfbt/202210/t20221015_589129.shtml#2，最后访问日期：2023 年 2 月 25 日。

③ 《广东检察这五年 公益诉讼的“广东样本”》，载广东省人民检察院阳光检务网，http://www.gd.jcy.gov.cn/xwzx/jdxw/202301/t20230111_3960193.shtml，最后访问日期：2023 年 2 月 25 日。

④ 《点击“检”阅，内蒙古检察五年“答卷》，载“最高人民检察院”微信公众号，https://mp.weixin.qq.com/s/3Xq8KSUb3yLHQeCZXJJW9w，最后访问日期：2023 年 2 月 25 日。

⑤ 《湖南省检察机关 2022 年主要办案数据》，载湖南省人民检察院网，https://www.hn.jcy.gov.cn/xwfb/qwfb/zt/202302/1621342443095982080.html，最后访问日期：2023 年 2 月 25 日。

⑥ 《快来围观！2022 年检察工作晒出成绩单》，载“最高人民检察院”微信公众号，https://mp.weixin.qq.com/s/DX3i3iHyB794qmDGGMOfVA，最后访问日期：2023 年 2 月 25 日。

⑦ 参见《一图读懂！天津高院五年工作报告（2018—2022）》，载“最高人民法院”微信公众号，https://mp.weixin.qq.com/s/25aQcWu67jBHiMuGze6BbQ，最后访问日期：2023 年 2 月 25 日。

率保持 100%，告官见官、出庭出声成为常态；[①] 黑龙江省行政机关负责人出庭应诉率连续四年保持 100%，连续六年位列全国第一；[②] 山东省推动行政机关负责人出庭应诉常态化，全省出庭应诉率 99.6%；[③] 甘肃省行政机关负责人出庭应诉率达到 90%以上；[④] 江苏省行政机关负责人出庭应诉率保持在 95%左右，盐城、镇江、苏州地区达 100%；[⑤] 贵州省行政机关负责人出庭应诉率上升至 94.63%；[⑥] 湖南省推动健全行政机关负责人出庭应诉监督、通报、考核机制，出庭应诉率提升至 96.2%；[⑦] 湖北省自 2020 年起行政机关负责人出庭应诉率稳定在 85%以上。[⑧] 广西壮族自治区推动行政机关负责人出庭应诉，2022 年出庭应诉率 98.79%；[⑨] 海南省行政机关负责人 2022 年 1 月至 5 月出庭应诉率每月均达到 90%以上，其中 5 月为 99.04%。[⑩] 重庆市 2022 年全市行政机关负责人出庭应诉率达 83.2%，近一半区县政府达 100%。[⑪] 河南省 2022 年全省行政机关负责人出庭应诉率为 82%。[⑫] 不过，

---

① 参见《安徽省高级人民法院工作报告》，载“最高人民法院”微信公众号，https://mp.weixin.qq.com/s/LRCZGHZ9cdtMATLE1Kv5_Q，最后访问日期：2023 年 2 月 25 日。

② 参见《地方两会丨黑龙江法院五年成绩单，请您审阅》，载“最高人民法院”微信公众号，https://mp.weixin.qq.com/s/Brsa7QoR24RINNwIzmjt5A，最后访问日期：2023 年 2 月 25 日。

③ 参见《地方两会丨图说山东法院这五年》，载“最高人民法院”微信公众号，https://mp.weixin.qq.com/s/TDGdz2wIbRnycZ8Ws9tQug，最后访问日期：2023 年 2 月 25 日。

④ 参见《一图读懂丨甘肃省高级人民法院工作报告》，载“最高人民法院”微信公众号，https://mp.weixin.qq.com/s/PGXByKD5y4YZkImlvSSzqw，最后访问日期：2023 年 2 月 25 日。

⑤ 参见《江苏省高级人民法院工作报告》，载江苏法院网，https://www.jsfy.gov.cn/article/94851.html，最后访问日期：2023 年 2 月 25 日。

⑥ 参见《地方两会丨一图读懂，带您看贵州高院工作报告》，载“最高人民法院”微信公众号，https://mp.weixin.qq.com/s/otK5jpuabfVpKQ2pxsap8g，最后访问日期：2023 年 2 月 25 日。

⑦ 参见《湖南省高级人民法院工作报告（摘登）——2023 年 1 月 15 日在湖南省第十四届人民代表大会第一次会议上》，载湖南省人民政府网，https://www.hunan.gov.cn/hnszf/hnyw/zwdt/202302/t20230201_29236855.html，最后访问日期：2023 年 2 月 25 日。

⑧ 参见《天天资讯：我省行政机关负责人出庭应诉率大幅提升》，载企业时报网，http://www.cqtresearch.com/news/jujiao/2023/0205/176052.html，最后访问日期：2023 年 2 月 25 日。

⑨ 参见《奋进五年！一图看懂广西高院五年工作报告》，载“最高人民法院”微信公众号，https://mp.weixin.qq.com/s/wZM5z0_FcJ8btoEXWa1GYQ，最后访问日期：2023 年 2 月 25 日。

⑩ 高潮、刘利：《海南行政机关负责人出庭应诉率九成以上》，载《海口日报》2022 年 7 月 3 日，第 2 版。

⑪ 参见重庆市高级人民法院：《践行新时代“枫桥经验”创新“四抓四推”机制 不断提升行政争议实质性化解水平》，载《人民法院报》2023 年 2 月 17 日，第 3 版。

⑫ 参见《地方两会丨一图速览河南高院工作报告》，载“最高人民法院”微信公众号，https://mp.weixin.qq.com/s/7JfYHWyF-lsX8S08jSwrvQ，最后访问日期：2023 年 2 月 26 日。

也有部分地区出庭应诉率相对较低，如青海省2022年行政机关负责人出庭应诉率达60%；[①] 上海市2022年行政机关负责人出庭应诉率为65.5%。[②]

(五)府院互动继续常态化发展

府院互动，又称司法与行政互动，这一具有中国特色的司法现象在2022年继续常态化发展。如浙江省，2022年全省三级法院与行政机关召开联席会议138次，共同推进机制建设和共性问题解决，推动一大批涉征地拆迁、违法建筑拆除等行政争议得到实质化解。[③]

省高级人民法院层面，如2022年6月28日，吉林省人民政府与省高级人民法院、省人民检察院府院联动2022年第一次联席会议在省高级人民法院召开。会议强调，府院联动工作对于强化依法行政、建设法治政府、法治吉林意义重大；要深入落实力量联合、数据联通、风险联控、社会联治的工作要求，巩固深化行政争议协调化解成效，切实加强破产审判工作府院联动，超前做好涉疫矛盾风险源头化解，进一步加大司法建议工作力度等。[④] 2022年10月20日，河北省人民政府与省高级人民法院2022年法治政府建设与行政审判联席会议在石家庄召开。会议强调，政府要建立健全常态化沟通会商机制，密切府院高效协调联动，形成行政争议有效化解工作合力；法院要在共同完善府院联动机制、服务中心大局、推进多元化解、打造过硬队伍上下功夫。[⑤] 2022年，广西壮族自治区高级人民法院分别与广西壮族自治区司法行政、土地资源、林业、城乡规划与住房建设、人民银行、海关等签订了行政执法与司法审判协同配合协议，形成“党委领导、司

① 参见《一图读懂丨青海法院报告》，载“最高人民法院”微信公众号，https://mp.weixin.qq.com/s/o4gp2MJAIPTKCfGGWYE5XQ，最后访问日期：2023年2月25日。

② 参见《24组关键词速览上海市高院五年工作报告》，载“最高人民法院”微信公众号，https://mp.weixin.qq.com/s/k6_GQY6jbHAwkYoN5gxsuA，最后访问日期：2023年2月25日。

③ 浙江省高级人民法院：《全面推进行政争议调解中心建设 奋力打造行政争议实质化解“浙江方案”》，载《人民法院报》2023年2月17日，第2版。

④ 参见《府院联动2022年第一次联席会议在省法院召开》，载“吉林省高级人民法院”微信公众号，https://mp.weixin.qq.com/s/UdxtVR6GoikglZEd7pKh8w，最后访问日期：2023年2月26日。

⑤ 参见《我省召开2022年法治政府建设与行政审判联席会议》，载河北法院网，http://www.hebeicourt.gov.cn/article/detail/2022/10/id/6969177.shtml，最后访问日期：2023年2月25日。

法能动、政府协同”府院联动机制，促进行政争议的预防、分流和化解。[①]

中级人民法院层面，如北京市第一中级人民法院注重司法与行政互动，构建府院联动新模式，与辖区部委共同研究明确执法标准、统一法律适用，探讨执法与市场规律，共同推动社会治理能力和水平的提高，维护公正透明的法治环境。通过司法建议、立法咨询、执法培训等方式，增进法律共识，推进依法行政。[②] 昆明铁路运输中级法院深化府院联动，建立争议解决长效工作机制：一是与行政机关共同搭建和完善行政争议的预防沟通平台；二是督促行政机关自我纠错；三是通过行政机关负责人出庭应诉工作化解争议；四是为行政机关举办培训讲座。主动延伸审判职能，应邀为辖区内 300 余名科级以上领导干部授课。[③]

基层人民法院层面，如 2022 年以来，福建省宁德市蕉城区人民法院建立联席会议制度，推广行政纠纷“业务+研究”并行模式，联合执法部门、辖区人民法院定期研讨行政纠纷化解中存在的问题。2022 年，蕉城区人民法院与古田法院、相关执法部门组织联席会议共 6 次；为宁德市生态环境局、蕉城区城市管理局超过 200 人次开展专题讲座；出具司法建议书共 26 份，行政机关采纳 18 份。[④]

（六）行政诉讼检察监督持续发力

一直以来，各级检察机关通过行政诉讼检察监督加强对行政审判和行政执法违法行为的监督，2022 年，行政诉讼检察监督持续发力。根据最高人民检察院官网提供的数据，2022 年 1 月至 9 月，全国检察机关共办结行政生效裁判监督案件 1.4 万件，其中向法院提出抗诉 158 件，法院再审改变

---

① 杜翰洋：《广西高院：坚持党的领导 贯穿一条主线 强化两个渠道 畅通三个环节 增强四种能力——广西法院着力一次性实质解决行政争议》，载最高人民法院行政审判庭“行政执法与行政审判”微信公众号，https：//mp. weixin. qq. com/s/96TeRHol0z1rwwXfDSZ5bA，最后访问日期：2023 年 2 月 26 日。

② 参见张婷婷：《北京一中院：四维聚力涉部委行政诉讼 以点带面大力推进法治政府建设》，载最高人民法院行政审判庭“行政执法与行政审判”微信公众号，https：//mp. weixin. qq. com/s/mlwz1mXfCCr_ njzIpxbVKg，最后访问日期：2023 年 2 月 26 日。

③ 参见刘娜、苏旭：《昆铁中院：多维并举、综合施策，推动行政争议实质化解》，载最高人民法院行政审判庭“行政执法与行政审判”微信公众号，https：//mp. weixin. qq. com/s/vKKXkJuG-TOqQXAHnBnVRZg，最后访问日期：2023 年 2 月 26 日。

④ 参见林玉芳、林秋萍：《蕉城法院：三力齐发 行政争议多元化解见成效》，载最高人民法院行政审判庭“行政执法与行政审判”微信公众号，https：//mp. weixin. qq. com/s/Qx6PPHv0P3z_RILFhp0i9A，最后访问日期：2023 年 2 月 26 日。

82件，占同期审结数的87.3%，同比增加11.6个百分点；提出再审检察建议275件，法院同期裁定再审144件，采纳率52.4%，同比增加24.3个百分点；对行政审判活动违法行为提出检察建议1.1万件，法院同期采纳1万件，采纳率95.6%，同比增加4.2个百分点；对行政执行活动违法行为提出检察建议2.7万件，法院同期采纳2.6万件，采纳率96.6%，同比增加11.6个百分点。[①] 从这些数据不难看出：(1)行政诉讼检察监督的力度2022年进一步增强；(2)通过抗诉启动再审的案件占行政生效裁判检察监督案件数的1%，比例较低，而再审启动之后法院改变生效裁判的案件，占同期审结数的87.3%，比例很高；(3)行政审判活动和行政执法活动中违法的情形并不少见，9个月内全国检察机关发现的就有数万件。

省级层面提供了更为全面的数据。如江西省全省检察机关，2022年全年共办结行政生效裁判监督案件352件，同比上升15.8%，其中向法院提出抗诉2件；提出再审检察建议16件；对行政审判活动违法行为提出检察建议129件，同比上升101.6%；法院同期采纳129件，采纳率为100%；对行政执行活动违法行为提出检察建议200件，同比下降8.3%；法院同期采纳203件(含积存)，采纳率为101.5%。[②] 广东省全省检察机关，2022年全年共办结行政生效裁判监督案件825件，同比上升13.32%，其中，向法院提出抗诉9件，提出再审检察建议3件；对行政审判活动违法情况提出检察建议422件，同比上升35.69%，同期法院已采纳458件，占提出数的108.53%；对行政执行活动违法情况提出检察建议2168件，同比上升14.04%，同期已采纳2643件，占提出建议数的121.91%(含上期积存)。[③] 海南省各级检察机关，2022年全年共办结行政生效裁判监督案件260件，内有不支持监督申请239件，提出再审检察建议5件，提出抗诉1件，提请抗诉3件，终结审查11件，其他处理1件；对行政审判活动违法行为提出检察建议51件，法院同期采纳51件，占提出数的100%；对行政执行活动

① 参见《2022年1至9月全国检察机关主要办案数据》，载最高人民检察院网，https://www.spp.gov.cn/xwfbh/wsfbt/202210/t20221015_589129.shtml#2，最后访问日期：2023年2月25日。

② 参见《江西省人民检察院发布2022年全省检察机关主要办案数据》，载江西省人民检察院网，http://www.jx.jcy.gov.cn/gjdt/202302/t20230208_3987604.shtml，最后访问日期：2023年2月25日。

③ 参见《2022年全省检察机关主要办案数据》，载广东省人民检察院阳光检务网，http://www.gd.jcy.gov.cn/basj/202302/t20230213_3994402.shtml，最后访问日期：2023年2月25日。

违法行为提出检察建议56件，法院同期采纳56件，占提出数的100%。[①] 湖南省全省检察机关，2022年全年共办结行政生效裁判监督案件821件，其中，向法院提出抗诉12件，同期法院再审改判率100%；向法院提出再审检察建议27件，法院裁定再审24件，采纳率88.89%；对行政审判活动违法行为提出检察建议1387件，法院同期采纳1387件，采纳率100%（含积存），同比减少0.18个百分点；对行政执行活动违法行为（含非诉执行）提出检察建议5610件，法院同期采纳5611件，采纳率100.02%（含积存），同比减少1.88个百分点。[②] 浙江省全省检察机关，2022年全年共受理行政生效裁判监督案件802件，审结781件，提出抗诉1件，提出再审检察建议9件；受理行政审判活动监督案件48件，其中依职权发现35件，审结52件（含积存），向法院提出检察建议39件，法院同期采纳39件；共办理行政争议化解案件317件，其中行政诉讼裁判结果监督化解187件，其他化解案件130件；共受理行政违法行为监督案件334件，发出检察建议324件，同期采纳243件，未到回复期81件。[③]

二、2022年行政诉讼法实施中的重大举措与亮点

（一）实质性化解行政争议的理念与做法在法院与检察院系统得到普遍推行

近年来，从党中央到全国人大常委会，从最高人民法院到最高人民检察院，频繁强调要促进行政争议的实质性化解。各级法院和检察院围绕实质性化解行政争议也做了大量的工作，前述全国法院一审行政案件较高的协调撤诉比例就是明证。

2022年，各级法院继续深入推进实质性化解行政争议的工作，尤其是通过非诉讼纠纷解决方式或诉前程序机制实质性化解行政争议，成为各地法院开展的重点工作。2022年1月19日，最高人民法院印发《关于进一步推进行政争议多元化解工作的意见》，强调要对行政争议进行源头预防，加

① 参见《2022年1至12月海南省检察机关主要办案数据》，载“海南检察”微信公众号，https://mp.weixin.qq.com/s/Up-PeDZX66gMgggzn_MrKg，最后访问日期：2023年2月26日。

② 参见《湖南省检察机关2022年主要办案数据》，载湖南省人民检察院网，https://www.hn.jcy.gov.cn/xwfb/qwfb/zt/202302/1621342443095982080.html，最后访问日期：2023年2月25日。

③ 参见《2022年1至12月浙江省检察机关主要办案数据发布》，载浙江检察网，http://www.zjjcy.gov.cn/art/2023/1/31/art_3664_197011.html，最后访问日期：2023年2月25日。

强行政争议的前端化解工作，做好行政争议的诉讼与非诉讼解决机制的衔接工作。[①] 上述文件强调加强通过行政诉讼方式以外的多元途径来化解行政诉讼，而非将行政诉讼作为行政争议实质性化解的唯一手段。各地努力践行这一要求，如吉林省2022年全省各行政争议协调化解中心共受理诉前争议1458件，化解1159件，化解率达到79%，同比上升11个百分点。[②] 北京市第一中级人民法院对于生态环境领域的行政案件，在立案阶段就委托多元调解发展促进会进行诉前协调化解，前端消解纠纷；在案件审理中，找准原告利益需求，协调被告在职责范围内拿出解决方案，既解决争议，又改善生态环境；在案件宣判后，开展判后释法答疑工作，促使当事人主动履行判决。[③] 福建省宁德市蕉城区人民法院依托“一站式”纠纷化解中心优势，共委派、委托调解案件83件，通过协调调解、撤回起诉等方式调解行政案件46件。其中诉中委托、委派调解案件60件，调撤案件12件。该院专门出台了《关于建立行政争议调解机制的实施意见(试行)》，依托蕉城法院“一站式”多元调处中心，设立行政争议专门受理窗口，坚持“预防挺在化解前、化解挺在诉讼前”，树立“行政诉讼无小案”和“大协调”理念，将协调化解工作纳入日常办案工作范畴，把行政案件协调成功率作为衡量行政审判工作绩效的一项重要指标；同时，制定行政争议特邀调解员专门聘任、培训、管理、职能履行和考核奖惩具体规定，建立行政争议特邀调解员名册。根据行政争议集中管辖特点，聘任霞浦、周宁、古田籍跨域共享特邀调解员。目前共有19名行政争议特邀调解员，其中7名为跨域共享特邀调解员。[④] 另，2022年12月14日，天津高院发布10件行政争议实质性化解典型案例，案件均在法院主持下、当事人与行政机关达成一致

① 参见《把非诉讼纠纷解决机制挺在前面 推动行政争议多元化解——最高人民法院行政审判庭负责同志就〈关于进一步推进行政争议多元化解工作的意见〉答记者问》，载最高人民法院网，https://www.court.gov.cn/zixun-xiangqing-342751.html，最后访问日期：2023年2月25日。

② 参见《实质化解行政争议 持续推进府院联动 吉林法院行政审判工作再上新台阶》，载吉林省长安网，http://jlpeace.gov.cn/jlscaw/qwfb/202302/4ce4c8bf01a54179a3189b6402c95bdb.shtml，最后访问日期：2023年2月25日。

③ 参见张婷婷：《北京一中院：四维聚力涉部委行政诉讼 以点带面大力推进法治政府建设》，载最高人民法院行政审判庭“行政执法与行政审判”微信公众号，https://mp.weixin.qq.com/s/mlwz1mXfCCr_njzIpxbVKg，最后访问日期：2023年2月26日。

④ 参见林玉芳、林秋萍：《蕉城法院：三力齐发 行政争议多元化解见成效》，载最高人民法院行政审判庭“行政执法与行政审判”微信公众号，https://mp.weixin.qq.com/s/Qx6PPHv0P3z_RILFhp0i9A，最后访问日期：2023年2月26日。

后撤诉。[①]

2022 年，各地检察机关在检察监督工作中继续努力促进行政争议实质性化解。这里，仅以 2023 年年初各省级人民检察院五年工作报告中提供的信息为基础进行说明。在包含 2022 年的过去五年中，福建省检察系统通过行政争议实质性化解“路线图”工作机制，以监督纠正、促成和解、司法救助等方式，有效化解行政争议 1207 件，其中诉争 10 年以上的 106 件；[②]河南省各级检察机关坚持把行政争议实质性化解作为衡量工作成效的重要指标，化解行政争议 1708 件；[③]山西省各级检察机关综合采取监督纠正、促进和解、调查核实、公开听证等方式，实质性化解行政争议 1551 件；[④]浙江省各级检察机关通过监督纠正、公开听证、司法救助等方式化解各类行政争议 1282 件；[⑤]北京全市检察机关把握行政检察“小案”内含“大政治”的要求，坚持把行政争议实质性化解放在首都社会治理的视野下思考推进，综合运用公开听证、促成和解、释法说理、检察建议、一体化办案等多种形式，推进行政争议实质性化解工作，共实质性化解行政争议 274 件，最大限度实现案结事了政和。[⑥]

(二)关于审理行政赔偿案件的新司法解释出台

鉴于《国家赔偿法》《行政诉讼法》等相关法律已经修改多年以及《民法典》的出台，加上行政赔偿审理实践也出现了一些新情况、新问题，为了适应新形势的需要，进一步规范行政赔偿案件审理，最高人民法院在总结近年来的经验和做法、修改完善原有司法解释的基础上，2022 年 3 月 20

① 参见《天津高院发布行政争议实质性化解典型案例》，载天津法院网，https：//tjfy. tjcourt. gov. cn/article/detail/2022/12/id/7064981. shtml，最后访问日期：2023 年 2 月 25 日。

② 《请查收！福建省检察院工作报告数据图解》，载“最高人民检察院”微信公众号，https：//mp. weixin. qq. com/s/IZRN0jPtWL02X9gBl4wLbA，最后访问日期：2023 年 2 月 25 日。

③ 《一图读懂 | 河南省检察院工作报告 》，载“最高人民检察院”微信公众号，https：//mp. weixin. qq. com/s/yd0sxIKjscTaK0vhXX3xdg，最后访问日期：2023 年 2 月 25 日。

④ 《干货满满！一图读懂山西省检察院工作报告》，载“最高人民检察院”微信公众号，https：//mp. weixin. qq. com/s/lu6NbtlikJc2P4tm9RoBCQ，最后访问日期：2023 年 2 月 25 日。

⑤ 《新时代浙江检察工作，请人民阅卷!》，载“最高人民检察院”微信公众号，https：//mp. weixin. qq. com/s/u3dvmwAD_ Wof62R5Pscc1w，最后访问日期：2023 年 2 月 25 日。

⑥ 《以实质性化解行政争议“小切口”推动首都社会治理“大格局”》，载京报网，https：//news. bjd. com. cn/2022/12/24/10275727. shtml，最后访问日期：2023 年 2 月 25 日。

日公布了新的《最高人民法院关于审理行政赔偿案件若干问题的规定》。[①] 该司法解释共33条，对《行政诉讼法》和《国家赔偿法》中关于行政赔偿案件的审理、裁判等方面的问题进行了细化，主要涉及以下问题：行政赔偿案件审理中行政赔偿诉讼原告主体资格、被告主体资格、行政赔偿请求时效和起诉期限制度、一并及单独提起行政赔偿诉讼的程序、公私法赔偿诉讼的衔接等当事人诉讼权利保障问题、法院释明义务、法院对损害赔偿的酌定标准、主诉裁驳从诉一并裁驳规则、行政赔偿案件的判决方式等。

该司法解释的主要亮点在于：（1）第7条第2款赋予特定情形下利害关系人的行政赔偿诉讼原告资格，即在受害公民死亡的情形下，支付受害公民医疗费、丧葬费等合理费用的人可以依法提起行政赔偿诉讼。（2）第23条至第25条对行政机关共同实施或分别实施的行为、第三人原因、不可抗力等导致的行政赔偿责任的担责原则作出了明确规定。（3）第26条对《国家赔偿法》第35条规定的"造成严重后果"进行了具体情形列举。（4）第27条至第29条规定了相关损失的赔偿范围与标准，明确规定《国家赔偿法》中的"直接损失"赔偿就是"实际损失"赔偿，行政机关违法行政行为造成公民、法人或者其他组织损害的，应当予以充分赔偿。（5）第31条第2款进一步明确了行政赔偿案件的判决方式，规定人民法院应当尽可能作出明确、具体的赔偿判决。

该司法解释有利于推动行政赔偿案件审理的公正性，促进行政争议的实质性化解，充分保护公民、法人和其他组织的合法权益，切实加强行政诉讼法的实施。

（三）行政案件管辖级别部分"下沉"，最高人民法院的职能定位更加明晰

2021年8月20日，全国人大常委会通过《关于授权最高人民法院组织开展四级法院审级职能定位改革试点工作的决定》，授权最高人民法院在最高人民法院以及12个省（市）的人民法院开展试点工作。根据2022年8月30日最高人民法院向十三届全国人大常委会所作的试点情况中期报告来看，试点一年以来，通过行政案件管辖"下沉"，最高人民法院受理的行政案件大幅下降，2021年最高人民法院受理行政案件8265件，同比减少了

---

① 参见《最高人民法院行政审判庭负责人就〈关于审理行政赔偿案件若干问题的规定〉答记者问》，载最高人民法院网，https：//www. court. gov. cn/zixun-xiangqing-351951. html，最后访问日期：2023年2月25日。

45.17%，受案数量首次实现下降。[①] 自2021年8月至2022年8月，最高人民法院新收民事、行政申请再审审查案件2275件，较试点前下降85.33%。而试点改革中基层法院增加受理的“下沉”案件比例，仅为6.76%。[②] 最高人民法院审判案件数量的大幅减少，必将促使最高人民法院准确把握最高审判机关的职能定位，更好发挥审判指导作用，着力提高重大疑难案件和开庭审理案件的办理质量，建立健全再审案件发现和纠错机制，用精品案、优质案为全国各级人民法院做好示范。

（四）第一审知识产权行政案件分散与“下沉”管辖改革得以实施

为进一步完善知识产权案件管辖制度，合理定位四级法院审判职能，相对均衡第一审知识产权民事、行政案件的管辖，2021年12月27日，最高人民法院审判委员会第1858次会议通过《最高人民法院关于第一审知识产权民事、行政案件管辖的若干规定》（以下简称《规定》），自2022年5月1日起施行。[③] 为细化《规定》第3条，最高人民法院配套发布了《关于印发基层人民法院管辖第一审知识产权民事、行政案件标准的通知》（以下简称《通知》），与《规定》同步实施。

根据《规定》，第一审知识产权行政案件的管辖分三种情况：(1)由知识产权法院和特定的中级人民法院管辖的案件。即发明专利、实用新型专利、植物新品种、集成电路布图设计、技术秘密、计算机软件的权属、侵权纠纷以及垄断纠纷第一审行政案件由知识产权法院，省、自治区、直辖市人民政府所在地的中级人民法院和最高人民法院确定的中级人民法院管辖。(2)由知识产权法院和一般中级人民法院管辖的案件。即外观设计专利的权属、侵权纠纷以及涉驰名商标认定第一审行政案件由知识产权法院和中级人民法院管辖；诉讼标的额在最高人民法院确定的数额以上的以及涉及国务院部门、县级以上地方人民政府或者海关行政行为的知识产权行政案件，由中级人民法院管辖。《规定》明确该两类案件由知识产权法院和各

---

① 最高人民法院行政审判庭：《行政审判 平衡“权利”与“权力”的实践》，载最高人民法院行政审判庭“行政执法与行政审判”微信公众号，https://mp.weixin.qq.com/s/FBjXQKBAbZ_sNo5pLXl82g，最后访问日期：2023年2月26日。

② 参见李阳：《完善四级法院审级职能 夯实公平正义制度根基——四级法院审级职能定位改革试点一年间》，载《人民法院报》2022年9月1日，第1~2版。

③ 参加《最高人民法院关于第一审知识产权民事、行政案件管辖的若干规定》，载最高人民法院网，https://www.court.gov.cn/fabu-xiangqing-355871.html，最后访问日期：2023年2月25日。

中级人民法院管辖，不再由部分中级人民法院集中管辖，以均衡案件分布，进一步确保部分中级人民法院集中审理专业技术性较强的疑难复杂案件。[①]（3）由最高人民法院确定的基层人民法院管辖的案件。即涉驰名商标认定的案件以及前述案件之外的知识产权行政案件，由最高人民法院批准或确定的基层人民法院管辖。

为细化《规定》第3条，最高人民法院同步发布了《通知》，确定具有知识产权行政案件管辖权的基层人民法院及其管辖区域。除个别地区外，每个中级人民法院辖区内至少有1个基层人民法院具有知识产权案件管辖权。

《规定》和《通知》明确了中级人民法院、基层人民法院管辖第一审知识产权行政案件类型及诉讼标的额标准，完善了知识产权案件管辖制度，合理定位四级法院审判职能，推动知识产权审判重心“下沉”和充分发挥专门审判机构的优势，切实解决第一审知识产权行政案件管辖存在的问题。

（五）“两高”继续发布指导性案例和典型案例

2022年，最高人民法院和最高人民检察院继续针对不同领域发布指导性案例和典型案例。

1. 关于指导性案例

2022年，（1）最高人民法院共发布了2个行政诉讼指导性案例。2022年12月8日发布第34批指导性案例3件，其中1件行政案例，即第191号，刘某丽诉广东省英德市人民政府行政复议案；[②] 12月30日发布第211号指导性案例，即铜仁市万山区人民检察院诉铜仁市万山区林业局不履行林业行政管理职责行政公益诉讼案。[③]（2）最高人民检察院共发布了7个行政公益诉讼指导性案例。2022年3月7日发布第35批指导性案例5件，包

① 根据2014年8月31日第十二届全国人民代表大会常务委员会第十次会议通过的《全国人民代表大会常务委员会关于在北京、上海、广州设立知识产权法院的决定》，北京、上海、广州知识产权法院跨区域管辖所在省（直辖市）的有关专利等第一审知识产权民事和行政案件；根据2020年12月26日十三届全国人大常委会第二十四次会议通过的《全国人大常委会关于设立海南自由贸易港知识产权法院的决定》，海南自由贸易港知识产权法院管辖海南省有关专利等第一审知识产权民事、行政案件。全国人大常委会决定所规定的专利案件包括外观设计专利案件，故知识产权法院所属区域的其他中级人民法院不能管辖外观设计民事、行政案件。

② 参见《最高人民法院发布第34批指导性案例》，载最高人民法院网，https://www.court.gov.cn/zixun-xiangqing-382511.html，最后访问日期：2023年2月25日。

③ 参见《指导性案例211号：铜仁市万山区人民检察院诉铜仁市万山区林业局不履行林业行政管理职责行政公益诉讼案》，载最高人民法院网，https://www.court.gov.cn/fabu-xiangqing-386221.html，最后访问日期：2023年2月25日。

含北京市人民检察院督促保护儿童个人信息权益行政公益诉讼案等4件行政公益诉讼案件；[①] 9月19日发布第40批指导性案例4件，以生态环境公益诉讼为主题，包含2件行政公益诉讼案件，即吉林省检察机关督促履行环境保护监管职责行政公益诉讼案和山西省检察机关督促整治浑源矿企非法开采行政公益诉讼案；[②] 9月20日发布第41批指导性案例(万峰湖专案)，以生态环境公益诉讼为主题。[③]

2. 关于典型案例

2022年，(1)最高人民法院共发布5批20个行政诉讼典型案例，涉及固体废物污染环境、行政协议、药品安全、环境资源四个方面。2022年3月1日发布了固体废物污染环境典型案例10件，其中1件行政案例，即西安铁路运输检察院诉陕西省西咸新区某管理委员会不履行环境监管职责行政公益诉讼案；[④] 4月20日发布第二批行政协议诉讼典型案例，包含赵某某诉山东省济南市历城区人民政府不履行拆迁安置补偿协议案等10个案例；[⑤] 4月28日发布药品安全典型案例10件，包含某药业有限公司诉广东省原食品药品监督管理局、原国家食品药品监督管理总局行政处罚及行政复议案等4个行政案例；[⑥] 6月5日发布2021年度人民法院环境资源审判典型案例15件，包含陈某海诉北京市平谷区某局长城保护行政处罚案等4个行政公益诉讼案例；[⑦] 12月5日发布15个生物多样性司法保护专题典型案例15件，其中1个行政案例，即贵阳市乌当区人民检察院诉贵阳市某自然资源局

---

① 参见《第三十五批指导性案例》，载最高人民检察院网，https://www.spp.gov.cn/spp/jczdal/202203/t20220307_547759.shtml，最后访问日期：2023年2月25日。

② 参见《第四十批指导性案例》，载最高人民检察院网，https://www.spp.gov.cn/spp/jczdal/202209/t20220926_579088.shtml，最后访问日期：2023年2月25日。

③ 参见《第四十一批指导性案例》，载最高人民检察院网，https://www.spp.gov.cn/spp/jczdal/202209/t20220922_578616.shtml，最后访问日期：2023年2月25日。

④ 参见《人民法院依法审理固体废物污染环境典型案例》，载最高人民法院网，https://www.court.gov.cn/zixun-xiangqing-347801.html，最后访问日期：2023年2月25日。

⑤ 参见《最高人民法院发布第二批行政协议诉讼典型案例》，载最高人民法院网，https://www.court.gov.cn/zixun-xiangqing-355511.html，最后访问日期：2023年2月25日。

⑥ 参见《最高人民法院发布药品安全典型案例》，载最高人民法院网，https://www.court.gov.cn/zixun-xiangqing-357261.html，最后访问日期：2023年2月25日。

⑦ 参见《最高法发布2021年度人民法院环境资源审判典型案例》，载最高人民法院网，https://www.court.gov.cn/zixun-xiangqing-361311.html，最后访问日期：2023年2月25日。

怠于履行行政管理职责行政公益诉讼案例。[①] (2)最高人民检察院共发布11批116个行政公益诉讼及诉前典型案例，涉及儿童个人信息权益保护、食品药品安全、水资源保护、长江经济带发展保障、非法采矿整治、湿地生态保护、国有财产保护、安全生产等方面。

(六)个别省域法院全面推进行政诉讼法律援助改革试点工作，初见成效

2003年国务院《法律援助条例》规定的法律援助范围较为狭窄，就行政案件而言，限于国家赔偿类案件和有关社会保险待遇、最低生活保障待遇以及抚恤金、救济金给付的案件。2021年《法律援助法》所规定的援助范围与《法律援助条例》差别不大，行政案件仍基本限于生存保障类给付案件。与普遍聘请专业律师的行政机关相比，公民个人在诉讼中常常处于相对弱势的一方，且愿意花钱聘请律师的不多，为平衡诉讼力量，让公民在受到公权力侵害时得到有效救济，我国有省份早就开始拓展行政诉讼法律援助范围，迄今也取得了一些成绩，如江苏省，该省最先开始这一拓展工作的是南通市。

2018年年初，江苏省南通市司法局、南通市中级人民法院共同出台《南通市行政诉讼法律援助工作的规定(试行)》，在全国率先将“诉讼实施能力较差”纳入行政案件援助条件。2022年4月，南通市司法局联合南通市中级人民法院在全国首创行政诉讼“e法援”平台，该平台旨在解决线下行政诉讼法律援助存在的受援率相对不高、办理手续较为烦琐、异地申请和指派律师不便等问题，实现“让数据多跑路，当事人少跑腿”。当事人、法院、司法局通过“e法援”平台，可以在线完成申请、确认、分配、变更、评价。“e法援”平台具备的自动推送、网上阅卷、流程查询、短信提示、评价反馈等五大功能，能够满足网上申请、信息查询、材料阅览、网上指派等多种需求，实现不见面“网上办”“掌上办”，打通法律援助服务“最后一公里”。[②] 四年来，该市共达成行政诉讼法律援助案件近千件，受援

① 参见《最高人民法院发布生物多样性司法保护典型案例》，载最高人民法院网，https://www.court.gov.cn/zixun-xiangqing-381901.html，最后访问日期：2023年2月25日。

② 参见《南通首创“e法援”平台实现行政诉讼法律援助“掌上办”》，载南通市司法局网，http://sfj.nantong.gov.cn/ntssfj/bmdt/content/841c62a0-0f74-4ad1-bf57-1950ec6a1cc2.html，最后访问日期：2023年2月25日。

当事人对援助律师的满意度达到98%以上。① 南通市行政诉讼法律援助工作经验在全省得到推广，2020 年 8 月，江苏省高级人民法院、江苏省司法厅联合印发了《关于开展行政诉讼法律援助试点的通知》，按照“让行使诉权确有困难的当事人能够顺利进入法院参与诉讼”的要求，取消法律援助事项范围限制，把涉及土地房屋、劳动保障、城乡规划、公安、食品药品、环境资源等与民生紧密相关事项纳入行政诉讼法律援助范围，对“经济困难或者诉讼实施能力较差，且诉讼请求具有一定事实和法律依据”的行政案件当事人，根据其需求及时提供专业法律支持，帮助其运用法律手段维护合法权益。试点两年多来，试点地区共受理行政诉讼法律援助案件近3000 件。② 试点期间，江苏高院行政庭、江苏省法律援助中心加强协作配合，建立试点工作联络员制度，及时通报试点工作进展情况；积极向财政部门争取提高案件补贴，建立案件质量与办案补贴挂钩机制，调动援助律师积极性；组建行政诉讼法律援助律师库，选聘资深优秀律师参与行政诉讼法律援助工作，确保试点工作有效开展。

三、2022 年行政诉讼法实施中的不足与建议

(一)行政诉讼法实施中以人民为中心的理念和监督行政的理念有待进一步加强

习近平总书记指出：“司法体制改革必须为了人民、依靠人民、造福人民。”行政诉讼法的三个立法目的中，保障公民、法人和其他组织的合法权益，是其最重要的目的，解决行政争议和监督行政机关依法行政，这两个目的都是围绕它服务的。这是以人民为中心理念的必然要求。

贯彻以人民为中心的理念，在诉讼中就要旗帜鲜明地保障公民、法人和其他组织的合法权益，要改变目前实践中一些地方的司法工具论观念与做法；③ 同时，要强化法院监督行政机关的职能，坚持法院依法独立公正行

---

① 参见《南通首创“e 法援”平台实现行政诉讼法律援助“掌上办”》，载南通市司法局网，http：//sfj. nantong. gov. cn/ntssfj/bmdt/content/841c62a0-0f74-4ad1-bf57-1950ec6a1cc2. html，最后访问日期：2023 年 2 月 25 日。

② 参见吕长城：《江苏高院：江苏法院全面推进行政诉讼法律援助改革试点工作》，载最高人民法院行政审判庭“行政执法与行政审判”微信公众号，https：//mp. weixin. qq. com/s/NWCY_suA3CQIlrAGaGo3cQ，最后访问日期：2023 年 2 月 26 日。

③ 参见黄先雄：《新时代十年行政诉讼法实施的成就、经验与展望》，载《人民法治》2022 年第 144 期。

使审判权原则。

(二)保障法院依法独立公正行使行政审判权的司法体制改革需要继续发力

法院能否依法独立行使行政审判权，能否保障行政诉讼法的良好实施，关键取决于何时真正解决司法地方化和行政化的问题。《中共中央关于全面推进依法治国若干重大问题的决定》指出，“完善确保依法独立公正行使审判权和检察权的制度”。如何构建确保行政审判权依法独立公正行使的行政审判体制，是我国行政诉讼中必须首要解决的问题，也是我国行政诉讼长期未解决的难题。[①] 未来，我们要坚定不移地推进体制改革，现阶段继续以管辖体制改革为突破口，未来以建立行政法院为长远目标，努力去除司法地方化和行政化的痼疾，确保法院和法官能够免除后顾之忧，独立公正地行使行政审判权。

四、结语

2022 年，实质性化解行政争议的理念在各级法院法官的意识中被不断强化，更有利于保障行政赔偿请求人权益的司法解释得以出台，行政机关负责人出庭应诉制度进一步得到落实，检察行政公益诉讼诉前程序在监督行政机关依法行政、化解行政争议方面发挥了越来越重要的作用。我们期待，全国各级法院不断强化以人民为中心的理念和监督行政的理念，在中国式现代化的框架下不断推进行政审判的现代化，加强司法公开，推动行政诉讼法的良好实施。

撰稿专家

黄先雄，法学博士，中南大学法学院教授、博士生导师，中国行为法学会理事，湖南省法学会行政法学研究会副会长，湖南省诉讼法学研究会常务理事，湖南省宪法学研究会常务理事，湖南省人民政府行政复议咨询委员会委员，执业律师。主要研究领域：行政法、行政诉讼法、司法制度等。

① 参见江必新：《法律规范体系化背景下的行政诉讼制度的完善》，载《中国法学》2022 年第 3 期。

第三编 法治实施专题报告

第八章 2022 年党内法规制度建设专题报告

宋功德

报告要旨

2022 年是胜利召开党的二十大的“政治大年”。这一年，党内法规制度建设紧紧围绕迎接和学习贯彻党的二十大精神展开，取得了许多新的思想成果、制度成果、工作成果、实际成效。在思想成果上，集中体现为《习近平关于依规治党论述摘编》的编辑出版，标志着中国共产党依规治党理论的系统集成，为加强新时代新征程党内法规制度建设提供了行动指南。在制度成果上，集中体现为党的二十大修改了党章，实现了党的根本大法与时俱进，同时，制定修订了 10 多部中央党内法规和一批部委、地方党内法规，在深化党的建设制度改革、完善党内法规体系上取得了新进步。在工作成果上，以贯彻落实第二次全国党内法规工作会议为契机，党内法规链条工作得到全面改进整体优化，特别是教育宣传、备案审查、清理、督促落实、理论研究等方面取得许多新进展。在实际成效上，党内法规的“两个重大作用”得到进一步发挥，党的组织体系、领导体系、自身建设体系、监督保障体系得到进一步完善，党内法规的治理效能得到进一步彰显，党内法规的制度优势和治理效能进一步转化为经济社会高质量发展的实际成效。

核心建议

2023 年，是全面贯彻落实党的二十大精神的开局之年，是推进全面建设社会主义现代化国家进程的启程之年，党内法规制度建设要坚持围绕中心、服务大局，着力在开好局、启好程上下功夫。要紧紧围绕贯彻落实党的二十大确定的全面建成社会主义现代强国、以中国式现代化全面推进中华民族伟大复兴这一党在新时代新征程的中心任务，牢牢把握迈上新征程的党内法规制度建设由此进入高质量发展新阶段、依规治党由此面临巩固拓展提升新任务这一历史方位，以制定和实施《中央党内法规制定工作规划纲要(2023—2027年)》这一纲领性文件，纲举目张做好今后5年乃至更长一个时期深化依规治党、推进党内法规制度建设的谋篇布局工作。同时，聚焦开局启程起步的年度特点，积极回应加强党的领导和党的建设的现实需要，统筹做好党内法规制定和实施两方面工作，在新时代党内法规制度建设"黄金十年"之后的第一年里，书写出新征程上深化依规治党崭新的第一页。

2022年，推进依规治党、加强党内法规制度建设，是站在一个比较完善的党内法规体系业已形成的新起点上，坚持贯彻落实习近平总书记重要指示要求，着力发挥好党内法规在维护党中央集中统一领导、保障党长期执政和国家长治久安方面的重大作用，在推进新时代党的建设新的伟大工程、落实全面从严治党方面的重大作用。迈上全面建设社会主义现代化国家新征程，党的二十大着眼完善党的自我革命制度规范体系，强调要坚持制度治党、依规治党，以党章为根本，以民主集中制为核心，完善党内法规制度体系，增强党内法规权威性和执行力，形成坚持真理、修正错误，发现问题、纠正偏差的机制。2022年，在以习近平同志为核心的党中央集中统一领导下，党内法规制度建设紧紧围绕迎接和学习贯彻党的二十大精神展开，取得了许多新的思想成果、制度成果、工作成果、实际成效。

一、思想成果

一年来，我们党在推进依规治党、加强党内法规制度建设理论创新上取得了新进展，习近平总书记在相关重要报告、讲话、指示批示中，提出了许多新观点、新论断，作出了一系列新部署、新要求。2022年10月，《习近平关于依规治党论述摘编》公开出版，标志着我们党关于依规治党和党内法规制度建设的理论成果首次实现了系统集成，具有重大意义。

《习近平关于依规治党论述摘编》在“出版说明”中阐明了有关问题。治国必先治党，治党务必从严，从严必依法度。党的十八大以来，以习近平同志为核心的党中央站在统筹中华民族伟大复兴战略全局和世界百年未有之大变局的高度，坚持全面从严治党、依规治党，坚持依法治国与制度治党、依规治党统筹推进、一体建设，严格执行党章，紧紧围绕党和国家工作大局推进党内法规制度建设，形成比较完善的党内法规体系，党内法规制度建设推进力度之大、取得成效之显著前所未有，党的建设科学化、制度化、规范化水平明显提高。习近平总书记围绕依规治党发表的一系列重要论述，立意高远，内涵丰富，思想深刻，对于我们增强依规治党的自觉性和坚定性，更好发挥党内法规在维护党中央集中统一领导、保障党长期执政和国家长治久安方面的重大作用，在推进新时代党的建设新的伟大工程、落实全面从严治党方面的重大作用，确保党在坚持和发展中国特色社会主义的历史进程中始终成为坚强领导核心，为全面建设社会主义现代化国家、全面推进中华民族伟大复兴提供坚强政治保证，具有十分重要的意义。为帮助广大干部群众学习、理解、掌握习近平总书记有关重要论述，特编辑形成了《习近平关于依规治党论述摘编》。该书内容摘自习近平总书记2012年11月至2022年6月期间的报告、讲话、文章、指示、批示等180多篇重要文献，共计400段论述，其中部分论述是第一次公开发表。

《习近平关于依规治党论述摘编》共分10个专题。在第一个专题“发挥依规治党对党和国家事业发展的政治保障作用”中，习近平总书记指出：要发挥依规治党对党和国家事业发展的政治保障作用，形成国家法律和党内法规相辅相成的格局。真正实现社会和谐稳定、国家长治久安还是要靠制度；制度优势是一个政党、一个国家的最大优势，制度稳则国家稳，制度强则国家强。要更多用制度治党、管权、治吏，向制度建设要长效，把制度优势充分释放出来。加强党内法规制度建设是全面从严治党的长远之策、根本之策，要把党内存在的突出矛盾和问题解决好，要有效化解党面临的重大挑战和危险，很重要的一条就是要完善规范、健全制度。在第二个专题“‘两个维护’是党的最高政治原则和根本政治规矩”中，习近平总书记指出：“两个维护”是党的最高政治原则和根本政治规矩，党的领导制度在中国特色社会主义制度中居于统领地位，其关键是维护党中央权威和集中统一领导，必须完善坚定维护党中央权威和集中统一领导的各项制度，健全党中央对重大工作的领导体制，以统一的意志和行动维护党的团结统一；维护党中央权威和集中统一领导，既包括维护党中央的领导制度及程序和规矩，也包括维护党中央的决策部署和工作安排。在第三个专题“党章是全面从严治党的总依据和总遵循”中，习近平总书记指出：党章是党的根本大法，集中体现了党的性质和宗旨、党的理论和路线方针政策、党的重要主张，规定了党的重要制度和体制机制，是全党必须共同遵守的根本行为规范，是全面从严治党的总依据和总遵循，也是全体党员言行的总规矩和总遵循。党章是一切党内法规制度的源头，建立健全党内法规制度体系，要以党章为根本依据。全党要牢固树立党章意识，认真学习党章、严格遵守党章，真正把党章作为加强党性修养的根本标准，作为指导党的工作、党内活动、党的建设的根本依据，把党章各项规定落实到行动上、落实到各项事业中。在第四个专题“完善和落实民主集中制的各项制度”中，习近平总书记指出：民主集中制是党的根本组织制度和领导制度，是党的各级领导班子的根本工作制度，也是中国特色社会主义民主政治的鲜明特点。要健全和认真落实民主集中制的各项具体制度，促使全党同志按照民主集中制办事，促使各级领导干部特别是主要领导干部带头执行民主集中制；要做到民主基础上的正确集中，就要严格按照程序办事、按照规则办事、按照集体意志办事。在第五个专题“紧紧围绕党和国家工作大局推进党内法规制度建设”中，习近平总书记指出：要坚持服务党和国家工作大局健全制度，为党的事业发展和全面从严治党提供制度保障。要把党中央作出的重大决策及时转化为具体政策和法规，加强部门间协调配合，增强战略一致性。要把握全面深化改革的阶段性特点和要求，注重系统集成、协同高效，一体推进坚持和巩固制度、完善和发展制度、遵守和执行制度。要以改革创新精神补齐制度短板，坚持以实践基础上的理论创新推动制度创新，防止脱离实际、内容模糊不清、滞后于实践。在第六个专题“扭住提高质量这个关键，加大党内法规制定力度”中，习近平总书记指出：立治有体、施治有序，必须做到前后衔接、左右联动、上下配套、系统集成。要把“四梁八柱”和“添砖加瓦”都搞好，加快形成覆盖党的领导和党的建设各方面的党内法规制度体系。建立制度，不能大而全也不能小而碎，不能“牛栏关猫”也不能过于烦琐，制度不在多，而在于精，在于务实管用，于法周延、于事简便，突出针对性和指导性。要坚持科学立规、民主立规，确保每项党内法规都立得住、行得通、管得了。在第七个专题“狠抓制度执行，真正让铁规发力、让禁令生威”中，习近平总书记指出：坚持依规治党，必须一手抓制定完善，一手抓贯彻执行，制定制度很重要，更重要的是抓落实。要坚决维护制度的严肃性和权威性，增强制度执行力，做到用制度管权管事管人，确保各项法规制度落地生根，真正让铁规发力、让禁令生威。要坚持有责必问、问责必严，把监督检查、目标考核、责任追究有机结合起来，形成法规制度执行强大推动力。要在全党开展法规制度宣传教育，引导广大党员、干部牢固树立法治意识、制度意识、纪律意识，懂法纪、明规矩，知敬畏、存戒惧，形成尊崇制度、遵守制度、捍卫制度的良好氛围。在第八个专题“坚持思想建党和制度治党同向发力”中，习近平总书记指出：从严治党要靠思想教育，更要靠制度保障，既要解决思想问题，也要解决制度问题，使加强制度治党的过程成为加强思想建党的过程，也要使加强思想建党的过程成为加强制度治党的过程。要坚持依规治党和以德治党相统一，坚持高标准和守底线相结合，把从严治党实践成果转化为道德规范和纪律要求。在第九个专题“坚持依法治国和依规治党有机统一”中，习近平总书记指出：新形势下我们党要履行好执政兴国的重大职责，必须依据党章从严治党、依据宪法治国理政；依法执政，既要求党依据国家法律治国理政，也要求党依据党内法规管党治党，要发挥依法治国和依规治党的互补性作用；依规治党深入党心，依法治国才能深入民心，必须坚持依法治国和制度治党、依规治党统筹推进、一体建设。党章等党规对党员的要求比法律要求更高，党员不仅要严格遵守法律法规，而且要严格遵守党章等党规，对自己提出更高要求。全面推进依法治国，必须努力形成国家法律法规和党内法规制度相辅相成、相互促进、相互保障的格局。在第十个专题“发挥领导干部‘关键少数’的模范带头作用”中，习近平总书记指出：要使制度真正生根生效，关键是领导干部要发挥带头作用；正人必先正己，正己才能正人，领导干部都要严格按法规制度办事，坚持法规制度面前人人平等、遵守法规制度没有特权、执行法规制度没有例外；越是主要领导干部，越要自觉增强法规制度意识，以身作则，以上率下；要组织领导干部学习党章、学习党规，不要犯了法、违了纪都说不知道。

习近平总书记全面阐述了坚持依规治党、加强党内法规制度建设的基本问题，深化了对党的建设和党长期执政的规律性认识，是习近平新时代中国特色社会主义思想的重要组成部分。我们必须深入学习领会和坚决贯彻落实习近平总书记关于依规治党的重要论述，确保党内法规工作始终沿着正确政治方向前进。

《习近平关于依规治党论述摘编》出版后，各地区各部门组织开展了形式多样的学习活动。广大党员干部表示，《习近平关于依规治党论述摘编》

反映了以习近平同志为核心的党中央推进新时代党内法规制度建设的历史进程、谋划部署、成就经验，为全党系统学习领会习近平总书记关于依规治党的重要论述提供了权威教材。很多同志谈到，10年来党内法规制度建设显著成就的取得，根本在于习近平新时代中国特色社会主义思想特别是习近平总书记关于依规治党的重要论述的科学指引，新征程上推动党内法规制度建设高质量发展，要更加自觉地将习近平总书记关于依规治党的重要论述作为根本遵循，学深悟透、贯彻落实。

二、制度成果

2021年7月1日，习近平总书记在庆祝中国共产党成立100周年大会上宣布，我们党已经“形成比较完善的党内法规体系”。2022年，党内法规制定工作马不停蹄，在完善党内法规体系上迈出新步伐，取得重要制度成果，特别是党的二十大对党章作了修改，实现了党的根本大法的又一次与时俱进。全年共制定修订党内法规235部。

(一)党的二十大对党章作出适当修改

2022年10月22日，党的二十大通过的《中国共产党章程(修正案)》，对党章作出50处修改，其中总纲部分的修改37处，条文部分的修改13处。党的全国代表大会根据理论创新和实践创新的需要对党章进行修改，是我们党的一个惯例。现行党章是依据党的十二大修改制定的。根据形势和任务的发展变化，党的十三大至十九大都对党章作了适当修改。实践证明，这些修改有利于更好发挥党章的规范和指导作用。党的二十大对党章主要作了以下修改。

1. 充实完善习近平新时代中国特色社会主义思想的科学内涵和历史定位

党的十九大以来，习近平总书记以马克思主义政治家、思想家、战略家的非凡理论勇气、卓越政治智慧、强烈使命担当，对关系新时代党和国家事业发展的一系列重大理论和实践问题进行了深邃思考和科学判断，提出一系列原创性的治国理政新理念新思想新战略，谱写了马克思主义中国化时代化新篇章。党章修正案对总纲第八自然段进行了充实完善，将顺应时代发展，从理论和实践结合上系统回答了新时代坚持和发展什么样的中国特色社会主义、怎样坚持和发展中国特色社会主义这个重大时代课题，修改为坚持把马克思主义基本原理同中国具体实际相结合、同中华优秀传统文化相结合，科学回答了新时代坚持和发展什么样的中国特色社会主义、怎样坚持和发展中国特色社会主义等重大时代课题；将“是马克思主义中国化最新成果”，修改为“是当代中国马克思主义、二十一世纪马克思主义，是中华文化和中国精神的时代精华”。同时，在推动中国特色社会主义进入新时代后，增写实现第一个百年奋斗目标，开启了实现第二个百年奋斗目标新征程的内容。

2. 增写党百年奋斗的重大成就和历史经验的内容

党在百年奋斗历程中始终践行初心使命，团结带领全国各族人民书写了中华民族几千年历史上最恢宏的史诗，创造了伟大成就，积累了宝贵经验。党章修正案在总纲第九自然段后增写一段，作为第十自然段，表述为：中国共产党自成立以来，始终把为中国人民谋幸福、为中华民族谋复兴作为自己的初心使命，历经百年奋斗，从根本上改变了中国人民的前途命运，开辟了实现中华民族伟大复兴的正确道路，展示了马克思主义的强大生命力，深刻影响了世界历史进程，锻造了走在时代前列的中国共产党。经过长期实践，积累了坚持党的领导、坚持人民至上、坚持理论创新、坚持独立自主、坚持中国道路、坚持胸怀天下、坚持开拓创新、坚持敢于斗争、坚持统一战线、坚持自我革命的宝贵历史经验，这是党和人民共同创造的精神财富，必须倍加珍惜、长期坚持，并在实践中不断丰富和发展。

3. 对党的奋斗目标的表述作了调整完善

根据习近平总书记在庆祝中国共产党成立一百周年大会上代表党和人民作出的庄严宣告，党章修正案将总纲第九自然段实现“两个一百年”奋斗目标、实现中华民族伟大复兴的中国梦而奋斗，修改为实现第二个百年奋斗目标、实现中华民族伟大复兴的中国梦而奋斗。同时，对总纲原第二十四自然段中国共产党要领导全国各族人民实现“两个一百年”奋斗目标、实现中华民族伟大复兴的中国梦的表述，作了相应修改。

4. 对关于社会主义初级阶段的相关内容作了调整和充实

党章修正案对总纲有关自然段内容作了修改完善。在总纲原第十自然段中，增写以中国式现代化全面推进中华民族伟大复兴的内容；将社会主义基本经济制度表述调整为：必须坚持和完善公有制为主体、多种所有制经济共同发展，按劳分配为主体、多种分配方式并存，社会主义市场经济体制等基本经济制度；将鼓励一部分地区和一部分人先富起来，逐步消灭贫穷，达到共同富裕，修改为鼓励一部分地区和一部分人先富起来，逐步实现全体人民共同富裕；将坚持创新、协调、绿色、开放、共享的发展理念，修改为把握新发展阶段，贯彻创新、协调、绿色、开放、共享的新发展理念，加快构建以国内大循环为主体、国内国际双循环相互促进的新发展格局，推动高质量发展；将全面建成小康社会修改为全面建设社会主义现代化国家；将经济和社会发展的战略目标调整表述为：到2035年基本实现社会主义现代化，到本世纪中叶把我国建成社会主义现代化强国。在总纲原第十二自然段中，增写充分发挥人才作为第一资源的作用的内容；将促进国民经济更高质量、更有效率、更加公平、更可持续发展，修改为促进国民经济更高质量、更有效率、更加公平、更可持续、更为安全发展。

5. 对“五位一体”总体布局方面作了充实

党的十九大以来，习近平总书记围绕统筹推进“五位一体”总体布局提出了一系列新理念新思想新战略。党章修正案对总纲相关自然段进行了充实。在总纲原第十六自然段中，增写中国特色社会主义法治道路的内容；将发展更加广泛、更加充分、更加健全的人民民主，修改为发展更加广泛、更加充分、更加健全的全过程人民民主；将推进协商民主广泛、多层、制度化发展，修改为推进协商民主广泛多层制度化发展；将建立健全民主选举、民主决策、民主管理、民主监督的制度和程序，修改为建立健全民主选举、民主协商、民主决策、民主管理、民主监督的制度和程序。在总纲原第十八自然段中，增写统筹发展和安全的内容。

6. 对国防和军队建设、统一战线、外交工作等方面的内容作了修改

党章修正案根据党的十九大以来习近平总书记关于国防和军队建设、统一战线、外交工作的重要思想观点，对总纲相关自然段作了修改。一是在总纲原第二十自然段中，将坚持政治建军、改革强军、科技兴军、依法治军，修改为坚持政治建军、改革强军、科技强军、人才强军、依法治军；增写把人民军队建设成为世界一流军队的内容。二是在总纲原第二十二自然段中，将按照“一个国家、两种制度”的方针，修改为全面准确、坚定不移贯彻“一个国家、两种制度”的方针；增写坚决反对和遏制“台独”的内容。三是在总纲原第二十三自然段中，增写弘扬和平、发展、公平、正义、民主、自由的全人类共同价值的内容；将推动建设持久和平、共同繁荣的和谐世界，修改为推动建设持久和平、普遍安全、共同繁荣、开放包容、清洁美丽的世界。

7. 对党的建设总体要求的调整充实

党的十九大以来，习近平总书记围绕新时代建设什么样的长期执政的

马克思主义政党、怎样建设长期执政的马克思主义政党的重大时代课题，提出一系列重要思想和重大举措，推动全面从严治党向纵深发展，党的建设取得丰硕成果。党章修正案吸收这些新成果，对总纲原第二十四至第二十九自然段进行了适当修改。一是增写弘扬坚持真理、坚守理想，践行初心、担当使命，不怕牺牲、英勇斗争，对党忠诚、不负人民的伟大建党精神；以伟大自我革命引领伟大社会革命等内容。二是在党的建设基本要求第一项坚持党的基本路线中，增写必须提高政治判断力、政治领悟力、政治执行力，增强贯彻落实党的理论和路线方针政策的自觉性和坚定性的内容。三是在基本要求第二项坚持解放思想，实事求是，与时俱进，求真务实中，将推进马克思主义中国化修改为推进马克思主义中国化时代化。四是在第二项基本要求后增写一项坚持新时代党的组织路线的基本要求，将党的建设基本要求从五项扩展为六项。把第一项坚持党的基本路线中的培养选拔党和人民需要的好干部，从组织上保证党的基本理论、基本路线、基本方略的贯彻落实等内容纳入这项基本要求中。具体表述为：坚持新时代党的组织路线。全面贯彻习近平新时代中国特色社会主义思想，以组织体系建设为重点，着力培养忠诚干净担当的高素质干部，着力集聚爱国奉献的各方面优秀人才，坚持德才兼备、以德为先、任人唯贤，为坚持和加强党的全面领导、坚持和发展中国特色社会主义提供坚强组织保证。全党必须增强党组织的政治功能和组织功能，培养选拔党和人民需要的好干部，培养和造就大批堪当时代重任的社会主义事业接班人，聚天下英才而用之，从组织上保证党的基本理论、基本路线、基本方略的贯彻落实。五是在原第五项基本要求坚持从严管党治党中，增写党的自我革命永远在路上，不断健全党内法规体系的内容；将强化管党治党主体责任和监督责任，修改为强化全面从严治党主体责任和监督责任；将构建不敢腐、不能腐、不想腐的有效机制，修改为一体推进不敢腐、不能腐、不想腐。

8. 对坚持党的全面领导方面作了充实

中国共产党是领导我们事业的核心力量。党的十九大以来，习近平总书记围绕坚持党的全面领导提出了一系列新观点新思想新论断，为加强和改善党的领导提供了根本遵循。党章修正案在总纲原第二十四自然段中增写坚持和加强党的全面领导的内容。在原第三十自然段中增写党是最高政治领导力量的内容。

9. 对党员和党的干部提出了新要求

根据习近平总书记对党员提出的新要求，在党员一章，党章修正案对党员义务进行了完善，增写学习党的历史，增强“四个意识”、坚定“四个自信”、做到“两个维护”的内容。根据习近平总书记在十九届中央纪委历次全会上的重要讲话精神，在党的干部一章，充实了党的各级领导干部必须具备的基本条件，在第 36 条第 5 项中增写反对特权思想和特权现象的内容。

10. 对党的基层组织和党组作出了新规定

党的十九大以来，党的组织建设及相关制度建设取得一系列重要成果。党章修正案吸收这些成果，重点对党的基层组织、党组两章部分条文进行了充实完善。在党的基层组织一章，着眼加强医院党的建设工作的实际需要，将医院明确列入第 30 条第 1 款规定的基层单位类型。充实党的基层组织的基本任务，在第 32 条第 2 项中增写推进党史学习教育常态化制度化的内容。根据习近平总书记在全国组织工作会议上的重要讲话精神，在第 33 条第 1 款中，进一步明确街道、乡、镇和村、社区党组织的地位和作用，相关内容表述为：街道、乡、镇党的基层委员会和村、社区党组织，统一领导本地区基层各类组织和各项工作，加强基层社会治理。同时，在第 33 条第 2 款中充实国有企业党委(党组)加强党组织自身建设的职责任务，增写领导统一战线工作和妇女组织的内容。在党组一章，把第 48 条中党组的职责定位调整表述为：党组发挥领导作用。根据党组设置的实际，充实第 50 条相关内容，明确建立党组性质党委的范围，表述为：在对下属单位实行集中统一领导的国家工作部门和有关单位的领导机关中，可以建立党委。

11. 对党的纪律、党的纪律检查机关两章作了调整和完善

党章修正案吸收近几年党的纪律建设和纪检体制改革的新成果，对党的纪律、党的纪律检查机关两章进行了必要充实。在党的纪律一章，将第 40 条第 2 款按照错误性质和情节轻重，给以批评教育直至纪律处分，修改为按照错误性质和情节轻重，给以批评教育、责令检查、诫勉直至纪律处分。在党的纪律检查机关一章，进一步明确派驻纪律检查组的范围，第 45 条第 4 款增写按照规定向有关国有企业、事业单位派驻党的纪律检查组的内容。根据习近平总书记在十九届中央纪委六次全会上的重要讲话精神，进一步充实党的各级纪律检查委员会的主要任务，第 46 条第 1 款增写推动完善党和国家监督体系的内容。

(二)党内法规体系得到进一步完善

2022 年，党内法规制定工作把坚持和完善“两个维护”体制机制作为

建章立制的首要政治任务，紧紧围绕保障党和国家工作大局，着眼坚持和加强党的全面领导、坚持全面从严治党，党中央以及中央纪委、中央各部门、各省(区、市)党委统筹推进党的组织法规、党的领导法规、党的自身建设法规、党的监督保障法规等各领域党内法规制定工作，制定修订了235部党内法规，包括中央党内法规14部，部委党内法规19部，地方党内法规202部，这些党内法规的出台，使得党内法规体系得到进一步完善。

1. 修订《中共中央政治局关于加强和维护党中央集中统一领导的若干规定》《中共中央政治局贯彻落实中央八项规定实施细则》

党的二十大胜利闭幕后不久，2022 年 10 月 25 日，二十届中共中央政治局会议审议通过《中共中央政治局关于加强和维护党中央集中统一领导的若干规定》《中共中央政治局贯彻落实中央八项规定实施细则》。会议强调，坚持和加强党中央集中统一领导是全党共同的政治责任，首先是中央领导层的政治责任。中央政治局要带头严格遵守党章和党内政治生活准则，全面落实党的二十大关于坚持和加强党中央集中统一领导的各项要求，深刻领悟“两个确立”的决定性意义，增强“四个意识”、坚定“四个自信”、做到“两个维护”，带头全面贯彻习近平新时代中国特色社会主义思想，不断提高政治判断力、政治领悟力、政治执行力，自觉在思想上政治上行动上同以习近平同志为核心的党中央保持高度一致，带领全党全国各族人民为全面建设社会主义现代化国家、全面推进中华民族伟大复兴而团结奋斗。会议强调，抓作风建设只有进行时，没有完成时。党的二十大对锲而不舍落实中央八项规定精神作出新部署，必须始终把中央八项规定作为长期有效的铁规矩、硬杠杠，抓住“关键少数”以上率下，持续深化纠治“四风”，重点纠治形式主义、官僚主义，坚决破除特权思想和特权行为，推动全党坚决落实中央八项规定精神，全面推进党的自我净化、自我完善、自我革新、自我提高，始终保持同人民群众的血肉联系，始终同人民同呼吸、共命运、心连心。中央政治局的同志要带头弘扬党的光荣传统和优良作风，严格执行中央八项规定，严于律己、严负其责、严管所辖，在守纪律讲规矩、履行管党治党政治责任等方面为全党同志立标杆、作表率。

2. 制定《中国共产党政治协商工作条例》

2022 年 5 月 27 日，中共中央政治局会议审议通过该条例。中共中央在印发该条例的通知中指出，条例坚持以习近平新时代中国特色社会主义思想为指导，坚持和加强党对政治协商工作的领导，提高政治协商工作科学化制度化规范化水平，是做好政治协商工作的基本遵循，制定该条例，对于坚持和完善中国共产党领导的多党合作和政治协商制度，巩固和发展爱国统一战线，具有重要意义。该条例共8章31条，包括总则、组织领导和职责、政治协商对象和内容、政治协商活动筹备、政治协商活动开展、政治协商成果运用和反馈、政治协商保障机制、附则。该条例所称政治协商，是在中国共产党领导下，中国共产党同各民主党派和各界代表人士围绕党和国家大政方针、经济社会发展重要问题以及其他重要事项开展的协商。该条例规定，政治协商是中国共产党领导的多党合作和政治协商制度的重要组成部分，是社会主义协商民主的重要形式，是凝聚智慧、增进共识、促进科学民主决策的重要途径。政治协商的基本方式有两种：一是中国共产党同各民主党派、无党派人士直接开展的协商，简称政党协商；二是中国共产党在人民政协同各民主党派和各界代表人士开展的协商，简称人民政协政治协商。政治协商工作坚持以习近平新时代中国特色社会主义思想为指导，深入贯彻习近平总书记关于加强和改进新时代党的统一战线工作的重要思想、关于加强和改进人民政协工作的重要思想，增强“四个意识”、坚定“四个自信”、做到“两个维护”，贯彻落实发展全过程人民民主要求，坚持和完善中国共产党领导的多党合作和政治协商制度，坚持大团结大联合，坚持一致性和多样性相统一，通过党领导下的政治协商工作的制度体系和工作机制，提升政治协商效能，为全面建设社会主义现代化国家、实现中华民族伟大复兴凝聚起共同奋斗的力量。政治协商工作应当遵循四项原则：一是坚持党的全面领导，二是坚持围绕中心、服务大局，三是坚持发扬民主、坦诚协商，四是坚持政治引领、凝聚共识。该条例对组织领导和职责作出明确规定：(1)党中央对政治协商工作实行集中统一领导，统一制定政治协商工作大政方针，研究决定事关政治协商工作全局和长远发展的重大事项，保证政治协商始终坚持正确政治方向。党中央组织开展中央层面的政党协商，领导和支持全国政协依照《中国人民政治协商会议章程》和有关规定做好政治协商工作。(2)地方党委在政治协商工作中的主要职责是贯彻落实党中央关于政治协商工作的方针政策和决策部署以及上级党委工作要求，指导下级党组织做好政治协商有关工作；把政治协商工作纳入党委重要议事日程，及时研究解决政治协商工作中的重要问题；按照规定与同级民主党派组织、无党派人士开展政党协商，领导和支持本级政协做好政治协商工作；支持民主党派、无党派人士提高政治协商能力，更好履行职责、发挥作用。(3)党委统战部在政治协商工作中的主要职责是贯彻落实党中央关于政治协商工作的方针政策和决策部署以及上级党委、同级党委工作要求；受党委委托，组织开展政党协商，向党委请示报告政党协商工作并提出意见建议；完成党委交办的政治协商其他有关工作。(4)政协党组在人民政协政治协商工作中的主要职责是贯彻落实党中央关于政治协商工作的方针政策和决策部署以及上级党委、同级党委工作要求，依规依章程组织开展人民政协政治协商工作；坚持民主集中制，严格执行重大事项请示报告制度，重要协商活动报经党委批准，执行落实情况及时向党委报告；加强政协委员队伍建设，引导委员深入学习党的理论和路线方针政策，认真履行协商职责，切实提高协商能力，发挥党员委员在政治协商中的政治引领作用；完成党委交办的人民政协政治协商其他有关工作。

3. 制定《信访工作条例》

2022年1月24日，中共中央政治局会议审议通过该条例。中共中央、国务院在印发条例的通知中指出，信访工作是党的群众工作的重要组成部分，是了解社情民意的重要窗口，该条例以习近平新时代中国特色社会主义思想为指导，深入贯彻习近平总书记关于加强和改进人民信访工作的重要思想，总结党长期以来领导和开展信访工作经验特别是党的十八大以来信访工作制度改革成果，坚持和加强党对信访工作的全面领导，理顺信访工作体制机制，是新时代信访工作的基本遵循。该条例围绕做好新时代信访工作的体制机制、职责任务、处理程序、监督体系等进行顶层设计，共6章50条，主要规定了四个方面内容：一是规定做好新时代信访工作的总体要求。明确了制定目的和依据、适用范围，对信访工作的地位作用、指导思想、主要原则及工作要求等作出规定。二是规定信访工作体制和工作格局。确立了党领导下的信访工作体制和格局，明确党委、政府、信访工作联席会议、信访部门以及各方力量在信访工作中的定位和职责，同时明确了信访工作保障措施。三是规定信访事项处理程序。明确各类信访事项提出、受理、办理的形式、渠道、程序和方式，体现了党的机关、人大机关、行政机关、政协机关、监察机关、审判机关、检察机关等处理信访事项不同的程序要求。四是规定信访工作监督体系。健全信访工作监督机制，对责任追究的情形和方式等作出明确规定。该条例对信访人提出信访事项作出明确规定，信访人可以采用信息网络、书信、电话、传真、走访等形式，向各级机关、单位反映情况，提出建议、意见或者投诉请求，并对信访人提出信访事项明确了三个方面的要求：一是规定信访人一般应当采用书面形式提出信访事项，提出信访事项应当客观真实，同时对信访事项已经受理或者正在办理的，信访人在规定期限内向受理、办理机关、单位的上级机关、单位又提出同一信访事项的等情形，作出了相关规定。二是规定信访人采用走访形式提出信访事项的，应当到有权处理的本级或者上一级机关、单位设立或者指定的接待场所提出；多人走访提出共同的信访事项，应当推选不超过5人的代表。走访提出涉及诉讼权利救济的信访事项，应当按照法律法规规定的程序向有关政法部门提出。进一步压实属地责任，规定各级机关、单位应当认真接待处理群众来访，把问题解决在当地，引导信访人就地反映问题。三是规定信访人在信访过程中应当遵守相关法律、法规，不得损害国家、社会、集体的利益和其他公民的合法权利，自觉维护社会公共秩序和信访秩序，不得有在机关、单位办公场所周围、公共场所非法聚集等行为。该条例对信访事项的受理办理程序作出明确规定，根据信访事项性质的不同，区分建议意见类、检举控告类、申诉求决类事项，分别明确了受理办理程序，保证合理合法诉求依照法律规定和程序就能得到合理合法的结果。其中，针对建议意见类信访事项，规定有权处理的机关、单位应当认真研究论证；同时规定各级党委和政府应当健全人民建议征集制度，主动听取群众的建议意见。针对检举控告类信访事项，规定纪检监察机关或者有权处理的机关、单位应当依规依纪依法接收、受理、办理和反馈，党委和政府信访部门应当按照干部管理权限向有关部门和负责同志通报、报送反映干部问题的信访情况。针对申诉求决类事项，进一步细分为六种情形进行处理：一是涉法涉诉事项办理程序，适用于审判机关、检察机关、公安机关；二是仲裁程序，适用于仲裁部门；三是办理党员申诉等事项的党内程序，适用于党的机关；四是办理行政复议等事项的行政程序；五是依法履行查处违法行为职责，适用于行政机关；六是不属于以上情形的事项，听取信访人陈述事实和理由，并调查核实，出具信访处理意见书，适用于所有机关、单位。对属于第六种情形的事项，信访人可以申请复查复核。该条例对需要进行责任追究的情形和方式作出明确规定，对机关、单位，规定引发问题责任、登记转送交办责任、受理问题责任、处理问题责任以及其他责任，对违反责任的机关、单位及人员依规依纪依法严肃处理；对信访人，规定滋事扰序、缠访闹访情节严重，构成违反治安管理行为的，或者违反集会游行示威相关法律法规的，由公安机关依法采取必要的现场处置措施、给予治安管理处罚，构成犯罪的，依法追究刑事责任。

4. 修订《推进领导干部能上能下规定》

2022年8月19日，中共中央政治局常委会会议审议通过修订该规定。中共中央办公厅在印发规定的通知中指出，该规定以习近平新时代中国特色社会主义思想为指导，贯彻新时代党的建设总要求和新时代党的组织路线，吸收了全面从严治党的新鲜经验，健全能上能下的选人用人机制，对于推动形成能者上、优者奖、庸者下、劣者汰的用人导向和从政环境，建设忠诚干净担当的高素质执政骨干队伍，具有重要意义。这次规定修订把握以下四点：一是聚焦突出问题。推进领导干部能上能下的难点是解决能下问题，主要是怎样把那些存在一定问题、但还不到严重违纪违法程度的干部调整下来。这次修订重点围绕调整不适宜担任现职干部，细化完善具体情形、调整程序、调整方式等。二是加大推进力度。在适用范围上，将国有企事业单位中担任领导职务的人员增列为参照执行范围；在具体情形上，严格干部管理标准，体现严的主基调。三是强化责任担当。明确党委（党组）及其组织（人事）部门的责任，建立调整不适宜担任现职干部纪实报备制度。四是注重衔接协调。作为推进领导干部能上能下的专门规定，注意把握与问责条例、纪律处分条例、组织处理规定等相关法规制度的关系，努力形成制度合力。这次规定修订新增6条内容，整合、删除7条，涉及干部下的渠道、适用范围、不适宜担任现职的主要情形、分析研判、核实认定、调整程序、调整方式、工作责任等内容，主要包括以下四个方面：一是整合下的渠道。重点围绕解决能下问题，对此前规定的到龄免职（退休）、任期届满离任、健康原因、问责、党纪政务处分等渠道进行整合，突出了对不适宜担任现职干部的组织调整。现有党内法规制度已有明确规定的，留下制度接口，不重复规定。二是充实完善不适宜担任现职的主要情形。坚持对干部高标准严要求，重点针对近年来从严管理干部中遇到的突出问题，从政治表现、理想信念、斗争精神、政绩观、执行组织纪律、担当作为、能力素质、工作作风、道德品行等方面，完善了不适宜担任现职的15种具体情形。三是优化核实认定和调整程序。该规定进一步明确了有关方面特别是组织（人事）部门的组织实施、日常管理责任，强调要把功夫下在平时，深化对干部的日常了解，定期分析研判考核考察、巡视巡察、审计、统计等情况，准确识别不适宜担任现职的干部。坚持客观公正、实事求是，优化了调整程序，明确在核实认定环节，可以根据需要与干部本人谈话听取说明；在组织决定前，根据干部双重管理规定，要求主管方按规定程序征求协管方意见。四是增加调整安排方式。根据新修订的公务员法等制度规定，对此前规定的“调离岗位”“改任非领导职务”的表述作了修改，增加了“提前退休”调整安排方式，明确符合提前退休条件的可办理提前退休。为破解职数制约“瓶颈”，对调整安排时有关超职数报批和消化问题作出专门规定。

5. 制定《乡村振兴责任制实施办法》

2022年11月28日，中共中央办公厅、国务院办公厅印发该办法。全面实施乡村振兴战略的深度、广度、难度都不亚于脱贫攻坚，必须加强顶层设计，以更有力的举措、汇聚更强大的力量来推进，制定出台办法具有重要意义。该办法共7章29条，确定了中央统筹、省负总责、市县乡抓落实的乡村振兴工作机制，明确了乡村振兴责任落实、组织推动、社会动员、要素保障、考核评价、工作报告、监督检查等“一揽子”推进机制，确保乡村振兴扎实稳妥推进。一方面，该办法对中央和国家机关有关部门推进乡村振兴主要责任内容、责任要求和责任主体作出了具体规定：明确部门推进乡村振兴8个方面具体责任，拟订并组织实施乡村振兴战略规划、重大政策、重大工程等，提出和落实推进乡村发展、乡村建设、乡村治理的主要目标和重大举措；规定中央农村工作领导小组办公室负责牵头组织开展乡村振兴重大政策研究、重大事项协调、重大任务督促落实等工作，中央和国家机关有关部门落实行业或者领域内乡村振兴各项任务，加强对本单位本系统乡村振兴工作的领导，建立健全乡村振兴工作机制。另一方面，该办法明确了地方党委和政府推进乡村振兴14个方面具体责任，包括确保粮食和重要农产品供给，巩固拓展脱贫攻坚成果，规划发展乡村产业，组织实施乡村建设行动，加强农村基层组织建设，以县域为重要切入点加快城乡融合发展。该办法分级明确了省、市、县、乡、村五级的具体责任要求：省级党委和政府对本地区乡村振兴工作负总责，并确保乡村振兴责任制层层落实；市级党委和政府负责本地区乡村振兴工作，做好上下衔接、域内协调、督促检查，发挥好以市带县作用；县级党委和政府是乡村振兴“一线指挥部”，整合各类资源要素，做好乡村振兴进度安排、资金使用、项目实施、工作推进等，组织落实好各项政策措施；乡镇党委和政府应当把乡村振兴作为中心任务，发挥基层基础作用；村党组织统一领导村级各类组织和各项工作，组织动员农民群众共同参与乡村振兴。

6. 制定《中央生态环境保护督察整改工作办法》

此前，2019年6月，中共中央办公厅、国务院办公厅印发的《中央生态环境保护督察工作规定》，对督察整改作了原则规定。为了进一步推进督察整改工作的规范化、制度化，完善督察整改工作长效机制，形成发现问题、解决问题的督察整改管理闭环，党中央专门制定出台《中央生态环境保护督察整改工作办法》，并于2022年1月由中共中央办公厅、国务院办公厅印发。该办法共6章26条。第一章"总则"规定制定目的和依据、适用范围、工作原则等。第二章"职责分工"规定中央生态环境保护督察工作领导小组、中央生态环境保护督察办公室、省级党委和政府、中央和国家机关有关部门在督察整改中的职责。第三章"工作程序"规定整改方案编制报批、整改实施、验收销号、定期报告和对外公开等。第四章"监督保障"规定清单化管理、定期调度、盯办抽查、跟踪报道等，并明确针对督察整改不力的，可以采取通报、督导、约谈和专项督察等措施。第五章"纪律要求"规定督察整改纪律及相关要求。第六章"附则"规定解释机关和施行时间。该办法规范了督察整改工作的程序和要求，以解决目前整改过程中存在的一些突出问题，同时对已经实践检验、成熟有效的工作流程予以固化。相关规定主要包括：一是督察整改方案编制报批。省级党委和政府组织编制督察整改方案，报送党中央、国务院批准。二是督察整改实施。整改实施主体按照督察整改方案开展整改工作。省级生态环境保护督察将中央生态环境保护督察反馈问题整改情况作为重要内容。省级督察整改领导机制督促有关地方、部门严格落实整改任务及措施，做好对督察进驻期间人民群众举报的生态环境问题的调查处理。三是验收销号。已完成的督察整改任务应进行验收销号。若整改任务已落实整改措施并达到整改目标，经验收、公示后可予以销号。四是定期报告和对外公开。各省(区、市)应定期向党中央、国务院报告督察整改有关情况，重要情况及时报告。

7. 制定《创建示范活动管理办法(试行)》

2022年4月20日，中共中央办公厅、国务院办公厅印发该办法。制定该办法旨在规范和加强创建示范活动管理，深入改进作风，力戒形式主义，切实为基层减负，充分发挥创建示范引领作用。该办法共24条，对创建示范活动的适用范围、申请、审批、开展、监督追责等作出规定。该办法所称创建示范活动，是指各地区各部门为提高政策落实水平，推动高质量发展，对某项工作设置科学合理的考评指标体系，采取必要的推动措施，动员组织相关地方或者单位开展创建，通过评估、验收等方式，对符合标准的对象以通报、命名、授牌等形式予以认定，总结推广经验做法，发挥示范引领作用的活动。至于年度考核、绩效考核、目标考核、责任制考核，属于业务性质的资质评定、等级评定、技术考核，技术示范、改革试点工作，以及以本单位内设机构为对象开展的创建示范活动，不属于该办法所规范的创建示范活动。

8. 制定《纪检监察机关派驻机构工作规则》

2022年6月22日，中共中央办公厅印发该规则。印发该规则的通知指出，该规则坚持以习近平新时代中国特色社会主义思想为指导，深入贯彻党的十九大和十九届历次全会精神，着眼健全系统集成、协同高效的派驻监督体制机制，对各级纪检监察机关派驻机构的组织设置、领导体制、工作职责、履职程序、管理监督作出全面规范，对于推进派驻机构工作规范化、法治化、正规化，推动新时代派驻监督工作高质量发展，具有重要意义。该规则共7章56条，包括总则、组织设置、领导体制、工作职责、履职程序、监督管理、附则。

9. 制定《领导干部配偶、子女及其配偶经商办企业管理规定》

制定该规定，对于规范和制约权力运行，从源头上防止领导干部利用职权或职务影响谋取不当利益，促进领导干部廉洁从政、廉洁用权、廉洁修身、廉洁齐家，具有重要意义。该规定明确，领导干部配偶、子女及其配偶经商办企业管理的适用对象，主要是党政机关、群团组织、企事业单位厅局级及相当职务层次以上领导干部；经商办企业情形，主要是投资开办企业、担任私营企业或外资企业等高级职务、私募股权基金投资及从业、从事有偿社会中介和法律服务等行为。该规定对不同层级、不同类别领导干部配偶、子女及其配偶经商办企业分别提出了禁业要求，领导干部职务层次越高要求越严，综合部门严于其他部门。该规定要求，领导干部每年报告个人有关事项时，应当如实填报配偶、子女及其配偶经商办企业情况，年度集中报告后新产生的经商办企业情况要及时报告。对领导干部报告情况要进行随机抽查和重点查核，发现有关经商办企业违反禁业规定的，责令领导干部作出说明，由其配偶、子女及其配偶退出经商办企业，或者由领导干部本人退出现职、接受职务调整，并视情况给予领导干部相应处理处分。其中，对拟提拔或进一步使用的领导干部，结合干部选拔任用“凡提四必”进行查核，不符合拟任岗位禁业规定的，应退出经商办企业，不同意退出的不予任用。该规定要求，对领导干部不如实报告配偶、子女及其配偶经商办企业情况，配偶、子女及其配偶违反禁业规定经商办企业和以委托代持、隐名投资等形式虚假退出，以及利用职权为配偶、子女及其配偶经商办企业提供便利、谋取私利等行为，依规、依纪、依法进行严肃处理，对管理不力造成严重后果或不良影响的责任单位和责任人员进行严肃问责。

截至2022年年底，全党共有党内法规3766部。就其层级而言，中央党内法规224部，部委党内法规190部，地方党内法规3352部；就其领域而言，党的组织法规171部，党的领导法规833部，党的自身建设法规1330部，党的监督保障法规1432部；就其名称而言，党章1部，准则3部，条例47部，规定870部，办法2126部，规则97部，细则622部。

三、工作成果

（一）各地区各部门深入学习贯彻第二次全国党内法规工作会议精神

2021年12月召开的第二次全国党内法规工作会议，对党的十八大以来党内法规制度建设的重要成就和宝贵经验作了全面总结，对加强新时代党内法规制度建设作出了部署安排。2022年，各地区各部门以多种方式认真传达学习贯彻习近平总书记的重要指示和会议精神，进一步强化了推进依规治党的自觉性和坚定性，紧密结合实际对加强本地区本系统党内法规制度建设作出了新的部署安排。一些省在省党代会、省委全会上对党内法规制度建设作出部署；20多个省（区、市）专门召开本地区党内法规工作会议，研究提出贯彻落实的具体举措；一些中央部委和省委还印发了专门的学习贯彻文件。

（二）统筹推进党内法规工作全链条各方面工作

党的十八大以来，党内法规工作形成了一个比较完整的链条，涵盖立项、起草、审核、解释、备案审查、清理、督促落实、理论研究等多个环节。2022年，党内法规工作紧紧围绕保障党和国家工作大局发力，紧扣推进依规治党，承接党内法规制度建设活动，统筹推进全链条各环节工作。（1）就立项工作而言，在中央、部委、地方三个层面普遍实行立项制度，兼用按照决策部署和指示要求直接立项、制定年度计划集中立项、一事一报一批单独立项等方式，坚持先立项后起草、不立项不起草，从严从紧严格按标准立项，充分考虑建章立制的必要性和可行性，加强谋划、有的放矢，着眼推动党内法规体系更加完善，补短板、强弱项。(2)就起草工作而言，党内法规牵头起草部门和单位坚持质量为上，充分调研论证、广泛听取意见，注重“开门立规”、集思广益，善于运用新鲜经验支撑制度创新，通过制度创新推动解决实际问题。(3)就审核工作而言，中共中央办公厅法规局和各地区各部门党内法规工作机构，坚持严细深实，按照细致、精致、极致的审核标准，积极推进深度审核，切实把好党内法规草案的政治政策关、法律法规关、文风文字关，有效防止党内法规“带病上会”“带病出台”。(4)就解释工作而言，党内法规制定机关或者授权解释机关积极回应党内法规实施过程中需要明确立规原义、阐明条文含义、明确规定疑义、澄清理解歧义等问题，进一步提高解释的准确性及时性，通过正式的解释以及非正式的工作答复等多种方式，有效发挥解释的解疑释惑、推动制度更好实施的作用。(5)就备案审查工作而言，坚持“有件必备、有备必审、有错必纠”，在充分彰显备案审查的监督功能和纠错作用的同时，贯彻落实好党中央提出的疫情要防住、经济要稳住、发展要安全的要求，在备案审查中加强对疫情防控形势和经济社会发展政策措施的分析研判，把握好法规制度和政策措施的时度效，在最大程度上把维护法规政策的统一性与激励地方制度政策创新二者兼顾好，在服务保障大局全局工作中体现“多帮忙添彩、不添堵添乱”。各地区各部门全年共向党中央报备党内法规和规范性文件3000多件，发现和处理“问题文件”200多件；省市县三级党委共审查报备文件10多万件，发现和处理“问题文件”近2万件。(6)就清理工作而言，统筹使用集中清理、即时清理、专项清理等方式，有效解决现行有效党内法规制度中的不适应不协调不衔接不一致等问题。按照党中央部署，在全国范围内开展涉计划生育党内法规和规范性文件专项清理工作，废止和宣布失效一大批法规文件，保证了党规党纪同国家法律党的政策的协调统一。(7)就督促落实工作而言，抓住关键环节、关键条规、关键人，多措并举推动党内法规制度执行有力、落地见效。纪委和组织部门督促指导、贯彻执行党中央要求和选举工作条例，保证党委换届风清气正；有关中央和国家机关加强对《中国共产党统一战线工作条例》《中国共产党政法工作条例》《信访工作条例》等重要党内法规贯彻执行的督促检查力度。(8)就理论研究而言，党内法规基础研究与应用研究齐头并进，研究主题更加丰富、重大主题更加聚焦、研究平台支撑更加有力、研究队伍进一步壮大，理论研究的广度、深度、厚度、锐度、创新度有明显进步，揭示了更多的党规之理，党内法规制度建设的学理支撑更加有力。中央有关部门在国家社科基金课题指南中立项资助或委托开展党内法规课题研究 20 余项，注重发挥对党内法规理论研究的“风向标”作用。新出版党内法规研究著作 10 部，发表数百篇理论研究文章，形成一批较高质量的研究成果。武汉大学获批创办的第一本党内法规学术期刊《党内法规研究》出版发行。《习近平法治思想研究与实践》等刊物开设专栏刊发党内法规理论文章。加大党内法规研究机构建设力度，全国新设立党内法规研究中心 8 个，研究力量和研究水平得到新提升。截至目前，全国共有党内法规研究机构 89 个，党内法规学术团体 11 个。同时，中央有关部门贯彻落实党中央部署，积极推进将党内法规学纳入二级学科指导性目录的研究论证，党内法规学科建设和人才培养取得新进展。

(三)广泛宣传新时代党内法规制度建设历史性成就

各地区各部门紧紧围绕迎接党的二十大胜利召开，开展形式多样的党内法规制度建设成就主题宣传活动。中共中央办公厅法规局在《人民日报》上署名发表《充分发挥依规治党的政治保障作用——以习近平同志为核心的党中央加强党内法规制度建设纪实》《新时代党内法规制度建设的历史性成就》等文章，开展新时代党内法规制度建设十年巡礼和“贯彻二十大、奋进新征程”主题征文活动。特别是在“奋进新征程”主题成就展“全面从严治党、保持党的生机活力”展区，单设“党内法规体系”展柜，设计由党内法规单行本构筑的“规”字形书架，制作播放“党内法规这十年”宣传片，引起强烈反响。中央有关部门完成《中国共产党党内法规体系》英文单行本翻译出版、《中国共产党依规治党选编》法语和西语版翻译编辑工作，积极对外宣介中国共产党制度治党、依规治党的成功实践和重大成就。此外，2022 年，国家邮政局发行《第一部〈中国共产党章程〉通过一百周年》纪念邮票，推动广大党员干部牢固树立党章意识，更加自觉地学习党章、遵守党章、贯彻党章、维护党章。

四、实际成效

一切制度都旨在保障治理、促进发展，通过保障治理来促进发展，制度优劣与否区别在于，好制度能够有效保障善治、促进高质量发展。党内法规也不例外。2022 年，党内法规制度建设在引领和保障国家治理、促进经济社会高质量发展上持续开花结果。回顾 1 年、回望 5 年、总结新时代 10 年，党内法规制度建设在推动伟大变革、取得伟大成就中发挥了重要作用，依规治党为取得历史性成就、发生历史性变革提供了坚强政治保障。

实践表明，中国共产党作为世界最大政党在人口最多国家长期执政，历史久、人数多、规模大、责任重，要解决好大党独有难题，就必须坚定不移推进全面从严治党，把依规治党当作管党治党基本方式。坚持依规治党，就是要紧紧依托党内法规的强烈政治属性、鲜明价值导向、科学治理逻辑、统一规范功能，充分彰显党内法规制度保障的根本性、全局性、稳定性、长期性，注重以党章党规的权威性保证党中央集中统一领导和党的团结统一，以党章党规的规范性保证党的领导和党的建设活动有序推进，以党章党规的确定性保证党的工作和党员行为可预期，以党章党规的约束性保证党组织和党的干部正确用权，以党章党规的科学性保证党和国家事业行稳致远，以党章党规的人民性保证我们党始终不忘初心、牢记使命。

党的十八大以来，以习近平同志为核心的党中央创造性提出坚持依规治党，并紧紧围绕党和国家工作大局持续深化依规治党，对党内法规制度建设重视程度之高前所未有，出台党内法规数量之多前所未有，党的领导制度保障之强前所未有，党的建设制度改革力度之大前所未有，党内法规制度执行之严前所未有，开辟了新时代依规治党新境界，形成了中国共产党之治、中国之治的独特优势，为我们党统筹推进伟大斗争、伟大工程、伟大事业、伟大梦想提供了坚强有力的制度保障。因此，要保持党的先进性和纯洁性、维护党的团结统一，必须坚持依规治党，“加强党内法规制度建设是全面从严治党的长远之策、根本之策”；党执政治国、执政兴国必须重视党规之治，以充分彰显党内法规在保障党和国家事业发展上的独特制度优势和政治效能。

概括起来，包括2022年在内的新时代10年，党内法规制度建设取得的治理成果主要体现在以下三个方面。

(一)强化根本政治保证

加强党内法规制度建设，要充分彰显党内法规的强烈政治属性、鲜明价值导向、科学治理逻辑、统一规范功能，着眼党的事业发展、聚焦党的领导、推进党的建设做好制度保障大文章，发挥依规治党的政治保障作用，为党和国家事业发展提供坚强政治保证。在这个意义上，新时代党内法规制度建设始终紧紧围绕坚持和发展中国特色社会主义这个主题，以党章载入“两个确立”、用党章党规保障“两个维护”解决政治保证的“根本性”问题，在此基础上，通过健全党的全面领导制度和党的建设制度解决政治保证的“体系化”问题，据此强化统揽“四个伟大”的政治保证。

明确了“两个确立”。党的十九大修改的党章明确要求坚定维护以习近平同志为核心的党中央权威和集中统一领导，明确将习近平新时代中国特色社会主义思想确立为党的指导思想，这就将“两个确立”载入了党的根本大法。党的十九届六中全会通过的《中共中央关于党的百年奋斗重大成就和历史经验的决议》指出：党确立习近平同志党中央的核心、全党的核心地位，确立习近平新时代中国特色社会主义思想的指导地位，反映了全党全军全国各族人民的共同心愿，对新时代党和国家事业发展、对推进中华民族伟大复兴历史进程具有决定性意义。“两个确立”是在党的十八大以来的伟大实践中形成的，是党取得的重大政治成果。“两个确立”作为全党全军全国各族人民的高度共识和共同意志，不仅载入了十九大党章，而且写在了新时代伟大征程上，写在了中国大地上，写在了全党全军全国各族人民心坎上。“两个确立”是做好一切工作的信心之本，是战胜一切艰难险阻、应对一切不确定性的最大确定性、最大底气、最大保证。

注重发挥党内法规制度建设在推动习近平新时代中国特色社会主义思想贯彻落实上的重要作用。思想引领制度建设，制度推动思想落实。习近平新时代中国特色社会主义思想是当代中国马克思主义、21 世纪马克思主义，是中华文化和中国精神的时代精华，实现了马克思主义中国化新的飞跃。党的十八大以来的党内法规制度建设过程，就是深入学习贯彻习近平新时代中国特色社会主义思想的过程。在制定修订每部党内法规时，都注重同习近平总书记的有关重要论述对标对表，充分反映习近平总书记关于这方面工作的重要指示和要求。总体来看，习近平总书记关于改革发展稳定、内政外交国防、治党治国治军等一系列相关新理念新思想新战略，都全面体现到党的十八大以后制定修订的全部党内法规之中。党内法规体系作为一个整体，成为习近平新时代中国特色社会主义思想的法规化、制度化表达。由此可见，加强党内法规制度建设，对于更好推动贯彻落实习近平新时代中国特色社会主义思想、运用党的创新理论科学指引党和国家事业发展具有极其重要的作用。

健全“两个维护”制度保障。习近平总书记强调，治理好我们这个世界上最大的政党和人口最多的国家，必须坚持党的集中统一领导，维护党中央权威，确保党始终总揽全局、协调各方。推进新时代党内法规制度建设，一直把完善“两个维护”体制机制作为首要政治任务，为贯彻这个党的最高政治原则和根本政治规矩提供有力制度支撑。在建章立制过程中，自觉把“两个维护”的要求落实到党的领导法规、党的组织法规、党的自身建设法规和党的监督保障法规等各方面，体现到党内法规制度建设的总体要求、方针原则、具体条文中；自觉把“两个维护”作为检验党内法规的根本标尺，符合的就旗帜鲜明坚持，偏离的就坚决纠正，该完善的就完善，该修订的就抓紧修订。

（二）提供党的领导和党的建设行动框架

党内法规以规范和加强党的全面领导和党的建设为己任。党的十八大以来，新时代党内法规制度建设聚焦党的领导和党的建设制定实施党内法规，推动党的领导更加坚强、党的建设更加有力。一方面，党的领导制度保障之强前所未有，党总揽全局、协调各方的领导核心作用得到充分发挥。党中央旗帜鲜明坚持和加强党的全面领导，在党章中明确规定“党政军民学，东西南北中，党是领导一切的”。制定出台中央委员会工作条例、中央政治局关于加强和维护党中央集中统一领导的若干规定等，建立完善重大事项向党中央请示报告制度，保证全党坚决做到“两个维护”；制定出台党中央领导经济工作规定、组织工作条例、宣传工作条例、统一战线工作条例、政法工作条例、机构编制工作条例、农村工作条例、党领导国家安全工作条例、军队党的建设条例、军队政治工作条例等，保证党对各项事业的领导；制定出台地方党委工作条例、党组工作条例、党的工作机关条例等，保证各级党委（党组）充分发挥领导作用。这些党的领导制度的制定实施，推动从根本上扭转了一段时期以来落实党的领导弱化、虚化、淡化、边缘化问题，推动党的执政地位进一步巩固、领导体制机制更加健全、执政能力和领导水平不断提升。另一方面，党的建设制度改革力度之大前所未有，为推动全面从严治党向纵深发展提供了强劲制度支撑。党中央坚定不移推进全面从严治党，坚持不懈深化党的建设制度改革，把党的制度建设贯穿党的各方面建设。我们坚持把党的政治建设摆在首位，制定出台关于新形势下党内政治生活的若干准则、关于加强党的政治建设的意见等，推动党内政治生活气象更新、党内政治生态明显好转；坚持用党的创新理论武装全党，丰富完善党内集中教育体系，制定出台党委（党组）理论学习中心组学习规则等，推动广大党员、干部更加自觉贯彻党的基本理论、基本路线、基本方略；坚持新时代党的组织路线，制定修订干部选拔任用工作条例、干部教育培训工作条例、干部考核工作条例等，保障培养造就忠诚干净担当的高素质执政骨干队伍；坚持强基固本，制定修订机关、国有企业、高校、农村基层党组织工作条例和党支部工作条例等，推动基层党组织全面进步、全面过硬；坚持把权力关进制度的笼子里，制定修订党内监督条例、巡视工作条例、问责条例等，加强全方位监督管理；坚持正风肃纪反腐，制定出台中央八项规定、廉洁自律准则、党纪处分条例等，以优良的作风和严明的纪律赢得人民信赖和拥护。党的建设制度改革深入推进，党内法规制度基本实现党建工作全覆盖，有力推动管党治党严起来、实起来、硬起来，全面从严治党的政治引领和政治保障作用充分发挥，党在革命性锻造中更加坚强有力，有效保持了党的先进性和纯洁性。

在加大建章立制力度以保证党的领导和党的建设活动有规可依的同时，坚持有规必依、执规必严、违规必究，保证党内法规制度规定落实落地。党中央以钉钉子精神狠抓党内法规制度贯彻落实，建立党内法规制度执行责任制，打通制度实施的“最初一公里”和“最后一公里”，着力破解“中梗阻”，切实维护制度严肃性和权威性。开展党的群众路线教育实践活动、“三严三实”专题教育、“两学一做”学习教育、“不忘初心、牢记使命”主题教育、党史学习教育，都把学习对照党章党规作为重点，督促广大党员干部把党章党规党纪内化于心、外化于行。把党内法规制度执行情况作为督促检查、巡视巡察重要内容，对党内法规制度执行中存在的问题开展专项整治，不留“暗门”、不开“天窗”，不忽视“灯下黑”，严肃查处各种违规行为，产生强大制度震慑。

（三）引领国家治理、推进事业发展

中国之治要靠中国共产党之治来引领，中国共产党之治要靠党规之治来保障，党规之治对于国家治理的引领和保障作用毋庸置疑。党的十八大以来，党内法规在引领和保障国家治理上的重要作用有目共睹，可以说，党规之治辐射到国家治理全域。尽管党内法规有其专属调整领域，并不是对国家治理所有事务直接作出调整，但它依靠“坚持党对一切工作的领导”这一根本政治原则，能够直接或间接地作用于国家治理的一切事务，其“溢出效应”远远超过其直接调整范围，从而对国家治理各领域产生不同程度的影响。党规之治对国家治理全域的辐射，是以坚持党的领导为原点，以保障法治为焦点，以引领自治共治为反射点。具体而言，一是党规之治立足坚持党的领导这一“原点”辐射国家治理全域。通过党章阐明国家治理体系建设的方向、原则和基本框架，运用党内法规特别是党的组织法规建立党部署推进国家治理体系建设的体制机制，在党内法规特别是党的领导法规中针对各领域确定党委(党组)领导、政府主导、社会协同、公众参与、法治保障的治理工作格局，发挥党章党规对国家治理体系形成的深度塑造作用。二是党规之治紧扣保障法治这一“焦点”辐射国家治理全域。党治国理政，坚持依法治国基本方略，将法治作为国家治理的重要依托，坚持在法治轨道上推进国家治理体系和治理能力现代化；同时，基于邓小平同志所讲的“没有党规党法，国法就很难保障”，依规治党之于依法治国具有政治保障功能。鉴于此，一方面，通过党的组织法规、党的领导法规建立健全党领导法治工作的体制机制、职权职责、方式方法等，部署推进法治建设保证其沿着正确方向前进；另一方面，通过党的自身建设法规、党的监督保障法规教育引导督促党组织和党员干部模范尊法学法守法用法，善于运用法治思维和法治方式履职尽责、干事创业，引领和推动厉行法治。三是党规之治凭借引领自治共治这一“反射点”辐射国家治理全域。在国家治理体系中，数量最多、规模最大、距离实践活动最近的治理制度，乃是各类自治共治规范，只有保证绝大多数治理规范的正确性有效性，调动绝大多数治理主体的积极性主动性，才能全面实现党治国理政目标。党通过党内法规明确规定加强党对群团组织、企事业单位、社会自治组织的领导，强化发挥基层党组织战斗堡垒作用和党员先锋模范作用，特别是发挥党内法规制度建设对各类自治共治规范的制定和实施产生“润物细无声”的示范引领作用，从而使得党规之治效应借助无处不在、无时不在的自治共治神经末梢，广泛悄然传播浸润至国家治理全域。总而言之，新时代党内法规制度建设在引领国家治理、推进事业发展上发挥了极其重要的作用，为推进党和国家事业取得历史性成就、发生历史性变革提供了坚强制度保障。

五、结语

经过一百年特别是党的十八大以来的实践发展，党规之治“要不要”已经不成问题，主要问题是“好不好”。党规之治自身是一个复杂系统，再加上它又身处更加宏大的管党治党、执政兴国系统之中，这就意味着要回答好党规之治问题，绝非在“规”与“治”两点之间画条直线那么简单，而应考虑如何在“良规”与“善治”间建立一个方程。这道方程式的复杂之处在于，由于党是领导核心、长期执政，因此党内法规制度建设势必事关改革发展稳定、内政外交国防、治党治国治军方方面面，实现“良规善治”需要在党和国家事业全视野下统筹兼顾各方面因素。

（一）在“人”上要统筹考虑多样化主体

制定党内法规既要贯彻落实民主集中制科学设定和规范党内关系，包括党组织间关系、党组织与党员间关系、党员间关系，做到“四个服从”，努力营造又有集中又有民主、又有纪律又有自由、又有统一意志又有个人心情舒畅生动活泼的政治局面；又要遵循国家治理现代化规律把握好党组织与非党组织关系特别是党政关系，把党总揽全局、协调各方与国家政权机关等非党组织依法依章程独立负责、协调一致开展工作统一起来。

（二）在“制”上要统筹考虑多样化规范

研究确定党内法规的调整范围，必须在国家治理体系中统筹把握党内法规与党的路线方针政策、国家法律、政治经济文化社会组织和基层群众性自治组织等制定的规章制度，保证各类规范分工协作、相辅相成、有机统一。

（三）在“治”上要统筹考虑多样化目标

建章立制必须坚持党的领导、人民至上、发展是我们党执政兴国的第一要务，统筹把握自由与秩序、公平与效率、公与私、远与近、大与小、整体与局部、战略与策略、物质与意识等诸多关系，着眼社会资源和社会财富的合理分配，聚焦职权职责、义务权利的科学配置，在提升党的能力培育发展动力激发社会活力基础上维护好社会公平正义。

（四）在“兴”上要统筹考虑多样化功能

“治”本身不是最终目的，“治”的目的在于“兴”，兴党兴国兴民族，其中，兴党是兴国兴民族的关键，兴国兴民族是兴党的目的。因此，谋划和推进党内法规制度建设，出发点是着眼于“兴党”，适应管党治党需要，通过依规治党推动全面从严治党进而推进党的建设新的伟大工程，在把党管好治好基础上强党兴党，确保党始终总揽全局、协调各方；落脚点是放眼于“兴国兴民族”，锚定党执政兴国、回应党和国家事业发展所需建章立制，为新时代新征程上党领导人民全面建成社会主义现代化强国、以中国式现代化全面推进中华民族伟大复兴提供坚强制度保障。

撰稿专家

宋功德，1971年生，中共中央办公厅法规局局长、机关党委书记，法学博士、教授、中国法学会常务理事，主持完成“马工程”课题《党内法规学》等国家级、省部级课题十余项，出版《党规之治》《行政法的均衡之约》等专著十多部，发表《坚持依规治党》《党内法规的百年演进与治理之道》《党规之治的自信与理性》等文章百余篇，获中国法学优秀成果奖论文类一等奖和著作类一等奖、全国十大杰出青年法学家提名奖等奖励十余项。

第九章　2022年司法改革专题报告

刘　峥

报告要旨

党的二十大报告对人民法院司法体制改革十年来的成就给予充分肯定，指出“司法体制改革取得重大进展”。2022年，全国各级法院在党中央的坚强领导下，坚持以习近平新时代中国特色社会主义思想为指导，深入贯彻习近平法治思想，全面贯彻落实党的十九大、十九届历次全会和党的二十大精神，持续深化司法体制综合配套改革，全面准确落实司法责任制，推动中国特色社会主义司法制度不断健全完善。截至目前，人民法院“五五改革纲要”提出的140项改革举措中，124项已完成。人民法院坚持党对司法工作的绝对领导，优化改革规划管理制度，积极开展改革督察总结评估，服务保障党和国家工作大局，宣传展示改革成效，在健全审判权力运行机制、推进四级法院审级职能定位改革、巩固一站式多元解纷和诉讼服务体系建设成果、深化涉诉信访改革、推进刑事诉讼制度改革、互联网司法和智慧法院建设、司法人事配套改革、贯彻落实人民陪审员法、法院组织机构设置、完善司法经费保障机制等十一个方面取得重要进展。

核心建议

1. 健全以司法责任制为核心的审判权力运行体系。

2. 深化四级法院审级职能定位改革。
3. 持续深化互联网司法建设。
4. 深入推进以审判为中心的刑事诉讼制度改革。
5. 持续深化法院人事制度改革。

2022年是人民法院司法体制改革承上启下的重要一年，也是党的二十大后持续深化司法体制综合配套改革的起始之年。面对世界变局加速演变，全国法院在党中央坚强领导下，坚持以习近平新时代中国特色社会主义思想为指导，深入贯彻习近平法治思想，全面贯彻落实党的十九届六中全会精神和党的二十大精神，加快推进司法体制综合配套改革，各项工作取得重要进展。截至目前，人民法院“五五改革纲要”提出的140项改革举措中，124项已完成，总体结项率为88.6%。

一、深化司法体制综合配套改革总体情况

2022年1月15日，中央政法工作会议在北京召开，习近平总书记就政法工作作出重要指示。他强调，要坚持党对政法工作的绝对领导，从党的百年奋斗史中汲取智慧和力量，弘扬伟大建党精神，提升防范化解重大风险的能力，完善执法司法政策措施，全面深化政法改革，巩固深化政法队伍教育整顿成果，切实履行好维护国家安全、社会安定、人民安宁的重大责任，让人民群众切实感受到公平正义就在身边。

2022年7月8日，中央政法委召开全面深化政法改革推进会，时任中共中央政治局委员、中央政法委书记郭声琨出席会议并讲话。郭声琨强调，要优化执法司法权力配置，完善党领导政法工作的体制机制、政法机关工作体系、政法组织机构体系和司法责任制。要遵循执法司法权力运行规律，实现惩治犯罪和保障人权相统一、定分止争与案结人和相统一、依法行政与便民利民相统一。要深化内部制约监督、检察机关法律监督和执法司法公开。要加强统筹协调、督促检查和评估问效，完善配套措施，确保改革任务落地见效。

(一)筑牢政治忠诚，确保党对司法工作的绝对领导

最高人民法院党组深入学习贯彻党的十九届六中全会精神和党的二十大精神，第一时间传达学习党中央重大改革决策，学习习近平总书记重要

批示指示精神，切实把思想和行动统一到党中央改革决策部署上来。认真贯彻落实重大事项请示报告制度，及时向中央改革办、中央依法治国办、中央政法委报送人民法院司法改革情况，全年共向党中央报送各类报告、信息简报等材料 10 余份。组织召开贯彻落实中央政法工作会议、政法领域全面深化改革推进会精神专题会议，确保中央有关会议精神、改革任务在人民法院工作中落地见效，切实把党对司法工作的绝对领导贯穿司法改革工作各领域、全过程。最高人民法院召开人民法院司法改革工作会议，全面总结党的十八大以来司法改革取得的成效和经验，并对进一步深化司法体制综合配套改革提出新的部署要求；组织召开司法改革领导小组会议，审议通过 2022 年人民法院司法改革工作要点及其分工方案等文件。加强对司法改革工作的统筹精细管理，一方面，采取有效措施，围绕“五五改革纲要”各项任务进展情况，加强项目化管理，完善责任落实，明确成果形式和完成时限；另一方面，加强调研督查，及时总结经验，扩大改革宣传，不断提升司法改革的影响力和认可度。

（二）优化改革规划管理制度，进一步强化督查总结评估

最高人民法院深入贯彻落实党的二十大关于深化司法体制综合配套改革决策部署，协助中央依法治国办、中央政法委做好新一轮改革规划论证工作，为中央改革决策提供参考。按照以往惯例，每年年初，在深入调研的基础上，研究制定《人民法院 2022 年司法改革工作要点》及其分工方案，明确年度工作重点、责任部门和成果形式。完善司法改革任务台账式管理制度，定期汇总分析司法改革任务台账完成情况，及时掌握并研究解决改革过程中的困难和问题，加强改革任务的过程性控制和精准化指导，尽量避免改革实施中出现的“开头力度大、中间问效少、收尾评估弱”等问题。对“五五改革纲要”所列改革任务进行全面总结评估，分门别类梳理出几种类型：已完成、推进中、未完成。对于已完成的，对成果形式、具体成效、后续深化等问题进行综合评估；对于推进过程中的，明确完成时限、督促节点、突出问题，以保证如期完成改革任务；对未完成的，有针对性地分析原因，采取措施完善改进，力求每一项改革任务实现预期目标。

按照中央相关单位部署要求，最高人民法院分别就党的十八大、十九大以来人民法院全面深化司法改革情况开展总结评估，并对继续深化综合配套改革提出意见建议。承办中央依法治国办部署推进的“2022 年度习近平法

治思想研究课题”，高质量完成中央依法治国办部署推进的“法治领域改革成效评估专题调研”，全面呈现人民法院司法体制改革的重要举措、成就和建议。总结人民陪审员法贯彻落实情况督查工作，将督查过程中发现的问题形成清单，持续跟踪问效，巩固督查成果。

(三)强化履职担当，确保改革更好服务保障党和国家工作大局

最高人民法院紧扣党和国家中心工作和重大发展战略，积极履行司法服务保障职能。出台《关于为加快建设全国统一大市场提供司法服务和保障的意见》，就浦东新区、前海深港现代服务业合作区、横琴粤澳深度合作区高水平改革开放和建设，先后印发《关于人民法院支持和保障浦东新区高水平改革开放打造社会主义现代化建设引领区的意见》《关于支持和保障全面深化前海深港现代服务业合作区改革开放的意见》《关于支持和保障横琴粤澳深度合作区建设的意见》等司法规范性文件。进一步助力粤港澳大湾区建设，发布《人民法院服务和保障粤港澳大湾区建设情况报告(2019—2022年)》，筹备港澳律师内地法律实务培训机制，制定《关于贯彻落实〈粤港澳大湾区建设“十四五”实施方案〉的分工方案》。授权广东有关法院与澳门特区终审法院相互委托送达司法文书和调取证据，推动内地与香港特别行政区之间《关于内地与香港特别行政区法院相互认可和执行婚姻家庭民事案件判决的安排》生效实施，与澳门特别行政区签署《关于内地与澳门特别行政区就仲裁程序相互协助保全的安排》，与澳门大学共建“中国—葡语国家司法法律研究中心”，实现人民法院在港澳高校设立研究基地的新突破。成功举办数字经济法治论坛、第三届中国—东盟大法官论坛、金砖国家大法官论坛。最高人民法院再次有两名法官成功当选联合国上诉法庭和争议法庭法官，中国司法借助多边外交舞台，不断扩大国际影响力。

(四)加强宣传引导，确保司法改革成效全面展示

最高人民法院编写出版《中国法院的司法改革(2013—2022)》，刊发专题文章，拍摄电视剧《底线》等文艺作品，用老百姓喜闻乐见的方式传播改革正能量、讲好改革新故事。沈亮副院长在《紫荆》发表署名文章《坚定不移全面深化司法改革推动新时代人民法院工作高质量发展》。评选出首届“人民法院改革创新奖”，8家中级、基层法院的改革举措当选。成功开展第五届“羊城杯”司法体制综合配套改革征文活动。持续编发《人民法院司法改革案例选编(十二)》《司法改革动态》，编写《中国法院司法改革年鉴(2021年卷)》《社会主义核心价值观融入司法裁判说理实务指引》，组

织 2021~2022 年度司法改革专项调研课题结项验收，及时总结、宣传、推广改革经验。设立人民法院司法改革研究基地（中国政法大学），推出“思·改”系列学术讲座，在理论和实务均引起强烈反响，初步形成专门研讨交流司法改革专题的学术品牌。

二、深化司法体制综合配套改革重大举措

（一）健全审判权力运行机制

最高人民法院配合中央政法委组织召开全面深化政法改革推进会，参与研究起草制定执法司法权力运行机制改革指导意见，为完善执法司法权力配置运行、制约监督、配套保障等政策设计提供助力。向中央政法委报送人民法院加强司法权力运行机制改革情况报告，研究制定贯彻中央深改委 2021 年总结报告的意见、深入学习贯彻全面深化政法改革推进会精神的意见、贯彻实施政法领域执法司法责任体系建设文件意见等材料。同时，聚焦推进完善新型审判权力运行体制机制建设，扎实有效推进相关工作。

1. 制定印发《最高人民法院关于规范合议庭运行机制的意见》（以下简称《意见》）

按照中央关于深化执法司法权力运行机制改革的决策部署，结合近年推进落实司法责任制的新情况、新要求，立足各地法院审判工作实际，进一步细化了合议庭组成机制，完善了合议庭成员职责、评议规则和裁判文书制作方式，并就合议庭运行与院庭长履行监督管理职责、“四类案件”监督管理机制的衔接等重点问题作出规范。同时注重与最高人民法院此前印发的专业法官会议、审判委员会、审判权责清单、统一法律适用、“四类案件”监督管理等改革文件有机贯通、协同配套，初步完成了司法责任制改革的制度拼图。

（1）关于合议庭履职及责任。《意见》强调“合议庭成员平权”原则，即合议庭全体成员平等参与案件的阅卷、庭审、评议、裁判等审判活动，确立了合议庭成员在办案过程中的平等地位。明确要求合议庭成员应当依照法律规定履职尽责，对案件证据采信、事实认定、法律适用、诉讼程序、裁判结果等问题独立发表意见，并合理确定各自应当承担的责任。《意见》规定了合议庭成员的具体职责，一方面，对合议庭成员实质性履职提出了更高的要求，强调要充分、有效参与案件办理全过程；另一方面，较为准确地体现了司法责任制改革要求的权责相一致原则。在追究违法审判责任

时，应当根据合议庭成员是否存在违法审判行为及其情节，合议庭成员发表意见的情况和过错程度，合理确定各自应当承担的责任。

(2)关于合议庭产生方式。《意见》规定：第一，合议庭可以通过指定或者随机方式产生。这既是适应司法责任制综合配套改革后“以随机分案为主，以指定分案为辅”的总体要求，也兼顾了特定类型案件或专业化案件的审理需要。《意见》同时还规定，审理“四类案件”，或者参照“四类案件”监督管理的案件时，一般应当由院庭长按照职权以指定方式产生合议庭。第二，院庭长对合议庭成员的指定和调整。院庭长指定合议庭，或者合议庭成员确定后因回避、工作调动、身体健康、廉政风险等事由，确需由院庭长按照职权调整成员的，应当遵循全程留痕原则，通过办案平台操作，或者形成书面记录入卷备查，确保可以追溯倒查，方便后续监督管理。调整合议庭成员的，还应当将调整结果及时通知当事人。如此规定，一方面，明确了院庭长对合议庭组成的调度权限；另一方面，对院庭长行使相关职权也设置了必要的制约机制，体现了权力制约的双向性，最大限度防止权力滥用。第三，“另行组成合议庭”的具体内涵。法律、司法解释规定的“另行组成合议庭”，指组成原合议庭的所有法官，以及参与原案审理的法官助理、书记员等审判辅助人员，均不得参与后案的办理工作。

(3)关于相对固定的合议庭。《意见》规定，人民法院可以组成相对固定的合议庭，但合议庭成员应当定期轮换交流，以防止合议庭固化带来的弊端。各级人民法院应当综合考虑自身案件特点和人员构成情况，确定合理的轮换交流的期限和方式，既不能过于频繁，也不宜拉得过长。从实践情况来看，合议庭可以每年替换一部分，也可以三至五年整体轮换交流。

(4)关于审判长的确定。司法实践中需要注意：第一，审判长由院庭长指定。这是诉讼法的明确要求，如《民事诉讼法》第44条规定，“合议庭的审判长由院长或者庭长指定审判员一人担任”。实践中，一些法院根据随机分案制度，随机确定承办法官和审判长，但在程序上仍须按照诉讼法要求由院庭长指定。第二，院庭长担任审判长。按照《人民法院组织法》第30条第2款，“院长或者庭长参加审理案件时，由自己担任审判长”。合议庭成员同时包含院、庭负责人时，由行政职务最高者担任审判长。例如，合议庭成员中既有副院长，也有审判庭庭长时，应由副院长担任审判长。

(5)关于评议时机。按照此前有关规定，为了确保评议质量，合议庭应当在庭审结束后5个工作日内评议案件。对此，许多地方法院反映，一些案件需要多次开庭，有的开庭后需要进一步调解或者等待被告人退赃，“五个工作日”内往往难以组织评议。经研究认为，不同层级法院对于何时组织评议分歧较大，不同类型的案件对评议时机要求也不相同，应当由合议庭根据案件审理进度和案件具体情况自主决定。因此，《意见》就评议时机问题只是原则性要求“及时评议”，并未作出硬性规定，这既是提高办案效率的导向性要求，又便于合议庭合理把握组织评议的时机。

(6)关于在线评议。实践中需要注意以下三点：第一，明确在线评议的适用条件。线下同场评议仍然是合议庭评议的最主要方式，在线评议仅仅是补充措施。只有在合议庭成员确有客观原因、难以实现线下同场评议，同时根据案件审理进展情况，确需立即组织评议时，合议庭方能适用在线方式评议。并且，基于评议保密原则，在线评议应当依托人民法院办案平台进行，确保系统平台安全可靠。第二，确保交互评议和连续评议。无论在线评议还是线下同场评议，合议庭成员既不能以提交书面意见的方式参加评议，也不能委托他人参加评议。实践中，一些法院探索以“异步评议”方式提高工作效率，但实际上还是以提交书面意见或录音录像的方式评议，无法实现面对面评议的交互性和连续性，不利于确保办案质量。第三，严格落实评议保密原则。确保合议庭评议过程和内容不受外界不当干扰，是维护审判权的判断权和裁量权属性、确保司法公正的题中之义，故《意见》特别强调“合议庭评议过程不向未直接参加案件审理工作的人员公开”。实践中，未直接参加案件审理的院庭长，按照相关规范性文件，可以采取多种途径和方式行使监督管理权，但不得以“列席”合议庭评议的方式履行监督管理职责。

(7)关于评议时的发言顺序。《意见》基于长期形成的审判实践，部分调整了合议庭评议时的发言顺序，明确了承办法官先行发言、其他成员依次发表意见、审判长总结结论性意见的发言规则。承办法官同时担任审判长的，仍由其先发言，并作最后总结。同时，为了确保实质评议及评议质量，防止“形合实独”现象，《意见》明确，合议庭成员权利平等，独立行使表决权，在评议时不得拒绝陈述意见，同意他人意见的，应当提供事实和法律根据并论证理由，不能仅作简单表态。需要说明的是，按照法官单独职务序列管理制度改革要求，法官等级与行政职级脱钩，合议庭成员就同一起案件行使审判权时，权力平等、共同担责，不存在“谁级别更高，谁审批把关”的问题。这样有利于从职业身份、履行职责等方面保障法官独立表达意见。

(8)关于评议笔录的制作。《意见》规定，评议过程应当以书面形式完整记入笔录。同时，为落实工作责任，《意见》规定评议笔录应当由审判辅助人员制作，并由合议庭成员和制作笔录的审判辅助人员签名。其中，制作人既可以是法官助理，也可以是书记员，具体由合议庭根据审判辅助人员配置情况和工作安排决定。依照法律规定，合议庭评议内容属于审判工作秘密，评议笔录应当归入副卷，除非依照法定条件和程序，否则不得以任何形式公开或者调阅。

(9)关于少数服从多数和民主集中制。《意见》重申了少数服从多数的评议原则，规定如果合议庭评议存在意见分歧，应当按照多数意见作出决定，但少数意见也应当记入笔录。《意见》明确，合议庭可以根据案情或者院庭长提出的监督意见复议；合议庭无法形成多数意见时，审判长应当按照有关规定和程序，建议院庭长将案件提交专业法官会议讨论，或者由院长将案件提交审判委员会讨论决定。需要特别说明的是，专业法官会议是为审判组织办案提供专业咨询意见的工作平台，讨论形成的意见仅具有参考效力，办案决策和审判责任的承担主体仍然是合议庭；同时，为了体现审判委员会作为人民法院内部最高审判组织的法定地位，《意见》明确，合议庭应当执行审判委员会的决定。

(10)关于合议庭审理“四类案件”时的监督管理。《意见》规定，人民法院审理“四类案件”或者参照“四类案件”监督管理的案件，一般应当组成合议庭。实践中需要注意以下三点：第一，合议庭的发现和报告义务。《意见》进一步落实《关于进一步完善“四类案件”监督管理工作机制的指导意见》确立的“全过程识别机制”，要求承办案件的合议庭发现审理的案件属于“四类案件”或者有必要参照“四类案件”监督管理时，应当及时向院庭长报告。第二，院庭长应当依法履行监督管理职责。《意见》明确了院庭长对合议庭履行监督管理职责的方式，包括要求合议庭报告案件审理进展和评议结果，就案件审理涉及的相关问题提出意见，以及视情形建议合议庭复议等。其中，“案件审理涉及的相关问题”既包括认定案件事实和如何适用法律的问题，也包括对案件处理效果会产生重大影响的其他相关事项。第三，院庭长与合议庭意见分歧时的处理。按照《意见》规定，院庭长对审理过程或者评议、复议结果有异议的，不得直接改变合议庭意见，而应当按照有关规定决定将案件提交专业法官会议讨论，或者按照程序提交审判委员会讨论决定。相关监督管理情况应当在办案平台全程留痕，或者形成书面记录入卷备查。

(11)关于裁判文书的签署和印发机制。《意见》重申了合议庭成员对于裁判文书的签署责任，明确合议庭成员应当共同负责。同时规定，合议庭其他成员在签署前，可以对裁判文书的结构、表述、说理等内容提出修改意见，并反馈给承办法官，以此确保生效裁判文书全面、完整反映合议庭评议意见。裁判文书经合议庭全体成员签署后，即可正式印发。需要特别指出的是，只有经审判委员会讨论决定以及院庭长参加审理案件的裁判文书，才由院庭长审核签发；其他案件的裁判文书，合议庭成员签署后即可印发。实践中，一些法院采取裁判文书送阅后签发等方式，由院庭长实质性行使裁判文书的审核签发权，不符合改革要求和司法规律。

(12)关于《意见》的适用范围。按照《人民陪审员法》及其司法解释相关规定，由法官和人民陪审员组成合议庭审理案件的范围和运行机制，与单纯由法官组成的合议庭存在较大差异，特别是七人合议庭在评议、表决机制和审判长职责等方面有其特殊规则，司法实践中关于事实审和法律审如何区分、事实问题清单规范化、法官对人民陪审员的指引限度等问题较为复杂，同时还涉及三人合议庭、七人合议庭的案件区分以及各自的运行规则等诸多问题，不宜在同一份文件中列明，故《意见》规定，依法由法官和人民陪审员组成合议庭的运行机制另行规定。同时，执行案件办理过程中，如执行裁决、执行异议等事项，依法也需要由执行法官组成合议庭评议或者审核，可以参照适用《意见》的有关规定。

2. 督促落实“四类案件”监督管理机制

各级人民法院深入贯彻实施《关于进一步完善“四类案件”监督管理工作机制的指导意见》，结合当地工作实际研究制定实施细则，进一步完善“四类案件”认定标准、程序、院庭长监督方式和保障措施。最高人民法院督促落实“四类案件”监督管理机制，要求各高院做好“四类案件”实施细则的逐级备案工作，已有24个高院完成备案。同时，督促指导中级、基层法院落实细化相关工作规范。之所以再次对“四类案件”作出明确规范，就是要解决好司法责任制改革中放权与监管之间的关系。一方面，需要进一步规范法官员额遴选的程序和条件，加强对法官政治业务素质、职业道德素质的培训养成；另一方面，明确规定院庭长行使监督管理职责的范围和程序，并充分运用信息化手段，强调“组织化行权”“全程留痕”的要求，从而保证监督有方、管理有度。

3. 加快建成全国法院统一法律适用平台

近年来，最高人民法院一直高度重视统一法律适用工作，先后制定出台了一系列文件，并通过制定司法解释、发布指导性案例、落实类案检索、规范专业法官会议机制、发挥审判委员会职能作用等一系列举措，积极推进统一法律适用，并已取得一定成效。同时，人民法院大力推进司法公开透明和智慧法院建设的成果，也为实现统一法律适用提供了基础性的制度条件和技术支持。客观来说，统一法律适用是一个复杂的系统工程，需要从司法理念、制度机制、裁判方法、法官素养、配套措施等多方面协同推进，上述有些工作需要长期累积而成，而有的工作则已经渐显成效。统一法律适用平台不仅能够为办案人员提供要旨检索功能，同时还将准确判断用户意图，主动推荐最相似、关联性最强的裁判要旨和案例，为法官办案提供有力信息支持和辅助，同时为实现裁量权的自动化、可视化监督管理奠定了技术基础。最高人民法院组织召开统一法律适用工作领导小组第一次会议暨裁判要旨梳理提炼部署会，审议通过《最高人民法院裁判要旨梳理提炼工作方案》《最高人民法院裁判要旨梳理提炼规则》，同时明确以梳理提炼裁判要旨、建立“点对点”具体法律适用分歧解决机制、建设全国法院线上统一法律适用平台等三项工作为重点。截至2022年年底，共组织梳理2400余条最高人民法院2021年度裁判要旨并上传至统一法律适用平台。积极推进合议庭、专业法官会议与审判委员会在工作运行上的有效衔接，构建“类案检索初步过滤、专业法官会议研究咨询、审判委员会讨论决定”的新型审判权力运行机制。

4. 推动完善法官惩戒工作机制

为理顺法官惩戒程序与纪检监察程序的关系，明确人民法院与纪检监察机关在法官惩戒中的职责范围和任务分工，最高人民法院于2022年1月27日印发《最高人民法院关于做好法官惩戒与纪检监察工作衔接的规定》。法官惩戒制度与纪检监察机关职务违法调查制度均有明确法律依据，是两种并行的责任追究制度，在开展法官惩戒工作时需要与纪检监察机关做好衔接。人民法院对法官涉嫌违反审判职责行为进行调查处理时，应当遵守纪检监察机关有关线索受理管理和干部管理权限的规定，在线索移送、立案调查、实施处分等环节，应主动接受纪检监察机关的监督指导，及时通报相关情况。人民法院对干部管理权限不在本院的法官涉嫌违反审判职责的问题线索，要按照干部管理权限的有关规定，及时移送有管辖权的纪检监察机关。纪检监察机关对法官违反审判职责行为调查处理时，商请法官惩戒委员会从专业角度提出审查意见的，人民法院应当提请法官惩戒委员会审议，并将审查意见书面告知纪检监察机关。纪检监察机关对法官涉嫌违反审判职责案件调查终结，交由人民法院作出处分决定时，人民法院根据具体情况，可商纪检监察机关决定是否听取惩戒委员会意见。

根据最高人民法院印发的《法官惩戒工作程序规定(试行)》相关规定，规范设立法官惩戒委员会，健全法官惩戒工作程序，完善线索受理、立案调查、提请审议、组织听证、作出惩戒、权利救济等程序规则，严格区分办案质量瑕疵责任与违法审判责任，细化法官和审判辅助人员的责任划分，提高法官惩戒工作的专业性、透明度和公信力。最高人民法院积极对下指导黑龙江、江苏、广东和湖北等地高院探索开展法官惩戒试点工作。据初步了解，目前，北京、辽宁、吉林、黑龙江、山西、江苏、江西、云南、四川等地通过惩戒程序对57名法官进行了惩戒。

(二)推进四级法院审级职能定位改革

最高人民法院组织召开完善四级法院审级职能定位改革试点工作第二次联席会议。经过深入调研，专门研发上线此项改革试点数据填报系统，试点法院可以通过该系统直接汇总产生相关数据。制定《关于进一步规范行政申请再审案件办理有关事宜的方案(试行)》《最高人民法院民事、行政再审申请审核工作规程(试行)》。印发《最高人民法院办公厅关于落实〈最高人民法院关于完善四级法院审级职能定位改革试点实施办法〉有关要求的通知》《最高人民法院关于落实四级法院审级职能定位改革试点案件提级管辖和报请再审提审工作有关要求的通知》，对提级管辖和报请再审提审工作提出具体要求。就四级法院审级职能定位改革背景下的行政审判工作进行全国培训。对试点省份改革推行情况进行调研。2022年8月30日，时任最高人民法院院长周强向全国人大常委会作《关于四级法院审级职能定位改革试点情况的中期报告》，经第十三届全国人大常委会第三十六次会议审议通过。印发《关于进一步深入推进四级法院审级职能定位改革试点工作的通知》，贯彻落实全国人大常委会审议意见。就四级法院审级职能定位改革试点涉及的民事诉讼法、行政诉讼法相关法律条文，分别形成民事诉讼法、行政诉讼法修改草案，提交2022年年底召开的第十三届全国人大常委会第三十八次会议第一次审议。筹划完成改革试点系列报道5期和专家评论4篇，编发改革试点专刊5期。

为确保“下沉”案件质效，最高人民法院及试点地区各级法院根据案件数量结构变化，同步跟进配套保障，推动编制、员额配备及物质保障向办案一线倾斜，推进案件繁简分流，加强案件质量监管，提升法官职业素养，用好信息技术，确保“下沉”案件既审得了又审得好。

一是优化审判资源配置，解决好“有人审”的问题。各高级人民法院在中央相关政策指导下，积极争取省级组织部门、机构编制部门的支持配合，优化辖区法院的机构人员编制、员额，推动编制、员额配置向基层和办案一线倾斜。例如，广东高院跨地域调整中级、基层法院员额 98 名，核增员额的86%分配至基层法院。辽宁高院推动省委编委印发《关于为全省部分基层人民法院分配政法专项编制的批复》，将预留的 557 名中央政法专项编制全部一次性释放给法院，除保留 20 名由省高院机动使用外，其余 537 名全部分配给人案矛盾突出的 60 个基层法院。

二是强化审判业务指导，解决好“如何审”的问题。针对部分基层人民法院过去较少审理的“四类行政案件”以及建筑工程、股权转让、房地产合作开发等领域大标的额民事案件的情况，通过业务培训、典型案例、审判指引等方式，加强对下审判业务指导，明确相关案件审理要点和裁判标准。例如，天津各中院围绕建设工程合同、买卖合同、破产强制清算、民间借贷等案件，出台类案办理指引，统一裁判尺度；陕西高院与当地行政机关联合发布政府信息依申请公开典型案例，指导基层人民法院提高案件办理质量；浙江宁波中院要求辖区基层人民法院对“下沉”案件一律适用普通程序审理，并由院庭长担任审判长，配齐配强审判力量，确保案件质量过硬。

三是加强审判监督管理，解决好“规范审”的问题。2021 年制定印发的《关于进一步完善“四类案件”监督管理工作机制的指导意见》，明确大标的额案件可以参照适用“四类案件”监督管理措施，同步健全完善司法权制约监督机制。例如，必须组成合议庭审理，院庭长可以以听取审判进度、评议结果的方式实行个案监督，强化专业法官会议咨询功能和审委会把关作用，确保这些案件在基层法院公正高效处理。

下一步，最高人民法院将重点聚焦补短板、强弱项，持续加强试点的统筹管理，对下指导、调查研究、督促检查和实效评估，推动试点全面均衡协同发展。根据全国人大常委会工作安排，2022 年年底将启动新一轮民事诉讼法修改工作。最高人民法院会及时把试点工作重心从建章立制、推动试点落地转移到规则总结提炼，提出修法建议上来，严格按照全国人大关于修法的程序、内容和时限要求，抓紧开展试点经验总结、数据统计分析、重点问题调查研究、修改条文研究论证等相关工作。同时，也将特别注重广泛听取社会各方面的意见建议，在规定时间内提出高质量的修法建议稿。

（三）巩固一站式多元解纷和诉讼服务体系建设成果

最高人民法院组织召开全国法院一站式建设工作推进会、推进构建中国特色“总对总”在线多元解纷新格局工作座谈会。起草深化现代化诉讼服务中心建设指导意见、全面深化跨域诉讼服务指导意见、诉前调解中委托鉴定工作规程、“12368”热线交转办工作规程等相关配套制度，提高一站式建设规范化水平。召开一站式建设白皮书新闻发布会，发布《人民法院一站式多元纠纷解决和诉讼服务体系建设（2019—2021）》和“人民法院一站式建设十大典型经验”“人民法院‘总对总’在线多元调解案例”。以创始核心成员身份加入国际司法争端解决网络（JDRN），出席 JDRN 成立大会。全面推进调解平台“进乡村、进社区、进网格”工作，自 2018 年至今，平均每个工作日通过人民法院调解平台调解的纠纷已达 5.4 万件，每分钟可以调解成功 69 件。截至 2022 年 10 月底，9676 家人民法庭入驻调解平台，与 7.01 万个基层治理单位实现在线对接，就地化解调解纠纷 24.97 万件。“总对总”合作单位共 2.7 万个调解组织、5.8 万名调解员入驻调解平台，诉前调解案件 78.76 万件。据初步统计，通过诉讼方式解决的纠纷在法院纠纷总量中的占比，已从 2019 年的 90%下降至 2022 年的 66%。将中国移动微法院升级为人民法院在线服务，提供“一网通办”诉讼服务，在全国法院实现 100%应用，移动端累计访问量达 14.19 亿次，30.38%的立案申请在非工作时间、非工作日提出，为律师发出排期避让提醒 37.73 万次，真正实现了诉讼活动全天候“不打烊”、全流程“零跑腿”。深化“12368”诉讼服务热线“一号通办”实践。逐步推进诉讼服务事项“异地可办、全国通办”。提档升级律师服务平台。全面应用人民法院送达平台，全国法院通过送达平台送达的民事、行政案件占比达 80%以上。深化涉侨纠纷多元化解，与中国侨联在华东政法大学共建“中国侨益保护研究基地”。截至 2022 年 10 月底，共有 1041 个侨联调解组织、2338 名侨联调解员入驻人民法院调解平台，委派诉前调解纠纷 10.98 万件，调解成功率达 86.02%。集约集成、在线融合、普惠均等的中国特色一站式多元纠纷解决和诉讼服务体系全面建成。

诉源治理是习近平法治思想的重要理论观点，是新时代“枫桥经验”的创新发展、深化法治领域改革的杠杆、社会治理的重要内容，也是社会矛盾叠加、诉讼案件剧增的情况下，司法事业高质量发展的必要之举。诉源治理的重大意义在于推动更多法治力量和治理资源向引导和疏导端用力，其基本任务是着力从源头预防矛盾纠纷的产生；把非诉纠纷化解机制挺在前面，构建法治化多元纠纷解决机制；遵循司法实践规律，努力做到案结事了人和。在推进诉源治理过程中要科学利用我国在理论基础、文化传统、实践经验、制度体系四个方面的有利条件，不断深入推进。[①] 诉源治理未来发展方向，应当是坚持党的领导，全面构建党政主导的诉源治理大格局，同时从观念上、立法上、体制机制上彻底重构解纷体系，推动纠纷化解模式从“诉讼中心主义”转向“诉讼与非诉并行主义”，真正形成“社会调解优先，法院诉讼断后”的递进式矛盾纠纷分层过滤体系。[②] 为实现对基层矛盾纠纷的实质性化解，法院通过贯彻非诉解纷的司法政策，在源头治理、智能化治理和加强人民法庭建设等方面作了大量的实践创新，但由此也带来了对法院在非诉解纷格局中司法理念和司法功能的相关思考。从整体上而言，法院在诉源治理实践中需要努力通过司法性职能贯彻治理性职能，通过整合各种社会解纷资源增强社会对多元化解纷方式的社会认同，并努力发挥司法治理的溢出性社会效应，不断提升司法公信力。[③]

(四)深化涉诉信访改革

最高人民法院上线人民法院网上申诉信访平台，实现申诉信访事项“一网通办”，组织召开全国法院网上申诉信访视频会。印发《最高人民法院关于加强新时代人民法院涉诉信访工作的意见》(以下简称《信访意见》)。建立两日内接收和未办结案件的督办机制，对全国地方法院以及各巡回法庭未办结案件进行实时督办。

《信访意见》共7个部分34条，对加强新时代涉诉信访工作总体要求以及完善系统化涉诉信访源头预防机制、立体化涉诉信访受理机制、实质化涉诉信访化解机制、精准化涉诉信访依法处置机制、智能化涉诉信访管理机制提出具体要求，明确了新时代人民法院涉诉信访工作应当坚持党对人民法院信访工作的绝对领导、坚持以人民为中心、坚持在法治轨道上解决涉诉信访问题、坚持源头治理与区分类别处理相结合、坚持机制创新与制度建设同步推进、坚持统筹社会力量联动化解信访矛盾、坚持运用现代

① 梁雪：《新时代诉源治理的理论之基与实践之路》，载《法律适用》2022年第10期。
② 李占国：《诉源治理的理论、实践及发展方向》，载《法律适用》2022年第10期。
③ 王国龙：《法院诉源治理的司法理念及功能定位》，载《政法论丛》2022年第6期。

科技实现创新发展的基本原则。

《信访意见》指出要加强涉诉信访源头预防、就地解决、前端化解，用好人民法院调解平台进乡村、进社区、进网格工作机制，及时解决涉诉信访苗头性问题，“一站式”调处化解矛盾纠纷，切实把问题化解在基层和萌芽。巩固提升一站式多元纠纷解决和诉讼服务体系建设成果，注重在党委领导下综合运用法律、政策、经济、行政等手段，通过诉前调解等非诉讼方式化解矛盾。

《信访意见》强调要打造网上申诉主渠道，全面应用人民法院网上申诉信访平台，打通网上申诉与现场接访、来信办理、视频接访、“12368”“一号通办”等应用系统信息壁垒和数据互认通道，提供申诉申请、进展查询、法律咨询、第三方化解、结果反馈、满意度评价、投诉建议等服务，实现申诉信访“一网通办”，全面提升网上信访整体效能。建立“有信必复”来信办理机制，对属于法院主管和本院处理的有效来信，办信部门收到后及时登记，告知办理进展，做到件件有回复。完善跨层级联动视频接访机制，运用视频接访系统、人民法院调解平台等，对跨层级、跨区域的涉诉信访事项开展联动视频接访，案件存在疑难复杂情形的，可以邀请律师等社会第三方参加。建立健全信访必录机制，对群众来信来访材料全部扫描上传，并逐件逐次将信息项录入涉诉信访信息管理系统，做到“有访必录、有信必录、有录必全”。要求推进涉诉信访办理规范化，强化首办责任，进一步梳理涉诉信访“马上办、精细办、联合办、督导办”事项范围，统一办理标准，做到“诉求有人管、案件及时办、效果有监督、办结有回应”。完善分类接访工作机制。对当事人直接提出的涉诉信访事项，登记后区分来访诉求进行分流处理。深化律师代理申诉制度改革实践，推动刑事申诉案件律师代理全覆盖。落实“党政同责、一岗双责”涉诉信访工作责任体系，完善领导接访下访和包案化解工作机制。拓宽社会力量参与涉诉信访工作的制度化渠道，建立健全群众参与机制，广泛邀请人大代表、政协委员、律师、专家学者、心理咨询师、基层法律工作者等第三方社会力量参与涉诉信访化解，提升社会第三方多元化解涉诉信访实效。明确规定将信息化、智能化作为新时代涉诉信访工作的重要支撑，优化四级法院涉诉信访工作平台，以“网络通”“数据通”“业务通”为标准，做到涉诉信访全流程、全业务网上办理，推动涉诉信访工作模式创新和高质量发展，增强防范化解风险、服务科学决策的能力水平。此外，还对加强新时代涉诉信访工作的组织领导和队伍建设，及时发布各地法院在创新服务群众方式、实质性化解信访矛盾等方面的经验做法和典型案例，形成依法理性表达诉求的良好氛围等作出规定。

(五)推动刑事诉讼制度改革

最高人民法院对此前发布的《人民法院办理刑事案件庭前会议规程(试行)》《人民法院办理刑事案件排除非法证据规程(试行)》《人民法院办理刑事案件第一审普通程序法庭调查规程(试行)》(以上统称“三项规程”)进行研究修改。做好死刑复核法律援助工作的沟通协调和保障。深化认罪认罚制度改革，规范“减假暂”案件办理程序，健全证人出庭作证制度等，全面加强实质化审理。与英中协会开展以“推动提升刑事诉讼证据标准”为主题的项目合作，在北京市第一中级人民法院和重庆市第五中级人民法院启动证人服务制度、专家辅助人制度等规则试点工作。推动刑事案件智能辅助办案系统的优化升级和推广应用。推动境外承认执行我国法院没收裁定，研究根据外国请求承认和执行外国法院冻结令和没收令的标准和程序以及违法所得没收程序补充规定，研究我国承认与执行外国裁定的标准和程序。指导下级法院对程三昌贪污案进行缺席审判。会同最高人民检察院、公安部、司法部在全国范围内开展集中清理犯罪嫌疑人、被告人未依法收押和判处实刑罪犯未依法交付执行刑罚专项活动，研究起草《关于规范判处监禁刑罚罪犯交付执行工作若干问题的意见(稿)》。开展针对刑事涉财产执行工作的专项调研，研究起草《关于进一步规范刑事涉财产执行工作的意见》。

(六)深化互联网司法建设

最高人民法院指导互联网法院推进在线诉讼规则、审理机制、诉讼平台建设、案例宣传等各项工作。

一是互联网专业化审判体系不断完善。2013 年以来，人民法院以司法公开为切入，率先探索互联网技术与司法工作融合应用，随后不断拓展互联网司法应用领域，向多元解纷、诉讼服务、审判执行等延伸。2017 年以来，先后成立杭州、北京、广州三家互联网法院，围绕案件审理、平台建设、诉讼规则、网络治理等方面全方位深化探索，形成了一系列可复制可推广的经验，奠定了互联网司法新模式的雏形和基础。2018 年以来，天津、上海、湖北、江苏、四川、福建、贵州等地法院，结合辖区内互联网纠纷和互联网产业特点，探索组建互联网审判庭、合议庭或审判团队，集中优质审判资源探索互联网专业化审判机制，进一步丰富互联网司法的实践样本。2021 年 4 月和 2022 年 1 月，成都互联网法庭和长春互联网法庭分别成立，探索跨区划集中管辖互联网案件，公正高效处理互联网纠纷。最高人民法院先后与清华大学、浙江大学等高等院校，联合设立“互联网司法研究院”“数字法治研究基地”等研究平台，共同研究攻关重大法律、科技项目，组织编发以在线诉讼工作为专题的《人民法院司法改革案例选编(十二)》。组织开展互联网司法工作推进会。组织召开“数字经济法治论坛”等研讨会，加强数字司法领域的国际交流合作，互联网专业化审判理论基础进一步夯实。

二是在线司法模式全面有序推开。人民法院依托信息技术，积极稳妥推广在线审理机制，有效实现司法数据电子化、诉讼活动网络化、司法裁判初步智能化。全国 95%以上的法院建成了电子卷宗随案同步生成系统，2021 年，全国新收案件电子卷宗覆盖率达到 90. 7%，为司法审判网络化、智能化奠定数据基础。改造升级建成全国统一的“人民法院在线服务平台”，实现从起诉立案到宣判执行全流程网上运行。新冠肺炎疫情期间，在线司法模式发挥巨大作用，有力保障“审判执行不停摆、公平正义不止步”。充分利用云计算、大数据、区块链、人工智能等信息技术，不同程度实现案件繁简甄别分流、语音识别转录、区块链证据核验、法条及类案推送等智能辅助功能，为审判质效提升提供技术支持。2021 年，全国法院网上立案 1143. 9 万件，在线开庭 127. 5 万场，庭审平均用时 45 分钟，一审服判息诉率达 98%，在线调解 651. 2 万次，电子送达 4084. 9 万次，在线诉讼适用规模和质量不断提升，线上线下双轨并行、有序衔接的诉讼模式基本定型。

三是互联网司法程序规则体系有效建立。各级人民法院立足实践需求、遵循司法规律，积极探索完善互联网司法程序规则，确保在线诉讼规范有序。三家互联网法院率先就在线诉讼流程、在线庭审规范、电子送达规则、异步审理模式、区块链证据认定标准等，制定出台规范性文件。北京、上海、浙江、广东、四川等 29 家高级人民法院结合当地实际，研究制定在线诉讼工作细则，为在线司法提供规则指引。2021 年以来，最高人民法院先后印发《人民法院在线诉讼规则》《人民法院在线调解规则》《人民法院在线运行规则》《关于加强区块链司法应用的意见》，特别是在线司法相关规则已被 2021 年新修正的《民事诉讼法》吸收采纳，有力推动数字时代下诉讼制度的发展完善。由此，首次在世界范围内构建了全方位、系统化的互联网司法程序规则体系，标志着我国互联网司法从技术领先迈向规则引领，实现互联网司法模式从实践探索向制度构建的历史性跨越。

四是网络空间司法治理功能充分发挥。各级人民法院准确把握互联网司法的功能定位和工作重心，加大互联网案件审判工作力度。最高人民法院制定出台关于人脸识别、网络消费、反不正当竞争、网络知识产权侵权等司法解释，加强对全国互联网审判工作的监督指导。各级人民法院公正高效审理了一大批具有先导示范意义的新型互联网案件，有效填补法律空白，确立治理规则。坚决惩治网络诈骗、网络传销、非法盗取数据、开设网络赌场等违法犯罪行为；探索确立数据权利、虚拟财产、个人信息、智能作品等新客体的保护标准；依法规范直播带货、付费点播、知识分享等新兴业态；严厉打击暗刷流量、不当采信、网络刷单、空包洗钱等网络灰黑产业；深度参与跨境交易、数据流通、平台治理、知识产权保护等领域的国际网络空间治理，促进完善国际标准和准则。通过高效便捷的在线解纷程序、精准智能的技术手段，有效发挥了司法裁判定标尺、明边界、促治理的功能作用，推动了数字经济繁荣发展和网络空间治理法治化。

（七）完善智慧法院建设

最高人民法院制定印发《人民法院在线运行规则》《关于加强区块链司法应用的意见》《关于规范和加强人工智能司法应用的意见》，引领和规范智慧法院建设。制定法治信息化项目云平台建设方案和采购需求。推动全国法院普遍建成科技法庭，截至 2022 年 9 月底，科技法庭覆盖率达到 99.66%。印发《关于发布第一批人民法院知识服务名录的通知》，公布 15 项知识服务名录，指导下级法院推进智能辅助功能试点对接应用。召开要素式审判试点启动会，确定 19 个要素式审判高院和 22 个要素式审判试点案由，以江苏法院为试点法院代表，实现部分案由全流程要素式审判。开展区块链与司法领域应用场景融合试点，在全国范围内推广电子送达文书在线核验场景，实现执行案件电子卷宗随案同步生成和深度应用。完成人民法院在线服务与各诉讼服务平台用户体系打通。完成人民法院在线服务与各诉讼服务平台消息通知的融合。研发完成人民法院在线服务 PC 版本。

《人民法院在线运行规则》共包括 5 个部分 45 条内容，涵盖人民法院在线运行的基本原则、适用范围，确定了人民法院用以支持在线司法活动的信息系统建设、应用、运行和管理要求。根据《人民法院在线运行规则》，人民法院在线运行遵循以下五个原则：一是高效便民。提供一网通办、一站通办、一号通办等多元解纷和诉讼服务，减轻当事人诉累。二是注重实效。完善信息系统，规范应用方式，强化运行管理，全方位支持人民法院开展在线审判执行活动，保障司法工作，提高司法效率。三是统筹共享。加强顶层统筹规划，优先建设和使用全国法院统一信息系统，持续推进信息基础设施、应用系统和数据资源兼容共享。四是创新驱动。加大先进技术研究应用力度，推动业务流程、诉讼规则、审判模式与时俱进。五是安全可靠。依法采集、存储、处理和使用数据，保护国家秘密、商业秘密、个人隐私和个人信息，保障人民法院在线运行信息安全。《人民法院在线运行规则》指出，各级人民法院应当建设信息基础设施，为人民法院在线运行提供必要的基础条件支撑，包括通信网络、计算存储、通用终端设备以及信息管理中心、执行指挥中心、诉讼服务大厅、科技法庭等重要场所专用设施。信息基础设施应当为各类应用系统、数据资源和运维保障提供计算运行、数据存储、通信传输、显示控制等服务；应当建设安全保障系统，为人民法院在线运行提供网络和信息安全保障。系统包括身份认证平台、边界防护系统、安全隔离交换系统、权限管理系统、安全管控系统和安全运维系统等。安全保障系统应当为各类信息基础设施、应用系统和数据资源提供主机安全、身份认证、访问控制、分类分级、密码加密、防火墙、安全审计和安全管理等安全服务；应当建设运维保障系统，包括质效型运维服务、可视化管理平台、运行质效报告和应急管理平台等。《人民法院在线运行规则》要求，人民法院应当建设智慧服务、智慧审判、智慧执行、智慧管理、司法公开、司法数据中台和智慧法院大脑、信息基础设施、安全保障、运维保障等智慧法院信息系统，保障人民法院在线运行。智慧法院信息系统以司法数据中台和智慧法院大脑为核心，实现数据互联互通，支持业务协同办理。智慧服务系统与法院专网安全联通，为群众提供诉讼、调解、咨询和普法等在线服务，支撑构建一站式多元解纷和诉讼服务体系。智慧服务系统包括人民法院在线服务、电子诉讼平台、人民法院调解平台、诉讼服务网、“12368”诉讼服务热线、电子送达平台、在线保全系统、在线鉴定系统等。智慧服务系统应当具备诉讼指引、在线调解及名册管理、在线立案、在线交费、在线证据交换、在线委托鉴定、在线保全、在线庭审、在线执行、在线阅卷、在线查档、在线送达、在线公告、跨域诉讼服务等功能。

除此之外，关于智慧法院建设，最高人民法院还发布了《关于加强区块链司法应用的意见》以及《关于规范和加强人工智能司法应用的意见》。这两部分内容详见本书第十章“2022 年智慧司法专题报告”。

（八）推进人事配套改革

最高人民法院会同中央组织部出台《法官单独职务序列规定》，下发《关于认真学习贯彻〈法官单独职务序列规定〉的通知》。印发《关于离职法官职务等级免除有关问题的通知》，进一步规范离职法官职务等级管理。组织开展法官逐级遴选专题调研，向中央依法治国办起草报送《关于法官逐级遴选制度实施情况及相关完善意见的报告》。2022 年年初，最高人民法院专门出台意见，要求坚持人员分类管理制度改革，畅通法官、审判辅助人员、司法行政人员内部交流渠道，促进人员合理流动。主要针对政法编制内的三类人员之间的交流。出台《关于加强人民法院聘用制书记员管理工作的意见》，完善聘用制书记员招聘、配备、培训、考核机制。制定《关于加强和改进新时代人民法院人才工作的实施意见》，健全完善法院人才管理体制机制。

1. 积极推进完善逐级遴选制度

最高人民法院正在会同中央有关部门开展逐级遴选制度的全面评估，对于确实不符合司法规律和法院队伍建设规律的政策，下大力气推动调整完善。在总体设计上，一要考虑与我国干部管理制度相衔接。作为公务员队伍中的一部分，法官如何既保持其单独职务序列管理的独特性，又与公务员管理的总体制度保持一定的融合性。二要考虑法官助理的职业身份特点。我国的法官助理与其他一些国家不同，比如，德国等一些大陆法系国家法官助理采用专职形式，法官助理教育背景和职业技能与法官差别很大，属于两个“工种”，法官助理一般也安于现任职务，不会期待被直接选任为法官。但我国法官助理的来源与法官基本相同，主要是高等院校法律专业毕业生，培养模式和职业预期就是“预备法官”。因此，在逐级遴选制度中也应充分考虑这一特点，尽量打通而不是阻断法官助理选任为法官的途径。三要考虑我国社会保障方面现实情况。我国幅员辽阔，各地区发展差异较大，跨地区调动要解决户口、薪酬水平、子女教育、赡养父母等多种原因，导致一些司法人员报名参加遴选顾虑较多。下一步，我们将深入开展调研，积极向中央提出建议，对制度作出调整完善。比如，可以让上级法院法官的来源渠道更加多元，按照比例划分，一部分由本院法官助理直接入额，一部分由下级法院遴选，一部分由律师或法学教师选任，同时完善相应配套措施，努力打通制度“堵点”。

2. 全面规范法官单独职务序列制度

2022 年 3 月，中央组织部、最高人民法院联合印发《法官单独职务序列规定》，规定了法官等级设置、等级升降、考核惩戒等方面，建立健全符合职业特点和司法规律的法官单独职务序列，也是确定工资、住房、医疗等待遇的重要依据。法官单独职务序列等级实现与行政职级脱钩，与其他公务员职务职级层次不再一一对应，法官之间也不根据等级高低确定上下级关系，不存在高等级法官领导低等级法官的问题。

一是法官等级晋升。法官晋升等级，应当综合考虑政治素质、办案能力、司法业绩和资历等因素，不是达到最低任职年限就必须晋升，也不能简单按照任职年限论资排辈。这项改革对法官晋升作了政策性倾斜，简单说就是法官只要认真履职，即使不担任领导职务，不遴选到上级法院，也可以按照任职年限逐级晋升到较高等级；择优选升的法官等级比例与以往相比有了较大幅度的提高，对于个别长期在县级法院任职、工作特别优秀、为审判事业作出突出贡献的法官，以及特别优秀或者工作特殊需要的一线办案岗位法官，还设置了特别选升，可以突破规定的任职年限或者越级晋升，但不得在任职年限上连续突破，不得越两级晋升。晋升现等级不满一年的，不得特别选升。特别选升必须从严掌握，规定了严格的审批权限。同时建立与单独职务序列相配套的工资福利制度，从制度上激发了审判人员的积极性和尊荣感。

《法官单独职务序列规定》对法官等级设置和职数比例、法官等级的确定和晋升降低，以及管理监督等方面作出了明确，包括确定法官等级需要考虑的因素，晋升年限、晋升程序，转任到党政机关或者司法行政人员、法官助理的定级标准，担任法院及内设机构领导所需要的条件等大家普遍关心的问题，为法官单独职务序列管理提供了政策依据。打通高等级法官职数的使用通道。

二是初任法官定级。原来从高校毕业直接录用的法官助理，在初任法官时主要按照学历确定法官等级，如本科是四级，硕士是三级，博士是二级。单独职务序列规定出台后，按照学历确定一个基础标准后，明确法官助理初任法官“根据其原任职务职级、资历等，比照本院同等条件人员确定等级”，将职务职级、资历作为初任定级的重要依据，较以前有了很大进步。

三是法官转任交流。《法官单独职务序列规定》第 28 条规定，法官工作需要转任司法辅助人员或者司法行政人员，以及转任到其他党政机关的，根据法官等级晋升审批权限，综合考虑其德才表现、任职资历、工作经历等条件，比照拟任职单位同等条件人员确定职级：一级至五级法官可确定为一级至四级主任科员及相当层次的职级；三级、四级高级法官，可确定为一级至四级调研员及相当层次的职级；一级、二级高级法官，可确定为一级、二级巡视员及相当层次的职级。对法官来说，由于实行了人员分类管理，各类人员都有各自的等级序列和职数比例。而法官等级晋升相对较快，若法官退出员额转任其他司法人员，其他人员中往往没有空缺职数能够满足较高法官等级转任对应的公务员职级。另外，三级、四级高级法官对应一级至四级调研员四个职级，对应关系不够明确，在各地执行标准不一。

四是法官业绩考核。最高人民法院出台《关于加强和完善法官考核工作的指导意见》，理顺法官考核与公务员考核的内在逻辑，既有共性又体现差别；构建科学合理的考核指标体系，全面考核德、能、勤、绩、廉各方面；重点突出对法官办案业绩的考核；注重加强对院庭长的考核；探索引入办案工作量权重系数体系，构建“固定系数加浮动系数”的办案工作量权重系数体系，合理测算法官实际办案工作量，最大程度实现不同业务条线、不同岗位法官办案工作的量化比较。其中固定系数是根据案件普遍性特点设置的办案工作量基础系数，一般包括案件类型、审判程序、审级以及审判团队配置等，浮动系数是指根据案件性质、流程等特殊性因素的动态系数，一般考虑系列案件、疑难复杂案件、重大敏感案件、当事人人数众多案件、涉外案件、审判委员会讨论案件、专业法官会议讨论案件以及鉴定、评估、审计、保全、公告、发送司法建议等因素。同时区分刑事、民事、行政等案件类型，对各类案件特有的浮动系数设置因素作出规定，对合议庭成员审理案件的权重系数比重设置提出要求，为各地法院提供指引。

(九)优化人民法院组织机构设置

最高人民法院结合四级法院审级职能定位改革试点工作，探索设立“本部办理、定期巡回”的新型行政案件审理方式，创新巡回法庭行政人员选派及行政案件审理方式。研究论证完善知识产权法院布局，配合中央编办做好知识产权法院组织体系建设调研，推动设立国家层面知识产权专门法院。吸收上海仲裁委员会等5家仲裁机构作为新增“一站式”国际商事纠纷多元化解决机制第二批机构，健全完善国际商事争端解决机制。研究并批复同意在海南设立国际商事法庭海南自由贸易港联络点，协调指导海南法院深入推进海南自由贸易港国际商事纠纷解决机制建设相关工作，在泉州中院等设立国际商事法庭，促进国际商事法庭高质量发展。成立成渝金融法院，发布《关于成渝金融法院案件管辖的规定》，明确成渝金融法院从2023年1月3日正式受理案件，全面履行审判职责，正式迈出跨省域管辖案件的第一步。基本建成涵盖四级法院的环境资源专门化审判组织架构。2022年共设立各类专门审判机构15个，有效服务保障了国家战略布局和地方经济社会发展。召开全国法院第七次少年法庭工作会议，推动新时代少年法庭工作高质量发展。截至2022年年底，全国实际运行的人民法庭10 050个，其中乡村法庭6853个，城乡结合法庭2249个，城区法庭948个，人民法庭司法服务实现了全覆盖。推进“枫桥式人民法庭”创建工作，积极服务全面推进乡村振兴、服务基层治理、服务人民群众高品质生活需要。

(十)推进人民陪审员法贯彻落实

最高人民法院深入总结人民陪审员法贯彻落实情况督查工作，形成《人民陪审员法贯彻落实情况督查报告》。将督查过程中发现的突出问题整理形成清单，点对点对接相关地方法院，持续跟踪问效，巩固督查成果。完善七人合议庭人民陪审员参审机制，起草形成《人民陪审员参加七人合议庭审判案件若干问题的指导意见(试行)》，并根据院党组会议决议在指导意见稿的基础上起草司法解释稿。加强人民陪审员制度宣传，成功举办“人民法院这十年”人民陪审员制度专题新闻发布会，公开发布《人民陪审员制度的中国实践》报告及人民陪审员参审十大典型案例，《人民陪审员制度的中国实践》回顾了中国特色人民陪审员制度的发展进程，结合全国法院人民陪审员工作的鲜活事例，着重介绍了新时代人民陪审员制度改革的重要举措和突出成绩，充分彰显了中国特色人民陪审员制度的鲜明优势和人民陪审员工作的时代风貌。发布的人民陪审员参审十大典型案例中刑事案例3个、民事案例4个、行政案例3个；七人合议庭案例6个、三人合议庭案例4个，突出体现了人民陪审员的实质参审作用，凸显了人民陪审员参与司法、见证司法、监督司法的重要作用，具有较强的代表性、示范性和典型性，是我国司法领域人民民主建设发展成果的一个缩影。

（十一）完善司法经费保障机制

最高人民法院完善全国法院财务数据库建设。指导地方法院填报2021年度财务决算数据，全面掌握全国各级人民法院各项财务收支及资金使用等情况，形成《2021年度全国法院财务统计分析报告》。对人民法院办理的中央交办案件涉案财物上缴与办案经费管理情况进行全面自查，及时整改并上报自查报告，健全完善管理机制。指导全国法院做好中央政法转移支付资金绩效自评工作，按时上报财政部，健全完善中央政法转移支付资金管理机制。

三、2023年司法改革重点设想

党的二十大报告明确指出："深化司法体制综合配套改革，全面准确落实司法责任制，加快建设公正高效权威的社会主义司法制度，努力让人民群众在每一个司法案件中感受到公平正义。"2023年是贯彻党的二十大精神的开局之年，是实施"十四五"规划承上启下的关键一年，也是"五五改革纲要"的收官之年，应当科学谋划好下一步人民法院司法体制改革的主要方向、重点内容和具体举措，着重推进以下几个方面的改革：

一是健全以司法责任制为核心的审判权力运行体系。强化对司法活动的制约监督，规范司法权力运行，完善合议庭、专业法官会议、审判委员会工作机制。贯通内部监督和外部监督，健全和落实"四类案件"识别和监督管理机制，完善院庭长对"四类案件"重点监督、案件智能化监督管理等机制；优化社会监督机制，健全律师执业权利保障制度；优化智能化监督机制，完善审判监督、流程风险防控系统等功能，实现对各类履职行为可提示、可留痕、可倒查。完善法官惩戒制度，推动建立国家层面法官惩戒制度，健全程序规则，提高法官惩戒工作的专业性、透明度和公信力。促进优化司法职权配置，推动健全公安机关、检察机关、审判机关、国家安全机关、司法行政机关各司其职、相互配合、相互制约的体制机制。

二是深化四级法院审级职能定位改革。真正让不同层级法院各司其职，更好发挥四级两审审级制度优势。强化改革试点统筹管理，健全试点工作机制，及时出台试点工作配套规范性文件。加强各项试点任务的跟踪督促、总结评估和宣传推广工作。全面总结试点经验，推动与试点相关的民事诉讼法、行政诉讼法新修改条文顺利审议通过。强化与中央有关职能部门的沟通协调，系统集成推进改革各项试点举措，确保改革试点取得预期成效。

三是持续深化互联网司法建设。优化互联网法院案件管辖范围，制定印发《最高人民法院关于互联网法院案件管辖范围的规定》，持续推动确立互联网法院专门法院地位工作。加强互联网专业化审判体制机制建设，科学界定互联网案件的范围和类型，提升网络空间治理法治化水平。继续推进与清华大学、浙江大学等高校共建互联网司法专业化研究机构工作，联合攻关互联网审判等重要课题。落实好人民法院在线诉讼、在线调解、在线运行“三大规则”和区块链司法应用意见、规范和加强人工智能司法应用的意见，加快完善中国特色、世界一流的互联网司法模式，努力创造更高水平的数字正义。

四是深入推进以审判为中心的刑事诉讼制度改革。推动构建诉讼以审判为中心、审判以庭审为中心、庭审以证据为中心的刑事诉讼新格局。健全完善庭前会议、非法证据排除、法庭调查“三项规程”，持续推进庭审实质化，切实发挥庭审在查明事实、认定证据、保护诉权、公正裁判中的决定性作用。进一步规范认罪认罚从宽制度、量刑建议工作，完善类案证据标准，明确证人出庭作证必要性判断标准及证人出庭费用补助标准和承担主体，严格落实证人保护机制。

五是持续深化法院人事制度改革。推动优化法官培养、遴选等制度，深化法官员额制度改革，畅通入额通道，推进员额和编制跨域统筹使用、动态调整，让最优秀的人留在办案一线。进一步拓宽三类人员交流渠道，健全内部交流机制，完善审判辅助人员管理制度，探索拓宽法官助理来源渠道，健全法官助理分层培养机制，优化聘用制书记员管理机制。进一步落实好法官单独职务序列等改革，推动健全法院干警身份保障、履职保障、经济保障、安全保障等机制。健全履行职务受到侵害的救济机制、不实举报的澄清机制，完善法官伤亡抚恤政策、健全法官履职人身安全保护机制。

撰稿专家

刘峥，法学博士，最高人民法院第一巡回法庭副庭长，曾任司法改革领导小组办公室主持日常工作的副主任。

第十章　2022年智慧司法专题报告

邵长茂

报告要旨

2022年，智慧司法建设以司法数据中台、智慧法院大脑、在线法院建设为牵引，坚持用科技手段赋能司法、保障权益、维护公正，推动人民法院工作质量变革、效率变革、动力变革。建成覆盖全国各级人民法院，涵盖智慧服务、智慧审判、智慧执行、智慧管理的智慧法院信息系统，支持实现全业务网上办理、全流程依法公开、全方位智能服务。新冠肺炎疫情期间，智慧司法“大显身手”，有力保障“审判执行不停摆、公平正义不止步”。建成世界上最大的审判信息资源库，深化司法大数据应用，形成系列司法大数据专题分析报告服务司法管理和国家社会治理。加强智慧法院建设写入国家“十四五”规划，云计算、大数据、区块链、人工智能等先进技术深度应用，司法领域科技创新取得突破性进展。主动适应互联网发展大趋势，推动互联网法院建设，在诉讼规则创新、技术深度应用、裁判规则完善、网络空间治理法治化等方面探索出一批可复制、可推广的经验。先后发布全球首个区块链司法应用意见和人工智能司法应用意见，中国特色互联网司法规则体系基本形成。一年来，人民法院坚持体制改革和科技创新双轮驱动，促进司法效能充分释放，实现互联网司法从技术领先迈向规则引领，充分彰显了中国特色社会主义法治的政治优势和制度优势。

核心建议

智慧司法建设应当进一步升级，形成以知识为中心、智慧法院大脑为内核、司法数据中台为驱动的人民法院信息化4.0版。为此，要在智能性、一体性、协同性、泛在性、便捷性、安全性下功夫。

2022年，人民法院围绕司法为民、公正司法工作主线，推动法院工作与现代科技不断融合，建成支持全国四级法院“全业务网上办理、全流程依法公开、全方位智能服务”的智慧法院信息系统，创新纠纷解决和诉讼服务模式，推动审判执行工作高质量发展，构建互联网司法新模式，推进审判体系和审判能力现代化。①

一、智慧司法建设成效明显

（一）智慧服务方面

人民法院践行以人民为中心的发展思想，为人民群众提供集约集成、在线融合的司法服务。

一是建设人民法院调解平台，支撑构建在线多元解纷新格局。发挥平台集成主渠道功能，打破部门、区域和层级信息壁垒，构建“法院+”多元纠纷解决体系，广泛汇聚人民调解、行业专业调解、行政调解、基层干部、网格员等解纷力量，推动建立自上而下、全面覆盖的“总对总”多元解纷机制，为当事人提供菜单式、集约式、一站式解纷服务。截至目前，全国四级法院以及9万多个调解组织、30余万名调解员入驻平台，为当事人提供在线解纷服务，平均每个工作日就有几万件纠纷在平台进行调解，让大量矛盾纠纷预防在源头，解决在诉前。

二是全面推广人民法院在线服务，做到诉讼服务全天候。研发上线覆盖四级法院的“人民法院在线服务”平台，提供立案、开庭、送达等在线服务，老百姓办理诉讼事务可以全流程、全天候“掌上办”。通过在线方式开展诉讼，当事人参与诉讼从平均往返法院近6次减少到只需1至2次，甚

① 本部分内容来源于最高人民法院和各地法院公开发布材料，主要是《人民法院年鉴》《最高人民法院工作报告》以及新闻发布的内容。

至一次也不用跑。近年来，人民法院在线诉讼加速推进，2022 年全国法院网上立案超过 1000 万件，实现“审判执行不停摆、公平正义不止步”。

三是构建多渠道诉讼服务平台，减轻群众诉累。全国法院全面建设信息化诉讼服务大厅，为来院当事人提供立案、咨询、调解等全方位的诉讼服务。开通 12368 诉讼服务热线，以电话接入、语音和短信等方式，为社会公众诉讼活动提供最为便捷的服务。在各地法院建设基础上，最高人民法院进一步建成全国法院 12368 统一调度中心、全国法院统一短信平台，实现 12368“一号”全国通办。

四是优化人民法院送达平台诉讼活动通知路径。人民法院送达平台完成与司法链系统对接，实现最高人民法院本级电子送达文书上链存证，为当事人提供电子送达文书核验功能，当事人在查收送达文书过程中可通过司法链系统进行文书在线核验，保障电子送达文书的真实性、公正性、高保密性。完成与人民法院在线服务、人民法院律师服务平台电子送达功能融合，实现电子送达数据同步，方便人民群众在线查阅电子送达文书。

(二)智慧审判方面

人民法院积极推进大数据、人工智能、区块链等现代科技在审判工作中应用，助力法官寻找事实、寻找法律。

一是推行基于电子卷宗的全流程网上办案，促进办案智能化升级。自 2016 年开始，最高人民法院全面推进人民法院电子卷宗随案同步生成和深度应用，指导各级法院随案制作电子卷宗，法官基于电子卷宗开展阅卷、合议等工作，审理过程全程留痕。通过电子卷宗随案同步生成和网上流转，以往平均耗时 15 天的上诉案件卷宗移送工作，现在仅需几分钟即可完成。

二是研发各类智能审判辅助系统，大幅减轻法官事务性工作。依托人工智能等先进技术，为法官审判办案提供案件卷宗信息自动回填、法律知识服务、文书辅助制作、类案自动推送、庭审语音自动转录等智能辅助办案工具，减轻法官事务性工作 30%以上，庭审效率提升 20%以上。

三是推进跨部门信息共享和业务协同，促进跨部门在线业务协同。实现与政法机关办理刑事、减刑假释等案件网上协同化，确保证据标准统一，强化相互监督，保障司法公正；实现与交通管理部门、保险机构、鉴定机构等办理道路交通事故纠纷网上一体化，推进保险行业人民调解前置、损害赔偿标准统一，保障人民群众合法权益。

（三）智慧执行方面

执行工作是整个司法程序中的关键一环，人民法院坚持执行信息化，构建现代化执行工作体系，不断健全解决执行难长效机制。

一是充分利用网络执行查控体系，破解查人找物难题。最高人民法院积极推动建立覆盖全国法院及主要财产形式的网络查控系统，与中国人民银行、公安部等14家单位、3900多家银行联网，可以查询被执行人全国范围内的不动产、存款、金融理财产品、船舶、车辆、证券、网络资金等信息，对各种财产形式做到全面覆盖、一网打尽，实现了人民法院财产调查方式的根本变革。

二是充分运用联合信用惩戒系统，有效震慑失信被执行人。最高人民法院加强与社会征信体系对接，与国家发展和改革委员会等60家单位开展联合惩戒，对失信被执行人担任特定职务以及出行、购房、投资、招投标等进行限制，让失信被执行人“一处失信、处处受限”，促进了社会诚信体系建设。

三是深化网络司法拍卖，化解财产变现难题。最高人民法院通过淘宝、京东等7家司法拍卖平台拍卖标的物，传统拍卖程序中的公告、缴纳保证金、竞买、确认成交等所有拍卖行为，都在互联网拍卖平台上进行，着力解决财产变现难题，成交率、溢价率成倍增长，实现拍卖环节违纪违法“零投诉”。截至目前，全国法院网络拍卖成交额超过2万亿元，为当事人节约佣金超过6亿元。

二、最高人民法院发布《关于加强区块链司法应用的意见》

2022年5月25日，最高人民法院发布《关于加强区块链司法应用的意见》（以下简称《区块链意见》）。这是人民法院深入贯彻习近平法治思想、落实习近平总书记关于推动区块链技术创新发展重要指示精神的具体举措，将进一步推进人民法院运用以区块链为代表的关键技术加速人民法院数字化变革、创造更高水平数字正义，促进法治与科技深度融合发展、推动智慧法治建设迈向更高层次。

以习近平同志为核心的党中央高度重视区块链技术应用和发展。习近平总书记强调，要把区块链作为核心技术自主创新的重要突破口，加快推动区块链技术和产业创新发展，积极推进区块链和经济社会融合发展。近年来，人民法院大力推进区块链技术在司法领域应用，建成人民法院司法区块链平台，司法区块链上链存证超过 22 亿条，存固证据、智能辅助、卷宗管理等方面应用效能和规范程度不断提升，电子证据、电子送达存验证防篡改等应用场景落地见效。

为进一步加强区块链在司法领域应用，充分发挥区块链在促进司法公信、服务社会治理、防范化解风险、推动高质量发展等方面的作用，最高人民法院在充分调研、广泛征求意见、多方论证基础上，制定出台《区块链意见》。《区块链意见》包括七个部分 32 条内容，明确人民法院加强区块链司法应用总体要求及人民法院区块链平台建设要求，提出区块链技术在提升司法公信力、提高司法效率、增强司法协同能力、服务经济社会治理等四个方面典型场景应用方向，明确区块链应用保障措施。《区块链意见》主要有以下几个鲜明特点：

一是提出建成互通共享的司法区块链联盟。《区块链意见》提出到 2025 年，建成人民法院与社会各行各业互通共享的区块链联盟，数据核验、可信操作、智能合约、跨链协同等基础支持能力大幅提升，司法区块链跨链联盟融入经济社会运行体系，主动服务营商环境优化、经济社会治理、风险防范化解和产业创新发展，服务平安中国、法治中国、数字中国和诚信中国建设，形成中国特色、世界领先的区块链司法领域应用模式。

二是明确人民法院区块链平台建设要求。《区块链意见》明确要求人民法院加强区块链应用顶层设计、持续推进跨链协同应用能力建设、提升司法区块链技术能力、建设互联网司法区块链验证平台、建立健全标准规范体系。《区块链意见》提出要打造开放共享的全国法院司法区块链平台，加强司法区块链平台与各行业区块链平台跨链联盟建设，持续提升协同能力；要在互联网端建设司法区块链验证平台，支持当事人等相关主体对调解数据、电子证据、诉讼文书等司法数据进行真伪核验。

三是提出运用区块链数据防篡改技术提升司法公信力。《区块链意见》提出推进人民法院电子卷宗、电子档案、司法统计报表等司法数据上链存储，推动执行案件等数据和操作上链存证，推动人民法院送达的诉讼文书和送达回执在司法区块链平台统一存储，保障司法数据安全、操作合规。《区块链意见》明确健全完善区块链平台证据核验功能，支持当事人和法官在线核验通过区块链存储的电子证据，推动完善区块链存证的标准和规则，提升电子证据认定的效率和质量。

四是提出应用区块链优化业务流程提高司法效率。《区块链意见》提出支持立案信息流转应用、调解与审判流程衔接应用、审判与执行流程衔接联动、提升执行效率、支持执行干警便捷办案等五个典型应用场景，提高业务流程自动化水平，提升司法效率。《区块链意见》提出建立调解协议不履行自动触发审判立案、执行立案等业务规则和智能合约程序，增强调解程序司法权威，支持多元纠纷化解。

五是提出应用区块链互通联动促进司法协同。《区块链意见》提出构建人民法院与司法行政部门跨链协同应用，支持实现参与诉讼活动的律师资质、信用报告在线查询及核验，提高核验实时性；提出构建人民法院与检察、公安、司法行政等部门的跨链协同应用，提高案件在线流转效率和数据互信水平；构建人民法院与行政执法、不动产登记、金融证券保险机构、联合信用惩戒等单位的跨链协同应用，建立自动化执行查控和信用惩戒模式，提高协同执行工作效率。

六是提出利用区块链联盟互信服务经济社会治理。《区块链意见》提出推进构建与知识产权、市场监管、产权登记、交易平台、数据权属、数据交易、金融机构、相关政府部门等区块链平台跨链协同应用机制，支持知识产权保护、营商环境优化、数据开发利用、金融信息流转应用、企业破产重组、征信体系建设等。

三、最高人民法院发布《关于规范和加强人工智能司法应用的意见》

为进一步规范和加强人工智能在司法领域的应用，最高人民法院以习近平新时代中国特色社会主义思想为指导，坚持司法为民、公正司法工作主线，组织国内相关法律和技术专家，充分调研、多方论证，广泛征求意见，系统总结我国人工智能司法应用的理论依据、应用场景和实践经验，研究制定《关于规范和加强人工智能司法应用的意见》（以下简称《人工智能意见》），并于 2022 年 12 月 9 日发布。该意见进一步明确了人民法院应用人工智能技术的指导思想、总体目标、基本原则、应用范围、系统建设和综合保障等相关要求，对于加快推动人工智能同司法工作深度融合，规范司法人工智能技术应用，努力为以中国式现代化推进中华民族伟大复兴提供有力司法服务具有重要意义。《人工智能意见》共包括六个部分 20 条内容，主要有以下鲜明特点：

一是提出分两个阶段建成具有规则引领和应用示范效应的司法人工智能技术应用和理论体系。《人工智能意见》提出到 2025 年，基本建成较为完备的司法人工智能技术应用体系，为司法为民、公正司法提供全方位智能辅助支持。到 2030 年，建成具有规则引领和应用示范效应的司法人工智能技术应用和理论体系，为司法为民、公正司法提供全流程高水平智能辅助支持，应用效能充分彰显。

二是明确了人工智能司法应用需要遵循的五项基本原则。《人工智能意见》坚持伦理规则先行的人工智能司法应用理念，提出人工智能司法应用需遵循五项基本原则。分别为：安全合法原则，人工智能建设与应用不得损害国家安全，不得侵犯合法权益，确保国家秘密、网络安全、数据安全和个人信息不受侵害；公平公正原则，人工智能产品和服务需保证无歧视、无偏见，不因技术介入、数据或模型偏差影响审判过程和结果的公正，确保智能化司法服务对各类用户的普适包容和机会均等；辅助审判原则，明确人工智能辅助结果仅可作为审判工作或审判监督管理的参考，确保司法裁判始终由审判人员作出，裁判职权始终由审判组织行使，司法责任最终由裁判者承担；透明可信原则，要求人工智能系统中的司法数据采集管理模式、法律语义认知过程、辅助裁判推定逻辑、司法服务互动机制等各个实现环节能够以可解释、可测试、可验证的方式接受相关责任主体的审查、评估和备案；公序良俗原则，要求人工智能司法应用不得违背公序良俗，不能损害社会公共利益和秩序，不能违背社会公共道德和伦理，并要求健全风险管控、应急处置和责任查究机制，防范化解人工智能司法应用中可能产生的伦理道德风险。

三是明确了人工智能司法应用的主要应用范围。《人工智能意见》着重从人工智能为司法工作提供全方位智能辅助支持、显著减轻法官事务性工作负担、有效保障廉洁司法、提高司法管理水平、创新服务社会治理等角度，明确了人工智能司法应用的主要场景。要求加强人工智能全流程辅助办案，具备为法官裁判案件全过程提供智能辅助能力，促进裁判尺度统一，保障司法公正，维护司法权威；要求加强人工智能辅助事务性工作，能够最大程度依托信息化手段，减少法官事务性工作，降低各类人员工作负担，提高司法效率；要求加强人工智能辅助司法管理，支持实现对不规范的司法行为进行自动预警，提升司法管理质效，保障廉洁司法；要求加强人工智能服务多元解纷和社会治理，为社会公众提供便捷的司法资源，为化解社会矛盾、服务社会治理提供新的途径和方式。同时，为保证应用场景持续创新和应用范围不断拓展，在第四部分应用范围的最后部分，还明确要求不断拓宽人工智能司法应用场景和范围，结合人工智能技术创新进程和人民法院改革发展实践，积极探索并不断拓展新的应用范围。

四是明确了人工智能司法应用系统建设要求。为确保人工智能司法应用得到更好的技术支持，《人工智能意见》提出五方面的系统建设要求。要求加强人工智能应用顶层设计，明确人工智能司法应用需按照人民法院信息化建设发展规划部署，设计完善智慧法院人工智能相关信息系统体系架构和技术标准体系；要求加强司法数据中台和智慧法院大脑建设，通过打造实体化司法数据中台和智慧法院大脑，为面向各类业务的人工智能司法应用提供核心驱动；要求加强司法人工智能应用系统建设，以提升智能化水平为主线，建设符合先进技术发展方向的司法人工智能产品和服务；要求加强司法人工智能关键核心技术攻关，依托国家重点工程、科研项目和科技创新平台，组织产学研优势力量，开展关键核心技术集智攻关，为司法人工智能系统建设提供牵引和支撑；同时，还要求加强基础设施建设和安全运维保障，强化网络安全、数据安全和个人信息保护能力，完善人工智能运行维护机制。

五是在《人工智能意见》的最后部分，对人工智能司法应用过程中的组织领导、知识产权保护、安全保障等相关工作要求也一并进行了明确。要求高度重视人工智能应用对司法为民、公正司法的重要意义，要以智慧法院新一代人工智能示范应用为契机，努力推动司法人工智能应用取得突破。要求完善司法数据协同共享和智能化服务共建共享机制，切实保护相关知识产权；要求加强司法数据分类分级管理，强化重要数据和敏感信息保护，通过司法人工智能伦理委员会等机制，防范化解人工智能应用过程中的安全风险。

四、全国法院网络安全和信息化工作会议暨互联网司法工作推进会举行

2022 年 11 月 30 日，全国法院第八次网络安全和信息化工作会议暨互联网司法工作推进会以视频方式举行。会议指出，党的十八大以来，人民法院坚决贯彻落实党中央决策部署，紧紧围绕“努力让人民群众在每一个司法案件中感受到公平正义”目标，坚持司法体制改革和智慧法院建设双轮驱动，推动司法工作质量变革、效率变革、动力变革，初步实现审判体系和审判能力现代化。十年来，人民法院坚持正确政治方向，坚持系统观念，坚持双轮驱动，坚持需求导向，坚持改革创新，坚持重视人才，坚持“一盘棋”思维，全面加强智慧法院建设和互联网司法工作，推动司法模式和诉讼制度全面优化，进行了一场数字时代人民司法为人民的生动实践。开放、动态、透明、便民的阳光司法机制已经形成，智慧法院实现全业务

网上办理、全流程依法公开、全方位智能服务，互联网司法实现从技术领先迈向规则引领，智慧法院和互联网司法在服务高质量发展、促进社会治理中日益发挥重要作用，助推中国司法国际影响力不断提升。

会议指出，党的二十大擘画了以中国式现代化全面推进中华民族伟大复兴的宏伟蓝图，对加快建设网络强国、数字中国作出重大部署，对严格公正司法、加快建设公正高效权威的社会主义司法制度提出明确要求。各级法院要深刻把握党的二十大作出的新部署新要求，充分认识做好智慧法院建设和互联网司法工作是加快建设公正高效权威的社会主义司法制度的需要，是不断满足人民群众对美好生活向往的需要，是基本实现社会主义现代化目标的需要，是推进建设更高水平平安中国、法治中国的需要，适应数字时代创造出更高水平的社会主义司法文明。

会议强调，要深入推进智慧法院建设，加快推进审判体系和审判能力现代化。坚持创新驱动，以司法数据中台、智慧法院大脑、在线法院建设为牵引，推动科技创新和司法工作深度融合。把握司法规律和互联网规律，聚焦解决司法实践重点问题，用好科技新工具新思维，最大程度激活司法效能。加强网络安全、数据安全和个人信息保护，构建开放、健康、安全的司法数字生态，积极塑造数字时代智慧法院发展新优势。

会议强调，要全面深化互联网司法建设，努力创造更高水平的数字正义，以高质量互联网司法服务高质量发展。深化互联网审判机制创新，推进互联网审判专业化建设。落实人民法院在线诉讼、在线调解、在线运行“三大规则”，构建更加成熟定型的互联网司法机制。依法妥善审理新型互联网案件，完善互联网裁判规则，推进网络法治，促进社会治理，充分发挥互联网司法服务全国统一大市场、保障数字经济健康发展的重要作用，不断提升促进网络空间治理法治化的能力水平。

五、深化司法大数据应用，助力司法管理和社会治理精准化

司法大数据是经济社会活动的晴雨表，蕴含重要价值。人民法院积极推进司法大数据发展和应用，人民法院建成大数据管理和服务平台，运用司法大数据完善司法管理机制、服务社会治理。

一是建成全世界最大司法审判信息资源库。建成了覆盖审判执行、司法人事、司法研究、司法政务、信息化管理、外部数据等六大类数据的国家司法审判信息资源库。实现全国法院所有案件信息实时、自动汇聚，每5分钟自动更新一次，每日汇聚7万至8万件案件数据，案件收结存数据可信

度已长期稳定在99%以上，为开展精准分析创造了条件。

二是支持司法信息主动公开，增强司法工作透明度。建成审判流程、庭审活动、裁判文书、执行信息四大公开平台，支持案件信息依法自动，构建开放、动态、透明、便民的阳光司法机制，提升司法公信力。截至目前，中国庭审公开网累计直播庭审2000余万场，访问量超过500亿次；中国裁判文书网累计公开裁判文书1.38亿余篇，访问量超过950亿次。

三是深化司法大数据分析，构建社会治理新路径。支持审判态势实时分析，2022年自动生成各级法院各类统计报表750余万张，中国法院全面告别司法统计人工时代。实时开展不同地区、不同层级、不同时间审判态势分析和业务研判预警，为司法改革和司法资源调配提供翔实依据。开展司法大数据专题分析，建立面向社会治理的司法指数体系，分析经济社会运行的矛盾纠纷及其发展趋势，已累计形成1000余份专题报告，有力服务社会治理和国家立法。

六、相关建议

智慧司法建设应当进一步升级，形成以知识为中心、智慧法院大脑为内核、司法数据中台为驱动的人民法院信息化4.0版。具体而言，应在以下“六性”上下功夫：

一是智能性，对于广大用户而言，信息化的生命在于提质增效。只有利用自动化、智能化技术，大幅度减轻广大人民群众的往返奔波和法院干警的工作负荷，才能提高应用积极性。

二是一体性，虽然全国法院围绕系统集成开展了大量工作，取得了显著成效，但由于长期处于不平衡发展，仍然亟须通过体系总体设计进一步推动集成优化。

三是协同性，智慧法院无论是横向与其他部门对接、纵向向日常社会活动延伸方面都存在广阔的拓展空间，下一步要统筹优化人民法院内外部流程，支持构建跨业务、跨层级、跨部门、跨网系的人民法院信息共享和业务协同体系。

四是泛在性，移动互联时代，人民群众的社会生活越来越不受地域空间限制，司法需求也必然要求打破地理空间约束，智慧法院要充分发挥5G移动互联技术的综合优势，全面推动基础设施、业务应用和智能服务向移动端延伸拓展。

五是便捷性，易用、好用、可靠是广大用户对信息系统的基本要求，智慧法院建设始终坚持用户导向，把提升用户体验作为智慧法院发展的重要内容。

六是安全性，更加注重加强网络、数据安全、个人信息保护。网络安全和数据安全，是智慧法院建设行稳致远的基础，是维护国家安全的必然要求。要严格落实网络安全保护责任，制定完善安全管理制度和操作规程，健全数据安全治理体系，确保人民法院网络安全，强化数据安全保障，加强个人信息保护，保障智慧法院安全健康发展。

总之，要继续深化智慧司法建设，完善互联网司法模式，通过建设以知识为中心、智慧法院大脑为内核、司法数据中台为驱动的人民法院信息化4.0版，创造更高水平的数字正义，推进审判体系和审判能力在信息时代的跨越发展。

撰稿专家

邵长茂，1981年出生，法学博士，长期从事司法实务和理论研究，中宣部“学习强国”平台法治宣传专家团首批专家。

第十一章　2022 年反腐败专题报告

邓联荣　李仕豪

报告要旨

2022 年反腐败呈现系列新气象：提出了“反腐败是最彻底的自我革命”这个新论断；党的二十大报告以“史无前例”对新时代反腐败作出新评价，并单列一个要点部署“坚决打赢反腐败斗争攻坚战持久战”；中共中央办公厅印发《关于加强新时代廉洁文化建设的意见》；纪检监察学新增列入法学门类下的一级学科；等等。具体来说，在打“老虎”方面，2022 年，中央纪委国家监委网站总计公布执纪审查中管干部 32 人，全国纪检监察机关处分省部级干部 53 人；检察机关对 21 名原省部级干部职务犯罪提起公诉，最高人民法院官网公布了 24 名原中管干部受到审判的信息。在拍“苍蝇”方面，2022 年全国纪检监察机关处分乡科级干部 7.4 万人，一般干部 8.3 万人，农村、企业等其他人员 41.3 万人，严查乡村振兴领域腐败和作风问题，推进“打伞破网”常态化。在猎“狐狸”方面，2022 年 1 月至 11 月，“天网 2022”行动共追回外逃人员 840 人，其中党员和国家工作人员 132 人、“红通人员”21 人，“百名红通人员”1 人，追回赃款 65.5 亿元，新增外逃党员和国家工作人员继续控制在个位数。在巡视巡察方面，十九届中央巡视完成全覆盖任务，首次对中央纪委机关进行巡视。在反腐败法规制度方面，《监察官法》施行，中共中央办公厅印发《纪检监察机关派驻机构工作规则》，最高人民检察院印发《关于加强行贿犯罪案件办理工作的指导意见》。

核心建议

1. 加大对行贿受贿的严惩力度和综合治理力度。加快健全完善惩治行贿的法律法规，加大对行贿和受贿的惩罚力度。坚持专群结合，既发挥专门机关职能作用，又走群众路线，鼓励群众检举揭发行贿受贿行为。

2. 有力有效治理制度性腐败等隐性腐败。以选人用人、招标投标、执法司法、财政金融等腐败重灾区为突破口，对这些领域的制度进行廉洁性专项评估，一旦发现，即予以纠正。

3. 丰富一体推进不敢腐、不能腐、不想腐的抓手。不敢腐、不能腐、不想腐一体推进，新在“一体”，贵在“一体”，也难在“一体”。要在“一体推进”上用劲，深化以案为鉴、以案促改，实行“一案三抓”，贯通“三不腐”。

4. 推进法学、纪检监察学、中共党史党建学的协同发展。加强三个学科的交叉融合，努力构建中国特色反腐败理论体系、知识体系、学科体系、学术体系、话语体系。

新时代反腐败十年磨一剑，为新时代党和国家事业发展提供了重要保障。党的二十大报告既总结了新时代10年反腐败成就，又对下一步反腐败进行了战略部署，充分彰显了以习近平同志为核心的党中央对反腐败斗争形势与规律的清醒把握，以及将反腐败斗争进行到底的坚定决心与信心。本章先在总体上梳理2022年反腐败总体上的新意，继而围绕打“老虎”、拍“苍蝇”、猎“狐狸”、巡视巡察、反腐败法规制度建设五个方面，呈现2022年反腐败的具体进展，最后就反腐败提出几点建议。

一、2022年反腐败总体上的新意

(一)一个新评价：史无前例

党的二十大报告从16个方面深刻总结了新时代10年的伟大变革，最后一个方面是全面从严治党，该部分共4句话，其中第3句全部写反腐败，具体如下：我们开展了史无前例的反腐败斗争，以“得罪千百人、不负十四亿”的使命担当祛疴治乱，不敢腐、不能腐、不想腐一体推进，“打虎”、

"拍蝇"、"猎狐"多管齐下，反腐败斗争取得压倒性胜利并全面巩固，消除了党、国家、军队内部存在的严重隐患，确保党和人民赋予的权力始终用来为人民谋幸福。[①] 数据最有说服力。党的十八大至十九大期间，经党中央批准立案审查的省军级以上党员干部及其他中管干部 440 人。全国纪检监察机关共立案 154.5 万件，处分 153.7 万人，其中厅局级干部 8900 余人，县处级干部 6.3 万人，涉嫌犯罪被移送司法机关处理 5.8 万人。2014 年至党的十九大期间，共从 90 多个国家和地区追回外逃人员 3453 名，追赃 95.1 亿元。[②] 党的十九大至二十大期间，中央纪委国家监委立案审查调查中管干部 261 人，全国纪检监察机关共立案 306.6 万件，处分 299.2 万人。在高压震慑和政策感召下，8.1 万人向纪检监察机关主动投案。追回外逃人员 7089 人，其中党员和国家工作人员 1992 人，追回赃款 352.4 亿元。[③] 反腐败深得民心，人民群众对反腐败的满意度飙升。国家统计局数据显示，党的十八大前，人民群众对党风廉政建设和反腐败工作的满意度是 75%。这一数字在党的十八大之后连年走高，从 2013 年的 81%，到 2015 年超过 90%，[④] 再到 2022 年，人民群众对反腐败工作满意率高达 97.4%，[⑤] 比 2012 年提高了 22.4%。99%的群众认为，党中央正风肃纪反腐的举措，体现了我们党彻底的自我革命精神。[⑥]

（二）一个新论断：反腐败是最彻底的自我革命

习近平总书记在十九届中央纪委六次全会上指出："腐败是最容易颠覆政权的问题，反腐败是最彻底的自我革命。"[⑦] 党的二十大报告重申"反腐

---

① 习近平：《高举中国特色社会主义伟大旗帜 为全面建设社会主义现代化国家而团结奋斗——在中国共产党第二十次全国代表大会上的报告（2022 年 10 月 16 日）》，载《人民日报》2022 年 10 月 26 日，第 5 版。

② 《十八届中央纪律检查委员会向中国共产党第十九次全国代表大会的工作报告》，载《人民日报》2017 年 10 月 30 日，第 1 版。

③ 《十九届中央纪律检查委员会向中国共产党第二十次全国代表大会的工作报告》，载《人民日报》2022 年 10 月 28 日，第 1 版。

④ 张由涛：《反腐败是最彻底的自我革命》，载《中国纪检监察》2022 年第 18 期。

⑤ 《十九届中央纪律检查委员会向中国共产党第二十次全国代表大会的工作报告》，载《人民日报》2022 年 10 月 28 日，第 1 版。

⑥ 钟超：《严厉整治"蝇贪"》，载《光明日报》2022 年 10 月 18 日，第 12 版。

⑦ 习近平：《全面从严治党探索出依靠党的自我革命跳出历史周期率的成功路径》，载《求是》2023 年第 3 期。

败是最彻底的自我革命"[1] 这个新论断。这一新论断让反腐败有了新的定位，阐明了反腐败与自我革命的内在关联。"能胜强敌者，先自胜者也。"江山易改，本性难移。革命难，自我革命更难，主动自我革命更是难上加难。腐败问题由来已久，一些腐败根深蒂固、盘根错节。与腐败作斗争极其复杂、极其艰难，容不得丝毫退让妥协，必须始终保持正视问题的勇气和刀刃向内的坚定，坚决割除毒瘤、清除毒源、肃清流毒。[2] 勇于自我革命是中国共产党区别于其他政党最显著的标志。党的十八大以来，以习近平同志为核心的党中央把反腐败摆到更加突出的位置，强调"下最大气力解决腐败问题",[3] 坚持以零容忍态度惩治腐败，有腐必反、有贪必肃，彰显了彻底的自我革命精神。

(三)一个新部署：坚决打赢反腐败斗争攻坚战持久战

党的二十大报告在第十五部分单列一个要点：坚决打赢反腐败斗争攻坚战持久战。这也是报告最后一个要点，以 457 字的篇幅对反腐败进行了新动员、新部署，进一步说明了新时代新征程反腐败怎样干的问题。这一重大部署把反腐败斗争比作"攻坚战""持久战"两种不同的战争形态，对反腐败进行全局性谋划、整体性推进。可以预见，新征程上的反腐败会保持力度、深化治本，不断取得新成果新胜利。

(四)一个新讲话：习近平总书记在主持十九届中央政治局就一体推进不敢腐、不能腐、不想腐进行第四十次集体学习时发表的重要讲话

2022 年 6 月 17 日，中共中央政治局就一体推进不敢腐、不能腐、不想腐进行第四十次集体学习。习近平总书记在主持学习时发表了重要讲话，强调反腐败斗争关系民心这个最大的政治，是一场输不起也决不能输的重大政治斗争；要加深对新形势下党风廉政建设和反腐败斗争的认识，提高一体推进不敢腐、不能腐、不想腐能力和水平，包括"用'全周期管理'方式，推动各项措施在政策取向上相互配合、在实施过程中相互促进、在

---

① 习近平:《高举中国特色社会主义伟大旗帜为 全面建设社会主义现代化国家而团结奋斗——在中国共产党第二十次全国代表大会上的报告(2022 年 10 月 16 日)》，载《人民日报》2022 年 10 月 26 日，第 5 版。

② 《习近平在中共中央政治局第四十次集体学习时强调 提高一体推进"三不腐"能力和水平 全面打赢反腐败斗争攻坚战持久战》，载《人民日报》2022 年 6 月 19 日，第 1 版。

③ 习近平:《在庆祝全国人民代表大会成立六十周年大会上的讲话》，载《求是》2019 年第 18 期。

工作成效上相得益彰”。[①] “全周期管理”被列入 2022 年十大反腐热词之一。[②] 不敢腐、不能腐、不想腐，各有侧重，相辅相成，必须统筹协调、一体推进。中央政治局就一体推进“三不腐”进行第四十次集体学习，充分体现了对一体推进“三不腐”的高度重视。习近平总书记在主持学习时发表的重要讲话，为进一步一体推进“三不腐”指明了方向。

（五）一个新文件：《关于加强新时代廉洁文化建设的意见》

2022 年年初，中共中央办公厅印发了《关于加强新时代廉洁文化建设的意见》（以下简称 2022 年《意见》）。党的二十大报告要求“加强新时代廉洁文化建设”。相对于 2009 年中央纪委、中央宣传部、监察部、文化部、广电总局和新闻出版总署联合发布的《关于加强廉政文化建设的意见》而言，2022 年《意见》呈现诸多新意。从发布单位来看，2022 年《意见》是由中央办公厅发文，层次更高，反映出党中央崇廉拒腐的重要导向。从文件名来看，2022 年《意见》标题中加入了“新时代”，时代特色更为鲜明。从核心要义来看，“廉洁文化建设”比“廉政文化建设”的内涵更为丰富，外延更为广阔。2022 年《意见》对于推动廉洁文化建设实起来、强起来，不断实现干部清正、政府清廉、政治清明、社会清朗，具有重要意义。

（六）一个新学科：纪检监察学

2022 年 9 月，国务院学位委员会、教育部印发《研究生教育学科专业目录(2022)》《研究生教育学科专业目录管理办法》，增设“纪检监察学”，作为法学门类下的一级学科，学科代码“0308”。党的十八大以来，以习近平同志为核心的党中央对纪检监察工作高度重视，持续深化纪检监察体制改革，推动健全党和国家监督体系，为纪检监察学科建设提供了实践基础。《中国共产党纪律检查委员会工作条例》第 47 条规定“加强理论研究和学科建设”，《监察官法》第 32 条规定“国家加强监察学科建设，鼓励具备条件的普通高等学校设置监察专业或者开设监察课程”，为纪检监察学科建设提供了制度保障。目前，清华大学、中国人民大学、中国政法大学等国内多所高校已成立纪检监察研究院或纪检监察学院，纪检监察学科建设掀起小高潮。

---

① 《习近平在中共中央政治局第四十次集体学习时强调 提高一体推进“三不腐”能力和水平全面打赢反腐败斗争攻坚战持久战》，载《人民日报》2022 年 6 月 19 日，第 1 版。

② 《2022 年度十大反腐热词》，载中央纪委国家监委网，https：//www. ccdi. gov. cn/toutiaon/202212/t20221230_ 238949. html，最后访问日期：2023 年 3 月 12 日。

二、2022年打“老虎”

(一)受执纪审查的“老虎”

2022年,中央纪委国家监委网站总计公布执纪审查中管干部32人。从“打虎”数量上看,2017年至2021年,中央纪委国家监委网站公布的执纪审查中管干部人数,分别为18人、23人、20人、18人、25人,2022年公布人数首次突破30人,是党的十九大以来历年之最。从“打虎”范围上看,32人中有6人出自中央部委,22人出自地方,还有4人出自国企、央企。从“打虎”节奏上看,2022年1月公布有7人被查,成为党的十九大以来公布落马“老虎”最多的一个月,3月、11月也各公布了6人被查。2022年落马的“首虎”是1月8日公布被查的西藏自治区政府副主席张永泽,同日,中国人寿保险(集团)公司党委书记、董事长王滨也被通报。“尾虎”是广东省人大常委会副主任、党组副书记李春生,在12月8日主动投案(详见表1)。

表1　中纪委网站“执纪审查”栏目2022年公布的“中管干部”

序号	姓名	公布时身份	公布日期
1	张永泽	西藏自治区政府副主席	2022年1月8日
2	王滨	中国人寿保险(集团)公司党委书记、董事长	2022年1月8日
3	刘宏武	广西壮族自治区政府副主席	2022年1月14日
4	王铭晖	四川省人大常委会副主任	2022年1月22日
5	徐宝义	中国储备粮管理集团有限公司原党组成员、副总经理	2022年1月23日
6	谢计来	河北省人大常委会原副主任	2022年1月26日
7	宋希斌	黑龙江省人大常委会副主任	2022年1月26日
8	李国华	中国联合网络通信集团有限公司原党组副书记、总经理	2022年2月18日
9	曹广晶	湖北省副省长	2022年2月24日
10	陈家东	福建省厦门市人大常委会原主任	2022年2月25日
11	王大伟	辽宁省副省长、省公安厅厅长	2022年3月1日
12	刘彦平	中央纪委国家监委驻国家安全部纪检监察组原组长	2022年3月12日
13	沈德咏	十三届全国政协常委、社会和法制委员会主任	2022年3月21日

续表

序号	姓名	公布时身份	公布日期
14	黄毅	云南省政协原党组成员、副主席	2022年3月24日
15	盛光祖	原中国铁路总公司党组书记、总经理	2022年3月25日
16	郝春荣	辽宁省副省长	2022年3月29日
17	李杰翔	青海省委常委，省人大常委会副主任、党组书记	2022年4月7日
18	孙远良	辽宁省政协原副主席	2022年4月9日
19	于鲁明	北京市政协副主席	2022年4月16日
20	胡毅峰	内蒙古自治区高级人民法院原党组书记、院长	2022年4月22日
21	张本才	上海市人民检察院检察长	2022年6月1日
22	陈如桂	广东省人大常委会党组成员、副主任	2022年6月1日
23	孙国相	辽宁省人大常委会副主任	2022年6月2日
24	张务锋	国家粮食和物资储备局原党组书记、局长	2022年6月15日
25	肖亚庆	工业和信息化部党组书记、部长	2022年7月28日
26	范一飞	中国人民银行党委委员、副行长	2022年11月5日
27	张福生	应急管理部消防救援局党委委员、副局长	2022年11月6日
28	付忠伟	辽宁省沈阳市人大常委会主任	2022年11月9日
29	纪国刚	西藏自治区人大常委会副主任	2022年11月16日
30	张晓霈	吉林省政协原副主席	2022年11月25日
31	周建琨	贵州省政协副主席、党组副书记	2022年11月27日
32	李春生	广东省人大常委会副主任、党组副书记	2022年12月8日

注：中央纪委监察部网站“审查调查”栏目的第一部分为“中管干部”，该部分又细分为“执纪审查”与“党纪政务处分”两大块。表1根据“执纪审查”版块整理，表2根据“党纪政务处分”版块整理。来源：https：//www.ccdi.gov.cn/scdcn/，最后访问日期：2023年3月12日。

总体来看，2022年打“老虎”呈现以下特点：

一是“打虎”态度和力度一以贯之。被公布执纪审查的32人中，有7人是在党的二十大后被通报的，分别是2022年11月5日公布的中国人民银行党委委员、副行长范一飞，他也是党的二十大后落马“首虎”；11月6日公布的应急管理部消防救援局党委委员、副局长张福生；11月9日公布的辽宁省沈阳市人大常委会主任付忠伟；11 月 16 日公布的西藏自治区人大常委会副主任纪国刚；11 月 25 日公布的吉林省政协原副主席张晓霈；11 月 27 日公布的贵州省政协副主席、党组副书记周建琨；12 月 8 日公布的广东省人大常委会副主任、党组副书记李春生。上述落马的七“虎”中，张晓霈是党的二十大后首个主动投案的省部级官员，也是 7 人中唯一退休后被查的，其余六“虎”都是在任上落马。党的二十大报告告诫全党“决不能有松劲歇脚、疲劳厌战的情绪”[①]，党的二十大后接连打虎，有力地打破了反腐败斗争会“松劲歇脚”的侥幸心理，释放了反腐败斗争一刻不停，永远吹冲锋号的强烈信号。

二是“打虎”从严和精准并重。被公布执纪审查的 32 人中，正部级干部有 3 人，分别是 2022 年 3 月 21 日，十三届全国政协常委、社会和法制委员会主任沈德咏被查；3 月 25 日，原中国铁路总公司党组书记、总经理盛光祖被查；7 月 28 日，工业和信息化部党组书记、部长肖亚庆同志被查。比较特别的是，盛光祖的通报内容是“配合中央纪委国家监委纪律审查和监察调查”而非惯用的“接受中央纪委国家监委纪律审查和监察调查”，在中央纪委国家监委网站中管干部执纪审查的公布中，上一次使用“配合”一词是 2019 年 5 月 19 日对前证监会主席、全国供销合作总社主任刘士余的通报，“中华全国供销合作总社党组副书记、理事会主任刘士余同志涉嫌违纪违法，主动投案，目前正在配合中央纪委国家监委审查调查”。[②] 而在 2022 年中纪委国家监委网站公布的执纪审查信息中，肖亚庆是唯一被称“同志”的，并且他的通报内容也是唯一被指“涉嫌违纪违法”而非“涉嫌严重违纪违法”，[③] 与当时刘士余的通报内容近乎相同。从措辞的些微区别，足见中央纪委国家监委在监督执纪中的慎之又慎。对正部级“老虎”失责必问，彰显了刚性，在通报内容中严谨用词，体现了精度。

三是“打虎”范围更宽更广。被公布执纪审查的 32 人中，中央单位

---

① 习近平：《高举中国特色社会主义伟大旗帜 为全面建设社会主义现代化国家而团结奋斗——在中国共产党第二十次全国代表大会上的报告（2022 年 10 月 16 日）》，载《人民日报》2022 年 10 月 26 日，第 5 版。

② 《中华全国供销合作总社党组副书记、理事会主任刘士余同志配合中央纪委国家监委审查调查》，载中央纪委国家监委网，https：//www. ccdi. gov. cn/scdcn/zggb/zjsc/201905/t20190520_40407. html，最后访问日期：2023 年 3 月 12 日。

③ 《工业和信息化部党组书记、部长肖亚庆同志接受中央纪委国家监委审查调查》，载中央纪委国家监委网，https：//www. ccdi. gov. cn/scdcn/zggb/zjsc/202207/t20220728_ 207936. html，最后访问日期：2023 年 3 月 12 日。

“老虎”有 6 人，按公布时间先后分别出自中央纪委、全国政协、国家粮食和物资储备局、工业和信息化部、中国人民银行、应急管理部。其中，11 月 6 日被查的应急管理部消防救援局党委委员、副局长张福生是自 2018 年应急管理部挂牌成立以来首个落马的领导班子成员。地方“老虎”有 22 人，来自广东、贵州、吉林、西藏、辽宁、上海、内蒙古、北京、青海、云南、福建、湖北、河北、黑龙江、四川、广西等 16 个省(市、自治区)，落马时在人大、政协系统任职的有 15 人，占比 68.18%。辽宁省被查的中管干部最多，有 5 人，分别是辽宁省副省长、省公安厅原厅长王大伟，辽宁省副省长郝春荣，辽宁省政协原副主席孙远良，辽宁省人大常委会原副主任孙国相，辽宁省沈阳市人大常委会原主任付忠伟，郝春荣也是 2022 年公布的 32 个落马“老虎”中唯一的女性官员。此外，广东、西藏两省(自治区)各有 2“虎”，其他省份均为 1“虎”。查处一案，治理一方，中央不断通过查处大案要案释放出强力的反腐信号，充分体现了“打虎”零容忍、反腐无禁区。

(二)受党纪政务处分的“老虎”

2022 年，全国纪检监察机关处分省部级干部 53 人，[①] 中央纪委国家监委网站发布了 37 名中管干部受处分消息，是党的十九大以来通报党纪政务处分中管干部数量最多的一年，2018 年至 2022 年分别是 21 人、23 人、14 人、29 人、30 人。2022 年详细处分信息如表 2 所示：

表 2　中纪委网站“党纪政务处分”栏目 2022 年通报的“中管干部”

序号	姓名	标题	时间	处分
1	宋太平	河北省人大常委会原党组成员、副主任	2022 年 1 月 10 日	开除党籍，取消待遇
2	蔡鄂生	原中国银行业监督管理委员会党委委员、副主席	2022 年 1 月 24 日	开除党籍，取消待遇
3	徐鸣	原国家粮食局党组成员、副局长	2022 年 1 月 24 日	开除党籍，取消待遇
4	孟祥	最高人民法院审判委员会原委员、执行局原局长	2022 年 1 月 24 日	开除党籍和公职

① 《中央纪委国家监委通报 2022 年全国纪检监察机关监督检查审查调查情况》，载《中国纪检监察报》2023 年 1 月 13 日，第 1 版。

续表

序号	姓名	标题	时间	处分
5	周江勇	浙江省委原常委、杭州市委原书记	2022年1月26日	开除党籍和公职
6	何兴祥	国家开发银行原党委委员、副行长	2022年1月26日	开除党籍和公职
7	薛恒	辽宁省政协原党组副书记、副主席	2022年2月19日	开除党籍，取消待遇
8	傅政华	全国政协社会和法制委员会原副主任	2022年3月31日	开除党籍和公职
9	龚建华	江西省人大常委会原党组成员、副主任，省总工会原主席	2022年5月10日	开除党籍和公职
10	李泽峰	宁夏回族自治区政协原党组成员、副主席	2022年5月30日	留党察看，政务撤职
11	张敬华	江苏省委原副书记	2022年5月31日	开除党籍和公职
12	刘宏武	广西壮族自治区政府原党组成员、副主席	2022年6月23日	开除党籍和公职
13	徐宝义	中国储备粮管理集团有限公司原党组成员、副总经理	2022年6月23日	开除党籍和公职
14	张永泽	西藏自治区政府原党组成员、副主席	2022年7月7日	开除党籍和公职
15	于鲁明	北京市政协原副主席	2022年7月18日	开除党籍和公职
16	谢计来	河北省人大常委会原副主任	2022年7月29日	开除党籍，取消待遇
17	王铭晖	四川省人大常委会原党组副书记、副主任	2022年7月29日	开除党籍和公职
18	李佳	山西省政协原党组书记、主席	2022年8月26日	撤销党内职务，政务撤职
19	孙国相	辽宁省人大常委会原党组副书记、副主任	2022年8月30日	开除党籍和公职
20	黄毅	云南省政协原党组成员、副主席	2022年8月30日	开除党籍，取消待遇
21	陈家东	福建省厦门市人大常委会原主任	2022年8月30日	开除党籍和公职
22	郝春荣	辽宁省政府原党组成员、副省长	2022年9月1日	开除党籍和公职
23	刘彦平	中央纪委国家监委驻国家安全部纪检监察组原组长、国家安全部原党委委员	2022年9月1日	开除党籍和公职

续表

序号	姓名	标题	时间	处分
24	王滨	中国人寿保险(集团)公司原党委书记、董事长	2022 年 9 月 1 日	开除党籍和公职
25	沈德咏	全国政协原常委、社会和法制委员会原主任	2022 年 9 月 7 日	开除党籍和公职
26	盛光祖	原中国铁路总公司党组书记、总经理	2022 年 9 月 19 日	开除党籍,取消待遇
27	李杰翔	青海省委原常委,省人大常委会原党组书记、副主任	2022 年 9 月 19 日	开除党籍和公职
28	王大伟	辽宁省政府原副省长、公安厅原厅长	2022 年 9 月 29 日	开除党籍和公职
29	曹广晶	湖北省政府原党组成员、副省长	2022 年 9 月 29 日	开除党籍和公职
30	宋希斌	黑龙江省人大常委会原党组成员、副主任	2022 年 9 月 29 日	开除党籍和公职
31	张本才	上海市人民检察院原党组书记、检察长	2022 年 9 月 29 日	开除党籍和公职
32	孙远良	辽宁省政协原党组副书记、副主席	2022 年 9 月 30 日	开除党籍,取消待遇
33	胡毅峰	内蒙古自治区高级人民法院原党组书记、院长	2022 年 9 月 30 日	开除党籍,取消待遇
34	李国华	中国联合网络通信集团有限公司原党组副书记、总经理	2022 年 9 月 30 日	开除党籍,取消待遇
35	肖亚庆	工业和信息化部原党组书记、部长	2022 年 12 月 19 日	开除党籍,政务撤职
36	陈如桂	广东省人大常委会原党组成员、副主任	2022 年 12 月 30 日	开除党籍和公职
37	张务锋	国家发展改革委原党组成员、国家粮食和物资储备局原局长	2022 年 12 月 30 日	开除党籍和公职

在这 37 人中,有 35 人被开除党籍,同时被开除公职的有 24 人,被取消享受待遇的有 10 人,被政务撤职的有 1 人。2022 年 12 月 19 日,工业和信息化部原党组书记、部长肖亚庆被"断崖式降级",从正部级干部到"降

为一级主任科员，办理退休手续”,[①] 是党的二十大后首个被中央纪委国家监委发布党纪政务处分通报的中管干部。37 人中仅 2 人没有被开除党籍，分别是第十九届中央候补委员，山西省政协原党组书记、主席李佳，受到撤销党内职务和政务撤职处分；宁夏回族自治区政协原党组成员、副主席李泽峰，受到留党察看一年和政务撤职处分。从通报的具体内容来看，鉴于两人还保留在党的队伍中，在通报中都依然被称为“同志”，通报指出两人都有配合组织工作、如实说明问题、退缴全部违纪违法所得等表现。[②]

2022 年受到党纪政务处分的 37 名中管干部中，陈如桂、张务锋、孙远良、胡毅峰、李国华、王大伟、曹广晶、沈德咏、王铭晖、张敬华、何兴祥、蔡鄂生、徐鸣、孟祥 14 人在通报中被指“对党不忠诚不老实”，包括上述 14 人在内，还有宋希斌、张本才、盛光祖等 26 人在通报中被指“对抗组织审查”，其中陈如桂、李国华、曹广晶、李杰翔、王铭晖、刘宏武、徐宝义、张敬华、周江勇、孟祥共 10 人更被指“处心积虑对抗组织审查”，可见情形更为恶劣。

相较于往年，2022 年对上述“老虎”的处分通报中出现了一些较为罕见的表述。2022 年 1 月 26 日，浙江省委原常委、杭州市委原书记周江勇被“双开”，在他的通报内容中提到“与资本勾连，支持资本无序扩张”，这在对“老虎”的通报中是首例。过往中纪委的处分通报中，“政治问题和经济问题相互交织”较为常见，是腐败的存量形式。而周江勇通报中首提的“与资本勾连”，从违纪违法的角度来看是升级版的“权力变现”。就在周江勇被处分前一周，2022 年 1 月 18 日，十九届中央纪委第六次全体会议工作报告首次出现“着力查处资本无序扩张、平台垄断等背后的腐败行为，斩断权力与资本勾连纽带”[③] 的提法，备受关注。

---

① 《工业和信息化部原党组书记、部长肖亚庆受到开除党籍、政务撤职处分》，载中央纪委国家监委网，https：//www.ccdi.gov.cn/scdcn/202212/t20221222_ 237622.html，最后访问日期：2023 年 3 月 12 日。

② 《山西省政协原党组书记、主席李佳严重违纪违法受到撤销党内职务、政务撤职处分》，载中央纪委国家监委网，https：//www.ccdi.gov.cn/scdcn/zggb/djcf/202208/t20220826_ 213923.html，最后访问日期：2023 年 3 月 12 日。《宁夏回族自治区政协原党组成员、副主席李泽峰严重违纪违法受到留党察看一年、政务撤职处分》，载中央纪委国家监委网，https：//www.ccdi.gov.cn/scdcn/zggb/djcf/202205/t20220530_ 195892.html，最后访问日期：2023 年 3 月 12 日。

③ 赵乐际：《运用党的百年奋斗历史经验 推动纪检监察工作高质量发展 迎接党的二十大胜利召开——在中国共产党第十九届中央纪律检查委员会第六次全体会议上的工作报告(2022 年 1 月 18 日)》，载《人民日报》2022 年 2 月 25 日，第 2 版。

2022 年 5 月 31 日，第十九届中央候补委员、江苏省委原副书记张敬华被“双开”，通报指其“政绩观偏差，为谋求个人进步搞经济数据造假”，在对中管干部的处分中是首次出现。《中国纪检监察》杂志早年曾刊发文章对经济数据造假有所定性，指出经济数据造假表面上是统计部门虚报不实数据的业务问题，本质上是破坏政治纪律和政治规矩的严重政治问题。① 一方面，统计数据是政策制定的重要依据和参考，一旦造假，将会对国民经济造成损害；另一方面，造假带来的“进步”会致使领导干部产生错误的价值导向，只做“数”而不做“事”，进而破坏政治生态。就在张敬华被“双开”的前一天，国家统计局召开统计造假不收手不收敛问题专项纠治工作动员部署视频会议，国家统计局党组书记、局长在会上表示，统计造假、弄虚作假是统计领域最大的腐败，是对政府统计公信力最大的伤害。②

2022 年 9 月 1 日，中国人寿保险(集团)公司原党委书记、董事长王滨被“双开”，他落马于十九届中央第八轮巡视期间，是首个被指“制造、放大金融风险”“大搞金融腐败”的“老虎”。习近平总书记强调，防范化解金融风险，特别是防止发生系统性金融风险，是金融工作的根本性任务，也是金融工作的永恒主题。③ 可见金融反腐不只是反腐败斗争的一部分，更与防范化解风险、维护国家安全息息相关。

(三)受法院审理、判决的“老虎”

2022 年司法惩腐震慑有力，检察机关共对 21 名原省部级干部职务犯罪提起公诉。④ 最高人民法院官网全年公布了 24 名原中管干部受到审判的信息，如表 3 所示：

① 石艳红：《从政治高度认识和整治经济数据造假》，载《中国纪检监察》2017 年第 6 期。

② 《统计造假不收手不收敛问题专项纠治工作动员部署会议在京召开》，载国家统计局网，http://www.stats.gov.cn/tjgz/tjdt/202205/t20220531_1857832.html，最后访问日期：2023 年 3 月 12 日。

③ 《习近平在全国金融工作会议上强调 服务实体经济防控金融风险深化金融改革 促进经济和金融良性循环健康发展》，载《光明日报》2017 年 7 月 16 日，第 1 版。

④ 《2022 年度职务犯罪检察十大事例》，载最高人民检察院网，https://www.spp.gov.cn/xwfbh/wsfbh/202303/t20230305_606135.shtml，最后访问日期：2023 年 3 月 12 日。

表3 最高人民法院官网“重大案件”栏目2022年发布的中管干部案件清单

序号	姓名	身份	审理日期	宣判日期	罪名
1	王富玉	贵州省政协原主席	2021年11月30日	2022年1月17日	受贿罪、利用影响力受贿罪
2	任华	新疆维吾尔自治区人民政府原副主席	2021年7月30日	2022年1月25日	受贿罪
3	董宏	中央巡视组原副组长	2021年8月26日	2022年1月28日	受贿罪
4	马明	内蒙古自治区政协原党组成员、副主席	2021年5月27日	2022年2月17日	受贿罪
5	李伟	北京市政协原党组成员、副主席	2021年9月7日	2022年3月18日	受贿罪
6	张志南	福建省委原常委、省政府原副省长	2021年5月20日	2022年3月22日	受贿罪
7	童道驰	中共海南省委原常委、三亚市委原书记	2022年1月13日	2022年6月2日	受贿罪、内幕交易罪
8	蒙永山	青海省人民检察院原检察长	2021年12月30日	2022年7月12日	受贿罪
9	史文清	江西省人大常委会原副主任	2022年2月18日	2022年8月16日	受贿罪、非法持有枪支罪
10	宋亮	甘肃省委原常委、省政府原党组副书记、副省长	2022年2月24日	2022年8月30日	受贿罪
11	邓恢林	重庆市政府原副市长、市公安局原局长	2021年9月10日	2022年9月21日	受贿罪
12	刘新云	山西省原副省长、省公安厅原厅长	2022年1月6日	2022年9月21日	受贿罪、滥用职权罪
13	龚道安	上海市政府原副市长、市公安局原局长	2021年9月16日	2022年9月21日	受贿罪
14	王立科	江苏省委原常委、政法委原书记	2022年6月17日	2022年9月22日	受贿罪，行贿罪，包庇、纵容黑社会性质组织罪，伪造身份证件罪

续表

序号	姓名	身份	审理日期	宣判日期	罪名
15	傅政华	全国政协社会和法制委员会原副主任	2022 年 7 月 28 日	2022 年 9 月 22 日	受贿罪、徇私枉法罪
16	孙某军	公安部原党委委员、副部长	2022 年 7 月 8 日	2022 年 9 月 23 日	受贿罪、操纵证券市场罪、非法持有枪支罪
17	刘国强	辽宁省政协原党组副书记、副主席	2021 年 8 月 20 日	2022 年 11 月 8 日	受贿罪
18	彭波	原中央防范和处理邪教问题领导小组办公室副主任	2021 年 12 月 23 日	2022 年 11 月 24 日	受贿罪
19	李文喜	辽宁省政协原副主席	2022 年 7 月 7 日		受贿罪
20	张新起	山东省人大常委会原副主任	2022 年 7 月 14 日		受贿罪
21	薛恒	辽宁省政协原副主席	2022 年 8 月 18 日		受贿罪、利用影响力受贿罪
22	宋太平	河北省人大常委会原党组成员、副主任	2022 年 9 月 22 日		受贿罪
23	甘荣坤	河南省委原常委、政法委原书记	2022 年 12 月 22 日		受贿罪
24	肖毅	江西省政协原党组成员、副主席	2022 年 12 月 29 日		受贿罪、滥用职权罪

资料来源：本表根据最高人民法院官网“重大案件”栏目整理，http：//www. court. gov. cn/fabu-gengduo-15. html，最后访问日期：2023 年 3 月 12 日。

从审判时间看，24 只“老虎”中一审时间在 2021 年的有 11 人，案件已全部审结，一审时间在 2022 年的有 13 人，且有 7 人是在 2022 年内宣判的，审判节奏明显加快。2022 年 9 月是案件判决高峰，共有 6 人被判决，单在 9 月 21 日这一天就有重庆市原副市长、市公安局原局长邓恢林，山西省原副省长、省公安厅原厅长刘新云，上海市政府原副市长、市公安局原局长龚道安被判决，3 只“警虎”同日获刑实属罕见。紧接着江苏省委原常委、政法委书记王立科，全国政协社会和法制委员会原副主任傅政华在 9 月 22 日获刑。以上五人均是中央纪委国家监委推出的电视专题片《零容忍》

披露的公安部原党委委员、副部长孙某军的政治团伙成员，孙某军案也在9月23日正式宣判，这是2022年受审"老虎"中历时最长的一个，从2020年4月20日被查到受审宣判超过两年。

从指控罪名来看，发案领域较广，涉及多个罪名案件增多。24人全部被控受贿罪，2/3的人仅被控受贿罪。受贿金额过亿元的有12人，占50%，受贿金额最高的是孙某军，经法院审理查明，孙某军直接或通过他人非法收受财物，共计折合人民币6.46亿余元。被控2项罪名的有7人，除受贿罪外，贵州省政协原主席王富玉，辽宁省政协原副主席薛恒还被控利用影响力受贿罪。二人都被指控离职后还利用原职权和地位形成的影响力收受财物，根据《刑法修正案(七)》相关规定，适用利用影响力受贿罪。[①] 山西省原副省长、省公安厅原厅长刘新云和江西省政协原党组成员、副主席肖毅还被控滥用职权罪，两人都是在任职期间违背发展规律，滥用职权为违规企业提供帮助，致使公共财产等遭受重大损失。傅政华还被控徇私枉法罪，是党的十九大后首个被控徇私枉法罪的"老虎"。判决内容显示，2014年至2015年，傅政华在担任北京市公安局局长期间，对其弟弟付卫华涉嫌严重犯罪问题线索隐瞒不报，不依法处置，致付卫华长期未被追诉。因涉及国家秘密，法院对徇私枉法部分依法不公开审理。中共海南省委原常委、三亚市委原书记童道驰还被控内幕交易罪，2006年8月至2007年4月，童道驰在担任中国证监会发行监管部副主任期间利用内幕信息非法获利共计338万余元。童道驰案是金融反腐进程中的打虎典型，在十九届中央纪委六次全会工作报告中，他也是被点名隐性腐败的"大老虎"之一。江西省人大常委会原副主任史文清还被控非法持有枪支罪。被控3项罪名的有孙某军，包括受贿罪、操纵证券市场罪、非法持有枪支罪，是党的十八大后罕见涉嫌"操纵证券市场罪"的"老虎"。被控4项罪名的有王立科，包括受贿罪，行贿罪，包庇、纵容黑社会性质组织罪，伪造身份证件罪，是24人中获罪最多的"老虎"。他的行贿对象正是孙某军，从判决中可知，王立科为谋求本人及他人职务晋升等不正当利益，先后多次向孙某军等人行贿共计9731万余元，在专题片《零容忍》中披露了他们往来的细节。

从获刑来看，已经宣判的17人中，7人被判9~15年不等的有期徒刑，3人被判无期徒刑，7人被判死刑，缓期2年执行，且在其死刑缓期执行二

① 《常见职务犯罪解读丨利用影响力受贿罪》，载中央纪委国家监委网，https://www.ccdi.gov.cn/toutiao/201903/t20190304_189858.html，最后访问日期：2023年3月12日。

年期满依法减为无期徒刑后，终身监禁，不得减刑、假释。这是党的十八大以来被判处“死缓”的“老虎”最多的一年。

从影响来看，孙某军政治团伙案是党的十九大以来查处的最严重的案件之一。孙某军政治团伙案是政治问题和经济问题交织形成利益集团的腐败典型，其严重污染政法系统特别是公安机关政治生态，破坏党的团结统一，危害党和国家政治安全。依法惩治孙某军政治团伙，充分体现了党中央惩治腐败的坚定决心和坚强意志。

三、2022 年拍“苍蝇”

2022 年，全国纪检监察机关共立案 59.6 万件，处分 59.2 万人，其中乡科级干部 7.4 万人，一般干部 8.3 万人，农村、企业等其他人员 41.3 万人，[①] 严的基调、严的措施、严的氛围始终保持。具体情况见表 4。

表 4　党的十九大以来全国纪检监察机关处分人数

年度	省部级及以上	厅局级	县处级	乡科级	一般干部	农村、企业等其他人员
2018	51 人	0.35 余万人	2.6 万人	9.1 万人	11.1 万人	39 万人
2019	41 人	0.4 万人	2.4 万人	8.5 万人	9.8 万人	37.7 万人
2020	27 人	2859 人	2.2 万人	8.3 万人	9.9 万人	39.8 万人
2021	36 人	3024 人	2.5 万人	8.8 万人	9.7 万人	41.4 万人
2022	53 人	2450 人	2.1 万人	7.4 万人	8.3 万人	41.3 万人

资料来源：《中央纪委通报 2017 年全国纪检监察机关纪律审查情况》，载《中国纪检监察报》2018 年 1 月 11 日，第 1 版；《中央纪委国家监委网站发布数据》，载《人民日报》2019 年 1 月 10 日，第 4 版；《中央纪委国家监委通报 2019 年全国纪检监察机关监督检查、审查调查情况》，载《中国纪检监察报》2020 年 1 月 17 日，第 1 版；《2020 年全国纪检监察机关处分 60.4 万人包括 27 名省部级干部》，载《人民日报》2021 年 1 月 27 日，第 4 版；《中央纪委国家监委通报 2021 年全国纪检监察机关监督检查审查调查情况》，载《中国纪检监察报》2022 年 2 月 23 日，第 1 版；《2022 年全国纪检监察机关处分 59.2 万人》，载《光明日报》2023 年 1 月 14 日，第 4 版。

（一）严查乡村振兴领域腐败和作风问题

2022 年是巩固拓展脱贫攻坚成果同乡村振兴有效衔接的重要过渡期。6

① 《中央纪委国家监委通报 2022 年全国纪检监察机关监督检查审查调查情况》，载《中国纪检监察报》2023 年 1 月 13 日，第 1 版。

月30日，中共中央宣传部就坚持党的全面领导和全面从严治党有关情况举行发布会，强调坚决整治扶贫和乡村振兴领域的突出问题。在发布会上，公布了2022年以来全国纪检监察机关查处乡村振兴领域腐败和作风问题(详情见表5)，这项数据与2018～2020年扶贫领域腐败和作风问题专项治理数据、2021年查处巩固拓展脱贫攻坚成果同乡村振兴有效衔接方面腐败和作风问题数据是并列的，显示出扶贫与乡村振兴领域反腐败和作风建设在衔接中时序不断档、联系不割裂、推进不乏力。

表5　查处扶贫和乡村振兴领域腐败和作风问题情况

名称	时间	查处相关问题数/万个	处分人数/万人
扶贫领域腐败和作风问题专项治理	2018年至2020年	28	18.8
查处巩固拓展脱贫攻坚成果同乡村振兴有效衔接方面腐败和作风问题	2021年	1.9	1.7
查处乡村振兴领域腐败和作风问题	2022年1月1日至6月30日	1.1	1.1

资料来源：根据国务院新闻办公室网站发布的《中共中央宣传部举行坚持党的全面领导和全面从严治党新闻发布会图文实录》进行整理，http：//www.scio.gov.cn/xwfbh/xwbfbh/wqfbh/47673/48442/wz48444/Document/1726239/1726239.htm，最后访问日期：2023年3月12日。

随着全面推进乡村振兴，看牢农村“三资”责任田，成为靶向施治乡村振兴领域腐败和作风问题的一项迫切任务。集体经济领域腐败“蝇贪”滋生，损害的是乡村振兴战略布局。2022年，全国各级纪检监察机关深入乡村振兴产业一线，围绕政策落实、项目推进、资金管理使用等方面开展监督检查，铁纪护航乡村振兴。例如，宁夏回族自治区纪委监委下发《全区农村“三资”腐败问题专项治理实施方案》。① 黑龙江省纪检监察机关在全省开展农村集体“三资”管理突出问题专项整治，共查处农村集体“三资”领域腐败和作风问题6559个，批评教育帮助和处理8315人，给予党纪政务处分6537人。② 广西壮族自治区查处乡村振兴领域腐败和作风问题

① 吴萍：《宁夏开展农村“三资”腐败问题专项治理 守好集体钱袋子》，载《中国纪检监察报》2022年9月12日，第3版。

② 张琪彬：《黑龙江开展“三资”管理突出问题专项整治 守好村集体“钱袋子”》，载《中国纪检监察报》2022年11月29日，第6版。

1209个、处分1022人。[①]

(二)推进“打伞破网”常态化

十九届中央纪委六次全会在部署2022年工作时指出，巩固深化扫黑除恶专项斗争和政法队伍教育整顿成果，推进“打伞破网”常态化。[②] 2022年5月1日，《反有组织犯罪法》正式实施，是我国第一部专门规范反有组织犯罪工作的法律，为常态化惩治涉黑涉恶腐败和“打伞破网”提供了强有力的制度保障。[③] 2022年6月，“唐山某烧烤店打人事件”震惊全国，《人民日报》官方微博对此作出评价：不仅挑战了法律，还挑战了社会秩序，挑战了大众的安全感。央视新闻官方微博发表评论称“扫黑除恶必须持之以恒、彻彻底底，不能存在盲区、留有死角”。8月29日，河北通报了唐山某烧烤店打人事件调查处理进展。检察机关对陈某志等28名被告人依法提起公诉；纪检监察机关严肃查处了陈某志等涉嫌恶势力组织背后的腐败和“保护伞”问题，对15名相关人员立案审查调查，对8名公职人员采取留置措施，初步查出违纪违法及涉嫌滥用职权、徇私枉法、行贿、受贿等职务犯罪问题，释放出严惩恶势力、严查“保护伞”的强烈信号。[④]

四、2022年猎“狐狸”

(一)追逃追赃继续保持高压态势

2022年1月至11月，“天网2022”行动共追回外逃人员840人，其中党员和国家工作人员132人、“红通人员”21人，“百名红通人员”1人，追回赃款65.5亿元，新增外逃党员和国家工作人员继续控制在个位数。[⑤] 有逃必追、一追到底是党中央一贯的鲜明态度。2022年10月29日，外逃27年的“红通人员”屈健玲在境外落网并被遣返回国，这是党的二十大后

① 王鹏志：《广西同向发力提高专项监督质效 为乡村振兴提供坚强纪律保障》，载《中国纪检监察报》2023年1月31日，第3版。

② 赵乐际：《运用党的百年奋斗历史经验 推动纪检监察工作高质量发展 迎接党的二十大胜利召开——在中国共产党第十九届中央纪律检查委员会第六次全体会议上的工作报告(2022年1月18日)》，载《人民日报》2022年2月25日，第2版。

③ 段相宇：《反有组织犯罪法体现系统规范协同治理理念 提升打伞破网常态化法治化水平》，载《中国纪检监察报》2022年7月9日，第1版。

④ 华睿：《严惩恶势力 严查保护伞》，载《中国纪检监察报》2022年8月30日，第2版。

⑤ 侯颗：《坚决打好反腐败斗争攻坚战持久战》，载《中国纪检监察报》2023年1月5日，第1版。

首名归案的“红通人员”。[①] 2022年11月25日，中央纪委国家监委网站通报，潜逃29年的职务犯罪嫌疑人肖秀娣回沪投案自首，这是党的二十大后上海追回的第一个职务犯罪嫌疑人。[②] 屈健玲、肖秀娣等标志性案件再次证明，天网恢恢、疏而不漏，在逃人员唯有放弃幻想、投案自首才是正道。

(二)司法判“狐”新突破

2022年1月17日，河南省郑州市中级人民法院公开宣判“百名红通”人员河南省漯河市委原书记、豫港(集团)有限公司原董事长程某昌贪污一案。程某昌逃匿境外逾20年，拒不到案接受审判，拒不退缴赃款，法庭作出缺席判决。[③] 这意味着程某昌不再是“犯罪嫌疑人”，而是由审判机关依法定罪量刑的罪犯。程某昌案件的顺利办结，标志着我国司法机关适用刑事缺席审判程序零的突破。[④] 此案既是对意图出逃的腐败分子发出强烈警示，更是对已经外逃尚未归案的腐败分子形成强有力的法律震慑，不管逃多远、逃多久，都逃不过法律的制裁。

2022年11月22日，最高人民法院官方网站“重大案件”栏目发布了“‘红通人员’冯卫华贪污、受贿、挪用公款违法所得没收案一审开庭”的信息。上海市普陀区桃浦镇党委原副书记、调研员、上海市新杨工业园区经济发展(集团)有限公司原董事长、上海市新杨工业园区原管理委员会主任冯卫华涉嫌犯贪污、受贿、挪用公款罪，于2012年7月22日逃匿境外，被通缉一年后不能到案。上海市监察机关依法对钢博会公司位于本市宝山区业绩路8号地块的土地使用权、地上厂房及租金等收入4742万余元分别予以查封、冻结、扣押。上海市人民检察院第二分院依法对上述土地使用权、厂房、租金等收入提出没收申请。[⑤] 该案是上海市法院审理的第一起外逃贪官违法所得没收案件，也是继程某昌案后又一起被告因外逃而缺席庭

① 王卓：《“红通人员”屈健玲被缉捕遣返回国》，载《中国纪检监察报》2022年11月4日，第3版。

② 董开星、张浩：《党的二十大后上海追回首个职务犯罪嫌疑人 潜逃29年 国企出纳投案自首》，载《中国纪检监察报》2022年11月25日，第1版。

③ 《我国“刑事缺席审判第一案”程三昌贪污案一审宣判》，载《中国纪检监察报》2022年1月17日。

④ 《最高检详解我国“刑事缺席审判第一案”程某昌案的检察经验》，载最高人民检察院网，https：//www. spp. gov. cn/spp/zdgz/202202/t20220214_ 544476. shtml，最后访问日期：2023年3月12日。

⑤ 《“红通人员”冯卫华贪污、受贿、挪用公款违法所得没收案一审开庭》，载最高人民法院网，https：//www. court. gov. cn/fabu-xiangqing-380631. html，最后访问日期：2023年3月12日。

审的案件。从冯卫华涉案金额来看，是典型的“小官巨贪”。尽管目前冯卫华尚未回国归案，但经过有关部门的审理，其非法财产的性质得到了有效厘清，判决后其非法所得可以经由司法程序被没收归公。[①] 通过缺席审判使外逃人员被依法判决，有效加快追回外逃人员和外逃资产，以弥补其对国家和社会造成的损失。

五、2022 年巡视巡察

(一)十九届中央巡视完成全覆盖任务

2022 年 2 月，十九届中央第八轮巡视向 25 家金融单位反馈工作全部完成。反馈指出了金融单位党委(党组)在落实党的全面领导、加强党的建设、推进全面从严治党等方面存在 6 种类型的共性问题。[②] “问题清单”中比较突出的是，巡视组对国开行、中国银行、农业银行、建设银行、工商银行等单位的反馈中都有指出信贷等重点领域存在廉洁风险，对证监会、银保监会等监管部门的反馈中指出政商“旋转门”问题。[③] 7 月，十九届中央第九轮巡视向 26 家中央和国家机关单位的反馈工作全部完成。反馈重点指出了加强政治建设存在不足、落实全面深化改革部署不够到位、统筹发展和安全不够到位、落实全面从严治党“两个责任”不够到位、落实新时代党的组织路线不够到位等 5 类问题，强调中央和国家机关党组(党委)在巡视整改上要发挥表率作用，以巡视整改为契机，全面自我检视和提升，高质量完成整改任务。至此，十九届中央巡视全覆盖任务圆满收官，5 年内中央巡视组共巡视 282 个中央单位和地方党组织，完成了党章要求的“实现一届任期内巡视全覆盖”。

(二)中央纪委国家监委机关首次接受巡视

2022 年 3 月 23 日，中央纪委国家监委网站“头条”新闻公布了十九届

---

① 《“两高”发布违法所得没收程序司法解释》，载最高人民法院网，https：//www.court.gov.cn/zixun-xiangqing-34382.html，最后访问日期：2023 年 3 月 12 日。

② 吕佳蓉：《十九届中央第八轮巡视完成反馈》，载《中国纪检监察报》2022 年 2 月 25 日，第 1 版。

③ 十九届中央第八轮巡视向 25 家金融单位“一对一”反馈详细内容参见《十九届中央第八轮巡视完成反馈》，载中央纪委国家监委网，https：//www.ccdi.gov.cn/toutun/202202/t20220224_174032.html，最后访问日期：2023 年 3 月 12 日。

中央第九轮巡视对象,[①] 排在26家单位名单之首的是中央纪委国家监委机关，这是党的十八大以来，中央纪委国家监委机关首次接受中央巡视。习近平总书记多次谈及“谁来监督纪委监委”的问题，强调纪检监察机关不是天然的“保险箱”，提出“清理好门户”、防止“灯下黑”、“清除害群之马”等一系列要求，并明确指出“纪检监察机关要接受最严格的约束和监督”。[②] 对包括中央纪委国家监委在内的重要机构进行一轮巡视，既体现了高质量、全覆盖的要求，也意味着此轮巡视自我革命之势更为锐利，确保“打铁的人”必须是“铁打的人”，是对“谁来监督纪委”最好的破题。

就在十九届中央第九轮巡视对象公布的10天之前，纪检系统的“内鬼”中央纪委国家监委驻国家安全部纪检监察组原组长刘彦平落马，他也是2022年公布的“大老虎”中唯一出自中央纪委国家监委的。刘彦平在9月被“双开”，同月检察机关依法对其公诉，指其曾利用包括中央纪委驻国家安全部纪检组组长、中央纪委国家监委驻国家安全部纪检监察组组长，十九届中央第五轮巡视第十四组组长等职务上的便利敛财。[③] 从这一案例更可以看出中央对中央纪委国家监委机关开展巡视的必要性和重要性。任何权力不加以监督都会变质，纪检监察机关与纪检监察干部也不例外。2022年，全国纪检监察机关共接收涉及纪检监察干部问题线索或反映2.21万件次，处置涉及纪检监察干部问题线索1.72万件，谈话函询纪检监察干部7000余件次，对纪检监察干部立案2200余件，处分2300余人，处分厅局级及以上干部77人、县处级干部460余人。移送司法机关110人。[④]

六、反腐败法规制度建设

(一)《监察官法》施行

《监察官法》自2022年1月1日起施行。总则第1条开宗明义指出制定此法是“为了加强对监察官的管理和监督，保障监察官依法履行职责，维

① 《十九届中央第九轮巡视对象公布》，载中央纪委国家监委网，https://www.ccdi.gov.cn/toutiaon/202203/t20220323_179750.html，最后访问日期：2023年3月12日。

② 《习近平在十九届中央纪委五次全会上发表重要讲话强调 充分发挥全面从严治党引领保障作用 确保“十四五”时期目标任务落到实处》，载《人民日报》2021年1月23日，第1版。

③ 《吉林检察机关依法对刘彦平涉嫌受贿案提起公诉》，载最高人民检察院网，https://www.spp.gov.cn//qwfb/202209/t20220928_579495.shtml，最后访问日期：2023年3月12日。

④ 《中央纪委国家监委通报2022年对纪检监察干部监督检查审查调查情况》，载《中国纪检监察报》2023年2月7日，第1版。

护监察官合法权益，推进高素质专业化监察官队伍建设，推进监察工作规范化、法治化。”《监察官法》坚持“责任法”定位，[①] 着重规范监察官依法履职。第二章至第八章就监察官的职责、义务和权利，监察官的条件和选用，监察官的任免，监察官的管理，监察官的考核和奖励，监察官的监督和惩戒，监察官的职业保障等作出了明确规定。这些细则将《监察法》规定的监察机关职责予以细化具体化，并强调监察官在职权范围内对所办理的监察事项负责，确保监察机关的各项职责落实落地。[②]

（二）《纪检监察机关派驻机构工作规则》印发

2022 年 6 月，中共中央办公厅印发了《纪检监察机关派驻机构工作规则》（以下简称《规则》）。《规则》充分汲取派驻监督历史经验，有效运用党的十八大以来深化派驻机构改革的理论、制度和实践创新成果，对纪检监察机关派驻机构工作作出全面规范，对于派驻机构充分发挥监督保障执行、促进完善发展作用，具有重要意义。[③]《规则》共 7 章 56 条，体例完整，内容丰富。第一章是总则，明确了纪检监察机关派驻机构工作的指导思想、职能定位、工作原则；第二章至第六章是主体部分，规定了纪检监察机关派驻机构的组织设置、领导体制、工作职责、履职程序、管理监督等内容；第七章是附则，明确了有关权限要求、解释机关、施行日期等。

（三）《关于加强行贿犯罪案件办理工作的指导意见》印发

2022 年 12 月 9 日，恰逢第 19 个“国际反腐败日”，最高人民检察院印发《关于加强行贿犯罪案件办理工作的指导意见》（以下简称《意见》）。《意见》的出台，为各级检察机关立足职能从严惩治行贿、提升办案质效提供规范指引，是实现受贿行贿一起查，实现腐败问题的标本兼治的重要助力。[④]《意见》在依法准确认定、惩治行贿犯罪方面释放了新的信号，例如，在行为主体上，为准确区分个人行贿与单位行贿提供依据，明确要求对以

---

① 韩亚栋、薛鹏：《监察官法施行：新起点新标杆》，载《中国纪检监察报》2022 年 1 月 4 日，第 4 版。

② 邹开红：《学习贯彻监察官法 促进规范化、法治化、正规化》，载《中国纪检监察》2021 年第 17 期。

③ 中央纪委国家监委法规室：《坚持职责定位 完善体制机制 推动纪检监察派驻监督工作高质量发展》，载《中国纪检监察》2022 年第 13 期。

④ 《深入贯彻反腐败决策部署依法从严惩治行贿犯罪 最高检印发〈关于加强行贿犯罪案件办理工作的指导意见〉》，载最高人民检察院网，https：//www. spp. gov. cn/spp/xwfbh/wsfbt/202212/t20221209_ 595081. shtmll，最后访问日期：2023 年 3 月 12 日。

单位名义实施行贿、获得的不正当利益归个人所有的，应当认定为个人行贿，等等。

七、对反腐败的几点建议

新时代反腐败的力度巨大、成效显著、影响深远，同时反腐败形势依然严峻复杂，遏制增量、清除存量的任务依然艰巨，丝毫不可松懈。要深入学习贯彻党的二十大关于“坚决打赢反腐败斗争攻坚战持久战”的战略部署，强化系统观念，既态度坚决，保持反腐败政治定力，持之以恒、一刻不停反腐败，又与时俱进，纵深推进，守正创新，增强腐败治理效能；既严惩行贿受贿等传统腐败，又有力有效治理新型腐败和隐性腐败；既夯实纪检监察学这一新设学科的基础理论，又加强纪检监察学与法学、中共党史党建学等学科的交叉融合，促进纪检监察学又好又快发展。

(一)加大对行贿受贿的严惩力度和综合治理力度

受贿与行贿是一根藤上的两个毒瓜，要坚持行贿受贿一起查，推进行贿受贿综合治理。一方面，要看到行贿是受贿的源头，没有行贿就没有受贿，加大对行贿的惩罚力度，加快健全完善惩治行贿的法律法规，修改《刑法》《行政处罚法》《行政许可法》《招标投标法》《反不正当竞争法》等法律法规相关规定。另一方面，要看到索贿现象、不给钱不办事现象一直存在，换言之，有的时候，索贿是行贿的原因，没有索贿就没有行贿，因此，要严惩受贿。再一方面，从诸多关于惩治行贿的政策法规来看，基本上是就各个机关的职能展开的，忽视了人民群众、行贿受贿知情人。要体现专群结合，既发挥专门机关职能作用，又走群众路线，依靠群众，鼓励人民群众检举揭发行贿行为。还要鼓励直接执行、参与行贿案件但却不是行贿直接受益人的知情人、下属、亲属、胁从犯举报行贿，鼓励行贿受贿者相互举报、相互揭发，对自首、检举、揭发有立功表现的，在定罪量刑方面予以酌情轻缓。

(二)有力有效治理制度性腐败等隐性腐败

反腐败形势复杂严峻的一个表现是，传统腐败未绝，新型腐败又增，显性腐败有所收敛，隐性腐败层出不穷，如以课题费、讲课费、咨询费、“影子公司”、“影子股东”、“虚假交易”、“期权腐败”、政商“旋转门”等方式掩饰权钱交易。在种种隐性腐败中，制度性腐败值得特别注意。制度在反腐败中具有重要地位，把权力关进制度笼子是实现“不能腐”的必由之路。现实中制度很多，但不少制度本身有问题。巡视组、纪检监察机关、检察机关的相关工作，实际上都涉及监督对象、监督单位的制度，并就制度漏洞提出了完善建议。要看到，不少腐败是制度性腐败、“合法性腐败”，也就是国家权力部门化、部门权力利益化、部门利益制度化乃至法规化，这些制度本身的廉洁风险、廉洁瑕疵，往往导致系统性腐败、行业性腐败、区域性腐败、大面积腐败、群体性腐败。因此，必须着力增强制度的廉洁性。要以选人用人、招标投标、执法司法、财政金融等腐败重灾区为突破口，开展这些领域的制度廉洁性专项评估，一旦发现，即予以纠正。

（三）丰富不敢腐、不能腐、不想腐一体推进的抓手

党的二十大报告强调“坚持不敢腐、不能腐、不想腐一体推进”。不敢腐、不能腐、不想腐一体推进，基础在不敢腐、不能腐、不想腐，不能模糊、虚化这三者，而应立足三者，否则“一体推进”就会成为无本之木、无源之水；新意在“一体”，不能在“三不腐”之间形成壁垒，而应实现联动融合，否则“一体推进”就有名无实。要言之，不敢腐、不能腐、不想腐一个都不能少，要着力促进三者同时发力、同向发力、综合发力，形成强大合力。要在“一体推进”上用劲，丰富“一体推进”的抓手，努力形成长效机制。建议深化以案为鉴、以案促改，实行“一案三抓”，贯通“三不腐”。案件不能见好就收，而应一查到底。案件也不能一查了之，而应把查案“后半篇文章”做得更好。其一，要立足“不敢腐”抓“一案三查”。对典型案例，深挖彻查，既查直接责任人、追究直接责任，又查相关领导、深究领导责任，还倒查主体责任和监督责任，促进明责担责尽责。其二，要立足“不能腐”抓以案促改。从案例反思工作薄弱环节与制度缺失，用好纪检监察建议书，促进改进工作、完善制度、深化改革、堵塞漏洞，减少腐败的滋生土壤，实现查处一案、整顿规范一方。其三，要立足“不想腐”抓以案促醒。用典型案件特别是“身边案”教育警醒身边人，以案释德、以案释法、以案释纪，促进广大党员干部牢记初心使命、坚定理想信念、保持清醒头脑，实现查处一案、警醒教育一片。

（四）推进法学、纪检监察学、中共党史党建学的协同发展

2022年的学科专业调整，把中共党史党建学、纪检监察学增补为一级学科。这是构建中国特色哲学社会科学学科体系、中国自主知识体系的重要举措。从中共党史党建学来看，中国共产党是我国的领导党、执政党，历史是最好的教科书，党的建设是党不断发展壮大、从胜利走向胜利的三

大法宝之一；党的十八大以来，党中央把党史学习教育、党的建设摆在更加突出位置，为加强党史党建学科建设提供了良好条件。从纪检监察学来看，中国传统政治的一个突出特点是重视监督，巡视制度源远流长，影响至今；中国共产党自成立以来，一直把党内监督摆在重要位置，强调接受人民监督；党的十八大以来，纪律检查体制改革、国家监察体制改革力度空前，影响深远，纪检监察工作在党和国家工作全局中的地位凸显，加强纪检监察学学科建设正当其时。众所周知，反腐败是典型的跨学科问题，在种种学科中，纪检监察学、中共党史党建学、法学对反腐败的关注尤其多。因此，深化反腐败理论研究，尤其要加强纪检监察学、中共党史党建学、法学学科建设。进一步说，要协同推进法学、纪检监察学、中共党史党建学发展，加强三个学科的交叉融合，努力构建中国特色反腐败理论体系、知识体系、学科体系、学术体系、话语体系。

撰稿专家

邓联荣，曾名邓联繁，博士，湖南工商大学马克思主义学院二级教授、院长，入选国家高层次人才特殊支持计划。主要从事宪法研究、反腐倡廉研究。兼任中国廉政法制研究会副会长。党的十八大以来，主持完成以反腐败为主题的国家社科基金项目2项，目前正在主持2022年度国家社科基金重大项目《干部忠诚干净担当的评价指标体系构建与应用研究》与2022年度国家社科基金项目《中华廉洁文化精髓提炼及其在政策法规领域的运用研究》。

李仕豪，湖南工商大学马克思主义学院教师。主要从事反腐倡廉研究、社会学研究。

第十二章　2022 年健康法治实施报告*

陈云良

报告要旨

2022 年度健康法的实施及时回应现实热点问题。立法立规促改革，不断完善细化健康法律法规；推进医改向纵深发展，“三医联动”协同推进；医药卫生政策不断有新举措，卫生法治工作取得新成效。全面深入推动健康中国行动；健康法的实施坚持以问题为导向，并体现出鲜明的政策性色彩；多项“十四五规划”文件出台，加强改革顶层设计；重视典型案例的指导作用，并构建医药卫生领域立体化的法治监督体系。下一步，健康法实施仍须坚持健康优先，统筹推进健康中国；系统性统筹卫生健康领域立法工作；建立和完善健康法治实施评估制度；加强医药健康行政执法，维护公民的合法权益；保护个人健康信息，培育公众的健康法治观念；积极参与全球健康治理与合作，以缓解当前面临的问题。

核心建议

1. 坚持健康优先原则，统筹推进健康中国。将健康融入所有政策，把保障人民健康放在优先发展的战略位置。

* 本报告为教育部哲学社会科学研究重大课题攻关项目招标课题《公共卫生法治体系研究》(22JZD016)的阶段性成果。安徽大学法学院研究生李慧腾参与了本报告的资料整理工作，特此致谢。

2. 与时俱进地修订并完善卫生健康领域立法，促进健康法与其他部门法律协调与衔接，向满足时代需求的卫生健康法典迈进。

3. 建立健康法治实施的评估制度，对卫生健康法律法规的立法、执法、司法、守法、法律监督状况进行“问诊”。

实现医药卫生健康法治化，是实现依法治国、全面建成法治政府的宏伟目标的重要组成部分。健康法是中国法律体系的重要组成部分，在保障公民健康权益、推进经济社会和谐发展方面发挥着不可或缺的作用。最大限度地保障公民的健康权益是健康法律实施的根本目的，研究卫生健康法律的实施必然要从健康法律运行的整体角度去探讨，从全部要素和层次及其相互联系中进行整体化研究与全方位把握。基于这种认识，我们认为卫生健康法律实施是蕴含着立法、执法、司法、守法、法律监督在内的一个系统过程。

一、2022 年度健康法实施状况全景描述

(一)健康法制进展

1. 强化公共卫生法治保障立法、修法工作

习近平总书记强调，依法防控疫情，要在法治轨道上统筹推进各项防控工作，坚持运用法治思维和法治方式开展疫情防控工作。疫情发生后，全国人大常委会制定了强化公共卫生法治保障立法修法工作计划，积极推进疫情防控相关立法修法工作，力求构建系统完备、科学规范、运行有效的疫情防控法律体系。一是制定、修改了一批重要的法律法规。其中制定了《生物安全法》《医师法》，作出全面禁止非法野生动物交易有关决定，修订了《动物防疫法》《野生动物保护法》等。二是一批重要的法律草案已提请全国人大常委会审议，其中包括突发事件应对管理法、畜牧法修改等。三是正在抓紧起草修改《传染病防治法》、突发公共卫生事件应对法、国境卫生检疫法等。①

① 《许安标：公共卫生法治保障立法修法工作取得重要的进展和成果》，载人民网，http://society.people.com.cn/n1/2022/0728/c1008-32488282.html，最后访问日期：2023 年 2 月 7 日。

2.《医疗机构管理条例》修订并施行

随着国家医疗机构监管相关法律制度体系的持续健全，《医疗机构管理条例》出现了与现有法律法规规定不一致的内容，影响了医疗机构监管体系的科学性与一致性。2022 年 3 月 29 日，国务院决定对《医疗机构管理条例》予以修改。① 此次修改是继《医疗机构管理条例》1994 年出台以来的第二次修订。修订的内容亮点包括：(1)优化医疗机构设置审批和执业要求；(2)加强对患者知情同意权的实质保护；(3)增加违法处罚措施，罚款金额加重；② (4)诊所执业由许可管理改为备案管理。

该条例的修订将在我国医疗机构领域产生较大的影响。一方面，针对医疗机构整体审批权限有所放宽，从管理型逐步向服务型迈进，体现了我国监管机关职能向现代化转变。另一方面，此次修订实现了与《基本医疗卫生与健康促进法》等医疗机构监管法律法规相衔接，且从行政法规层面明确了医疗机构领域的重点监管内容。虽然该条例一定程度上放宽了医疗机构的设置审批条件，但整体上强化了对医疗机构非法执业的处罚力度，并对其日常经营内容的管理作出更加细致、规范的规定。

3. 时隔十年首次修订《医疗机构手术分级管理办法》

为加强医疗机构手术分级管理，规范医疗机构手术行为，2022 年 12 月 19 日国家卫生健康委发布了《医疗机构手术分级管理办法》。该办法包含组织管理、手术分级管理、监督管理等 5 章 37 条，明确医疗机构按照院、科两级负责制，同时结合自身功能定位、医疗服务能力水平和诊疗科目制定手术分级管理目录，进行手术分级管理。

《医疗机构手术分级管理办法》重新调整了手术的定义，并指出手术分级不与医疗机构级别相挂钩，手术授权不与术者职称、职务相挂钩。该办法强调，医疗机构应当建立手术分级信息报告制度，如果开展的省级以上限制类医疗技术中涉及手术的，应当按照四级手术进行管理。新版的《医疗机构手术分级管理办法》突出了医疗机构在手术分级管理中的主体责任，建立了医疗机构手术分级管理制度体系，强化了卫生健康行政部门的事中

---

① 《国务院关于修改和废止部分行政法规的决定》，载中国政府网，http://www.gov.cn/zhengce/content/2022-04/07/content_ 5683886.htm，最后访问日期：2023 年 2 月 1 日。

② 《医疗机构管理条例》第六章"罚则"中指出，无许可证、许可证未备案，许可证逾期不校验，出卖、转让、出借许可证，超范围执业，使用非卫生技术人员，出具虚假证明均属于重罚情形。

事后监管职能。

4.《互联网诊疗管理办法(试行)》

自2018年《互联网诊疗管理办法(试行)》等三个文件出台以来，我国互联网诊疗得以快速发展。国家卫生健康委2022年2月印发了《互联网诊疗监管细则(试行)》，以此规范互联网诊疗全流程的质量和安全监管。

《互联网诊疗监管细则(试行)》主要内容为：一方面，明确了互联网诊疗监管的基本原则。一是以促进互联网诊疗健康发展为目标，细化规范互联网诊疗服务活动；二是以属地化监管为主线，落实地方各级卫生健康主管部门的监管责任；三是以保障医疗质量和安全为根本，遵守网络安全、数据安全、隐私保护等法律法规；四是以实体医疗机构为依托，将互联网诊疗纳入整体医疗服务监管体系；五是以信息化为支撑，创新监管手段，对接省级监管平台，开展线上线下一体化监管。另一方面，针对主体、业务活动、互联网诊疗质量及安全方面提出了监管要求。①

作为新型就医模式，互联网诊疗与医院就诊均为“严肃医疗”，而质量与安全是医疗活动永恒的主题。但加强监管不代表政策收紧，正是因为产业的政策支持、持续发展、日渐成熟才催生了监管政策的不断更新，同时完善监管又进一步壮大互联网诊疗。

5. 修订《深圳经济特区医疗条例》

2022年6月23日，《深圳经济特区医疗条例》经深圳市人大常委会审议通过修订。本次修订完善了2017年1月1日起施行的全国首部地方性医疗基本法规。新版《深圳经济特区医疗条例》制度创新点包括：(1)允许中西医“跨界注册”，打通中西医同时执业“壁垒”；(2)率先赋予专科护士“处方权”，切实为患者提供更优质的护理服务；(3)加强对医疗卫生人员执业备案的管理；(4)允许港澳医师可在深“多点执业”，探索并完善医疗服务的跨境衔接；(5)增加了应当取得患者明确同意的情形，目录外用药须取得患者的明确同意；(6)医疗机构须尊重患者的生前预嘱，充分遵循患者本人意愿；(7)讨论性医学文书可不向患者公开，以鼓励医疗卫生人员“大胆

① 《〈互联网诊疗监管细则(试行)〉政策解读》，载国家卫生健康委员会网，http://www.nhc.gov.cn/yzygj/s3594r/202203/a548f8d4c0cf4409839b555436212367.shtml，最后访问日期：2023年2月1日。

假设，小心求证”。[①]

《深圳经济特区医疗条例》修订稿聚焦医疗服务体系建设和供给侧结构性改革，立足医疗资源优化配置、强化医疗全行业管理、提高医疗服务水平和保障医疗质量与安全，对医疗服务进行了全链条全要素的规范。该修订稿所涉的多项改革举措为全国首创，标志着“深圳医改”的新突破。

6. 国家药监局对《药品管理法实施条例(修订草案征求意见稿)》公开征求意见

2022 年 5 月 9 日，国家药监局就《药品管理法实施条例(修订草案征求意见稿)》公开征求意见。意见稿共十章 181 条，较现行《药品管理法实施条例》增加了 101 条，以研制、注册、生产、经营、使用为框架，新增药品上市许可持有人、药品供应保障专章。在充分吸收我国法规和制度改革成果、借鉴国际监管经验的基础上，征求意见稿进一步鼓励药物研发创新，释放改革红利，对罕见病、儿童用药研发等给予更多支持，同时严格规范药品全生命周期安全，相关修改将进一步激励产业创新，更好地保障用药安全。

(二)2022 年健康法执法情况

执法是实现立法目的的主要手段，没有执法，法律就很难得到贯彻实施。

1. 在法治轨道上统筹推进疫情防控执法

一方面，坚持运用法治思维和法治方式开展疫情防控执法工作。处置重大突发事件的同时，统筹推进法治政府建设，提高依法执政、依法行政水平。其一，坚持严格执法。对于疫情中发生的各类哄抬防疫用品和民生商品价格的违法行为，以及抗拒疫情防控、制假售假、造谣传谣等破坏疫情防控的违法犯罪行为，予以依法严厉打击。其二，坚持规范执法。对疫情防控中出现的各类矛盾和问题，依法应对、妥善处理，避免“一刀切”及过度执法，尽量最小程度地减损公民、法人和其他组织的权益。其三，坚持公正执法。把公正执法理念贯穿行政执法全过程，严格按照法律法规规章规定的行政处罚种类、幅度进行裁量，杜绝执法随意、执法不公。

另一方面，因时因势科学决策，主动调整抗疫政策。2022 年，我国抗

① 《〈深圳经济特区医疗条例〉解读》，载深圳市卫生健康委员会网，http：//wjw. sz. gov. cn/xxgk/zcjd/content/post_ 10139433. html，最后访问日期：2023 年 2 月 1 日。

疫政策迎来了重大调整。结合病毒特点、疫情形势、疫苗接种、医疗资源配备和防控经验等因素，2022 年第四季度相继出台了“九版防控方案和诊疗方案”“二十条优化措施”“新十条措施”等文件。2022 年 12 月 26 日，国家卫健委发布公告，将“新型冠状病毒肺炎”更名为“新型冠状病毒感染”。《关于对新型冠状病毒感染实施“乙类乙管”的总体方案》指出，自 2023 年 1 月 8 日起，将对新型冠状病毒感染实施“乙类乙管”。疫情出现以来，以习近平同志为核心的党中央坚持人民至上，因时因势优化调整新冠疫情防控措施，最大程度保护人民生命和身体健康，最大程度减少疫情对经济社会发展的影响，不断提高科学防控、依法防控水平。

2. 党的二十大明确全面推进健康中国建设

党的二十大对“推进健康中国建设”作出全面部署。党的二十大报告指出，人民健康是民族昌盛和国家强盛的重要标志。把保障人民健康放在优先发展的战略位置，完善人民健康促进政策。优化人口发展战略，建立生育支持政策体系，降低生育、养育、教育成本。实施积极应对人口老龄化国家战略，发展养老事业和养老产业，优化孤寡老人服务，推动实现全体老年人享有基本养老服务。深化医药卫生体制改革，促进医保、医疗、医药协同发展和治理。促进优质医疗资源扩容和区域均衡布局，坚持预防为主，加强重大慢性病健康管理，提高基层防病治病和健康管理能力。深化以公益性为导向的公立医院改革，规范民营医院发展。发展壮大医疗卫生队伍，把工作重点放在农村和社区。重视心理健康和精神卫生。促进中医药传承创新发展。创新医防协同、医防融合机制，健全公共卫生体系，提高重大疫情早发现能力，加强重大疫情防控救治体系和应急能力建设，有效遏制重大传染性疾病传播。深入开展健康中国行动和爱国卫生运动，倡导文明健康生活方式。

3. 医药健康政策新举措

(1)国民健康政策体系进一步健全。2022 年 4 月 27 日，国务院办公厅印发《“十四五”国民健康规划》，指出，“十四五”时期卫生健康工作坚持以习近平新时代中国特色社会主义思想为指导，要求全面推进健康中国建设，实施积极应对人口老龄化国家战略，加快实施健康中国行动，深化医药卫生体制改革，持续推动发展方式从以治病为中心转变为以人民健康为中心，为群众提供全方位全周期健康服务，不断提高人民健康水平。展望 2035 年，该规划提出要建立与基本实现社会主义现代化相适应的卫生健康体系，中国特色基本医疗卫生制度更加完善，人均预期寿命达到 80 岁以上，人均健康预期寿命逐步提高。

2022 年 11 月 7 日，国家卫生健康委等部门发布了《“十四五”全民健康信息化规划》。该文件进一步统筹推动全民健康信息化建设，推进新一代信息技术与卫生健康行业深度融合，有利于将数字技术与系统思维贯穿到健康中国、数字中国建设全过程，充分发挥信息化在卫生健康工作中的支撑引领作用。①

(2)推进第七轮药品集采，加强集采领域知识产权保护。第七批国家药品集中采购于 2022 年 6 月 20 日正式启动。此次集采有 60 种药品中选，药品平均降价 48%，涉及 31 个治疗类别，以及多个销售规模过 10 亿元的大单品。与前六次相比，本次集采在药品的品种数量、品种范围、开展次数方面进一步完善，并坚持国家组织集采和省际联盟集采同等标准推进。综合来看，本轮集采进一步起到医保集采提速扩面的效果。

2022 年 12 月 5 日发布的《关于加强医药集中采购领域知识产权保护的意见》明确，国家知识产权局和国家医疗保障局建立医药领域知识产权保护协调会商机制，要求对集中带量采购和挂网采购中与知识产权纠纷的有关药品和医用耗材，互相通报相关医药产品信息和知识产权信息。

(3)全国统一医保信息平台建成，引入 DRG/DIP 付费改革。2022 年 5 月，国家统一的医疗保障信息平台在全国 31 个省份和新疆生产建设兵团全域上线，全国统一医保信息平台全面建成。该平台有效覆盖约 80 万家定点医疗机构，为 13.6 亿参保人提供优质医保服务，日均结算达 18 000 万人次。② 新平台在异地就医结算、支付方式改革、药品集中采购、医药价格监测等领域发挥重要作用。

依托全国统一的医保信息平台，DRG/DIP 支付系统将全面打通，“跨省通办”等业务更便捷，药品耗材招采价格联动，药价透明加速。

(4)政策性倾斜，利好中医药良性可持续发展。党的二十大报告提出，促进中医药传承创新发展。2022 年中医药领域获多项政策支持。2022 年 3 月 3 日，国务院印发《“十四五”中医药发展规划》，指出到 2025 年，中医

① 《〈“十四五”全民健康信息化规划〉解读》，载国家卫生健康委员会网，http://www.nhc.gov.cn/guihuaxxs/s3585u/202211/53394efd4c4c46d9b5c4099bceab662e.shtml，最后访问日期：2023 年 2 月 1 日。

② 《全国统一医保信息平台将带来什么》，载中央纪委国家监委网，https://www.ccdi.gov.cn/toutiaon/202205/t20220527_195296.html，最后访问日期：2023 年 2 月 1 日。

药健康服务能力明显增强，中医药高质量发展政策和体系进一步完善，中医药振兴发展取得积极成效，在健康中国建设中的独特优势得到充分发挥。同年10月14日，《“十四五”中医药人才发展规划》提出，到2025年，符合中医药特点的中医药人才发展体制机制将更加完善，培养、评价体系更加合理，人才规模快速增长，结构布局更趋合理，成长环境明显优化，培养并造就一支高素质中医药人才队伍。2022年12月14日《扩大内需战略规划纲要(2022-2035年)》指出，积极发展中医药事业，着力增加高质量的中医医疗、养生保健、康复、健康旅游等服务。

(5)医保目录新调整并迈向常态化。2022年6月30日，与国家医保药品目录调整相关的工作方案、申报指南、续约规则以及竞价规则正式公布，标志着新一轮国家医保药品目录调整工作正式启动。此次调整继续采取申报制，累计收到490个药品申报，343个药品通过了形式审查，其中目录外药品198个，目录内药品145个。[①] 经专家评审和谈判、竞价等环节，最终确定了新增药品。

2022年国家医保目录调整范围新增“鼓励仿制药品目录”“鼓励研发申报儿童药品清单”“罕见病治疗药品”三部分内容。同时，公布国谈品种续约规则，并新增非独家药品采用竞价规则，取最低报价为医保支付价。预计未来医保目录每年一次的调整将常态化进行。

(6)发展医养结合，实现健康养老。医养结合是实现健康老龄化、满足老年人健康养老服务需求的重要举措。2022年3月，国家卫生健康委等9部门联合印发《关于开展社区医养结合能力提升行动的通知》提出，要提升居家社区医养结合服务能力，推动基层医疗卫生和养老服务有机衔接，并重点为失能、慢性病、高龄、残疾等老年人提供健康教育、预防保健、疾病诊治、康复护理、安宁疗护，同时兼顾日常生活照料，促进医养结合服务。2022年7月，国家卫生健康委等11部门联合印发《关于进一步推进医养结合发展的指导意见》，该文件进一步强化了医养结合的社区基础服务设施建设，明确了医养结合服务内容与模式，拓展了医养结合人才资源供给，优化了相关支持配套政策，为推动医养结合高质量发展提供了重要

① 刘昶荣：《2022年医保目录调整结果公布，四大亮点值得关注》，载中青在线网，http://www.cyol.com/，最后访问日期：2023年2月1日。

指引。①

4. 医药健康领域监管工作取得新成效

(1)加强药品质量管理与药物警戒。为更好地满足患者用药需求，确保用药安全，2022 年国家发布一系列药品质量管理相关政策，涉及药材生产经营、质量控制、监督检查等方面，多方位为药品安全提供法律保障。相关文件及主要内容详见表 1。

表 1　2022 年药品质量监管主要政策梳理

序号	名称	发布日期	发布部门	主要内容
1	《关于进一步加强用药安全管理提升合理用药水平的通知》	2022 年 7 月 27 日	国家卫生健康委、国家中医药管理局	从降低用药错误风险、加强监测报告和分析、加强用药安全监管三方面作出了具体要求，进一步加强用药安全管理，提升合理用药水平
2	《药品召回管理办法》	2022 年 10 月 26 日	国家药监局	以药品上市持有人为中心调整了药品召回监管要求
3	《药品网络销售监督管理办法》	2022 年 8 月 3 日	国家市场监督管理总局	除国家实行特殊管理的药品不得在网络上销售外，处方药以及其他药品的网络销售采取线上线下相同标准、一体监管的原则
4	《药品管理法实施条例(修订草案征求意见稿)》	2022 年 5 月 9 日	国家药监局	在临床试验监管、药品上市许可持有人制度、药品数据保护、推进药品生产监管工作变革等方面，细化了《药品管理法》
5	《关于发布药品网络销售禁止清单(第一版)的公告》	2022 年 11 月 30 日	国家药监局	继续细化药品网络销售监管要求
6	《药品经营质量管理规范附录 6：药品零售配送质量管理》	2022 年 11 月 30 日	国家药监局	药品经营环节的质量监管工作得到进一步完善

① 《专家解读之一：〈关于进一步推进医养结合发展的指导意见〉推进医养结合，提升老年人获得感》，载国家卫生健康委网，http：//www. nhc. gov. cn/lljks/pqt/202207/0c11b28234e14efc93f3dc13cdfca733. shtml，最后访问日期：2023 年 2 月 1 日。

此外，药物警戒制度监管工作进一步加强。2022年4月11日，国家药监局发布《药物警戒检查指导原则》，在2021年发布的《药物警戒质量管理规范》(GVP)的基础上进一步完善。至此，药物警戒有了单独的质量管理规范及配套的检查指导原则。

(2)加强疫苗监管，我国疫苗监管体系通过WHO评估。2022年7月8日发布的《疫苗生产流通管理规定》，在《疫苗管理法》的基础上针对疫苗生产准入、委托生产、上市后监管等内容进一步细化，其重点包括：①细化了各关键岗位负责人职责和资质要求；②新开办疫苗生产企业应当符合国家疫苗行业主管部门的相关政策，或存在较高壁垒；③疫苗委托生产在一定前提、范围和责任分配下逐步放开；④细化了疫苗上市许可持有人的报告义务等。此规定的出台体现了国家“从严治苗”的态度，促进科学、有效疫苗生产流通监督管理体系的构建。另外，2022年8月23日，世界卫生组织(WHO)宣布中国通过疫苗国家监管体系(NRA)评估。通过评估，不仅意味着中国拥有稳定、运行良好且完整统一的监管体系，能确保在中国生产、进口或流通的疫苗质量可控、安全、有效，也是我国疫苗出口全球的重要基础。

(3)强化对医疗器械生产—经营—流通等环节的监管。医疗器械的质量安全关乎人民群众生命健康，党中央、国务院高度重视医疗器械质量安全。2022年一系列涉医疗器械监管相关文件的出台，旨在进一步加强医疗器械全生命周期的监管。相关文件详见表2。

表2　2022年医疗器械监管主要政策梳理

序号	名称	发布日期	发布部门	主要内容
1	《医疗器械生产监督管理办法》	2022年3月10日	国家市场监督管理总局	完善医疗器械生产监管手段，包括：①建立医疗器械报告制度；②完善监督检查方式方法；③明确信息公开和责任约谈制度；④加强医疗器械生产监管信息化建设工作

续表

序号	名称	发布日期	发布部门	主要内容
2	《医疗器械经营监督管理办法》	2022 年 3 月 10 日	国家市场监督管理总局	通过如下措施强化医疗器械经营监管：①实施分类分级管理；②制定年度检查计划；③进行延伸检查；④风险会商研判；⑤信用档案建设
3	《医疗器械临床试验质量管理规范》	2022 年 3 月 24 日	国家药监局、国家卫生健康委	涵盖医疗器械临床试验全过程，包括医疗器械临床试验的方案设计、实施、监查、稽查、检查，数据的采集、记录、保存、分析、总结和报告等
4	《医疗器械经营质量管理规范附录：专门提供医疗器械运输贮存服务的企业质量管理》	2022 年 10 月 31 日	国家药监局	从质量管理体系建立与改进、机构与人员、设施与设备、计算机信息系统以及质量责任等方面，对专门提供医疗器械运输、贮存服务的企业提出具体要求
5	《企业落实医疗器械质量安全主体责任监督管理规定》	2022 年 12 月 29 日	国家药监局	督促医疗器械注册人、备案人落实质量安全主体责任，落实医疗器械生产、经营企业质量安全关键岗位人员的责任

5. 医药行业反垄断、反不正当竞争执法取得新进展

（1）医药器械采购领域开展反垄断的集中执法。2022 年新《反垄断法》及其配套规定的落地，全国范围内的垄断行为迎来了更严格的监管。医药行业反垄断案件涉及各类垄断行为，主要包括滥用市场支配地位、横向垄断和纵向垄断协议行为、经营者集中等。

国家市场监督管理总局《2022 年制止滥用行政权力排除、限制竞争执法专项行动案件（第一批）》，公开了 12 起滥用行政权力排除、限制竞争的相关案件。其中，就有 2 例在药品、耗材、器械设备供应市场，地方政府部门纠正滥用行政权力，通过签订合作协议等方式来排除、限制竞争行为的

典型案例。①

案例一：黑龙江省市场监管局纠正绥化市卫生健康委员会滥用行政权力排除、限制竞争行为。2022 年 6 月 21 日，黑龙江省市场监管局依法对绥化市卫生健康委员会涉嫌滥用行政权力排除、限制竞争行为立案调查。经查，2018 年 12 月 21 日，当事人等部门印发《关于深入推进绥化市医疗纠纷人民调解工作的通知》，在附件《绥化市实施医疗责任保险统保工作方案》中确定某保险公司作为绥化市医疗机构的保险单位；规定医疗纠纷“定责定损”由某司法鉴定中心等 5 家机构承担。黑龙江省市场监管局认为，当事人上述行为限制了医疗机构和患者的自主选择权，排除了其他具有相应资质的保险机构和司法鉴定机构参与竞争的机会，妨碍了绥化市保险和司法鉴定市场的公平竞争。该行为违反了修改前的《反垄断法》第 32 条“行政机关和法律、法规授权的具有管理公共事务职能的组织不得滥用行政权力，限定或者变相限定单位或者个人经营、购买、使用其指定的经营者提供的商品”的规定，构成滥用行政权力排除、限制竞争行为。

案例二：湖南省市场监管局纠正益阳市安化县卫生健康局滥用行政权力排除、限制竞争行为。2022 年 3 月 30 日，湖南省市场监管局依法对安化县卫生健康局涉嫌滥用行政权力排除、限制竞争行为立案调查。经查，2021 年 12 月 13 日，当事人会同有关部门印发《关于印发〈安化县行政事业单位工作人员定期健康检查工作暂行规定〉的通知》，规定“各单位在组织实施健康检查前，应预先自主选择并对接本地公示范围内的健康检查机构，应当选择安化县内的健康检查机构”。湖南省市场监管局认为，当事人作为行政机关，在组织行政事业单位工作人员体检过程中，印发文件限定各乡镇和县直单位选择安化县内健康检查机构，排除了县域外其他具有合格资质和服务能力健康检查机构的服务，妨碍了该县健康检查市场的公平竞争。当事人的上述行为违反了修改前的《反垄断法》第 37 条“行政机关不得滥用行政权力，制定含有排除、限制竞争内容的规定”的规定，构成滥用行政权力排除、限制竞争行为。

（2）医药行业开展反不正当竞争专项执法行动。2022 年国家卫生健康委等部门联合印发《2022 年纠正医药购销领域和医疗服务中不正之风工作要

① 《2022 年制止滥用行政权力排除、限制竞争执法专项行动案件（第四批）》，载国家市场监督管理总局竞争政策协调司网，https：//www.samr.gov.cn/jzxts/tzgg/qlpc/202211/t20221122_351854.html，最后访问日期：2023 年 2 月 1 日。

点》，明确“严厉打击医药购销领域非法利益链条”，严格落实“管行业必须管行风”“谁主管谁负责”的行业治理主体责任，持续推进医药购销领域和医疗服务中不正之风综合治理，为全面推进健康中国建设奠定坚实基础。该工作要点发布后，内蒙古自治区、广东省、上海市、河北省、吉林省等多省市启动医疗卫生领域商业贿赂和医药价格违法专项整治行动，重点查处医药企业“红包回扣”“带金销售”等违规问题，推进医务人员廉洁从业。2022 年 11 月 11 日，湖北省市场监督管理局发布《湖北省医疗卫生机构防范商业贿赂行为合规指引(试行)》，重新界定了医疗领域商业贿赂行为，划清了合法折扣行为与非法折扣行为的界限，明确了对违规违法行为的处理规定，还梳理了医疗卫生机构应重点排查的“风险区”，为医疗机构防范商业贿赂提供了指引。随后安徽省、上海市也发文，强化对医药商业贿赂行为的监管。

(三)2022 年健康法司法情况

1. 最高人民法院、最高人民检察院联合出台《关于办理危害药品安全刑事案件适用法律若干问题的解释》

2022 年 3 月 4 日，最高人民法院、最高人民检察院联合发布《关于办理危害药品安全刑事案件适用法律若干问题的解释》，自 2022 年 3 月 6 日起施行。包含三方面的要点：其一，依法严惩假劣药犯罪。生产、销售、提供假劣药，涉案药品以孕产妇、儿童、危重病人为主要使用对象的，系用于应对自然灾害、事故灾难、公共卫生事件、社会安全事件等突发事件的，或者药品使用单位及其工作人员生产、销售假劣药的，应当酌情从重处罚；生产、销售、提供假药致人死亡或者有其他特别严重情节的，处十年以上有期徒刑至死刑；生产、销售、提供劣药后果特别严重的，处十年以上有期徒刑、无期徒刑。其二，依法严惩妨害药品管理犯罪。《刑法修正案(十一)》增设妨害药品管理罪。该解释明确了妨害药品管理罪的入罪门槛，重点惩治包括“黑作坊”在内的非法生产、销售药品等妨害药品管理的行为。该解释还规定，未取得药品相关批准证明文件的“黑作坊”生产药品或者明知是上述药品而销售，涉案药品的适应症、功能主治或者成分不明的，即可构成妨害药品管理罪；涉案药品被依法认定为假劣药的，还可能构成生产、销售假药罪及生产、销售劣药罪等处罚更重的犯罪。其三，依法严惩非法收购、销售骗保药品的犯罪。医保基金是人民群众的“救命钱”，事关广大群众的切身利益。针对当前多发的利用骗保购买药品、倒卖谋利等问题，司法机关贯彻宽严相济的刑事政策，重点惩治医保骗保犯罪的组织者、职业骗保人和利用职务职业便利骗取医保基金的行为。本解释进一步明确，明知系利用医保骗保购买的药品而非法收购、销售，金额在5万元以上的，以掩饰、隐瞒犯罪所得罪定罪处罚；指使、教唆、授意他人利用医保骗保购买药品，进而非法收购、销售的，以诈骗罪定罪处罚。

2. 最高人民法院发布《关于加强中医药知识产权司法保护的意见》

为健全中医药知识产权司法保护体系，推动中医药传统知识保护与现代知识产权制度有效衔接，最高人民法院2022年12月22日发布《关于加强中医药知识产权司法保护的意见》，为中医药知识产权司法实践提供明确指引。该意见内容涵盖中医药专利、商业标志、商业秘密及国家秘密、著作权及相关权利、中药材资源、中药品种等各领域的司法保护。一是注重服务中医药高质量发展。该意见既全面覆盖中医药知识产权各领域和环节，又立足实践需要，突出重点和难点。二是注重发挥司法职能。聚焦中医药主要领域重点问题，有针对性地提出指导意见和具体措施，增强实践可操作性，积极回应中医药知识产权司法保护需求和社会公众期待。三是注重提升司法保护水平。完善中医药知识产权司法保护的审判机制和工作协调机制，推动中医药知识产权司法保护工作实现新发展。①

3. 依法惩处涉医违法犯罪活动

药品安全事关人民群众生命健康，事关社会安全稳定大局，是重要的民生问题。2022年4月28日最高人民法院发布10个涉药品安全的刑事、行政和民事典型案例，以此指导2022年涉药品审判工作，依法惩治药品安全和犯罪事件，维护药品管理秩序。②

2022年11月28日，最高人民检察院发布了一批药品安全公益诉讼典型案例。这批典型案例包括贵州省织金县人民检察院督促整治过期药品行政公益诉讼案等8件，其中行政公益诉讼案件7件，刑事附带民事公益诉讼案件1件。紧盯药品生产、销售、使用、宣传、寄递等各环节的安全问题，集中呈现检察机关办理各类型药品安全公益诉讼案件的做法和成效，为办

① 《最高人民法院民三庭负责人就〈最高人民法院关于加强中医药知识产权司法保护的意见〉答记者问》，载最高人民法院网，https://www.court.gov.cn/zixun-xiangqing-384051.html，最后访问日期：2023年2月1日。

② 《最高人民法院发布药品安全典型案例》，载最高人民法院网，https://www.court.gov.cn/zixun-xiangqing-357261.html，最后访问日期：2023年2月1日。

理此类案件提供可推广、可复制的经验。[①]

二、2022年健康法实施的主要特点

（一）全面深入推动健康中国行动

党的十八大以来，党中央始终将“预防为主”作为健康工作方针，深入实施健康中国战略，提高个人健康素养，推动从以治病为中心转向以健康为中心。

促进健康中国行动的新规出台。国务院办公厅印发的《深化医药卫生体制改革2022年重点工作任务》，明确指出深入实施健康中国行动，确保完成到2022年的阶段性目标任务；推进医疗机构和医务人员开展健康教育和健康促进的绩效考核机制建设。2022年国家卫生健康委等三部门出台《“十四五”全民健康信息化规划》指出，到2025年，每个居民拥有一份动态管理的电子健康档案和一个功能完备的电子健康码。此外，2022年4月27日《“十四五”国民健康规划》强调，全面推进健康中国建设，加快实施健康中国行动，到2025年，健康产业发展水平不断提升，国民健康政策体系进一步健全。

推进健康中国行动执法力度。2022年人均预期寿命提高到77.93岁，主要健康指标居于中高收入国家前列，经常参加体育锻炼人数比例达到37.2%，居民健康素养水平提升到25.4%，人均基本公共卫生服务经费补助标准提高到84元[②]……一系列数据表明健康中国取得初步成效。健康中国行动2022年主要目标提前实现，健康中国建设开局起步良好、进展顺利。[③]

不断加大健康知识普及力度。自2019年启动健康知识普及行动，三年多来持续推进医疗机构和医务人员开展健康教育和健康促进的绩效考核机制建设，鼓励医院加强健康促进等工作；做好“健康知识进万家”试点，逐步向全国推广；推进健康县区建设，加大优秀案例宣传推广力度；开展

① 《最高检发布药品安全公益诉讼典型案例》，载人民网，http：//society.people.com.cn/n1/2022/1214/c1008-32587026.html，最后访问日期：2023年2月1日。

② 梁倩：《我国人均预期寿命提高到77.93岁》，载《经济参考报》，http：//www.jjckb.cn/2022-07/06/c_1310638074.htm，最后访问日期：2023年2月1日。

③ 《国家卫健委：健康中国行动2022年主要目标提前实现》，载人民网，http：//health.people.com.cn/n1/2022/0907/c14739-32521574.html，最后访问日期：2023年2月1日。

脱贫地区健康促进行动，与实施乡村振兴战略有机衔接。[①]一系列举措的落实，全国居民健康素养水平显著提高，群众健康观念得到显著转变，主动获取、理解、应用健康信息的能力显著增强。

(二)以问题为导向，及时回应热点问题

法律的生命力在于实施，法律的权威性也在于实施。健康法律的实施以及在实施过程中产生的问题，进一步反馈带动修法乃至立法，回应并解决医药领域热点问题，契合时代发展，符合社会需求。

例如，及时回应欺诈骗保行为，不断收紧医保监管。2022 年 1 月 29 日，医保、公安、卫生健康、市场监管等部门联合调查并公布了一起药企工作人员涉嫌篡改肿瘤患者基因检测结果骗取医保基金的案件，该起案件使“骗保”成为舆论关注重点。[②] 2022 年 2 月 27 日，国家医疗保障局曝光了第一期 24 例个人骗保典型案例，随后再次曝光了三批医保违法违规典型案例。案涉冒名就医、重复享受医保待遇、超量开药并转卖药品、通过虚假票据报销骗保、隐瞒第三方责任等行为，凸显了加强医保监管的决心。2022 年 5 月 27 日，国家医保局等四部门发布《2022 年度医疗保障基金飞行检查工作方案》，对全国范围包括定点医疗机构、县区级医保经办机构检查作出规定，并指出视情况可延伸检查相关机构和参保人。同年 11 月 24 日发布《关于〈医疗保障基金飞行检查管理暂行办法(征求意见稿)〉的起草说明》，进一步细化飞行检查机制，优化飞行检查程序，依法加强医疗保障基金监管。2022 年 11 月 17 日，《违法违规使用医疗保障基金举报奖励办法》明确对所有违法违规使用医保基金行为的举报纳入奖励范围，并在国家医保信息平台设置专项举报投诉管理系统，以鼓励举报违法违规使用医保基金的行为。

再如，及时回应群众密切关注、社会危害性大的医疗美容行业中虚假宣传、非法行医、假货频现、价格欺诈等问题。2022 年 9 月起，市场监管总局等 11 部门在全国范围内开展医疗美容行业突出问题专项治理行动，联合治理医疗美容行业违法违规问题，并曝光相关案件。《医疗机构管理条

① 国家卫生健康委宣传司：《健康知识共普及 健康中国同建设》，载《健康中国观察》2022 年第 7 期。

② 《国家医保局回应阿斯利康制药有限公司工作人员涉嫌骗取医保基金问题》，载“国家医保局”微信公众号，https：//mp. weixin. qq. com/s/pIpTLoki_ s2SU5BIPJouCw，最后访问日期：2023 年 2 月 1 日。

例》《2022 年医疗美容机构规范运营指南》《医疗美容行业虚假宣传和价格违法行为治理工作指引》《禁止委托生产医疗器械目录》等涉医美行业多项政策在 2022 年正式实施，医美行业已进入新一轮严格整治期。

（三）健康法的实施体现出鲜明的政策性色彩

在健康法实施的各具体领域，体现出鲜明的政策化特征。《互联网诊疗管理办法（试行）》就促进互联网与医药健康深入融合发展做出部署，助力医疗产业从提供“医疗保障”向提供“健康服务”的转型，实现“均衡医疗资源”“提升医疗服务效率”。《“十四五”中医药发展规划》《“十四五”中医药人才发展规划》《关于加强中医药知识产权司法保护的意见》等系列文件，旨在健全中医药法律及标准体系，加大政策扶持力度统筹推进中医药事业振兴发展。《关于抓好推动公立医院高质量发展意见落实的通知》，是健全现代医药管理制度的重要内容，对全面落实新时代卫生与健康工作方针、全面推进健康中国建设、更好满足人民日益增长的美好生活需要具有重要意义。《医疗器械生产监督管理办法》《医疗器械经营监督管理办法》以期进一步加强医疗器械全生命周期监管，落实企业主体责任。《“千县工程”县医院综合能力提升工作县医院名单》标志着“千县工程”县医院综合能力提升工作全面启动，共有 1233 家县医院参与其中，进一步落实了分级诊疗制度，推动优质医疗资源加快下沉，提升基层医疗服务能力。

（四）多项“十四五”规划性文件，加强改革顶层设计规划

2022 年是实施“十四五”规划承上启下的关键一年。本年度国家出台多部医药健康行业“十四五规划”，涉及药品安全、医药工业、中医药、卫生健康标准、医疗机构等方面，纷纷提出未来几年的工作目标与重点。

2022 年 3 月 3 日，国务院印发《“十四五”中医药发展规划》，指出到 2025 年，中医药健康服务能力明显增强，中医药高质量发展政策和体系进一步完善，中医药振兴发展取得积极成效，在健康中国建设中的独特优势得到充分发挥。2022 年 8 月 3 日，国家卫生健康委发布的《关于印发“十四五”卫生健康人才发展规划的通知》，强调要建设生命健康人才高地，培养造就一批创新型高层次人才，加强卫生技术、公共卫生、基层卫生、中医药、人口老龄化、精神卫生六方面专业人才队伍建设。2022 年 11 月 7 日，国家卫生健康委等部门印发《“十四五”全民健康信息化规划》，就健康信息互通互享、健康中国战略、健康医院建设、重点人群的智能服务等方面提出了具体的行动方案，努力使健康信息化质量更高、更有效率。2022

年12月31日，国家卫生健康委员会发布《突发事件紧急医学救援“十四五”规划》，从规划基础与面临形势，指导思想、基本原则和规划目标，主要任务和措施，政策和保障四部分指出“十四五”期间突发事件紧急医学救援规划。

一系列规划明确了未来5年改革发展的顶层设计，体现出坚持以人民为中心的发展思想，深化医疗、医保、医药联动改革，将指引各领域全面深化健康中国建设，不断增强人民群众获得感、幸福感和安全感。

(五)重视典型案例的指导作用

2022年4月20日，国家监察委员会、最高人民检察院首次联合发布5起行贿犯罪典型案例，其中就涉及一起医疗药品领域的典型案例：河南高某某行贿案。高某某曾56次行贿医院院长、医生等医务人员，行贿情节恶劣，严重影响了民生安全，是一件典型的“情节特别严重”案例。医疗药品在内的民生重点领域行贿犯罪应予从严查办，才能切实保障人民群众利益。

2022年4月，最高人民法院发布了10起涉药品安全典型案例，以此进一步推动2022年涉药品审判工作。这10起案件中，其中3起为(生产)销售假药案，4起为监督支持行政机关依法查处生产、销售劣(假)药及药品经营许可证的行政诉讼案件，3起涉及民事领域生命权纠纷、患者与药房的买卖合同纠纷案件。①

此外，市场监管总局发布的2022年反不正当竞争专项执法行动典型案例，涉及医疗卫生行业的商业贿赂案有两起，分别是合肥倍思恩医疗技术有限公司商业贿赂案和杭州建宁医药科技有限公司商业贿赂案。

(六)构建医药健康领域立体化的法治监督体系

严密的法治监督体系是中国特色社会主义法治体系的重要组成部分，只有严密监督，才能保证权力相互制约、良性运行，将立法执法司法全方面全过程纳入严密制度监督之下。2022年医药健康领域的法治监督体系呈全方位、立体化样态，不断加强药品安全、疫苗生产流通、医疗器械、医保等领域的监管。《国家卫生健康委、国家中医药管理局关于进一步加强用药安全管理提升合理用药水平的通知》《药品召回管理办法》《药物警戒检

① 《最高人民法院发布药品安全典型案例》，载最高人民法院网，https://www.court.gov.cn/zixun-xiangqing-357261.html，最后访问日期：2023年2月1日。

查指导原则》等规定，进一步促进药品质量管理，强化药物警戒。在《疫苗管理法》的基础上，2022 年又出台《疫苗生产流通管理规定》，以加强疫苗监管，回应人民群众对疫苗质量安全、供应保障的新要求、新期待。《医疗器械生产监督管理办法》《医疗器械经营监督管理办法》《医疗器械临床试验质量管理规范》等涉医疗器械监管的文件出台，责令企业评估产品安全风险，对有可能导致安全隐患的采取召回制度，进一步保障医疗器械产品质量安全有效。

三、未来健康法实施的展望与建议

我国健康法实施过程中也存在一些问题，如立法碎片化、公民健康法意识较为淡薄、参与全球卫生治理水平仍需进一步提升。未来应从以下几方面改善：

(一)坚持健康优先，统筹推进健康中国

《“健康中国 2030”规划纲要》指出，要遵循坚持健康优先原则，将健康融入所有政策。2022 年党的二十大报告提出，把保障人民健康放在优先发展的战略位置，完善人民健康促进政策。构建中国式现代化的健康促进政策体系，既要深刻认识和牢牢把握中国式现代化的本质特征和基本属性，又要深刻认识和牢牢把握卫生健康工作的特点和规律、健康在现代化建设全局中的重要地位和作用，不断夯实社会主义现代化建设的健康之基。牢固树立“大卫生、大健康”理念，加快健康强国的建设，围绕健康责任、健康素养、健康生活和健康环境等维度，统筹社会、行业和个人三个层面，优化健康教育、健康干预和健康服务，推动健康融入所有政策，积极探索构建中国式现代化健康促进政策体系，提升共建共享层次水平，全方位全周期保障人民健康，为实现第二个百年奋斗目标筑牢健康之基。

(二)系统性统筹卫生健康领域的立法工作

坚持立法先行，抓住提高立法质量这个关键，实现立法与改革决策相衔接，做到重大改革于法有据、立法主动适应改革和经济社会发展需要，发挥立法的引领和推动作用。一是健全卫生健康法律法规体系，坚持立改废释并举，使卫生健康立法与医疗卫生健康事业的发展保持同步。面对日益严峻的老龄化趋势、生育率下滑、卫生应急管理能力较弱、互联网医疗服务的质量和安全性呈现系列弊端等问题，与时俱进地修订和完善医药健康领域的立法，做到民有所呼，法有所应。二是促进健康法与其他部门法

律的协调与衔接。囿于卫生健康领域的立法数量众多，就同一事项的规定散见于不同的单行法中，通过一例一议的方式进行技术性规范的制定和修改，无法有效避免单行法之间的矛盾和冲突。① 因此提升立法的协调性，统筹健康卫生法律规范体系建设，形成内在协调、规范完备、高效衔接、运行顺利的有机整体，是强大的卫生健康法律体系的应有之义。三是向满足时代需求的卫生法典迈进。法典化的过程既是法治现代化事业的组成部分，又是反思现有卫生法律制度完备性、合理性的过程。但在法典化背景下，卫生健康制度的建构不同于对局部领域的小修小补，而是基于顶层设计，从卫生法律部门的全局出发，对卫生法律制度通盘考量、修正失误、弥补漏洞，保证部门内各制度间衔接流畅。②

(三)建立健康法治实施的评估制度

法治实施体系评估是一套由自查机制、公众参与机制、指引机制、认识机制、发现机制、纠错机制等构成的法治治理机制。③ 建立和完善健康法治实施体系的评估制度有利于消弭健康法治实施的空洞性。对卫生健康法律法规的立法、执法、司法、守法、法律监督状况进行“问诊”，为法治实施体系的改革和完善提供依据，同时对医疗卫生体制改革作出更为深入的研判，还是群众监督政府的渠道。建立健康法治实施体系评估机制需要明确法治评估主体、评估指标设定、评估程序等要素。其一，法治评估主体的选定。就现有的体制框架而言，最优的评估主体选择方案应当采取由权力机关作为法治实施体系评估的组织者，由第三方民间组织或学术机构作为评估的实施者，调动专家组成评估小组作为参与者，各司其职，协同推进，以求获取最佳的评估结果。④ 其二，构建科学合理的指标体系是法治实施体系评估的基础。在确定具体的指标体系时，应遵循主观与客观相结合、共性与个性相结合、整体与部分相结合。其三，设置公正透明的评估程序。评估程序包括初筛、提交登记、组建与筛选专家组、分析、报告与建议、备案、评价结果运用与监测等阶段，另可视情况适用标准程序或简易程序。

---

① 任颖、常廷彬:《中国公共卫生立法路径研究——党领导立法的制度优势与法治保障》，载《法治论坛》2022 年第 1 期。

② 刘牧、王岳:《中国卫生法法典化的证成》，载《医学与哲学》2022 年第 7 期。

③ 王利军:《论法治评估功能的定位》，载《法学杂志》2019 年第 6 期。

④ 唐文鹏:《中国特色社会主义法治实施研究》，东北师范大学 2022 年博士学位论文。

（四）加强健康行政执法，维护公民合法权益

一是推动政府依法全面履行职能，完善行政决策程序、深化行政执法体制改革、塑造严格规范公正文明执法体制。深化执法机关对医疗卫生体制改革工作的科学部署，持续推进分级诊疗、公立医院综合改革、优化就医秩序、健全疾病预防与控制等工作；不断深化“放管服”改革，推进审批制度改革，对卫生健康领域高频政务服务事项如期实现“跨省通办”，推进政府职能优化协同；聚焦重点难点问题，结合疫情防控形势，执法机关要强化法治理念、增强法治意识，坚持严格规范公正文明执法，严禁过度执法、粗暴执法，始终在法治轨道上统筹推进疫情防控和维护稳定工作；加强政务公开制度机制建设，促进医疗卫生机构信息公开。①

二是强化政府在医疗卫生行业综合监管中的主导责任。充分发挥政府在法治建设、行业规划、标准制定、行业准入、行政执法等方面的主导作用。建立由卫生健康行政主管部门牵头、有关部门参加的综合监管协调机制，推动转变监管理念、增强监管合力、创新监管手段、提升监管效能，进一步规范和优化医疗卫生服务供给，更好保障人民群众健康权益。

三是进一步健全药品行政执法与刑事司法衔接工作机制。《药品行政执法与刑事司法衔接工作办法》指出，严厉打击药品领域违法犯罪行为，各级药品监管部门应与公安机关、人民检察院、人民法院之间加强协作，统一法律适用，健全情况通报、案件移送、信息共享、信息发布等工作机制。

（五）保护个人健康信息，培育公众的健康法治理念

《基本医疗卫生与健康促进法》第92条规定，国家保护公民个人健康信息，确保公民个人健康信息安全。任何组织或者个人不得非法收集、使用、加工、传输公民个人健康信息，不得非法买卖、提供或者公开公民个人健康信息。从医疗大数据分析到商业医疗保险定制，再到智能化医疗诊断，医药相关行业的开展均以个人健康信息为基础，个人健康信息具备重要的商业价值，可能会遭受侵害，因此需要立法层面予以特别保护。

全民守法是构建法治实施体系的基础。卫生法律意识是卫生法律实施的基础，也是影响卫生执法的重要因素。卫生法律法规制定以后，应充分

① 《国家卫生健康委关于2021年度法治政府建设工作情况的报告》，载国家卫生健康委员会网，http：//www.nhc.gov.cn/fzs/s7851/202204/c217ec73f9304de98e8be345e3af160d.shtml，最后访问日期：2023年2月1日。

利用法制宣传、报纸杂志、电视广播、网络媒体等途径和方式，有针对性地广泛进行卫生法制的宣传教育。开展卫生法培训和卫生法制宣传教育，培养公民的守法精神和自律意识。

（六）积极参与全球健康治理与合作

全球化是人类经济发展的必然趋势。突发公共卫生事件给全球卫生治理体系带来了挑战，使国际社会认识到加强合作防控的现实性与紧迫性。新冠肺炎对全世界而言是一场严重危机和严峻考验，面对这一人类生命安全和健康的重大威胁，中国不断推进卫生健康国际交流，积极开展全球抗疫合作，服务卫生健康事业高质量发展和国家整体外交，展现负责任大国担当。下一步，中国应继续秉持人类卫生健康共同体理念，与国际社会加强合作，共同维护人类健康福祉和全球公共卫生安全。以“人类卫生健康共同体”理念为指引，中国应更加深入地参与突发公共卫生事件的应对合作口，搭建全球卫生战略框架，明确战略目标、战略定位和完善路径，加强参与疫情应对合作的话语权、贡献比重和科研能力，重新审视援外资金配比和影响力，革新对外卫生援助体制机制及结构模式，以更好地发挥大国作用，完善全球卫生治理体系。①

撰稿专家

陈云良，中国卫生法学会副会长，广东外语外贸大学法学院院长、教授、博士生导师，《法治社会》总编辑，联合国教科文组织生命伦理推进会中国机构副理事长。

① 张超汉、冯启伦：《中国参与全球卫生治理的法理基础、总体成效与完善路径——以突发公共卫生事件应对为视角》，载《国际法研究》2022年第1期。

第十三章　2022 年教育法治专题报告*

湛中乐

报告要旨

2022 年，是党和国家历史上具有里程碑意义的一年。这一年，党的二十大胜利召开，描绘了全面建设社会主义现代化国家、全面推进中华民族伟大复兴的宏伟蓝图。这一年，一批标志性、引领性的改革举措取得明显成效，教育公共服务水平和教育治理能力不断提升，中国特色社会主义教育制度体系进一步完善。主要表现在以下几个方面：一是教育立法的进一步推进。《职业教育法》迎来了大修，职业教育与普通教育开始具有同等地位。《家庭教育促进法》的正式实施，为家庭教育提供了规范指引。《学前教育法》的制定和《教师法》的修改已列入立法工作计划。《学位法草案》也将提请全国人大常委会审议。此外，教育领域的行政立法和地方立法依然活跃。二是教育行政执法得到加强。“双减”政策的实施进一步规范化，相关配套措施陆续出台。教育领域“放管服”改革有序推进。教育行政执法得到进一步强化，重点改变“双减”政策执法中存在的不能执法、不敢执法的问题。教育督导体制改革进一步落实，积极推进《教育督导条例》的修订工作，指导各地制定《教育督导问责实施办法》。中小学人事制度改革有序推进，努力建设高素质专业化创新型的教职工队伍。国家语言文字工作持续推进。三是教育司法活动增添新内容。《家庭教育促进法》的实施，给

* 本报告的完成得到了北京大学法学院 2022 级博士研究生梁芷澄同学的大力协助。特此致谢。

司法介入教育活动提供了新的方式——家庭教育令，有助于保证家庭积极履行家庭教育的职责。四是教育公平不断取得新成绩。残疾人教育、农村义务教育和职业教育在不同程度上实现教育公平。但与此同时，教育法治实施也面临一些制度挑战，具体包括以下几个方面：一是"双减"政策的执法依据有待进一步完善；二是教育法规范体系有待进一步完善，教育法典的编撰工作势在必行；三是进一步从规范上明确高校自主权，完善学校内部治理结构；四是数字教育带来的全新挑战。在教育法治体系日趋成熟的背景下，需要夯实基础补齐短板，持续完善教育法治体系，为新时代高质量教育的发展和实现奠定坚实基础。

核心建议

1. 进一步完善"双减"政策的执法依据。

2. 加快推进各领域教育立法的研究起草工作，为教育法典编撰奠定基础。

3. 进一步从规范上明确高校自主权，完善学校内部治理结构。

4. 关注和应对数字教育带来的挑战。

2022年，是党和国家历史上具有里程碑意义的一年。这一年，党的二十大胜利召开，描绘了全面建设社会主义现代化国家、全面推进中华民族伟大复兴的宏伟蓝图。党的二十大报告明确指出："教育是国之大计、党之大计。培养什么人、怎样培养人、为谁培养人是教育的根本问题。育人的根本在于立德。全面贯彻党的教育方针，落实立德树人根本任务，培养德智体美劳全面发展的社会主义建设者和接班人。坚持以人民为中心发展教育，加快建设高质量教育体系，发展素质教育，促进教育公平。"2022年，以习近平同志为核心的党中央，坚持把教育摆在优先发展的战略位置，全面深化教育领域综合改革，一批标志性、引领性的改革举措取得明显成效，教育公共服务水平和教育治理能力不断提升，中国特色社会主义教育制度体系进一步完善。

一、教育立法进展情况

(一)教育法律制定和修改情况

2022 年全国人大常委会为贯彻落实党中央优先发展教育事业、加快推进教育现代化、建设教育强国、办好人民满意的教育的战略部署和全国教育大会精神，推进一系列教育立法，更好发挥法治固根本、稳预期、利长远的作用，把立德树人融入各环节各领域，在法治轨道上推进教育治理体系和治理能力现代化。教育立法使教育活动法治化、规范化，教育行政执法和司法活动都必须在法律的范围内活动。2022 年，教育领域立法逐步完善，国家立法顺应时代发展和教育综合改革发展实际，回应人民群众关心关注的一系列教育焦点、难点问题，成为推进教育治理体系和治理能力现代化的重要抓手、构筑护佑教育领域综合改革的制度基石。

1.《职业教育法》修改

新修订的《职业教育法》于 2022 年 4 月 20 日由第十三届全国人大常委会第三十四次会议审议通过，并于 2022 年 5 月 1 日起施行。这是该法自 1996 年颁布施行以来的首次大修，引发社会广泛关注。随着我国进入新发展阶段，职业教育发展面临新形势、新要求，大力发展职业教育，打破职业教育与普通教育不平等状况的改革呼声日益高涨，全国人大常委会对此积极作出回应。此次《职业教育法》的修改完善了职业教育体系和管理体制等方面的规定。《职业教育法》修改议案提出的理顺职业教育管理体制，适度发展高等职业教育，提高职业教育经费投入标准，加大对职业学校学生实习期间合法权益的保障力度等主要建议，均在立法中得到体现：

一是新《职业教育法》内容从原先的 5 章 40 条完善至 8 章 69 条，明确规定“职业教育是与普通教育具有同等重要地位的教育类型”，并通过拓展职业学校学生升学通道，完善现代职业教育体系。新法第 53 条明确，“职业学校学生在升学、就业、职业发展等方面与同层次普通学校学生享有平等机会”。同时规定，“机关、事业单位、国有企业在招录、招聘技术技能岗位人员时，应当明确技术技能要求，将技术技能水平作为录用、聘用的重要条件”。由此可见，推动现代职业教育高质量发展被摆在更加突出的位置，现代职业教育体系建设改革有序有效推进。立法观念的改变有助于打破过去职业教育属于“终结性”教育的社会格局，通过职业教育解决中国经济社会发展过程中“就业难”与“用工荒”的结构性矛盾。

二是长期以来，企业作为职业教育办学主体的政策归口不明确，导致很多企业难以享受到优惠政策。为了进一步鼓励企业参与职业教育办学，新《职业教育法》第9条第2款规定："国家发挥企业的重要办学主体作用，推动企业深度参与职业教育，鼓励企业举办高质量职业教育"，为职业教育发展安装"助推器"。

三是在职业教育的内涵中明确"培养高素质技术技能人才"的目标，深化职业教育供给侧结构性改革。新《职业教育法》的这一内涵意味着，职业教育活动必须坚持立德树人、德技并修，坚持产教融合、校企合作，坚持面向市场、促进就业，坚持面向实践、强化能力，坚持面向人人、因材施教。2022年12月21日，中共中央办公厅、国务院办公厅印发了《关于深化现代职业教育体系建设改革的意见》。该意见要求，坚持以人为本、能力为重、质量为要、守正创新，建立健全多形式衔接、多通道成长、可持续发展的梯度职业教育和培训体系，推动职普协调发展、相互融通，让不同禀赋和需要的学生能够多次选择、多样化成才；坚持以教促产、以产助教、产教融合、产学合作，延伸教育链、服务产业链、支撑供应链、打造人才链、提升价值链，推动形成同市场需求相适应、同产业结构相匹配的现代职业教育结构和区域布局。构建央地互动、区域联动，政府、行业、企业、学校协同的发展机制，鼓励支持省(自治区、直辖市)和重点行业结合自身特点和优势，在现代职业教育体系建设改革上先行先试、率先突破、示范引领，形成制度供给充分、条件保障有力、产教深度融合的良好生态。

2.《家庭教育促进法》正式实施

2022年1月1日，《家庭教育促进法》正式施行。作为我国首部家庭教育领域专门立法，家庭教育促进法贯彻落实习近平总书记关于注重家庭家教家风建设的重要论述，弘扬中华民族重视家庭教育的优良传统，通过制度设计采取一系列措施，实现家庭教育由以家规、家训、家书为载体的传统模式，向以法治为引领和驱动、以社会主义核心价值观为主要内容、以立德树人为根本任务的新模式迭代升级，将家庭教育由旧时期的传统"家事"上升为新时代的重要"国事"。

第一，《家庭教育促进法》明确了各级政府均有指导家庭教育职责。国务院应当组织有关部门制定、修订并及时颁布全国家庭教育指导大纲。各级人民政府指导家庭教育工作，建立健全家庭学校社会协同育人机制。县级以上人民政府负责妇女儿童工作的机构，组织、协调、指导、督促有关部门做好家庭教育工作。教育行政部门、妇女联合会统筹协调社会资源，协同推进覆盖城乡的家庭教育指导服务体系建设。

第二，未成年人的监护人负有家庭教育职责。未成年人的父母分居或者离异的，应当相互配合履行家庭教育责任，任何一方不得拒绝或者怠于履行；除法律另有规定外，不得阻碍另一方实施家庭教育。密切接触未成年人的单位，发现父母或者其他监护人拒绝、怠于履行家庭教育责任，或者非法阻碍其他监护人实施家庭教育的，应当予以批评教育、劝诫制止，必要时督促其接受家庭教育指导。

第三，完善家庭教育方法。未成年人的父母或者其他监护人应当帮助未成年人树立正确的成才观，引导其培养广泛兴趣爱好、健康审美追求和良好学习习惯，增强科学探索精神、创新意识和能力。尊重其参与相关家庭事务和发表意见的权利。未成年人的父母或者其他监护人应当树立正确的家庭教育理念，掌握科学的家庭教育方法，提高家庭教育的能力。

第四，落实“双减”政策，完善家校教育协同。未成年人的父母或者其他监护人应当合理安排未成年人学习、休息、娱乐和体育锻炼的时间，避免加重未成年人学习负担，预防未成年人沉迷网络。

3.“学前教育法”列入立法工作计划

2022年十三届全国人大五次会议期间，多位代表提出多件议案，建议加快推进“学前教育法”的立法进程，为解决我国学前教育事业发展中诸多突出问题，促进学前教育事业新形势下的健康有序发展提供法治保障。议案建议，“学前教育法”应明确学前教育的法律地位，明确学前教育的管理体制与机构，明确政府主导责任，确立学前教育与义务教育衔接机制，确立发展农村学前教育制度，确立稳定的财政保障机制，创新学前教育形式和载体，建立完善的教师培养机制，建立督导评估与问责制度。全国人大常委会对外公布的2022年立法工作计划，制定“学前教育法”被列入其中。目前，制定“学前教育法”的立法时机已经成熟，立法进程不断加速。近年来，全国人大教科文卫委员会、教育部等部门先后赴各地进行了学前教育立法调研，为正式启动立法进程做了基础性的工作。部分省市如江苏、北京、上海、广州、青岛等省市，出台了相应的学前教育条例，为全国性立法提供了重要经验。已发布的《学前教育法草案(征求意见稿)》，明确保障学前教育的公益属性、政府责任，着力解决管理体制、投入体制、办园体制和教师身份待遇政策等根本问题，这预示着学前教育立法已取得阶段性成果。

4.《教师法》的修改已列入立法工作计划

《教师法》自1994年实施以来，在推进依法治教、依法治校上发挥了重大作用，然而伴随着政治、经济、社会的深刻变化以及教育事业的重大变革，近些年，有关部门先后发布了《关于全面深化新时代教师队伍建设改革的意见》《教师教育振兴行动计划(2018—2022年)》《关于深化教育教学改革全面提高义务教育质量的意见》《中国教育现代化2035》等指导性、政策性文件，对新时代教师队伍的建设提出了新的要求，《教师法》已难以适应新时代教师队伍生存发展、建设与管理的实际需求，其修订势在必行。2022年5月6日，全国人大常委会公布2022年度立法工作计划，将《教师法》的修改纳入预备审议的项目，《教师法》的修订工作正在如火如荼地开展。可以预见的是，《教师法(修订草案)》的起草将涉及教育体制改革的深水区，进一步将党中央重大决策体现到法律规范当中，保证新时代教师队伍的先进性。

除了以上重点教育领域的立法之外，全国人大常委会法制工作委员会贯彻落实习近平总书记重要指示精神和党中央重大决策部署，已会同中央有关部门牵头开展爱国主义教育法草案起草工作。宪法和法律委员会、法制工作委员会将在研究起草法律草案时吸收体现议案提出的具体建议。

5.《学位法草案(征求意见稿)》

2021年教育部公布《学位法草案(征求意见稿)》，向社会公开征求意见。2022年，教育部已完成学位法草案起草工作，草案送审稿已报送国务院。随后，国务院将提请全国人大常委会审议《学位法草案》。我国现行的《学位条例》，在学位工作得到较大发展的今天已不能适应新形势的要求。例如，我国高等教育已经形成国家和省两级管理体制，教育部门主管的高校已经成为授予学位的主体。

《学位法草案(征求意见稿)》第二章对学位管理体制进行了重大修改，对实践作出回应。比如《学位法草案(征求意见稿)》第6条第4款规定，"国务院学位委员会在国务院教育行政部门设立日常办事机构"。这明确解决了实务管理中"国务院学位委员会"与"教育部学位管理与研究生教育司"的关系问题。《学位法草案(征求意见稿)》第7条还进一步明确列举了国务院教育行政部门在学位管理领域的七项法定职责。此外，《学位法草案(征求意见稿)》首次明确了省级学位委员会的设立与职责。《学位法草案

(征求意见稿)》还对学位管理体制进行改革，赋予地方更多权力和自由，能够充分发挥地方的能动性，结合当地高等教育的具体需求和特色，真正实现高等教育的多元化自由发展。

(二)教育行政法规、部门规章立改废情况

1.《中小学法治副校长聘任与管理办法》正式实施

校园欺凌现象屡见不鲜，严重损害了受教育者的身心健康，干扰了学校正常的教学活动，有碍青少年健康发展。2021 年教育部发布《防范中小学生欺凌专项治理行动工作方案》，从总体上对教育部门如何预防校园欺凌事件的发生提出了要求。教育部出台的《中小学法治副校长聘任与管理办法》，于 2022 年 5 月 1 日起实施，其中明确提出，每所中小学应当配备至少 1 名法治副校长；教育行政部门会同派出机关建立法治副校长人员库；优先为偏远地区、农村地区学校和城市薄弱学校配备法治副校长。法治副校长既要进行普法教育，给学生讲解如何防治校园欺凌，又要督促和指导学校根据《未成年人保护法》《未成年人学校保护规定》制定相关制度和规定。同时，法治副校长可以在学校及时发现和制止校园欺凌行为，发现校园欺凌的隐患，防患于未然。此外，法治副校长还可以发挥法治工作的专业性和权威性，参与学校欺凌认定委员会等专门机构，更好地认定什么是校园欺凌。对于那些实施校园欺凌行为的学生，法治副校长可以对他们进行训导和专门的普法教育，起到教育和矫治的作用。

2.《校外培训行政处罚暂行办法》开始征求意见

“双减”政策的实施离不开法治的规范。2022 年 11 月，教育部在深入调研基础上，研究形成《校外培训行政处罚暂行办法(征求意见稿)》。该暂行办法有助于提高校外培训行政处罚法治化水平，推进公正文明执法，完善执法程序，加强校外培训治理，保障人民群众合法权益。未来该暂行办法的出台，将使“双减”政策行政处罚摆脱执法混乱的不利局面。征求意见稿共 6 章 43 条，对校外培训行政处罚的种类、实施机关、从轻或从重处罚情形等进行了规定。

首先，征求意见稿提出，对当事人的同一校外培训违法行为，不得给予两次以上罚款的行政处罚。同一校外培训违法行为违反多个法律规范，应当给予罚款处罚的，按照罚款数额高的规定处罚。

其次，征求意见稿明确了应当依法从重处罚的六种情形，即实施校外培训违法行为被处理后两年内再次实施校外培训违法行为的；危害后果严重，造成严重恶劣社会影响的；同时违反突发事件应对措施的；伪造、涂改或者转移、销毁证据的；拒绝、阻碍或者以暴力威胁行政执法人员执法的；法律、法规、规章规定其他应当从重处罚的。

最后，征求意见稿提出，自然人、法人或者其他组织知道或应当知道违法校外培训活动的情况存在，为开展校外培训提供场所的，由县级以上人民政府校外培训主管部门会同其他有关部门责令限期改正；逾期拒不改正的，予以警告或者通报批评。网络平台运营者为其用户通过即时通讯、网络会议、直播平台等方式开展线上校外培训提供服务的，适用前款规定处理。

3.《中外合作办学条例》的修改动态

自2003年9月1日起实施的《中外合作办学条例》，有力推动了我国对外合作办学的规范化。2013年和2019年，《中外合作办学条例》经历了两次修改。随着教育对外开放的不断深入，国家对中外合作办学提出了更高的要求。在这一背景下，教育部将《中外合作办学条例》修订列入立法计划。此外，近些年来，教育部不断加强中外合作办学事中、事后的监管。教育领域"放管服"改革的推进，也为《中外合作办学条例》的修订奠定了实践基础。学界有关《中外合作办学条例》如何修订的争议焦点也主要集中于此。

(三)教育地方性法规、地方政府规章立改废情况

地方性法规、地方政府规章是法律实施的重要一环。一方面，地方性法规、地方政府规章是落实法律、行政法规的重要依据，法律、行政法规的规定需要地方立法的细化，才能得到实施。另一方面，地方创制性立法可以作为中央立法的试验，即地方立法可以就中央立法未规定的事项，根据本地区的特点作出规定，发挥地方的主动性和积极性。2022年，教育地方立法仍然活跃。

1.《内蒙古自治区教育条例》正式实施

自2022年1月1日起实施的《内蒙古自治区教育条例》，根据《民族区域自治法》《教育法》《义务教育法》《高等教育法》《职业教育法》《民办教育促进法》制定，该条例适用于内蒙古自治区行政区域内的学前教育、义务教育、普通高中教育、普通高等教育、职业教育、民办教育和其他教育活动。可以说，该条例是一部教育领域的整全性地方性法规。一方面，该条例在立法上整合了教育领域的相关规定，将学前教育、义务教育、普

通高中教育、普通高等教育、职业教育和民办教育统一作出规定，实现教育领域的全覆盖，以保证教育活动法治化。另一方面，该条例在立法体例上的新尝试，为未来教育法典的制定作进行了有益探索。

2.《山西省教育督导条例》正式实施

2022年10月1日，《山西省教育督导条例》正式施行。该条例的实施有助于确立教育督导的法律地位，进一步发挥教育督导在落实教育优先发展战略、促进教育公平、提高教育质量等方面的重要作用。首先，该条例共设5章29条，坚持问题导向，立足山西实际，明确了教育督导的内涵、督导主体的职责和督学的管理，规范督导工作程序，强化督导结果的运用。该条例第4条明确规定“教育督导委员会及其办公室作为教育督导机构行使教育督导职能，接受上级教育督导机构的指导和监督”；该条例第10条明确，兼职督学的教育督导工作费用由组织实施教育督导的机构承担。其次，该条例规定督导报告应当作为县级以上人民政府或者相关主管部门考核、评价被督导单位以及考核、奖惩其主要负责人的重要依据。再次，该条例规定督学对责任区学校实施经常性督导发现违法违规办学、侵犯师生合法权益、影响正常教育教学秩序或者危及师生人身安全等情况，应当及时督促学校和相关部门处理。最后，该条例还从追究责任的层面作了规定，第26条规定了六种情形，被督导单位不履行、不完全履行或者不正确履行教育职责的，教育督导机构对其相关负责人可以进行约谈。该条例第27条规定，被督导单位及其工作人员违反本条例规定，教育督导机构可以依法追究责任，或者提出处分建议，涉嫌犯罪的，移交有关部门进行处理。

3.《上海市学前教育与托育服务条例》公布

2022年11月23日上海市第十五届人民代表大会常务委员会第四十六次会议通过《上海市学前教育与托育服务条例》。作为上海市一部针对学前教育与托育服务的地方性法规，该条例的实施为上海进一步推进学前教育与托育服务发展提供了坚实的法律保障。该条例的出台，进一步明确了各区政府和各街镇政府在社区托育服务资源建设及管理工作中的责任。近年来，上海不断加大学前教育与托育服务资源建设力度，每年将新建改扩建幼儿园纳入重点工作予以推进，落实公建配套幼儿园建设政策，学前教育与托育服务资源逐年增加。目前，本市幼儿园学位总体能够满足全市适龄幼儿入园需求。为缓解部分老城区、人口较集中或人口导入区域的结构性矛盾，该条例明确规定，本市按照区域内常住人口和需求配置学前教育与托育服务设施。为此，上海市将新建改扩建30所幼儿园。此外，按照该条例规定，要推进科学育儿指导服务便利可及，丰富家庭科学育儿指导服务内容和形式。为了扩大育儿指导的受益面、提高指导服务的精准度，科学育儿指导服务已被纳入“一网通办”出生一件事服务内容，即新生儿家长可以通过办理出生一件事，申请接受科学育儿指导服务，及时获取相关育儿信息。可以说，该条例的出台填补了立法的空缺，发挥了地方立法的积极性和主动性，也为后续“学前教育法”的出台提供了参照。

4.《内蒙古自治区家庭教育促进条例》公布

2022年12月27日，内蒙古自治区第十三届人民代表大会常务委员会第三十九次会议通过并公布《内蒙古自治区家庭教育促进条例》。该条例是《家庭教育促进法》的执行性地方立法。该条例共6章53条，立足内蒙古自治区实际，以问题为导向，积极回应实践中的热点难点，在贯彻落实《家庭教育促进法》的基础上，着力贯彻落实习近平总书记关于家庭家教家风建设重要论述精神，强调家庭教育工作坚持党的领导，突出立德树人根本任务，注重养成教育，突出父母或其他监护人责任，强化政府及部门责任，明确学校和相关社会组织责任，强调铸牢中华民族共同体意识、生态文明意识等家庭教育内容，针对未成年人心理健康、科学用网和农村牧区边远地区未成年人家庭教育等热点难点问题作出规定。

5.《甘肃省义务教育条例》修订

2022年11月25日，甘肃省第十三届人大常委会第三十四次会议表决通过《甘肃省义务教育条例》。新修订的条例突出对学生入学权益的保障，规范学校办学行为，建立学生课业负担监测和公告制度，保障课后服务规范开展，严格校外培训机构管理等。该条例明确规定，学校应当建立学生欺凌防控和预防性侵害、性骚扰等专项制度，建立对学生欺凌、性侵害、性骚扰行为的零容忍处理机制和受伤害学生的关爱、帮扶机制。

二、教育行政执法进展状况

(一)“双减”政策具体配套措施陆续出台

2021年7月24日，中央全面深化改革委员会第十九次会议审议通过《关于进一步减轻义务教育阶段学生作业负担和校外培训负担的意见》，“双减”政策正式出台。2022年，教育行政部门继续把“双减”工作摆在突出位置，巩固成果、健全机制、扫除盲点、提升水平、维护稳定、强化督导。

完善部际专门协调机制，推动各地健全工作机制。加强党的全面领导，指导培训机构全面贯彻党的教育方针，落实立德树人根本任务。《法治政府建设实施纲要(2021-2025 年)》提出，要加大“教育培训”等关系群众切身利益的重点领域执法力度。2022 年，随着“双减”工作的不断深入推进，多部行政规范性文件的陆续出台，为“双减”政策的规范实施奠定了坚实基础。

1.《关于加强教育行政执法 深入推进校外培训综合治理的意见》

2022 年 1 月 25 日，教育部、中央编办、司法部联合印发《关于加强教育行政执法 深入推进校外培训综合治理的意见》。该意见多处强调要加强校外培训执法，加大执法检查力度，依法依规严惩重罚，形成警示震慑。

首先，该意见要求健全党委和政府领导下各部门分工负责的联合执法机制。校外培训监管行政执法涉及众多部门职责，市场监管、网信、公安、体育、文化和旅游及其他相关部门要在党委和政府的统一领导下，在各自职责内，对涉及校外培训的问题进行单独或联合监管。各级教育行政部门要加强对校外培训综合执法、联合执法、协作执法的组织协调。

其次，该意见着重解决不能执法、不愿执法、不会执法的问题。该意见进一步“确权”“授权”。依据《行政处罚法》《教育法》《民办教育促进法》，各级教育行政部门在对学校具有执法权的基础上，对校外培训机构同样拥有执法权，并明确由各级教育行政部门中负责校外培训监管的机构承担具体的校外培训监管行政执法职能。该意见强调法定职责必须为。行政执法权是行政管理权的重要部分，要求各级教育行政部门切实增强依法实施行政检查、行政处罚、行政强制的意识和能力。该意见明确分级负责。从部、省、市、县四个层面，明确各级教育行政部门在校外培训监管行政执法方面的职责。

最后，该意见着重解决一些地方没有机构、没有力量执法的问题。该意见明确要求省、市、县级教育行政部门要结合本地实际，建立健全校外培训监管机构，承担本地区校外培训监管行政执法职能。该意见要求加强执法力量配备，科学设置岗位，统筹各方力量，充实一线执法人员。该意见强调上级机构可按程序调用下级执法人员和资源，确保形成执法合力。该意见要求严格实行执法人员持证上岗和资格管理制度，加强执法人员教育培训，提升专业化水平。

除此之外，该意见为了使“双减”政策的实施进一步规范化，还规定了诸多具体措施。例如，该意见明确要制定执法清单。执法清单是加强校外培训监管行政执法的重要依据，是规范执法的前提。教育部将出台“校外培训监管行政执法事项指导目录”并动态调整，各地要出台细则并抓好贯彻执行。此外，该意见要求校外培训执法需要全过程记录，重大执法决定则需要经过法制审核，这是保证行政相对人和社会公众知情权、参与权、表达权、监督权的重要措施。

2.《关于规范面向中小学生的非学科类校外培训的意见》

2022年11月30日，《教育部等十三部门关于规范面向中小学生的非学科类校外培训的意见》发布。该意见针对非学科类校外培训进行了规范。该意见的主要内容包括以下几个方面：一是制定设置标准。各地要区分体育、文化艺术、科技等类别培训机构，明确相应主管部门。省级主管部门要结合本地实际，牵头制定相应类别线上和线下培训机构的基本设置标准。二是明确底线要求。各地非学科类培训机构标准必须达到该意见所明确的基本要求。如培训场所条件必须符合国家关于消防、住建、环保、卫生、食品经营等法律法规及政策要求。培训机构所聘从事培训工作的人员必须具备体育、文化艺术、科技等相应类别的职业(专业)能力(具体由省级以上主管部门明确)或具有相应类别的教师资格证。三是明确准入程序。各地根据《民办教育促进法》及有关规定，进一步完善非学科类培训机构管理程序。非学科类线上培训机构须依法取得省级有关主管部门的行政许可后，再依法进行法人登记，并向所在地省级电信主管部门履行互联网信息服务核准手续。非学科类线下培训机构须取得县级有关主管部门的行政许可后，再依法进行法人登记。

3.《关于提升学校体育课后服务水平 促进中小学生健康成长的通知》

2022年6月14日体育总局办公厅、教育部办公厅、发展改革委办公厅印发《关于提升学校体育课后服务水平 促进中小学生健康成长的通知》。该通知提出，坚持健康第一的教育理念，整合体育系统和教育系统优势资源，支持学校全覆盖、高质量开展体育课后服务，引导广大青少年学生在运动中享受乐趣、增强体质、健全人格、锤炼意志，促进身心健康、全面发展。课后服务是落实“双减”政策的重要一环，该通知的出台，规范了课后服务的要求与标准，对体育活动和教育活动的相关资源进行整合，全面发挥校园优势，真正建立高质量的课后服务体系，为“双减”政策的落实提供有力保障。

(二)教育领域“放管服”改革有序推进

1.《〈关于扩大高校和科研院所科研相关自主权的若干意见〉问答手册》

2019年7月30日,《关于扩大高校和科研院所科研相关自主权的若干意见》由科技部、教育部、发展改革委、财政部、人力资源和社会保障部、中科院等6部门印发实施。为了进一步落实和扩大学校办学自主权,促进政府职能转变,2022年2月18日,科技部、教育部、财政部、人力资源和社会保障部联合印发了《〈关于扩大高校和科研院所科研相关自主权的若干意见〉问答手册》。将自主权14项改革政策细化为32条问题,逐一进行了详细、权威解答。《问答手册》就《若干意见》实施过程中的某些重点问题进行了进一步阐明与细化:一是针对基层难以接权的问题,进一步明确了主管部门和高校院所各方面的管理权责,推动科研自主权下放;二是针对基层不敢接权的问题,细化了政策条文和可操作性规定,为高校院所依法合规用权强化制度保障;三是针对基层用不好权的问题,面向高校院所详细说明如何主动承接已经下放的自主权,帮助高校院所“接得住、用得好”。自主权《问答手册》明确了主管部门在所属高校和科研院所制定完善章程过程中应发挥什么作用、高校和科研院所章程应包括的内容、高校和科研院所制定章程应履行的程序、主管部门如何面向高校和科研院所开展绩效评价等各方面内容。落实新时代加快和扩大教育对外开放要求,授予部分高校一定的外事审批权,进一步激发高校对外交往活力。启动营利性民办教育机构“证照分离”试点改革,进一步激发市场活力和社会创造力。

2.《关于进一步完善中小学岗位设置管理的指导意见》

2022年9月2日,人力资源和社会保障部、教育部印发了《关于进一步完善中小学岗位设置管理的指导意见》。该意见进一步落实放管服精神,不再在国家层面对高、中、初级岗位结构比例作统一规定,而是在明确合理配置要求的基础上,授权省级人力资源社会保障部门会同教育行政部门分学段、分类型科学设置教师岗位结构,适当优化调整中小学岗位结构比例。

(三)教育行政执法进一步规范化

加强教育行政执法工作是教育系统落实全面依法治国基本方略、推进依法治教的重要方面,是适应教育改革发展新形势新要求、促进政府职能转变的关键举措。2022年,教育行政部门在多个领域积极采取措施,加快建立健全权责清晰、权威高效的教育管理体制和政府统筹、部门合作、上下联动的执法工作机制，实现以法治思维和法治方法抓教育治理，推进教育治理体系和治理能力现代化。其中，教育行政部门针对校外培训的执法是重中之重。

2022年4月20日，为落实中央“双减”决策，教育部办公厅印发了《关于印发校外培训监管行政处罚流程图和文书格式范本的通知》，规范校外培训监管行政处罚行为，提升校外培训治理水平和治理能力。该通知根据《行政处罚法》相关规定和校外培训监管工作实际，分别设置简易程序包括调查取证、告知、当场处罚等8个环节和普通程序包括立案、作出处罚决定、送达处罚决定书等13个环节，保障当事人合法权益。对于当事人要求听证的，设置听证程序包括受理、移交案件材料、举行听证等8个环节，保障当事人听证权利。格式文书包括校外培训监管行政处罚立案审批表、现场笔录、询问笔录、证据清单、陈述申辩笔录、案件调查报告、集体讨论记录、重大行政处罚决定法制审核意见表、行政处罚决定书、送达信息确认书、强制执行申请书、结案报告等42个范本。

2022年，教育部部署教育行政部门及执法人员在校外培训监管行政执法中按图执法，全面使用格式文书，对校外培训监管行政执法的启动、调查取证、审核决定、送达执行等进行全部过程记录和全面系统归档，通过文字、音像等记录形式，实现校外培训监管行政执法全过程留痕和可回溯管理，不断规范执法行为，提高执法公信力。

2022年1月25日，教育部会同中央编办、司法部印发了《关于加强教育行政执法 深入推进校外培训机构综合治理的意见》。该意见明确，校外培训监管行政执法是各级教育行政部门履行政府管理校外培训事务的法定职责，市场监管、网信、公安、体育、文化和旅游及其他相关部门要在各自职责内，对涉及校外培训的问题进行单独或联合监管。这直接回应了过去认为教育部门没有执法权，不能执法、不敢执法；机构队伍不健全，没有机构、没有力量；能力水平不匹配，不懂执法、不会执法等方面的问题。

（四）教育督导体制改革

1. 推进《教育督导条例》修订，指导各地制定《教育督导问责实施办法》

2022年，教育部深化教育督导体制机制改革，积极推进《教育督导条例》的修订工作，指导各地制定《教育督导问责实施办法》。例如，2022年1月14日江苏省第十三届人民代表大会常务委员会第二十八次会议审议通过的《江苏省教育督导条例》，是江苏有关教育督导方面的第一部省级地方性法规。其中,《江苏省教育督导条例》要求,根据教育督导工作需要,任命专职督学,聘任兼职督学。兼职督学的任期为 3 年,可以连续任职,连续任职不得超过 3 个任期。县级以上地方人民政府应当按照督学与学校数不少于 1∶5 的比例配备督学,其中专职督学按照每 800~1000 人专任教师配备 1 名。此外,《安徽省教育督导条例》《山西省教育督导条例》《河南省教育督导条例》等也于 2022 年陆续实施。这为教育督导体制机制改革奠定了坚实基础。

2.《关于开展中小学幼儿园校(园)长任期结束综合督导评估工作的意见》

2021 年 12 月 27 日教育部公布的《关于开展中小学幼儿园校(园)长任期结束综合督导评估工作的意见》,从规范层面深化中小学幼儿园评价改革,引导督促广大校(园)长认真履职尽责,推动基础教育高质量发展。该意见提出,要坚持发展性评价,既评价任期结束时事业发展的绩效,也考核任期内进步程度及校(园)长的作为状况,引导督促校(园)长着力解决中小学和幼儿园事业发展中面临的突出问题。

(五)深化中小学人事制度改革

自《中共中央、国务院关于深化教育教学改革全面提高义务教育质量的意见》《中共中央、国务院关于全面深化新时代教师队伍建设改革的意见》和《新时代基础教育强师计划》公布以来,深化中小学人事制度改革和建设高素质专业化创新型的教职工队伍,就成为建立高质量教育体制的重要内容。2022 年 9 月 2 日,人力资源和社会保障部、教育部公布的《关于进一步完善中小学岗位设置管理的指导意见》指出,坚持分类施策、分级管理,立足国情,根据各级各类教师的不同特点和发展实际,考虑区域、城乡、校际差异,采取针对性的政策举措,定向发力;坚持因事设岗、精简效能,科学规范、评聘结合,全面实行中小学教师聘用制度和岗位管理制度,将教师职称评审和岗位聘用相结合;坚持激励和约束并重,发挥学校在用人上的主体作用,健全完善考核制度,加强聘后管理,奖优罚劣,树立重师德、重能力、重业绩、重贡献的导向,构建人员能上能下、能进能出的灵活用人机制。

(六)国家语言文字工作的持续推进

1.《国家语言文字推广基地管理办法》

党的十九届六中全会提出“全面推行国家通用语言文字教育教学”；中央民族工作会议提出，要推广普及国家通用语言文字，科学保护各民族语言文字，尊重和保障少数民族语言文字学习和使用。2022年，国家语言文字推广工作取得了新进展。2022年11月21日，国家语言文字工作委员会对《国家语言文字推广基地管理办法(试行)》进行了修订，形成《国家语言文字推广基地管理办法》，形成以《宪法》为根本依据、涵盖《国家通用语言文字法》《教育法》《地名管理条例》《普通话水平测试管理规定》等80余部法律、法规、规章和单行条例的语言文字法律法规体系；将语言文字工作纳入各地精神文明创建活动和政府履行教育职责评价，建立健全体制机制。

2.《普通话水平测试管理规定》的修订

2021年12月9日，教育部网站公布了新修订的《普通话水平测试管理规定》，于2022年1月1日起实施。该管理规定进一步完善测试管理体系，明晰各级语言文字工作部门的管理职能和测试机构的工作职责。该管理规定明晰不同参与主体的权利和义务，完善权利保障和法律责任。首次对测试员和考务人员的权益保障作了明确规定，并增加对测试机构违规行为的处理规定。该管理规定还建立应试人申诉机制，规定应试人对测试成绩有异议的可以申请复核，明确复核申请提出时间、接受单位，受理及作出决定时限等。

三、教育领域司法活动的进展情况

2022年，最高人民法院公布的与教育法相关的指导性案例有2件，主要涉及未成年人保护的问题。《家庭教育促进法》实施之后，人民法院通过发出家庭教育令，有效保护了未成年人的权益。家庭教育缺失是未成年人犯罪的重要原因之一。随着家庭教育促进法的正式实施，人民法院在办理未成年人犯罪案件时，发现监护人怠于履行家庭教育职责，或不正确实施家庭教育侵害未成年人合法权益的情形，通过发出家庭教育令，引导其正确履行家庭教育职责，能够为未成年人健康成长营造良好的家庭环境，从源头上预防和消除未成年人再次违法犯罪。

《家庭教育促进法》规定，父母应当加强亲子陪伴，即使未成年人的父母分居或者离异，也应当相互配合履行家庭教育责任，任何一方不得拒绝或者怠于履行。2022 年 1 月 6 日，全国第一例家庭教育令发出。湖南省长沙市天心区人民法院审理了一起抚养权变更纠纷案，并针对一位母亲的监护失职情况，向其发出了家庭教育令，责令其多关注自己 8 岁孩子的生活状况，如违反裁定，法院将视情节轻重，对监护人予以训诫、罚款、拘留；构成犯罪的，依法追究刑事责任。人民法院在综合考虑胡小某本人意愿的基础上依法作出判决，并依照《家庭教育促进法》相关规定，向被告发出了全国第一份家庭教育令，责令家长切实履行监护职责。家庭教育令发出后，取得了良好的社会反响。此次发出的家庭教育令，是我国自 2022 年 1 月 1 日起正式施行的《家庭教育促进法》生效后全国第一例家庭教育令。

最高人民法院 2022 年公布的指导性案例中，未成年被告人邹某寻衅滋事及家庭教育令案是跨域接受家庭教育指导的案例。在这一案件的审理过程中，法院联合检察、公安、司法、教育等部门，成立了“家庭教育爱心指导站”，借助两地力量，凝聚工作合力，为家庭教育失范的邹某父母进行指导，帮助他们树立家庭教育主体责任意识，积极履行家庭教育职责。

四、保障教育公平的进展情况

党的二十大报告要求“促进教育公平。加快义务教育优质均衡发展和城乡一体化，优化区域教育资源配置”。《国民经济和社会发展第十四个五年规划第 2035 年远景目标纲要》（以下简称《“十四五”规划纲要》）提出了更为具体的目标：“推动义务教育优质均衡发展和城乡一体化……高中阶段教育毛入学率提高到 92%以上……学前教育毛入园率提高到 90%以上。”教育公平的实现首先需要解决教育资源配置不均的问题。这不仅要求国家加大在教育领域的投入，还要求国家给民办教育留出空间，公办教育和民办教育协同发展，共同优化教育资源的配置。教育法的实施不能只强调政府的单方管理，而应注重从国家治理的角度保证社会对教育事业的积极参与。此外，党的二十大报告提出“完善覆盖全学段学生资助体系”，以保证每一位学生都有公平接受教育的机会。2022 年教育公平的发展主要体现在三个方面。

（一）残疾人教育的特殊保护

2022 年 11 月 15 日，中国残联、教育部、中央编办、国家发展改革委、财政部、人力资源和社会保障部、住房和城乡建设部联合印发了《残疾人中等职业学校设置标准》(以下简称《标准》)。《标准》的实施，有助于加快完善特殊教育保障机制，进一步加强残疾人中等职业学校基础能力建设和规范化管理。该《标准》是根据残疾人职业教育发展现状和实践需要，对2007年发布的《残疾人中等职业学校设置标准(试行)》进行的修订。

修订后的《标准》首先突出了残疾人职业教育的类型特征。残疾人职业教育既属于职业教育的一部分，也属于残疾人教育的一部分，是针对残疾人这个特殊群体进行的职业教育。《标准》新增了对残疾人中等职业学校“双师型”教师和有实践经验的兼职教师比例的要求，将标准设置与一般中等职业学校相同。《标准》提出了“建立德技并修、工学结合、产教融合、校企合作的育人机制”，这是近年职业教育改革发展的新精神、新表述和新要求，也被吸收进来。此外，《标准》将培训作为职业院校的法定职责。它要求职业院校要充分释放专业、设备、专业教师等资源优势，增强对区域经济社会发展的适应性。《标准》要求残疾人中职学校要面向在校残疾学生和社会残疾人开展职业培训，将残疾人的职业教育拓展到社会上，将残疾人职业教育的战线拉长到成年残疾人，丰富残疾人职业教育的内涵。

其次，《标准》更加突出了残疾人的特殊要求，从残疾人的生理、心理等多个方面关照残疾人健康成长、顺利成才，将残疾人的特殊需求从面向普通人的职业教育中独立出来，显示出特殊教育的特殊性。在硬件上，突出校园基础设施和校园环境要符合《无障碍环境建设条例》及《建筑与市政工程无障碍通用规范》等强制性标准。在人员配备上，针对残疾学生的身心特点，专门明确了要求配备生活辅导、就业指导、心理健康、康复训练、辅助科技和转衔服务等辅助专业人员。

(二)农村义务教育的持续改善

2022年10月31日，教育部等七部门关于印发《〈农村义务教育学生营养改善计划实施办法〉的通知》。自农村义务教育学生营养改善计划(以下简称营养改善计划)启动实施以来，特别是党的十八大以来，在以习近平同志为核心的党中央坚强领导下，各地扎实推进营养改善计划各项工作，农村学生营养状况明显改善、身体素质明显提升。同时也要看到，一些地方还存在食品安全管理不严格、资金使用管理不规范、供餐质量和水平不高等问题。为持续巩固营养改善计划试点工作成果，从2022年秋季学期起，将国家试点地区更名为国家计划地区，地方试点地区更名为地方计划地区。为进一步加强和改进营养改善计划工作，持续提升农村学生营养状况和身体素质，不断促进农村教育事业发展和教育公平。该办法主要针对一些地方存在的食品安全管理不严格、资金使用管理不规范、供餐质量和水平不高等问题进行规范，有助于农村义务教育的公平实现。

（三）职业教育与普通教育的平等地位

2022 年 5 月，新修订的《职业教育法》正式施行，标志着以立法方式明确职业教育是与普通教育具有同等重要地位的教育类型。为了进一步落实职业教育与普通教育平等地位的法律要求。2022 年 12 月 31 日，教育部、工业和信息化部、财政部、人力资源和社会保障部、应急管理部、国资委、市场监管总局和中国银保监会对《职业学校学生实习管理规定》进行了修订。该管理规定的目的是进一步做好职业学校学生实习工作，促进职业教育与普通教育的公平发展。该管理规定要求，各地各职业学校切实把实习作为必不可少的实践性教育教学环节，持续加强规范管理、长效治理。该管理规定还关注了教育信息化的建设问题，要求职业学校主动适应前沿技术与实习深度融合新趋势，将实习纳入教育信息化建设覆盖范围，统筹建好、用好校内外实践教学资源。

五、2022 年度教育法实施的问题与对策

（一）2022 年度教育法实施的特征与趋势

总体而言，2022 年教育领域法律的出台，从中央到地方，从立法机关到执法机关、司法机关，一系列推动教育高质量发展的法规、规章、政策、举措不断推出，精准施策、深化改革、补齐短板、优化生态，教育高质量发展正在全方面、全速推进；从学校教育到家庭教育，从社会教育到司法教育等，教育法治实施持续推进。多部法律的修改从教育方针、教育基本任务等多个方面突出了社会主义教育事业的本质，推动了我国教育法治体系的完善，加快我国高质量教育体系的发展。与往年相比，本年度教育法治实施呈现如下特征和趋势：

一是“双减”政策实施进一步规范化。在中央全面深化改革委员会第十九次会议上，《中共中央、国务院关于进一步减轻义务教育阶段学生作业负担和校外培训负担的意见》审议通过。2022 年，教育行政执法的重点仍然聚焦于“双减”领域。不同的是，“双减”政策的教育行政执法开始逐步走向规范化。教育部先后颁布多部规范性文件，提出教育行政执法规范化的要求。针对教育行政部门不能执法、不愿执法、不会执法的问题，教育

部、中央编办、司法部联合印发《关于加强教育行政执法 深入推进校外培训综合治理的意见》。针对校外培训行政处罚,《校外培训行政处罚暂行办法》开始征求意见,有助于“双减”政策行政执法的规范化。

二是职业教育得到加强,职业教育与普通教育处于同等地位。随着我国产业政策的转型和新时代国家建设的全新要求,职业教育的地位越来越受到中央重视。为了贯彻党中央关于职业教育改革发展的政策举措和实践中的成功经验,通过法定程序转化为法律规范,推动解决职业教育中的热点难点和突出问题,《职业教育法》在2022年迎来了大修。其中最重要的内容是承认职业教育与普通教育的平等地位,助推我国产业升级,解决中国经济社会发展过程中“就业难”与“用工荒”的结构性矛盾。

三是教育立法活动仍然活跃,有助于促使教育活动法治化。《职业教育法》的修订、《家庭教育促进法》的实施、“学前教育法”纳入立法工作计划等立法的推进,为我国建立全领域、全覆盖的教育法治体系奠定了坚实基础。与此同时,地方立法同样活跃,为了落实上位法的要求,以及为中央立法提供改革经验,地方颁布多项立法,无疑丰富了教育法治实践。例如,《上海市学前教育与托育服务条例》的通过,为学前教育立法提供了可供参考的立法模式。此外,《家庭教育促进法》的实施,给司法介入教育活动提供了新的方式——家庭教育令,这有助于保证家庭积极履行家庭教育的职责。

教育法治实践的推进,离不开教育法研究的逐步深入。教育部十多个教育立法研究基地,充分发挥理论优势,积极回应实践争议。例如,教育立法研究基地通过召开专题会议的方式,提出《教师职业违规行为处理办法(专家意见稿)》,为教育部相关法规的起草提供支持。此外,在理论层面,教育立法研究基地还对教育法领域涉及的重大理论问题展开研讨,如对教育领域中的受委托立法、国家教育权和教育法律关系等问题展开学术探讨,积极推动了我国教育法治实践和理论的发展。

(二)年度教育法实施存在的主要问题与对策

相较于往年,2022年教育法治实施中存在的问题值得持续关注。具体表现为:

一是“双减”政策的执法依据有待进一步完善。2022年“双减”政策的规范化实施主要表现在教育行政执法层面,其主要围绕教育行政执法中存在的重点和难点问题。然而,除此之外,“双减”政策的落实还需要关注校外培训不规范现象的成因，需要从社会整体因素上对校外培训活动予以关注。在此基础上通过立法的方式，有效解决“双减”政策所聚焦的根本问题。“双减”政策的实施主要是零散的规范性文件，仍缺乏一部完整的立法，尚不能满足实践需要，导致“双减”政策落实存在一定的制度障碍。立法应当及时跟进“双减”政策的最新发展，鉴于规范对象的复杂性，应当从以下三个方面推进：(1)继续推进《校外培训行政处罚暂行办法》的通过和实施，为校外培训行政处罚制定基本规范；(2)通过行政法规、规章对具体配套制度进行规范，并鼓励地方立法进行先行先试；(3)统筹推进“双减”政策涉及的多环节执法活动规范化，通过更高一级行政法规的方式对其进行有效规制。

二是教育法规范体系有待进一步完善，教育法典的编撰工作势在必行。2022 年多部教育立法的出台，使教育立法更加全面，这为教育法典的编撰工作奠定了良好的规范基础。2023 年仍有诸多已列入立法工作计划的教育立法有待持续推进。例如，“学前教育法”肩负着从规范上解决我国学前教育较为薄弱问题的重任。此外，教育法典的编撰工作同样值得关注。党的二十大报告指出：“增强立法系统性、整体性、协同性、时效性。”教育法典的制定有助于加强教育法规范体系的内部协调。教育立法要全面贯彻党的教育方针，落实立德树人的根本任务，坚持以人民为中心发展教育。借助制定教育法典的契机，从法规范层面全面梳理教育领域的相关立法，以保证教育立法更为科学、全面，实现教育行政有法可依。

三是进一步从规范层面明确高校自主权，完善学校内部治理结构。《“十四五”规划纲要》提出：“落实和扩大学校办学自主权，有序引导社会参与学校治理。”这要求立法机关明确界定高校自主权的规范边界，以及社会参与学校治理的方式与界限，以保证学校自主管理的有序进行。尤其是教育行政部门要加强对学校章程内容的监督，预防学校损害学生受教育权的发生，最大程度保障学生受教育权的公平实现。此外，还需要鼓励社会力量办学，但在赋予民办高校一定自主权的同时，同样需要重视学校内部治理结构的完善。党的二十大报告提出：“强化学前教育、特殊教育普惠发展，坚持高中阶段学校多样化发展。”教育行政可以通过行政指导的方式，引导学校的多元发展，尤其是民办学校可以作为公办学校类型的补充。然而，对于社会力量办学，国家在鼓励的同时，还要注重对民办学校的规范与监督。党的二十大报告提出要“引导规范民办教育发展”，在鼓励民办教育发展的同时，要防止民办教育走向“内卷化”的负面极端。

四是教育法治实施不能忽视数字教育的兴起。数字教育的发展抛出了很多新问题。例如，数字教育如何保证教育公平？城乡基础设施的客观差距，使农村教育难以享受到数字教育带来的福利。可以说，教育公平不再仅仅体现在公民接受教育的机会平等方面，更重要的是接受教育的质量方面逐步实现公平。党的二十大报告要求，“促进教育公平。加快义务教育优质均衡发展和城乡一体化，优化区域教育资源配置”。数字教育的实现，首先需要拉平城市和农村在教育基础设施上的差距，否则只会进一步拉大城乡教育的差距。再如，国家应当在数字教育中扮演何种角色？国家如何预防城乡之间教育数字鸿沟的出现？国家履行保护公民受教育权的宪法义务，需要积极采取措施保障公民受教育权的平等实现。因此，以上数字教育带来的全新问题是不可回避和忽视的。

撰稿专家

湛中乐，法学博士，北京大学法学院教授、博士生导师，北京大学教育法研究中心主任，北京大学教育立法研究基地主任(与教育部政策法规司共建)，中国行政法学研究会副会长，中国立法学研究会副会长，全国教育政策与法律研究会副会长，北京市教育法研究会学术顾问等，专著有《大学章程法律问题研究》《大学法治与权益保障》《现代行政过程论》《权利保障与权力制约》等。在《中国法学》《法学研究》《教育研究》《中国教育法制评论》等刊物发表学术论文百余篇。

第十四章　2022 年网络与数据法治专题报告

王春晖

报告要旨

2022 年是党和国家历史上极为重要的一年。我们胜利召开党的二十大，描绘了全面建设社会主义现代化国家的宏伟蓝图。习近平总书记向中国共产党第二十次全国代表大会作报告时强调，“全面依法治国是国家治理的一场深刻革命，关系党执政兴国，关系人民幸福安康，关系党和国家长治久安。必须更好发挥法治固根本、稳预期、利长远的保障作用，在法治轨道上全面建设社会主义现代化国家”。

党的二十大报告提出，“健全网络综合治理体系，推动形成良好网络生态”“强化网络、数据安全保障体系建设”“加强个人信息保护”。这一年，在党的二十大精神和习近平法治思想指引下，中共中央、国务院全面部署数据基础制度建设，多部门联合治理互联网信息服务算法推荐，《网络安全法》施行五年面临首次修改，新修订的《网络安全审查办法》实施，我国首部《反电信网络诈骗法》通过，加大整治互联网跟帖评论服务，平台领域反垄断执法持续推进，强化数据出境安全评估，全国公安机关网安部门深入推进“净网 2022”专项行动取得良好成效等，成绩可圈可点，行动持续发力。

核心建议

1. 深入学习宣传党的二十大精神，更好发挥法治固根本、稳预期、利长远的保障作用，强化网络和数据安全保障体系建设，健全网络综合治理体系，推动形成良好网络生态。

2. 贯彻落实《中共中央、国务院关于构建数据基础制度更好发挥数据要素作用的意见》，加快建立保障权益、合规使用的数据产权制度，合规高效、场内外结合的数据要素流通和交易制度，体现效率、促进公平的数据要素收益分配制度，安全可控、弹性包容的数据要素治理制度。

3. 继续严厉打击电信网络诈骗违法犯罪行为，强化系统观念、法治思维，坚持严厉打击、依法办案，打防结合、防范为先，科技支撑、强化反制，源头治理、综合治理，广泛动员、群防群治，坚决遏制电信网络诈骗违法犯罪多发高发态势。

4. 加强对App过度索取用户信息的监管，严格禁止强制授权、过度索权、超范围收集个人信息的情形。治理App过度收集个人信息的问题，应当严格限定在“必要个人信息范围”之内，只要超过“必要个人信息范围”的收集和处理行为，均属于超范围收集个人信息，必须坚决予以打击和惩处。

5. 推进数据要素基础制度在有条件的地区“先行先试”，建议在浙江杭州和广东深圳等地区设立国家数据要素试验区，聚焦分析和研究数据要素市场建设发展过程中面临的挑战及对策，开展数据要素领域制度创新研究和实践探索，挖掘和释放数据资源的价值，助力数据要素市场培育的研究和实践，探索数据制度创新的顶层设计。

6. 加大互联网弹窗信息乱象的治理力度，落实信息内容管理主体责任，建立健全信息内容审核、生态治理、数据安全、个人信息保护、未成年人保护等五项管理制度。

7. 强化对算法技术滥用的治理与监管，全面梳理算法应用情况，深入开展算法安全能力评估，积极采取有效措施，整改算法应用问题，消除算法安全隐患，完善算法安全治理措施，制定算法安全标准以及算法伦理指南等配套文件。

8. 研判ChatGPT涉及的网络数据安全等问题，重点关注ChatGPT的信息编写功能可能导致网络虚假信息的泛滥，建议出台人工智能技术应用领域的专门立法，以应对人工智能引发的各种潜在的网络数据安全风险。

一、2022 年网络与数据法治实施的总体状况

2022 年是党和国家历史上极为重要的一年。我们胜利召开党的二十大，描绘了全面建设社会主义现代化国家的宏伟蓝图。党的二十大报告提出，“健全网络综合治理体系，推动形成良好网络生态”“强化网络、数据安全保障体系建设”“加强个人信息保护”。这一年，在党的二十大精神和习近平法治思想指引下，中共中央、国务院全面部署数据基础制度建设；多部门联合治理互联网信息服务算法推荐活动；规范网络直播盈利行为；我国首部《反电信网络诈骗法》实施；《数据出境安全评估办法》施行；施行五年的《网络安全法》将首次面临修订；新修订的互联网跟帖评论服务管理规定发布；通信行程卡正式下线，海量个人信息依法全部删除；公安部等九部门联合部署开展打击惩治涉网黑恶犯罪专项行动；继续强化大型网络平台反垄断执法力度等。

（一）中共中央、国务院全面布局数据要素基础制度体系

2022 年 6 月 22 日，中央全面深化改革委员会第二十六次会议审议通过了《关于构建数据基础制度更好发挥数据要素作用的意见》。会议提出，数据作为新型生产要素，已快速融入生产、分配、流通、消费和社会服务管理等各个环节。要建立数据产权制度，推进公共数据、企业数据、个人数据分类分级确权授权使用，建立数据资源持有权、数据加工使用权、数据产品经营权等分置的产权运行机制，健全数据要素权益保护制度。

2022 年 12 月 2 日，中共中央、国务院全文发布《关于构建数据基础制度更好发挥数据要素作用的意见》（以下简称“数据二十条”），“数据二十条”指出，构建数据基础制度体系，是新时代我国改革开放事业持续向纵深推进的标志性、全局性、战略性举措，有利于充分发挥数据要素作用，赋能实体经济，推动高质量发展；有利于做强、做优、做大数字经济，应对科技革命和产业变革，构筑国际竞争新优势；有利于统筹分配效率与公平，推动全民共享数字经济发展红利，促进实现共同富裕；有利于提高数据要素治理效能，助力国家治理体系和治理能力现代化。“数据二十条”整体上是把握一个目标、构建四类基础制度体系、落实四项保障措施。

一是把握一个目标。坚持促进数据合规高效流通使用、赋能实体经济这一主线，以充分实现数据要素价值、促进全体人民共享数字经济发展红利为目标。

二是构建四类制度体系制度。(1)建立保障权益、合规使用的数据产权制度体系，探索数据产权结构性分置制度，建立数据资源持有权、数据加工使用权、数据产品经营权“三权分置”的数据产权制度框架；(2)建立合规高效、场内外结合的数据要素流通和交易制度体系，从规则、市场、生态、跨境等四个方面构建适应我国制度优势的数据要素市场体系；(3)建立体现效率、促进公平的数据要素收益分配制度体系，在初次分配阶段，按照“谁投入、谁贡献、谁受益”原则，推动数据要素收益向数据价值和使用价值创造者合理倾斜，在二次分配、三次分配阶段，重点关注公共利益和相对弱势群体，防止和依法规制资本在数据领域无序扩张形成市场垄断等各类风险挑战；(4)建立安全可控、弹性包容的数据要素治理制度体系，重点构建政府、企业、社会多方协同的治理模式。

三是落实四项保障措施。(1)加强党对构建数据基础制度工作的全面领导，各地区各部门要高度重视数据基础制度建设，统一思想认识，加大改革力度；(2)加大政策支持力度，做大做强数据要素型企业；(3)积极鼓励试验探索，支持浙江等地区和有条件的行业、企业先行先试，发挥好自由贸易港、自由贸易试验区等高水平开放平台作用，引导企业和科研机构推动数据要素相关技术和产业应用创新；(4)稳步推进制度建设，围绕构建数据基础制度，逐步完善数据产权界定、数据流通和交易、数据要素收益分配、公共数据授权使用、数据交易场所建设、数据治理等主要领域关键环节的政策及标准。

(二)新修订的《网络安全审查办法》实施

2020年6月1日施行的《网络安全审查办法》(以下简称原《审查办法》)第2条规定：“关键信息基础设施运营者(以下简称运营者)采购网络产品和服务，影响或可能影响国家安全的，应当按照本办法进行网络安全审查。”随着《数据安全法》于2021年9月1日正式实施，影响或者可能影响国家安全的数据处理活动也将面临国家安全审查。《数据安全法》第24条规定：“国家建立数据安全审查制度，对影响或者可能影响国家安全的数据处理活动进行国家安全审查。”鉴于原《审查办法》只涉及了《网络安全法》中的“网络安全审查”制度，没有涉及《数据安全法》中的“数据安全审查”内容。因此，有必要修订原《审查办法》，进一步完善网络安全审查的内容，并增加数据安全审查的规定。

2022年2月15日起新修订的《网络安全审查办法》(以下简称新《审

查办法》）正式实施，新《审查办法》第 1 条规定："为了确保关键信息基础设施供应链安全，保障网络安全和数据安全，维护国家安全，根据《中华人民共和国国家安全法》《中华人民共和国网络安全法》《中华人民共和国数据安全法》《关键信息基础设施安全保护条例》，制定本办法。"

从上述立法目的看，新《审查办法》的上位法涉及三部法律和一部国务院条例，修订后的《网络安全审查办法》在《国家安全法》和《网络安全法》的基础上，又增加了《数据安全法》和《关键信息基础设施安全保护条例》作为新《审查办法》的上位法，其中《数据安全法》明确提出"国家建立数据安全审查制度"。新《审查办法》从关键信息基础设施的运营者采购网络产品和服务，以及数据处理者开展数据处理活动的安全性和可能带来的国家安全风险两大视角，确立了网络与数据安全审查的原则，即"四个相结合"原则：一是坚持防范网络安全风险与促进先进技术应用相结合；二是坚持过程公正透明与知识产权保护相结合；三是事前审查与持续监管相结合；四是企业承诺与社会监督相结合。

国家网络安全审查，主要针对关键信息基础设施运营者采购网络产品和服务，以及网络平台运营者开展数据处理活动，影响或者可能影响国家安全风险的七大因素：一是产品和服务使用后带来的关键信息基础设施被非法控制、遭受干扰或者破坏的风险；二是产品和服务供应中断对关键信息基础设施业务连续性的危害；三是产品和服务的安全性、开放性、透明性、来源的多样性，供应渠道的可靠性以及因为政治、外交、贸易等因素导致供应中断的风险；四是产品和服务提供者遵守中国法律、行政法规、部门规章情况；五是核心数据、重要数据或者大量个人信息被窃取、泄露、毁损，以及非法利用、非法出境的风险；六是上市存在关键信息基础设施、核心数据、重要数据或者大量个人信息被外国政府影响、控制、恶意利用的风险，以及网络信息安全风险；七是其他可能危害关键信息基础设施安全、网络安全和数据安全的因素。

从上述影响或者可能影响国家安全风险因素和审查权重上看，新《审查办法》第 10 条第 1 项至第 4 项主要强调与关键信息基础设施相关网络产品和服务引发的国家安全风险因素。需要指出的是，并不是关键信息基础设施运营者采购的所有网络产品和服务均需要进行国家网络安全审查，新《审查办法》所指的"网络产品和服务"主要指核心网络设备、重要通信产品、高性能计算机和服务器、大容量存储设备、大型数据库和应用软件、网络安全设备、云计算服务，以及其他对关键信息基础设施安全、网络安全和数据安全有重要影响的网络产品和服务。

新《审查办法》第10条第5项、第6项主要是针对核心数据、重要数据或大量个人信息被窃取、泄露、毁损以及非法利用、非法出境的风险，以及上市存在关键信息基础设施、核心数据、重要数据或者大量个人信息被外国政府影响、控制、恶意利用的风险等。目前，我国数据立法将数据分为一般数据、重要数据、核心数据，这个数据分类的方法主要是基于数据对国家安全、公共利益或者个人、组织合法权益的影响和重要程度。

(三)全面治理互联网信息服务算法推荐

数字时代的算法技术，是一种依托海量内容、多元用户和不同场景等核心数据信息，进行自主挖掘、自动匹配和定点分发的智能互联网技术。“算法推荐”技术的出现和普遍应用，意味着人类开始运用机器大规模地解决信息分发问题，算法技术与网络数据的融合，使人类社会信息的分发生了质的转变，从原来人力对数据的分发转向了自动化，也就是说，从原来的“人找信息”，到算法时代的“信息找人”。

算法应用日益普及深化，一方面，算法给经济社会发展等方面注入新动力，也给消费者带来了便利和效率；另一方面，例如，算法滥用、算法歧视、“大数据杀熟”、诱导沉迷等，已经出现了很多负面的问题，不但影响着正常的传播秩序、市场秩序和社会秩序，也给意识形态安全、社会公平公正和消费者合法权益带来严峻挑战，迫切需要对滥用算法处理个人数据进行立规和治理，让算法回归服务人类，为人民造福的愿景。

为了规范互联网信息服务算法推荐活动，弘扬社会主义核心价值观，维护国家安全和社会公共利益，保护公民、法人和其他组织的合法权益，促进互联网信息服务健康有序发展，根据《网络安全法》《数据安全法》《个人信息保护法》以及《互联网信息服务管理办法》等法律、行政法规，国家网信办、工信部、公安部、国家市场监督管理总局联合发布了《互联网信息服务算法推荐管理规定》(以下简称《算法推荐规定》)，于2022年3月1日起施行。

《算法推荐规定》明确，应用算法推荐技术，主要是指利用生成合成类、个性化推送类、排序精选类、检索过滤类、调度决策类这五类算法推介技术，向用户提供信息。一是生成合成类算法推介，是指该类算法将视频、图片、文字、语音等文件自动进行合成，并将生成内容发布到互联网平台。比如，自动写稿机器人(如互联网医疗通过数据分析形成诊断结果)；

虚拟博主；AI 换脸程序；等等。现在好多假新闻都采用了“生成合成类”的算法推荐，因此，《算法推荐规定》特别提到，不得生成合成虚假新闻信息。二是个性化推送类，是指该类算法通过识别用户不同的兴趣、喜好、习惯等，形成该用户的个性化属性标签，以此向用户自动推送经过精准匹配的相关互联网信息内容。比如，个性化广告推荐；首屏、精选新闻、消息个性化推荐等。三是排序精选类，该类算法将信息按照一定方式进行排序，并按照该排序向用户展示排序结果，如搜索引擎推荐搜索结果排序；广告推荐排序；网站推荐浏览咨询排序；操纵榜单等。四是检索过滤类，该类算法通过建立内容索引树等方式，对内容进行检索、过滤，形成用户偏好的结果，如关键词过滤；搜索引擎；自动识别敏感字词；屏蔽信息、过度推荐等。五是调度决策类，该类算法按照系统的资源分配策略，通过判断多维度的影响条件因素自动提供最优路线或者最短时间等决策结果信息，比如路线规划；劳动报酬、休息分配；工作时间规划；自动驾驶系统根据路况信息规划路线；平台订单分配；等等。

《算法推荐规定》突出对用户权益的保护，强化算法推荐服务提供者的合规义务：一是算法推荐服务提供者应当以显著方式告知用户其提供算法推荐服务的情况，并以适当方式公示算法推荐服务的基本原理、目的意图和主要运行机制等；二是算法推荐服务提供者应当向用户提供不针对其个人特征的选项，或者向用户提供便捷的关闭算法推荐服务的选项，应用算法对用户权益造成重大影响的，应当依法予以说明并承担相应责任等；三是算法推荐服务提供者不得向未成年人推送可能引发未成年人模仿不安全行为和违反社会公德行为、诱导未成年人不良嗜好等可能影响未成年人身心健康的信息，不得利用算法推荐服务诱导未成年人沉迷网络；四是算法推荐服务提供者向老年人提供服务的，应当保障老年人依法享有的权益，充分考虑老年人出行、就医、消费、办事等需求，按照国家有关规定提供智能化适老服务，依法开展涉电信网络诈骗信息的监测、识别和处置，便利老年人安全使用算法推荐服务；五是算法推荐服务提供者向劳动者提供工作调度服务的，应当保护劳动者取得劳动报酬、休息休假等合法权益，建立完善平台订单分配、报酬构成及支付、工作时间、奖惩等相关算法；六是算法推荐服务提供者向消费者销售商品或者提供服务的，应当保护消费者公平交易的权利，不得根据消费者的偏好、交易习惯等特征，利用算法在交易价格等交易条件上实施不合理的差别待遇等违法行为等。

2022 年 4 月，国家网信办发布《关于开展“清朗 · 2022 年算法综合治理”专项行动的通知》。专项行动开展时间从2022年4月起至12月初，主要包括以下五个方面工作：一是组织自查自纠。指导互联网企业对照《算法推荐规定》有关要求，全面梳理算法应用情况，深入开展算法安全能力评估，积极采取有效措施，整改算法应用问题，消除算法安全隐患，维护网民合法权益。二是开展现场检查。中央网信办牵头会同有关部门和各地网信部门组成联合检查组，对部分互联网企业开展现场检查，各地网信部门可结合当地实际自行对属地其他企业开展检查，重点检查企业算法合规情况和算法安全能力。三是督促算法备案。向企业宣传解读《算法推荐规定》中互联网信息服务算法备案的总体原则、备案范围、填报要求和咨询途径等，督促企业尽快完成算法应用情况梳理，并及时开展算法备案信息填报工作。四是压实主体责任。督促企业配备与业务规模相适应的算法安全治理机构和专门人员，建立完善算法安全相关规章制度，积极利用算法服务正能量传播、处置违法和不良信息等工作，监测算法滥用乱象，防范算法安全风险。五是限期问题整改。对检查中发现的措施不健全、执行不到位、效果不理想等问题，向企业及时反馈并督促限期整改，对存在违法违规行为的企业，将依据《算法推荐规定》严肃问责处罚、责令改正。

（四）规范网络直播营利行为

近年来，网络直播在促进灵活就业、服务经济发展等方面发挥了重要作用。同时，网络直播营利行为也存在网络直播平台管理责任不到位、商业营销行为不规范、偷逃缴纳税款等问题，制约行业健康发展，损害社会公平正义。2022年3月，国家互联网信息办公室、国家税务总局、国家市场监督管理总局联合发布《关于进一步规范网络直播营利行为促进行业健康发展的意见》（以下简称《规范意见》）。《规范意见》要求，网络直播平台应当从以下三个方面更好落实管理主体责任：

一是加强网络直播账号注册管理。网络直播平台应当严格按照有关法律法规规定及“后台实名、前台自愿”的原则，对网络直播发布者进行基于身份证件信息、统一社会信用代码等的认证登记，开展动态巡查核验，确保认证信息真实可信。网络直播平台应当每半年向所在地省级网信部门、主管税务机关报送存在网络直播营利行为的网络直播发布者个人身份、直播账号、网络昵称、取酬账户、收入类型及营利情况等信息。

二是加强网络直播账号分级分类管理。网络直播平台应当严格按照有关法律法规要求，建立并严格执行网络直播账号分级分类管理制度；对违反相关法律法规的网络直播账号，依法依规采取警示提醒、责令限期改正、限制账号功能、暂停账号使用、永久关闭账号、禁止重新注册等处置措施，保存有关记录并按要求及时向有关部门报告。

三是配合开展执法活动。网络直播平台应当在服务协议中明确提示网络直播发布者在市场主体登记、税收等方面的权利义务，但不得强制要求网络直播发布者成立工作室或者个体工商户。网络直播平台应当配合网信、市场监管、税务等部门依法实施监督检查，提供必要的文件、资料和数据等，并为依法调查、检查活动提供技术支持和帮助。

《规范意见》要求从两大方面进一步规范网络直播营销行为。首先，要积极营造网络直播公平竞争环境。网络直播平台和网络直播发布者不得对商品生产经营主体以及商品的性能、功能、质量、来源、曾获荣誉、资格资质、销售状况、交易信息、经营数据、用户评价等进行虚假或者引人误解的商业宣传，欺骗、误导消费者或者相关公众，不得帮助其他经营者实施上述行为。网络直播平台和网络直播发布者销售商品或者提供服务，采用价格比较方式开展促销活动的，应以文字形式显著标明销售价格、被比较价格及含义。其次，要维护商家和消费者合法权益。网络直播发布者、网络直播服务机构、网络直播平台应当全面、真实、准确地披露商品或者服务信息，保障消费者的知情权和选择权，对直接关系消费者生命安全的重要消费信息进行必要、清晰的提示。应当积极协助商家和消费者维护合法权益，建立便捷有效的投诉、举报和争议在线解决机制，为商家和消费者维权提供必要的信息、数据等支持。同时，《规范意见》强调，要从三个方面规范税收管理，促进纳税遵从：一是依法履行代扣代缴义务；二是规范税收服务和征缴；三是打击涉税违法犯罪行为。

（五）“两高一部”联合发布《关于办理信息网络犯罪案件适用刑事诉讼程序若干问题的意见》

近年来，我国信息技术应用广泛，数字经济飞速发展，信息网络犯罪案件随之快速增长。据《涉信息网络犯罪特点和趋势(2017. 1-2021. 12)司法大数据专题报告》显示，2017年至2021年，全国法院一审审结涉信息网络犯罪案件共计28. 2万余件，共涉及66万余名被告人，且案件数量呈逐年上升趋势，2018年、2019年、2020年、2021年分别同比上升57. 18%、28. 43%、20. 90%、104. 56%。其中，诈骗案件数量占比高达36. 53%，开设赌场案件占比为14. 81%。为有效遏制信息网络犯罪的增长态势，进一步加大惩治力度，迫切需要进一步完善相关刑事案件办理的程序规则。

针对信息网络犯罪的快速增长和不断翻新，最高人民法院、最高人民检察院、公安部在《关于办理网络犯罪案件适用刑事诉讼程序若干问题的意见》(公通字〔2014〕10号，以下简称2014年《意见》)的基础上，深入调查研究，广泛征求意见，反复论证完善，制定了《关于办理信息网络犯罪案件适用刑事诉讼程序若干问题的意见》(法发〔2022〕23号，以下简称2022年《意见》)，对信息网络犯罪案件的程序作出统一规定。2022年《意见》自2022年9月1日起施行，2014年《意见》同时废止。

鉴于信息网络犯罪具有匿名性、远程性、链条性、涉众性等特点，案件管辖问题较传统犯罪更为复杂。2022年《意见》根据刑事诉讼法以及有关规定，立足当前信息网络犯罪的执法司法实践，进一步从三个方面明确了管辖规则：

首先，对信息网络犯罪案件的犯罪地作了明确。针对信息网络犯罪往往是远程匿名实施的特点，为方便被害人报案，2022年《意见》依法确定多个管辖连接点，规定信息网络犯罪案件的犯罪地包括用于实施犯罪行为的网络服务使用的服务器所在地，网络服务提供者所在地，被侵害的信息网络系统及其管理者所在地，犯罪过程中犯罪嫌疑人、被害人或者其他涉案人员使用的信息网络系统所在地，被害人被侵害时所在地以及被害人财产遭受损失地等。涉及多个环节的信息网络犯罪案件，犯罪嫌疑人为信息网络犯罪提供帮助的，其犯罪地、居住地或者被帮助对象的犯罪地公安机关可以立案侦查。

其次，对信息网络犯罪案件的并案规则作了明确。2022年《意见》规定，具有下列情形之一的，公安机关、人民检察院、人民法院可以在其职责范围内并案处理：(1)一人犯数罪的；(2)共同犯罪的；(3)共同犯罪的犯罪嫌疑人、被告人还实施其他犯罪的；(4)多个犯罪嫌疑人、被告人实施的犯罪行为存在关联，并案处理有利于查明全部案件事实的。

最后，对信息网络犯罪案件的分案规则作了明确。2022年《意见》规定，并案侦查的共同犯罪或者关联犯罪案件，犯罪嫌疑人人数众多、案情复杂的，公安机关可以分案移送审查起诉。分案移送审查起诉的，应当对并案侦查的依据、分案移送审查起诉的理由作出说明。对于相关案件未作分案处理的，人民检察院可以分案提起公诉，人民法院可以分案审理。公、检、法机关在分案前有管辖权的，分案后对相关案件的管辖权不受影响。上述分案处理，应当以有利于保障诉讼质量和效率为前提，并不得影响当事人质证权等诉讼权利的行使。

针对信息网络犯罪案件海量证据的情况，2022 年《意见》对海量证据材料按照一定比例或者数量取证的规则作了专门规定：一是证据选取规则，办理信息网络犯罪案件，对于数量特别众多且具有同类性质、特征或者功能的物证、书证、证人证言、被害人陈述、视听资料、电子数据等证据材料，确因客观条件限制无法逐一收集的，应当按照一定比例或者数量选取证据，并对选取情况作出说明和论证。同时，为规范涉案财物处置，保护被害人利益，2022 年《意见》还规定，涉案财物需要返还被害人的，应当尽可能查明被害人损失情况。二是证据审查规则，人民检察院、人民法院应当重点审查取证方法、过程是否科学。经审查认为取证不科学的，应当由原取证机关作出补充说明或者重新取证。三是证据采信规则，人民检察院、人民法院应当结合其他证据材料，以及犯罪嫌疑人、被告人及其辩护人所提辩解、辩护意见，审查认定取得的证据。经审查，对相关事实不能排除合理怀疑的，应当作出有利于犯罪嫌疑人、被告人的认定。

（六）我国首部《反电信网络诈骗法》实施

2022 年 9 月 2 日，全国人大常委会表决通过了《反电信网络诈骗法》，于 2022 年 12 月 1 日起施行。《反电信网络诈骗法》是专门为打击治理电信网络诈骗活动制定的一部专门领域的微型法律，共 7 章 50 条，包括总则、电信治理、金融治理、互联网治理、综合措施、法律责任、附则等，内容涉及电信网络诈骗的定义，法律的域外效力，反电信网络诈骗的基本原则，电信网络诈骗工作机制。

《反电信网络诈骗法》强化系统观念，立足源头治理、综合治理，侧重前端防范，主要是按照完善预防性法律制度的要求，针对电信网络诈骗发生的信息链、资金链、技术链、人员链等各环节，加强防范性制度措施建设，深入推进行业治理，强化部门监管责任和企业社会责任。反电信网络诈骗的治理施行“3+1”模式，即电信治理、金融治理、“互联网治理+综合治理”。

《反电信网络诈骗法》重点强化部门之间的统筹协同，由国务院建立反电信网络诈骗工作机制，统筹协调打击治理工作。具体的工作任务包括以下几点：一是在综合治理方面，要求地方各级人民政府组织领导本行政区域内反电信网络诈骗工作，确定反电信网络诈骗目标任务和工作机制，开展综合治理；二是在具体的反电信网络诈骗工作方面，公安机关牵头负责反电信网络诈骗的整体工作，金融、电信、网信、市场监管等有关部门依照职责履行监管主体责任，负责本行业领域反电信网络诈骗工作的落实；三是在惩治电信网络诈骗方面，发挥人民法院、人民检察院的审判和检察职能作用，重点把依法防范和惩治电信网络诈骗活动相结合，防范电信网络诈骗；四是在风险防控责任的构建方面，电信业务经营者、银行业金融机构、非银行支付机构、互联网服务提供者承担各自的风险防控责任，建立反电信网络诈骗内部控制机制和安全责任制度，特别是加强新业务涉诈风险安全评估。

反电信网络诈骗是一项系统性社会工程，涉及跨行业、跨领域、跨国家的协同和配合。为此，《反电信网络诈骗法》要求，相关部门、单位在反电信网络诈骗工作必须密切协作，实现跨行业、跨地域协同配合、快速联动，加强专业队伍建设，有效打击治理电信网络诈骗活动。为了进一步提高公众对电信网络诈骗的识别和防范能力，各级人民政府和有关部门应当加强反电信网络诈骗宣传，普及相关法律和知识，进一步提高公众对各类电信网络诈骗方式的防骗意识和识骗能力。特别是教育行政、市场监管、民政等有关部门和村民委员会、居民委员会等组织，应当结合电信网络诈骗受害群体的分布等特征，尤其要重视加强对老年人、青少年等群体的宣传教育，增强反电信网络诈骗宣传教育的针对性、精准性，开展广泛的反电信网络诈骗宣传教育进学校、进企业、进社区、进农村、进家庭等活动。

2022 年，全国公安机关持续向电信网络诈骗犯罪发起攻势，截至 2022 年 11 月底，全国共破获电信网络诈骗案件 39. 1 万起，同比上升 5. 7%，抓获犯罪嫌疑人数同比上升 64. 4%，立案数同比下降 17. 3%，造成财产损失数额同比下降 1. 3%。

(七)滴滴公司因违法被罚 80. 26 亿元

2022 年 7 月 21 日，国家互联网信息办公室依据《网络安全法》《数据安全法》《个人信息保护法》《行政处罚法》等法律法规，对滴滴全球股份有限公司处人民币 80. 26 亿元罚款，对滴滴全球股份有限公司董事长兼 CEO 程某、总裁柳某各处人民币 100 万元罚款。

2021 年 7 月，为防范国家数据安全风险，维护国家安全，保障公共利益，依据《国家安全法》《网络安全法》，网络安全审查办公室按照《网络安全审查办法》对滴滴公司实施网络安全审查。根据网络安全审查结论及发现的问题和线索，国家互联网信息办公室依法对滴滴公司涉嫌违法行为进行立案调查。期间，国家互联网信息办公室进行了调查询问、技术取证，责令滴滴公司提交了相关证据材料，对本案证据材料深入核查分析，并充分听取滴滴公司意见，保障滴滴公司合法权利。经查实，滴滴公司违反《网络安全法》《数据安全法》《个人信息保护法》的违法违规行为事实清楚、证据确凿、情节严重、性质恶劣，应当从严从重予以处罚。

经查明，滴滴公司共存在 16 项违法事实，归纳起来主要是八个方面：一是违法收集用户手机相册中的截图信息 1196.39 万条；二是过度收集用户剪切板信息、应用列表信息 83.23 亿条；三是过度收集乘客人脸识别信息 1.07 亿条、年龄段信息 5350.92 万条、职业信息 1633.56 万条、亲情关系信息 138.29 万条、“家”和“公司”打车地址信息 1.53 亿条；四是过度收集乘客评价代驾服务时、App 后台运行时、手机连接桔视记录仪设备时的精准位置(经纬度)信息 1.67 亿条；五是过度收集司机学历信息 14.29 万条，以明文形式存储司机身份证号信息 5780.26 万条；六是在未明确告知乘客情况下分析乘客出行意图信息 539.76 亿条、常驻城市信息 15.38 亿条、异地商务/异地旅游信息 3.04 亿条；七是在乘客使用顺风车服务时频繁索取无关的“电话权限”；八是未准确、清晰说明用户设备信息等 19 项个人信息处理目的。

此次对滴滴公司的网络安全审查相关行政处罚，与一般的行政处罚不同，具有特殊性。滴滴公司违法违规行为情节严重，结合网络安全审查情况，应当予以从严从重处罚。一是从违法行为的性质看，滴滴公司未按照相关法律法规规定和监管部门要求，履行网络安全、数据安全、个人信息保护义务，置国家网络安全、数据安全于不顾，给国家网络安全、数据安全带来严重的风险隐患，且在监管部门责令改正情况下，仍未进行全面深入整改，性质极为恶劣。二是从违法行为的持续时间看，滴滴公司相关违法行为最早开始于 2015 年 6 月，持续至今，时间长达 7 年，持续违反 2017 年 6 月实施的《网络安全法》、2021 年 9 月实施的《数据安全法》和 2021 年 11 月实施的《个人信息保护法》。三是从违法行为的危害看，滴滴公司通过违法手段收集用户剪切板信息、相册中的截图信息、亲情关系信息等个人信息，严重侵犯用户隐私，严重侵害用户个人信息权益。四是从违法处理个人信息的数量看，滴滴公司违法处理个人信息达 647.09 亿条，数量巨大，其中包括人脸识别信息、精准位置信息、身份证号等多类敏感个人信息。五是从违法处理个人信息的情形看，滴滴公司违法行为涉及多个 App，涵盖过度收集个人信息、强制收集敏感个人信息、App 频繁索权、未尽个人信息处理告知义务、未尽网络安全数据安全保护义务等多种情形。

网络安全审查还发现，滴滴公司存在严重影响国家安全的数据处理活动，以及拒不履行监管部门的明确要求，阳奉阴违、恶意逃避监管等其他违法违规问题。滴滴公司违法违规运营给国家关键信息基础设施安全和数据安全带来严重安全风险隐患。该案因涉及国家安全，依法不公开。

（八）《数据出境安全评估办法》实施

数据出境，主要指在中国境内的数据处理者通过网络及其他方式（如物理携带），将其在中国境内运营中收集和产生的数据，通过直接提供或开展业务、提供服务、产品等方式提供给境外的组织或个人的一次性活动或连续性活动。在数据对各领域的重要性与日俱增的同时，数据风险与数据安全问题也越发突出，给人类和社会带来了前所未有的挑战。在此背景下，数据出境的安全问题不仅关乎数据本身作为重要生产要素的开发利用与安全问题，还与国家主权、国家安全、个人信息权益、社会公共利益等休戚相关。因此，按照总体国家安全观的要求，在《网络安全法》《数据安全法》《个人信息保护法》有关数据和个人信息出境法律规则的框架下，制定一部专门的数据出境安全评估规定十分必要和迫切。2022 年 7 月 7 日，国家网信办公布《数据出境安全评估办法》，并于 2022 年 9 月 1 日起施行。

数据出境主要有以下三类情形：一是向本国境内机构提供数据，但该机构不属于本国司法管辖，如外国大使馆就属于使馆所在国的国家领土，不属于派遣国的国家领土；二是数据未转移存储至本国以外的地方，但可以被境外的组织、个人访问查看，不包括公开的数据和通过网页访问的数据；三是数据处理者集团内部数据由境内转移至境外，其中涉及其在境内运营中收集和产生的数据。但是以下两种情形不属于数据出境：一是非在境内运营中收集和产生的数据经由本国出境，且数据未经任何加工处理；二是非在境内运营中收集和产生的数据，但在境内存储、加工处理后出境，不涉及境内运营中收集和产生的数据。

我国数据出境安全评估的目的，是在确保防范数据出境安全风险的基础上，保障数据依法有序的自由流动。为了实现上述目的，《数据出境安全评估办法》提出了数据出境安全评估应遵循两项基本原则：一是坚持事前评估和持续监督相结合原则；二是风险自评估与国家安全评估相结合原则。

第一项原则表明，重要数据和依法应当进行安全评估的个人信息，必须在出境前进行数据安全出境评估，但是保障数据出境安全不仅是一次性评估，还要对出境后的数据进行持续的安全监督，重点监督与境外接收方订立法律文件中约定的数据安全保护责任义务的履行情况；第二项原则表明，重要数据和依法应当进行安全评估的个人信息实施阶梯式评估模式，即“自评估”+“国家安全评估”，以企业数据出境自评估为基础，以国家安全评估为保障，这是一个合二为一的整体性安全评估模式。

《数据出境安全评估办法》明确有以下四种情形之一的，应当申报数据出境安全评估：一是数据处理者向境外提供重要数据；二是关键信息基础设施运营者和处理 100 万人以上个人信息的数据处理者向境外提供个人信息；三是自上年 1 月 1 日起累计向境外提供 10 万人个人信息或者 1 万人敏感个人信息的数据处理者向境外提供个人信息；四是国家网信部门规定的其他需要申报数据出境安全评估的情形。申请者申报数据出境安全评估，应当通过所在地省级网信部门向国家网信部门提出。

（九）《网络安全法》施行五年将首次修订

《网络安全法》实施五年以来，《数据安全法》《个人信息保护法》《关键信息基础设施安全保护条例》以及新修订的《行政处罚法》等法律法规相继在 2021 年实施。为做好《网络安全法》与这些新实施的法律之间衔接协调，完善法律责任制度，进一步依法维护网络安全，2022 年 9 月 12 日，国家网信办发布了《关于修改〈中华人民共和国网络安全法〉的决定（征求意见稿）》（以下简称《征求意见稿》）。

《征求意见稿》拟修订的内容聚焦了《网络安全法》第六章的“法律责任”部分，最大亮点是改变了处罚类型和幅度，对于严重违法行为，加大了违法者的违法成本，如增加了“限制高管从业”的行为罚，即“禁止在一定期限内担任相关企业的董事、监事、高级管理人员”，以及增加了“上一年度营业额百分之五以下罚款”的选择性处罚等，这些处罚规定，具有很强的震慑作用。《征求意见稿》共作出了六项修订，主要涉及以下四个方面的内容：

一是设置个人信息保护法律责任的转致性规定，《征求意见稿》将第 64 条修改为：“网络运营者、网络产品或者服务的提供者违反本法第二十二条第三款、第四十一条至第四十四条规定，侵害个人信息依法得到保护的权利的，依照有关法律、行政法规的规定处罚。”

二是对违反网络运行安全一般规定的处罚类型和幅度作出了调整，《征求意见稿》第一项将《网络安全法》第 59 条、第 60 条、第 61 条、第 62 条的处罚内容合并，统一修改为："违反本法第二十一条、第二十二条第一款和第二款、第二十三条、第二十四条第一款、第二十五条、第二十六条、第二十八条、第三十三条、第三十四条、第三十六条、第三十八条规定的网络运行安全保护义务或者导致危害网络运行安全等后果的，由有关主管部门责令改正，给予警告、通报批评；拒不改正或者情节严重的，处一百万元以下罚款，并可以责令暂停相关业务、停业整顿、关闭网站、吊销相关业务许可证或者吊销营业执照，对直接负责的主管人员和其他直接责任人员处一万元以上十万元以下罚款。"

《征求意见稿》第一项在原有的一般违法、情节严重的情形基础上，增设了"情节特别严重"的加重型处罚规定，即"处一百万元以上五千万元以下或者上一年度营业额百分之五以下罚款，并可以责令停止相关业务、停业整顿、关闭网站、吊销相关业务许可证或者吊销营业执照；对直接负责的主管人员和其他直接责任人员处十万元以上一百万元以下罚款，并可以决定禁止其在一定期限内担任相关企业的董事、监事、高级管理人员或者从事网络安全管理和网络运营关键岗位的工作"。

三是调整关键信息基础设施运营者违反安全审查规定的处罚，《网络安全法》第 65 条规定："关键信息基础设施的运营者违反本法第三十五条规定，使用未经安全审查或者安全审查未通过的网络产品或者服务的，由有关主管部门责令停止使用，处采购金额一倍以上十倍以下罚款；对直接负责的主管人员和其他直接责任人员处一万元以上十万元以下罚款。"

《征求意见稿》第四项将第 65 条修改为："关键信息基础设施的运营者违反本法第三十五条规定，使用未经安全审查或者安全审查未通过的网络产品或者服务的，由有关主管部门责令停止使用，处采购金额一倍以上十倍以下或者上一年度营业额百分之五以下罚款，对直接负责的主管人员和其他直接责任人员处一万元以上十万元以下罚款。"上述规定在"处采购金额一倍以上十倍以下罚款"之后同样增加了一项选择性处罚"或者上一年度营业额百分之五以下罚款"。

四是调整网络信息安全保护义务的法律责任，《征求意见稿》第五项对违反网络信息安全义务行为的法律责任进行了整合，并调整了行政处罚幅度和从业禁止措施的规定。《征求意见稿》第五项在《网络安全法》第 68 条"违反本法第四十七条"的基础上增加了"第四十八条、第四十九条"，并将第 68 条和第 69 条的法律责任进行了整合，统一修改为："违反本法第四十七条、第四十八条、第四十九条规定的网络信息安全保护义务，或者不按照有关部门的要求对法律、行政法规禁止发布或者传输的信息采取停止传输、消除等处置措施的，或者不按照有关部门的要求对网络存在较大安全风险和发生安全事件采取措施的，由有关主管部门责令改正，给予警告、通报批评，没收违法所得；拒不改正或者情节严重的，处一百万元以下罚款，并可以责令暂停相关业务、停业整顿、关闭网站、吊销相关业务许可证或者吊销营业执照，对直接负责的主管人员和其他直接责任人员处一万元以上十万元以下罚款。”

（十）新修订的《互联网跟帖评论服务管理规定》发布

跟帖评论是网民发表意见、表达观点、互动交流、舆论监督的重要方式。只要理性跟帖、文明评论、善意互动、合理监督，网民发表跟帖评论的合法权利就会得到保障。然而，利用网络的虚拟性和言论交流的匿名性，少数人自以为站在“隐秘角落”，在跟帖评论时践踏法律和道德的底线。一些跟帖内容一味地宣泄负面情绪，对一些人或事进行恶语谩骂，甚至搞人身攻击；散布小道消息、传播谣言、哗众取宠、制造混乱等，这些行为扰乱了互联网信息传播秩序，破坏了网络舆论生态，必须下大力气整治。

2017 年 10 月 1 日，《互联网跟帖评论服务管理规定》正式施行，这对规范跟帖评论环节的信息秩序、维护良好网络环境起到了积极作用。随着互联网新技术新应用快速发展，跟帖评论服务也出现了许多新情况、新问题。2022 年 12 月 15 日起，新修订的《互联网跟帖评论服务管理规定》正式施行。该规定重点明确了“跟帖评论服务使用者应当遵守法律法规，遵循公序良俗，弘扬社会主义核心价值观，不得发布法律法规和国家有关规定禁止的信息内容”“公众账号生产运营者应当对账号跟帖评论信息内容加强审核管理，及时发现跟帖评论环节违法和不良信息内容，采取举报、处置等必要措施”等内容，有助于营造跟帖评论良好生态，维护国家安全和公共利益，保护公民、法人和其他组织的合法权益。

该规定明确，(1)跟帖评论服务提供者应当按照用户服务协议对跟帖评论服务使用者和公众账号生产运营者进行规范管理；(2)公众账号生产运营者应当对账号跟帖评论信息内容加强审核管理，及时发现跟帖评论环节违法和不良信息内容并采取必要措施；(3)公众账号生产运营者可按照用户服务协议向跟帖评论服务提供者申请跟帖评论区管理权限；(4)跟帖评论服务提供者应当对公众账号生产运营者的跟帖评论管理情况进行信用评估后，合理设置管理权限，提供相关技术支持。

(十一)通信行程卡正式下线，海量个人信息依法全部删除

2022年12月12日零点，通信行程卡微信公众号发布公告：为深入贯彻党中央、国务院关于进一步优化新冠肺炎疫情防控措施，科学精准做好防控工作的决策部署，根据国务院联防联控机制综合组有关要求，2022年12月13日0时起，正式下线“通信行程卡”服务。“通信行程卡”短信、网页、微信小程序、支付宝小程序、App等查询渠道将同步下线。

自2020年新冠肺炎疫情出现以来，“通信大数据行程卡”（俗称“行程码”)一直伴随着人们的出行，大家以保持和拥有绿色的“行程卡”而感到安心。“行程卡”是由信息中国信息通信研究院联合中国电信、中国移动、中国联通三家基础电信企业利用手机“信令数据”，通过用户手机所处的基站位置获取，手机用户可通过服务，查询本人前14天到过的所有地市信息；2022年7月8日，工信部发布公告：根据《新型冠状病毒肺炎防控方案(第九版)》，“通信行程卡”查询结果的覆盖时间范围由“14天”调整为“7天”。短信、网页、微信小程序、支付宝小程序、“通信行程卡”App等查询渠道同步进行应用版本更新。

“通信大数据行程卡”的数据分析的是“手机信令数据”，通过用户手机所处的基站位置获取，信令数据的采集、传输和处理过程自动化，有严格的安全隐私保障机制，查询结果实时可得、方便快捷，为我国的疫情防控作出了重大贡献。

2022年12月13日0时起，“通信行程卡”服务正式下线，“通信行程卡”短信、网页、微信小程序、支付宝小程序、App等查询渠道将同步下线。然而，“通信行程卡”收集了海量的个人信息，而且均属于个人的敏感信息，如特定身份、医疗健康、行踪轨迹等，敏感个人信息是一旦泄露或者非法使用，容易导致自然人的人格尊严受到侵害或者人身、财产安全受到危害。海量的敏感个人信息如何得到保护，这是广大群众普遍关心的问题。

“通信行程卡”的使命已经结束，处理个人信息的目的已经不再必要，应当依法全部删除。根据我国《个人信息保护法》第47条第1款的规定，以下属于法定删除个人信息的情形：一是处理目的已实现、无法实现或者为实现处理目的不再必要；二是个人信息处理者停止提供产品或者服务，或者保存期限已届满。随着“通信行程卡”服务的正式下线，“通信行程卡”短信、网页、微信小程序、支付宝小程序、App等查询渠道也同步下

线。这意味着“通信行程卡”不再提供短信、网页、微信小程序、支付宝小程序、App 等查询产品或者服务，相关个人信息的保存期限已经届满，基于保护信息自决之考虑，应当依法及时删除基于“通信行程卡”收集和存储的全部个人信息。

2022 年 12 月 12 日晚，中国电信、中国联通、中国移动三大运营商先后表示，将按照相关法律规定，自 12 月 13 日 0 时“通信行程卡”服务下线后，同步删除用户行程相关数据，依法保障个人信息安全。

（十二）中国知网因滥用市场支配地位行为被处罚

2022 年 12 月 26 日，国家市场监管总局公布了对我国著名学术资源信息平台中国知网（以下简称知网）因滥用市场支配地位行为议案的调查结果，依法对知网作出行政处罚决定，责令知网停止违法行为，并处以 8760 万元罚款。2022 年 5 月，国家市场监管总局依据《反垄断法》对知网涉嫌实施垄断行为立案调查。国家市场监管总局专门成立专案组对该案件进行调查，获取大量证据材料，对其他竞争性平台和大量用户也广泛开展调查取证，对本案证据材料进行深入核查和大数据分析，并组织专家反复深入开展了研究论证。

经审查认定，知网在中国境内中文学术文献网络数据库服务市场具有支配地位。自 2014 年以来，知网滥用该支配地位实施垄断行为。一是通过连续大幅提高服务价格、拆分数据库变相涨价等方式，实施了以不公平的高价销售其数据库服务的行为；二是通过签订独家合作协议等方式，限定学术期刊出版单位、高校不得向任何第三方授权使用学术期刊、博硕士学位论文等学术文献数据，并采取多种奖惩措施保障独家合作实施。

根据《反垄断法》的规定，并按照《国务院反垄断委员会关于相关市场界定的指南》《国务院反垄断委员会关于平台经济领域的反垄断指南》明确界定相关市场原则和方法，同时考虑平台经济特点，结合具体情况，本案相关市场界定为中国境内中文学术文献网络数据库服务市场。其一，本案相关商品市场为中文学术文献网络数据库服务市场，中文学术文献网络数据库服务市场属于多边市场，主要服务中文学术期刊出版单位、高校、科研院所、公共图书馆、个人用户等拥有学术资源和使用数据库服务的两类群体，其显著特征是具有跨边网络效应，各边用户对中文学术文献网络数据库服务的需求紧密关联；其二，本案相关地域市场为中国境内，从需求替代和供给替代分析，中国境内与境外不属于同一相关地域市场，中国境内构成独立的相关地域市场。

调查表明，知网实施不公平高价、限定交易行为排除、限制了中文学术文献网络数据库服务市场竞争，侵害了用户合法权益，影响了相关市场创新发展和学术交流传播，构成《反垄断法》第22条第1款第1项、第4项禁止的“以不公平的高价销售商品”和“没有正当理由，限定交易相对人只能与其进行交易”的滥用市场支配地位行为。

根据《反垄断法》的相关规定，综合考虑知网违法行为的性质、程度、持续时间和消除违法行为后果的情况等因素，国家市场监管总局依法对知网上述垄断行为作出行政处罚决定：责令知网停止违法行为，并处以其2021年中国境内销售额17.52亿元5%的罚款，计8760万元。

二、2022年网络法治实施的主要特点

2022年，我国网络与数据法治实施的主要特征是：在党的二十大精神和习近平法治思想指引下，部署数据要素基础制度的构建，深入推进网络综合治理。这一年，中共中央、国务院全面部署数据基础制度建设，多部地方数据条例出台，多部门联合治理互联网信息服务算法推荐，加大整治互联网跟帖评论服务，加强打击治理电信网络诈骗违法犯罪，强化移动互联网应用程序信息服务管理，加强网络预约出租汽车行业全方位监管，强化数字政府安全保障体系建设，治理互联网用户账号信息管理，严厉打击网络谣言和虚假信息等。

(一)中共中央、国务院顶层规划数据要素基础制度体系

当前，数据已经成为数字经济时代的基础性资源、重要生产力和关键生产要素。以大数据、云计算、人工智能等为代表的新一轮信息技术迅猛发展，数字经济正以前所未有的深度和广度参与社会生产生活，数据生产力得到显著发展。生产力的新发展，客观上要求生产关系的新进步。构建数据基础制度体系，与时俱进地调整与数字生产力发展相适应的生产关系，是新时代我国改革开放事业持续向纵深推进的标志性、全局性、战略性举措，是立足我国国情、准确把握时代发展规律提出的重大理论创新，意义重大、影响深远。

把数据作为生产要素“由市场评价贡献、按贡献决定报酬”，这是党的十九届四中全会首先提出的一项重大要素市场改革。2020年3月，中共中央、国务院正式发布《关于构建更加完善的要素市场化配置体制机制的意

见》，该意见明确提出，构建土地要素、劳动力要素、资本要素、技术要素、数据要素五大要素市场，“数据要素”正式被列为五大要素市场之一，但是数据要素市场的发展一定要遵循市场规律。

目前，数据要素市场只是处在培育期，很多基础性制度尚未建立，在数据要素市场的“培育期”重点的任务是进行数据基础性制度性建设和创新。2022 年 12 月，中共中央、国务院印发《关于构建数据基础制度更好发挥数据要素作用的意见》（以下简称“数据二十条”），“数据二十条”主要涉及四大类型的数据要素基础制度体系：(1)数据产权制度体系；(2)数据要素流通交易制度体系；(3)数据要素收益分配制度体系；(4)数据要素治理制度体系。“数据二十条”系统性布局了数据基础制度体系的“四梁八柱”，历史性绘制了数据要素发展的长远蓝图，具有里程碑式的重要意义。

(二)多部地方数据立法出台

2022 年，各地加强数据立法，多部地方数据条例出台，内容涉及综合数据条例、公共数据条例、数字经济条例等，最具代表性的有《浙江省公共数据条例》《重庆市数据条例》《辽宁省大数据发展条例》《江苏省数字经济促进条例》《深圳经济特区数字经济产业促进条例》，其中《浙江省公共数据条例》是全国首部公共数据领域的地方性法规，该条例最大的亮点是推进公共数据深度开发利用，将公共数据范围从行政机关扩大到国家机关，包括党委、人大、政协、法院、检察院，并将供水、供电、供气、公共交通等公共服务运营单位依法履职或者提供公共服务过程中收集、产生的数据，以及税务、海关、金融监督管理等国家有关部门派驻浙江管理机构根据本省应用需求提供的数据，统一纳入公共数据管理范围。

地方性数据立法的主要特征是聚焦数据要素市场培育，促进数据资源有序、高效流动与利用，加快融入和服务全国统一的数据要素市场。主要内容涉及建立市场运营体系，推进数据要素市场化配置改革，促进数据要素依法有序流动；保护市场主体合法财产权益，对合法取得的数据，可以依法使用、加工，对依法加工形成的数据产品和服务，可以依法获取收益。

(三)推动平台经济规范健康持续发展

平台经济是我国数字经济的重要组成部分，是提高全社会资源配置效率、贯通国民经济循环各环节、提高国家治理体系和治理能力现代化水平的重要推动力量。2021 年年底，国家发展改革委、市场监管总局、中央网信办、工业和信息化部、人力资源和社会保障部、农业农村部、商务部、人民银行和税务总局联合发布了《关于推动平台经济规范健康持续发展的若干意见》。该意见主要从完善治理规则、健全制度规范、推动协同治理三个方面，为平台经济建章立制。在提升监管能力和水平方面，重点围绕强化竞争监管执法、加强金融领域监管、强化数据和算法安全监管和改进提高监管技术和手段四个方面，提出了具体的要求和措施。

该意见提出了“降低平台经济参与者经营成本”，要引导平台企业合理确定服务费用，包括给予优质小微商户一定的流量扶持，应与平台内经营者平等协商服务收费。该意见要求，“建立有序开放的平台生态”，提出推动平台企业间合作，构建兼容开放的生态圈；平台应依法依规有序推进生态开放，按照统一规则公平对外提供服务。实际上，市场上的自然演化，也会推动平台企业最终做出这种选择，因为这符合企业长远利益。

2022年4月29日，中共中央政治局召开会议，分析研究了当前经济形势和经济工作。会议强调，要促进平台经济健康发展，完成平台经济专项整改，实施常态化监管，出台支持平台经济规范健康发展的具体措施。这意味着，一年多来，我国监管机构对平台经济的专项整改已经取得显著成效，平台经济专项整改即将收官，平台经济的监管将进入常态化。同时，国家将出台具体措施进一步支持平台经济的发展和繁荣，平台经济将进入新发展阶段。

(四)整治网络直播、短视频领域乱象

当前，各类网络直播、短视频行业乱象较为严重，突出表现在平台信息内容呈现不良、功能运行失范、充值打赏失度等问题。

2022年4月以来，中央网信办会同相关部门开展为期三个月的“清朗·整治网络直播、短视频领域乱象”专项行动。16家重点直播、短视频平台共处置违规直播间56.3万个，清理违规短视频235.1万条，关闭违规用户账号12万个，处置处罚违规主播、短视频账号21.86万个，行业面貌有了较大改观。

新业态快速发展，规范监管理当与时俱进。随着网络直播、短视频风靡盛行，一些乱象逐渐滋生，某些机构与个人为吸睛和吸金不惜突破底线，“色、丑、怪、假、俗、赌”等违法违规内容给受众，尤其是青少年带来十分不良的影响。有关部门从严整治，对功能失范、“网红乱象”、打赏失度、违规营利、恶意营销等突出问题坚决“亮剑”，这是统筹行业发展与行业规范的必然选择，更是营造良好网络空间的应有之义。

专项行动聚焦重点问题重拳出击。网信部门对存在传播色情引流、低俗庸俗、暴力谩骂、诱导打赏等有害不良信息问题的平台，依法予以约谈、限期整改、责令关闭账号、罚款等处置处罚；对集传播淫秽色情、赌博等违法信息的 106 个直播、短视频平台，依法予以下架关停，并将其经营主体纳入应用程序开发者“黑名单”。雷霆出击不仅有力地清理了网络直播、短视频领域的“污秽糟粕”，而且铲除了一批“病灶病根”，防止“故态复萌”。坚持问题导向，使治理有的放矢。紧盯重点平台、重点功能、重点环节、重点账号，令整治事半功倍。问题平台和经营者受到应有惩处，起到良好的效果。

（五）加强打击治理电信网络诈骗违法犯罪

2022 年 4 月，中共中央办公厅、国务院办公厅印发《关于加强打击治理电信网络诈骗违法犯罪工作的意见》，对加强打击治理电信网络诈骗违法犯罪工作作出安排部署。该意见要求，要依法严厉打击电信网络诈骗违法犯罪。坚持依法从严惩处，形成打击合力，提升打击效能；坚持全链条纵深打击，依法打击电信网络诈骗以及上下游关联违法犯罪；健全涉诈资金查处机制，最大限度追赃挽损；进一步强化法律支撑，为实现全链条打击、一体化治理提供法治保障；加强国际执法司法合作，积极推动涉诈在逃人员通缉、引渡、遣返工作。

该意见提出，强化技术反制，建立对涉诈网站、App 及诈骗电话、诈骗短消息处置机制；强化预警劝阻，不断提升预警信息监测发现能力，及时发现潜在受害群众，采取劝阻措施；强化宣传教育，建立全方位、广覆盖的反诈宣传教育体系，开展防范电信网络诈骗违法犯罪知识进社区、进农村、进家庭、进学校、进企业活动，形成全社会反诈的浓厚氛围。

该意见强调，要加强行业监管源头治理。建立健全行业安全评估和准入制度；加强金融行业监管，及时发现、管控新型洗钱通道；加强电信行业监管，严格落实电话用户实名制；加强互联网行业监管；完善责任追究制度，建立健全行业主管部门、企业、用户三级责任制；建立健全信用惩戒制度，将电信网络诈骗及关联违法犯罪人员纳入严重失信主体名单。《意见》还要求，要强化属地管控综合治理，加强犯罪源头地综合整治。

（六）加强网络预约出租汽车行业事前事中事后全链条联合监管

为了加强网络预约出租汽车（以下简称网约车）行业事前事中事后全链条联合监管，维护市场公平竞争秩序，保障乘客和驾驶员合法权益，促进网约车行业规范健康持续发展，更好满足人民群众出行需求，交通运输部、工业和信息化部、公安部、人力资源和社会保障部、中国人民银行、国家税务总局、国家市场监督管理总局、国家网信办8部门于2022年2月联合修订发布了《关于加强网络预约出租汽车行业事前事中事后全链条联合监管有关工作的通知》。

该通知主要在三个方面进行了修订：一是增加了事前联合监管要求。要求地方有关部门优化服务流程，严把行业准入关，督促网约车平台公司不得接入未取得相应出租汽车许可的驾驶员和车辆。二是完善了全链条联合监管事项。将未取得网约车经营许可擅自从事经营活动；网约车平台公司向未取得相应出租汽车许可的驾驶员和车辆派单及未按规定向网约车监管信息交互平台传输有关数据信息；存在低价倾销、欺诈、对个人在交易条件上实行不合理差别待遇；危害网络安全、数据安全、侵害用户个人信息权益；非法经营资金支付结算；侵害网约车驾驶员劳动保障权益；不依法纳税；危害公众利益、扰乱社会秩序、影响社会安全稳定等8方面违法违规行为纳入联合监管工作事项。三是细化了全链条联合监管流程。将事中事后监管流程细分为发起、上报、处置等环节。对于网约车平台公司存在严重违法违规行为，经依法依规处理后仍拒不改正的，地级及以上城市相关部门报经当地人民政府同意后，可组织发起联合监管，逐级上报提请采取处置责令暂停区域内经营服务、暂停发布或下架App、停止互联网服务、停止联网或停机整顿等处置措施。

（七）加强移动互联网应用程序信息服务管理

2022年6月，国家互联网信息办公室发布新修订的《移动互联网应用程序信息服务管理规定》（以下简称新《规定》）。新《规定》自2022年8月1日起施行。原《移动互联网应用程序信息服务管理规定》（以下简称原《规定》）自2016年8月1日施行以来，对于维护网络信息内容生态，保护公民、法人和其他组织的合法权益发挥了积极作用。但随着移动应用程序快速发展、广泛应用，新情况、新问题不断出现，尤其是《数据安全法》和《个人信息保护法》的实施，亟须对原《规定》进行修订完善。本次修订后的新《规定》共计27条，包括信息内容主体责任、真实身份信息认证、分类管理、行业自律、社会监督及行政管理等条款，与原《规定》的11条相比在内容上进行了较多的补充与细化。

新《规定》增加了《网络安全法》《数据安全法》《个人信息保护法》

《未成年人保护法》《网络信息内容生态治理规定》作为上位法，进一步落实应用程序信息服务提供者的主体责任，对应用程序信息服务提供者应承担的主体责任提出更进一步的明确要求，并与其他数据保护立法实现协调。例如，对于原《规定》已经规定的实名制、信息内容审核管理机制等义务，新《规定》通过列举的方式作出更为明确的界定，如提出用户实名制认证的三种方式，信息内容审核管理机制应包含的管理措施与管理要素等；新《规定》实现了与《个人信息保护法》有关要求的衔接，还追加确立了服务提供者的数据安全保护义务、网络安全保护义务、未成年人保护义务、接受国家安全评估义务、公开平台规则等义务。按照新《规定》的要求，应用程序信息服务提供商与分发服务提供商将承担更为严格的信息管理主体责任。

（八）构建数字政府全方位安全保障体系

随着政府数字化转型的持续推进，网络安全事件、网络泄密事件也相伴而来，传统的安全被动防护模式越来越难以应对新型的数字安全问题，数字政府安全的建设必须从被动防控向主动防御转变。2022 年 6 月，国务院发布《关于加强数字政府建设的指导意见》（以下简称《指导意见》），《指导意见》要求，全面强化数字政府安全管理责任，落实安全管理制度，加快关键核心技术攻关，加强关键信息基础设施安全保障，强化安全防护技术应用，切实筑牢数字政府建设安全防线。

《指导意见》从四个方面提出了构建数字政府全方位的安全保障体系：一是强化安全管理责任，统筹做好数字政府建设安全和保密工作，落实主体责任和监督责任，构建全方位、多层级、一体化安全防护体系，形成跨地区、跨部门、跨层级的协同联动机制。二是落实安全制度要求，重点建立健全数据分类分级保护、风险评估、检测认证等制度，加强数据全生命周期安全管理和技术防护。三是提升安全保障能力，建立健全动态监控、主动防御、协同响应的数字政府安全技术保障体系。充分运用主动监测、智能感知、威胁预测等安全技术，强化日常监测、通报预警、应急处置，拓展网络安全态势感知监测范围，加强大规模网络安全事件、网络泄密事件预警和发现能力。四是提高自主可控水平，加强自主创新，加快数字政府建设领域关键核心技术攻关，强化安全可靠技术和产品应用，切实提高自主可控水平。强化关键信息基础设施保护，落实运营者主体责任。开展对新技术新应用的安全评估，建立健全对算法的审核、运用、监督等管理制度和技术措施。

(九)强化互联网用户账号信息管理

为了进一步加强对互联网用户账号信息的管理，保护公民、法人和其他组织的合法权益，促进互联网信息服务健康发展，2022年6月27日，国家互联网信息办公室发布《互联网用户账号信息管理规定》(以下简称《管理规定》)，自2022年8月1日起施行。

《管理规定》明确了账号信息注册和使用规范，要求互联网信息服务提供者应当制定和公开互联网用户账号管理规则、平台公约，明确账号信息注册、使用和管理相关权利义务。互联网个人用户注册、使用账号信息，含有职业信息的，应当与个人真实职业信息相一致；互联网机构用户注册、使用账号信息，应当与机构名称、标识等相一致。互联网信息服务提供者为互联网用户提供信息发布、即时通讯等服务的，应当进行真实身份信息认证；应当对互联网用户在注册时提交的和使用中拟变更的账号信息进行核验；应当在账号信息页面展示合理范围内的互联网用户账号的互联网协议地址归属地信息，便于公众对公共利益实施监督。

《管理规定》要求，建立健全并严格落实真实身份信息认证、账号信息核验、信息内容安全、生态治理、应急处置、个人信息保护等管理制度；完善投诉举报受理、甄别、处置、反馈等机制；建立健全互联网用户账号信用管理体系；对违法违规注册、使用账号信息的情形采取相应的处置措施。

(十)部署打击网络谣言和虚假信息专项行动

为深入清理网络谣言和虚假信息，营造风清气正的网络环境，按照2022年“清朗”系列专项行动总体安排，中央网信办决定2022年9月起在全国范围内启动为期3个月的“清朗·打击网络谣言和虚假信息”专项行动。专项行动针对问题多发高发的重点平台、重点环节、重点版块，着力解决旧谣言反复传播、新谣言层出不穷的问题。健全完善监测、发现、辟谣、处置全流程工作规范，压紧压实网站平台主体责任，打通谣言治理工作的“最后一公里”。加大造谣传谣行为惩治力度，查处曝光典型案例，形成强大震慑，最大限度挤压网络谣言和虚假信息生存空间，营造清朗网络环境。

专项行动主要聚焦三大方面：一是对涉重大会议、重要活动、重要政策发布以及侮辱诽谤英雄烈士、亵渎否定英雄烈士事迹精神等谣言和虚假信息，要从严从快从重清理处置；二是对涉安全生产、交通运输、自然灾害等公共突发事件，特别是涉险情、疫情、灾情、警情的谣言和虚假信息，要积极督促有关部门加强正面回应，澄清事实，回应关切；三是对社会、经济、民生领域的谣言和虚假信息，要加强与相关部门的沟通，推动及时发声辟谣，防止扩散蔓延，误导民众。据通报，截至 2022 年 11 月，重点网站平台共处置传播网络谣言账号 5400 余个，对造谣传谣行为形成有力震慑。

三、2022 年网络与数据法治实施中存在的主要问题与建议

2022 年，我国网络与数据法治实施继续治理网络突出问题和布局数据要素基础制度建设，多部重要网络与数据法律法规出台，重点治理互联网信息服务算法推荐，加大整治互联网跟帖评论服务，加强打击治理电信网络诈骗违法犯罪，强化移动互联网应用程序信息服务管理，整治网络谣言乱象等，取得了显著成效，但是仍然存在不少问题需要研究和系统解决，如侵犯公民个人信息案件依然严峻，电信网络诈骗违法犯罪形势依然严峻，App 过度索取用户信息现象较为严峻，网络谣言和虚假信息事件频发，互联网弹窗信息乱象亟待全方位治理，互联网跟帖评论乱象仍然突出，互联网信息服务深度合成需强化监管，数据要素市场规则亟须规范统一等。

（一）网络与数据法治实施中存在的主要问题

1. 侵犯公民个人信息案件依然严峻

2022 年，恶意窃取公民个人信息用于实施犯罪案件频发，主要聚焦恶意窃取中小学生、老年人等群体个人信息，非法侵入计算机系统获取个人信息，非法窃取快递信息，以及网上非法倒卖公民个人信息等。2022 年，公安机关累计侦办侵犯公民个人信息案件 1.6 万余起，有力维护了公民个人信息安全。

2. 电信网络诈骗违法犯罪形势依然严峻

当前，电信网络诈骗犯罪形势严峻，已成为发案最多、上升最快、涉及面最广、人民群众反映最强烈的犯罪类型，其中刷单返利、虚假投资理财、虚假网络贷款、冒充客服、冒充公检法五种诈骗类型发案占比近 80%，成为最为突出的五大高发类案，其中刷单返利类诈骗发案率最高，占发案总数的 1/3 左右；虚假投资理财类诈骗涉案金额最大，占全部涉案资金的 1/3 左右。

2022 年暑假期间，国家网信办反诈中心监测发现多起针对未成年人的

电信网络诈骗事件。不法分子经常以加入“明星粉丝QQ群”为诱饵，声称完成任务可领取礼品或明星签名，诱导未成年人进行转账或刷单；有的宣称免费赠送游戏装备，再通过“激活费、认证费、验证费”骗取未成年人钱财，严重危害未成年人身心健康。2022年，全国公安机关持续向电信网络诈骗犯罪发起攻势，截至2022年11月底，全国共破获电信网络诈骗案件39.1万起，同比上升5.7%，抓获犯罪嫌疑人数同比上升64.4%，但是立案数同比下降17.3%，造成财产损失数额同比下降1.3%。针对华东、华南、京津冀3个片区重点城市，组织开展区域会战，共捣毁诈骗窝点1800余个；针对涉诈黑灰产链条，组织发起各类集群战役80余起。

3. App过度索取用户信息现象较为严峻

根据奇安信对外发布《2022年度App收集个人信息检测报告》显示，App高频次收集个人信息次数情况较为严峻，大部分App高频次收集次数主要集中在2~5次，占比35.5%；其次是6~10次占比27.8%和11~20次占比21.5%，超过20次的占比也达到了15.2%。中国消费者协会于2022年11月1日发布的“个人信息保护法普法宣传”中也指出，目前侵害消费者个人信息的主要场景包括手机App过度索取消费者个人信息。主要表现为：超过必要范围收集个人信息，如不同意App获得调取非必要信息的权限，则该App无法正常使用；超范围利用所收集的个人信息，如App通过正常范围收集个人信息，却在个人信息未脱敏的状态下超出合理范围使用；未明确告知而收集信息。

4. 网络谣言和虚假信息事件频发

2022年一段时间以来，各类涉疫网络谣言不断出现、持续发酵，歪曲国家防疫政策，消解群众抗疫信心，严重危害社会稳定，人民群众对此深恶痛绝。对此，中央网信办深入推进“清朗·打击网络谣言和虚假信息”专项行动，督促指导网站平台全面排查整治涉疫谣言，并通报了关于“德尔塔奥密克戎共循环”的网络谣言等8个涉疫首发谣言典型案例。微博、腾讯、抖音、快手、百度、哔哩哔哩、小红书、知乎、豆瓣等重点网站平台共处置传播涉疫谣言账号2700余个。

5. 互联网弹窗信息乱象亟待强化监管和综合治理

当前，互联网弹窗算法推荐存在大量违反法律法规或者违背伦理道德的情形，一些弹窗算法推荐服务为了增强用户黏性，迎合用户的喜好，不断地选择让用户感兴趣的信息进行弹窗推送，导致用户沉迷网络和过度消费。

互联网弹窗已形成完整的利益链，成为众多互联网公司的重要盈利来源，网络弹窗信息不仅频率高，而且关闭键过小甚至形同虚设，尤其是部分弹窗信息暗含低俗色情信息，或是存在木马植入、信息诈骗、强制消费等安全隐患。最令消费者厌恶的是，弹窗页面设置虚假关闭、跳转按钮，利用引人误解的内容欺骗、误导、诱导用户点击或自行跳转至其他链接，这些突出问题亟待强化监管和综合治理。

6. 互联网信息服务深度合成需强化监管

深度合成信息内容制作和传播数量正在高速增长，尤其伴随“元宇宙”等新模式、新场景不断落地，深度合成技术将为智能化、视觉化、场景化、虚拟化的互联网信息服务发展提供更多技术方案。当前，换脸、换声、三维重建、智能对话等深度合成服务已经在互联网社交媒体中广泛应用，催生了美颜美妆、影视制作、智能客服、虚拟主播、元宇宙等一系列形式新颖丰富、功能便捷智能的应用形态。然而，深度合成技术也正在被恶意利用制作虚假信息内容，进而可能带来政策干扰、谣言泛滥、低俗内容肆意传播等影响国家安全、社会稳定的风险问题。

7. 数据要素市场规则亟须规范统一

2022 年 12 月 19 日，中共中央、国务院正式发布“数据二十条”，开启了我国数据要素制度建设的新时期，标志着我国数据要素市场从无序自发探索阶段进入有序规范的正式探索阶段。据不完全统计，福建、山东、天津、安徽、贵州、河南、广东、浙江、深圳、上海、河南、重庆等省市，纷纷出台数据条例。与此同时，金融、医疗、汽车制造等行业也陆续发布一些行业数据规范。然而，上述地方立法大多是“跑马圈地”，数据要素规则不统一。随着“数据二十条”的公布，亟须建立起全国统一的数据要素基础制度。

(二)网络与数据法治实施的若干建议

1. 深入学习贯彻党的二十大精神不断提升网络空间治理效能

党的二十大报告提出：“健全网络综合治理体系，推动形成良好网络生态。”健全网络综合治理体系，应当坚持多方协同参与，健全综合治理体系。把互联网这个最大变量变成事业发展的最大增量，这需要发挥各方面作用，形成党委领导、政府管理、企业履责、社会监督、网民自律等多主体参与的治理格局，健全综合治理体系。

健全网络综合治理体系必须要坚持党对网络综合治理工作的全面领导，强化治网管网各部门相互配合，进一步完善协调机制，形成治理合力；增强互联网平台主体责任意识，守好网络治理的“第一道关口”和“第一道防线”；发挥好行业组织引导督促作用，强化互联网行业自律；引导广大网民自觉规范个人网络行为。

2. 继续严厉打击电信网络诈骗违法犯罪行为

打击电信网络诈骗违法犯罪行为应当强化系统观念、法治思维，坚持严厉打击、依法办案，打防结合、防范为先，科技支撑、强化反制，源头治理、综合治理，广泛动员、群防群治，坚决遏制电信网络诈骗违法犯罪多发高发态势。面对不法分子“魔高一尺”的花样骗术，相关职能部门必须拿出“道高一丈”的打击力度，第一，要建立运转高效、协同联动、衔接紧密的打击治理体系；第二，要建立对涉诈网站、App及诈骗电话、诈骗短消息的处置机制；第三，要提升预警信息监测发现能力，及时发现潜在受害群众并对其进行劝阻；第四，要建立全方位、广覆盖的反诈宣传教育体系，开展反诈知识进社区、进校园、进农村，在全社会形成反诈的浓厚氛围。

3. 加强对App过度索取用户信息的监管

目前，大量移动互联网应用程序(App)存在强制授权、过度索权、超范围收集个人信息的情形，尤其是违法违规使用个人信息的问题十分突出，已经毫无规则和底线，广大网民深恶痛绝。对于治理App过度收集个人信息的问题，应当依法明确“必要个人信息”范围。这里的“必要个人信息”，是指保障App基本功能服务正常运行所必需的个人信息，缺少该信息App即无法实现基本功能服务。对于超过“必要个人信息”范围的收集和处理行为，均属于超范围收集个人信息，必须坚决予以打击和惩处。

4. 严厉打击网络谣言和虚假信息

打击网络谣言和虚假信息，关键在于加大溯源追责力度：一是督促网站平台加强技术手段建设，提升溯源能力，对首发谣言和虚假信息的平台账号，视问题性质进行处置处罚，强化源头遏制；二是制定完善网络谣言和虚假信息处置处罚细则，根据严重程度、是否首发、转发次数等维度，视情采取警告、禁言、永久封禁等措施；三是对首发恶劣谣言、多次传播谣言、利用谣言进行恶意营销炒作的账号主体，纳入“黑名单”管理，情节特别严重的，全网禁止注册新账号；四是定期集中通报曝光处置处罚情况，公布违法违规典型案例，形成有力震慑。

5. 加大互联网弹窗信息乱象的治理力度

互联网弹窗信息推送服务提供者应当落实信息内容管理主体责任，建立健全信息内容审核、生态治理、数据安全和个人信息保护、未成年人保护四项管理制度。互联网弹窗信息推送服务提供者应当设立弹窗信息推送治理的负责人，并配备与业务范围和服务规模相适应的专业人员对弹窗信息内容的治理和管理，建立健全弹窗信息推送内容的合规管理规范，不断提升弹窗信息推送人员的合规与伦理素养。同时，要完善信息筛选、编辑、推送等工作流程，对于弹窗信息推送的内容不能仅仅进行自动化审核，必须配备与服务规模相适应的审核力量，确保弹窗信息推送的内容规范合规。

6. 加强网络暴力治理力度

加强网络暴力治理必须加大对各大网络平台的合规管理，首先，网站平台要建立网暴信息分类标准和典型案例样本库，在区分舆论监督和善意批评的基础上，明确细化涉网暴内容标准，增强识别预警准确性；其次，网络平台应建立涉网暴舆情应急响应机制，网站平台要组织专门工作力量，及时收集网暴相关热点话题和舆情线索，强化网暴舆情事前预警，做到防微杜渐、防患于未然。

为强化网暴当事人保护，应当设置一键防护功能，网站平台要根据自身特点，建立完善紧急防护功能，提供一键关闭陌生人私信、评论、转发和@消息等设置。同时，建立快速举报通道，向用户提供针对网暴信息的一键取证等功能，方便当事人快速收集证据，最重要的是坚持最有利于未成年人的原则，优先处理涉未成年人网暴举报。

7. 推进数据要素基础制度在有条件的地区“先行先试”

目前，数据要素市场处在培育期，主要任务是建立数据要素基础制度。“数据二十条”核心要点就是提出建立四大数据基础制度体系：一是建立保障权益、合规使用的数据产权制度体系；二是建立合规高效、场内外结合的数据要素流通和交易制度体系；三是建立体现效率、促进公平的数据要素收益分配制度体系；四是建立安全可控、弹性包容的数据要素治理制度体系。

构建系统完备的数据要素制度体系并非一蹴而就，这是一项长期、复杂的系统工程。要进一步解放思想，加强统筹推进，强化任务落实，创新政策支持，鼓励有条件的地方和行业在机制、路径、模式探索等方面开展先行先试。“数据二十条”提出：“支持浙江等地区和有条件的行业、企业先行先试。”应当充分发挥“长三角”和“粤港澳大湾区”海量数据规模和丰富应用场景优势，激活数据要素潜能，做强、做优、做大数字经济，增强经济发展新动能，建议在浙江和深圳地区先行先试，重点推进以下工作：一是逐步完善数据产权界定、数据流通和交易、数据要素收益分配、公共数据授权使用、数据交易场所建设、数据治理等主要领域关键环节的政策及标准；二是加强数据产权保护、数据要素市场制度建设、数据要素价格形成机制、数据要素收益分配、数据跨境传输、争议解决等理论研究和立法研究，推动完善相关法律制度；三是及时总结提炼可复制可推广的经验和做法，力争实现数据基础制度体系的创新和突破。

撰稿专家

王春晖，浙江大学网络空间安全学院教授、博导，我国知名网络与数据战略与法律专家。任中国科协网络与数据法治决策咨询首席专家，南京邮电大学信息产业发展战略研究院首席教授、浙江大学网络空间国际治理研究基地首席专家、网络空间治理与数字经济法治（长三角）研究基地主任兼首席专家。

兼任工业和信息化部信息通信经济专家委员会委员、联合国世界丝路论坛数字经济研究院院长、中国行为法学会学术委员会副主任、中国通信学会网络空间安全战略与法律委员会副主任委员、中国互联网协会应用创新工作委员会副主任委员、中国法学会网络与信息法学研究会常务理事、上海市法学会互联网司法研究会副会长、江苏省法学会大数据与人工智能法学研究会副会长、中国网络空间安全协会理事、联合国国际贸易法律委员会中国观察员专家团成员、联合国国际电联《国际电信规则》中国工作组专家、北京市通信管理局首席法律顾问、广东省通信管理局首席法律顾问、浙江省通信管理局首席法律顾问、江苏省通信管理局首席法律顾问、江苏省委网信办法律专家、中国数字经济安全与发展50人论坛主席、中国网络与数据安全法治50人论坛主席等。

主要从事网络与数据法学与战略的交叉研究，研究领域包括：数据要素基础制度、信息通信经济与法律、数据合规与治理、个人隐私与保护、

AI 伦理与法律、ICT 标准必要专利、平台反垄断与治理机制，国际网络与数字制度性话语权、国际电信法、国际商务合同谈判与国际商事争端解决机制等。

承担和参与多项国家及省部级课题(包括三项国家社科基金重大项目：2020 年度国家社科基金重大专项“建立健全网络综合治理体系研究”(20ZDA062)、2021 年度国家社科基金重大项目“互联网平台的社会影响及治理路径研究”(21&ZD195)、2022 年度国家社科基金重大项目“系统论视角下的数字法治基本问题研究”(22&ZA201))。出版专著(译著)20 多部，发表学术论文 160 余篇。

第十五章　2022 年涉外商事海事法治专题报告

张　建

报告要旨

党的十八大以来，以习近平同志为核心的党中央高度重视涉外法治工作，坚持统筹国内国际两个大局，统筹推进国内法治和涉外法治。涉外立法、涉外执法、涉外司法是涉外法治建设的重要组成部分。过去的 2022 年，在立法层面，我国批准了两项国际劳动公约，修订《对外贸易法》等涉外立法，颁布《缔结条约管理办法》等重要的涉外法规，发布《对外关系法(草案)》《外国国家豁免法(草案)》并向全社会公开征求意见。在执法层面，我国强化涉外领域的执法检查工作，推动《外商投资法》的有序贯彻实施。在涉外司法层面，我国的国际商事法庭机制建设取得新进展，最高人民法院国际商事法庭就首批专家委员进行续聘，经研究决定将五家仲裁机构纳入第二批“一站式”国际商事纠纷多元化解决机制。除了最高人民法院国际商事法庭外，2022 年还成立了多家地方国际商事法庭，如厦门、无锡、成都、南宁、长春，提升了国际商事审判的专业化。同时，全国各级人民法院在妥善审理涉外海事案件、提高涉外审判能力方面也在不断创新和发展。最高人民法院发布了第三批涉“一带一路”建设典型案例、2021 年全国海事审判典型案例等，多家海事法院发布了海事审判白皮书、海事审判典型案例，涉外商事海事审判精品战略实施取得新成效。此外，各级人民法院积极探索建立健全域外法查明新机制、探索明确法律互惠的认定标准，深入参与国际民商事司法协助(作)，有力推动了涉外商事海事判决的跨境承认与执行，便利跨境民商事纠纷的解决，助力我国新一轮高水平对外开放。

核心建议

1. 围绕反制裁、反干涉、反制“长臂管辖”等，充实应对挑战、防范风险的法律“工具箱”。着力推进国家安全体系和能力建设，完善国家安全法治体系。

2. 健全公开透明的涉外法律体系，服务推动形成全方位、多层次、宽领域的全面开放新格局。主动参与并努力引领国际规则制定，推动形成公正合理透明的国际规则体系，提高我国在全球治理体系变革中的话语权和影响力。

3. 对标公正合理的国际投资与经贸规则，完善涉外民商事审判机制，全力服务市场化法治化国际化营商环境建设。在涉外诉讼中，注重数字赋能，建立统一的跨境远程电子诉讼新规则，开展跨境在线送达、在线委托授权，探索跨境远程庭审规则等，提升中外市场主体对中国司法的信任度。

4. 注重涉外司法职能延伸，推动人民法院与开放型经济关联主管部门、商(协)会建立健全常态化联络机制，构建“法院、企业法律互动平台”，积极回应各类外商投资企业的司法需求。

一、2022 年涉外商事海事法治实施的总体状况

(一)统筹国内国际两个大局，推动涉外法治工作高质量发展

党的十八大以来，以习近平同志为核心的党中央高度重视涉外法治工作。坚持统筹推进国内法治和涉外法治是习近平法治思想的最新成果和最新体现，体现了鲜明的时代特征，蕴含了丰富的理论与实践内涵，是新发展阶段推进我国涉外法治建设的根本遵循和行动指南。[①] 在习近平法治思想

① 陶凯元、寇昉：《以习近平法治思想为指引 统筹推进国内法治与涉外法治建设》，载《中国应用法学》2023 年第 1 期。

的指引下，我国涉外法治建设取得历史性成就、发生根本性变革。统筹推进国内法治和涉外法治是习近平法治思想的重要内容，其深刻意涵主要体现为国内法治和涉外法治的辩证关系以及统筹推进的根本要求和基本遵循。① 人民法院涉外商事海事审判工作是涉外法治建设的重要组成部分，是中国司法的对外窗口，是展示中国法治形象、讲好中国法治故事、传播中国法治声音的重要平台。涉外商事海事审判工作的健康发展，对于营造市场化法治化国际化营商环境，建设更高水平开放型经济新体制，维护国家主权、安全、发展利益，推动构建相互尊重、公平正义、合作共赢的新型国际关系具有十分重要的意义。在过去的 2022 年，我国各级人民法院认真落实统筹推进国内法治和涉外法治要求，加快推进涉外审判体系和审判能力现代化建设，涉外商事海事审判的国际公信力和影响力持续提升。

最高人民法院深入贯彻国家对外开放各项重大战略部署，相继发布服务保障“一带一路”、自由贸易试验区、上海临港新片区、海南自由贸易港、北京“两区”建设等 10 余个司法指导意见，对涉外审判的重点领域、重点工作进行全面部署，指导各级法院深度融入、积极参与各地具体实践，司法服务保障对外开放重大战略开创新局面，为推进高水平对外开放，形成全方位、多层次、宽领域的全面开放新格局贡献司法力量。2022 年 2 月，最高人民法院发布首批共 10 起服务保障自由贸易试验区建设典型案例和 12 项亮点举措，集中展现人民法院服务保障自由贸易试验区建设的丰硕成果，发挥了良好示范作用。多地法院出台为自由贸易试验区、构建全面开放新格局、中国-上海合作组织地方经贸合作示范区等国家重大战略提供司法服务和保障的地方司法文件，设立自由贸易试验区法院、法庭或巡回法庭，各项务实举措成效突出，有力保障了国家重大战略的实施。

最高人民法院全面贯彻党中央关于平等保护外商投资合法权益的精神，及时制定、修改了外商投资配套司法解释，与外商投资法同步实施，外商投资纠纷审判进入以“一法一条例两解释”为主干规范体系的新阶段。对外商投资纠纷案件实行专业化审判，由各级法院涉外审判庭归口办理，公正高效审结一系列外商投资企业纠纷案件，全面落实准入前国民待遇加负面清单制度，平等保护中外当事人合法权益，营造稳定、公平、透明、可预期的法治化营商环境。

正是在中国涉外司法审判机关的长期努力下，中国司法机关和中国法

① 黄进：《论统筹推进国内法治和涉外法治》，载《中国社会科学》2022 年第 12 期。

官赢得了世界各国和国际组织的广泛认可。2022 年 11 月 15 日，第 77 届联合国大会举行联合国上诉法庭和争议法庭法官选举。经联合国内部司法理事会推荐，来自中国最高人民法院的法官高晓力、孙祥壮分别当选联合国上诉法庭、联合国争议法庭法官。据介绍，高晓力的任期为 2022 年 11 月 15 日至 2026 年 6 月 30 日，孙祥壮的任期为 2023 年 7 月 1 日至 2030 年 6 月 30 日。联合国上诉法庭共有 7 名法官，均在纽约联合国总部办公。争议法庭共有 9 名法官，分别在纽约、日内瓦和内罗毕办公。这两个法庭是联合国内部司法系统的重要机构，为维护联合国工作人员合法权益、促进联合国系统在法治基础上有效运转发挥重要作用。这是联合国上诉法庭和争议法庭设立以来中国候选人首次当选，对中国深度参与全球治理具有重要意义。

（二）自主批准两项劳动公约，积极推动全球人权治理

2022 年 4 月 20 日，全国人大常委会决定批准《1930 年强迫劳动公约》（第 29 号）和《1957 年废除强迫劳动公约》（第 105 号）两项公约。2022 年 8 月 12 日，中国常驻联合国日内瓦办事处和瑞士其他国际组织代表陈旭大使向国际劳工组织（以下简称 ILO）总干事盖・莱德递交了中国批准这两项劳动公约的批准书。①

第 29 号公约和第 105 号公约是国际劳工组织 10 项核心公约中的两项，是消除强迫劳动领域最重要的国际法律文书。在批准这两项公约之前，中国政府已经采取了一系列举措坚决反对和严厉打击强迫劳动，为批准两项公约提供了条件。中国打击和消除强迫劳动的政策体系不断完善。《国家人权行动计划（2021-2025 年）》在工作权利中明确规定，打击和惩处强迫劳动。加强劳动者权益保护，依法惩处强迫劳动犯罪。《中国反对拐卖人口行动计划（2021-2030 年）》严厉打击通过拐卖人口实施强迫劳动的行为。

我国自主批准 ILO 两项核心强迫劳动公约，是推进全体成员国批准强迫劳动公约和实现可持续发展目标道路上的里程碑，具有重要世界意义与历史意义：第一，有利于进一步推动我国对人权的保护。表明我国积极履行作为 ILO 成员国的义务，遵守《国际劳工组织关于工作中基本原则和权利宣言及其后续措施》的要求，致力于基本权利的实现。这既是中国人权事业取得的巨大发展成就，同时也在全球人权治理过程中发挥了重要作用，以实际行动推动全球人权治理朝着更加公平、公正、合理、包容的方向发

① 王卫、吴琼：《自主批准两项劳动公约 中国以实际行动推动全球人权治理》，载《法治日报》2022 年 8 月 22 日，第 5 版。

展。第二，有利于回击美西方恶意抹黑新疆“强迫劳动”的谬论。积极批准相关核心公约，加强落实人权保护措施，旗帜鲜明表达中国政府保护劳动者权益，反对和打击强迫劳动的坚定立场，是驳斥美西方对我国污蔑的有力回击。第三，表明我国积极推动高水平对外开放的决心与信心。遵守核心劳工标准已经成为当代主流自由贸易协定或投资协定的核心条款，积极批准ILO核心公约将为我国开展更深层次经贸合作、提供更高水平的对外承诺创造有利条件。

(三)加强涉外领域立法，“法律工具箱”不断丰富

1. 国务院制定并发布《缔结条约管理办法》

2022年，我国持续加快涉外领域的立法步伐，全力补齐法律法规短板，加快涉外法律规范体系建设。为了更好地实施《缔结条约程序法》，规范缔结条约工作程序，加强对缔结条约事务的管理，我国国务院于2022年10月16日公布了《缔结条约管理办法》，该法是我国在党的二十大胜利闭幕以后颁布的一部涉外领域立法，具有重要意义。对国务院或者国务院有关部门缔结条约、协定和其他具有条约、协定性质的文件的权限、缔约名义、提请全国人民代表大会常务委员会决定批准或者加入条约，以及条约的登记、保存、公布及其在特别行政区的适用等问题作了明确详细的规定。其主要亮点有三：

第一，建立清晰的缔约权行使制度。《缔结条约管理办法》规定：外交部指导、督促国务院有关部门依照法定程序办理缔结条约工作，国务院有关部门在各自职权范围内负责办理缔结条约的相关工作(第3条)；司法部负责审查报请国务院审核并建议提请全国人民代表大会常务委员会批准或者加入，或者报请国务院核准、决定加入或者接受的条约，并提出法律意见(第24条)。该办法同时特别明确规定：除中华人民共和国宪法、法律和国务院另有授权外，地方各级政府无权缔结条约(第4条)；条约内容涉及政治、外交、经济、社会、安全等领域重大国家利益的，应当将条约草案及条约草案涉及的重大问题按照有关规定报告党中央(第8条)。这是加强党中央对条约工作的集中统一领导、防范国际法律风险的必要措施。

第二，规定明确的时限制度。《缔结条约管理办法》对启动条约谈判，签署条约，出具全权证书，报请国务院审核，报国务院备案，送外交部登记、保存，通知外交部办理制作、交存或者交换批准书、核准书，通知特别行政区政府等行为均规定了明确的时限要求。例如，以中华人民共和国

名义或者中华人民共和国政府名义谈判条约的，应在启动谈判前不少于 20 个工作日报请国务院决定(第 9 条)；以中华人民共和国名义或者中华人民共和国政府名义签署条约的，应在签署前不少于 10 个工作日报请国务院决定(第 12 条)等。

第三，征询特别行政区政府意见制度。关于征询特别行政区政府意见的条约类型与主体，《缔结条约管理办法》规定：(1)涉及外交、国防事务的条约，或者根据条约性质、规定应当适用于中华人民共和国全部领土的条约，应通过外交部通知特别行政区政府条约将适用于特别行政区(第 27 条)；(2)其他多边条约，应通过外交部分别征询香港特别行政区政府、澳门特别行政区政府意见，如果多边条约缔约方不限于主权国家，且根据香港特别行政区基本法和澳门特别行政区基本法有权单独签订的，可以不征询特别行政区政府的意见(第 25 条第 1 款)；(3)缔结双边条约，需要征询特别行政区政府意见的，由国务院有关部门会同外交部和国务院港澳事务机构参照本条第 1 款办理(第 25 条第 2 款)。[①]

2.《对外贸易法修正案(草案)》提请审议

2022 年 12 月 27 日，《对外贸易法修正案(草案)》提请十三届全国人大常委会第三十八次会议审议。该草案删去了《对外贸易法》第 9 条关于"从事货物进出口或者技术进出口的对外贸易经营者，应当向国务院对外贸易主管部门或者其委托的机构办理备案登记；但是，法律、行政法规和国务院对外贸易主管部门规定不需要备案登记的除外。备案登记的具体办法由国务院对外贸易主管部门规定。对外贸易经营者未按照规定办理备案登记的，海关不予办理进出口货物的报关验放手续"的规定。

3.《对外关系法(草案)》公布

2022 年 12 月 30 日，《对外关系法(草案)》《外国国家豁免法(草案)》公开征求意见。

制定对外关系法遵循的原则是：一是坚持党的领导。坚持党总揽全局、协调各方的领导核心作用，贯彻落实党中央的决策部署，使党在对外工作领域的方针政策通过法定程序转化为国家意志，服务国内发展大局和对外工作全局。二是坚持把准定位。对外关系法作为对外工作基础性、综合性法律，重在明确我国对外工作具有指导意义、普遍意义的思想、方针、原

① 肖永平：《〈缔结条约管理办法〉的重要意义和主要亮点》，载司法部网，http：//www.moj.gov.cn/pub/sfbgw/zcjd/202211/t20221107_ 466848.html，最后访问日期：2022 年 12 月 30 日。

则，为其他涉外法律提供授权和指引，做好配套衔接，留足接口。三是坚持问题导向。对涉外立法中一些根本性问题和亟待解决的问题作出规定，统筹把握合作与斗争、反制与限制等关系，坚持鼓励、支持、保护性规定同抵制、反制性规定并重。四是坚持立足当前，着眼长远。既要高质量高水平回应和解决当下涉外立法诉求，又要兼顾稳定性前瞻性，充分考虑所涉条款的延续性。五是坚持系统观念。坚持原则性与灵活性相统一，妥善把握国内与国际、政治与法治、外交与法律等辩证统一关系，平衡法律的宣示作用和实施效果，统筹考虑国内反应和国际影响。

《对外关系法(草案)》共6章、44条，条文设计突出以下特点：

(1)总则部分主要是纲领性、概括性规定。一是明确发展对外关系的指导思想。规定发展对外关系坚持以习近平新时代中国特色社会主义思想为指导，按照宪法的规定、原则和精神，积极开展对外工作，为我国发展营造良好外部环境(第3条)。二是明确发展对外关系的基本原则。包括坚持独立自主的和平外交政策、坚持和平共处五项原则、坚持和平发展道路、坚持对外开放基本国策和互利共赢开放战略、推动建设新型国际关系、推动构建人类命运共同体、遵守联合国宪章宗旨和原则、维护世界和平与安全等原则(第4条)。三是明确坚持党的领导。规定对外工作坚持中国共产党的集中统一领导，坚持党总揽全局、协调各方的领导核心作用。明确中央外事工作领导机构的职责(第5条、第6条)。

(2)根据宪法及相关法律规定，对相关主体在对外关系中的职权作出规定。一是对国家机关开展对外工作的职权分别作出原则性规定(第10条至第14条)。二是明确驻外外交机构的职责(第15条)。三是明确省、自治区、直辖市在中央授权范围内开展对外交流合作(第16条)。

(3)将我国长期以来坚持的对外方针政策以法律形式固定下来。一是明确我国发展对外关系的目标。包括坚持维护中国特色社会主义制度，维护国家主权、统一和领土完整，服务国家经济和社会发展；推动建设新型国际关系，推动构建人类命运共同体(第17条)。二是明确我国对外工作布局，推进大国协调与合作，发展同周边国家、发展中国家关系，参与全球治理体系改革和建设(第18条)。三是明确我国维护以联合国为核心的国际体系，维护以国际法为基础的国际秩序，维护以联合国宪章宗旨和原则为基础的国际关系基本准则(第19条)。四是明确我国坚持的全球安全观和发展观；明确尊重和保障人权，在平等和相互尊重的基础上开展人权领域交流与合作；弘扬全人类共同价值，尊重文明多样性(第20条至第24条)。

同时，草案还对我国参与全球环境气候治理、开展对外经济合作、开展对外援助等作了原则规定（第25条至第28条）。

（4）就法律制度层面而言，体现出加快形成系统完备的涉外法律法规体系的精神和要求。一是明确国家统筹推进国内法治和涉外法治，加强涉外领域立法，加强涉外法治体系建设（第29条）。二是明确国家依照宪法和法律缔结或者参加条约和协定，善意履行有关条约和协定规定的义务。国家缔结或者参加的条约和协定不得与宪法相抵触（第30条）。三是明确国家在遵守国际法基本原则和国际关系基本准则的基础上，加强涉外领域法律法规的实施和适用，并依法采取执法、司法、行政措施，维护国家主权、安全、发展利益，保护中国公民、组织合法权益（第32条）。四是明确对于违反国际法和国际关系基本准则，危害我国主权、安全、发展利益的行为，我国有权依法采取必要反制和限制措施（第33条）。五是明确国家采取措施执行联合国安理会制裁决议（第35条）。六是明确我国依据有关法律法规和缔结或者参加的条约和协定给予外国国家、国际组织及官员和代表相应的特权与豁免（第36条）。同时，草案对保护中国公民、组织在国外的安全和正当权益，保护国家的海外利益，保护在中国境内的外国人和组织的合法权利和利益，开展对外执法、司法合作等作了规定（第37条至第39条）。

4.《外国国家豁免法（草案）》公布

国家豁免制度涉及国家对外关系和利益，是涉外法律体系的重要制度之一。党中央、国务院高度重视涉外法治工作。党的二十大报告明确提出统筹推进国内法治和涉外法治。在国际交往中，未经一国同意，另一国法院不得对该国家及其财产进行管辖和采取强制措施，即通常所说的国家豁免。长期以来，我国法院不受理以外国国家为被告的案件，我国也不接受外国法院管辖。在经济全球化背景下，绝大多数国家已从“绝对豁免”转向“限制豁免”，即对外国从事商业活动等非主权行为不再给予豁免，允许本国法院行使管辖权。当前，我国对外交往不断扩大，“一带一路”影响力日益提升，我国企业和公民与外国国家之间的经济合作越来越频繁。为适应新形势新变化，助力高水平对外开放和推动共建“一带一路”高质量发展，有必要制定外国国家豁免法，参考国际惯例，明确我国法院在外国国家从事商业活动等非主权行为时可行使管辖权。

该草案坚持以习近平新时代中国特色社会主义思想为指导，深入贯彻习近平法治思想、习近平外交思想，贯彻落实党中央关于加快涉外法律体系建设的重大决策部署，统筹发展和安全，参考国际条约和多数外国国家做法，并立足我国国情和现实需要，合理确定豁免例外范围，做好与民事诉讼法等相关法律的衔接。该草案共22条，主要规定了以下内容：一是明确了外国国家及其财产在我国法院享有管辖豁免的一般原则。二是确立了管辖豁免的例外制度，即在外国国家明示接受管辖、进行商业活动、为获得个人提供的劳动或者劳务与个人签订合同、造成人身和财产损害等情形下不享有管辖豁免，我国法院可以行使管辖权。三是规定了外国国家财产享有司法强制措施豁免，同时确立了例外制度，即在外国国家明示放弃、指定财产用于执行等情形下不享有司法强制措施豁免；还明确外国国家接受我国法院管辖，不应视为放弃司法强制措施豁免。四是规定了外国国家及其财产案件的一般程序，即对于外国国家及其财产案件的审判和执行程序，本法没有规定的，适用我国的民事诉讼法律以及其他法律；同时规定了诉讼文书送达、缺席判决等特殊诉讼程序。五是明确了对等原则，即外国法院给予我国的豁免低于本法规定的，我国可以实行对等原则；同时规定外交部就有关国家行为的事实问题出具的证明文件，法院应当采纳；对于其他涉及外交事务等重大国家利益的问题，外交部可以向法院出具意见。六是规定本法不影响外交、领事等人员和外国国家元首、政府首脑、外交部长等依法享有的特权与豁免。

（四）强化涉外领域执法检查，推动外商投资法贯彻实施

自2020年1月1日起施行的《外商投资法》，是我国外商投资领域的基础性法律。为全面贯彻落实党中央关于对外开放的重大决策部署，建设更高水平开放型经济新体制，营造市场化法治化国际化营商环境，推动外商投资法的贯彻实施，根据2022年度监督工作计划，全国人大常委会对《外商投资法》实施情况开展了检查。2022年10月28日，全国人民代表大会常务委员会执法检查组在第十三届全国人民代表大会常务委员会第三十七次会议上就外商投资法的实施情况作了报告。①

本次执法检查工作有以下几个特点：第一，执法检查覆盖面广。执法检查组克服疫情影响，统筹部署，通过实地检查、委托检查、专项检查的方式，检查范围覆盖了全国大多省份，且这些省份的外商投资额占全国的

① 陈竺：《全国人民代表大会常务委员会执法检查组关于检查〈中华人民共和国外商投资法〉实施情况的报告》，载中国人大网，http://www.npc.gov.cn/npc/wstzfzfjc008/202211/18bbc6f4f985400bbdeee1019d1eb13a.shtml，最后访问日期：2022年12月31日。

90%以上，具有广泛的代表性。第二，执法检查重点突出。通过前期调研和听取国务院有关部门、最高人民法院、中国贸促会等 15 个部门单位关于法律实施情况及存在问题的介绍，将准入前国民待遇加负面清单管理制度、外商投资促进制度、外商投资权益保护制度、外商投资管理制度的落实情况等七个方面作为执法检查重点。在开展面上检查的基础上，再筛选出负面清单管理、内外资公平对待、外商投资权益保护三个问题深入开展专项检查，深挖问题，分析原因。第三，注重听取外商投资企业意见。累计听取了 200 余家外商投资企业和 10 余家外国商协会关于法律实施情况的意见和建议。在实地检查中，走进外商投资企业了解情况，与外商投资企业的投资人、管理层、职工深入沟通交流，充分听取他们对法律实施情况和改进工作的意见。专门召开执法检查专题座谈会，听取了在华的欧盟商会、美国商会、德国商会、日本商会、韩国商会、美中贸易全国委员会等外国商协会和部分知名外商投资企业的意见建议。第四，继续创新方式方法。在以往运用法律评估、大数据分析等方式执法检查取得良好效果的基础上，继续探索创新。委托国家信息中心对外商投资法实施情况开展大数据分析研究，为更加全面真实反映外商投资法实施情况提供了有力支持。同时，就外商投资法实施中的若干重要问题分别委托商务部国际贸易经济合作研究院、中国政法大学世界贸易组织研究中心开展课题研究，进一步深化了对法律实施中存在问题的认识。本次执法检查共形成了 1 份前期调研报告、5 份实地检查报告、8 份委托检查报告、2 份专项检查报告、2 份课题研究报告、1 份大数据分析报告，这些报告材料为起草执法检查报告奠定了扎实基础。

（五）重视中国法治的国际传播，讲述涉外法治好故事

为加强中国法治的国际传播，统筹推进国内法治与涉外法治，中国政法大学全面依法治国研究院与中国外文局翻译院联合组织 2022 年“中国法治国际传播十大典型案例”年度评选活动。该评选活动旨在评选讲好中国法治故事、提升中国法治国际影响力的优秀案例，积极推进中国法治国际传播能力建设，向世界展示真实、立体、全面的中国。本次评选坚持正确政治方向，维护和服务党和国家工作大局，旨在全方位、多元化、立体式展示我国推进全面依法治国的积极成果。就遴选标准而言，主要关注创新法治对外传播方式和话语表达，以海外听得到、听得懂、听得进的途径和方式，讲述中国法治故事。该活动对提升我国在国际法律事务和全球治理

方面的话语权和影响力具有重要意义。①

二、强化国际商事法庭机制建设，为高水平对外开放提供有力保障

(一)优化涉外民商事案件管辖机制，持续优化“一站式”解纷机制

为依法保护中外当事人合法权益，便利当事人诉讼，进一步提升涉外民商事审判质效，2022年8月16日，最高人民法院审判委员会第1872次会议审议通过了《关于涉外民商事案件管辖若干问题的规定》，自2023年1月1日起施行。该规定突出体现以下特点：

第一，明确了基层人民法院管辖第一审涉外民商事案件的相关规则。该规定第1条以《民事诉讼法》第18条和第19条为依据，明确第一审涉外民商事案件原则上由基层人民法院管辖。如果法律、司法解释对第一审涉外民商事案件管辖权另有规定的，则适用特别规定。例如，《最高人民法院关于设立国际商事法庭若干问题的规定》对最高人民法院国际商事法庭受理第一审涉外商事案件有专门的规定，该类案件的管辖则应依据该规定。

第二，明确了中级人民法院管辖第一审涉外民商事案件的相关规则。依照该规定第2条第2款，现行法律和司法解释规定涉外民商事案件应由中级人民法院管辖的，则依照规定由中级人民法院管辖，主要是指《民事诉讼法》《最高人民法院关于审理仲裁司法审查案件若干问题的规定》等规定的由中级人民法院管辖的申请承认和执行外国法院判决案件、仲裁司法审查案件以及其他依法应由中级人民法院管辖的案件等情形。

第三，明确了高级人民法院管辖第一审涉外民商事案件的相关规则。该规定第3条规定：“高级人民法院管辖诉讼标的额人民币50亿元以上(包含本数)或者其他在本辖区有重大影响的第一审涉外民商事案件。”结合民事诉讼法的相关规定，重大涉外案件应以中级人民法院管辖为原则，一般应由中级人民法院管辖，只有在高院辖区内乃至全国范围内影响极为重大的第一审涉外民商事案件，方应由高级人民法院管辖。

第四，明确了必要情况下基层人民法院、中级人民法院对第一审涉外民商事案件实行跨区域集中管辖的相关规则。该规定第4条规定：“高级人民法院根据本辖区的实际情况，认为确有必要的，经报最高人民法院批准，可以指定一个或数个基层人民法院、中级人民法院分别对本规定第一条、

① 于子平：《第三届“中国法治的国际传播”学术研讨会在京召开》，载最高人民法院网，https：//www. court. gov. cn/fabu-xiangqing-380641. html，最后访问日期：2022年12月29日。

第二条规定的第一审涉外民商事案件实行跨区域集中管辖。依据前款规定实行跨区域集中管辖的，高级人民法院应及时向社会公布该基层人民法院、中级人民法院相应的管辖区域。”需要说明的是，该规定前 3 条与第 4 条是一般规定与特殊规定、原则规定与例外规定的关系。下沉第一审涉外民商事案件的管辖是该规定确立的一个基本原则，第 4 条的内容并不能动摇这一原则。①

及时有效解决国际商事争议是保障各国人民合法权益、维护国际公平正义的必然要求。自 2018 年起，最高人民法院根据《中央办公厅、国务院办公厅关于建立“一带一路”国际商事争端解决机制和机构的意见》有关精神，建立了诉讼与调解、仲裁有机衔接的“一站式”国际商事纠纷多元化解决机制。2022 年 6 月，最高人民法院办公厅发布《关于确定第二批纳入“一站式”国际商事纠纷多元化解决机制的国际商事仲裁机构的通知》。为进一步落实中央关于推进共建“一带一路”高质量发展的决策部署，更好发挥“一站式”国际商事纠纷多元化解决机制的作用，根据相关机构自主申报，经综合考虑各机构受理国际商事纠纷案件的数量、国际影响力、信息化建设、服务“一带一路”倡议工作实效等因素，经最高人民法院研究，确定广州仲裁委员会、上海仲裁委员会、厦门仲裁委员会、海南国际仲裁院（海南仲裁委员会）、香港国际仲裁中心作为第二批纳入“一站式”国际商事纠纷多元化解决机制的仲裁机构。

国际商事专家委员会自成立以来，秉承共商共建共享的原则，充分发挥专业化争端解决优势，为保护中外当事人合法权益，营造稳定、公平、透明、可预期的法治化营商环境发挥了重要作用。2022 年 8 月，最高人民法院国际商事法庭专家委员会的首批专家委员任期届满。经最高人民法院研究，决定对首批 23 位专家委员进行续聘。专家委员会制度的确立及专家委员对国际商事法庭审判活动的积极参与，有助于充分发挥专业化、多元化、国际化优势，开创了国际商事专家委员会工作新局面，通过将专家委员会建设成为国际一流法律智库，为高质量共建“一带一路”和推动构建人类命运共同体提供了高水平的司法服务。

首批国际商事专家委员在运用专业优势助力涉外审判、积极参与国内外学术交流、扩大中国在国际法治建设的影响力等方面的显著成就。国际

---

① 沈红雨、郭载宇：《〈关于涉外民商事案件管辖若干问题的规定〉的理解与适用》，载《人民司法》2023 年第 4 期。

商事专家委员的续聘，将进一步凝聚中外专家力量，为国际商事法庭依法依规高效解决国际商事争议、制定相关司法解释和司法政策提供智力支持。

（二）厦门国际商事法庭成立，主动对接“海丝中央法务区”建设

2022年1月，最高人民法院批复同意设立厦门国际商事法庭，作为厦门中院专门审理涉外商事案件的专业法庭。厦门国际商事法庭设置开放式的诉讼服务大厅，分区域规划用于导诉立案、志愿服务、智慧服务、诉非联动、司法协同等；其他办案办公区域共设大中小法庭包括互联网法庭3个。除此之外，厦门国际商事法庭还专门设置了门户网站——“厦门国际商事法庭一站式司法服务平台”，以“一个法庭+三个平台+N项机制”的运行模式，深度运用智慧法院建设成果，推进国际商事司法全业务网上办理、全流程依法公开和全方位智能服务。[①] 厦门国际商事法庭将围绕建设国际商事纠纷解决优选地的目标定位，主动对接、融入海丝中央法务区建设，推进法务区建设的前端和末端衔接贯通，全方位集聚法务资源、全链条拓展司法服务、全流程运用数字支撑，致力打造国际商事纠纷多元解决平台、国际商事司法一站通办平台、国际商事法务创新发展平台，为中外当事人提供公平、透明、高效、便捷的司法服务。

2022年9月，厦门中院在全国地方法院出台首份中英文版《厦门国际商事法庭规程》，在总结涉外审判实践经验的基础上，从机构设置、管辖范围、法庭定位、工作机制等方面，对厦门国际商事法庭的设立与运作进行了全面规定，为深度融入海丝中央法务区建设，创新涉外商事审判体制机制，贯通国际商事纠纷化解前末端，打造国际商事纠纷解决优选地，助力营造一流营商环境提供有力保障。

（三）成都国际商事法庭揭牌，服务保障成渝经济圈建设

2022年4月22日，成都国际商事法庭在天府中央法务区揭牌，标志着中西部首个在地方设立的国际商事法庭正式运行。这是继苏州国际商事法庭、北京国际商事法庭挂牌成立后，全国第三个在地方设立的国际商事法庭，也是全国第一个跨域集中管辖全省涉外一审民商事案件的国际商事法庭。

2021年10月9日，最高人民法院批复同意在成都市中级人民法院内设

---

① 陈楚楚、张子剑：《厦门国际商事法庭涉外商事审判“第一槌”案件宣判生效》，载人民网，http://fj.people.cn/n2/2023/0112/c181466-40264681.html，最后访问日期：2023年2月2日。

专门审理涉外民商事案件的机构，并管辖四川省范围内应由中级法院管辖的第一审涉外民商事案件。

根据最高人民法院批复和四川省高级人民法院有关通知，成都国际商事法庭集中管辖以下案件：当事人一方或者双方是外国人、无国籍人、外国企业或者组织，或者当事人一方或者双方的经常居所地在中华人民共和国领域外的民商事案件；产生、变更或者消灭民事关系的法律事实发生在中华人民共和国领域外，或者标的物在中华人民共和国领域外的民商事案件；外商投资企业设立、出资、确认股东资格、分配利润、合并、分立、解散等与该企业有关的民商事案件；一方当事人为外商独资企业的民商事案件；信用证、保函纠纷案件，包括申请止付保全案件；跨境破产协助案件；民商事司法协助案件；当事人申请确认仲裁协议效力的案件，申请撤销我国内地仲裁机构仲裁裁决的案件，申请承认和执行外国仲裁裁决等仲裁司法审查案件。

设立成都国际商事法庭，将有利于成都加速打造专业化国际商事审判体系，加力聚合高能级法律服务资源，加快提升涉外纠纷多元化解能力，助推天府中央法务区成为中西部国际商事纠纷解决首选地、优选地。

目前，成都中院、成都市司法局、成都市律师协会已初步建立“诉调融合”国际商事争端解决机制，成都国际商事法庭也正加快与成都市涉外商事与法律服务中心、中国国际经济贸易仲裁委员会成都国际仲裁中心、“一带一路”国际商事调解(西南)中心、“一带一路”外国法查明(西南)中心等进行法治资源有机整合，集智集力打造立足四川、辐射西部、影响全国、面向世界的一流法治创新实践基地与一流高端法律服务高地。

(四)无锡国际商事法庭设立，助力长三角地区高水平对外开放

2022 年 7 月 22 日，江苏省高级人民法院转发最高人民法院的批复，同意在无锡市中级人民法院内设专门审理涉外商事案件的机构，同时将原由无锡市新吴区人民法院受理的第一审涉外商事案件及涉香港、澳门特别行政区和台湾地区的民商事案件调整由无锡市中级人民法院审理。这是无锡中院继知识产权法庭设立后的又一家由最高人民法院批准设立的专门审判机构，也是全省第二家国际商事法庭。

在无锡设立国际商事法庭，集中管辖无锡地区国际商事纠纷及相关案件，既是上级法院对无锡涉外商事审判工作的肯定和信任，也是对无锡法院找准服务保障国家战略的结合点和着力点、助力无锡优化法治化国际化

营商环境、促进高水平对外开放的有力推动。

无锡中院将以国际商事法庭设立为契机，切实增强服务保障更高水平对外开放的责任感和使命感，进一步完善涉外商事审判工作机制，努力建设高素质涉外商事审判队伍，为无锡建设更高水平开放型经济新体制提供强力的司法服务和保障。

(五)中国—东盟自由贸易区南宁国际商事法庭揭牌运行，服务保障区域全面经济伙伴关系(RCEP)落地实施

为顺应中国与 RCEP 及东盟国家经贸合作不断发展、商事法律服务需求日益增长的形势，自 2014 年举办首届以来，中国—东盟商事法律合作研讨会始终聚焦商事法律热点问题，不断强化服务经贸的功能和作用，累计约十余万人次专业人士线上线下参会，已成为以法律合作促进中国与东盟乃至 RCEP 国家经贸交流，为区域经济发展提供商事法律有效供给的重要平台。

2022 年 9 月，第 19 届中国—东盟商务与投资峰会框架下的重要活动中国—东盟商事法律合作研讨会在广西南宁成功举办。在该研讨会上，中国—东盟自由贸易区南宁国际商事法庭正式揭牌运行，这标志着我国涉外商事司法体系和司法制度的进一步完善，也是我国涉外商事司法发展的里程碑。

中国—东盟自由贸易区南宁国际商事法庭将成为面向东盟国家的司法新基地，这也是全国首个冠以自由贸易区在地方上设立的国际商事法庭，与中国国际经济贸易仲裁委员会东盟庭审中心共同成为广西构建区域司法协同发展的“一体两翼”，揭开了广西高质量护航市场化法治化国际化营商环境的新篇章。中国—东盟自由贸易区南宁国际商事法庭将跨区域集中管辖广西区内涉外民商事案件，构建一站式国际商事纠纷多元化解决机制，同时，致力于涉东盟和 RCEP 成员国法律、规则和政策研究，培养涉外审判高素质专业人才，加强与东盟国家及其他国家开展司法交流合作。

(六)长春国际商事法庭获批设立，着力强化东北振兴司法服务与保障

长春国际商事法庭是最高人民法院批准在东北地区设立的首家国际商事法庭，2022 年 8 月 15 日，长春国际商事法庭正式开始受理案件。长春国际商事法庭的设立是服务国内国际两个市场、振兴东北老工业基地、推动东北企业顺利转型升级的现实需求，为中外投资者提供有力的权利救济渠道，对东北地区率先抢占解决区域国际商事争端的制高点，掌握东北亚区

域法律事务主导权将发挥重要作用。

设立长春国际商事法庭有利于服务吉林参与共建"一带一路"，建设市场化、法治化、国际化营商环境；有利于助推长春智慧法务区发展建设，打造立足吉林、辐射东北、面向全国、联通东北亚的一流法律服务新高地；有利于优化国际商事审判资源配置，提高涉外审判司法质效，探索形成具有吉林特色的法治样本和先进经验；有利于充分保护外商投资者合法权益，助力吉林走出一条质量更高、效益更好、结构更优、优势充分释放的高质量发展新路。

近年来，长春中院将涉外、涉港澳台民商事案件及仲裁司法审查案件统一归口由民事审判第二庭专门审理。在涉外民商事审判中，长春中院实施精品战略，打造涉外民商事精品案例。不断优化办案流程，一部分案件与国内一审案件办理周期相当，部分承认与执行外国法院判决仅 1~2 个月即可审结。加强队伍建设，夯实人才保障基础。选任既有大局观念又有国际视野，既熟悉国内法律又通晓国际法规则，并具有一定的外语水平的法官组建专业化合议庭。设立涉外送达专办员，提高跨境送达和调查取证的效率。回应多元司法需求，运用调解、和解、庭外磋商等方式多元化解纠纷，有效促成了大量涉外一审案件以调解、撤诉方式结案。锚定中心大局，提升司法服务效能，主动跟进中韩(长春)国际合作示范区的建设与发展，提出 15 条服务保障措施。

长春国际商事法庭的设立，标志着长春中院涉外民商事审判工作迈入新阶段。长春中院将主动作为，服务振兴发展，为推动企业实现转型升级，助力法治、经济和社会的深度融合发展，持续优化营商环境提供坚实有力的司法支撑。以信息化为支撑，深度融合"国际商事审判+智慧法院"建设，深化涉外民商事案件全流程网上办案机制和"一站式"诉讼服务，切实提高跨境送达、调查取证和案件审判效率。强化机制创新，多元化解涉外民商事纷争。加强与国际商事争端预防与解决组织、仲裁机构及调解机构的联系，建立调解、仲裁与诉讼有机衔接、功能互补的"三位一体"纠纷解决机制，探索设立本区域国际商事专家委员会。加强队伍建设，提升涉外民商事审判专业化水平。建立国际商事审判法官选拔和培训机制，充分吸纳、培养专业人才。加强与周边国家、地区的人才交流与合作，推动国际商事理论与审判实践有机融合。

三、加强涉外商事审判，服务高水平对外开放建设

(一)高度重视涉外审判工作，发布第三批涉“一带一路”建设典型案例

新时代新征程人民法院通过公正、高效审理涉“一带一路”建设案件，营造稳定、公平、透明、可预期的市场化、法治化、国际化营商环境，服务保障高质量共建“一带一路”向纵深发展。2022年2月28日，为充分发挥典型案例的示范和引领作用，最高人民法院发布第三批涉“一带一路”建设典型案例。此次发布的典型案例，具有以下特点：

第一，充分发挥各类涉“一带一路”建设纠纷典型案例的示范作用，持续增强商业预期。准确适用《联合国国际货物销售合同公约》等国际条约，厘清当事人的权利义务；正确审理独立保函欺诈纠纷，明确工程预付款的性质和预付款保函的担保范围，对受益人全额索兑预付款保函是否构成欺诈作出认定，维护银行及非银行金融机构的信用；明确外商投资准入负面清单实施后对外资合同效力的认定规则，依法保护外商投资者的合法权益；在投资项目遭遇不可抗力无法履行的情况下，不能免除委托人在海上货运代理合同项下对受托人应承担的合同义务，避免海外投资建设领域的意外风险向提供物流保障服务的航运产业链不当转嫁。

第二，充分发挥国际商事法庭一审终审优势，促进国际商事纠纷高效化解。最高人民法院国际商事法庭积极借鉴国际商事审判的先进理念及国际商事法律发展的最新成果，公正高效地审结了数宗有影响力的国际商事案件。本次入选的典型案例在跨境产品召回责任问题上形成有示范意义的裁判规则。

第三，加强国际司法协助与合作，外国判决和仲裁裁决的执行更趋便利。正确审理申请承认和执行外国法院民商事判决案件，积极促进互惠关系形成，对外国民商事判决依法予以承认和执行，倡导并逐步扩大国际司法合作，营造“一带一路”开放包容的国际法治环境。明确外国仲裁机构以我国为仲裁地的仲裁裁决应当视为我国涉外仲裁裁决并予以执行，有力支持仲裁国际化发展。总体来看，第三批涉“一带一路”建设典型案例的发布，将充分发挥案例示范作用，彰显人民法院为推动高质量共建“一带一路”以及更高水平对外开放提供有力司法服务和保障的作用。①

---

① 孙航：《最高法发布第三批涉“一带一路”建设典型案例》，载《人民法院报》2022年3月1日，第7版。

2022年10月28日，时任最高人民法院院长周强向全国人大常委会作了《关于人民法院涉外审判工作情况的报告》。该报告指出，自党的十八大以来，伴随我国高水平对外开放的持续推进，涉外审判工作呈现以下新特点：一是案件数量大幅攀升；二是新类型案件不断涌现；三是案件审理难度加大；四是案件影响力日益提升。涉及当事人已覆盖全球100多个国家和地区，国内国际关注度显著上升，对我国外交工作大局和国际形象塑造发挥着重要作用。人民法院认真落实统筹推进国内法治和涉外法治要求，坚定不移贯彻对外开放的基本国策，加快推进涉外审判体系和审判能力现代化，我国涉外审判覆盖的国家和地区范围不断扩大，境外当事人主动选择中国法院管辖的案件日益增多，我国法院判决得到越来越多国家的承认和执行，在参与国际规则制定中发挥的作用更加凸显，涉外司法国际公信力和影响力持续提升，有力传递出新时代中国改革不停顿、开放不止步的坚定决心，在向第二个百年奋斗目标迈进的新征程中承担着越来越重要的历史使命。

（二）平等保护中外当事人合法权益，积极探索域外法查明新方案

域外法查明，也被称为域外法的证明，法院审理涉外、涉港澳台民商事案件时，如当事人协议选择某一域外法或根据冲突法规范确定适用域外法时，需要通过一定的方式和途径来查明域外法的内容。域外法能否查明、是否得到正确适用，直接影响当事人的实体权利义务的确定，影响案件的最终裁判结果。随着“一带一路”、粤港澳大湾区建设的开展，跨境民商事交往日益频繁，涉外审判中需要适用域外法的情形也日趋增多。而当事人、诉讼代理人和法官常常面临着域外法查明途径有限、程序烦琐、费用过高、周期较长、审查认定困难等问题，域外法查明难成为制约涉外审判质效、影响涉外司法公信力的“瓶颈”。

2022年4月，广东省广州市中级人民法院依托智慧法院建设成果开发的“域外法查明通”正式上线。该系统有效地推动了域外法查明案例数据库和法律资源库建设，高效整合查明资源，实现域外法已查明案例的深度运用，避免重复查明。“域外法查明通”具备三大功能：一是域外法查明案例检索，平台对所收集的域外法案例加以专业梳理，运用人工智能技术，实现多种方式完成案例检索。二是域外法律法规检索，既能满足用户查询域外法律法规的需求，也能通过法律库与案例库的技术关联，实现案例与法律之间的互联互通，向用户呈现更立体的域外法适用场景。三是可视化

统计分析，通过系统数据算法，将案件类型、当事人主体情况、域外法律适用情况等统计分析结果以图表的形式呈现，以便于分析、解构、研究和决策，满足了用户的研究决策等进阶需求。①

为适应更高水平开放需要，切实回应涉外、涉港澳台案件商事主体对适用域外法裁判的司法需求，上海市高级人民法院于 2022 年 9 月 13 日发布《上海涉外商事审判域外法查明白皮书(2015—2021)》及 9 起域外法查明的典型案例，积极探索完善域外法查明与适用的体系建设。总体来看，上海法院的域外法查明工作具有以下特点：第一，案由分布广泛，查明法律趋于精细化和复杂化，反映出涉外商事主体对投资、金融、贸易等领域的全面参与，在涉外商事审判中适用域外法的司法需求不断增长。第二，查明途径拓宽，查明方式体现合作性与多元化。实践中，既有法官当庭利用互联网平台查询域外法的方式，也有当事人根据公开出版法律学术书籍及本国已生效裁判文书等合理途径提供域外法律的方式。第三，查明主体依法确定，当事人提供与法院查明相结合。第四，查明结果多样，成文法、域外判例、国际公约、国际惯例等均有体现。第五，查明人员专业，专家及服务机构发挥重要作用。当双方当事人对域外法理解不一时，法院委托域外法查明专家以专家意见书的方式，补充查明域外法律，为涉外、涉港澳台商事案件准确适用法律提供有力支持。②

为了形成完善的外国法查明机制，上海法院重点从五个角度推进相应的司法工作：(1)建立专业队伍，提升涉外商事审判能力。实行涉外商事案件专业化审判，建立配套工作机制，确保涉外法治人才队伍建设。(2)发挥共建合力，促进域外法查明专业化。与高等院校、研究机构建立域外法查明合作机制，协商制定《外国法查明专项合作机制操作指引》。(3)完善制度建设，加强域外法查明便利性。《上海法院涉外商事纠纷诉讼、调解、仲裁多元化解决一站式工作机制的指引(试行)》第 16 条、第 21 条对域外法查明作了规定。(4)强化程序规范，评查域外法查明效果。上海市高级人民法院制定《涉外商事审判程序指引》，规范不能查明域外法的认定标准，并定期评查域外法适用程序及查明效果，确保裁判尺度统一。(5)开展课题研

① 张雅慧、谢信利：《广州中院"域外法查明通"上线》，载《人民法院报》2022 年 4 月 9 日，第 4 版。

② 侯劲松：《上海高院通报涉外、涉港澳台商事审判五年情况》，载民主与法制网，http://www.mzyfz.com/html/2159/2022-09-17/content-1572739.html，最后访问日期：2023 年 1 月 29 日。

究，储备域外法查明知识。围绕域外法查明等疑难、复杂问题重点调研，组织学术研讨、案例分析、课题申报、专家授课，提升涉外商事案件整体审判水平。

（三）积极探索法律互惠的认定标准，促进外国民商事判决的承认与执行

随着我国扩大对外开放、"一带一路"倡议深入实施，国际间相互承认和执行法院民商事判决的现实需求不断增多，互惠原则的适用也在不断地被积极探索。2022年4月，上海海事法院首次采用法律互惠标准，承认了英国法院的商事判决，有利促进了外国民商事判决的相互承认和执行。

本案①涉及的是挪威某航运公司与某物流公司因租船合同引发的担保纠纷，双方于2015年至2016年按照约定在英国法院进行诉讼，航运公司取得终审胜诉判决。后来，物流公司没有履行英国法院生效裁判确定的义务，航运公司遂向上海海事法院提出申请，请求承认英国法院的判决。

上海海事法院经审理认为，我国与英国之间尚没有缔结或者参加相互承认和执行法院民商事判决、裁定的国际条约，故应以互惠原则作为审查依据。经审查，在本案中可以根据互惠原则对案涉英国法院判决给予承认，上海海事法院作出承认英国高等法院和英国上诉法院判决的裁定。②

对互惠关系的认定是本案的审查重点。在以往较长一段时间，司法实践中通常以外国法院是否有承认和执行我国法院民商事判决的先例作为判断互惠的关键标志，但近年来随着我国对外开放不断扩大、深入，促进国家间相互承认和执行民商事判决的现实需要越来越被司法政策导向所关注和吸纳。2022年1月生效的《全国法院涉外商事海事审判工作座谈会会议纪要》（以下简称《纪要》）明确对互惠关系的司法认定标准。《纪要》已不再把外国法院先行承认和执行我国法院民商事判决作为认定互惠关系的必要条件，而是采用了"法律互惠"的认定标准，即如果根据作出判决的外国法院所在国的法律，我国法院作出的民商事判决可以得到该国法院的承认和执行，即可以认定我国与该国存在承认和执行民商事判决的互惠关系。

就本案而言，法院经审查发现，英国并不以存在相关条约作为承认和

---

① SPAR航运有限公司诉大新华物流控股（集团）有限公司申请承认外国法院判决案，参见上海海事法院（2018）沪72协外认1号民事裁定书。

② 《互惠关系的认定采用什么标准？上海海事法院首次承认英国法院商事判决》，载上海海事法院网，http://shhsfy.gov.cn/hsfyytwx/hsfyytwx/spgk1356/spdt1420/2022/11/07/09b080ba83262c220184516312342d71.html，最后访问日期：2023年2月6日。

执行外国法院民商事判决前提条件，从法理上衡量，我国法院作出的民商事判决是可以得到英国法院承认和执行的，而且本案中被申请人也没有证明英国法院曾以不存在互惠关系为由拒绝承认和执行我国法院民商事判决，所以可以根据互惠原则对英国法院判决给予承认。

司法互惠关系是不断发展的，特别是在如今我国进一步扩大对外开放的背景下，准确适用互惠原则对于跨境民商事纠纷解决、跨境民商事判决相互承认和执行有着积极意义。本案根据互惠原则承认英国法院判决，是《纪要》下发后依照法律互惠的标准对外国法院判决予以承认的首例案件，有利于进一步推动我国与相关国家间司法判决朝着互认的方向相向而行。

无独有偶，2022 年，北京一中院也适用了法律互惠原则，并据此承认了德国亚琛地方法院作出的破产裁定，认可了德国破产管理人的身份，允许其在我国境内履行职责。这是全国首例适用法律互惠原则承认外国破产程序的案件。在该案中，莱茵有限公司注册于德国亚琛，该公司因无支付能力和资不抵债，亚琛地方法院于 2011 年 1 月 1 日作出破产裁定，启动该公司破产程序，并指定某专家担任破产管理人。为处置莱茵有限公司位于我市的财产，破产管理人向北京一中院提出承认及协助申请，请求北京一中院承认德国亚琛地方法院作出的破产裁定，并承认其管理人身份、许可其在我国境内履行职责。

北京一中院审查认为：我国与德国之间不存在缔结或者共同参加的国际条约，本案应依据互惠原则进行审查。北京一中院通过外国法查明中心查明《德国破产法》相关规定，该国破产法明确，外国破产程序将获得承认。北京一中院经研判认为，德国虽未曾实际承认我国启动的破产程序，但依据该国破产法规定，我国破产程序可在德国获得认可，同时亦无证据证明德国存在拒绝承认我国破产程序的情形，可以认定我国与德国之间存在互惠关系。

审查过程中，北京一中院综合考量德国破产程序性质、清偿原则、是否对我国债权人存在歧视性对待、我国债权人申报债权情况、承认该国破产程序对我国债权人影响、莱茵有限公司主要利益中心所在地及在我国境内财产拟将采取的处置措施等因素，综合认定承认德国亚琛地方法院破产裁定符合我国《企业破产法》之规定，未损害我国法律的基本原则，不损害国家主权、安全和社会公共利益，不损害我国领域内债权人的合法权益，故依法予以承认。同时，破产管理人申请在我国境内履行的职责范围系处理我国境内财产所必需，未超出我国《企业破产法》及《德国破产法》关于破产管理人的权限，遂于裁定承认德国破产管理人身份并允许其在我国境内依法履职。①

在我国进一步加大对外开放，推进“一带一路”国际合作的大背景下，国际贸易及企业跨国经营日益频繁，对我国法院及管理人加强跨境破产领域合作提出新要求、新期待。本案在德国与我国既不存在相互承认及执行破产程序的国际条约，亦不存在事实互惠的情况下，北京一中院探索互惠原则适用新方式，根据法律互惠认定双方存在互惠关系，高效推进跨境破产程序效力认定，对推动我国跨境破产制度发展，加强跨境破产协作，深入优化市场化、法治化、国际化的营商环境具有积极意义。

（四）北京法院加大涉外审判力度，打造国际商事纠纷解决的“北京样板”

2022年7月6日，北京四中院向社会公开通报了四中院近年来涉外商事案件的审理情况，并发布典型案例。北京四中院作为全国首批跨行政区划法院，自集中管辖北京市涉外商事案件以来，不断加强探索创新，完善涉外商事纠纷化解机制，提升审判质效，平等保护中外当事人的合法权益。北京国际商事法庭成立后，进一步加大涉外商事案件工作审判力度，努力形成涉外商事纠纷解决的“北京经验”。本次发布会通过全面梳理涉外商事案件审理情况，分析案件特点和规律，明确裁判思路，总结经验做法，为营造市场化、法治化、国际化的营商环境贡献“司法智慧”。

2022年7月14日，全国人大常委会委员、监察和司法委员会副主任委员王胜明率队到北京四中院指导调研涉外审判工作。王胜明指出，要始终坚持以习近平新时代中国特色社会主义思想为指导，深入学习贯彻习近平法治思想，牢记“国之大者”，充分发挥涉外审判职能作用，服务保障国家重大战略。要坚持问题导向，统筹推进国内法治和涉外法治建设，坚决维护国家主权、安全和发展利益。要持续加强涉外审判人才队伍建设，不断提高涉外审判能力，推动涉外审判工作再上新台阶。

针对涉外审判情况开展专题调研，充分体现全国人大对人民法院涉外审判工作的高度重视。在未来，北京法院将不断提高政治站位，注重突出首都特色，积极打造国际商事纠纷解决的“北京样板”。同时，致力于追求卓越品质，打造高水平涉外审判队伍。

---

① 张倩：《全国首例！北京一中院适用法律互惠原则承认德国破产程序》，载北京市第一中级人民法院网，https：//bj1zy. bjcourt. gov. cn/article/detail/2023/01/id/7117498. shtml，最后访问日期：2023年1月30日。

（五）杭州法院发布涉外审判白皮书，服务保障涉外经贸发展

近年来，杭州深入贯彻新发展理念，被国务院确立为首批国家营商环境创新试点城市，建设发展中国（浙江）自由贸易试验区杭州片区。杭州对外经贸活动持续活跃，与国际接轨不断深化，杭州地区涉外民商事纠纷呈现新特点。2022年4月20日，杭州市中级人民法院发布《杭州法院涉外民商事审判工作白皮书(2012-2021)》及“杭州法院涉外民商事审判十大典型案例(2012-2021)”，介绍近10年来杭州法院涉外民商事审判工作的基本特点和亮点举措，以及服务保障杭州自贸片区建设等相关举措。

据统计，自2012年至2021年，杭州法院受理涉外民商事案件和归口审理案件共计15212件，结案共计15118件。十年间，涉外民商事案件收结案数量持续升高，案件诉讼主体所处地域包括美国、英国、日本、加拿大、澳大利亚、法国、韩国、新加坡、德国、西班牙、瑞士、马来西亚、萨摩亚、印度、意大利、英属维尔京群岛等66个国家和地区。案件数量的稳步增长折射出杭州城市的对外开放程度在不断提升。其中，借款（含担保、追偿）类纠纷、买卖合同（含国际货物买卖、跨境电商）类纠纷、融资租赁合同纠纷三类案件数量稳居前三。涉外民商事案件涉及域外送达，难度较高，普遍耗时较长。囿于文化传统、价值理念的差异，域外诉讼主体对调解处理纠纷的理念要经过逐步接受的过程，大部分涉外民商事案件以判决方式结案。杭州法院涉外民商事案件审判优质高效、发改率低，通过裁判规范、指引对外商贸活动。2012~2021年，杭州中院审结申请承认和执行外国法院民事判决、裁定案件及申请承认与执行外国仲裁裁决共60件，累计办理国际（区际）司法协助案件1208件。杭州法院以司法推动杭州市营造国际化、法治化、便利化的一流营商环境，以法治保障高质量发展建设共同富裕示范区。

杭州法院在涉外民商事审判中坚持平等保护理念，努力为中外当事人提供普惠均等、便捷高效、智能精准的司法服务，强化精品意识，注重审判质效，充分发挥人民法院的审判职能作用，奋力打造涉外民商事审判“重要窗口”，为杭州加快建设世界一流的现代化国际大都市新战略提供法治保障。

2022年9月14日，全国人大常委会委员、监察和司法委员会副主任委员徐显明一行到浙江高院专题调研涉外审判工作情况。调研组一行在浙江高院召开专题座谈会，听取了浙江高院关于全省法院涉外审判工作总体情

况介绍，以及杭州中院、杭州互联网法院、钱塘法院涉外审判专门问题情况汇报。徐显明强调，要深入贯彻落实习近平总书记关于“统筹推进国内法治和涉外法治”重要论述精神，坚决维护国家主权、安全和发展利益，全面加强涉外审判工作。一要提高对涉外审判重要性的认识。涉外审判工作是人民法院贯彻落实习近平法治思想的重要内容，也是站在时代前沿维护国家主权、安全和发展利益的重要方面，重要性越来越突出。二要充实涉外审判力量。人民法院受理的涉外案件数量大幅增加，所涉国家及地区范围逐渐扩大，跨境电商等新业态带来的新类型案件不断增多，对涉外审判人才培养提出了新要求，要培养更多政治敏锐度高、大局意识强、专业水平高的涉外审判人才，争取在审判岗位上孕育出能够走向世界的法官。三要完善涉外审判体系。要及时回应外贸外资、跨境电商、航运金融等领域的新业态催生的新需求，探索解决管辖权争议、涉外送达等难题，也要积极运用法治的手段应对某些国家滥用“长臂管辖”。

从坚决依法维护主权和发展利益、着力营造法治化国际化营商环境、加强国际商事争端解决机制建设、大力推进涉外审判体系和审判能力现代化等四个方面，浙江法院在全国法院中居于前列。未来，浙江法院将深入学习贯彻习近平法治思想，认真落实党中央关于涉外法治建设的重要部署，全面加强涉外审判工作，进一步强化涉外法治供给，健全涉外审判工作机制，加强专业化审判机构建设和人才培养，强化司法与行政执法衔接，着力打造国际商事海事纠纷解决优选地，努力为我国高水平对外开放和浙江“两个先行”提供有力司法保障。

（六）深圳发挥“先行示范区”功能，为外向型经济发展提供法治保障

深圳经济特区成立四十多年来，法治始终是特区改革发展、创造奇迹的坚实保障。深圳独特的外向型经济发展特征和全方位开放需求，促使涉外法治建设成为深圳建设法治先行示范城市的重要内容和特色。深圳涉外法治建设在涉外立法、司法、仲裁、律师服务、公证、人才培养方面锐意改革进取，相关工作取得新的进展和成就。

就涉外立法而言，2022 年恰逢全国人大常委会授予深圳经济特区立法权 30 周年，30 年来，深圳市人大不断加强涉外经贸领域立法，通过立法创新、立法先行构建一流营商环境。深圳市人大先后制定《深圳经济特区前海蛇口自贸试验片区条例》《深圳经济特区前海深港现代服务业合作区条例》，推动广东自贸试验区前海蛇口片区和前海合作区成为具有国际影响力

的高水平改革开放新高地；加快制定《深圳经济特区外商投资条例》《深圳经济特区前海深港现代服务业合作区投资者保护条例》，借鉴国际通行的投资经贸规则，在境外投资者准入、促进、保护和服务管理方面作出创新性规定；制定《深圳经济特区知识产权保护条例》，借鉴国际上的惩罚性赔偿制度，加大对境内外当事人的公平保护力度，支持建立知识产权境外维权联盟等。除直接涉外的各项立法外，深圳市人大还在立法的跨境借鉴和移植方面先行先试，例如，《深圳国际仲裁院条例》《深圳经济特区个人破产条例》均大胆借鉴境外相关法律制度，填补了我国在仲裁机构管理和个人破产方面的立法空白。①

就涉外审判而言，深圳市两级法院充分发挥司法保障作用。据统计，2021年，深圳法院审结一审涉外、涉港澳台民商事案件5819宗，占全国总量的1/8；适用国际条约、域外法审结案件37宗，推动跨境法律规则衔接；引入20名香港特别行政区陪审员参审案件；先后对外国企业发出全球“禁诉令”“禁执令”，保障中国高科技企业公平参与国际市场竞争。深圳市还设立专门的破产法庭，首次实现内地破产裁定效力与香港破产裁定效力互认，深圳市中级人民法院被最高人民法院确定为首批跨境破产试点法院。

就涉外仲裁而言，深圳国际仲裁院业务稳步发展。2021年，该仲裁院新受理仲裁案件7036宗，争议金额合计856.2亿元。该仲裁院还推动深圳市人大制定实施《深圳国际仲裁院条例》，极大提升了深圳国际仲裁的公信力。国家发展和改革委员会把深圳国际仲裁院的创新经验“创新机制建设国际仲裁高地”列入《深圳经济特区创新举措和经验做法清单》，在全国发挥了示范带动效应。

就涉外律师服务而言，根据深圳市法源行政法治发展中心2022年7月发布的《深圳涉外法律人才调研报告》，目前深圳市共有12家律师事务所入选广东省涉外律师事务所库，14名律师入选全国律协涉外律师人才库。在国际组织、专业机构等任职的深圳律师有42名。在深圳执业的港澳台律师有106名，全市有6家深港澳联营律师事务所。

就涉外公证而言，根据深圳市公证协会统计，截至2022年6月30日，深圳市共有11家公证机构，全市公证从业人员共575人。深圳公证处出具的公证文书发往世界上100多个国家和地区，这些公证书是信任的通行证，有力地维护了当事人的合法权益，为推进深圳的国际交流事业作出重要

① 黄亚英：《深圳涉外法治建设现状、问题与建议》，载《深圳法治评论》2022年第11期。

贡献。

2022 年 8 月 19 日至 20 日，时任全国人大常委会副委员长曹建明率全国人大常委会调研组前往深圳，就人民法院涉外审判工作开展调研。在调研座谈会上，调研组听取最高人民法院第一国际商事法庭、深圳中级人民法院、前海合作区人民法院等单位涉外审判工作汇报。曹建明指出，深圳是改革开放最前沿，早在 20 世纪 80 年代深圳中级人民法院就成立了全国第一个涉外经济审判庭。多年来，深圳各级法院积极探索，不断完善涉外审判体制机制，在建立国际商事纠纷多元化解决机制、健全域外法律查明机制、加强粤港澳三地法律规则衔接解决区际法律冲突等方面有不少创新之举，为推动改革开放和服务粤港澳大湾区发展发挥了积极作用。①

曹建明要求，要深入贯彻习近平法治思想、习近平外交思想，特别是习近平总书记关于统筹推进国内法治和涉外法治的重要论述，深刻认识涉外法治工作的重要意义，加快构建系统完备的涉外法律规范体系，加强国内法与国际法的衔接。要着力研究新情况新问题，完善工作体制机制，不断提升涉外审判的能力和水平。广东、深圳要利用地处前沿的优势，加强新技术新领域法律研究，为全国相关立法和司法审判探索经验。在未来，深圳市将继续加强涉外法治建设，完善涉外法治体系，提高深圳在国际争端解决机制中的国际地位，推动深圳进一步对外开放。

四、国际海事司法中心建设取得新进展

(一) 中国海事审判网正式上线，显著提升海事纠纷解决信息化水平

海事审判是实行高水平对外开放、加快建设海洋强国的重要保障，人民法院始终坚持以习近平新时代中国特色社会主义思想为指导，认真贯彻落实习近平法治思想和习近平总书记关于建设海洋强国的重要指示精神，充分发挥海事审判职能作用，着力提升海事司法能力水平，加强海事审判信息化建设，取得了积极成果。中国海事审判网作为海事审判工作信息动态交流平台，定位准、功能全、形式新，实现了工作流程可视化，推动了平台共建共享，充分体现海事审判特点，符合海事司法实践需要，机制建设成效显著、信息化应用成果丰富，对于提升海事审判案件质效、推动海

① 刘冬：《曹建明率队到广东调研涉外审判和未成年人检察工作情况》，载中国人大网，http://www.npc.gov.cn/npc/c30834/202208/404f7aea77254e40b9f460be8ea6223e.shtml，最后访问日期：2023 年 2 月 6 日。

事审判工作高质量发展、更好满足人民群众司法需求具有重要意义。

各海事法院立足服务海洋强国建设，充分发挥海事审判职能，围绕海洋权益维护、海洋生态保护和海洋经济发展等目标任务，努力将我国建设成为具有较高国际影响力的国际海事司法中心。新设南京海事法院，形成包括11家海事法院、42个派出法庭在内的全国海事审判组织体系，我国已成为世界上海事审判机构最齐全、受理海事案件最多的国家。最高人民法院先后制定海事诉讼管辖、海事法院受理案件范围和审理发生在我国管辖海域案件系列司法解释，不断完善海事司法管辖规定，为依法管海治海护海提供制度支持。制定海洋环境司法保护、审理涉船员纠纷等多个司法解释，保障了法律的统一、规范适用。常态化发布中英文版海事审判白皮书、上线中国海事审判网，充分展示真实、立体、全面的中国海事司法，助力海事审判高质量发展。

2022年4月25日，中国海事审判网正式上线。在中国海事审判网上线的视频会议上，时任最高人民法院院长周强指出，中国海事审判网的上线，有效促进并提升了海事审判体系和审判能力现代化，是深入贯彻习近平法治思想和习近平总书记关于建设海洋强国的重要指示精神、全面深化海事审判信息化建设的重要举措。① 在未来，中国海事审判网将加强推广和应用，各海事法院可以通过这一平台，发挥大数据分析统计优势，加强海事审判管理。全国海事法官可以依托这一平台，相互学习借鉴，不断提高业务能力，拓宽国际视野，努力办出精品案件。与此同时，该网站的功能将会不断更新，密切跟踪审判实践需要，提升用户体验。特别是加强大数据、云计算、区块链、人工智能、5G等前沿技术在海事审判领域应用，加快推进海事审判裁判标准的统一。

(二)最高人民法院发布2021年全国海事审判典型案例

2022年6月8日，是联合国确定的第十四个“世界海洋日”，也是我国第十五个“全国海洋宣传日”。当天，最高人民法院发布了10件2021年全国海事审判典型案例(详见下表)，在充分发挥典型案例示范引领作用的同时，彰显海事司法对加强海洋生态保护、促进海洋经济发展和维护海洋权益的重要作用。此次发布的典型案例具有以下特点：

① 孙航：《中国海事审判网上线 周强强调推动海事审判工作高质量发展 为建设海洋强国提供有力司法服务》，载最高人民法院网，https：//www.court.gov.cn/zixun-xiangqing-356761.html，最后访问日期：2023年2月20日。

一是依法行使海事司法管辖权，坚决维护国家海洋权益。审理外籍渔民在我国南海海域非法捕捞水产品及刑事附带民事公益诉讼案，依法判处有期徒刑并判令承担生态修复费用，推动海事审判“三合一”改革，充分发挥海事司法在海洋维权中的作用，围绕管海、用海、护海目标，实现对我国管辖海域的有效管控和综合治理。

二是保护海洋及通海可航水域生态环境，助力海洋经济发展。严厉打击非法捕捞、非法采砂等违法违规行为，支持行政执法机关清理、取缔“三无”船舶，为海洋生态文明建设、渔业资源可持续利用、长江经济带绿色发展和海运秩序治理提供有力司法服务和保障，实现人与自然和谐共生；依法审理新型养殖设备建造合同纠纷，加强对海洋新产业、新技术、新业态、新模式的保护，助力我国海洋工程设备创新和海洋高新技术产业升级，促进海洋经济健康发展。

三是充分发挥海事司法职能作用，促进国际航运复苏和贸易稳定发展。依法作出海事强制令，帮助数百家进口冷链企业解决清关难题，降低疫情对进出口贸易的影响；在运输合同承托双方之间合理分摊因疫情防控增加的交易成本，平衡双方利益，维护产业链供应链安全稳定；积极贯彻落实善意文明执行理念，帮助暂时困难的造船企业缓解债务压力，助力推动造船产业健康发展。

四是持续实施海事审判精品战略，提升海事司法的国际公信力。准确认定当事人住所地，依法行使管辖权，恪守国际条约义务；明确拖航运输中海事赔偿责任限制基金设立相关法律适用问题，统一裁判尺度；积极探索外国法查明的有效路径，准确适用不同国家法律，维护各方当事人的合法权益，彰显中国海事司法能力和水平。

2021年全国海事审判典型案例表

案例名称	案号	典型意义
文某非法捕捞水产品案	(2020)琼72刑初1号	本案系发生在我国南海海域的外籍人员非法进入我国领海进行水产品捕捞的海事刑事案件，表明我国法院依法对我国管辖的南海海域实施有效司法管控，彰显了海事司法在海洋维权中的重要作用。海口海事法院试点管辖破坏海洋生态环境资源犯罪及刑事附带民事公益诉讼案件，推动海事审判“三合一”改革，是深化人民法院司法体制改革的具体举措

续表

案例名称	案号	典型意义
陶某某不服上海市宝山区水务局、上海市宝山区人民政府行政处罚决定及复议决定案	(2021)沪72行初1号	本案系全国首例涉长江保护非法采砂海事行政处罚案件。为严厉惩治长江流域日益猖獗的非法采砂行为，人民法院从严格保护长江流域生态安全的立法目的与最高准则出发，准确适用长江保护法的相关规定，发挥了海事司法对监督支持行政机关依法行政的重要作用，为推进长江流域绿色、可持续、高质量发展，实现长江大保护提供了有力的司法保障
中洋运输股份有限公司不服台州海警局、浙江海警局行政处罚决定及复议决定案	(2020)浙行终1766号	本案为海事法院审理的海事行政案件，明确了“三无”船舶的认定标准，有利于促进行政执法尺度的统一；支持了海上执法机关的事实认定结论和行政处罚依据，保障行政执法机关依法履行管理职责，实现司法与行政执法的有效衔接。本案的裁判结果维护了海运秩序，保护了海上人命、财产和生态环境安全
万泽丰渔业有限公司与海洋工程装备研究院有限公司养殖设备建造合同纠纷案	(2021)鲁民终861号	本案是一起助力我国海洋工程设备创新、保障海洋经济发展的新类型典型案例。案涉全潜式渔业养殖装备是我国海洋养殖产业从浅海走向深海，从分散的个体养殖走向集约化规模化养殖的重大突破。法院依法查明新型设备存在的缺陷及原因，为后续网箱的建造提供经验借鉴；合理划分双方的责任、确定损失的数额，既注意保护出资方的合法权益，也注意保护研制建造单位的创新积极性，鼓励其继续改进网箱工艺
大连凯洋食品有限公司等申请海事强制令案	(2021)辽72行保16号	新冠肺炎疫情导致滞留港口的货物出现“爆炸式”增长，承运人与收货人之间的滞箱费纠纷频发。本案中，海事法院灵活运用海事强制令，打破僵局，加速了滞港集装箱及所载货物的流转，将船货双方的损失降至最低，并通过要求申请人提供担保保护了航运公司的合法权益

续表

案例名称	案号	典型意义
马士基有限公司与百鲜食品有限公司海上货物运输合同纠纷案	(2021)闽 72 民初 165 号	本案根据公平原则，合理认定中转港集装箱滞留费用数额，并判定双方对因疫情防控在中转港额外增加的履约成本和费用予以分摊。本案对航运企业克服疫情影响，坚持等待目的港具备卸货条件后完成运输合同全部义务的行为给予了正面评价和司法支持，在目前航运经济遭受疫情巨大影响的背景下，对鼓励航运企业恪尽职守、促进航运复苏具有积极作用
通德船舶修造有限公司系列执行案件	(2020)苏 72 执 106 号等 10 案	本案被执行人因受疫情影响，导致大量外来订单取消、资金链断裂。海事法院充分发挥能动性，积极贯彻善意文明执行理念，以司法手段保产业链供应链，在维护债权人合法权益的同时，帮助民营造船企业缓解债务压力，使造船企业避免破产，是服务“六稳”“六保”、支持民营企业改革发展的典型体现
东盛航运有限公司与商行荣耀国际航运有限公司申请承认和执行外国仲裁裁决案	(2020)沪 72 协外认 1 号	本案是海事法院秉持《纽约公约》中“有利于裁决执行”的精神，支持国际商事仲裁的典型案例。该案注重国内法与国际公约的衔接，通过裁判明确了当外国离岸公司注册地、登记地与主要办事机构所在地不一致时，应以主要办事机构所在地作为住所地，为中外当事人提供平等的司法保护，促使当事人主动履行仲裁裁决
天津轮驳有限公司申请设立海事赔偿责任限制基金案	(2021)辽民他 280 号	拖航运输是海上运输(特别是海洋工程设备等超限大件货物运输)的重要形式，拖带作业由拖轮和驳船等被拖物同时完成，发生海事事故后还可能对外承担连带责任。本案明确了设立海事赔偿责任限制基金是法律规定的相关主体享有的权利，本案的处理有助于厘清相关法律适用争议，统一同类案件裁判尺度

续表

案例名称	案号	典型意义
“天使力量”轮船员劳务合同纠纷系列案	（2021）粤 72 民初 956 号等 15 案	案涉纠纷系外国公司与外籍船员之间的劳务合同纠纷。法院依据我国国际私法，充分尊重当事人意思自治，根据不同法律关系分别确定准据法，并结合法院查明和当事人提供专家意见等多种方式，准确查明和适用希腊法律和菲律宾法律，维护了外籍船员的合法权益

2022 年 9 月 27 日，最高人民法院举行涉外商事海事审判服务高水平对外开放新闻发布会。党的十八大以来，党中央把生态文明建设放在突出地位。保护海洋自然资源和生态环境是加快建设海洋强国、实现人海和谐共生的根本要求和基础保障。通过司法手段保护海洋环境，是海事审判的重要职能之一。十年来，全国海事审判三级法院认真践行习近平法治思想和习近平生态文明思想，在海事司法领域形成了生动的实践，可以用三个关键词予以概括。

第一个关键词是“完善规则”。在海事法院受理案件范围的司法解释中单列“海洋及通海可航水域开发利用与环境保护相关纠纷案件”，以突出海事法院规范海洋及通海可航水域开发利用秩序和环境保护的职能。先后出台审理船舶油污损害赔偿纠纷案件、审理海洋自然资源与生态环境损害赔偿纠纷案件的司法解释，对索赔主体、责任认定、赔偿范围、责任限制等问题作出具体规定，充分体现我国加入的相关国际公约的精神，对统一裁判尺度，全面加强海洋环境司法保护具有重要作用。2022 年 5 月，与最高人民检察院共同发布了关于办理海洋自然资源与生态环境公益诉讼案件的司法解释，明确提起海洋环境民事、行政和刑事附带民事公益诉讼的主体和管辖法院，为不同主体提起公益诉讼的衔接作出制度安排，公益诉讼的司法效能进一步显现。发布涉海洋环境保护的指导性案例，不断丰富和发展海洋生态环境司法保护规则体系。

第二个关键词是“专业化审判”。全国海事审判建立了专业化审判机制，比如，组建海洋环境保护专业审判团队，聘任专家担任陪审员和特邀咨询员，建立专家参与案件调解机制等，为确保海洋环境审判的高水准、高质效奠定了坚实基础。公正高效审理了渤海湾康菲溢油系列案、交通运输部上海打捞局与普罗旺斯船东 2008-1 有限公司等船舶污染损害责任纠纷案、巴拿马籍“正利洛杉矶”轮燃油泄漏导致海洋污染损害责任纠纷案等一批引起国内外关注的案件，专业的审判能力得到了广泛的好评。

第三个关键词是“高效协作”。各海事法院共建共享海洋环保司法合作平台，唱好“大合唱”。广州、海口、北海海事法院建立“北部湾——琼州海峡”海洋环境资源保护“朋友圈”；天津、大连、青岛海事法院开展渤海生态环境司法保护协调联动和深度合作，打造海洋生态司法协作的高水平样板。各海事法院还加强与检察、公安、行政主管机关的协调配合，与海事局、海警局、海洋局等建立沟通会商、信息共享、工作交流机制，形成共同维护海洋生态环境和海域安全的合力。

海事司法作为海洋生态环境保护的重要力量之一，积极开展海洋生态环境的司法保护实践，构建了守护碧海蓝天的有力司法防线，必将为促进海洋生态文明建设发挥更加显著的作用。

（三）最高人民法院发布白皮书《中国海事审判（2018—2021）》

2022年12月12日，最高人民法院发布中英文双语白皮书《中国海事审判（2018—2021）》，全面总结四年来全国海事审判三级法院坚持以习近平新时代中国特色社会主义思想为指导，深入学习贯彻习近平法治思想，充分发挥海事审判职能作用，服务和保障党和国家大局，强化海事审判体系和能力建设，推进建设国际海事司法中心的情况。

据该报告统计，2018年至2021年，全国海事审判三级法院受理各类海事海商、海事行政、海事刑事以及海事执行案件132 633件、审执结133 309件。其中，受理海事海商案件89 384件，结案88 764件；受理海事行政案件4339件，结案4227件。海事法院试点受理海事刑事案件45件。受理海事执行案件38 795件，结案39 897件。四年来，全国海事审判三级法院受理涉外案件10 397件、涉港澳台案件2693件；审结涉外案件10 611件、涉港澳台案件2782件。11家海事法院扣押船舶2717艘，其中外籍船舶105艘，港澳台地区船舶24艘。拍卖船舶1252艘，其中外籍船舶30艘，港澳台地区船舶9艘。

全国各海事审判机关充分发挥海事审判职能，助力建设海洋强国，这主要体现在：首先，坚持科学谋划，服务保障国家战略。最高人民法院先后出台《关于人民法院服务保障进一步扩大对外开放的指导意见》等一系列司法文件，指导海事审判各级法院充分发挥海事司法职能作用，服务建设海洋强国。各海事法院结合各自区位优势，主动对接当地海事司法新需求，制定相应实施意见，各项务实举措成效突出。其次，依法行使海事司法管辖权，维护国家海洋权益。海事法院对我国管辖海域依法积极行使司法管辖权，凸显了海事司法在维护国家海洋权益和海上安全方面的重要作用，彰显了坚决维护国家海洋权益的态度、责任和担当。再次，加大海洋环境司法保护力度，保障海洋生态文明建设。最高人民法院先后发布、修订相关司法解释，公布指导性案例，完善配套规则体系，为保护海洋环境提供了有力依据。不断完善专业化审判机制，为实现海洋环境审判的高水准、高质效奠定基础。建立高效合作机制，在海事法院之间、海事法院与海事行政机关之间共建共享合作平台，形成海洋生态环境保护的合力。最后，深入实施海事审判精品战略，护航海洋经济高质量发展。依法审理涉及货物运输、综合物流、船舶碰撞等各类海事案件，加强对船舶修造、航运融资、航运保险等涉船舶先进制造业、现代服务业案件的审理，维护航运商贸秩序。

（四）上海海事法院发布涉外海事审判白皮书（2017-2021）

近年来，涉外案件已经逐步发展成上海海事法院审理案件的重要组成部分，涉外海事审判影响力向纵深发展的格局已经基本形成。2022 年 6 月 28 日，上海海事法院发布服务保障高水平对外开放涉外海事审判白皮书，系统梳理了 2017 年至 2021 年上海海事法院涉外海事审判的概况和特点以及创新机制和工作举措，并精选出十个具有典型意义的案例，以全面的信息、精确的数据、详实的资料向社会各界通报上海海事法院服务保障高水平对外开放的工作情况。白皮书显示，自 2017 年至 2021 年，上海海事法院平均每年受理涉外海事案件约占当年一审海事海商案件的 26%。在积极履行国际司法协助方面，上海海事法院对实际审查的外国仲裁裁决全部依法予以裁定承认与执行。白皮书中系统介绍了上海法院在涉外海事司法服务保障高水平对外开放的具体工作举措：一是科学谋划涉外海事司法工作，研究制定了一系列司法服务保障实施意见和工作意见，主动对接自贸区海事司法新需求，大力支持浦东新区打造社会主义现代化建设引领区，全面助力上海国际航运中心软实力建设，服务保障国家战略和上海中心工作。二是持续创新海事审判工作机制，加强“一站式”涉外海事纠纷多元化解决，推进国际海事司法上海基地建设，上线全国海事审判领域首个外国法查明平台，探索海事诉讼代理概括性授权司法认可机制，推广“合同约定送达地址示范条款”，完善涉外船舶扣押与拍卖机制，加快“智慧法院”和“数据法院”建设，提供高质量涉外海事司法服务。三是深入实施海事审判精品战略，依法公正高效审结一批具有影响力的涉外海事案件，主动贴近港航一线就地开展诉讼服务，积极应对疫情风险开展航运法律系列讲座，持续优化国际航运中心法治化营商环境，打造国际海事纠纷解决优选地。

白皮书选取了十起涉外海事审判典型案例。这些案例反映出法院在“一站式”涉外海事纠纷多元化解决机制、外国法查明与适用、中外船员权益保护、涉外邮轮纠纷、海洋生态环境保护、承认与执行外国仲裁裁决等涉外海事审判方面的新情况、新问题以及新思路，阐释了裁判的法律观点和依据，以明确统一的司法裁判标准，规范和引导航运市场主体行为。①

（五）大连海事法院涉疫海事审判情况报告（2020–2022年）

新冠肺炎疫情出现以来，大连海事法院受理的涉疫案件逐年增多。为了贯彻落实习近平总书记关于东北、辽宁、大连振兴发展的重要讲话精神，服务海洋强国、“一带一路”倡议，总结涉疫海事审判实践，帮助相关市场主体防范经营风险，依法解决海事商事法律纠纷，大连海事法院汇总分析了近三年审理的涉疫案件，形成《涉疫海事审判情况报告（2020年1月至2022年11月）》白皮书。白皮书分析总结了2020年1月至2022年11月大连海事法院受理的涉疫案件的基本情况，进行了态势分析，并发布6则涉疫海事审判典型案例，对海上货物运输、船员劳务、船舶经营管理等市场主体提出防范风险、减少损失的意见建议，引导当事人积极运用信息化方式参加诉讼，依法参与诉讼，维护合法权益。

该白皮书针对海上货物运输相关主体提出了专门的法律建议，即申请海事强制令以推动交付货物，提倡协商解决滞箱费争议，提升港口货物流通率。新冠肺炎疫情出现以来，卸货港所在城市发生疫情时，集装箱将不得不在港口堆场或保税仓库存放较长时间。当货物可以提取时，货物占用集装箱的时间往往超出航运公司承诺的免费用箱期，造成航运公司与收货人之间发生滞箱费纠纷。一方面，收货人未能按时返还集装箱，降低了航运公司对集装箱的利用与周转效率，航运公司往往要求收货人按约定支付高昂的滞箱费。另一方面，多数收货人并无主观违约的故意或过失，滞箱费主要是因疫情引致，难以克服与避免，由收货人独立承担损失有违公平

① 侯劲松、魏小欣：《上海海事法院发布涉外海事审判白皮书》，载民主与法制网，http://www.mzyfz.com/html/2159/2022-07-01/content-1566036.html，最后访问日期：2023年5月31日。

原则。为此，建议各方当事人在纠纷发生时尽量积极协商、共担风险，双方共同攻克症结、化解分歧，以最小的经济成本妥善解决纷争，促进海运行业有序发展。协商不成的，收货人可以向航运公司提供足额可靠担保以提取货物，如果双方对担保数额或担保方式存在分歧，建议收货人向海事法院申请海事强制令以提取货物。除此之外，收货人应及时进行海关申报，积极配合主管部门对货物进行检验检疫，并及时提取货物，避免因自身迟延报关等原因导致货物滞留港内和发生损失。航运公司应当积极配合收货人换取提货单，为收货人办理货物通关手续提供条件。

（六）南京海事法院发布海事审判典型案例

2022年12月16日，南京海事法院发布“助力港航船舶企业发展，优化法治化营商环境十大典型案例”。这些典型案例，立足于中国海事审判中的重难点问题，涵盖海事强制令、海事纠纷协议管辖、海难救助、海事调解、判决执行多个方面，特别是对于实务中最为常见的集装箱纠纷、船舶建造纠纷、海上保险合同引发的代位求偿权纠纷等进行了深入探讨。这批案例的发布，对我国推进国际海事司法中心建设、打造国际海事纠纷解决优选地具有积极的示范意义。

五、涉外商事海事法治实施的展望与建议

改革开放以来，我国涉外法治建设不断加强，涉外法治体系不断健全，为对外开放提供了重要法治保障。党的十八大以来，以习近平同志为核心的党中央统筹中华民族伟大复兴战略全局和世界百年未有之大变局，强调法治是国家核心竞争力的重要内容，明确提出坚持统筹推进国内法治和涉外法治，以加强涉外领域立法为引领，有序推进涉外执法与涉外司法机制建设，加快形成系统完备的涉外法治体系，为坚持高水平对外开放，有力维护国家主权、安全、发展利益、推动构建人类命运共同体提供坚实法治保障。

第一，立足于涉外法治建设的制度短板和发展弱项，尽快制定一部综合性、基础性的涉外立法，对我国发展对外关系作出规定，以法治方式集中阐述我国对外大政方针、立场主张，从而推动完善我国对外关系重要法律制度。

第二，完善涉海法治体系建设，积极推动海商法、海事诉讼特别程序法等法律修订，着力完善中国特色海事法律制度体系，为涉外海事审判提

供坚实的立法保障。推动海事纠纷多元化解决，形成矛盾纠纷化解的“多车道”，为海洋强国建设提供海事司法中心的功能支撑。

第三，努力提高中国法治国际传播能力，加强传播过程中的国际交流与合作。强化中国法治国际传播的顶层设计，善于提炼传播主题、设置议题，建立中国自主法治话语体系和叙事体系。

撰稿专家

张建，法学博士，首都经济贸易大学法学院副教授，硕士生导师，国际商事争议解决研究中心主任，最高人民法院研修学者，中国国际私法学会理事，北京市法学会国际经济法学研究会理事。主要从事国际私法、仲裁法的教学与研究工作。曾在《中国国际法年刊》《理论视野》《法治论坛》等核心刊物发表论文，其中多篇被人大复印资料转载。出版《国际投资仲裁管辖权研究》《中国仲裁法治现代化研究》等学术著作 5 部，主持北京市社科基金项目等课题 5 项。

第四编　2022年度法治实施十大事件评析

NO.1　现行宪法公布实施 40 周年

事例简介

1982 年 12 月 4 日，五届全国人大五次会议举行全体会议，表决并通过了《宪法》。2022 年是现行宪法公布施行 40 周年。习近平总书记在《人民日报》发表题为《谱写新时代中国宪法实践新篇章》的纪念长文，全国各界开展了形式多样的纪念活动。

专家点评

“八二宪法”实施四十年之成就

秦前红

武汉大学法学院教授
中国法学会法学期刊研究会副会长

1980 年 9 月，五届全国人大三次会议接受中共中央提出的《关于修改宪法和成立宪法修改委员会的建议》，决定成立宪法修改委员会，主持宪法修改工作。1982 年 4 月，第五届全国人大常委会第二十三次会议公布了宪法修改委员会通过的宪法修改草案，交付全国人民讨论。1982 年 12 月 4 日，五届全国人大五次会议表决并通过了《宪法》，也就是“八二宪法”。

四十华年弹指过，宪法实施堪回忆。中国宪法实施在理论成就方面，主要有两点：

第一，形成系统完整的中国特色宪法实施的思想，其中习近平法治思想的形成是其重要标志。习近平总书记有一系列关于宪法实施的重要论述与表达，例如“坚持依法治国首先要坚持依宪治国，坚持依法执政首先要坚持依宪执政”“宪法的生命在于实施，宪法的权威也在于实施”“维护宪法权威，就是维护党和人民共同意志的权威。捍卫宪法尊严，就是捍卫党和人民共同意志的尊严。保证宪法实施，就是保证人民根本利益的实现”。习近平总书记的这些论述坚持宪法至上的法制地位，对于新时代的宪法实施具有统领性、基础性、全局性意义。

第二，宪法层面形成了具有中国自主性和本土性的知识体系与话语体系。中国正在经历百年未有之大变局，要实现中华民族的伟大复兴，无疑需要摆脱西方学术话语体系的桎梏，建构面向中国历史与实践的法学自主知识体系与话语体系，进而引领与推动中国法治发展。在中国的语境下，宪法并非西方所讲的政治国家和社会两分中的“最高法”，而是在政治经济社会中具有最高法律效力的“根本法”，其必然需要形成一套属于自己的自主知识体系与话语体系。这方面，我国已经取得了一定成就，比如强调宪法的实施要坚持党的领导、坚持以人民为中心、坚持中国特色社会主义道路、坚持全过程人民民主等。

中国宪法实施的实践成就则主要可以概括为三点：

第一，中国特色社会主义法治体系的建设进程不断加快。当下，中国特色社会主义法治体系既包括以宪法为统领的国家法律体系，也包括以党章为根本的党内法规体系。在国家法律层面，通过民法典的编纂、重点领域立法等，实现了宪法精神与价值向部门法辐射。例如，宪法上的基本权利规范能够指引和保障民法典编纂过程中对民事权利的确认。国家在对待基本权利的时候既要秉持消极立场，同时又需要积极创设条件促成基本权利的实现，而这一理念在民事领域同样适用，从公私法划分的角度来说，这是基本权利功能在私法领域的体现。我国宪法上对基本权利的规定采用列举的方式，民法典的编纂一方面可以促进基本权利的具体化、在民事审判中确保基本权利的实现，另一方面又可以对尚未列举的基本权利以民法途径予以保障。在民法典编纂完成后，其有效实施需要一定的条件，这与宪法实施的程度密切关联。随着“社会主义市场经济”写入宪法，从改革开放至今，社会主义市场经济的不断发展完善，为民法典的有效实施奠定了充分的市场基础与环境。又如，十三届全国人大履职以来不断加强重点领域的立法工作，生态环境保护法律规范便是其中之一。我国宪法上有若干生态文明建设的相关条款，既为生态环境保护立法工作提供了规范指引，又为环境立法提供了合宪性基础，继而推动中国特色环境法治迈向高阶。在党内法规层面，由于宪法规定的内容直接或间接体现在党内法规之中，执政党通过自我革命的方式推进党的建设，一是在功能意义上，党内法规能够推动宪法实施；二是在行宪逻辑上，执政党领导人民群众修改宪法、维护宪法、遵守宪法，继而促进宪法实施体制机制的不断健全。

第二，夯实了具有中国特色的宪法实施监督制度，促进了宪法实施制度的成熟和定型化。在“八二宪法”修改的时候，十分关注宪法实施与宪法监督，并在宪法文本中作了相应的制度设计。但是，关于是否建立专门的机关来维护宪法、促进宪法实施、保证宪法监督，在理论界一直存在诸多讨论，实践层面也仍然在不断探索，以至于监督法和立法法在试图确立相关制度时，都无法达成一致，只能暂时搁置。直到党的十九大报告明确提出，“加强宪法实施和监督，推进合宪性审查工作，维护宪法权威”。至此，理论界围绕着推进合宪性审查工作开展了一系列学术讨论，提出了若干制度设计，实务部门也与之积极互动。2018年修宪之后，随着“法律委员会”更名为“宪法和法律委员会”，以及全国人大常委会在同年6月22日作出决定，宪法和法律委员会正式担负起推动宪法实施、开展宪法解释、推进合宪性审查、加强宪法监督、配合宪法宣传等专责机关职能。合宪性审查工作的推进已从政策层面的指引，转向实践中具体探索该项制度机制的健全。同时，近年来备案审查制度日趋活跃、成效卓著。全国人大常委会法工委备案审查室早在2004年5月就已设立，专司法规与司法解释的备案审查工作。只是在相当长的一段时间内，对外公布的审查工作进展等情况十分有限。随着宪法实施与监督制度机制的不断健全，合宪性审查工作的逐步推进，备案审查工作已从“鸭子凫水”逐渐转变为“乘风破浪”：自2017年起，全国人大常委会法制工作委员会已连续5年向全国人大常委会作关于备案审查工作情况的报告。从历年备案审查工作报告来看，一是备案审查工作的制度机制已日趋完善，如备案审查衔接联动机制业已建立，备案审查信息平台的建成与正式运行，以及在2005年两个备案审查工作程序的基础上制定出台统一的《法规、司法解释备案审查工作办法》，进一步明确备案审查的制度机制与工作程序；二是违宪违法的规范性文件得以纠正，“有件必备、有备必审、有错必纠”的方针予以落实，备案审查的制度刚性不断显现；三是随着中国迈进新时代，人民群众的法治意识逐渐增强，对备案审查制度期待颇高，一个直观的例证即法工委近年来接收、处理公民和组织提出的审查建议数量是呈上升趋势的，人民群众通过这一渠道积极参与合宪性、合法性审查工作；四是除以往的合法性审查事例以外，合宪性、涉宪性事例的处理情况也开始对外公布，这对社会各界理解我国宪法的原则、精神与规定而言意义重大。全国人大常委会法工委主任沈春耀更是在2020年备案审查工作报告中提出“探索在合宪性审查中适时解释宪法”。与此同时，地方人大备案审查工作也在稳步推进，我国的备案审查工作已全景式铺开。备案审查制度在保证党中央令行禁止、保障宪法法律实施、保护公民合法权益、维护国家法制统一等方面亦发挥了重要作用。上述制度安排使我国的宪法实施水平迈上新台阶。

第三，厚植宪法信仰，形成全社会遵从宪法的文化与氛围。我国的现行宪法是在1982年12月4日公布施行的，为了纪念这一日，全国人大常委会决定设立国家宪法日。确立国家宪法日，是社会各界形成的共识，也是社会各界所一直呼吁的。12月4日原来是我国的法制宣传日，国家宪法日的设立是在此基础上继续强化宪法宣传教育活动之举，也是通过特定时间、仪式、场景来增强全社会的宪法意识、树立宪法信仰、弘扬宪法精神的重要制度安排。2018年起，为进一步推动宪法的全面贯彻实施，中宣部、司法部与全国普法办公室联合部署开展了“宪法宣传周”活动。再如，2015年全国人大常委会作出决定，明确国家工作人员应当在就职时公开进行宣誓，随后通过宪法修改，将宪法宣誓制度正式写入宪法。国家工作人员关系着各级各类国家机关的运转，自然是宪法实施的重要主体。换言之，国家工作人员是否树立宪法意识并恪守宪法原则，是否积极弘扬宪法精神、履行宪法使命，直接关系到宪法实施的成效，关乎国家机关行为是否符合宪法的原则、精神和规定。当前我国所确立的宪法宣誓制度，正是突出对领导干部这个“关键少数”宪法意识的培养，将宪法教育作为各级领导干部教育的重要内容。这有利于彰显宪法权威，激励以及教育领导干部这个“关键少数”忠于宪法、遵守宪法、维护宪法、推动宪法实施。此外，党的十八大以来，随着各级各类表彰体系的健全与实践的不断丰富，宪法所规定的国家勋章荣誉制度也在不断落实。一方面，党和国家功勋荣誉表彰制度体系的健全，本就是从立法、立规的层面推动宪法规定的具体化；另一方面，国家勋章、荣誉称号的系列颁授活动，既是宪法宣传教育的有益实践，又是对宪法精神理念的生动诠释，这对于全社会形成并强化国家认同感和国家意识而言尤为重要。

NO. 2　党的二十大报告部署全面依法治国、建设法治中国

事例简介

2022 年 10 月 16 日，中国共产党第二十次全国代表大会隆重开幕。习近平总书记在会上作了题为《高举中国特色社会主义伟大旗帜 为全面建设社会主义现代化国家而团结奋斗》报告，其中对全面依法治国、建设法治中国进行了系统部署。

专家点评

以党的二十大精神引领法治中国建设

江必新

中国法学会副会长

全面依法治国、建设法治中国是全面建设社会主义现代化国家的重要组成部分。党的二十大报告第七部分以“坚持全面依法治国，推进法治中国建设”为题专章部署了法治建设工作，报告总结了新时代法治中国建设的五大成就、制定了新征程法治中国建设的两个阶段目标、重申了全面依法治国的重大意义与价值功能、明确了全面依法治国的基本遵循和路线方针、提出了新征程全面依法治国的五

大重点工程。在党的历次全国代表大会报告中，党的二十大报告在法治建设方面分量最重、主题最为鲜明、内容最为宏大、所提要求也最为全面，为全面依法治国、建设法治中国提供了系统的行动指南。

党的二十大报告开创了“五个首次”：首次将全面依法治国的历史成就写入过去五年工作和新时代十年伟大变革的经验总结，强调“全面依法治国总体格局基本形成”；首次将法治建设独立成篇进行专门论述和部署；首次把法治中国建设作为直接的工作目标和工作任务；首次提出要在法治轨道上全面建设社会主义现代化国家；首次提出要全面推进国家各方面工作法治化。“五个首次”充分体现了以习近平同志为核心的党中央对全面依法治国的高度重视，充分彰显党对法治建设重要性的认识达到了前所未有的新高度。

党的二十大报告为我国法治中国建设提出更高要求，形成了“五大基本格局”。一是坚持依宪治国、依宪执政。宪法是国家的根本法，确立了中国共产党的领导地位，确立了人民民主专政的国体和人民代表大会制度的政体，奠定了国家的制度根基。坚持依法治国首先要坚持依宪治国，坚持依法执政首先要坚持依宪执政。全面依法治国要坚持贯彻宪法精神与宪法价值，加强宪法实施和监督，健全保证宪法全面实施的制度体系，更好发挥宪法在治国理政中的重要作用，维护宪法权威。重点完善与宪法相配套、直接保障宪法实施和国家政权运作的相关法律规范，如立法法、组织法、选举法、宪法解释及合宪性审查相关机制等，不断加强以宪法为核心的法律规范群的系统性和协同性。二是完善中国特色社会主义法律体系。全面实现有法可依的目标是基本任务，提高决策和立法的质量是根本任务，进行体系化建构是重点任务。要加强重点领域、新兴领域、涉外领域立法，统筹推进国内法治和涉外法治，以良法促进发展、保障善治。推进科学立法、民主立法、依法立法，统筹立改废释纂，增强立法系统性、整体性、协同性、时效性。三是扎实推进依法行政。法治政府建设是全面依法治国的重点任务和主体工程，要全面建设职能科学、权责法定、执法严明、公开公正、智能高效、廉洁诚信、人民满意的法治政府。继续推动政府职能转变，优化政府职责体系和组织结构，推进机构、职能、权限、程序、责任法定化，提高行政效率和公信力。深化行政执法体制改革，全面推进严格规范公正文明执法，加大关系群众切身利益的重点领域执法力度，完善行政执法程序，健全行政裁量基准。四是严格公正司法。公正司法是维护社会公平正义的最后一道防线。深化司法体制综合配套改革，全面准确落实司法责任制，首要的是落实审判组织办案主体责任，一方面要实现“让审理者裁判”，另一方面要完善法官惩戒机制和法院内外的监督机制，落实“由裁判者负责”的要求，确保司法权的正确行使，努力让人民群众在每一个司法案件中感受到公平正义。规范司法权力运行，健全公安机关、检察机关、审判机关、司法行政机关各司其职、相互配合、相互制约的体制机制。五是加快建设法治社会。法治社会是构筑法治国家的基础。加快建设法治社会，要坚持中华优秀传统法律文化和弘扬社会主义法治精神相结合，坚持开展法治宣传教育和建设公共法律服务体系相结合，坚持系统治理、综合治理和依法治理、源头治理相结合，还要坚持发挥领导干部示范带头作用和努力使尊法、学法、守法、用法在全社会蔚然成风相结合。

深刻领悟和把握党的二十大报告对法治建设的新部署，要聚焦“五大问题”。一是实现中国特色社会主义法治体系化建构。党的二十大报告中“体系”一词一共出现了119次，“法律体系”共出现了2次，“制度体系”共出现了9次，“政策体系”共出现了4次，标志着我国已经进入法治体系化建设的新阶段。只有进行科学化、高质量的体系化建设，才能使我国的法治建设真正有利于实现中华民族的伟大复兴，有利于实现国家治理体系和治理能力现代化，有利于推动建成社会主义现代化强国。要全面把握法治体系化建构的基本标准、深刻认识法治体系化建构的基本规律，积极拓展法治体系化建构的方式和路径。二是要深入推进法治领域的改革。在新的历史方位，法治建设必须顺应时代发展，服务于社会主义现代化强国、共同富裕的建设大局。要坚持法治体系建设的正确方向，坚持党的领导，坚持中国特色社会主义制度，贯彻中国特色社会主义法治理论。把顶层设计和基层创造有机结合起来，把问题导向和系统思维结合起来，辩证处理法治和改革之间的关系。三是要确保宪法和法律的有效实施。法律的生命在于实施，宪法和法律的有效实施能够确保法治思维和法治理念落到实处，彰显法治的内在价值。要在立法上提高可实施性，建立法律实施的规则体系，解决各种因素对司法执法活动的非法干预问题，提升司法执法人员能力素质和水平。四是保障各方主体的合法权益。法治具有人民性，要践行以人民为中心的法治理念。党的二十大报告在政治建设、经济建设、社会建设等诸多方面都特别强调要保障公民、法人或者其他组织的合法权益。比如，在“构建高水平社会主义市场经济体制”中提到要“依法保护民营企业产权和企业家权益”；在“全面推进乡村振兴”中提到要“赋予农民更加充分的财产权益”“保障进城落户农民合法土地权益，鼓励依法自愿有偿转让”；在“积极发展基层民主”中提到要“维护职工合法权益”；在“实施就业优先战略”中提到要“完善劳动者权益保障制度，加强灵活就业和新就业形态劳动者权益保障”等。五是注重对公权力的制约和监督。强化对公权力的监督制约能够确保公权力正确行使，促进干部履职尽责。要健全党统一领导、全面覆盖、权威高效的监督体系，完善权力监督制约机制，以党内监督为主导，促进各类监督贯通协调，让权力在阳光下运行。

全面依法治国是国家治理的一场深刻革命，要充分发挥法治固根本、稳预期、利长远的保障作用，在法治轨道上全面建设社会主义现代化国家，全面推进国家各方面工作法治化，以党的二十大报告精神引领我国法治中国建设，确保我国法治建设行稳致远！

NO. 3　依法调整我国疫情防控策略

事例简介

国家卫生健康委于2022年12月26日发布公告，将新型冠状病毒肺炎更名为新型冠状病毒感染；并经国务院批准，自2023年1月8日起，解除对新冠病毒感染采取的《传染病防治法》规定的甲类传染病预防、控制措施；新冠感染不再纳入《国境卫生检疫法》规定的检疫传染病管理。

专家点评

在法治轨道上推动新冠肺炎疫情防控

王晨光

清华大学万科公共卫生与健康学院特聘教授
中国卫生法学会常务副会长

把人民生命健康放在第一位是我国新冠肺炎疫情防控的基本价值导向，也是我国《基本医疗卫生与健康促进法》要求的“把人民健康放在优先发展的战略地位”和“坚持以人民为中心，为人民健康服务”理念的具体体现和生动实践。在疫情防控初始，习近平总书记就提出了“依法科学有序”疫情防控的总方针。我国疫情防控的每个重大决策都是在法律基础上沿着法治轨道推进的，从而在卫生健康领域切实推进落实了全面依法治国的整体布局。

2020 年 1 月 20 日，面对突如其来的新冠肺炎疫情，国家卫生健康委依法报请国务院批准并发布公告，将新冠“纳入乙类传染病，采取甲类管理”，为我国疫情防控提供了坚实的法律基础，并取得了疫情防控的决定性成果。从法治角度而言，这一决策是依据《传染病防治法》作出的、法律适用的行政决策。行政决策不能一成不变，而是需要与时俱进，按照病毒变异的客观规律和疫情发展的形势依法进行动态调整。这也是法治的内在要求，是国家治理体系韧性和疫情防控科学性的要求。

类似调整在我国已有先例。如原卫生部 2009 年 4 月 30 日发布 2009 年第 8 号公告将甲型 H1N1 流感这一新发传染病纳入传染病防治法规定的乙类传染病，并采取“乙类甲管”的手段进行防控。但随着甲型 H1N1 流感在全球快速传播，并呈现低重症率、低病死率的特征，我国及时将其调整为“乙类乙管”。2013 年，原国家卫计委发布《关于调整部分法定传染病病种管理工作的通知》，将 2009 年按乙类管理的甲型 H1N1 流感调整为丙类传染病。

在此次疫情防控中，随着新冠病毒的变异和疫情发展的变化，其感染性增强，但是致重症和致死亡率显著下降。如果不及时做出调整，将导致防控投入的成本远远大于防控产生的实际效果，也会给我国整体社会经济发展带来不必要的损失，对公民和社会施加过度限制，最终也会对人民健康带来负面影响。根据这一变化，中央政治局常委会研究部署进一步优化防控工作的二十条措施；国务院联防联控机制为贯彻落实常委会会议精神于 2022 年 11 月 11 日发布《关于进一步优化新冠肺炎疫情防控措施 科学精准做好防控工作的通知》，公布了进一步优化防控工作的二十条措施；12 月 7 日又发布进一步优化落实新冠肺炎疫情防控的十条措施。这些新措施符合疫情变化的客观情况，得到广大人民群众的热烈拥护。

这些调整标志着我国疫情防控已经进入了一个新阶段，即工作重心从“防控感染向医疗救治转换”，防控手段从“主要以切断病毒传播渠道的社会层面的物理隔离”向“主要以自我药疗和防重症及死亡的医疗治疗”过渡，防控模式从“主要依靠自上而下层层负责、严防死守或网格化管理模式”向“公民自觉参与和承担、政府组织和医疗机构救治托底的管理模式”过渡。这种转变更符合我国疫情防控是“人民战争”“立体战”的要求，有利于发挥公民、基层机构和各种社会组织积极参与疫情防控的积极性，与疫情防控与经济社会发展统筹协调的方针一致，也与在当前国际形势下进一步开放和促进国际大循环的要求相吻合。

在此基础上，国家卫生健康委于 2022 年 12 月 26 日发布公告，依法及时将新型冠状病毒肺炎更名为新型冠状病毒感染；并经国务院批准，自 2023 年 1 月 8 日起，解除对新冠病毒感染采取的《传染病防治法》规定的甲类传染病预防、控制措施；新冠感染不再纳入《国境卫生检疫法》规定的检疫传染病管理。这一决策既符合疫情发展的客观规律，体现了依法行政的法治要求，为当前我国疫情防控新阶段提供了坚实的法律基础和可靠的法治运行轨道。

随着疫情防控工作重点、手段和模式的变化，例如，医疗救治主要是针对重症和危重患者，绝大多数人都采取自我防范、居家隔离、自我药疗、自我康复的方式防控新冠病毒感染，个人和家庭的作用更为突出，“个人是自己健康第一责任人”的法律责任凸显。但是，应当强调的是，个人对自己健康负责不是政府和社会放手不管，而是需要在政府主管部门、医疗和疾控机构、基层诊所尤其是家庭医生和村医指导和帮助下的自我药疗。《基本医疗卫生与健康促进法》第六章“健康促进”的大量条文讲的是政府及各职能部门有什么职责，医疗机构、教育、宣传、社会组织、企业、社会组织应当做什么。因此，政府应当依法建立相应的医药资源保障和健康信息发布的制度机制，为个人实现其健康第一责任人权责提供必要的帮助和支持。

在疫情防控进入新阶段之际，国务院联防联控机制及时出台了《关于印发新冠病毒疫苗第二剂次加强免疫接种实施方案的通知》、制定了《新型冠状病毒感染“乙类乙管”疫情监测方案》《新型冠状病毒感染“乙类乙管”检测方案》《重点人群、重点机构、重点场所新型冠状病毒感染“乙类乙管”防控指引》《新型冠状病毒感染“乙类乙管”个人防护指南》《新型冠状病毒感染“乙类乙管”防控培训方案》《关于在城乡基层充分应用中药汤剂开展新冠病毒感染治疗工作的通知》《加强当前农村地区新型冠状病毒感染疫情防控工作方案》等一系列规范性文件，为新阶段的疫情防控提供了具体方案和指南。各级地方人民政府和卫生健康主管部门也出台了一系列具体指南和方案，为个人承担其健康责任提供了具体指导，同时也为疫情防控体制和机制的调整和防控模式的改变提供了具体方案，例如，对疫情高峰医疗救治资源的调整、危重患者开通紧急救治的绿色通道、民众可及的网络医疗和药品服务的渠道、基层尤其是农村基层医疗机构的快速培训和指导、药品生产流通使用的保障机制、国境卫生检疫措施等适应疫情防控新阶段的制度机制建设和完善提出了具体要求和实施方案。

疫情防控政策的调整不能仅停留在对当前疫情作出的法律定位的变化，而是要进一步落实对相应防控体制机制的调整、细化、完善和建构。法治是善法基础上的良治，疫情类型的定位和策略的调整必须落实到具体制度和机制层面上，这是疫情防控新阶段亟须细化和落实的艰巨工作，同时也是把常态化疫情防控与医药卫生体制改革和健康中国战略有机结合在一起的难得机遇，是在卫生健康领域全面推动依法治国的必由之路。

NO. 4　唐山烧烤店打人案

事例简介

2022 年 6 月 10 日凌晨，陈某志等人在河北唐山某烧烤店骚扰并暴力殴打王某某等女青年，造成 4 名被害人受伤，引发了全网强烈谴责。公安部及河北省高度重视，迅速抓获全部犯罪嫌疑人。警方查明，自 2012 年以来，以陈某志为首的恶势力团伙多次实施犯罪。陈某志因涉嫌多宗犯罪，被判处有期徒刑二十四年，其余 27 人分别被判处有期徒刑十一年至六个月。本案还严肃查处了该团伙背后的“保护伞”问题。

专家点评

依法查办“唐山打人案”及时回应民意彰显法治精神

姚　莉

中南财经政法大学党委常委、副校长、教授

中国刑事诉讼法学研究会副会长

回首 2022 年，“唐山打人案”应该是最受全社会关注的刑事案件。

2022 年 6 月 10 日凌晨，有网友发帖称河北唐山某烧烤店疑有男子酒后骚扰殴打女子。从监控视频可见，烧烤店内一名男子离席骚扰另一桌的女子，被拒绝后开始殴打对方。以陈某志为首的几人将4名女被害人从店内拖到店外，不仅拳打脚踢，而且用啤酒瓶和凳子朝被害人身上猛砸，继而将被害人拖到旁边的小巷子里继续施暴。视频在网络上传播之后，引发了舆论的广泛关注，造成了恶劣的社会影响。陈某志等人的野蛮行为遭到了全社会的谴责，"严惩施暴者"的呼声不绝于耳，几名女子的伤情也牵动着全国人民的心。案件发生后，唐山警方于6月10日下午回应了社会舆论，并于11日将9名涉案人员全部抓获归案。11日晚，唐山市召开会议，提出要从严从快依法严惩，深入开展扫黑除恶"回头看"专项行动，保持依法严厉打击高压态势。与此同时，相关部门反应迅速，河北省公安厅指定该案由廊坊警方异地侦查办理，公安部部署全国公安机关开展夏季治安打击整治"百日行动"，重拳打击突出违法犯罪。9月23日，廊坊市广阳区人民法院对该案公开宣判，被告人陈某志犯有多项罪行，被判处有期徒刑二十四年，并处罚金人民币32万元，其余27名被告人被依法判处有期徒刑十一年至六个月不等。办案机关最终重拳出击、举一反三，用实际行动及时回应了民意，用法治方式化解了这次引发舆论轰动的社会危机事件。

公正是法治的生命线，习近平总书记在2020年中央全面依法治国工作会议中强调"努力让人民群众在每一个司法案件中感受到公平正义"。有关部门依法迅速查办"唐山打人案"，及时查处背后隐藏的腐败问题和"保护伞"问题，让公平正义更加可触可感，这是落实习近平法治思想的生动体现。本案的处理过程做到了公开公平公正办案，体现了国家从快从严打击黑恶势力的决心。一方面，办案机关准确恰当地适用了《刑事诉讼法》中规定的指定管辖和回避制度。案件发生后，河北省公安厅指定廊坊市公安局广阳分局异地管辖，避免了当地公安司法机关的可能潜在影响，打消了群众对地方"保护伞"的疑虑。另一方面，本案的诉讼程序公开透明，提高了执法司法的公信力。虽然从案发到判决仅用了短短3个月，但警方及时发布公告，央视媒体跟进报道，诉讼过程向全社会公开，在保护被害人隐私的前提下进行了公开审理和宣判，彰显了法治精神。

不过，这起恶劣案件仍然投射出了深刻的社会治理问题、"保护伞"问题和舆论问题，值得我们深入研究探讨。

首先，本案反映了近年来社会治理隐藏的深层次问题，亟须恢复人民心目中对社会治理成效的信心。"唐山打人案"中犯罪分子在众目睽睽之下围殴无辜女性的暴行之所以激起了全国人民的强烈愤慨，不仅是因为他们的恶劣行径突破了法律的底线，更是因为该案破坏了国人心中引以为傲的安全感。随着社会综合治理水平的不断提高，我国已经成为世界上最有安全感的国家，长期以来，百姓对国家的治安有着极强的信任感。然而本案的出现难免让人们产生疑问：近年来，我们在全国范围内大力开展扫黑除恶专项斗争，打击了一大批黑恶势力犯罪团伙，为什么还会出现如此猖狂的暴力案件？以后老百姓还能不能安全自由地在深夜“撸串”？等等。习近平总书记曾引用张居正的话：“治政之要在于安民”，要回应好人民的期盼，必须依法彻底铲除黑恶势力的“毒瘤”，把来之不易的安全感还给百姓。所以，必须认识到扫黑除恶专项斗争是一项系统性社会治理工程，要以守护群众生命安全为核心积极构建全方位、立体化的治安防控体系，不能等引发社会关注后被动解决问题。而且，各级党委和政府都应当把常态化扫黑除恶作为统筹发展与安全的重点工作，要抓出实效。只有依法落实常态化扫黑除恶，才能实现“不断增强人民群众获得感、幸福感、安全感”的目标。

其次，本案折射出黑恶势力背后的“保护伞”问题，表明纪检监察工作与扫黑除恶工作应联动展开。办案机关查明，自 2012 年起，“唐山打人案”的案犯陈某志等人就长期纠结在一起，在唐山市等地以暴力、威胁等手段，实施非法拘禁、聚众斗殴、故意伤害、开设赌场、抢劫、掩饰、隐瞒犯罪所得、帮助信息网络犯罪活动等违法犯罪活动，逐渐形成了以陈某志为纠集者，王某磊等 7 名被告人为成员的恶势力组织。该恶势力组织为非作恶，欺压百姓，破坏当地经济、社会生活秩序，造成了恶劣的社会影响。这同样让人们产生疑惑：为什么在持续开展扫黑除恶专项斗争的当下，陈某志恶团伙仍然能逍遥法外十年之久？河北省纪检监察机关深挖彻查本案线索，立案审查调查了包括路北区副区长马某军在内的 15 名相关人员，初步查出了违纪违法及涉嫌滥用职权、徇私枉法、行贿、受贿等职务犯罪问题。陈某志恶势力团伙长期违法犯罪的事实表明，黑恶势力违法犯罪行为往往与腐败问题伴生，常态化扫黑除恶工作应与纪检监察工作联动，铲除黑恶势力头上的“保护伞”，方能真正守护百姓平安。

最后，本案凸显了司法与民意的良性互动，说明让办案过程运行在充满阳光的法治轨道上才是应对舆论冲击的法宝。本案在网络上曝光后引发了强烈的舆论关注，民众要求打击犯罪的呼声一浪高过一浪。为此，办案机关分别在 6 月 10 日、11 日多次发布公告，清晰表明了公正公平公开办案、从严从快依法严惩违法犯罪的积极态度，及时坦诚地回应了舆论关切的重要问题。随后，针对个别网友和自媒体发布的不实言论，有关部门也在保护被害人隐私的前提下积极公布案件信息，并在案件办理后期由央视总台采访还原了本案的侦办经过，公开了警方讯问陈某志的现场视频和对被害人的采访视频，使疑点得到澄清、谣言不攻自破。本案的诉讼程序坚持公开透明，让司法与舆论保持了良性的互动，达到了较好的社会效果。

“唐山打人案”的办理过程彰显了公安司法机关对违法犯罪行为的打击强度和对百姓生命安全的保护力度。虽然案件本身已经落下帷幕，但案件隐射出的问题仍然值得我们思考。从本案的进程来看，“唐山打人案”只是点燃舆论危机和信任危机的导火索，其背后的黑恶势力违法犯罪问题在初露苗头之时未能得到有效解决，为该案和随之而来的危机埋下了伏笔。随着国家治理体系和治理能力现代化的稳步推进，应当通过何种方式预防违法犯罪，提高社会综合治理成效，满足人民群众对美好生活的期待，避免“唐山打人案”重演，值得各地执法司法机关高度重视。

NO. 5 《反垄断法》实施十四年后首次修订

事例简介

2022 年 6 月 24 日，第十三届全国人大常委会第三十五次会议通过了《反垄断法(修正草案)》，修订后的《反垄断法》自 2022 年 8 月开始实施。这是《反垄断法》颁行 14 年后的首次修订。

专家点评

《反垄断法》首次修订的亮点、重点与展望

王晓晔

深圳大学特聘教授
中国社会科学院法学所研究员
中国法学会经济法学研究会顾问

《反垄断法》是一部对国家经济体制改革具有里程碑意义的法律制度，它标志国家配置资源和调节供求的基本手段已经从政府的行政命令转变为市场机制和竞争机制。这次《反垄断法》修订主要有以下亮点和重点。

一、强化竞争政策基础地位

《反垄断法》修订的最大亮点是第 4 条增加了

“国家强化竞争政策基础地位”的表述。这说明，除了“国有经济占控制地位的关系国民经济命脉和国家安全的行业以及依法实行专营专卖的行业”，市场竞争机制在其他行业和经济领域发挥着决定性作用。《反垄断法》修订还引进了公平竞争审查制度，由此公平竞争审查成为政府机关出台涉及市场主体经营活动规章制度应当进行的法律程序，从而进一步把政府行为装进制度的笼子里，有助于解决政府对市场的不合理干预和干预过多的问题。

二、强化数字经济反垄断

《反垄断法》总则第9条规定“经营者不得利用数据和算法、技术、资本优势以及平台规则等从事本法禁止的垄断行为”，这个条款对审理互联网经济领域的垄断协议、滥用市场支配地位以及经营者集中控制均具有重要的指导意义。

《反垄断法》第22条第2款还规定：“具有市场支配地位的经营者不得利用数据和算法、技术以及平台规则等从事前款规定的滥用市场支配地位的行为。”这里涉及互联网大平台企业实施的不公平高价、不正当的低成本销售、拒绝交易、强制交易、搭售以及差别待遇等各种行为。平台经济领域的滥用行为一般都会涉及数据交易或数据开放，特别是针对中小企业的强制交易行为。例如，国家市场监管总局2021年针对阿里巴巴电商平台实施“二选一”行为的行政处罚说明，平台大企业与第三方企业进行的数据交易得以公平、合理和无歧视为条件。

修订后《反垄断法》禁止企业通过“资本优势”从事《反垄断法》禁止的垄断行为，特别涉及平台经济领域不合理的生态扩张。该法第26条第2款规定：“经营者集中未达到国务院规定的申报标准，但有证据证明该经营者集中具有或者可能具有排除、限制竞争效果的，国务院反垄断执法机构可以要求经营者申报。”这说明，《反垄断法》针对未达申报标准但可能具有排除限制竞争影响的经营者集中要加强审查，目的是避免和减少涉案企业市场销售额不大但并购交易对市场竞争影响较大的情况。

三、引入“安全港”规则

借鉴欧盟法，修订后《反垄断法》在其涉及纵向协议的第18条引入了“安全港”制度。该条第1款禁止经营者与其交易相对人达成固定向第三人转售商品的价格、限定向第三人转售商品的最低价格以及国务院反垄断执法机构认定的其他垄断协议，前两种协议一般被称为 RPM，即维持转售价格的协议。第 3 款针对 RPM 还规定，“经营者能够证明其不具有排除、限制竞争效果的，不予禁止”，这说明 RPM 的豁免适用举证责任倒置。第 3 款规定，“经营者能够证明其在相关市场的市场份额低于国务院反垄断执法机构规定的标准，并符合国务院反垄断执法机构规定的其他条件的，不予禁止”。第 3 款提出的“市场份额”标准一般被称为“安全港”。

根据欧盟法，“安全港”制度应当有助于提高执法透明度，节约执法资源。然而，因为下列问题，我国《反垄断法》引入的“安全港”存在以下问题：一是进入“安全港”的协议不安全，因为第 18 条第 3 款除了规定市场份额标准，还要求涉案协议“符合国务院反垄断执法机构规定的其他条件”；第 2 款还规定经营者“能够证明其不具有排除限制竞争效果”。由此可见，这里的“安全港”不会很大程度提高反垄断执法的效率。二是“安全港”规则不能适用于竞争者之间的横向协议。与纵向协议相比，横向限制竞争协议的问题虽然比较多，但竞争者之间某些合作，例如专业化、标准化或者合作性的研发也应当建立“安全港”。三是 RPM 协议在我国适用“安全港”制度的问题比较大，一方面因为 RPM 的目的明显是抬高价格，客观上会严重损害消费者的利益；另一方面我国生产企业从婴儿奶粉到联想电脑，普遍采用 RPM 的销售模式。如果 RPM 适用“安全港”制度，这不利于我国的经济发展和倡导竞争文化。

四、加大违法行为处罚力度

为强化反垄断，修订后的《反垄断法》大大加强了对违法行为的处罚力度。例如，修订前的《反垄断法》规定，违法实施的经营者集中除了停止实施集中和采取必要措施恢复到集中前状态，可处 50 万元以下的罚款；修订后《反垄断法》则规定，“可处上一年度销售额百分之十以下的罚款；不具有排除、限制竞争效果的，处五百万元以下的罚款”。《反垄断法》第 56 条还规定：“经营者的法定代表人、主要负责人和直接责任人员对达成垄断协议负有个人责任的，可处一百万元以下的罚款。”这个规定应主要适用于竞争者之间的价格卡特尔、数量卡特尔以及分割市场的卡特尔。这些类型的卡特尔因为“本身违法”，施加个人责任可进一步加大对这些违法行为的打击力度。《反垄断法》第 63 条还规定：“情节特别严重、影响特别恶劣、造成特别严重后果的，国务院反垄断执法机构可以在本法……规定的罚款数额的二倍以上五倍以下确定具体罚款数额。”这个规定毫无疑问对情节恶劣的违法行为会产生极大的威慑力。此外，《反垄断法》还引入刑事责任，这一般也仅适用于“本身违法”的核心卡特尔。

五、余论

这次《反垄断法》修订是其实施 14 年后的首次，意义重大。但我们不能毕其功于一役，认为一次修订可以解决所有应当解决的问题，因此它还有不断修订的机会。此外，考虑到徒法不足以自行，国家不仅需要继续完善反垄断法，而且还应当采取各种措施，切实有效地提高我国反垄断执法的独立性和执法能力。

NO. 6　国家网信办对滴滴公司处以“天价”罚款

事例简介

国家网信办查明滴滴全球股份有限公司(滴滴公司)存在 16 项违法处理个人信息的事实，包括违法收集个人信息、过度收集个人信息、超越权限处理个人信息、违法处理个人信息等行为。2022 年 7 月 21 日，国家网信办对该公司处以 80.26 亿元罚款(上年度营业额的 5%)，并对其董事长兼 CEO 程某、总裁柳某各处 100 万元罚款。

专家点评

滴滴全球“天价”罚款案解析

张新宝

中国人民大学法学院教授
中国法学会网络与信息法学研究会副会长

一、查明的事实

国家网信办查明滴滴公司共存在 16 项违法处理个人信息的事实，包括违法收集个人信息、过度收集个人信息、超越权限处理个人信息、违法个人信息处理目的等，归纳起来主要有八个方面：(1)违法收集用户手机相册中的截图信息1196.39万条；(2)过度收集用户剪切板信息、应用列表信息83.23亿条；(3)过度收集乘客人脸识别信息1.07亿条、年龄段信息5350.92万条、职业信息1633.56万条、亲情关系信息138.29万条、“家”和“公司”打车地址信息1.53亿条；(4)过度收集乘客评价代驾服务时、App后台运行时、手机连接桔视记录仪设备时的精准位置(经纬度)信息1.67亿条；(5)过度收集司机学历信息14.29万条，以明文形式存储司机身份证号信息5780.26万条；(6)在未明确告知乘客情况下分析乘客出行意图信息539.76亿条、常驻城市信息15.38亿条、异地商务/异地旅游信息3.04亿条；(7)在乘客使用顺风车服务时频繁索取无关的“电话权限”；(8)未准确、清晰说明用户设备信息等19项个人信息处理目的。

二、对持续违法行为的法律适用

《行政处罚法》第37条规定：“实施行政处罚，适用违法行为发生时的法律、法规、规章的规定。但是，作出行政处罚决定时，法律、法规、规章已被修改或者废止，且新的规定处罚较轻或者不认为是违法的，适用新的规定。”笔者认为，本案应当适用《个人信息保护法》第66条的规定，理由如下：

第一，从本案实际情况来看，滴滴公司违法处理海量个人信息、侵害个人信息权益和国家安全利益的行为自2015年6月至被查出时持续存在。“从旧兼从轻”的法律溯及力原则的法理在于，这种溯及适用规则能够保证行为主体能够对自己行为所获得的法律评价有稳定预期、从而依照法律规定规划自己的行为。《个人信息保护法》自2021年8月颁布至2021年11月1日起实施，在这段时间里滴滴公司并未停止自身的违法行为，对其将为此行为承担高额的行政罚款应有充分的可预期性。

第二，本案中滴滴公司的违法行为具有持续性，无法进行区分评价。持续性的违法行为很难作区分评价，前后依次发生的违法行为间存在密切的联系：在《个人信息保护法》生效前违法收集的个人信息，在《个人信息保护法》生效后被继续违法加工、售卖；在《个人信息保护法》生效前实施的违法处理个人信息行为，其危害后果可能实际发生于《个人信息保护法》施行以后。而作为整体评价的持续的违法行为的发生时间，应确定为该行为终止时。《行政处罚法》第36条规定：“违法行为有连续或者继续状态的，从行为终了之日起计算。”因此，本案应适用《个人信息保护法》第 66 条对滴滴公司自 2015 年 7 月至被查出时的违法处理个人信息行为施以行政处罚。

三、“天价”处罚的执法政策导向

《网络安全法》《数据安全法》和《个人信息保护法》都对违法处理个人信息(数据)的行为规定了罚款的行政责任。《行政处罚法》第 29 条规定：“对当事人的同一个违法行为，不得给予两次以上罚款的行政处罚。同一个违法行为违反多个法律规范应当给予罚款处罚的，按照罚款数额高的规定处罚。”从本案最终确定的“天价”罚款金额来看，确定罚款金额适用的主要是《个人信息保护法》第 66 条。

我国法律就违法处理个人信息行政罚款数额上限的确定，采取了两种方式：一是直接规定具体数额，如《网络安全法》中的“一百万元以下”、《数据安全法》中的“两百万元以下”以及《个人信息保护法》中的“五千万元以下”等；二是《个人信息保护法》新增的以上一年度营业额的百分比为处罚上限标准，即《个人信息保护法》第 66 条规定的“上一年度营业额的百分之五”。滴滴公司 2021 年度公布的营业额为 1738. 3 亿元，按照行政处罚“不重复处罚”“就高不就低”的规定，依据《个人信息保护法》第 66 条可对滴滴公司处以的罚款上限为 86. 9 亿元。实际处罚 80. 26 亿元，接近法定罚款的上限。网信办对滴滴公司处以法定罚款上限的“天价”罚款，彰显了从严治理严重违法处理个人信息的执法政策导向。

四、落实“双罚制”的治理效果

自《网络安全法》开始，我国就对违法处理个人信息的行为引入了对实施违法行为的单位与个人(包括直接负责的主管人员和其他直接责任人员)都处以行政处罚的双罚制。《个人信息保护法》深化了单位和个人的行政处罚双罚制，考虑到不同形式的行政责任对不同违法主体的劝诫、规制效果差异，我国的“双罚制”对单位和个人设置了不同类别的行政责任。

针对违法处理个人信息的单位，《个人信息保护法》注重多种行政处罚方式的综合适用，除了《网络安全法》规定的“责令改正”“警告”“没收违法所得”“罚款”“责令暂停相关业务”“责令停业整顿”“吊销营业执照”“吊销相关业务许可证”等责任形式外，针对当下各类应用程序(App)违法处理个人信息的行为，《个人信息保护法》增加规定了“责令暂停或者终止提供服务”，这与我国当前加强规范应用程序处理活动的政策导向相一致。针对违法单位的直接负责的主管人员和其他责任人员，除承担罚款责任外，《个人信息保护法》增加规定了处罚机关可以决定“禁止其在一定期限内担任相关企业的董事、监事、高级管理人员和个人信息保护负责人”。正是基于“双罚制”规定，国家网信办在对滴滴公司处以“天价”罚款的同时，也对滴滴全球股份有限公司董事长兼 CEO 程某、总裁柳某各处人民币 100 万元罚款。

对违法企业和相关负责人实施“双罚制”均处以高额罚款，更有利于治理违法处理个人信息的行为，遏制个人在企业决策、执行过程中的违法冲动，促进企业合规运作和个人依法履行职责。

NO. 7　12 部委开展打击整治养老诈骗专项行动

事例简介

2022 年 4 月，打击整治养老诈骗专项行动在全国正式启动。专项行动由平安中国建设协调小组牵头，中央政法委、中央网信办、最高人民法院、最高人民检察院、公安部、民政部、自然资源部、住房和城乡建设部、文化和旅游部、国家卫生健康委、市场监管总局、中国银保监会等 12 个国家部委参与共同推进。

专家点评

打造老年人友好型的法治化营商环境

刘俊海

中国人民大学法学院教授
中国商业法研究会副会长

一、打击整治养老诈骗专项行动对法治化营商环境的积极推动作用

“民惟邦本，本固邦宁。”我国正在步入老龄化社会。客观来说，银发产业对创造就业、活跃市场与发展经济起到了积极的助推作用。但个别失信商家见利忘义、利欲熏心，为了一夜暴富不惜故意做虚假广告、误导宣传，甚至兜售“三无”

产品与变质的不安全产品。商家的失信行为严重侵害了老年消费者的知情权、选择权、公平交易权、安全保障权与隐私权等一系列权利，愧对了老年消费者的信任，破坏了公平交易秩序与自由竞争秩序，滋生了“劣币驱逐良币、好人受气、坏人神气”的逆淘汰效应，污染了市场生态环境。

因此，打击整治养老诈骗专项行动是关系千家万户的民生工程，立足长远的经济工程，诚信友爱的诚信工程、促进和谐的民心工程，标本兼治的法治工程。这次专项行动坚持了对老年人的平等保护、全面保护与精准保护，确保了政治效果、法律效果、社会效果、道德效果与市场效果的有机统一，值得充分肯定。

我们也要清醒地意识到，养老诈骗现象在有些地方与产业依然存在。因此，整治养老诈骗行动无法毕其功于一役，必须纳入制度化、法治化、常态化的轨道，早日建成全国统一的跨地域、跨部门、跨产业、跨市场、24小时全天候、360度全方位的信息共享、快捷高效、无缝对接、有机衔接、同频共振的老年消费者友好型市场协同共治体系。

二、企业的理性自治机制

企业是市场经济活力之源。我国大部分企业诚信守法经营。鼓励公司理性自治是公司法现代化的必由之路。理性自治源于公司作为营利法人的本质属性，乃市场无形之手。市场具有自愈功能。立法者、监管者和裁判者应尊重和保障公司自治权。资本有营利性，也有社会性。企业要自觉出台严于国家法律标准的自律标准，善待老年消费者，牢固树立并践行“一心、二维、三品、四商、五严、六实”的核心价值观。

“一心”要求企业对消费者常怀感恩之心，全面履行法定义务、约定义务与道德义务。每位消费者都是帮助企业生存、成长与壮大的“贵人”。没有企业诚信度，就没有消费者忠诚度。基于契约逻辑，企业必须充分尊重消费者各项权利，落实契约精神的三大核心要求(契约自由、契约公平与契约严守)。企业只有饮水思源、回馈消费者，才能展示企业的良知、责任的担当和人性的光辉。懂得感恩的企业与企业家幸福感最强，生命力与发展力也最旺盛。

“二维”要求企业右脑有盈利合理化(而非最大化)思维，左脑有社会责任思维。企业要健全环境社会治理(ESG)体系与合规治理体系，自觉担当社会责任与伦理责任。企业倘若一味追求利润最大化，甚至唯利是图，必然会损害消费者权益，难逃富而不贵的尴尬，甚至滑向犯罪深渊。会赚钱、能赚钱、赚大钱并非衡量企业成功的判断标准。成功企业的最高境界是成为广受消费者尊重的良心企业。消费者选购商品或服务时，无论用钞票投票、用诉状投票等，都会青睐那些受人尊重的诚信企业。

“三品”要求企业实现产品、企品与人品的三品合一。企业必须有经得住市场检验的好产品和好服务。产品与服务的内在品质重于外在宣传。“品牌品牌”，先有品，后有牌。产品虽重要，企品更重要。比企品更重要的是人品。企业家、控制股东、实际控制人、董监高与从业人员的核心价值观、世界观、人生观与财富观直接决定着企业的沉浮与枯荣。忽视人品与企品的瑕疵而奢谈企业发展愿景，显有舍本逐末之嫌。

“四商”强调企业要同时具备不断创新的智商、受人尊重的情商、信仰与敬畏法律的法商、践行同行业最佳商业伦理的德商。法商的核心是规则意识。智商、情商、法商、德商应该实现四商合一。不少企业家智商高，但情商、法商、德商存在短板。如果企业不从四商合一的角度反思商业模式，前途必然堪忧。提高企业合规治理水平、遏制失信行为，是养老产业面临的严峻挑战。

“五严”就是严格的产品与服务质量标准体系、严格的研发体系、严格的售后服务体系、严格的内控体系与严格的问责体系。在质量为王的时代，优秀企业应自我加压，自觉出台严于国家标准的企业标准。企业应加大研发投入，获取自主知识产权，增强产品竞争优势。由于欺诈会引发惩罚性赔偿责任和公益诉讼的巨大法律风险，广告宣传与推介活动要量力而行，适度承诺。内控体系是企业的刹车系统，不能失灵。问责体系要求董事高管与从业人员的角色精准定位、无缝对接、赏罚分明。

“六实”就是夯实消费者的知情权、选择权、公平交易权、安全保障权、隐私权、治理参与权。既要尊重消费者的契约权利，也要真诚鼓励其参与企业协同共治。诚实信用与妥协共赢是预防与化解生产数字化要素之争的秘籍，也是企业转危为机、广结善缘、避免零和游戏的经营方略。

三、构建老年消费者友好型的政府放管服体系

市场与政府之间的边界划定与良性互动，直接关系到市场经济体制改革的成败。西方自由市场经济体制是在财产私有制与契约自由的土壤中成长起来的。而我国社会主义市场经济体制则在生产资料公有制与计划经济

的基础上变革而来。在建立市场经济体制的历程中，我国政府扮演了三种角色：一是预防与化解市场失灵的裁判员；二是要培育与推动市场发展的教练员；三是维护广大消费者权益的代理人。没有政府积极推动，就没有养老产业的繁荣与发展。政府既不能消极无为、袖手旁观，也不能赤膊上阵，取代市场，而应采取“放管服”的中庸之道，做到抓大放小，收放自如。该放开的，坚决放活，放到位；该管住的，坚决管好，管到底。要保持法治与市场的定力，避免陷入“一管就死，一死就放，一放又乱，一乱又管”的怪圈。因此，构建市场无形之手与政府有形之手的良性互动关系是养老产业市场化与法治化成功的关键。各级政府要深化“放管服”改革，全面构建老年消费者友好型的放管服体系。

“放”是“简政放权”的简称。简政放权的实质是政府少干预或不干预资源的自由流动与优化配置。核心是弘扬“法无禁止即可为”的法治理念，放弃直接配置资源的家长制思维与万能政府思维。政府要致力于保护产权，尊重市场自治，鼓励契约自由，促进公平交易，推动自由竞争，压缩行政审批权与行政许可项目，扩张企业的经营自由。

“管”是“监管”的简称，包括事先、事中与事后监管。监管目的不是取代市场，而是激活与康复市场。市场会失灵，监管者不应失灵。在市场失灵、企业见利忘义时，监管者必须挺身而出，捍卫市场秩序，落实契约正义，促进公平交易，鼓励自由竞争。当企业慎独自律、市场理性自治时，监管者应减少干预；反之亦然。为消除监管漏洞、遏制监管套利、铸造监管公信，政府必须创新监管思路，升级监管模式，实现法治监管、包容监管、审慎监管、透明监管、信用监管、协同监管、精准监管、靶向监管、勤勉监管与民本监管。褒扬诚信与惩戒失信的信用奖惩机制是监管的有效抓手。只有激浊扬清，惩恶扬善，才能提升监管公信。监管的目的不是取代市场，而是激活与康复市场，充分尊重市场作为无形之手在优化资源配置、促进资源合理流动方面的积极作用，构建多赢共享的市场生态文明。监管者既要学会尊重与鼓励市场自治创新，也要努力维护公平、公正、公开的市场秩序。

监管的核心内容有五：一是维护消费者之间的公平交易秩序，规范交易行为，弘扬契约精神，保护消费者权益；二是维护企业之间的自由公平竞争秩序，强化竞争政策基础地位，打破地方保护，打破行政性垄断、防止市场垄断，清理废除妨碍统一市场和公平竞争的各种不合理规定和做法，加强反垄断和反不正当竞争执法力度；三是维护国家安全与公共利益，防止发生损害国家安全及公共利益的行为；四是加强信用体系建设，完善失信行为认定、失信联合惩戒、信用修复等机制，健全投诉举报查处机制；五是健全交易风险防范处置机制，主动预防与有效化解风险。

四、老年消费者的自我保护能力建设

自我保护才是最有效的保护。笔者建议老年消费者加强自我保护，树立科学消费、文明消费、理性消费的意识与能力。老年消费者要看好钱袋子，警惕商家宰熟杀熟，切忌占小便宜吃大亏。既要了解商家大幅促销或打折让利的商业动机，也要自觉抵制温情营销与恐慌营销。消费者要学会明明白白看广告，认认真真签合同，一丝不苟存证据，依法理性去维权。

NO. 8　海航集团等 321 家公司实质合并重整计划执行完毕

事例简介

曾经的世界五百强海航集团有限公司(以下简称海航集团)陷入严重资不抵债危机。2021 年 2 月，海南省高级人民法院受理海航集团等 7 家公司及海航集团下属 3 家上市公司及子公司重整，并随后裁定对海航集团等 321 家公司实施实质合并重整，形成三家上市公司内部协同重整、非上市公司实质合并重整、上市公司与非上市公司共计 378 家公司同步重整、联动推进的模式。2021 年 10 月，上述重整计划草案获得表决通过并获法院裁定批准。2022 年 4 月 24 日，上述重整全部执行完毕并获得法院裁定确认。

专家点评

海航集团重整案件彰显重整制度的强大困境拯救功能

徐阳光

中国人民大学法学院教授
北京市破产法学会会长

2022 年 4 月 24 日，海南省高级人民法院裁定海航集团等 321 家实质合并重整计划已经执行完毕，至此，海航集团重整案囊括的四个重整计划

全部执行完毕，意味着轰动全国的海航集团重整案件正式终结，或许还有其他后续遗留问题需要处理，但该案至此算是正式落下帷幕。海航集团重整案件，是我国目前债务规模最大、债权人数量和类型最多、实质合并重整的关联企业数量最多的重整案件，也是我国为数不多的由省高级人民法院直接审理的重整案件，属于在市场化法治化原则下化解大型企业集团风险的典型案例。回顾总结此案，有很多值得关注和思考的问题。

一、海航集团重整案件为我国探索和建立关联企业合并重整制度提供了鲜活的素材

关联企业合并破产制度源自美国的判例法，现已成为很多国家破产立法和司法实践中的选择。我国现行《企业破产法》及其司法解释尚未对合并重整作出明确的规定，唯一的规定见于最高人民法院 2018 年发布的司法政策文件《全国法院破产审判工作会议纪要》（法〔2018〕53 号，以下简称《纪要》)。《纪要》规定："人民法院审理关联企业破产案件时，要立足于破产关联企业之间的具体关系模式，采取不同方式予以处理。既要通过实质合并审理方式处理法人人格高度混同的关联关系，确保全体债权人公平清偿，也要避免不当采用实质合并审理方式损害相关利益主体的合法权益。"《纪要》强调要尊重企业法人的独立人格，"以对关联企业成员的破产原因进行单独判断并适用单个破产程序为基本原则"，但也考虑到了现实中关联企业之间资产债务高度混同难以区分的情况可能较为常见，因此在第 32 条确立了"关联企业实质合并破产的审慎适用"原则，"当关联企业成员之间存在法人人格高度混同、区分各关联企业成员财产的成本过高、严重损害债权人公平清偿利益时，可例外适用关联企业实质合并破产方式进行审理"。不仅如此，《纪要》还对不具备实质合并破产条件的关联企业作出了可以依法进行协调审理的规定。

理解关联企业合并破产制度，既要掌握实质合并破产规则，也要掌握协调审理规则。《纪要》对这两种合并破产方式的法律后果作了明确规定。第 36 条规定的是实质合并破产的法律后果："人民法院裁定采用实质合并方式审理破产案件的，各关联企业成员之间的债权债务归于消灭，各成员的财产作为合并后统一的破产财产，由各成员的债权人在同一程序中按照法定顺序公平受偿。采用实质合并方式进行重整的，重整计划草案中应当制定统一的债权分类、债权调整和债权受偿方案"；第 39 条规定的是协调审理的法律后果："协调审理不消灭关联企业成员之间的债权债务关系，不

对关联企业成员的财产进行合并，各关联企业成员的债权人仍以该企业成员财产为限依法获得清偿。”第39条还明确了理论界探讨已久的衡平居次规则：“……关联企业成员之间不当利用关联关系形成的债权，应当劣后于其他普通债权顺序清偿，且该劣后债权人不得就其他关联企业成员提供的特定财产优先受偿。”

海航集团重整案件很好地体现了上述《纪要》规则在案件中的适用。海南省高级人民法院在案件审理该案时，准确适用《纪要》中有关实质合并破产的规则，裁定321家公司实施实质合并重整，同时充分运用了协调审理的规则，形成三家上市公司内部协同重整、非上市公司实质合并重整、上市公司与非上市公司共计378家公司同步重整、联动推进的模式，为大型企业集团重整案件提供了成功的范例。全国人大财经委正在推进《企业破产法》修改的立法工作，合并破产规则有望在破产法修改中确立，海航集团重整案件对合并破产规则的适用可以成为立法规则设计时的重要参考案例。

二、海航集团重整案件在重整方案设计中有很多创新亮点值得总结

首先，根据公开披露的信息，在海航基础及其20家子公司的重整计划创新出资人权益的调整方式有效解决上市公司体内错综复杂的“历史遗留问题”，值得借鉴。在本次*ST基础的重整方案中，海航的重整方开创性地通过资本公积金差异化转增等方式，来解决控股股东及其关联方非经营性资金占用、需承担责任的未披露担保、需关注的资产对上市公司造成的损失。业界认为，这一创新之举也为今后涉及上市公司资金占用和拖欠业绩承诺金问题的破产重整案件，提供了行之有效的、可借鉴的解决思路。

其次，海航集团重整案件中运用资本公积金转增股本，并用于招募重整投资人和清偿债务，在转增股票对价方面，在参考股票二级市场价格基础上，兼顾债权人、公司和公司原股东等各方利益后确定，并将经公司债权人会议和出资人组会议表决通过后执行，也成为保障重整成功的一个重要安排。诚然，对于债转股如何在重整程序中合法运用还存在讨论和争议，但海航集团重整案件无疑为我们研究债转股时转股价格的确定、债权人意思自治权的保护等方面提供了研究的素材。

最后，该案较好地运用了重整信托服务。2022年4月24日，海航集团发布公告称：自2021年10月31日海南省高级人民法院裁定批准重整计划

以来，在法院的监督下，经依规公开遴选，确定由中信信托有限责任公司和光大兴陇信托有限责任公司组成的联合体为信托受托人。之后，海航集团破产重整专项服务信托已依法成立，并对快速推进重整计划的执行程序起到了积极的作用。大型上市公司及其企业集团的重整案件，一方面要尽力确保上市公司能够保壳增值，另一方面又要最大程度地维护债权人利益，这对于法院和管理人而言都是极大的挑战，而合理运用重整信托服务，探索和创新重整程序中的财产管理和债务清偿方案，可以帮助法院和管理人在这两个目标之间寻找到更好的平衡点。不过，需要注意的是，重整信托服务的运用需要谨慎，而且要接受债权人会议和法院的严格审查和确认。此外，重整信托服务对于其对债权清偿率和清偿期限的影响，对管理人报酬计算规则带来的挑战，也值得我们关注和研究。

三、海航集团重整案件彰显了破产重整制度强大的困境拯救功能

我国2006年《企业破产法》确立了破产和解、重整和破产清算三套程序并列并可以依法转换的体系，很好地融合了公平偿债和困境拯救的理念。《企业破产法》第2条第1款规定的是破产清算原因，即“企业法人不能清偿到期债务，并且资产不足以清偿全部债务或者明显缺乏清偿能力”，第2款规定的是重整原因，即“企业法人有前款规定情形，或者有明显丧失清偿能力可能”即可申请重整。不难看出，重整原因较之破产清算原因更为宽松，因为立法旨在鼓励陷入困境的企业及早申请破产，充分运用好破产制度的困境拯救功能。

然而，重整制度的困境拯救功能并未在实践中得到充分发挥，主要是债务人、债权人等利益主体对破产法还存在认识上的误区，甚至存在“谈破色变”的现象，因此，很多企业陷入财务困境却不愿意选择破产程序（包括重整程序）来解决危机。最近几年情况有所转变，比如前几年备受关注的渤海钢铁、重庆钢铁重整案件，以及最近的北大方正、清华紫光重整案件，都是运用破产重整制度走出困境获得了新生的典型。海航集团重整案件作为我国目前规模最大、最具影响力的破产重整案件，通过重整化解了债务问题，实现对业务、管理、资产、负债、股权的全方位重组，进一步彰显了重整制度的困境拯救功能，为海南自贸港探索破产制度改革创新提供了鲜活丰富的样本与素材。

NO.9　首份家庭教育令发布

事例简介

2022年1月6日，长沙市天心区人民法院在审理胡某与陈某抚养权变更纠纷案时，针对监护人监护失职的情况，发出《家庭教育促进法》生效后的全国第一份家庭教育令，要求陈某多关注孩子的生理、心理状况和情感需求，与老师至少每周联系一次；并要求陈某与孩子同住，由自己或近亲属亲自养育与陪伴孩子，切实履行监护职责，承担起家庭教育的主体责任，不得让孩子单独与保姆居住生活。

专家点评

家庭教育令的性质与功能

肖建国

中国人民大学法学院教授

中国法学会民事诉讼法学研究会副会长

长沙市天心区人民法院依据《家庭教育促进法》《未成年人保护法》等法律发出的全国首份家庭教育令，明确对怠于履行抚养义务和监护职责、忽视未成年人身心健康的行为说“不”。未成年人的健康成长，父母是第一责任人，亲自养育、亲子陪伴是原则，无正当理由不得委托他人代为照护。家庭教育令充分关注了未成年人的生理、心理状况和情感需求，有助于实现未成年人利益最大化保护，体现了人民法院的司法担当和司法智慧，是人民法院审判职能在家庭法领域的延伸，具有多重开创和示范意义。

目前来看，《家庭教育促进法》刚实施一周年，家庭教育令已在我国各地法院全面铺开，广泛适用于离婚、抚养、监护、未成年人侵权和犯罪等案件中，对于保护未成年人身心健康，保障未成年人合法权益，贯彻落实《家庭教育促进法》《未成年人保护法》，作用巨大。当然，作为司法实践中自发生成的一种新型制度，家庭教育令的面貌尚未定型，其未来发展仍有打磨重塑的空间。为此，需要澄清家庭教育令的一些基本问题，如实体法和程序法上如何定性，应当发挥何种制度功能，以及什么样的程序构造才能与家庭教育令的性质和功能相匹配，等等。只有夯实上述基础性问题，家庭教育令才能行稳致远。

首先，家庭教育令性质上是法院发出的责令未成年人的父母或者其他监护人履行家庭教育义务的民事裁定。其实体法上的依据是《家庭教育促进法》第 49 条。按此，人民法院在审理案件时，发现未成年人的父母或者其他监护人不正确实施家庭教育，侵害未成年人合法权益的，可以“责令”其接受家庭教育指导。《家庭教育促进法》第 34 条则明确要求人民法院在审理离婚案件时，“应当”对有未成年子女的夫妻双方提供家庭教育指导，换言之，应当签发家庭教育令。从程序法角度来看，裁定、决定、命令均属于《民事诉讼法》上法院处理诉讼程序或部分实体问题的法定方式，家庭教育令虽有命令之名，但本质上是法院作出的民事裁定，这一点与我国《民事诉讼法》上的临时性禁令、《反家庭暴力法》上的人身安全保护令是一致的。因此，家庭教育令的作出程序以及不服家庭教育令的救济程序，也应当遵循《民事诉讼法》关于民事裁定的一般性规定。

法院之所以有权发出家庭教育令，原因在于《家庭教育促进法》课以了未成年人的父母或者其他监护人对于国家负有的实施家庭教育的公法义务，同时也赋权法院代表国家积极干预父母行使亲权和履行亲子关系义务，签发家庭教育令由此成为法院司法权的一项衍生职能，具有辅助性，其目的是通过司法权积极介入家庭关系来实现未成年人利益的最大化保护。该衍生司法职能与法院解决本案纠纷这一核心司法职能并存不悖，而且衍生职能的行使有助于本案纠纷的实质性化解。天心区人民法院的全国首份家庭教育令，正是该院在处理案涉未成年人抚养权纠纷时一并作出的，能够督促抚养权判决确定的抚养权人更好地履行抚养义务和监护职责，有利于未成年人全面发展、健康成长。司法权的积极介入充分体现了我国法院在未成年人权益保护上的司法能动性。

其次，家庭教育令的制度功能具有多重性，既包括法律层面的，也包括法律之外的亲情伦理心理等层面的功能。考虑到家庭教育令的制度目的在于课以未成年人的父母或者其他监护人家庭教育义务来保障未成年人的身心健康成长，因此，家庭教育令实际上还发挥着连接法律、家庭和社会的纽带功能。

其一，家庭教育令具有修复性功能，即修复父母或者其他监护人与未成年人之间的亲情疏离或者缺失，修复未成年人的心理问题或人格缺陷，矫正未成年人的不当行为，使未成年人养成与其生理、心理、智力发展状况相一致的道德品质、身体素质、生活技能、文化修养、行为习惯，从而增进家庭幸福与社会和谐。这是因为，家庭教育是情理法的统一，家庭教育的缺失意味着亲情伦理心理和法律的失位错位。家庭教育令没有额外增加父母或者其他监护人的家庭教育义务，而是旨在修复或弥补以往家庭教育的问题和不足，在这个意义上，家庭教育令是家事法领域中修复性司法的组成部分，其终极目的还是服务于未成年人的健康成长。

其二，家庭教育令具有指导性功能，即家庭教育令能够为未成年人的父母或者其他监护人提供行为指引，明确家庭教育的失范之处，并提供恰当的行为方式指导。家庭教育令的指导性功能可以是抽象的指导(包括观念和行为)，也可以是具体的指导，即责令父母或者其他监护人作出或者禁止作出特定行为。以全国首份家庭教育令为例，天心区人民法院的裁决主文兼具抽象指导与具体指导，前者如“多关注孩子的生理、心理状况和情感需求”“切实履行监护职责，承担起家庭教育的主体责任”，后者如“与老师至少每周联系一次”“与孩子同住，由自己或近亲属亲自养育与陪伴孩子……不得让孩子单独与保姆居住生活”。

其三，家庭教育令的法律功能主要是救济性功能，在家庭教育令的裁决主文明确具体时还具有相应的强制性功能。家庭教育令的救济性功能，体现在案涉未成年人的权益救济上。在离婚、抚养、监护、侵权等民事案件中，未成年人要么并非诉讼当事人，要么虽为当事人之一，但因缺乏诉讼行为能力，不能在法院诉讼中按照自己的意愿自主实施诉讼行为，因此，我国民事诉讼中未成年人的程序参与权往往无法获得保障，其实体性权益未必得到充分的救济。而法院司法权积极介入家庭关系，通过家庭教育令等方式一定程度上可以弥补未成年人司法救济上的缺憾。

家庭教育令有时还具有强制性功能。当家庭教育令发挥具体指导性功能时，由于裁决主文明确具体，有强制执行力，因此还具有可执行性，家庭教育义务人不履行时可以进入强制执行程序。当然，对于可执行的家庭教育令(如“与老师至少每周联系一次”)，如何强制执行是个问题。考虑到家庭教育令的修复性功能，执行家庭教育令需要司法介入下的社会协同。换言之，未成年人住所地的村居委、妇联，监护人所在单位、中小学校/幼儿园，以及公安机关、人民检察院、负有家庭教育工作职责的政府机构等，在家庭教育令的强制执行中，需要协同或配合法院的执行。为此，有必要规定法院签发的家庭教育令，须一并送达给相关协同部门。依《反家庭暴力法》的规定，人身安全保护令由公安机关协助执行；但是家庭教育令如何执行，公安机关等第三方是否有协助执行义务等问题，现行《家庭教育促进法》均未作出明确规定。法院固然可以依据《民事诉讼法》的规定采取罚款等强制手段，对被申请人予以威吓和制裁，但仍然无法达成家庭教育令的制度目的。实际上，家庭教育令的强制执行非常复杂，只有建立法院主导、政府支持、社会参与的综合治理格局，家庭教育令才能真正落地。需要注意的是，强制性功能不同于惩罚性功能，家庭教育令不带有任何惩罚性色彩。

最后，家庭教育令的程序构造问题。司法权固然可以积极介入到家庭关系中，但积极介入也不能背离司法权行使的基本规律。各类民事司法程序，无论采当事人主义还是职权主义，其最大公约数就是司法程序启动的被动性，即必须由原告或申请人来提起民事司法程序。强制性程度最高的人身安全保护令尚且如此，举重明轻，家庭教育令应当也不例外。

NO. 10 生态环境损害赔偿制度改革全面深化

事例简介

2022年4月26日，经中央全面深化改革委员会审议通过，生态环境部联合最高人民法院、最高人民检察院和科技部、公安部等11个相关部门共14家单位印发了《生态环境损害赔偿管理规定》(以下简称《规定》)。《规定》从总则、任务分工、工作程序、保障机制、附则等五个方面对生态环境损害赔偿制度进行完善，以推动其在法治轨道上的常态化、规范化、科学化运行。

专家点评

生态环境损害赔偿制度改革全面深化

秦天宝

武汉大学环境法研究所所长、教授
中国法学会环境资源法学研究会副会长兼秘书长

一、《规定》出台的背景

建立健全生态环境损害赔偿制度是生态文明体制改革的重要组成部分，党中央、国务院高度重视。2015年12月，中共中央办公厅、国务院办公厅印发《生态环境损害赔偿制度改革试点方案》，在吉林等 7 个省(市)开展试点。在试点基础之上，中共中央办公厅、国务院办公厅于 2017 年 12 月印发《生态环境损害赔偿制度改革方案》(以下简称《改革方案》)，部署在全国试行生态环境损害赔偿制度。2018 年开始，各地方各部门认真贯彻落实中央改革部署，立足“环境有价、损害担责”的基本原则，聚焦解决“企业污染、群众受害、政府买单”的困局，让各项改革措施落实落地。2021 年实施的《民法典》，明确规定生态环境损害赔偿责任，将改革成果上升为国家基本法律。当前，我国已初步构建责任明确、途径畅通、技术规范、保障有力、赔偿到位、修复有效、公开透明的生态环境损害赔偿制度，全面完成了阶段性目标。

尽管如此，在生态环境损害赔偿制度的实践中还存在责任落实不到位、部门联动不足、程序规则有待规范等问题，《民法典》关于赔偿启动情形的要求与《改革方案》亦有所区别，尚需要做好衔接。因此，在总结改革试点、试行实践经验的基础上，国家出台《规定》进一步指导生态环境损害赔偿制度的实施。

二、《规定》的重大意义

第一，《规定》为生态文明建设提供了重要的法治保障。习近平总书记在党的二十大报告中深刻阐明了中国式现代化是人与自然和谐共生的现代化，对推动绿色发展、促进人与自然和谐共生作出重大部署，为推进美丽中国建设指明了前进方向。《规定》全方位规范了生态环境损害赔偿工作，体现了习近平生态文明思想所强调的“坚持用最严格制度最严密法治保护生态环境”的基本理念，是生态环境治理体系和治理能力现代化的重要内容，对于持续改善生态环境质量，提升生态文明水平，推进美丽中国建设具有重要意义。

第二，《规定》是全面落实生态文明体制改革的重要举措。《规定》以习近平法治思想、习近平生态文明思想为指导，落实生态文明体制改革部署，坚持精准、科学、依法治污。《规定》的印发是进一步巩固生态环境损害赔偿制度改革成果，优化制度建设，推动改革向纵深发展的重要举措。对改革试行以来该制度存在的突出问题和困难，《规定》有针对性地进行了相关制度设计和安排，为深化生态环境损害赔偿工作提供了有力的制度保障。

第三,《规定》是对《改革方案》的完善与延续。生态环境损害赔偿制度已初步建立,但在法律供给相对不足的情况下,为使制度实施更为顺畅,仍需一部承上启下、弥补不足的高位阶的规范性文件继续对生态环境损害赔偿制度进行完善。《规定》以《民法典》《环境保护法》《改革方案》等相关内容为依据,延续《改革方案》的整体框架设计,站位高、可操作性强,起到了延续《改革方案》和衔接法律规则的重要作用。

三、《规定》的主要亮点

总体而言,《规定》明确了部门任务分工、地方党委和政府职责,对案件线索筛查、案件管辖、索赔启动、损害调查、鉴定评估、索赔磋商、司法确认、赔偿诉讼、修复效果评估等重点工作环节作出明确细化的规定,完善鉴定评估机构建设、鉴定评估技术方法、资金管理、公众参与和信息公开等保障机制,加强督察考核,指导改革全面深入开展。具体来说,《规定》具有如下几个亮点:

第一,从整体上协调部门任务分工。为摆脱过去实践中各个政府部门或机构职责不一而导致具体磋商程序、赔偿标准和技术方法各不相同的困境,《规定》明确了生态环境损害赔偿相关部门的任务分工:一是明确生态环境部牵头指导实施生态环境损害赔偿制度,会同自然资源部等相关部门,负责指导生态环境损害的调查、鉴定评估、修复方案编制等业务工作;二是明确科技部、公安部、司法部、财政部、国家卫生健康委、国家市场监管总局等有关部门分别在职权范围内负责相关工作;三是明确最高人民法院、最高人民检察院分别负责指导生态环境损害赔偿案件的审判和检察工作。

第二,压实地方党委和政府责任。一是强化地方党委和政府职责,要求地方党委和政府主要负责人履行第一责任人职责;明确各省级、市地级党委和政府每年至少听取一次生态环境损害赔偿工作汇报,建立严考核、硬约束的工作机制。二是将生态环境损害赔偿的突出问题纳入中央和省级生态环境保护督察、污染防治攻坚战成效考核以及环境保护相关考核。三是要求地方对重大案件建立台账,排出时间表,加快办理进度。四是明确奖惩,对滥用职权、玩忽职守、徇私舞弊等情形按照有关规定对相关责任人依纪依法进行处理,对在生态环境损害赔偿工作中有显著成绩,守护好人民群众优美生态环境的单位和个人,按规定给予表彰奖励。

第三，对生态环境损害赔偿的启动程序、磋商程序作出具体安排。《规定》统一了案件线索筛查、损害调查、赔偿磋商、修复效果评估等赔偿工作程序，细化了 10 个筛查线索渠道，确定了 6 类不启动和终止索赔的情形，明确了 4 个关键方面的损害调查重点。就磋商程序而言，在过往的案件中各地磋商程序各异，无法全面保证磋商内容的公平公正，为此，《规定》对磋商程序进行了统一：一是要求赔偿权利人等制作索赔磋商告知书送达赔偿义务人，赔偿义务人同意磋商的，应当及时召开磋商会议就索赔的具体事项磋商；二是要求磋商应当充分考虑修复方案可行性和科学性、成本效益优化、赔偿义务人赔偿能力、社会第三方治理可行性等因素；三是对经磋商达成一致的，要求签署赔偿协议并可以向法院申请司法确认。

第四，明确多种保障措施。例如，在技术保障上，《规定》对生态环境损害鉴定评估机构管理、生态环境损害鉴定评估技术标准体系建设作出规定；在资金保障上，《规定》要求将因无法修复生态环境损害而予以赔偿的资金作为政府非税收入纳入一般公共预算管理，根据磋商协议或生效判决要求结合本区域实际开展生态环境损害的替代修复。

总之，《规定》的出台是对生态环境损害赔偿制度改革的持续深化，对于该制度的实施具有重大意义。当下，亟须强化部门协调和工作衔接，督促各地以案例实践为抓手，推动生态环境损害赔偿制度改革的全面深化。

附　录

- 2022年中国法治实施纪事

2022年中国法治实施纪事

时间	事件
2022年1月1日	《监察官法》施行。
2022年1月1日	《家庭教育促进法》施行。
2022年1月1日	《法律援助法》施行。
2022年1月1日	《陆地国界法》施行。
2022年1月1日	修正后的《民事诉讼法》施行。
2022年1月1日	修正后的《工会法》施行。
2022年1月1日	修正后的《审计法》施行。
2022年1月1日	修订后的《科学技术进步法》施行。
2022年1月5日	国家网信办发布《移动互联网应用程序信息服务管理规定(征求意见稿)》。
2022年1月6日	湖南省长沙市天心区人民法院发出全国第一例家庭教育令。
2022年1月7日	生态环境部等六部门公布的《"十四五"海洋生态环境保护规划》施行。
2022年1月12日	工信部《网络安全产业人才岗位能力要求》标准正式发布。
2022年1月13日	《市场监管总局关于推进企业信用风险分类管理进一步提升监管效能的意见》施行。

2022年1月13日	《最高人民法院关于充分发挥司法职能作用 助力中小微企业发展的指导意见》施行。
2022年1月17日	我国“刑事缺席审判第一案”“百名红通”人员程某昌贪污案一审宣判。
2022年1月17日	《国家发展改革委、生态环境部、水利部关于推动建立太湖流域生态保护补偿机制的指导意见》施行。
2022年1月18日	中国共产党第十九届中央纪律检查委员会第六次全体会议开幕。
2022年1月19日	生态环境部等五部门印发《农业农村污染治理攻坚战行动方案(2021—2025年)》。
2022年1月20日	《最高人民法院关于审理生态环境侵权纠纷案件适用惩罚性赔偿的解释》施行。
2022年1月20日	《国务院办公厅关于加快推进电子证照扩大应用领域和全国互通互认的意见》施行。
2022年1月22日	《最高人民法院关于审理证券市场虚假陈述侵权民事赔偿案件的若干规定》施行。
2022年1月22日	《中央网信办秘书局关于开展“清朗·2022年春节网络环境整治”专项行动的通知》。
2022年1月24日	《国家发展改革委、商务部关于深圳建设中国特色社会主义先行示范区放宽市场准入若干特别措施的意见》施行。
2022年1月24日	《中共中央办公厅、国务院办公厅关于调整国家卫生健康委员会职能配置、内设机构和人员编制的通知》施行。
2022年1月25日	《教育部、中央编办、司法部关于加强教育行政执法深入推进校外培训综合治理的意见》施行。
2022年1月26日	中央网信办等十部门印发《数字乡村发展行动计划(2022-2025年)》。

2022年1月28日	中央网信办会同国家发展改革委、工业和信息化部、市场监管总局召开促进互联网企业健康持续发展工作座谈会。
2022年1月28日	《农业农村部、最高人民法院等七部门关于保护种业知识产权打击假冒伪劣套牌侵权营造种业振兴良好环境的指导意见》施行。
2022年1月29日	《国务院办公厅关于加强入河入海排污口监督管理工作的实施意见》施行。
2022年2月7日	交通运输部办公厅等八部门《关于加强网络预约出租汽车行业事前事中事后全链条联合监管有关工作的通知》施行。
2022年2月7日	《国务院关于加快推进政务服务标准化规范化便利化的指导意见》施行。
2022年2月8日	生态环境部办公厅印发《企业环境信息依法披露格式准则》。
2022年2月10日	工业和信息化部关于再次公开征求对《工业和信息化领域数据安全管理办法(试行)》的意见。
2022年2月15日	国家网信办等十三部门修订发布的《网络安全审查办法》施行。
2022年2月15日	《最高人民法院关于内地与香港特别行政区法院相互认可和执行婚姻家庭民事案件判决的安排》施行。
2022年2月18日	银保监会发布《关于防范以“元宇宙”名义进行非法集资的风险提示》。
2022年2月21日	《人力资源社会保障部、最高人民法院关于劳动人事争议仲裁与诉讼衔接有关问题的意见(一)》施行。
2022年2月22日	《中共中央、国务院关于做好2022年全面推进乡村振兴重点工作的意见》发布。

2022年2月24日	最高人民法院发布的《人民法院一站式多元纠纷解决和诉讼服务体系建设(2019-2021)》施行。
2022年2月25日	《工业和信息化部办公厅关于印发车联网网络安全和数据安全标准体系建设指南的通知》施行。
2022年2月28日	《最高人民检察院关于全面加强新时代知识产权检察工作的意见》施行。
2022年3月1日	修正后的《种子法》施行。
2022年3月1日	《医师法》施行。
2022年3月1日	《全国人民代表大会常务委员会关于设立成渝金融法院的决定》施行。
2022年3月1日	最高人民法院发布的《人民法院在线运行规则》施行。
2022年3月1日	国家网信办等四部门发布《互联网信息服务算法推荐管理规定》。
2022年3月1日	《中国(上海)自由贸易试验区临港新片区条例》施行。
2022年3月1日	《市场主体登记管理条例》施行。
2022年3月1日	《最高人民法院关于适用〈中华人民共和国民法典〉总则编若干问题的解释》施行。
2022年3月2日	国家网信办就《互联网弹窗信息推送服务管理规定(征求意见稿)》公开征求意见。
2022年3月2日	最高人民法院发布《关于进一步加强涉种子刑事审判工作的指导意见》。
2022年3月5日	最高人民法院会同全国妇联等七部门共同发布《关于加强人身安全保护令制度贯彻实施的意见》。
2022年3月6日	最高人民法院、最高人民检察院联合发布的《关于办理危害药品安全刑事案件适用法律若干问题的解释》施行。

2022 年 3 月 7 日	中国特色一站式多元纠纷解决和诉讼服务体系全面建成。
2022 年 3 月 11 日	全国人民代表大会审议通过《关于 2021 年国民经济和社会发展计划执行情况与 2022 年国民经济和社会发展计划的决议》。
2022 年 3 月 12 日	修正后的《地方各级人民代表大会和地方各级人民政府组织法》施行。
2022 年 3 月 14 日	国家网信办就《未成年人网络保护条例(征求意见稿)》再次公开征求意见。
2022 年 3 月 15 日	《最高人民法院关于审理网络消费纠纷案件适用法律若干问题的规定(一)》施行。
2022 年 3 月 18 日	人力资源社会保障部公布的《社会保险基金行政监督办法》施行。
2022 年 3 月 18 日	《人力资源社会保障部关于健全完善新时代技能人才职业技能等级制度的意见(试行)》施行。
2022 年 3 月 20 日	《最高人民法院关于适用〈中华人民共和国反不正当竞争法〉若干问题的解释》施行。
2022 年 3 月 20 日	中共中央办公厅、国务院办公厅印发《关于加强科技伦理治理的意见》。
2022 年 3 月 22 日	第二轮第六批中央生态环境保护督察全面启动。
2022 年 3 月 25 日	《最高人民法院关于内地与澳门特别行政区就仲裁程序相互协助保全的安排》施行。
2022 年 3 月 25 日	网信办等三部门印发《关于进一步规范网络直播营利行为促进行业健康发展的意见》。
2022 年 3 月 25 日	国务院办公厅发布《促进残疾人就业三年行动方案(2022—2024 年)》。
2022 年 3 月 25 日	《中共中央、国务院关于加快建设全国统一大市场的意见》施行。

2022 年 3 月 28 日	人力资源和社会保障部发布《关于加强企业招聘用工服务的通知》。
2022 年 3 月 28 日	生态环境部印发《关于加强排污许可执法监管的指导意见》。
2022 年 3 月 29 日	中共中央办公厅 国务院办公厅印发《关于推进社会信用体系建设高质量发展促进形成新发展格局的意见》。
2022 年 3 月 29 日	《最高人民法院关于为实施积极应对人口老龄化国家战略提供司法服务和保障的意见》施行。
2022 年 3 月 29 日	《国家卫生健康委办公厅关于印发“千县工程”县医院综合能力提升工作县医院名单的通知》施行。
2022 年 3 月 31 日	《全国人民代表大会常务委员会关于中国人民解放军现役士兵衔级制度的决定》施行。
2022 年 3 月 31 日	最高人民法院司法改革领导小组审议通过《2022 年人民法院司法改革工作要点》及分工方案、《党的十八大以来人民法院司法改革成效总结工作方案》，审议了《关于人民法院深化司法权力运行机制改革相关情况的报告》。
2022 年 4 月 1 日	生态环境部印发《“十四五”环境影响评价与排污许可工作实施方案》。
2022 年 4 月 3 日	《中华人民共和国最高人民法院与新加坡共和国最高法院关于法律查明问题的合作谅解备忘录》正式生效。
2022 年 4 月 6 日	中国人民银行就《金融稳定法(草案征求意见稿)》向社会公开征求意见。
2022 年 4 月 7 日	《国家发展改革委办公厅、银保监会办公厅关于加强信用信息共享应用推进融资信用服务平台网络建设的通知》施行。

2022年4月8日	《国务院办公厅关于推动个人养老金发展的意见》施行。
2022年4月10日	修改后的《最高人民法院关于适用〈中华人民共和国民事诉讼法〉的解释》施行。
2022年4月15日	《中央网信办关于开展“清朗·整治网络直播、短视频领域乱象”专项行动的通知》发布。
2022年4月18日	中共中央办公厅、国务院办公厅印发《关于加强打击治理电信网络诈骗违法犯罪工作的意见》。
2022年4月20日	全国人大常委会批准《1930年强迫劳动公约》(第29号)和《1957年废除强迫劳动公约》(第105号)两项公约。
2022年4月20日	最高人民法院网络安全和信息化领导小组会议审议《人民法院信息化建设五年发展规划(2022-2026)》《最高人民法院刑事审判信息化建设三年发展规划(2022-2024)》《人民法院数据安全管理办法》等文件以及《人民法院在线运行标准体系》等信息化标准。
2022年4月20日	最高人民法院发布的《基层人民法院管辖第一审知识产权民事、行政案件标准》施行。
2022年4月20日	《国务院办公厅关于进一步释放消费潜力促进消费持续恢复的意见》施行。
2022年4月22日	成都国际商事法庭成立。
2022年4月22日	国家市场监督管理总局发布的《“十四五”广告产业发展规划》施行。
2022年4月25日	中国海事审判网上线。
2022年4月25日	《最高人民检察院、国家知识产权局关于强化知识产权协同保护的意见》施行。
2022年4月26日	《数据防泄露技术指南》发布。

2022年4月26日	生态环境部等十四部门联合印发《生态环境损害赔偿管理规定》。
2022年4月27日	国务院办公厅印发《"十四五"国民健康规划》。
2022年5月1日	《反有组织犯罪法》施行。
2022年5月1日	修订后的《职业教育法》施行。
2022年5月1日	《最高人民法院关于第一审知识产权民事、行政案件管辖的若干规定》施行。
2022年5月1日	中共中央、国务院印发《信访工作条例》。
2022年5月1日	《国务院关于修改和废止部分行政法规的决定》施行。
2022年5月1日	《最高人民法院关于审理行政赔偿案件若干问题的规定》施行。
2022年5月1日	修订后的《医疗机构管理条例》施行。
2022年5月1日	修订后的《计量法实施细则》施行。
2022年5月1日	国家市场监督管理局公布的《医疗器械生产监督管理办法》《医疗器械经营监督管理办法》施行。
2022年5月1日	《中小学法治副校长聘任与管理办法》施行。
2022年5月1日	《最高人民法院关于涉及发明专利等知识产权合同纠纷案件上诉管辖问题的通知》施行。
2022年5月1日	修改后的《最高人民法院关于审理人身损害赔偿案件适用法律若干问题的解释》施行。
2022年5月4日	国务院办公厅印发《新污染物治理行动方案》。
2022年5月7日	中央文明办等四部门发布《关于规范网络直播打赏加强未成年人保护的意见》。
2022年5月9日	国家药品监督管理局就《药品管理法实施条例(修订草案征求意见稿)》公开征求意见。

2022 年 5 月 10 日	生态环境部等十七部门联合印发《国家适应气候变化战略 2035》。
2022 年 5 月 15 日	《最高人民法院、最高人民检察院关于办理海洋自然资源与生态环境公益诉讼案件若干问题的规定》施行。
2022 年 5 月 17 日	最高人民检察院、水利部印发《关于建立健全水行政执法与检察公益诉讼协作机制的意见》。
2022 年 5 月 18 日	国际司法争端解决网络（JDRN）成立大会召开，推动各国建立法院替代性纠纷解决模式以及纠纷的及时解决。
2022 年 5 月 19 日	中国银行保险监督管理委员会就《银行保险机构消费者权益保护管理办法（征求意见稿）》向社会公开征求意见。
2022 年 5 月 23 日	《最高人民法院关于加强区块链司法应用的意见》施行。
2022 年 5 月 31 日	《生态环境部关于做好重大投资项目环评工作的通知》施行。
2022 年 6 月 1 日	《湿地保护法》施行。
2022 年 6 月 2 日	人力资源和社会保障部等三部门印发《制造业技能根基工程实施方案》。
2022 年 6 月 5 日	《噪声污染防治法》施行。
2022 年 6 月 5 日	《数据安全管理认证实施规则》施行。
2022 年 6 月 8 日	广电总局、文化和旅游部印发《网络主播行为规范》。
2022 年 6 月 10 日	生态环境部等七部门联合印发《减污降碳协同增效实施方案》。
2022 年 6 月 15 日	《最高人民法院关于审理森林资源民事纠纷案件适用法律若干问题的解释》施行。

2022 年 6 月 16 日	《中国银保监会关于新华信托股份有限公司破产的批复》施行。
2022 年 6 月 17 日	国家网信办就《互联网跟帖评论服务管理规定(修订草案征求意见稿)》公开征求意见。
2022 年 6 月 17 日	《内蒙古自治区公用企业反垄断合规指引》施行。
2022 年 6 月 20 日	国家知识产权局印发《国家知识产权保护示范区建设方案》。
2022 年 6 月 21 日	最高人民检察院发布第 37 批指导性案例。
2022 年 6 月 22 日	《最高人民法院办公厅关于确定第二批纳入“一站式”国际商事纠纷多元化解决机制的国际商事仲裁机构的通知》施行。
2022 年 6 月 22 日	《人力资源社会保障部、民政部、财政部、住房和城乡建设部、国家市场监管总局关于加强零工市场建设 完善求职招聘服务的意见》施行。
2022 年 6 月 23 日	全国人大常委会审议《民事强制执行法(草案)》。
2022 年 6 月 23 日	最高人民法院发布的《人民法院服务和保障粤港澳大湾区建设情况报告(2019—2022)》施行。
2022 年 6 月 23 日	《最高人民法院关于为深化新三板改革、设立北京证券交易所提供司法保障的若干意见》施行。
2022 年 6 月 24 日	修订后的《体育法》公布。
2022 年 6 月 24 日	全国信息安全标准化技术委员会秘书处发布的《网络安全标准实践指南——个人信息跨境处理活动安全认证规范》施行。
2022 年 6 月 25 日	修正后的《全国人民代表大会常务委员会议事规则》施行。
2022 年 6 月 28 日	最高人民检察院发布第 38 批指导性案例。
2022 年 6 月 30 日	修订后的《深圳经济特区医疗条例》公布。

2022 年 6 月 30 日	国家网信办就《个人信息出境标准合同规定(征求意见稿)》公开征求意见。
2022 年 7 月 1 日	《印花税法》施行。
2022 年 7 月 1 日	《尾矿污染环境防治管理办法》施行。
2022 年 7 月 1 日	《最高人民法院关于充分发挥环境资源审判职能作用依法惩处盗采矿产资源犯罪的意见》施行。
2022 年 7 月 4 日	最高人民法院发布第 32 批指导性案例。
2022 年 7 月 6 日	深圳涉外涉港澳台家事审判中心成立。
2022 年 7 月 8 日	最高人民法院召开人民法院司法改革工作会议。
2022 年 7 月 8 日	国家药品监督管理局发布的《疫苗生产流通管理规定》施行。
2022 年 7 月 8 日	《国家知识产权局关于专利侵权纠纷案件申请中止有关问题的批复》施行。
2022 年 7 月 14 日	《最高人民法院关于为加快建设全国统一大市场提供司法服务和保障的意见》施行。
2022 年 7 月 18 日	卫生健康委等十一部门联合发布《关于进一步推进医养结合发展的指导意见》。
2022 年 7 月 21 日	最高人民检察院发布第 39 批指导性案例。
2022 年 7 月 21 日	国家网信办发布对滴滴全球股份有限公司依法作出网络安全审查相关行政处罚的决定。
2022 年 7 月 22 日	最高人民法院批复同意在无锡市中级人民法院内设专门审理涉外商事案件的机构。
2022 年 7 月 29 日	《国务院办公厅关于进一步规范行政裁量权基准制定和管理工作的意见》施行。
2022 年 8 月 1 日	《最高人民法院关于办理人身安全保护令案件适用法律若干问题的规定》施行。
2022 年 8 月 1 日	《中国清洁发展机制基金管理办法》施行。

2022 年 8 月 1 日	《市场监管总局关于试点委托开展部分经营者集中案件反垄断审查的公告》施行。
2022 年 8 月 1 日	《互联网用户账号信息管理规定》施行。
2022 年 8 月 1 日	修订后的《移动互联网应用程序信息服务管理规定》施行。
2022 年 8 月 1 日	修正后的《反垄断法》施行。
2022 年 8 月 1 日	《黑土地保护法》施行。
2022 年 8 月 1 日	《期货和衍生品法》施行。
2022 年 8 月 1 日	国家版权局印发《以无障碍方式向阅读障碍者提供作品暂行规定》。
2022 年 8 月 1 日	《最高人民法院关于办理人身安全保护令案件适用法律若干问题的规定》施行。
2022 年 8 月 3 日	银保监会办公厅发布《关于开展银行保险机构侵害个人信息权益乱象专项整治工作的通知》。
2022 年 8 月 5 日	生态环境部等十二部门印发《黄河生态保护治理攻坚战行动方案》。
2022 年 8 月 8 日	国家卫生健康委等三部门印发《医疗卫生机构网络安全管理办法》。
2022 年 8 月 9 日	国家网信办集中整治涉虚拟货币炒作乱象。
2022 年 8 月 11 日	中央全面依法治国委员会印发《关于进一步加强市县法治建设的意见》。
2022 年 8 月 16 日	《自然资源部、生态环境部、国家林业和草原局关于加强生态保护红线管理的通知(试行)》施行。
2022 年 8 月 23 日	世界卫生组织(WHO)宣布中国通过疫苗国家监管体系(NRA)评估。
2022 年 8 月 23 日	最高人民法院举行推进构建中国特色“总对总”在线多元解纷新格局工作座谈会。

2022 年 8 月 25 日	科技部等二十二部门印发《科研失信行为调查处理规则》。
2022 年 8 月 31 日	国家网信办发布《数据出境安全评估申报指南(第一版)》。
2022 年 9 月 1 日	《最高人民法院、最高人民检察院、公安部关于办理信息网络犯罪案件适用刑事诉讼程序若干问题的意见》施行。
2022 年 9 月 1 日	国家网信办公布的《数据出境安全评估办法》施行。
2022 年 9 月 1 日	《保险资产管理公司管理规定》施行。
2022 年 9 月 2 日	修订后的《农产品质量安全法》公布。
2022 年 9 月 7 日	《国务院办公厅关于进一步优化营商环境降低市场主体制度性交易成本的意见》施行。
2022 年 9 月 12 日	国家网信办就《关于修改〈中华人民共和国网络安全法〉的决定(征求意见稿)》公开征求意见。
2022 年 9 月 15 日	生态环境部办公厅发布《全国生态环境保护综合行政执法人员岗位培训大纲(试行)》。
2022 年 9 月 16 日	南宁国际商事法庭成立。
2022 年 9 月 19 日	最高人民检察院发布第 40 批指导性案例。
2022 年 9 月 20 日	最高人民检察院发布第 41 批指导性案例。
2022 年 9 月 23 日	公安部部署开展集中打击整治网络账号黑色产业链“断号”行动。
2022 年 9 月 27 日	人力资源社会保障部等三部门发布的《职业分类大典(2022 年版)》施行。
2022 年 9 月 28 日	成渝金融法院正式揭牌。
2022 年 9 月 28 日	《国务院办公厅关于复制推广营商环境创新试点改革举措的通知》施行。

2022 年 9 月 30 日	国家网信办等三部门发布的《互联网弹窗信息推送服务管理规定》施行。
2022 年 10 月 1 日	《中央企业合规管理办法》施行。
2022 年 10 月 8 日	市场监管总局印发《关于规范市场监督管理行政处罚裁量权的指导意见》。
2022 年 10 月 19 日	最高人民法院发布《党的十八大以来全国法院家事审判工作情况报告》。
2022 年 10 月 26 日	人力资源社会保障部等五部门发布的《个人养老金实施办法》施行。
2022 年 10 月 26 日	香港特别行政区立法会通过《内地民商事判决(相互强制执行)条例草案》。
2022 年 10 月 27 日	生态环境部等十八部门联合印发《关于推动职能部门做好生态环境保护工作的意见》。
2022 年 10 月 27 日	生态环境部发布《中国应对气候变化的政策与行动 2022 年度报告》。
2022 年 10 月 30 日	《黄河保护法》公布。
2022 年 10 月 30 日	新修订的《畜牧法》公布。
2022 年 10 月 30 日	修订后的《妇女权益保障法》公布。
2022 年 10 月 31 日	教育部等七部门印发《农村义务教育学生营养改善计划实施办法》。
2022 年 10 月 31 日	市场监管总局等七部门联合印发《关于进一步规范明星广告代言活动的指导意见》。
2022 年 11 月 1 日	《最高人民法院关于规范合议庭运行机制的意见》施行。
2022 年 11 月 1 日	国家药监局组织修订的《药品召回管理办法》施行。
2022 年 11 月 1 日	《深圳经济特区人工智能产业促进条例》施行。
2022 年 11 月 1 日	《促进个体工商户发展条例》施行。

2022年11月1日	市场监管总局等十八个部门联合印发《进一步提高产品、工程和服务质量行动方案(2022—2025年)》。
2022年11月4日	最高人民法院就《关于适用〈中华人民共和国民法典〉合同编通则部分的解释(征求意见稿)》公开征求意见。
2022年11月4日	《个人信息保护认证实施规则》施行。
2022年11月5日	《湿地公约》第十四届缔约方大会(COP14)在湖北武汉和瑞士日内瓦同步召开。
2022年11月7日	国务院新闻办公室发布《携手构建网络空间命运共同体》白皮书。
2022年11月9日	《人力资源社会保障部等八部门关于实施重点群体创业推进行动的通知》施行。
2022年11月10日	《最高人民法院关于深入开展虚假诉讼整治工作的意见》施行。
2022年11月11日	最高人民法院办公厅印发《关于进一步深入推进四级法院审级职能定位改革试点工作的通知》。
2022年11月11日	《人身保险产品信息披露管理办法》公布。
2022年11月11日	中国银保监会就《银行业监督管理法(修订草案征求意见稿)》公开征求意见。
2022年11月14日	《最高人民法院关于涉外民商事案件管辖若干问题的规定》公布。
2022年11月14日	国家发展改革委就《社会信用体系建设法(向社会公开征求意见稿)》公开征求意见。
2022年11月15日	中国残疾人联合会等七部门印发《残疾人中等职业学校设置标准》。
2022年11月16日	人力资源社会保障部等九部门发布《关于进一步加强劳动人事争议协商调解工作的意见》。

2022 年 11 月 22 日	市场监管总局就《反不正当竞争法(修订草案征求意见稿)》公开征求意见。
2022 年 11 月 22 日	国家知识产权局等五部门印发《关于加强知识产权鉴定工作衔接的意见》。
2022 年 11 月 25 日	个人养老金政策正式实施。
2022 年 11 月 25 日	国家网信办等三部门联合发布《互联网信息服务深度合成管理规定》。
2022 年 11 月 28 日	生态环境部发布《环境监管重点单位名录管理办法》。
2022 年 11 月 29 日	最高人民法院发布第 33 批指导性案例。
2022 年 11 月 30 日	修改后的《网络预约出租汽车经营服务管理暂行办法》施行。
2022 年 12 月 1 日	《商标代理监督管理规定》施行。
2022 年 12 月 1 日	《反电信网络诈骗法》施行。
2022 年 12 月 2 日	《中共中央、国务院关于构建数据基础制度更好发挥数据要素作用的意见》施行。
2022 年 12 月 5 日	《国家知识产权局、国家医疗保障局关于加强医药集中采购领域知识产权保护的意见》施行。
2022 年 12 月 6 日	国家卫生健康委员会修订后的《医疗机构手术分级管理办法》施行。
2022 年 12 月 7 日	市场监管总局就《广告绝对化用语执法指南(征求意见稿)》公开征求意见。
2022 年 12 月 8 日	最高人民法院发布第 34 批指导性案例。
2022 年 12 月 8 日	工业和信息化部印发《工业和信息化领域数据安全管理办法(试行)》。
2022 年 12 月 9 日	最高人民检察院印发《关于加强行贿犯罪案件办理工作的指导意见》。

2022年12月9日	最高人民法院发布《关于规范和加强人工智能司法应用的意见》。
2022年12月12日	中央网信办开展“清朗·移动互联网应用程序领域乱象整治”专项行动。
2022年12月13日	“通信行程卡”短信、网页、微信小程序、支付宝小程序、APP等查询渠道同步下线。
2022年12月14日	中国人民银行就《金融基础设施监督管理办法(征求意见稿)》公开征求意见。
2022年12月15日	新修订的《互联网跟帖评论服务管理规定》施行。
2022年12月19日	习近平总书记发表署名文章《谱写新时代中国宪法实践新篇章——纪念现行宪法公布施行40周年》。
2022年12月21日	中共中央办公厅、国务院办公厅印发《关于深化现代职业教育体系建设改革的意见》。
2022年12月21日	《最高人民法院关于加强中医药知识产权司法保护的意见》施行。
2022年12月24日	生态环境部办公厅印发《生态保护修复成效评估技术指南(试行)》。
2022年12月26日	新型冠状病毒肺炎更名为新型冠状病毒感染，并发布《关于对新型冠状病毒感染实施“乙类乙管”的总体方案》。
2022年12月26日	《最高人民法院关于为促进消费提供司法服务和保障的意见》施行。
2022年12月26日	《最高人民法院关于为稳定就业提供司法服务和保障的意见》施行。
2022年12月26日	最高人民法院发布第35批指导性案例。
2022年12月27日	生态环境部印发《生态保护红线生态环境监督办法(试行)》。
2022年12月27日	全国人大常委会审议《行政诉讼法(修正草案)》。

2022年12月27日	国家知识产权局等17部门《关于加快推动知识产权服务业高质量发展的意见》施行。
2022年12月27日	中国标准化协会发布《经营者公平竞争合规管理体系建设》团体标准。
2022年12月27日	最高人民法院发布第36批指导性案例。
2022年12月29日	最高人民法院电子送达文书支持实现司法链在线核验。
2022年12月30日	修订后的《预备役人员法》公布。
2022年12月30日	修订后的《野生动物保护法》公布。
2022年12月30日	《公司法(修订草案二次审议稿)》公开征求意见。
2022年12月30日	《增值税法(草案)》公开征求意见。
2022年12月30日	《对外关系法(草案)》公开征求意见。
2022年12月30日	《外国国家豁免法(草案)》公开征求意见。
2022年12月30日	《全国人民代表大会常务委员会关于〈中华人民共和国香港特别行政区维护国家安全法〉第十四条和第四十七条的解释》通过。
2022年12月30日	最高人民法院发布第37批指导性案例。

俞慧莹　整理